上教心理学教材系列

Psychology of Wisdom

智慧心理学

汪凤炎　郑　红　编著

- "十三五"江苏省高等学校重点教材（编号：2019-2-253）
- 获2020年度江苏省第五期"333高层次人才培养工程"科研资助项目"文化对个体智慧表现的影响及机制"资助
- 获国家自然科学基金（项目批准号：31971014）资助
- 2019年江苏省高等学校立项建设重点教材
- 2019年度南京师范大学立项建设重点教材

上海教育出版社
SHANGHAI EDUCATIONAL
PUBLISHING HOUSE

编写说明

我由一个偶因于2004年春季进入智慧心理学领域,这在拙著《智慧心理学的理论探索与应用研究》(增订本)的"增订版自序"里已有阐述(汪凤炎,郑红,2022),不再赘述。随着对智慧心理学了解的增多,我开始在我主讲的"中国文化心理学"课程里加入"中国人的智慧心理观"这一主题。2008年我指导的第一个博士生和2010年指导的第三个博士生的博士学位论文都是研究智慧心理学的,并且,我在给他们俩的上课内容里讲授了一些智慧心理学的内容,不过,那时的博士生课程里还没有以"智慧心理学"为名的课程。自2014年秋季学期起,我一直在构思智慧心理学教材的编写提纲。经过与心理学院主管研究生培养的领导沟通并经批准,自2015年春季学期开始,将正式为南京师范大学心理学院2014级博士生开设"智慧心理学研究"专业选修课程。这是国内第一次开设博士生层面的智慧心理学课程。自2016年秋季学期开始,我又正式为南京师范大学心理学院2015级学术型硕士生开设"智慧心理学"的专业选修课程,这是国内第一次开设硕士生层面的智慧心理学课程。随着上课人数逐渐增多,编写一部用作研究生教学(当然也可用于本科教学)的智慧心理学教材便显得迫切了。本教材在编写过程中力图体现以下三个鲜明特色。

第一,融会中西,突出中国智慧文化的特色。为体现中国化取向的思路,本教材在撰写过程中,在充分吸取外国尤其是西方智慧心理学思想精髓的基础上,融入中国智慧心理学思想的精髓,以便突出中国智慧文化的特色,使之朝着建立中国特色智慧心理学体系的目标向前迈进,能更好地满足当代中国教育、心理健康教育和管理等领域的实际需要。

第二,体现新颖性。本教材虽是国内第一本智慧心理学教材,但在编写过程中非常注重体现新颖性。这主要体现在三个方面:(1)体系上的新颖性,力图建构一个能较全面、系统反映智慧心理学全貌的新颖结构体系;(2)观点上的新颖性,在充分借鉴与吸收前人已有研究成果的基础上,力图"接着前人讲",而不是"从头开始讲"或"照着前人讲"(冯友兰语),以便做到见人所未见,言人所未言;(3)材料上的权威性与新颖性,尽量选用国内外最权威、最新颖的相关研究成果作为教材编写的材料来源。

第三,系统性、科学性、深刻性、实用性与可读性相结合。为使本教材适合研究生(包括教育硕士生与博士生)和本科生学习智慧心理学的需求,笔者在编写过程中注重内容的系统性与深刻性,观点、术语与篇章结构等的科学性。为增强本教材的实用性与可读性,笔者在编写过程中注重将教材内容与当前中国教育尤其是学校教育中的实际问题结合起来,并力图结合自身多年的思考尝试提出一些解决问题的对策,以期使读者举一反三,做到学以致用。与此同时,本教材追求文字的流畅性,尽量用浅显的语言将深刻的学理阐述出来,并适当插入一些经典图片,以做到图文并茂,增强内容的形象感。

本教材的三级提纲由我制定,初稿内容由我完成,并已在我主讲的南京师范大学心理学院硕士生课程"智慧心理学"和博士生课程"智慧心理学研究"各使用了6轮(2016—2021,每轮讲一学期)和7轮(2015—2021)。这两门课程的提纲基本相同,只是课程内容的难易程度、课前课后的文献阅读量和课程考核要求有较大差异。相对而言,硕士生课程"智慧心理学"的难度与考核要求要低一些,要求阅读的文献量要少许多;博士生课程"智慧心理学研究"的难度与考核要求要高一些,要求阅读的文献量要大一些。在每轮讲授过程中和讲授结束后,我会根据上课时硕士生和博士生的反应与反馈及时对课程内容作相应调整与修改,也会布置一些主题,让有兴趣的研究生和博士生作进一步研究。在这个过程中,我指导的硕士生王予灵和王伊萌以及博士生陈浩彬、李海青、傅绪荣、李抗、魏新东、王振东、熊咪咪、张凯丽等同学都曾撰写智慧心理学方面的论文,在SSCI或CSSCI期刊上发表,从而进一步丰富了智慧心理学课程的内容,本教材在编写过程中也充分吸纳了这些新的研究成果。

本教材的编写分工情况如下:

第一章第一节"智慧心理学的研究意义"由汪凤炎、郑红(南京师范大学)完成,第二节"智慧心理学的研究方法"由汪凤炎、郑红、陈浩彬(江西科技师范大学)完成。

第二章第一节"20世纪70年代之前的智慧心理学"由汪凤炎、郑红、熊咪咪(南京师范大学)、陈浩彬、李抗(周口师范学院)完成,第二节"20世纪70年代以来的智慧心理学"由汪凤炎、郑红、傅绪荣(南京晓庄学院)完成。

第三章第一节"智慧定义的纷争与整合"由汪凤炎、郑红、张凯丽(南京师范大学)完成,第二节"智慧与相关概念的辨析"由汪凤炎、郑红、魏新东(南京信息工程大学)、许文涛(南京师范大学)完成。

第四章第一节"智慧结构的早期和中期探索"由陈浩彬、汪凤炎完成,第二节"智慧结构的新近探索"由汪凤炎、郑红完成。

第五章第一节"智慧的经典分类"由汪凤炎、郑红、张凯丽完成,第二节"智慧的新分类"由汪凤炎完成。

第六章第一节"智慧的脑机制"由熊咪咪、汪凤炎完成,第二节"智慧与年龄"由王予灵(清华大学)、汪凤炎完成,第三节"智慧与性别"由熊咪咪、汪凤炎完成,第四节"个体智慧的生成样式、发展过程与影响因素"由汪凤炎、傅绪荣、郑红完成。

第七章"智慧的测量"由傅绪荣、汪凤炎完成。

第八章第一节"自我及其类型"由汪凤炎、郑红完成,第二节"有我与智慧"由汪凤炎、魏新东、陈浩彬完成,第三节"无我与智慧"由汪凤炎、魏新东、许文涛完成。

第九章第一节"文化的内涵及其与智慧的关系"由汪凤炎、郑红完成,第二节"三种文化视角下的智慧"由汪凤炎、李抗完成。

第十章第一节"幸福感及其类型"由汪凤炎、徐晓波(安徽农业大学)、傅绪荣完成,第二节"不同幸福感类型与智慧的关系"由傅绪荣、汪凤炎、徐晓波完成,第三节"从智慧发展历程看智慧与幸福感的关系"由傅绪荣、汪凤炎完成。

第十一章"智慧与死亡"由李抗、汪凤炎完成。

第十二章"智慧建言"由汪凤炎、熊咪咪完成。

第十三章"智慧纳建"由汪凤炎、熊咪咪完成。

第十四章第一节"愚蠢研究的兴起"由汪凤炎、张凯丽完成,第二节"愚蠢的内涵"和第三节"愚蠢的类型"由汪凤炎、郑红完成。

第十五章"人类智慧与人工智慧"由汪凤炎、魏新东完成。

第十六章"智慧教育"由汪凤炎、郑红、张凯丽完成。

附录由汪凤炎、傅绪荣、陈浩彬完成。

在本教材初稿的资料收集和编辑过程中,我指导的2019级博士生熊咪咪与张凯丽、2020级博士生许文涛、2020级硕士生冯家禾协助我做了大量工作,加拿大多伦多大学安大略教育研究所(Ontario Institute for Studies in Education,University of Toronto)2019级博士生冯哲帮我校对了部分翻译的稿件。南京师范大学心理学院的张小将博士帮忙审核了"智慧的脑机制"一节。郑红博士审校了本教材的部分章节。本教材最后由我负责统稿、审校、修改、润色和定稿。虽然从2014年秋季学期起我就一直在构思本教材的编写提纲,且有2014年6月出版的《智慧心理学的理论探索与应用研究》(汪凤炎,郑红,2014)一书作基础,但是,作为国内首部智慧心理学领域具专著性质的教材,为了体现新意,为了真正做到中西融合,为了真正做到系统性、科学性、深刻性、实用性与可读性相结合,本书先后至少十易其稿,虽自我感觉教材的体系结构越来越合理,内容越来越丰富,但我也深知其中有一些观点带有初探性质,不当之处,敬请各位方家批评指正。

本教材先后被列入"南京师范大学2019年度立项建设重点教材"和"2019年江苏省高等学校立项建设重点教材",并得到我主持的"2020年度江苏省第五期'333高层次人才培养工程'科研资助项目'文化对个体智慧表现的影响及机制'"与国家自然科学基金(项目批准号:31971014)成果的资助。本教材的编写也得到南京师范大学心理学院、教育科学学院和道德教育研究所诸位领导与同事的大力支持和帮助。加拿大兰加拉学院(Langara College)心理学系的退休教师(faculty emeritus)韦伯斯特(Jeffrey Dean Webster)同意将其编撰的《自我评估智慧量表》(Self-assessed Wisdom Scale,SAWS)授权汪凤炎的科研团队译成中文并收入本教材的附录,美国北卡罗来纳大学教堂山分校(University of North Carolina at Chapel Hill)的格林(Jeff Greene)同意将其与布朗(Scott C. Brown)编制的《智慧发展量表》(Wisdom Development Scale,WDS)授权给汪凤炎的科研团队译成中文并收入此教材的附录,以方便中国读者阅读和使用。西南大学心理学部毕重增教授、南京师范大学心理学院刘昌教授、首都师范大学心理学院罗劲教授、湖南师范大学心理学院燕良轼教授和中国科学院心理研究所张建新研究员作为本教材的审定专家(按专家姓氏音序排列),在百忙之中对本教材进行审定并给出宝贵的审定意见,张建新研究员、罗劲教授和刘昌教授还欣然应我之邀分别为本书作序,为本书增辉添彩。最后,承蒙上海教育出版社的鼎力支持,本书才得以顺利出版,上海教育出版社的谢冬华和王佳悦付出了大量心血。在此,谨向所有关心和帮助过我们的老师、朋友、同事、同学和亲人致以衷心的感谢!另外,本教材在编写过程中参考和引用了许多专家和学者的论文与论著,均已在参考文献中一一列出,在此谨向各位专家和学者表示衷心的感谢!

  2021年2月3日是立春的日子。"立"有"开始"之意,"春"代表温暖、生长。立春标志着万物闭藏的冬季已过去,中华大地由南往北开始依次进入风和日暖、万物复苏与生长的春季。"一年之计在于春",春季是耕耘的季节。对农民而言,耕耘的主要是农田,播撒的种子是农作物,种好之后勤加照顾,假以时日,收获的是农产品;对读书人而言,耕耘的是心田或脑田,播撒的种子是慧种(智慧的种子),种好之后勤加心性修养与实践,假以时日,收获的是智慧。愿每一位关心和帮助过我们的老师、朋友、同事、同学和亲人都能收获智慧,成为智慧之人。

汪凤炎
于南京日新斋
2021年2月3日一稿
2022年2月15日二稿

序 一

　　南京师范大学心理学院汪凤炎教授邀请我为他即将出版的又一本大作《智慧心理学》写个序言,并将电子版书稿发给了我。为一睹为快,我先将全书浏览了一遍。整本书的篇幅不小,正文近360页之厚。书中文字洋洋洒洒,有中文,有英文,中文里又有现代文和古文,甚至还出现了甲骨文等文字,一看便知,此书一定是一部相关领域研究的集大成者。的确,作者在书中将中西方学者对智慧的思考、探究、研究成果等汇聚成了"智慧大观",再加上作者自己对智慧的慧思与慧言,便形成了这本"智慧大观之大观"的论著了。

　　在浏览过程中,一个英文名字反复映入我的眼帘:Parl B. Baltes。这不是毕生发展心理学倡导者、德国发展心理学家的大名吗? 我一查验,果然是他。巴尔特斯教授曾于20世纪80年代末受中国科学院心理研究所的邀请,来华访问并进行讲学。当时心理研究所接待巴尔特斯教授的是刘范和许淑莲两位教授。刘范系中国比较心理学和儿童发展心理学大师,许淑莲则是中国老年心理学的先行者之一。刘范教授是湖南人,他讲普通话时带有极重的口音,反倒是讲的英文更为好懂一些。刘、许两位教授是对夫妻,一位研究儿童,一位研究老人,他们研究的对象恰好构成了毕生发展的始端与末端。正是由于巴尔特斯教授的访问和刘、许两位教授的推介,毕生发展理论才开始在中国发展心理学界流行起来,并引发不少相关的思辨与实证研究。

　　我当时在心理研究所科研处负责对外交流学术管理工作,具体安排巴尔特斯教授的访问行程,与他有过密切的接触和交流。因此,我十分有幸见证了中国心理学对外交往史上的重要事件,即毕生发展心理学理论创建者之一巴尔特斯教授来访。本以为德国教授都很严肃,不苟言笑,远离生活情趣,但巴尔特斯教授真正改变了我的这种刻板印象。他待人友好亲切,常常展现出十足的机智和幽默。虽然我在北京大学学习了四年心理学,但在当时仍是懵懵懂懂,知识零散而片段,因而更为迫切地希望了解能够统领这些零碎知识的大智慧。在与巴尔特斯教授的一次闲谈中,我大胆向他表示,自己十分欣赏德国的哲学思想及其对现代心理学的影响。听到此语,他显得很高兴,随即答应回国后给我寄些有代表性的近代哲学著作。果不其然,巴尔特斯教授回国后两个月,我便收到了他从德国寄来的一大包英文哲学书籍。为此,我对巴尔特斯教授这位智慧的大教授一直深怀感激。汪教授书稿中介绍毕生发展心理学对智慧的研究,引起我对30多年前与巴尔特斯教授这段往事的回忆。

　　毕生发展心理学尝试在实证科学的基础之上建立其宏大理论,以便得到关于人整个一生发展的一般原则,以及关于个体可塑性的程度和条件等方面的知识。该理论相信,发展总是由获得(生长)和丧失(衰退)组合而成。而且,在发展的各个时刻,以及在整个一生的所有阶段,连续的(累加)和非连续的(革新)过程都在进行。个体发生与演化,连同生物与文化环境的变化一起,共同构成使个体发展得以产生的两个主要系统。毕生发展心理学家也因此开展了许多实证研究,其中尤以对才智(或者智慧)的研究为多。现在回过头来再看毕生发展心理学理论,德国哲学思想(如辩证思维、整体论等)显然在其中扮演了重要角色,巴尔特斯教授的思想其实是调频在以德国思想家为主的大陆哲学(整体、历史和辩证)基调之上的。在汪教授这本荟萃中外关于智慧思考的《智慧心理学》中,我们似乎也可以看到和听到甚多整体观的基色与基调。

序言容量毕竟有限,故我无意对全书进行梳理,也无意对其叙事背后潜在的基色与基调进行深入探讨。我更愿意针对汪教授在书中倡导的"智慧教育",分享一些自己的看法。按照书中论述,"智慧的本质是德才一体,德与才都可教、可学,因此,智慧也可教、可学"。汪教授又告诉我们,智慧教育可分为广义和狭义两类,"广义智慧教育指一切以增进人的智慧为直接目的的社会活动。狭义智慧教育指在学校中专门开展的旨在帮助受教育者生成或增进智慧的活动"。由此可见,汪教授撰写《智慧心理学》一书的最终落脚点,就是提倡在中国开展狭义的智慧教育,并为之建言。

根据汪教授提出的智慧的德才一体理论,智慧是良好品德与聪明才智的合金。因此,要开展智慧教育,就须从培育德与才两个角度入手,二者缺一不可。智慧中善(德)的教育主要体现在敬畏、节制、责任、诚信、仁爱与公正等品行上。一个受过道德智慧教育的人,就应具有这六个方面的高尚品行。智慧中聪明(才智)的教育则主要体现在,具有良好才智的人要具有正常乃至更高水平的智力,同时要在某一或多个领域拥有足够的实用知识和良好思维方式。

由此理论出发,汪教授郑重地建议,智慧教育要遵循教育学和发展心理学的规律,可循序渐进地针对小学生、中学生和大学生分别设立初级、中级和高级智慧教育课程。为使智慧教育能够融入当下的教育体系,教育部门应当在各个学校落实相应的保障措施,如建立智慧教育的科学管理制度,确保给予必要的课时安排,培训参加智慧教育的教师等,以保障智慧教育的顺利实施。

智慧的德才一体理论的创立和学校智慧教育的倡导,构成了《智慧心理学》一书的主干,从理论和实践两个方面体现了汪教授对中国儿童青少年成才教育的苦心孤诣,真是令人感动和敬佩。这不禁令人联想起中共中央宣传部和教育部于 2020 年 6 月发布的《新时代学校思想政治理论课改革创新实施方案》的通知。该通知指出,为全面贯彻党的教育方针,深入落实中共中央办公厅、国务院办公厅《关于深化新时代学校思想政治理论课改革创新的若干意见》精神,充分发挥思想政治理论课(以下简称思政课)在立德树人中的关键课程作用,循序渐进、螺旋上升地开设好大中小学思政课。大中小学思政课程以了解学习、理解把握习近平新时代中国特色社会主义思想为课程主线,在政治认同、家国情怀、道德修养、法治意识、文化修养等方面提出明确要求,引导学生坚定"四个自信",做德智体美劳全面发展的社会主义建设者和接班人。虽然智慧教育不完全等同于思政课,但二者之间的共同点处处可见,而关于智慧教育的建言早在2014年就已由汪教授等人公开提出。

因此,如何将智慧教育纳入思政课的大纲与教材,应该是汪教授团队在《智慧心理学》正式出版后下一步努力的方向。经过心理学工作者的多年努力,心理健康教育课程现已正式列入中小学及中专思政课程。这对于使心理健康教育体制化,在全国范围内统一课程和教材内容,统一师资培训队伍,完善心理健康服务体系,从而广泛而深入地提升中国儿童青少年的心理健康水平,无疑是一项具有深远影响的教育政策。智慧教育进入教育部正式规范化管理的思政课程或许存在两种途径。

第一,智慧教育作为心理健康教育的一个组成部分进入学校思政课堂。心理健康教育的目的不仅仅是防止和化解消极的心理倾向,更重要的是促进和提升积极的心理倾向,要让受教育者能够乐观向上、自主创新地生活。而智慧教育是"为智慧而教",要让受教育者能够在日常生活中使用智慧,并且能够用智慧创造一个更加美好的世界。因此,在所欲达成的最终目标上,心理健康教育与智慧教育完全是殊途同归的。

第二,智慧教育作为思想道德教育的一个组成部分,进入学校思政课程。中国文化历来重视人的德育,以孔子为代表的儒家将道德教育体系化,不仅宣扬了"仁义礼智信"的德育理论,而且建构了"君臣父子夫妻兄弟"的人伦关系,流传千年而不衰。按照汪教授的说法,孔子也被认为是中国历史上开展智慧教育的第一人。因此,智慧教育与德育有着传统的天然联系,而且,《智慧心理学》一书也是特别写给进入新时代的中国教育界同仁的,为更好地培养造就大批德才兼备的高层次人才,将智慧教育纳入以德育为主的思政课中也应是顺理成章之势。

现在让我们从智慧教育再回到智慧本身。德国哲学家雅斯贝尔斯(Karl Jaspers)在其著名的《历史的起源与目标》一书中发现了人类文明的"轴心时代"。这是人类文明精神发生重大突破的时期。在"轴心时代",人类的智慧达到一个历史高峰,几大文明虽有千山万水的阻隔,但都不约而同地各自产生极具智慧之人,他们的思想塑造了不同的文化形态和传统,一直影响着那个时代之后的人类生活。"轴心时代"具有大智慧的先贤们,启蒙了人类"终极关怀的觉醒",并引导人类开始用理智的方法和道德的方式来面对各自生存的世界,其中包括外在的物质世界、同类互动的社会世界和个人内心的精神世界。

由老子、孔子等启蒙者塑造的中华文化,将"大道"牢牢地建筑于人间社会,因而使中国文化中的智慧由里到外都染上浓浓的道德色彩。道家认为,大智慧是对"道"的把握,真正的大智慧是与"道"融为一体的,真正的大智者懂得天理运行之道,从而"顺应自然",做到"天人合一"。因此,道家智慧也具有深刻的"人学"内涵,如《老子·三十三章》"知人者智,自知者明"。而儒家的智慧更是如此,如《荀子·修身》中提出"是是、非非谓之知,非是、是非谓之愚",《荀子·正论》中则有"天子者……道德纯备,智惠甚明"。因此,按照汪教授的智慧的德才一体理论的定义,"智慧是良好品德与聪明才智的合金",其中"才智"这一构成元素似乎甚为薄弱。

西方文明中的智慧似乎更为均衡地将道德与才智两种元素进行了合成,凝练出一种西方文艺复兴之后引领人类文明的大智慧。在西方,道德与才智的关系最常见于宗教与科学的关系。科学从宗教哲学中衍生出来,而二者又曾陷入激烈对立。在科学的世界,尤其是数学的世界,没有人的立足之地;人虽然可以解释宇宙万物,可以解释一切,却唯独没有办法解释自己。现代人的所有不幸都可以归结为一点:不知道如何安宁地待在屋子里;科学无法安放人的灵魂。但不断进化的人类今天似乎又在将二者复合为一种大智慧。人们开始相信,科学的尽头就是宗教的开始。科学是研究物质的,是对外面的部分,是形而下的。它的目的固然是研究真理,但偏于知识与理论。宗教是维系心灵的,是对里面的部分,是形而上的。它的目的同样是为研究真理,但侧重生命与经验。科学注重实验,宗教注重信仰。科学研究物质、外表,宗教重视灵性、道德。

有人说,在这个物欲横流的时代,只有严肃的科学研究者才是唯一具有深厚宗教信仰的人。这是因为只有具有充分才智的人,才不会被欲望模糊双眼,才能分辨道德是非与高低,才可能获得道德和才智双全的大智慧。因此,对于智慧教育,我更相信这样的说法,"假设善恶是可以判断的,那么明辨是非的前提就是发展智力,增广知识"。在中国传统文化的背景之下,智慧教育应该首先考虑如何提高受教育者明辨是非的能力和才智,如批判性思维能力。批判性(又被称为"审辩性")思维使人"能动、持续和细致地思考任何信念或被假定的知识形式,洞悉支持它的理由以及它所进一步指向的结论",而不是不加反省地接受所谓的权威观念。智慧教育要大力促进人们的聪明才智,具体而言,智慧中的批判性思维才智成分可分解为如下可教可学的内容:对知识充满好奇和热情;对寻找知识抱着真诚和客观的态度;对不同的意见采取宽容的态度,防范个人偏见的可能;以理由和证据去分析问题;有系统、有目标地处理问题;对自己的理性分析能力具有自信;能审慎、有选择性地接受解决问题的多种方法;等等。

当然,我自己正在大力提倡"科学"与"人文"齐头并进的创新思路和制度设计,但这是针对那些已经将心理学研究和服务作为自己终生职业生涯的特定人群而言的。心理学是以人为研究对象的学科,从根本上讲,它是无法真正还原为以物为研究对象的物理学的,因为物理科学无法安放人的灵魂。因而,心理学在向前迈进的时候,一定要寻求人文学科和道德伦理的指引。然而,当我们将视野放大至一般人群的道德与才智的智慧教育时,上述齐头并进、相互平衡的策略或许就要作些调整了。因为我们的教育者和受教育者就生活在深厚的道德文化背景之中,每时每刻地接受着"做什么样的人"的道德引导,因而智慧教育似乎可以进一步加强"怎样做人"的才智教化。也就是说,在中国实施智慧教育,道德与才智的天平向才智一端多些倾斜应该是合情合理、符合国情的措施。

这便是我所理解的智慧教育。希望各位在读完《智慧心理学》一书之后,也能如同汪教授和我一样，将人类智慧放到历史和文化的背景之中加以充分理解，从而更好地指导自己和他人完成毕生的、道德与才智合为一体的智慧教育。

博士、研究员、博士生导师
中国科学院心理研究所
2021 年 10 月 10 日

序 二

自心理学提出和建立"智力"及"智商"的概念以来,心理学工作者便一直致力于拓展和完善纯粹的"智力"及"智商"范畴所不能涵盖的人类心智特征,如"情绪智力""情商""创造力",乃至"乐商"及"财商"等。而在所有这些具有拾遗补阙意味的努力之中,有关"智慧"的概念,其涵盖面可能是最广最全的。它不但涉及生存与适应,也涉及体验和幸福;不但涉及个体自我发展,也涉及他人与社会;不但涉及对客观现实的认知,也涉及对事物价值的判断。虽说狭义的(基于当今科学心理学体系的)智慧心理学发轫于西方,但智慧心理学思想在中国传统文化中有深厚的根基与渊源,足可以为当今有关智慧心理学的研究与应用提供具有不可或缺价值的启示。《智慧心理学》正兼具这一东西合璧、古今兼备的特点。它既体现了作者精深的科学心理学素养和把握心理科学前沿研究的能力及敏锐性,又体现了作者深厚的中国文化传承和学识;既体现了作者对智慧心理学领域所包含的各科学命题或课题的系统深入的思考和探索,又体现了作者对当今现实的深切关注及其作为心理学和教育工作者的社会使命感与责任感;既体现了作者对现有智慧心理学知识体系的全面深入的理解,又体现了作者的独立思考、独到见地和独特创造与创新。尤为难得的是,本书立足于中国文化,系统总结了中国历史上典型的智慧案例,并运用现代心理科学的观点和方法加以研究与阐释,其意义在某种程度上已超出心理学的领域,具有了更加广阔深厚的人文科学含义。在我看来,本书一个最为基本的立足点和出发点,是汪凤炎教授提出的"德才一体方是智慧"的思想,这是作者长期开展文化心理学研究的一个重要的思想结晶。它将聪明和才智置于高尚品德的背景与前提之下,认为对智慧而言,"德"与"才"缺一不可,无"才"的"德"会失去其适应与生存的依据,无"德"的"才"则有可能成为恶而终究难免败亡,唯有有"德"的"才"才是真正的大智慧,是个人安身立命之本,人类文明进步之道。这在一定意义上体现了中国文化的特点,也更好和更加全面地诠释了智慧的内涵。这一思想始终贯穿全书,因此,阅读本书,人们不但能学习智慧心理学领域的相关研究,而且能获得有益的人生指导,这点对青年学生而言尤为重要。总之,该书既是智慧心理学的一本系统完整的入门导读,又体现了中国智慧心理学研究的新思想、新高度、新综合和新价值引领,在一定意义上代表了智慧心理学作为当代心理学体系一个领域或分支在中国的确立。

罗劲

博士、教授、博士生导师
首都师范大学
2021 年 10 月 7 日

序 三

《智慧心理学》是中国首部智慧心理学领域具专著性质的教材,作者在智慧心理学领域耕耘十几载,先是指导学生做论文,然后给研究生开设智慧心理学课程,在做科研和授课过程中不断思考与积累,最后著成杰作。整个过程自然而然,令人神往,着实体现了科研和教学的教学相长与完美结合。

看文稿的过程,我惊叹于作者的勇气和毅力,从整本书内容的丰富程度来看,整个过程不可谓不辛苦。该著作内容涉及多个领域,不仅从文化和哲学层面讨论智慧的概念、结构、分类、生成与发生,智慧与自我,智慧与文化等内容,更是从神经科学、管理学和教育学层面探究智慧的脑机制、智慧与死亡、智慧建言、智慧纳建、人工智慧、智慧教育等。汪凤炎先生在编写说明中就提出此作要兼具系统性和特色,可以说他很好地完成了这一目标。

《智慧心理学》涵盖的主题非常丰富,可以说基本涵盖了智慧心理学的各个层面,能为从事该领域或计划踏入智慧研究领域的学生提供"指南式"的引导。著作逻辑结构清晰、语言精练,从基本的智慧概念、研究过程、发展历史逐步上升到智慧与性别、年龄、自我、文化、幸福感、死亡的关系,最后落脚于智慧教育,而且每一章都以摘要和核心概念这种概览的形式开始,使学生能够迅速了解本章的框架和重点。值得一提的是,该著作具有五大特色:第一,理论与实证相结合。从1879年冯特(Wilhelm Wundt)建立第一个心理学实验室起,实证研究在心理学发展中占据非常重要的地位。该著作在写作逻辑上从理论或哲学的高度出发,又兼以实证研究是非常好的。例如,在第六章,先阐述柏林智慧模式、积极人格发展观、MORE生活经验模型、社会生态取向等理论模型,然后佐以最新的实证研究。第二,边述边评。在阅读过程中可以明显地体会到作者并非全盘机械地总结和归纳以往研究,而是以批判性的方式对各种理论模型和实证研究进行评述,真正做到了述评一体。第三,展现理论和概念创新。著作中有大量作者原创性的概念和理论,例如,智慧的德才一体理论、人工智慧、汪氏智慧测验、自我的太极图模型、愚蠢的德才欠缺理论,等等。这些理论大都先经过严格的同行评审在权威期刊上发表,后整理到专著中,极具原创性和严谨性。第四,融会中西。心理学的发展必定得益于对不同文化下各种心态(心灵)的探究,该著作在充分吸取西方智慧心理学思想精髓的基础上,致力于突出中国智慧文化的特色。文中梳理了中国文化中有关智慧研究的思想,引用了大量传统典籍中的故事。第五,落脚于现实。研究的最终目的是服务于现实,著作中对智慧建言、智慧纳建、人工智慧和智慧教育的系统探讨可以为企业管理、计算科学和教育提供指导性建议,特别是基于智慧的德才一体理论,对智慧教育的内涵、通用策略、基本原则等提出的一揽子设想与计划,完全可以另起炉灶,再出佳作。

博士、教授、博士生导师
南京师范大学心理学院
2021 年 10 月 17 日

目 录

第一章 关于智慧心理学的两个问题 /1
 第一节 智慧心理学的研究意义 /1
  一、辩证看待德与才的关系,把握智慧本质 /1
  二、培育智慧型人才,促进国家又好又快地发展 /5
  三、挖掘中国传统文化中的智慧心理学思想,彰显文化自信 /6
 第二节 智慧心理学的研究方法 /6
  一、智慧心理学的基本研究过程 /6
  二、科学选择具体研究方法 /13
  三、提高智慧心理学科研能力的策略 /35

第二章 智慧心理学发展简史 /42
 第一节 20世纪70年代之前的智慧心理学 /43
  一、哲学意义上的智慧心理学 /43
  二、心理学家眼中的智慧心理学 /63
 第二节 20世纪70年代以来的智慧心理学 /68
  一、20世纪70年代以来心理学者关注智慧的缘由 /68
  二、20世纪70年代以来智慧心理学发展概况 /72

第三章 智慧的内涵 /79
 第一节 智慧定义的纷争与整合 /79
  一、智慧定义的纷争 /79
  二、智慧定义的整合 /95
 第二节 智慧与相关概念的辨析 /104
  一、智慧与常见相关概念 /104
  二、智慧与智慧推理 /111

第四章 智慧的结构 /117
 第一节 智慧结构的早期和中期探索 /117
  一、智慧结构的早期探索 /117
  二、智慧结构的中期探索 /118
 第二节 智慧结构的新近探索 /120

一、智慧的二维结构观 /120

二、智慧结构的新近探索 /124

第五章 智慧的分类 /125

第一节 智慧的经典分类 /125

一、真智慧与伪智慧 /125

二、理性智慧与感性智慧 /126

三、常规智慧与应变智慧 /127

四、个人智慧与一般智慧 /127

五、特殊性领域的智慧与普遍性领域的智慧 /129

六、个体智慧与集体智慧 /130

第二节 智慧的新分类 /130

一、特定领域内的智慧、普遍性领域的智慧与全知全能的智慧 /130

二、人慧与物慧 /132

三、真智慧与类智慧 /138

第六章 智慧的生成与发展 /140

第一节 智慧的脑机制 /140

一、智慧的神经生物学模型 /141

二、智慧重要子成分的脑机制 /141

第二节 智慧与年龄 /151

一、增长模型：智慧与年龄呈正相关 /151

二、衰减模型：智慧与年龄呈负相关 /153

三、晶体模型：智慧与年龄无直接关联 /154

四、高原模型：智慧与年龄呈倒U形关系 /156

五、综合模型：智慧与年龄的关系因境而论 /157

第三节 智慧与性别 /159

一、哲学心理学对智慧性别表现的探讨 /160

二、智慧心理学对智慧性别表现的研究 /163

第四节 个体智慧的生成样式、发展过程与影响因素 /168

一、个体智慧的生成样式 /168

二、个体智慧的发展过程与阶段 /169

三、智慧生成与发展的影响因素 /175

第七章 智慧的测量 /194

第一节 智慧的表现测量取向 /195

一、智慧的表现测量取向的早期做法 /195
　　二、智慧的表现测量取向的新发展 /199
　　三、对智慧的表现测量取向的简要评价 /202
　第二节　智慧的自陈量表测量取向 /204
　　一、智慧的自陈量表测量取向的早期做法 /204
　　二、智慧的自陈量表测量取向的新发展 /208
　　三、对智慧的自陈量表测量取向的简要评价 /211

第八章　智慧与自我 /214
　第一节　自我及其类型 /214
　　一、什么是自我 /214
　　二、自我的分类 /216
　第二节　有我与智慧 /221
　　一、自我反思与智慧 /221
　　二、小我与所罗门悖论 /225
　第三节　无我与智慧 /228
　　一、没有自我或迷失自我均会阻碍个体展现智慧 /228
　　二、三种类型的无我能促进个体的智慧表现 /229
　　三、无我与自我实现在智慧历程中的有机统一 /232

第九章　智慧与文化 /235
　第一节　文化的内涵及其与智慧的关系 /235
　　一、文化的内涵 /235
　　二、文化与智慧的关系 /237
　第二节　三种文化视角下的智慧 /240
　　一、文化普遍主义及其与智慧的关系 /240
　　二、文化相对主义及其与智慧的关系 /242
　　三、多元文化汇聚主义及其与智慧的关系 /245

第十章　智慧与幸福感 /248
　第一节　幸福感及其类型 /248
　　一、主观幸福感与享乐主义幸福感 /249
　　二、心理幸福感与自我实现幸福感 /250
　　二、精神幸福感 /251
　第二节　不同幸福感类型与智慧的关系 /253

一、享乐主义幸福感与智慧的关系 /253

二、自我实现幸福感与智慧存在正相关关系 /258

三、精神幸福感与智慧的关系 /261

四、研究智慧与幸福感时应重视的问题 /262

第三节 从智慧发展历程看智慧与幸福感的关系 /263

一、积极人格发展观 /264

二、发展历程观 /264

三、不同智慧水平与幸福感的关系 /265

第十一章 智慧与死亡 /268

第一节 向死存在助推智慧及其机制 /269

一、向死存在助推智慧的证据 /269

二、向死存在助推智慧的机制 /270

第二节 向死存在阻碍智慧及其机制 /270

一、向死存在阻碍智慧的证据 /271

二、向死存在阻碍智慧的机制 /271

第三节 向死存在是否助推智慧受多种因素调节 /271

一、调节向死存在与智慧的因素 /271

二、澄清死亡与智慧的关系尚须深究的问题 /272

第十二章 智慧建言 /274

第一节 智慧建言的内涵与正反例 /274

一、智慧建言的内涵 /274

二、智慧建言与建言的异同 /276

三、智慧建言的正反例 /276

第二节 智慧建言的类型与影响因素 /282

一、智慧建言的类型 /282

二、智慧建言的影响因素 /284

第十三章 智慧纳建 /288

第一节 智慧纳建的内涵与正反例 /288

一、智慧纳建的内涵 /288

二、智慧纳建与纳建的异同 /289

三、智慧纳建的正反例 /290

第二节 智慧纳建的类型、过程与影响因素 /292

一、智慧纳建的类型 /292
　　　二、智慧纳建的过程 /293
　　　三、智慧纳建的影响因素 /295

第十四章　智慧与愚蠢 /300
　　第一节　愚蠢研究的兴起 /300
　　　一、心理学界曾长期忽视对愚蠢的研究 /300
　　　二、对愚蠢的研究逐渐进入心理学视野 /301
　　第二节　愚蠢的内涵 /301
　　　一、对愚蠢的语义分析 /301
　　　二、斯腾伯格等人对愚蠢的界定 /302
　　　三、对愚蠢的新界定 /302
　　第三节　愚蠢的类型 /303
　　　一、斯腾伯格对愚蠢的分类 /303
　　　二、对愚蠢的新分类 /304

第十五章　人类智慧与人工智慧 /314
　　第一节　关于人工智能的三个问题 /314
　　　一、人工智能的内涵 /314
　　　二、人工智能与智慧 /315
　　　三、人工智能与人类生存 /315
　　第二节　人工智慧的内涵与类型 /317
　　　一、人工智慧的内涵 /317
　　　二、人工智慧的类型 /321
　　第三节　从人工智能走向人工智慧 /322
　　　一、人工智能是否可以发展成人工智慧 /322
　　　二、人工智能如何走向人工智慧 /324

第十六章　智慧教育 /328
　　第一节　有关智慧教育的三个问题 /328
　　　一、开展智慧教育的原因 /328
　　　二、智慧教育的内涵 /329
　　　三、开展智慧教育的途径:经验与教训 /331
　　第二节　培育智慧的通用策略 /334
　　　一、不断完善个体的道德品质 /334

二、多管齐下提高个体的聪明才智 /346

第三节 智慧教育的基本原则、课程和保障措施 /348

一、智慧教育的基本原则 /348

二、智慧教育课程 /348

三、智慧教育的保障措施 /356

参考文献 /359

附录 /402

附录1 《整合智慧量表》/402

附录2 《自我评估智慧量表》(中英文对照版)/405

附录3 《智慧发展量表》(中英文对照版)/410

第一章

关于智慧心理学的两个问题

内容摘要

本章共分两节:第一节论述智慧心理学的研究意义。第二节探讨智慧心理学的研究方法。本章的重点是智慧心理学的内涵及研究对象,以及研究智慧的方法。

核心概念

智慧心理学　理论智慧　实践智慧　认知智慧　创造力　恶意创造力　语义分析法

第一节　智慧心理学的研究意义

一、辩证看待德与才的关系,把握智慧本质

(一) 有关德与才关系的四类常见错误观念

现实生活中,一些人往往未认清德与才之间的辩证统一关系,偏执一端。这不但对教育和管理制度的建设造成一定妨碍,也使个体自身难以成长为"必仁且智"的智慧型人才,制约人生的良好发展。概括而言,关于德与才关系的常见错误观念主要有四大类(汪凤炎,郑红,2014,pp.48-49)。

1. "仁者无敌"

"仁者无敌"的本意是,一个有高尚品德且行仁政的国王在征讨一个极端缺德且行暴政的国王时,可无敌于天下(杨伯峻,2005,p.86)。此观念错在片面强调美德在待人接物上的作用,忽略才能的重要性。"仁者无敌"的实现有一定前提,即一国王品德高尚且行仁政,处于一个极端,另一个国王极端缺德且施暴政,处于与前一个极端相反的另一个极端。忽视这一前提谈"仁者无敌",必然将"仁者无敌"推到谬论的边缘。在"仁者无敌"这种片面观念的影响下,中国人在日常生活中产生两种与之对应的行为方式:重德轻智;极端轻视科技知识,视其为雕虫小技。机械割裂德与才的辩证关系,片面强调"仁者无敌",造成的消极后果至少有三:(1)造就大批缺乏才智的善人;(2)导致个体形成双重人格;(3)致使中国传统文化缺少科学因子(汪凤炎,郑红,2014,pp.49-76)。

2. "智者无敌"

"智者无敌"中的"智"指聪明才智。"智者无敌"的含义是有聪明才智,尤其是在自然科学领域显露高超聪明才智的人无敌于天下。此观念错在片面强调才能在待人处世上的作用,忽略美德的重要性。"智者无敌"观念对中国人尤其是当代中国人的影响体现在两个方面:重智轻德和道德教育的边缘化。片面强调"智者无敌",导致"森林法则"盛行,容易出现内卷、躺赢、躺赚和躺平现象。内卷(involution)原指农民为增加农作物的产量而不断增加劳动投入,却未使农作物产量成比例增长的现象,现引申为非理性的内部竞争导致的内耗现象。任何决策或行动都基于信念。研究表明,个体一旦相信存在客观最优,就会追求最优。然而,客观最优信念(belief in an object best)只是个体心中的想法,并非真实存在于客观世界。如果个体相信存在客观最优,无论其做了怎样的选择,都会觉得不是客观最优,都会不满或后悔。他们一直在寻找最优,却不知道最优究竟在何处。由此,内卷便必然会出现,而且无论如何内卷,都无法卷到最优,因为最优原本就不存在,或者说,只存在于人们心中(Luan & Li, 2017a)。内卷的本质是资源的浪费和进步的停滞乃至退化(陈兆平,2021;褚天青,芜崧,2020)。将英文"revolution"(革命)、"evolution"(进化、演化)和"involution"(内卷)三个词放在一起比较或许更易理解:革命是一种突变,是最激烈的事物变革的方式;进化、演化是一种常态,表明事物在慢慢变化;事物不进化,反而退化,叫作"involution",因此,"involution"宜译作"退化"(杨东平,2021)。躺平指个体遇到来自学习、工作或生活的要求、压力或挫折时,不作任何反应,"躺倒在地",不再有励志表现,不再渴求成功(陈兆平,2021;褚天青,芜崧,2020)。有人认为,躺平本身不是目的,而是以低姿态冷静、理性地面对当前挑战,等待时机成熟再出发。研究表明,躺平即放弃效用和付出,并不能令人真的满意,满意是效用与付出间的平衡。也就是说,追求可行性(feasibility)和合意性(desirability)可能是满足者偏好"足够好选择"(good enough choice)的原因。在某种程度上,"足够好"是在合意性与可行性间妥协的结果(Luan & Li, 2017b)。躺赢指躺着也能赢。躺赚的字面意思是躺着就能赚钱,实际指能以轻松愉快的方式赚到钱,或轻而易举地赚钱(褚天青,芜崧,2020)。内卷、躺赢、躺赚和躺平现象的存在,让身处"食物链"下游的普通百姓难以体验到幸福感,也容易让那些所谓的智者"聪明反被聪明误"——要么走进斯腾伯格所谓的盲目乐观、自我中心误区、无所不知误区、无所不能误区与坚不可摧误区,做出愚蠢行为(Sternberg, 2004b),害人害己(汪凤炎,郑红,2014, pp.76-84);要么落入"聪明陷阱",因聪明而善于模仿,因成功模仿后获得人们的一时肯定而沾沾自喜、骄傲自满,进而专挑一些眼前易成功的事情去做,自以为找到成功的捷径,不肯下"笨功夫"沉下心钻研创新,最终并无真正的成就。真正有大成就者往往先痴迷某事或某物,执着地下"笨功夫",最终收获成功。

"五贤不及一恶"的典故便是典型一例。《资治通鉴·周纪一·威烈王二十三年》记载:

初,智宣子将以瑶为后,智果曰:"不如宵也。瑶之贤于人者五,其不逮者一也。美鬓长大则贤,射御足力则贤,伎艺毕给则贤,巧文辩慧则贤,强毅果敢则贤;如是而甚不仁。夫以其五贤陵人而以不仁行之,其谁能待之?若果立瑶也,智宗必灭。"弗听。智果别族于太史,为辅氏。……大败智伯之众,遂杀智伯,尽灭智氏之族。唯辅果在。(司马光,2012,pp.6-13)

春秋时期,晋国最强大的智氏家族的族长智宣子计划立儿子智伯为继承人。智果识人入木三分,直言劝阻道:"智伯身上有别人难以企及的五大优点,身材高大俊秀,善骑射,多才艺,有口才,性格坚毅刚强、果断勇敢,但智伯有一个致命缺点,即没有仁爱之心。智伯这种有五贤而无仁爱心者一旦继承族长的位置,必将给智氏家族带来灭顶之灾。"智宣子未采信智果的良言,固执地宣布立智伯为继承人。有远见的智果只好当机立断宣布另立宗庙,脱离智氏。智伯当上族长后,果然恃强凌弱,贪得无厌,招来赵、魏、韩三家的联合攻击。智氏一族最终被打败并灭族。智果一族因此前已另立宗庙,幸运地得以保全。

3. "缺德者无敌"

"缺德者无敌"的含义是缺德之人(黑心之人)无敌于天下。此观念错在片面强调厚黑学在待人处世上的作用,不但忽略美德的重要性,而且有意从一开始就将才能有计划、有目的地用于坑蒙拐骗。在此观念影响下,极少数中国人片面理解荀子的"人性本恶"观点,主张为达目的不择手段,信奉西式厚黑学——马基雅弗利主义。日常生活中,至少有四类不良现象与"缺德者无敌"观念相关:(1)走后门,参与不正当竞争;(2)为谋取私利不择手段;(3)说谎之风日盛;(4)一些流行媒体热衷炒作传统文化里的厚黑元素。信奉"缺德者无敌"导致人际交往过程中,尤其是与陌生人交往时,诚信缺失,人与人之间道德冷漠,缺乏对生活的安全感,损害中国人的正面形象,造成国家和人民的生命财产损失(汪凤炎,郑红,2014,pp.84-101)。

4. "只要拥有强大家庭背景就可无敌"

"只要拥有强大家庭背景就可无敌"的意思是,个体只要拥有强大的家庭背景,即便自身无德无才,也可无敌于天下。此观念错在不注重自身修养(包括美德和才能方面的素养),只片面依赖家庭的支持。此观念至少会产生三个消极后果:(1)有强大家庭背景者易产生错误心态,认为只要身在豪门,无论是否有良好品德修养与才华,都会有一个光明的未来,进而更加不思进取,不愿修身养性。"富不过三代"便多是后代中有一些子弟受此不良心态影响的结果。(2)出身贫寒却有真才华者易英雄无用武之地,报国无门。这既严重损害社会的公正、公平,也埋下社会不和谐的祸根。(3)易让一些生于寒门的个体在追求成功的道路上走捷径,不惜削尖了脑袋攀附豪门,以便"背靠大树好乘凉"。可见,"有强大家庭背景者无敌"的观念,不但会给他人、社会和国家带来消极后果,而且会给自己或后人造成不利影响,害人又害己(汪凤炎,郑红,2014,pp.101-102)!

(二) 在德与才之间建立起二者相互促进的正向关系

由于品德属于价值维度,聪明才智(简称"聪明"或"才华",主要体现为创造力的大小)属于才能维度,因此,从理论上讲,品德与聪明才智之间本无关系(见图1-1)。

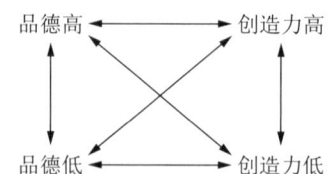

图1-1 品德与创造力之间的关系示意图

创造力通常指特定环境下,个体产生新颖(独创、预想不到)和适宜(不超出条件限制且有用)的思想或产品的能力(Runco & Jaeger, 2012;程瑞,卢克龙,郝宁,2021)。由图1-1可知,从品德方面看,品德高者,其创造力可高可低,品德低者亦如此;从创造力方面看,创造力高者,其品德可高可低,创造力低者(只要智商正常)亦如此。这表明,无人为因素干预的自然状态下,从总体上看,品德与聪明才智(创造力)之间本无关系。因此,从古至今,品德高的人群中,既有拥有高创造力者(如孔子等),也有基本没有创造力者(如生活中常见的普通老实人);与此同时,拥有高创造力的人群中,同样既有道德高尚者(如爱因斯坦等),也有缺德甚至丧尽天良者(如哈伯等)。若以横坐标代表品德,以纵坐标代表创造力,则可将人分为四种类型,如图1-2所示。

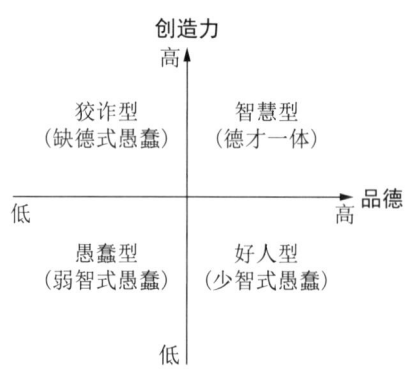

图1-2 四种类型者在品德与创造力上的表现示意图

四种类型者在品德与创造力上的表现有显著差异:(1)第一象限代表智慧型。此类人德才一体,不但品德高尚,而且在某一领域或某几个领域有良好的创造力。孔子、马丁·路德·金(Martin Luther King)与圣雄甘地(Mohandas Karamchand Gandhi)等是其中的佼佼者。(2)第二象限代表狡诈型。此类人虽品德低劣,却有颇高的创造力,属典型的才多德少或有才无德之人。希特勒(Adolf Hitler)之类的狡诈聪明者的心理素质便属此类型。此类人往往具有较高甚至极高的恶意创造力(malevolent creativity)——创造力"阴暗面"

的典型表现,指蓄意伤害他人、财产、过程、象征物等的创造力(Cropley,2010;Cropley et al.,2008;Plucker et al.,2004;程瑞,卢克龙,郝宁,2021),易犯缺德式愚蠢。(3)第三象限代表愚蠢型,此类人因智力不足,德才俱少,既不可能修得高尚的品德,也毫无创造力可言。晋惠帝司马衷之类的愚人便属此类。他们易做出弱智式愚蠢行为。(4)第四象限代表好人型。此类人德多才少,虽有良好品德,却少创造力。东郭先生之类的好人便属此类型。这类人易犯少智式愚蠢的错误,故易上坏人的当。可见,尽管从总体上看,品德与创造力无关,但从培育人才的角度看,须在德与才之间建立起相互促进的正向关系。因此,在教育上,须将培育德才一体的智慧者作为教育的根本目标。因为只有在"人"字的一撇上写上"良好品德"(个体持久地通过道德教育和自我心性修养功夫来培育自己的善心),在一捺上写上"聪明才智"(体现在做人做事的过程中),并保证良好品德与聪明才智相辅相成,和谐发展,才能生成一个真正意义上的智慧之人、健全之人。也就是说,越善良的人越需要聪明才智,以便及时反思自己的善心与善行是否展现得恰如其分;越聪明的人同样越需要善良,以防止自己将聪明用错了地方。可见,"人"这个字,一撇一捺都须达到一定的长度,否则,就是德才俱少的弱智者。同时,"人"字的一撇一捺之间只有相互支撑,相互依靠,相辅相成,才能站得稳、立得住,才能引导个体走好漫长的人生路(见图1-3),缺了哪一半都站不稳、立不住,个体就会成为"残疾人";撇长捺短,就成了德多才少的无用式好人;撇短捺长,就成了德少才多的狡诈之人(汪凤炎,郑红,2014,p.115)。由此可见,开展智慧心理学研究,有助于人们辩证看待德与才的关系,把握智慧本质。

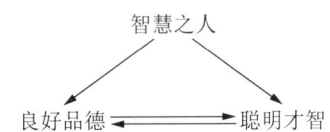

图1-3 智慧之人与良好品德和聪明才智的关系示意图

(汪凤炎,郑红,2014,p.115)

二、培育智慧型人才,促进国家又好又快地发展

当今世界,国与国之间的竞争,说到底是人才的竞争。同时,随着中国改革开放事业的不断向前发展,为了更好地建设社会主义现代化国家,社会对人才的数量和质量都提出了新要求。深入开展智慧心理学的研究,揭示智慧的本质与规律,可为妥善开展智慧教育、智慧管理、个性教育、心理健康教育和职业生涯规划提供扎实的理论依据和实证手段。培育智慧型人才,促进个体和群体智慧的发展,既能帮助个体成就幸福人生,又将促进国家又好又快地向前发展。

三、挖掘中国传统文化中的智慧心理学思想，彰显文化自信

文化是民族的血脉，是人民的精神家园。爱智既是中华民族文化的基本精神之一，也是中华民族的优良传统，深入挖掘中国传统文化中的智慧心理学思想，将之作与时俱进式的现代诠释、转换与生成，能更好地彰显中国的文化自信。例如，至少自孔子开始，有远见的中国先哲就主张做人要做到"必仁且智"，并身体力行。《孟子·公孙丑上》记载：

> 曰："恶！是何言也？昔者子贡问于孔子曰：'夫子圣矣乎？'孔子曰：'圣则吾不能，我学不厌而教不倦也。'子贡曰：'学不厌，智也；教不倦，仁也。仁且智，夫子既圣矣！'夫圣，孔子不居，是何言也？"

孔子虽不以圣人自居，但在子贡眼中，他能做到学习不知满足，教人不嫌疲劳。学习不知满足就是智，教人不嫌疲劳就是仁，既仁且智，孔子已是圣人（杨伯峻，2005，p.67）。《荀子·君道》则说："故知而不仁，不可；仁而不知，不可；既知且仁，是人主之宝也，而王霸之佐也。"这对德才合一之人推崇备至！由此可见，中国传统文化中不但有厚重的智慧文化，而且中式古典智慧观蕴含着浓厚的"德才一体方是智慧"的思想。正是受到中国传统智慧文化的启迪，汪凤炎才建构出智慧的德才一体理论（陈浩彬，汪凤炎，2013；Wang & Zheng, 2012；汪凤炎，郑红，2014, pp.185-304；汪凤炎，郑红，2015）。该智慧理论现已得到一些实证研究的支持（陈浩彬，2020；陈浩彬，汪凤炎，2016, 2020；傅绪荣，汪凤炎，2020）。同时，汪凤炎与郑红（2009）基于中国古籍中的文字学证据和先哲的相关言论，从中国传统文化中提炼出"知而获智"的智慧观，认为这一智慧观主张从知识的角度定义智慧，且蕴含"转识成智"的思想，与柏林智慧模式有暗合之处，即便放在当代也未完全过时，仍有其合理之处。

第二节 智慧心理学的研究方法

如何研究智慧心理学？下面从基本研究过程、研究方法的选择与提高智慧心理学科研能力的策略三个方面进行详细探讨。

一、智慧心理学的基本研究过程

心理学的研究过程通常依次分为两个主要阶段：发现问题并形成假说或假设（发现），然后进行检验或验证（格里格，津巴多，2003，p.18）。换言之，"提出假设"和"检验或验证假设"是科学研究尤其是实验研究的两个基本步骤（黄一宁，1998，p.42）。智慧心理学的研究也是如此。

（一）发现问题，形成并提出假设或假说

做学术研究时，对象与方法的问题必须认真考虑。对象与方法，何者为先？何者为

重？对这个问题的回答，要点有二：一是论先后，宜以对象为先。换言之，宜优先考虑研究对象，不能避重就轻、避难从易，不能像当年行为主义者那样，为保证研究方法的客观性，将心理学的研究对象局限在行为上，而将当时不便做客观研究的意识和脑这个重要的"黑箱子"完全抛弃。二是论轻重，宜以方法为重。研究对象确定后，宜综合考虑其特点，以及自身知识背景等因素，选择最佳方法对其进行研究。方法恰当与否往往是研究能否获得实质性进展乃至质的突破的重要影响因素之一。本小节主要探讨研究对象的选择，研究方法则留待下文探讨。

1. 发现问题

（1）怎样发现问题

科学研究始于人们对未知现象及其间关系的疑问。尽管问题的来源颇多，一般而言，可概括为三种情况。

第一，原有知识的缺乏与困惑。产生与发现问题的最明显的情况是缺乏知识。不论是出自日常生活的直接观察（对环境中的事件、人物和动物的直接观察）或个人经验，还是出自研讨已有研究文献或现有理论学说（一些问题被视为从早期学者中传下来的"伟大但没有答案的问题"），个体一旦缺乏对某一事件或现象的了解，都会对该事物或现象产生疑问，从而寻求信息，探讨并寻找问题的答案。换言之，人们无法用现有知识解释或说明某一事实或新现象时，就产生了一个或多个新问题。

第二，不同研究结果之间相互矛盾或不一致。假若几个探讨同一问题的研究的结果相互矛盾，或得出不一致的结论，那么新问题就产生了。

第三，有的问题源于研究者的奇思妙想，对日常生活经验的推想，或对文本（包括书籍、论文等）记载的某项研究或某一理论的推论（黄一宁，1998，pp.40-41）。

（2）怎样发现适合自己的好问题

对研究者而言，通过上述三种途径发现的问题并非每一个都适合自己。如何才能发现一个适合自己研究的好问题呢？这就要综合考虑以下三个方面的因素。假若某一主题经研究者全盘考虑后，认为适合自己去研究，那它对该研究者而言就是一个好问题，反之亦然。

问题的价值或意义　任何有学术价值的问题，一般有以下两方面的表现。这两方面的不同排列组合（包含不同的质或量）千差万别，正所谓"正奇相生，其变无穷"。

第一，理论上或史学上的价值。假若一项研究成果能在理论上增进人们对某一主题的理解或认识，此项研究就具有一定的理论价值。例如，皮亚杰提出的认知发展理论能增进人们在理论上对个体认知发展的理解，因而具有理论上的价值。如果一项研究成果能解决学科史上的某个或某几个问题，此项研究就具有一定的史学价值。

第二，应用上的价值。假若一项研究成果能在应用水平上增进人们对某一主题的认知及操作能力，此项研究就具有一定的应用价值。例如，安德森（Anderson，1985）将语文知识分为陈述性知识(declarative knowledge)和程序性知识(procedural knowledge)两大类,有助于人们更好地学习语文知识,因而具有应用上的价值。

某项研究成果一旦具有理论上、史学上或应用上的价值,便能促进相应学科的建设,也就具有一定的学科建设价值。例如,科尔伯格提出的道德发展理论对德育心理学和智慧心理学的发展具有重要意义,相应地,对德育心理学或智慧心理学而言,科尔伯格的这项研究就具有学科建设上的价值。

影响研究的个体与环境因素 一项研究具有学术价值,是否就一定适合自己呢?答案是否定的。事实上,各个学术领域都存在大量有学术价值的主题,不过,受某些因素的制约,其中许多主题并不适合某些研究者研究。研究者若未妥善考虑这些制约性因素,并将其中潜藏的问题处理好,最终极有可能反受其累。那么,如何判断某一研究主题的可行性呢?这就要进一步综合考虑以下两方面的因素。

第一,来自研究者自身的因素。它包括研究者的科研兴趣、学术背景或已有知识经验、思维方式、身心健康状态与人格特征,等等。身心健康状态与人格特征一看就明白,不多讲,只简要谈一谈剩余三个因素。俗话说:"兴趣是最好的老师。"在兴趣的激发下,个体能产生强烈的学习动机,克服重重困难去学习或钻研。从事感兴趣的活动能使人更好地集中注意,提高学习或科研效率,不易感到厌烦和疲倦。在兴趣活动中,个体还易得到满足与成就感。因此,如果个体对某一有学术价值的问题颇有兴趣或有浓厚兴趣,就可以尝试研究它;假若对它不太感兴趣甚至毫无兴趣,若有选择的余地,就不要研究它。毕竟,长期与一个自己不感兴趣的问题打交道是一件非常不愉快的事情。还需指出的是,虽然有些兴趣是天生的,但多数人的兴趣是在多次体验到成功的喜悦后逐渐形成的,因此,除非个体天生厌恶某事或某物,否则,可以通过努力,用一次次成功来培养自己对某事或某物的兴趣。因此,在寻找兴趣时不要盲目跟风,更不要贸然下结论,说自己喜欢或不喜欢做什么。你都没做,怎么能知道呢?其实,对绝大多数人而言,即便一开始缺乏对某事的兴趣,但如果在尝试的过程中能屡战屡胜,一定会慢慢喜欢上它;反之,即便一开始对某事有兴趣,但如果在尝试的过程中屡战屡败,无论最初对它有多高的热情,终究会慢慢放弃。可见,寻找兴趣的最好办法是尝试。通过尝试寻找适合自己从事的事情,随后用一次次成功培育自己对它的兴趣,进而让自己从"知之者不如好之者"进阶到"好之者不如乐之者"的境界,这样,不但越往后越轻松,而且越易做出成绩。已有学术背景或已有知识经验也是选择研究主题时宜考虑的一个重要因素。例如,不具备扎实理科学术背景的研究者,一般而言,不宜选择认知神经科学作为自己的主攻科研方向。假若没有扎实的国学功底,研究中国古代智慧心理学思想时就会非常吃力。如果不熟悉导师的科研成果,自然也很难选择一个让自己和导师都感兴趣且导师能深入指导的题目。思维方式同样是选择研究主题时宜考虑的一个重要因素。例如,就思维方式而言,一个习惯动作思维的研究者可以选择应用领域的研究主题,一个理论思维较强的研究者可以从事基础领域的研究工作。

第二，外部环境因素。它包括已有研究基础是否扎实、能有效使用的研究工具是否齐全、能有效支配的科研经费的数量是否充足、是否需要以及能否组建有效科研团队、满足条件的被试是否充足、能否有效收集与整理相关研究文献、单位工作量大小、家务量大小，等等。其中，后几个因素一看就明白，不多讲，只简要谈一下"已有研究基础是否扎实"这个因素。学术研究也有"突变"，但这不是学术研究的常态，而是学术研究的异态。学术研究的常态是遵循渐变原理。如果将某一主题现已取得的所有研究成就视作 A1，将研究者对此主题将要开展的进一步研究所取得的预期研究成果比作 A2，那么，A2 减 A1 的值一定是正数，且这个正数的值不会太大；假若 A2 减 A1 的值是一个负数，则表明此研究成果还未达到现有研究水平；如果 A2 减 A1 的值是"0"，便表明此研究属重复性研究，没有取得任何新进展。以微软公司推出的"Windows"系列产品为例，从"Windows 95"到"Windows 11"，其迭代遵循的就是渐变原理。张光鉴提出的"相似论"讲的也是这个道理（张光鉴，1985，1992）。因此，假若你的预期成果太超前，致使现有研究成果无法为你的研究提供起码的研究基础，那么，在一般情况下，可预测你的研究很难取得成功。这表明此主题暂时不适合你研究，因为它的客观条件暂不成熟。当然，如果你像爱因斯坦（Albert Einstein）、牛顿（Isaac Newton）、乔布斯（Steve Jobs）和王选（汉字激光照排系统之父）那样才华横溢，自然不受上述法则的限制，能做出大大超出现有研究基础的巨大且突破性成果，从而将某一科研领域提升到一个新的高度！

能否推陈出新 某一研究主题即便很有学术价值，即便研究者已拥有研究它的足够学术资源，仍不见得就适合。因为还必须考虑最后一个影响因素：能否推陈出新？假若答案是肯定的，那就可以去做；如果答案是否定的，那就不能去做。学术研究贵在一个"新"字，"新"是研究的"卖点"，也是同行评议的关键。当然，"新"有多种，主要包括选题新（找到一个全新的研究主题）、视角新（用新视角来提出问题、审视问题或研究问题）、论点新（提出前人未见的新观点，包括对经典材料作新诠释）、研究方法/研究范式/实验设计/研究工具新（使用与前人不同的研究方法、研究范式、实验设计或研究工具）、论据新（找到前人未发现的新证据）、结构新（使用前人不曾使用的结构组织材料）六大类。一项研究至少要具备这六个"新"中的一种，否则，就不值得研究，因为低水平的重复研究是科学研究的大忌。

综合上述标准，若想找到一个适合自己研究的好问题，需从六个方面努力：第一，因地制宜，杜绝盲目的"拿来主义"。要善于结合当代中国国情，挑出一个既有理论意义，更有现实意义的新主题进行研究。主题新自然容易出成果。为做到因地制宜，必须杜绝盲目的"拿来主义"，即不考虑是否适合中国国情，只要是外国同行尤其是美国心理学研究者曾关注的问题，就盲目作为自己的研究选题，然后美其名曰"填补国内空白"，或称"本土化"。殊不知，就心理学专业而言，有些外国学者关注的问题在中国国情下并不算问题，至少不能算主要问题；而中国社会存在的一些真真切切的问题，因不存在于西方发达国家，或者即便存在,也不算主要问题,故西方发达国家的学者并不关注。若研究的问题脱离中国国情,自然不易得到高质量的研究成果。第二,避免"炒剩饭"。某些问题曾是好问题,但经过一些学人的多角度研究,已取得丰硕成果,导致该问题在可预见的一段时间内无法再有实质性突破。对于此类问题,若后来者无法取得上述六种"新"中的一种,就应暂时搁置,待将来出现新思路或新方法等再进行研究。第三,不随便"拉郎配",即在没有扎实文献基础或理论基础的背景下,硬要求 A、B 与 C 之间的相关、中介或调节等关系。一般而言,只要 A、B 或 C 之间不是毫无关联,它们之间都会或多或少存在某种关系。因此,若无可靠文献依据或理论依据,诸如"A 与 B 的关系研究""A、B 与 C 的关系研究"等倾向作相关研究或中介变量或调节变量研究的题目,多属"拉郎配"性质的问题,一般难出新意,难以取得有价值的成果,一定要慎做。心理学研究中,确定中介变量和调节变量一般须符合三条标准:一是自变量与因变量之间有大于 0.5 的相关,二者之间可能存在中介变量;二者之间只有小于 0.5 的相关,那么,二者之间可能存在调节变量。二是样本的同质性高,须考虑中介变量;样本的异质性高,须考虑调节变量。三是须结合理论判断到底是中介变量还是调节变量,一般而言,中介变量只存在于个体自身,其外的变量(如环境变量)只能是调节变量,而不能作为中介变量。第四,慎自编问卷。这点在"问卷法"部分有详论,这里不多讲。第五,多做实证,慎做纯粹的理论研究。现代智慧心理学之所以能成为一个独立的心理学分支,实证研究功不可没。而且,当前国际智慧心理学的研究主流是实证研究,为与国际智慧心理学的发展潮流相吻合,更为提高中国智慧心理学的研究水平,初学者一定要从实证研究入手。同时,从随机性中寻找规律性,是统计的基本思想,也是统计的魅力所在。对多数硕士生或本科生而言,其理论思维尚处于发展阶段,还未真正成熟,更何况理论思维还需研究者有丰富的人生阅历,进而对人生有深刻理解,这一点多数硕士生和本科生显然也未达到。因此,初学者要放弃"理论好做,实验与统计难学"的偏见,慎做纯粹的理论研究。第六,多做小题目。"小题大做"往往更易操作,更易控制,更易深入,自然更易出成果。

2. 形成并提出假设或假说

科学研究中,了解问题后,研究者便会根据已知的科学事实和原理对其做出尝试性或假设性推测,形成科学假说。科学假说,也叫"科学假设"(hypothesis),指依据已有科学知识和新的科学事实,对研究的问题作出的猜测性说明或尝试性解答。科学假说的基本特征包括科学性、猜测性(非确定性)、可检验性。建立科学假说的原则有解释性、对应性、合理性、可检验性(陈至立,2019,p.2386)。

一般而言,科学假设不能写成"断言式"或"结论式",而要用"如果……那么……"的句式进行描述,主要指特定结果从特定条件中得出。例如,假若提出"可以预期,如果儿童在电视中看了大量暴力场面,那么,他们将对同伴表现出更多攻击行为"的假设,那么接下来的研究便是检验这个假设里的"如果"与"那么"的联系(格里格,津巴多,2003,p.19)。

建立明确的科学假设的意义主要有三：第一，有助于将经验事实与科学理论联系起来。第二，能帮助研究者理清自己的研究思路。提出假设往往是研究者思路清晰的表现。第三，使科学研究带有自觉的性质。研究者能根据自己的假设，自觉确定自己的研究方向，自觉而有计划地进行新的观察、新的实验，发现新的事实（黄一宁，1998，pp.42-52）。

至于提出假设的方法，根据推理表现的思维进程的方向性，可分为演绎推理法、归纳推理法和类比推理法三种。演绎推理（deductive reasoning），有时也称"演绎"，与归纳推理相对，指由一般性知识的前提出发推出个别性或特殊性知识的结论的推理。演绎推理有三段论、关系推理、假言推理、选言推理等，但最主要的还是三段论。遵守逻辑规则的演绎推理的前提与结论间具有蕴涵关系，因而演绎推理是必然性推理（陈至立，2019，p.5095）。归纳推理（inductive reasoning），也称"归纳法"，与演绎推理相对，指从个别性知识的前提推出一般性知识的结论的推理（陈至立，2019，p.1497）。归纳推理的结论通常超出前提陈述的范围，因此，当前提真时，结论并不必然真。归纳推理分完全归纳推理和不完全归纳推理两类。完全归纳推理，有时也称"完全归纳法"，指根据某类中每一个别对象都有（或没有）某一属性，推出该类全体都有或没有该属性的归纳推理。完全归纳推理的结论所断定的并未超出其前提所断定的知识范围，其结论是确定可靠的；但完全归纳推理只在被概括的对象数量不多的情况下才能应用（陈至立，2019，p.4459）。不完全归纳推理，有时也称"不完全归纳法"，指根据某类中一些个别对象有或没有某一属性，推出该类全体都有或没有该属性的归纳推理。不完全归纳推理是一种或然性推理，但其适用范围比完全归纳推理大，人类的知识大都通过不完全归纳推理获得。不完全归纳推理又分为简单枚举归纳推理和科学归纳推理两类（陈至立，2019，p.371）。类比推理，也叫"类比法"。根据两个或两类对象某些属性的相同，推出它们的其他属性也可能相同的推理（陈至立，2019，p.2547）。类比推理依照下述方式进行：

$$\frac{\begin{array}{l}A\text{ 对象具有属性 }a、b、c、d\\ B\text{ 对象具有属性 }a、b、c\end{array}}{\text{所以}，B\text{ 对象也具有属性 }d}$$

上式中，"A"和"B"可指两个类，也可指两个个体，还可一个指类，另一个指个体。换言之，类比推理可在类与个体之间应用（普通逻辑编写组，1979，p.203）。例如，荷兰物理学家惠更斯（Christian Huygens）曾运用类比推理提出光波的概念。光和声这两类现象具有一系列相同的性质，如直线传播，有反射、折射和干扰的现象，而声波有波动性质。惠更斯由此推出结论：光可能有波动性质（陈至立，2019，p.2547）。

类比推理具有四个特点：第一，离不开形象。它是形象的同位移植，而不是概念的横向铺展。第二，以经验而非概念为基础，是在已有经验的基础上类推关于未知事物的认识。第三，其推理过程是叠合性、跳跃性的，不是环环相扣、严密无缝的。第四，既包含由特殊到特殊,也包含从一般到一般的推理,因而是一种或然性推理(刘承华,2002,p.78)。类比的结论之所以具有或然性,主要原因有二:一是两对象之间不仅具有相同性,而且具有差异性。换言之,A 和 B 虽在一系列属性(a、b、c)上相似,但由于它们是不同的两个对象,总还有某些属性不同。如果 d 属性恰好是 A 对象异于 B 对象的特殊性,那么得出 B 对象也具 d 属性的结论便是错误的。另一原因是对象中并存的许多属性,有些是对象的固有属性,有些是对象的偶有属性。如果得出类推的 d 属性是某一对象的偶有属性,那么另一对象很可能不具 d 属性。因此,类比推理的可靠程度取决于前提中确认的共同属性的多少,以及共同属性与类推出来的属性的关系是否密切(陈至立,2019,p.2547)。

类比推理虽有模糊性与或然性,缺乏精确性和必然性,但并不意味着它就完全不具科学性。不精确与不科学是不同的概念,现代物理学有"测不准原理",现代数学也有模糊数学,它们都是十足的科学。并且,类比推理在现代科学中早已得到广泛运用,仿生学便是运用类比推理建立,现代人熟悉的飞机、电脑也是从鸟的飞行和人的大脑向外类推的产物(刘承华,2002,p.78)。

有思想的研究者往往以一种独特的手段来组合已有的思想,以提出创新的观点。真正有创造力的思想者的标志是发现一个新的真理,它可朝着更好的方向推动科学和社会的发展(黄一宁,1998,pp.42-52)。

(二) 设计研究方案,进行检验或验证,得出结论

假设的真伪需检验或验证。证实或证伪自己提出的假设叫"检验",证实或证伪他人提出的假设叫"验证"。建立假设后,下一步便要提出具体可行的研究设计,包括:如何确定可选择的适当被试和研究工具;如何界定研究变量,并对假设中的概念下操作性定义。一个操作性定义通常阐明用以代表一个概念的确切程序。例如,可将挫折定义为"在个体即将解出一道难题并赢得一万元人民币之时打断他"。操作性定义使假设中的概念具体化,从而以事实资料来检验或验证假设。不下操作性定义,就无法进行实际的研究,即便实施了研究,其研究报告也不能被他人接受。为有效检验或验证假设,研究者还须根据假设选择合适的研究方法,使被探讨的问题得到有效观测。研究设计是根据假设做出的,研究者搜集的资料应尽量与假设具有直接的联系。不过,研究者的思想不能被固定思想束缚,不能依先入之见,只搜集预期的资料而忽略其他意外的资料。

大多数情况下,研究者的工作是从发现到检验或验证假设。心理学(包括智慧心理学)被认为是一门在某种程度上遵循科学方法而建立的规则的科学。在尝试获取可产生有效结论、令人信服的证据时,智慧心理学家面临严峻的挑战。他们依赖一个同盟者——科学的方法(scientific method),它使成功成为可能。科学的方法是通过将错误降低到最小、提出可靠的归纳等方法来收集和解释证据的一般程序集合。为做到这一点,科学的方法必须是客观的、可验证的。(1)客观。在数据收集和分析阶段,必须将主观性降到最小,为此,研究者须先将自己的完整研究过程清晰、客观、准确地记录下来,接着采用适当方法整理、分类搜集到的原始资料,使之系统化和简约化。智慧心理学研究中,对资料的分析通常借助各种统计方法。统计分析的主要作用有二:一是简化原始资料,以便把握资料分布的情况;二是检验各类资料的关系,以及关系的程度。因此,分析资料时必须借助统计方法和理论思维。就一项智慧心理学研究来说,其最后的阶段是得出结论。得出结论时必须根据事实资料,而不能凭空臆测。通过研究设计、统计分析、得出结论,就可对研究初期提出的假设进行检验。如果假设得到检验或验证,那么这个假设的可信度便得到提高。

(2)可验证。即便是出自顶级科学家,使用了海量样本、尖端实验设备、精深统计方法的科学结论也应是可被重复验证的,否则,其科学性就值得怀疑。应当注意,智慧心理学研究由于种种原因(如研究现象的复杂性和指导思想上的问题)往往会出现虚假的实验检验或验证。心理学假设的检验或验证不是一次性的,需要不断重复。能重复检验或验证的假设便具有科学价值,有可能发展为某种心理学理论。如果假设得不到检验或验证,这个假设就被否定。心理学研究的各步骤间密切联系,任何一步出错都将导致研究的失败(格里格,津巴多,2003,pp.18-19;汪凤炎,燕良轼,郑红,2019,pp.40-46)。

二、科学选择具体研究方法

冯特(Wilhelm Wundt)曾说:"科学的进展是同研究方法上的进展密切相关联的。近年来,整个自然科学的起源都来自方法学上的革命。"(张述祖,等,1984,pp.1-2)此观点同样适用于智慧心理学研究。从方法学上看,早期智慧心理学研究主要采用个案法、田野调查法和理论分析法,其代表人物是埃里克森。目前,智慧心理学领域的主要研究方法是理论分析法、语义分析法、文本分析法、问卷法、测量法和质性研究方法,智慧的提名词和提名者范式、出声思考范式、自陈报告法和情境—情境综合测量法等研究范式先后被研究者采用(陈浩彬,汪凤炎,2013;Brienza et al.,2018)。同时,心理学者清楚地认识到,即便是出自最权威之口的观点也可能是错误的,因此,心理学特别看重实证证据(empirical evidence),即那些通过直接观察和测量得到的信息。只要有收集到数据的可能,心理学者就会用通过实证研究得到的数据解决学术上的争论,因为数据可使人们比较观察到的事实,得到精确结论。然而,到目前为止,尚未开发出成熟的测量个体或群体智慧水平的工具,尚缺少精巧的行为实验,也未见有人采用眼动技术、事件相关电位(ERP)、功能磁共振成像(fMRI)和近红外脑功能成像系统技术等研究智慧。

在中国,研究智慧心理学的方法系统可用"一导多元"四字概括。"一导"指以辩证唯物主义和历史唯物主义为指导,"多元"指研究视角、基本研究原则和具体研究方法应多样化(杨鑫辉,2000,pp.14-24)。简言之,在研究视角上,主张坚持"大心理学观"的研究视角,消除"小心理学观"研究视角给智慧心理学发展带来的消极影响(汪凤炎,2008,pp.26-31)。在基本研究原则上,主张坚持客观性原则、系统性原则、发展性原则、文化性原则和理论联系实际原则等。在具体研究方法上,主张依研究对象的具体情况,灵活采用观察法、实验法、问卷法、测验法、语义分析法、深度比较法、推理法等多种方法。在上述方法系统中,指导思想、研究视角和研究原则,大家都很熟悉,下面只详论具体研究方法。

(一)观察法

1. 什么是观察法

个体运用自己的感官,在自然条件下对表现心理现象的外部活动进行有目的、有计划、有系统的观察,详细记录,然后进行分析处理,从中发现被试心理与行为的规律,这种方法叫"观察法"(observation method)或"自然观察法"(陈至立,2019,p.1460;董奇,申继亮,2005,p.355)。观察法的特点有四:(1)目的性,即观察是一种有目的、有意识地收集资料的活动;(2)自然性,即观察在自然条件下进行;(3)直接性,即观察的对象是当前正发生的事情,并且,观察者对它进行直接观察;(4)科学性,即整个观察过程须遵循一定科学程序。自然观察法在一项研究的初期尤其有用,因为它有助于研究者发现某一现象的范围,或发现一些重要变量及变量间的关系。通过自然观察法得到的数据可为研究者提供线索,有助于明确表达假设或研究计划。观察法可分为不同类型。

参与性观察与非参与性观察 参与性观察指研究者以参与者身份进行的观察。参与性观察中,研究者全程参与,往往能对观察对象的心理与行为有切身的体验,从而易观察到观察对象的真实心理与行为,但也易犯"不识庐山真面目,只缘身在此山中"的错误。非参与性观察也叫"局外观察",指研究者以旁观者身份进行的观察。非参与性观察中,研究者往往只是一个旁观者,易对观察对象进行客观的观察,但有时也易因未深入或不易深入观察对象的真实生活情境而得出失真结论。

公开观察与隐蔽观察 公开观察指研究者在征得观察对象同意后,以公开身份进行的观察。公开观察因研究者事先已得到观察对象的授权,一般不易因有违伦理道德而引起纠纷,但是,由于观察对象知道自己的言行被人观察,受"紧张""投观察者所好"或"不愿暴露自己的隐私"等因素的干扰,观察对象易展现失真的言行,致使观察者收集到失真的资料。隐蔽观察指研究者在观察对象不知情的情况下对观察对象进行的观察。隐蔽观察的观察对象不知道自己的言行被人观察,因而展现的言行往往颇为真实,可让观察者收集到客观、准确的资料,但由于研究者未得到观察对象的同意或授权,也易因有违伦理道德而引起纠纷。

实验室观察与自然观察 实验室观察主要是在有各种观察设施的实验室或经过一定布置的活动室等场所内,研究者按预先设计的观察目的和要求对观察对象进行的观察。它常用于了解个体某些具体、细微的行为特征,观察得到的数据通常可进行定量分析。实验室观察的优点是能高效收集相关研究资料,缺点是实验情境可能会导致观察对象产生失真行为。自然观察主要是研究者根据研究的需要,采取参与、半参与或非参与的方式,在自然环境或现实生活场景中,对观察对象进行实地的观察(莫雷,等,2007,p.272)。自然观察的优缺点详见下文"观察法的优缺点"。

2. 观察法的适用条件

观察法通常适用于以下情况:(1)无法控制研究对象;(2)控制条件可能影响某种行为的出现;(3)由于社会道德的要求,不能对某种现象进行控制;(4)被试的言语表达能力不佳(如婴幼儿)或有言语障碍(如哑人)。观察法不适合的情况则包括:(1)在面上对研究对象进行大规模的宏观调查;(2)对过去的事情、外域社会现象和隐秘的私人生活进行调查;(3)了解研究对象的思想观念、语词概念和意义解释;(4)对心理现象进行因果分析。

3. 观察法的研究程序

确定观察目的及内容

研究者必须事先明确"要观察什么",即通过观察收集到的资料拟解决或检验什么样的研究假设。目标行为被确定后,还必须给出一个清晰、准确的操作性定义,以便进行客观记录和评价。操作性定义(operational definition)这个概念最早由物理学家布里奇曼(P. W. Bridgman)提出。他主张,科学上的概念或术语,为避免含糊不清的缺陷,最好以"所采用的测量它的操作方法"界定。操作性定义可弥补概念性定义(conceptual definition),即"用抽象性描述界定概念的内涵"这一方式的不足(黄一宁,1998,p.60)。例如,若将智力定义为"抽象思维的能力"则属概念性定义,若将智力定义为"根据比纳量表或韦氏量表测量得的分数"则属操作性定义。可见,为概念下操作性定义时,须用可观察、可测量的术语加以表述,以便保证定义清晰,而且,这一过程不能涉及任何内部状态,不能对个人意图作主观推测。"可观察"意味着这一行为是外显的,观察者可直接看到这一行为的出现、维持、变化和结束。"可测量"意味着观察者可对这一行为的出现频率、持续时间、强度或其他特性给出数量化的评定。"定义清晰"意味着这一定义不含糊,易理解,不同个体根据这一定义都能观察到同一行为,并一致判断该行为是否已经发生(莫雷,等,2007,p.273)。

观察内容指在观察中要了解什么情况,收集哪方面事实材料,从哪些方面进行观察记录等。这可根据观察目的的操作性定义进一步细化,确定观察的项目,制订观察内容表格。实践表明,一个好的观察内容应满足两点:一是能准确反映、体现或说明观察目的;二是可被观察到。

制订观察计划

制订具体观察计划,主要包括观察的日程、观察人员、辅助人员、观察工具、观察场地安排或实验室布置、观察对象及人数、观察与记录的方式、观察的次数及密度、每次观察持续的时间、观察记录表格及其使用的代码符号,以及观察应特别注意的问题等。同时,观察提纲至少应回答以下九方面问题(Goetz & LeCompte, 1984):(1)谁?包括:有谁在场?他们是什么人?他们的角色、地位和作用是什么?有多少人在场?这是一个什么样的群体?在场的这些人在群体中各自扮演什么角色?谁是群体的负责人?谁是追随者?(2)什么?包括:发生了什么事情?在场的人有什么行为表现?他们说或做了什么?他们说话或做事时使用了什么样的语调和形体动作？他们之间的互动如何开始？哪些行为是日常生活中的常规？哪些是特殊表现？不同参与者之间在行为上有什么差异？他们的行为如何产生和发展？有关人员对此有什么看法？有关人员的目的、动机和态度是什么？(3)何时？包括：有关行为或事件什么时候发生？持续了多久？频率如何？(4)何地？包括：有关行为或事件在何处发生？这个地点有什么特色？(5)如何？包括：相关事件如何发生？事件各方面之间存在什么样的关系？有什么明显的规范或运作机制？(6)为什么？包括：促使事件发生的原因是什么？很显然，这些问题需经一定推论，不能期望通过外部观察可全部解决。当然，参与型观察不排斥现场询问的方式，因此也可通过这类方式获得当事人的想法。(7)信度。包括：观察中可能出现哪些影响信度的问题？计划如何处理这些问题？计划采取什么措施获得比较准确的观察资料？(8)效度。包括：观察中可能出现哪些影响效度的问题？计划如何处理这些问题？计划采取什么措施获得能较准确描述问题的观察资料？(9)伦理道德问题。包括：观察中可能出现什么伦理道德问题？计划如何处理这些问题？如何使自己的研究尽量不影响观察对象的生活？若有需要，可如何帮助观察对象解决生活中的困难？这样做会对研究有什么影响？(陈向明，2001，pp.122-148)

实施观察并做好记录工作

观察者按观察研究设计中制定的程序进入观察情境，采用事先选择好的观察类型和技术手段进行观察，并记录观察到的资料。观察过程中，记录是一个至关重要的环节。记录是否全面、准确，直接关系到观察法收集的资料的价值。因此，在正式开始观察前，必须做好记录准备工作。一般包括两种情况的准备：一种是记录表格；另一种是准备好记录用的仪器设备，如录音机、照相机、摄像机等。

分析资料和呈现结果

为尽量保持准确和客观，最好在观察记录的同时或当天进行初步数据分析，一周左右对收集到的观察资料作出结论和推论，并以报告的形式将其呈现出来。根据观察结果是否可作量化处理，可把观察结果分为定性资料与定量资料。对定性资料的分析，不仅要揭示其结果表示的"意义"，而且要注重对事件过程的分析。对定量资料的分析则可根据研究假设，进行相应的统计分析(董奇，申继亮，2005，pp.368-379)。

4. 观察法的优缺点

观察法的主要优点有三：(1)直接了解观察对象的行为，能收集第一手资料；不仅可记录观察对象的言语行为，而且可清晰观察观察对象的非言语行为。(2)自然观察法在自然条件下进行，观察对象的心理与行为较少或未受到环境的干扰，因此，有可能了解观察对象的真实心理与行为状况。例如，通过单向玻璃，研究者能观察儿童游戏，而儿童未觉知到自己被观察。人类的一些行为只有通过自然观察才能进行研究，因为非自然条件下的研究是不道德或不切实际的。例如，研究生命早期的严重剥夺对儿童后期发展影响的实验就是不道德的。(3)可观察到塑造复杂行为模式的过程中,物种的自然栖息地具有的长时效应。这在实验室的人为环境中是观察不到的。古道尔(Jane Goodall)的研究是自然观察法中最有价值的一个例子。她花费30多年的时间在非洲贡贝的坦噶尼喀湖研究黑猩猩的行为模式。古道尔知道,如果她只进行10年的观察——这是她最初的计划——她将无法得出正确的结论:

> 我们观察到黑猩猩的行为与人类有许多相似之处,但黑猩猩比人类更爱好和平给我们留下了深刻印象。在最初的10年后继续进行观察,我们能证明一个社会团体的分裂,以及新分离的小团体间爆发的暴力侵略。我们发现在一定的情况下,黑猩猩可能杀死自己的同类,甚至吃同类的肉。另一方面,我们也观察到,它们的家庭成员间有着特别的、持久的情感联结……高级的认知能力,[和发展]文化传统……(格里格,津巴多,2003,pp.28-29)

观察法的主要缺陷有四:(1)自然条件下,事件较难严格按相同的方式重复出现,因而难以对某种现象进行重复观察,观察的结果也较难进行检验和证实,其研究结论的信度受到一定限制。(2)自然条件下,影响某种心理活动的因素是多方面的,观察法得到的结果往往难以进行精确分析。(3)由于未对条件加以控制,观察者不能主动控制或改变环境变量以引发要研究的行为,经常只能处于消极等待的被动地位,导致观察时可能出现不需要研究的现象,而要研究的现象又可能没有出现。例如,要研究儿童的攻击行为,可能等待几天也看不到真正的儿童打架事件。(4)观察容易"各取所需",观察的结果易受观察者本人的兴趣、愿望、知识经验和观察技能的影响(陈向明,2001,pp.122-148;格里格,津巴多,2003,pp.28-29;彭聃龄,2004,pp.17-18;董奇,申继亮,2005,pp.359-360),进而易出现光环效应(将对个体的某种印象泛化到个体其他特征上的评价倾向)、肯定和否定定势(观察中出现标准过松或过严的倾向)和趋中效应(观察中倾向将被试评定为中等水平的偏向)三种反应偏向。

5. 观察法使用过程中的常见问题及对策

第一,不按规范程序使用观察法,导致观察所得数据具随机、零散等弱点,无法基于数据得出可靠结论。解决此问题,须按上文介绍的规范程序科学使用观察法。

第二,观而不察,察而不思。仅无目的地、泛泛地观察,对很多现象熟视无睹,无法收集到大量有价值的数据。例如,一个每天爬楼梯回家的人,由于对楼梯只观不察,被问及楼梯级数时,一定无法准确回答。只有有目的且细致深刻地观察,才能获得大量有用数据。但在收集到丰富的有用数据后,若不善于思考,仍不会得到高质量成果。解决此问题,须在运用观察法时,有目的且细致深刻地观察,并在此基础上,对所获数据进行认真思考。

第三,缺乏足够的专业知识。一些人在使用观察法时,尽管做到细致观察,但由于缺乏足够的专业知识,仍然收集不到有用的数据。解决这一问题的对策在于平日加强"内功"的修炼,丰富自己的专业知识(汪凤炎,燕良轼,郑红,2019,pp.52-56)。

(二) 实验法

1. 什么是实验法

实验法(experimental methods),也叫"试验法"或"科学实验法",指根据一定目的,运用必要手段,如一定仪器、设备等物质手段,在人工控制条件下,观察、研究自然现象及其规律的社会实践形式(陈至立,2019,p.2387,p.3964),通常包括现场实验法和实验室实验法两种。智慧心理学领域以现场实验法为主。现场实验法指研究者为解决某一问题,根据一定心理学和教育学理论,在严格控制或特别创设的条件下,在教育或学习现场有目的、有计划地观察、记录、测定教育者和受教育者心理与行为的变化,研究教育条件与教育者和受教育者心理与行为之间的因果关系,从而得出科学结论的研究方法。实验法旨在确定各变量间的因果关系,主要涉及三类变量(variable)。

第一,自变量(independent variable)。心理学研究中,自变量也叫"实验变量",指由实验者操纵的变量。自变量的大小、范围或取值一般通过文献综述、理论建构或预实验等方法确定,由实验者操作,被视作引起行为差异的可能原因。自变量有连续变量和类别变量之分。若实验者操纵的自变量是连续变量,则实验是函数型实验;若实验者操纵的自变量是类别变量,则实验是因素型实验。自变量的类型多种多样,可概括为四大类:(1)刺激特点自变量,即引起被试不同反应的刺激本身的不同特性,如灯光的强度、声音的大小等。(2)环境特点自变量,即实验实施时,环境的各种特点,如温度、是否有观众在场、是否有噪音、白天或夜晚等。其中,时间是一种非常重要且无时不在的自变量,尤其是在记忆的实验中,可以说,几乎没有不用时间作自变量的记忆实验。(3)被试特点自变量,即个体的各种特点,如年龄、性别、职业、文化程度、内外倾个性特征、左利手或右利手、自我评价高低等。(4)暂时造成的被试差别,通常由主试安排,由主试给予的不同指示语造成。

第二,因变量(dependent variable),也叫"反应变量",指由实验变量引起的某种特定的反应。这类变量的实验结果揭示自变量对行为的作用,而这种作用往往通过诸如测验分数之类的操作成绩来表现。一般而言,可从两个方面对因变量进行分类:(1)客观指标,包括反应速度、反应速度的差异、反应的正确性、反应标准与反应的难度等。(2)主观指标,主要指被试的口语记录(protocol)。

第三,无关变量(extraneous variable),也称"控制变量",指实验变量之外,一切能影响因变量的条件和因素。无关变量也常引起因变量的变化,但在研究中是实验者希望排除的一些条件,以使实验结果不受其影响。

心理实验中,出于经济性原则,研究者通常会操纵一个或一个以上的自变量来观察其在因变量上产生的效果,若一个实验同时运用了两个或两个以上的自变量,可通过实验设计和统计手段进一步确定各自变量与因变量的关系。这意味着研究者可积极干预被试的活动,创设某种条件使某种心理现象得以产生并重复出现。这是它与观察法的不同之处。

实验法旨在明确一种强烈的因果关系,即一个变量对另一个变量的影响。实验中,实验组(experimental group)被试接受自变量条件,控制组(control group)被试接受除自变量条件以外的所有其他条件,然后比较这两个组的反应以确定自变量的效果(郭秀艳,2004,pp.33-34;格里格,津巴多,2003,pp.21-24)。

2. 实验法的研究程序

确定实验课题

选择课题是科学研究的第一步,研究课题的来源通常有四:(1)实际需要。从实际工作中发现需要用实验研究解决的问题。(2)理论需要。从理论或学说中推演某个假设是否符合实际。(3)个人经验。针对个人学习、工作和日常生活中的实际问题设计实验。(4)前人的研究与文献资料。阅读文献可发现什么问题已经解决,什么问题尚待研究。

确定研究课题后,应明确研究目的和假设,理清研究思路。研究目的或假设的性质不同,直接影响被试的选择、研究变量的确定、收集资料的具体方法和实验的设计方式。例如,"中学生阅读策略训练的干预研究"和"问题链设计的教学策略对提高小学生阅读能力的干预研究"两个课题,由于其研究目的不同,其研究变量与指标选择、被试选择等方面也有差异。还需注意的是,实验假设是关于条件与行为之间关系的陈述。一般而言,假设应包括回答该实验的实际问题,对已知事实作出解释,并能预言一些能被证实的观察。如果把对条件的叙述记为 a,把对行为的叙述记为 b,则通常取"如果 a,那么 b"的形式(杨治良,1998,p.19)。

完成实验设计

实验设计是影响实验研究结果与结论的重要条件,是对实验可能涉及的各方面因素进行系统分析、筹划和安排,以保证后续实验的顺利进行和实验研究目的的实现。实验设计通过操纵某些变量,对各实验组进行比较,产生有关的因果关系。实验设计包括三个方面的问题:变量的分析与处理、被试的选择与分配、实验设计模式的选择。换言之,实验设计包含如何选择合适的样本及合适样本量的大小,如何操纵自变量以获得可观察的因变量,如何控制无关变量且减少测量误差,从而以最合理、最有效的方式达到预定的研究目标,等等。有三种基本的实验设计模式,即随机、重复与混合。随着现代应用数学的发展,某些数学方法应用于心理实验设计已显示出普遍的实用价值,如完全随机化设计、随机化区组设计、多因素实验设计等已成为心理实验设计的重要依据(郭秀艳,2004,pp.70-88)。智慧心理学研究中,准实验设计更是常见的实验设计模式,即未对自变量实施充分控制,但使用真实验的某些方法搜集、整理和分析数据的研究方法。准实验设计使研究者能在道德和能力的限制范围内尽可能地关注感兴趣的问题,如研究者出于伦理考虑,不可能为观察大学生药物使用情况而创造一个药物滥用组,然后将之与非药物滥用组的行为进行比较。在这类情况下,严格的实验研究是不可能的,采用准实验设计能在严格实验无法进行时取得结果。此外,实验设计还有许多具体的工艺和技术问题,巧妙的工艺和技术设计不仅能把心理学原理化于其中,而且能在最有利的条件下准确获取心理事实。

为保证实验研究结果的可靠性,设计实验时必须运用控制程序和双盲控制等手段。控制程序(control procedures)是一些力图使所有与被检验的假设无关的变量和条件保持恒定的方法。因此,在一个实验中,指导语、室内温度、任务、研究者行动的方式、时间的安排、记录反应的方式,以及其他一些情境中的细节必须对所有被试一致,以确保他们参与的实验除在由自变量决定的实验条件方面不同外,完全相同。双盲控制(double-blind control)指实验助手和被试都不知道(双盲)被试接受了何种处理。这一技术可消除实验者效应和安慰剂效应。实验者效应(experimenter effect),也叫"罗森塔尔效应"(Rosenthal effect),指实验者为搜集能证明其假设成立的实验结果,在实验中有意或无意地通过表情、语言或动作等将预期的要求暗示给被试,引导被试作出期望的反应,使实验结果有利于证明其假设成立的效应。在这种情况下,真正诱发被试作出相应反应的是实验者的预期而不是自变量。安慰剂效应(placebo effect)这一概念源于医学中的一种现象,即病人接受化学上无效的药物或无针对性治疗后身体康复。在心理学领域,它指在没有任何一种实验操作时,参与实验的被试也改变了其行为。心理学研究情境中,行为反应受到个体对做什么和如何感受的预期的影响,而不受特定介入或引发某种反应的程序影响时,便产生安慰剂效应(格里格,津巴多,2003,pp.21-24)。

心理学实验中还需努力避免天花板效应和地板效应。它们都阻碍了因变量对自变量效果的准确反映。天花板效应(ceiling effect)指反应指标的量程不够大,导致因变量水平趋于完美(接近于量表的"天花板"),造成反应停留在指标量表的最顶端,使指标的有效性遭受损失。地板效应(floor effect)指反应指标的量程不够大,导致因变量水平趋于零效应(接近于量表的"地板"),造成反应停留在指标量表的最底端,使指标的有效性遭受损失。谨慎的研究者在实施可能被天花板效应或地板效应污染的实验前,会先做好预备实验。预备实验能使研究者了解实验中存在的有关设计或实验程序方面的问题。通常,研究者先通过实验设计规避极端的反应,然后再通过测试少量的先期被试来考察他们对任务操作的反应情况。假若被试的反应接近指标量程的顶端或底端,那么实验任务就需修正。例如,某个练习实验中,假若练习成绩太好,就可增加练习难度以降低练习成绩。与此相似,如果被试完成得太差,几乎无法完成练习,就要通过延长练习时间、减少练习量等方法降低练习难度。设计实验任务和反应指标的指导思想是应使被试的反应情况分布在指标量程的中等范围(郭秀艳,2004,pp.64-65)。

实验计划与实验材料的准备

制订实验计划应注意两点:(1)计划要周全、有序。需考虑:实验的全过程大体可分为哪几个阶段,每一阶段要解决什么问题、达到什么目的、安排哪些工作,每一阶段大致需要多少时间;采取哪些具体措施保证各阶段工作的正常进行,以实现预期目标;哪些工作可由个人承担,哪些须共同协作、集体攻关;个人进行的工作如何分配力量和时间,集体合作的工作如何体现既分工又协作的原则等。(2)选择合适有效的实验物质手段。这主要包括实验场所、实验仪器、实验所需设备与材料等。实验研究是对未知领域的探索,若要解决特殊问题,获得具创造性的成果,仅仅利用已有设备是不够的。因此,心理学领域有建树者,其研究业绩的建立往往与其自觉改进、设计、研制实验装置分不开,如斯金纳设计的"斯金纳箱"等。同时,对于智慧心理学领域的实验,尤其是干预实验,要注重作为干预材料的理论指导基础与实践的针对性。例如,在"心理团体辅导对大学生社会交往能力的干预研究"课题中,心理团体辅导方案基于何种理论的指导,针对哪种类型或特点的大学生,针对大学生的哪类社会交往能力,等等,在实验实施前都应有严格论证。

实验的实施与结果呈现

这是研究者按预定实验方案和工作计划,在一定理论指导下,操纵仪器、实验装置对实验对象进行观测、研究的实践环节。通过此环节,研究者能获得大量有关研究对象的观测资料,包括计算资料、计量资料、等级资料和描述性资料。这些实验结果既包括定量结果,也包括定性结果。对于定量结果,宜选择合适的统计方法加以处理,并按统计规范呈现。需注意,同一篇论文中不宜先后用两种或多种统计软件处理同样的参数,宜在统计软件的使用方面保持统一。同时,若研究结果表明存在中介效应,宜在论文中作中介效应图;若研究结果表明存在调节效应,亦宜在论文中作调节效应图。

实验实施中,须事先安排好时间、地点、实施人员与材料等,最好定期完成阶段性研究报告,以在及时总结和回顾研究工作的同时,检验自身工作成果,把握研究方向。整个实验实施阶段临近尾声时,须对实验各阶段所做的记录进行系统整理。必要时,对某些尚有疑问的实验结果予以重复实验以检验,尤其是对某种偶然因素造成的结果进行仔细追踪,很可能会催生重大心理学发现(郭秀艳,2004,pp.78-80)。

3. 实验法的优点与局限

实验法的优点在于,研究者处于主动地位,可以有计划地引起或改变某种急需研究的心理现象,不必消极等待其自然发生。实验者可以控制一些偶然发生的因素,排除一些与研究对象无关的因素,进行精细的观察,获得定量的结果。实验者还可改变各种条件,多次重复进行实验,认真仔细地核验,揭示条件与现象的函数关系,掌握某种心理现象产生的规律。

实验法的主要不足是,实验研究中对变量的操纵难免受到人为因素的影响,且无法排除所有的无关变量。实验法对心理过程的操作性和量化的过高要求也极大限制了其应用。此外,由于实验本身人为性较强,严格的实验室实验,在抽样、变量数量与水平、实验处理、实验环境、实验方法等方面都难以保证一定的外部效度。目前,单一严格的人为实验研究受到众多批评,而更为生活化、生态化、强调实际应用的现场实验与多因素实验受到广泛重视(董奇,申继亮,2005,p.226;汪凤炎,燕良轼,郑红,2019,pp.56-60)。

(三) 测验法

1. 什么是测验法

测验法(measurement method, test method),也叫"测量法",指在控制的情境下,用一种客观的、标准化的程序测量某一行为样本,并与一定的标准相比较,以度量个体或群体某种心理品质的方法(《中国大百科全书》第三版心理学编委会,2021,p.17)。心理学研究中,利用科学的心理测验可预测人们从事各种活动的适宜性,提高人才选拔和职业培训的效率。测验法也可运用于心理诊断和治疗,对学生的问题与行为进行甄别,为加强对学生的因材施教和个别指导提供依据。

2. 测验法的应用程序

从方法上讲,测验法与问卷法相似,但测验法的理论基础更加明确,程序标准化要求更加严格。测验法研究程序可参照下文问卷法研究程序,在此仅集中探讨测验法在智慧心理学研究中的应用。

测验的选择

选择测验时,必须注意两个方面。(1)选择的测验工具必须适合测验目的。心理学和教育学的许多研究工作都需要借助测验来获取第一手资料。例如,为查明影响学生学业成绩的心理因素,需运用智力测验、学习能力倾向测验、成就动机测验、学习兴趣测验、人格测验和学业成就测验,通过计算各种心理因素的测量分数与学业成就测验的分类之间的相关系数,进行回归分析,然后根据测验获得的实证资料得出科学结论。但是,不同的测验工具有着不同的理论基础和适用范围,如想了解智力对小学生学科学习成绩的影响,就不宜采用瑞文推理量表对其智力进行测定,因为该测验主要用于测量个体的观察力和清晰思维的能力,对于包含各类学科的综合学业成就预测力不强。(2)选择测验必须符合心理测量学的要求。测验是否经过标准化,信度、效度如何,常模样本是否符合测验对象,常模资料是否因时间太久而失效等都是需要考虑的问题。如果量表既适合测验目的,又具有较好的信度和效度,就可直接用于该项测验,否则,研究者需对量表进行修订或自编量表,具体做法可参照下文有关问卷编制的内容。

测验前的准备

测验前的准备主要分为三个部分。

主试自身的准备:熟悉测验指导语并能流利地表达;熟悉测验的具体程序;作好应对突发事件和被试提问的心理准备。

测验材料的准备:测验题目、答卷纸、记分键、指导书、纸、笔、计时器等必需的材料和工具。

测验环境的准备:安排好测验时的光线、通风、温度、噪音水平等物理条件,统一布置。

施测过程的标准化

对于标准化测验,主试须按照规定程序施测,才能得到可靠的结果。测验的施测主要涉及两个问题：(1) 如何实施测验才能保证测验分数尽可能少地受施测过程的影响。(2) 如何解释分数才能保证被试的心理不受负面影响。因此，测验的指导语应力求清晰、简明扼要且有礼貌，并在实施测验时保持统一。主试还应告知被试测验的具体时间限制。另外，施测过程中，对于被试的反应，主试不应作点头、皱眉、摇头等暗示性反应，应时刻保持和蔼微笑的状态。

数据的整理和分析

对测验获得的结果按测验工具的不同可从质和量两方面进行整理和分析。进行研究设计时，就应初步考虑如何整理、分类收集到的研究数据和资料，用什么方法进行统计分析。一般而言，测验法有设定好的常模，可将测验结果与之直接比照、研究（董奇，申继亮，2005，pp.440-441）。此外，也可依据研究目的和研究设计，通过数据转换直接进行各种描述性统计处理和推断性统计处理，以检验研究假设。

3. 测验法的优点与局限

测验法的优点主要体现在以下几个方面。心理测验工具的编制一般颇为严谨，并且经过标准化和鉴定，无论是结构还是内容都颇合理、翔实，信度和效度都比较高，因此，测验法得到的结果和结论通常也颇准确可靠。相对于观察法与访谈法等其他方法，测验法的定量化水平很高，问题和答案均以封闭形式给出，整个施测过程易被主试控制，最大程度地减少被试在回答过程中的主观因素，得到的资料也较为客观。测验法可在同一时间内对大样本被试施测，从而能在短时间内收集到大量数据。

测验法也具有一定局限性。由于不同心理测验依据的理论基础不尽相同，所测特质的定义、观点和概念系统也有差异，因此同样性质的测验获得的可能是不完全相同的心理特质。而且，心理测验是对人的心理特质的间接测量和取样推论，很难完全排除测验过程中的一些无关因素的干扰，测验结果的稳定性与准确性难免会受影响，结论不可能完全准确，如很难保证个体会如实回答涉及隐私的问题（董奇，申继亮，2005，pp.442-443；汪凤炎，燕良轼，郑红，2019，pp.60-61）。

（四）问卷法

1. 什么是问卷法

问卷法指研究者采用预先拟定好的问题表，让被试按要求自行填写答案来收集资料，以此分析、推测群体心理或行为规律的一种研究方法（陈至立，2019，p.4594）。从类型上看，问卷有结构化问卷与非结构化问卷之分。结构化问卷由封闭题构成，每个问题都有若干可供选择的选项，被试只能从中进行选择。非结构化问卷由开放题构成，问题后不限定选择答案，允许被试自由反应。问卷法使用成败的第一个关键是找到一份质量上乘的问卷。因此，运用问卷法研究某一主题时，若有已被证明具良好信度和效度的问卷，一般在征得问卷编制者同意并有书面授权的前提下，可直接使用；如果某份问卷的全套题目及相应评分标准已公开发表或出版，此时一般无须征得问卷编制者同意，可直接使用，但在使用过程中须详细注明出处。在智慧心理学研究领域,出于研究问题的深入、研究的本土化等原因,可能并无现成的问卷可用,研究者往往需根据研究的特殊要求,自己编制一份高质量的研究问卷。

2. 问卷法的研究程序

问卷编制必须遵循六项规则:(1)科学性原则。问卷题项的区分度、信度和效度都要合乎一定要求;问卷编制应有逻辑性;问卷题项的措辞力求准确、具体,既要避免出现双重甚至多重含义的表述,也要避免模棱两可或含糊的表述;尽量不使用否定式提问;不问被试不知道的问题;尽量不在同一问卷中平衡使用正向题与反向题,避免出现项目表述效应(method effects associated with the item wording,项目表述方式的差异引起的与测量内容无关的系统变异,包括正向题项目表述效应和反向题项目表述效应)(Motl & DiStefano, 2002;顾红磊,王才康,2012);题项排列一般遵循"先易后难""能引起兴趣的在前,引起顾虑的在后""熟悉问题在前,生疏问题在后""先行为后态度(先客观后主观)"与"结构式问题在前,开放式问题在后"的顺序;问题的答案设计应遵循穷尽性(答案中要包含该问题所有可能的情况)和互斥性(同一问题中各答案间不相互包含或重叠)两个基本原则。(2)适用性原则。编写问卷题项时,应将"为被调查者着想"作为问卷设计的出发点,表述要简洁、通俗易懂,尽量不用专业术语和抽象概念,也要尽量避免题项中包含过多的复杂计算;而且,问卷的题量不宜过多,一般以被试能在20—30分钟内做完为宜,最好不要超过40分钟,以免引起被试的厌烦心理或让被试身心疲惫。(3)针对性原则。问卷的题项要围绕主题。(4)行为性原则。问卷尽量不提出具倾向性、敏感性或"直截了当"的问题。具倾向性的问题可能会影响被试的作答。敏感性问题可能会导致被试拒绝作答,或根据社会赞许性或社会期望(social desirability)作答。直截了当地提问可能会让被试猜出研究者的意图,从而作出投研究者所好的答案或拒绝作答。因此,题项的表述应具一定行为性,既可达到迂回投射的作用,又可使内容表述具体化,令被试容易作答,也愿意作答。(5)艺术性原则。问卷题项或内容应活泼、有情趣。(6)伦理道德性原则。问卷的题项不能违背伦理道德规范,施测过程须合乎伦理道德规范(戴海崎,张峰,陈雪枫,2004,pp.172-173;海平,2007)。问卷法的一般研究流程如图1-5所示。

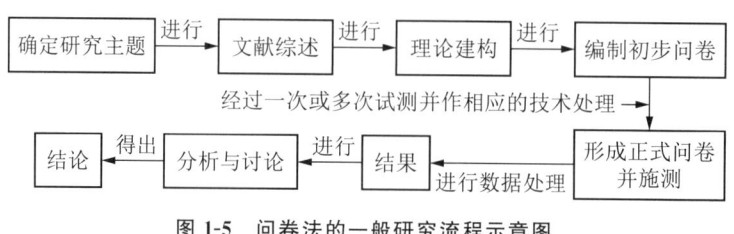

图 1-5 问卷法的一般研究流程示意图

问卷法的一般研究流程大致分为以下三步。

第一步，确定一个有价值的研究主题。

第二步，对该研究主题进行理论探讨，然后提出假设和编制问卷的理论架构。为提高研究的科学性与深度，一项研究中的假设数量不宜过多，一般1—3个足矣。

第三步，编制初步问卷。自编问卷时，整个问卷要体现先前提出的理论架构，并对架构的各维度进行操作性定义，在此基础上撰写问卷题项。撰写问卷题项时，既可先通过文献综述获得一些编写题项的资料与灵感，也可通过与少数人（如本领域的专家或潜在的被试）进行深入访谈或进行小规模开放式问卷收集编写题项的资料与灵感，还可根据自身知识经验编写题项。随后，针对编制出的原始问卷进行一次或多次试测，既要及时解决试测过程中发现的问题，也要对试测获得的数据进行分析，根据所获结果及时调整问卷的题项，以便最终产生正式问卷。若是对问卷的要求不太高，试测环节也可省略。接着，收集初测问卷的数据并进行项目与信度、效度分析。进行这项研究工作时，有四个必须注意的环节。

第一，把握好被试选择环节。具体要注意三方面问题：(1)确定被试所属群体。试测时所用样本与正式问卷施测时所用样本须来自同一总体。(2)考虑被试的代表性。被试的选取通常采取分层随机抽样或简单随机抽样。(3)样本数量足够大，以防回收率过低而影响研究结果的可靠性（董奇，申继亮，2005，p.454）。当然，数据并非越大越有价值，数据越多也并不代表结果越可靠，关键在于样本代表性的好坏。只要科学抽样，哪怕只有万分之几的均匀抽样，效果也可以比95%不均匀的数据好（孟晓犁，2016）。

第二，试测的过程应当做到科学规范。问卷的开头一般都设有指导语，说明研究的目的和重要性、如何作答，以及承诺不泄漏隐私等。它们是控制被试反应的一个重要因素，应确保被试了解指导语。同时，施测程序、指导语等均须标准化，并须注意记录初测过程中被试的各种反应、施测所需时间等，以作正式施测标准化的参考（董奇，申继亮，2005，p.454）。

第三，剔除无效问卷的标准一般有五：作答时间明显太短、出现大量未答项目、作答方式明显呈现某种规律、未通过测谎题的检查、明显未认真作答。

第四，对问卷质量进行相应分析（若是简单的问卷调查，此步可省略，直接进入下一环节），一般包括三项内容：

(1) 项目分析。一般使用临界比率（critical ratio, CR）和相关法，将所有被试的问卷按总分由高到低的顺序进行排列，得分前27%者为高分组，得分后27%者为低分组，求出两组被试每个题项得分的平均数，然后借助平均数的差异性 t 检验，检验高分组的得分是否明显高于低分组的得分。若差异显著，则表明该题项有良好的区分度，能鉴别不同被试的反应程度；反之，未达到显著性水平，则表明该题项不能鉴别被试的反应程度，应剔除。同时，进行项目区分度分析，即采用相关法计算各题项与其所属类别总分的相关系数（样本相关系数常用 r 表示，而总体相关系数常用 ρ 表示），删除相关系数小于0.4的题项（吴明隆,2010,pp.191-192)。

(2) 信度分析。信度指通过测量获得的结果的可靠性和稳定性程度。它包含两个意思:用同一测量工具重复测量某持久特性时,是否能得到相同的结果,即测量的尺度是否稳定、可依赖;二是测量能否减少随机误差的影响,提供所要测量的某特性的真实情况(董奇,申继亮,2005,pp.431-432)。心理测量的误差有两种:一是随机误差,指由偶然因素引起的无规律的误差,导致测量结果围绕某一值产生不一致、不稳定的变化;二是系统误差,指由某种常定无关因素引起的规律性变化的误差,导致测量结果偏离真值,但每次偏离的方向和大小稳定,不会影响测量结果的一致性。可见,在测量误差中,随机误差既影响分数的一致性,又影响分数的准确性;系统误差只影响分数的准确性,不影响分数的稳定性。因此,测验的信度只受随机误差的影响,随机误差越大,测验结果一致性越低,测验信度也越低;效度则同时受随机误差和系统误差的影响。信度系数通常用测得的两组分数间的相关系数表示,其数值越大即表示该测验的信度越高。信度系数只是对测验结果的可靠性和稳定性的估计值,在不同情况下,对不同样本采用不同计算方法会得到不同信度系数,即一个测验可能有不止一个信度系数。若对自编问卷进行信度分析,一般至少要计算2个信度值,并且,至少有2个信度值符合相关要求。经典测量理论主要有重测信度、复本信度(平行信度)、分半信度、同质性信度(内部一致性信度)和评分者信度五种。其中,除了分半信度与同质性信度考察的误差来源基本相同,其余三种信度考察的误差来源均不相同,信度分析至少应提供两种不同误差来源的信度值。再者,计算问卷的内部一致性信度时,若问卷不是单一维度,除要计算并报告总问卷的内部一致性系数外,最好也计算并报告每一维度的内部一致性系数。

重测信度。这是指用同一种测验对同一组被试前后施测两次,计算前后两次测验结果的相关系数,以估计测验的信度。要保证重测信度的准确性,一要注明两次施测的时间间隔,这可随研究目的或材料而异,短则一两周,长则一两个月,一般不超过六个月;二是两次施测的样本须一致,并且须将前后两次施测的同一样本的测量结果一一对应进行统计,如 A1—A2,B1—B2。重测信度可采用皮尔逊积差相关计算,0.90 以上时认为重测信度较高,测量较为可靠,不符合积差相关条件的数据可用等级相关。重测信度主要反映两次测验结果有无变动,反映测量工具的稳定程度,其优点是反映测验结果是否会随时间而变,缺点是前后两次测量的结果易受被试练习、记忆或厌倦心理的影响(董奇,申继亮,2005,pp.431-432)。可见,若想计算问卷的重测信度,须保证同一批被试能先后做两次问卷,每一被试先后两次做的问卷能一一对应,这可通过在问卷上做标记或固定被试答题座次等方式实现。

复本信度。如果问卷有两个或两个以上的复本,即通常所说的两个内容和性质相似的测验(A、B),可先后对同一组被试施测两个复本测验,得到同一样本前后两次施测的两个分数。两个分数之间的相关系数即复本信度。施测方法上,同样须注意前后两样本的一一对应，以及消除测验的顺序效应。可令一半被试先做 A 测验，后做 B 测验，另一半被试先做 B 测验，后做 A 测验，然后计算 A 测验分数与 B 测验分数的相关。复本信度侧重内在的一致性程度，与重测信度相比，可信程度更高，但缺点是一般难以获得内容与性质高度一致的两个测验工具。

分半信度。对一组被试施测后，将测验分成 A、B 两半，然后计算 A、B 两部分之间的相关系数，通过此法获得的信度即分半信度。相等条件下，测验长度越长越可靠。分半法的核心是将测验分为两半，使之相当于两个平行测验，因此原则上要求两半测验等值。常用分半方法有完全随机分半与奇偶分半（奇数题为一半，偶数题为另一半）。分半法简单易行，既不需专门建构复本，也不必两次施测，且能克服许多无关变量的干扰，故颇常用。

内部一致性信度。这是对分半信度的发展，即考查测验内所有题项分数之间的一致性程度。如果整个测验具有相当的效度，而其中每个题项与整个测验一致，即可推论每个题项也具有相当效度。最常用的方法是计算克伦巴赫 α 系数。因此，若要计算内部一致性信度，就须保证问卷具有同质性，否则无法求内部一致性信度。

评分者信度。评分者信度一般适合主观题。评分者信度指不同评分者对该测验进行评判时所得结果的一致程度。如果各评分者都对该测验作出客观、高度一致的评分，则可认为该测验具有较高的评分者信度。但是有些测验，不同的评分者掌握和理解的标准可能不同，得到的结果不太一致。评判评分者信度的传统方法是：评分者人数为 2 时，评分者信度就等于两个评分者对同一批被试的评分的相关系数，通常情况下可求积差相关或等级相关；评分者人数大于 2 时，评分者信度可用肯德尔和谐系数进行估计。现代测量学中也采用 FACETS 模型的 RASCH 评定法，该方法主要以项目反应理论的应用为基础，对评分者信度进行直接测量（董奇，申继亮，2005，pp.431-432）。须指出，若两个或多个评分者对某测验的评判结果高度一致，但评判结果实际是错误的，此时便会出现"评分者信度高，却明显降低测验的效度"的情况。一旦出现这种情况，便要及时采取补救措施。例如，及时对评分者进行再培训，以提高评分者对评分标准的准确理解度，或换下错误率较高的评分者，等等。

（3）效度分析。效度，即测验的准确性，指一个测验或测验工具能测量出其所要测量的内容的程度（董奇，申继亮，2005，pp.432-433）。测量结果与要考察的内容越吻合，效度越高；反之，效度越低。测验的效度有各种类型，最常用的有内容效度、结构效度、校标效度等（董奇，申继亮，2005，pp.432-433）。若对自编问卷进行效度分析，一般至少要计算 2 个效度值，并且，至少有 2 个效度值符合要求。

内容效度，指测验题目对有关内容或行为范围抽样的适当性或代表性程度。例如，教师要了解中小学生道德品质发展的总体情况，若时间和条件允许，可对中小学生知、情、意、行各个方面包括的所有内容进行全面性考查，但这实际上行不通，只能选择有代表性的部分内容或项目进行测查,用测查的结果推论总体情况。因此,所选内容的代表性将会影响对总体情况进行推论的准确性。内容效度的检验方法主要有专家判断。

结构效度,也叫"构想效度",指测验能检验到理论上的构想或特质的程度。确定测验的构想效度,一般采用由果溯因的方式,即先从某一理论构想出发,导出与构想概念有关的各种假设,再根据假设编制测验,最后分析测验结果与理论构想的吻合程度。若两者比较吻合,则说明测验具有较高的构想效度,否则,可能是理论假设的错误,或测验本身有问题,在此情况下,需作进一步分析研究。构想效度可用探索性因素分析和检验性因素分析的方法加以考察。

效标效度,指测验分数与效标之间的相关程度。效标指衡量测验有效性的参照标准。评估效标效度一般有两种策略:一是预测效度。若测验分数与日后的行为表现有较高的一致性,则可说测验预测的准确性较高。例如,一个亲社会行为的测验,其效标可以是个体今后的亲社会行为表现。效标效度可用测验分数与效标分数之间的相关系数表示。二是同时效度。它的可行性在于同时获得被试的测验分数和效标分数。例如,对一组在职者施测,同时得到他们的工作成就资料作为效标,测验分数与效标分数之间的相关系数便是同时效度。

第四步,编制正式问卷。使用或修订初测问卷保留的题项对重新获取的被试样本进行施测,收集数据并进行问卷的质量评估。具体而言,首先选择新的被试样本进行数据收集工作。实施程序如初测。回收已作答的正式问卷,剔除无效问卷后,将所有有效问卷进行排序。其间须注意对问卷的审核,以确保所得数据资料的质量。若条件允许,可辅以其他方法,如对个别接受问卷调查的对象进行访谈,了解更具体的情况(董奇,申继亮,2005,p.454)。其次,录入并选择相应统计方法处理数据,根据结果对收集资料的方法和内容提出进一步的要求。设计问卷时即须初步考虑如何对收集到的研究数据、资料进行整理、分类,用什么方法进行统计分析。通常情况下,数据的结果处理包括项目分析、信度和效度分析。然后,对所获结果进行分析与讨论。最后,根据分析与讨论证实或证伪假设,形成结论。

3. 问卷法的优点与局限

问卷法的优点是能发现人们对现实情景的反应,特别是能较快地收集现时现场大样本人群的心理状态与行为方面的信息。问卷法也有利于主试对取样者进行较好的处理。随着计算机技术的迅速发展,人们处理问卷法获得的数据的能力也有了显著提高。

问卷法的主要缺陷有:(1)通常不能准确掌握现时现场被试过去的心理状态,因为个体一般无法准确记忆自己过去的行为。(2)通常不易掌握被试的内隐心态,因为个体的内隐心态往往处于无意识水平,通过一般的问卷很难了解,须运用内隐联想测验之类的技术才能捕捉。(3)问卷包含具道德色彩或价值导向的问题时,被试易受社会赞许效应影响而掩饰内心的真实态度。被试有时也会迎合调查的需要或受主试的主观因素影响,还有些被试缺少诚信,常常不愿真实作答。出现此类情况时,被试的作答往往不准确。因此,问卷的信度和效度常遭质疑。(4)通常只能用来了解被试心中某种处于意识层面而非无意识层面的想法或态度,而且仅做事实描述,不作价值判断。因此,一般既不能用问卷的结果衡量一个专家建构出的理论正确与否,也不能指望通过问卷调查收集具创新性的信息。(5)问卷编制需要遵循许多规则,一般的研究者往往难以完全掌握而设计出一个好问卷。(6)问卷设计完成后,调查的内容就已确定,然而,当题目不适合被试,被试只能猜测、放弃或随机应答。而且,由于主试无法直接观察每位被试,从而失去记录被试回答问题时的反应机会(董奇,申继亮,2005,p.445)。(7)问卷法对被试的文化水平有一定要求,一般不适合用来研究幼儿、文盲的心理与行为。(8)问卷回收率有时难以保证。(9)问卷填写时的环境和质量有时难以保证。(10)问卷的发放有较高要求,不能出现抽样偏差,否则会导致问卷结果出现偏差。(11)使用过程中可能存在方法上的机械主义、手段上的经验主义、取向上的个体主义、结论上的普遍主义四个不足(乐国安,2007)。

4. 问卷法与测验法的比较

问卷法与测验法一般都需预先拟定一份问题表,二者在研究程序(包括研究对象的确定、施测过程、数据处理、分析与讨论、获得结论等)上均强调标准化,以至于一些人常将问卷法与测验法相等同。实际上,量表(scale)与问卷(questionnaire)分属两种不同的研究方法,至少在六个方面存在明显差别:(1)编制量表和问卷的依据有差异。量表的编制一般以某一理论和概念含义为依据,测量的一般是某一心理概念的内涵或结构,各部分内容都与此概念相关,或是这个概念的某个成分;问卷以研究目的为依据,不一定有特定的理论依据,故而题项依据调查目的而设,有时较分散,各题项间不一定具有共同的含义和联系。(2)量表和问卷在答题与计分方法上有差异。量表中每个题项的答案选项数量和答题方式均一致,如都是采用李克特式七点量表(Likert-type seven point scale)的单选题;问卷中的不同题项可设置不同数量的选项和不同的答题方式,如单选题、多选题和开放题。(3)量表和问卷在统计分析方法上有差异。量表一般可用来做因子分析,因是连续变量,也可做各种高级统计,如独立样本 t 检验、方差分析、回归分析等;问卷的题项分散,只能对单个题项进行分析,且多是描述性统计(分析频率、得分范围、平均值等),部分题项可进行卡方检验。(4)量表和问卷在是否有常模上有差异。一般而言,问卷无常模,量表有常模。(5)量表和问卷对信度与效度的要求不同。相对而言,编制用于心理测验的量表,对信度与效度的要求都很高;编制用于调查的问卷,除非常严谨的问卷对信度与效度有较高要求外,一般的问卷可不计算信度与效度。(6)量表和问卷的适用对象不同。问卷法一般只适用于研究群体的心理与行为,而不用于研究个体的心理与行为;量表既可用于研究群体的心理与行为,也可用于研究个体的心理与行为(汪凤炎,燕良轼,郑红,2019,pp.61-69)。

（五）访谈法

1. 什么是访谈法

访谈法,也叫"访问法",指访谈者通过与受访者交谈,进行调查和收集资料,并分析和推测受访者心理与行为规律的一种研究方法。访谈法可分为结构性访谈和非结构性访谈两类。结构性访谈用高度结构化或标准化的调查提纲进行访谈。非结构性访谈则不使用或用简单的调查提纲,只提出一些笼统的开放性问题。调查者在引导、发问、追询、记录和使用访谈工具时,应尊重受访者,忠实于研究的问题,才能获得准确完整的资料(陈至立,2019,p.1115)。访谈法通常是访谈者问,受访者说,然后访谈者记录受访者的反应。经过深入面谈,访谈者可获悉受访者在某一方面或多个方面的详细信息,如受访者的需要、价值观和人格特点等,而且不仅可以听其言,还可以观其举止表情。访谈法是交互式的,不像问卷法那么标准化,访谈者可根据受访者回答的内容变化问题。

访谈法具有如下特点:(1)目的性与规范性。访谈法与其他研究方法一样,具有目的性和一系列操作规范。访谈法不是漫无目的的聊天,而是为回答某些问题或检验研究假设进行的研究,对访谈的人数、谈话的内容、谈话的程序等均有明确规定。(2)交互性。访谈法的显著特点是访谈者与受访者的直接交互作用。访谈过程以访谈者与受访者之间问与答的形式进行,谈话双方的心理特征、态度、期望、动机、知觉和行为等相互作用、相互影响。(3)技巧性和灵活性。要取得访谈的成功,必须讲究访谈的技巧性和灵活性。例如,访谈者要学会倾听,善于根据受访者的特点和面谈气氛提问,善于把握谈话的进程,等等(董奇,申继亮,2005,p.388)。运用访谈法获得的材料,其丰富性和客观性在很大程度上依赖研究者的机智与谈话技巧。可见,从某种程度上说,访谈法是最难的方法,访谈者须经过严格的培训和训练,以免对调查结果产生不良影响。同时,有研究者认为,整理访谈资料时要做到:(1)逐字逐句地整理;(2)阅读原始材料,寻找词语中及词语背后的准确意义,切忌"对号入座";(3)抽取条目时,应选取每一个有意义的最小单位;(4)同类项合并,即归类;(5)妥善删除一些"个性化"的表达方式,即对他人而言无意义,不具代表性;(6)适当改写,但须尽量使用访谈者的原话;(7)进入问卷。

2. 访谈法的研究程序

明确访谈目的

访谈目的的明确须处理好以下问题:(1)将访谈目的转化为具体研究问题和研究变量。访谈目的往往较笼统概括,须将其转化为较具体、限定的研究问题,然后根据具体研究问题,列出涉及的变量名称及类别,这样才能为组织和细化访谈维度作好准备。(2)选择访谈类型。访谈类型常因研究目的而异。例如,依据访谈过程中问与答的限定情况,可将访谈分为结构性访谈、非结构性访谈和半结构性访谈。依据每次接受访谈人数的多少,可将访谈分为个别访谈和团体访谈。依据访谈沟通方式中是否借助中介物,可将访谈分为直接访谈和间接访谈。(3)注意调控访谈过程。口语交流相对于书面用语有较大随意性,受访者陈述时,容易"触景生情",引发联想,使回答偏离主题。访谈者可根据访谈目的,及时调控访谈进程,使之按预定目的进行(董奇,申继亮,2005,p.399)。

编制访谈表

访谈表是实施访谈的依据,不仅包括将会提出的问题,对受访者的回答也有所规定。访谈表的编制主要包括以下工作:(1)设计问题形式。依据确定的访谈目的,编写具体的问题,问题可以不同形式呈现。例如,依据问题的结构,可把问题分为开放式问题和封闭式问题。开放式问题不限定答案范围,受访者可根据自己的想法作答,如"你认为这会给小学道德教育带来什么影响"。封闭式问题要求受访者在事先确定的几个答案中进行选择,选出自己认为最合适的答案,如判断式、核查式、评定式、排序式等。(2)依据选择的问题形式编写访谈问题。一般而言,访谈问题应尽量做到口语化、清晰化、简洁化、通俗化、情感态度中立、避免触犯受访者隐私与禁忌等(董奇,申继亮,2005,pp.401-433)。

实施访谈

访谈法的实施环节主要有四:(1)初步接触。在接触受访者的过程中,要注意几个问题,即形成好的第一印象、取得受访者的信任、采取策略,因应拒绝。(2)进行提问。向受访者提问时应尽量按照访谈表上的问题与顺序进行;发问的语气与方式要保持中立,对其回答不得流露出批评、惊讶、赞成或不赞成等语气和态度;注意营造轻松、愉快、友好的访谈气氛,使受访者畅所欲言,不轻易打断或中止受访者的叙述;受访者的回答出现不完整、不清晰、不具体或答非所问等情况时,可运用重复问题、复述回答、表示理解与兴趣、停顿、提出中性评论等方式进一步探究。(3)访谈者在访谈的全过程中应始终全神贯注地倾听受访者的叙述,并及时记录。(4)访谈结束时要注意向受访者表示感谢,或为今后的研究抽样作铺垫;若访谈不能正常结束,访谈者应具体问题具体分析,灵活处置(董奇,申继亮,2005,pp.407-412)。

访谈结果的整理与分析

对于结构性访谈,其结果可进行量化分析。对于非结构性访谈,一般而言,为对结果作深入分析,可用编码(或评分)系统量化访谈结果。制订编码(或评分)系统是一项非常重要的工作(董奇,申继亮,2005,pp.413-414)。

3. 访谈法的优点与局限

访谈法的优点主要有:(1)可控制问题的呈现过程和访谈进程。(2)可获得较为全面、深入的资料。访谈法既可获得受访者的客观事实与行为方面的资料,也可获得受访者主观动机、思想和情感方面的资料;既可收集现时资料,也可收集过去的资料。(3)既可用于定性研究,也可用于定量研究。

访谈法也有一定的局限:(1)访谈提纲的优劣是影响访谈效果优劣的重要因素之一,

故须适当参照问卷编制的规则制定访谈提纲,同时,访谈技巧的高低、访谈场所的优劣、访谈时机的恰当与否等均会影响访谈效果。因此,访谈法对研究者提出了更高要求,不经严格训练,很难真正掌握并灵活运用。(2)访谈过程和资料分析中均存在一定不确定性,提高随机误差发生的概率。(3)访谈法通过语言实施,访谈者的口头表述和受访者的口头报告均对言语能力提出较高要求,因而不太适合作为研究某些言语表达能力有限的特殊人群(如幼儿)的主要方法(汪凤炎,燕良轼,郑红,2019,pp.70-72)。

(六) 个案法

1. 什么是个案法

个案法(case method)指对单个人、家庭、团体等社会单元或某一典型事件进行个别、深入、系统的观察与研究,以发现某种心理或行为规律的研究方法。它由医疗实践中的问诊法发展而来(彭聃龄,2004,p.20;陈至立,2019,p.1351)。

2. 个案法的研究程序

界定研究问题

研究的问题一旦确定,便能有效指导资料的收集、分析与解释。研究者通常先提出一系列较为灵活的问题或假设,在研究过程中通过深入思考、探索和修正,使研究问题尽快得到确定,以便指导以后的工作。

界定个案

研究者通常出于两种原因选择个案:(1)对个案本身感兴趣,想深入了解与之有关的问题,这类研究被称为"内在性个案研究";(2)期望通过对该个案的研究探索某种一般性问题或将结论推广至其他个案,这类研究被称为"工具性个案研究"。无论出于何种原因,研究者都应在做研究设计时,对个案的概念作出清晰界定,阐明选择它的原因。

设计研究方案

个案研究设计的核心内容就是在不同条件之间进行比较,因此实施过程中还要考虑具体的设计方法。这里的设计条件主要有两种:基线条件和干预条件。基线条件指未实施特定实验干预时的基本状态,通常用条件 A 表示。干预条件指引起研究对象行为变化或修正研究对象原有行为的各种干预状态,通常用条件 B 表示。个案研究通常根据基线条件和干预条件的呈现顺序,选择具体的设计类型。具体设计方法主要有:(1)A—B 设计,研究者主要通过比较 A、B 两个条件来确定实验处理的效果;(2)A—B—A 设计,即先在一段时间的自然状态下,连续收集最初的资料,确定研究对象的行为基线或反应方式;然后在随后的一段时间内引入干预处理,并观察研究对象的行为变化,继续收集并记录有关资料,最后撤销干预计划,反转实验条件至原基线状态,并在之后的一段时间内继续观测和记录研究对象的变化情况,再次收集自然状态下的基线资料;(3)A—B—A—B 设计,即在第二基线条件后,再次呈现干预条件;(4)多基线设计,指实验设计时先测完数种基线的方法,主要包括跨行为多基线设计、跨情境多基线设计、跨个体多基线设计(董奇,申继亮,2005,pp.305-307)。

呈现结果

呈现结果时须考虑呈现的对象及其能力水平和背景,选择恰当的呈现方式,阐明得到的结果及其代表性、概括性等。

3. 个案法的优点与局限

个案法的明显优点在于,由于个案往往都是鲜活、具体的,因此,研究者往往能对这些个案进行深入、细致、全面的研究,并能详细回答诸如"是什么"(描述个案)、"为什么"(解释个案)和"怎么样"(跟踪个案)等问题,从而从这些个案中探索出某些特殊规律,或通过全面深入地解剖某一个案来推断同类现象。同时,借助个案法可获得某个个案的心理特征、发展状况的全貌,并能分析该个案中个体或群体心理现象产生的原因、背景和过程,有效揭示个别差异。在研究设计、数据收集和统计分析等方面,个案法既注重被试或现象的质的方面,又注重其量的方面,既注重全面收集数据,又注重深入了解对个体具重要含义的资料,为建立合理的变量关系的假设和因果关系的推论奠定基础。个案法还可依据对个体的深入分析,准确把握个体的心理状态、发展水平,正确找出其成因与影响因素,作出正确诊断,因而在有关个体的临床矫治实践与发展指导研究中具有十分重要的价值(董奇,申继亮,2005,p.313)。

个案法的局限在于,研究的被试量较小,选出的样本在多大程度上能代表其抽样的总体,其获得的研究结论在多大程度上可推论至总体的状况,以及能否作出更概括的结论,都须持谨慎态度(彭聃龄,2004,p.20)。同时,由某些渠道获取的资料可能会偏离或歪曲真实情况,研究者不易取得真实的客观资料,如涉及个人隐私的问题。再者,收集个人生活史资料时,由于个人生活的漫长、复杂等原因,可能会花费许多时间。此外,目前心理科学研究中使用的统计分析方法大多是在总体与抽样、正态分布等假设基础上发展而来,并不能完全适用于个案法的数据统计(董奇,申继亮,2005,p.314;汪凤炎,燕良轼,郑红,2019,pp.72-73)。

(七) 语义分析法

语义分析法,也叫"字形字义综合分析法"(method of semantic and etymological analyses),指先分析某一字的字形特点及其中蕴含的意义(尤其是心理学含义),接着从历史演化的角度剖析此字的原始含义及其后的变化义,以便澄清此术语的本来面目,然后再用心理学的眼光进行观照,界定术语在心理学上的准确内涵或揭示其内蕴含的心理学思想的研究方法。研究过程中,对某一概念作语义分析时,具体步骤有八。

第一步,尽可能全面地罗列某一字或术语在中国历史上曾使用的各种名称。若有足够证据确信某一字或术语在中国文化里只有一种写法,那么这一步可省略,直接进入第二步。

第二步,通过查找《尔雅》《说文解字注》《尔雅翼》《字汇·字汇补》《字源》《甲骨文字典》《辞源》《汉语大字典》《辞海》等工具书,尽可能全面地罗列这些名称在中国历史上曾使用的字形与字义(用法)。

第三步,根据汉字史中某汉字曾出现的诸种字形,选择其中最具代表性的一种进行深入分析,以便从字形上揭示该字的原始含义,由此能更好地看出其诸种引申含义。判断某一字的最具代表性的字形时,若某一汉字只有一种古字体,一般依据时间上的早晚进行判断;若某一汉字的古字体有多种,则综合考虑时间的早晚和字形的完整度。汉字一向是朝着实用、简化和规范的方向发展,特别是在汉隶(今隶)字体产生后,汉字已在字形上定型,其字形较之相应的古字体,一般都已发生巨大变化。因隶书字体的主要特点是:改曲为直,取消逆笔,简化偏旁,混同偏旁,省略篆文中的一部分(窦文宇,窦勇,2005,p.5)。因此,从时间上看,除非某个汉字在汉代之后才诞生(若果真如此,自然只能选用其诞生时的字形加以分析),否则,一般选择那些在中国汉字史上出现时间尽可能早的汉字字形作为最佳代表进行深入分析。具体而言,这个"早"一般至少是指秦隶(古隶)及其以前的字形,若能找到相应的甲骨文字形则更佳。越古老的汉字,其写法往往越简单,而太过简单的字形往往难以看出更多信息。因此,从字形的完整度看,如果一个字既有非常简单的古字体,也有相对更复杂、完整的古字体,那么,一般须选择那些最完整的古字体作进一步分析。

第四步,当前的智慧心理学做比较研究时主要是进行中外尤其是中西对比,因此,须根据某一字的含义,将其中过时的用法、今天较少使用的用法[①]、带方言色彩的用法[②]和名异实同的用法一一剔除,然后综合考虑三个标准:(1)中国汉字史上出现时间的早晚和持续时间的长短。一般而言,出现时间越早,持续使用时间越长,越具深厚的文化底蕴。(2)使用人数的多寡,人数越多越具代表性。(3)今天的中国人是否仍在广泛使用它。如果今天的中国人仍在广泛使用,说明其至今仍具有强大的生命力。从中选出一个历史上使用时间长且至今仍广泛使用、内涵最具代表性、较好与现代西方心理学中相关术语进行匹配的概念或用语作进一步分析使用。

第五步,仔细分析这一概念或用语的诸种含义。先考察这一概念或用语的"原始含义",再厘清其后的"变化义"。在做这一步的研究时,较常用的做法是,先查阅经典工具书,如《说文解字》等,再看这一用语的最古写法(一般指甲骨文或金文写法),继而通过交替使用第三步和第四步,将二者结合起来分析其诸种含义。

第六步,用心理学的眼光谨慎审视这一用语的所有含义,剔除其中确与心理学无关的

---

① 若寻求生活在中国不同历史时期的人的心理与行为的变迁规律,一些明显具时代烙印的用语切不可随意剔除,因为它们恰恰可能是探寻规律的关键。

② 若寻求中国不同地方文化内的人的心理与行为差异,一些明显具方言色彩的用语切不可随意剔除,因为它们恰恰可能是探寻规律的关键。

含义。

第七步，比较余下诸种含义与外国心理学尤其是西方心理学中相关术语的含义，探寻其在哪些方面与外国心理学尤其是西方心理学相应术语含义相通，又在哪些方面有所不同。

第八步，作心理学上的界定，指明此术语在心理学上的确切含义，或揭示其内蕴含的心理学思想。

综上所论，本书所讲的语义分析法是笔者在长期从事中国文化心理学的研究过程中逐渐提炼出的研究方法，其名虽与查尔斯·E.奥斯古德(Charles E. Osgood)及其同事倡导的语义分析法(method of semantic differential)在中文字面意义上相同，但二者的英文名称、实际内涵、操作过程和性质均不一致(汪凤炎，郑红，2010b)。因为奥斯古德等人倡导的语义分析法实际上是控制联想与计量的组合，是用以研究事物"意义"的方法。实施时，被试在一些意义对立的成对形容词构成的量尺上，对一种事物或概念进行评量，以了解该项事物或概念在各方面具有的意义及其"分量"(杨国枢，等，2006，p.578)。同时，语义分析法中的"分析"虽与作为思维的心智操作的一个方面的分析在字面上相同，但二者的含义有本质差异。语义分析法中的"分析"包括思维的心智操作中的分析、综合、比较、抽象、概括、建构等多种过程。属思维的心智操作的一个方面的分析仅指在思想上将整体分解为部分，把复杂的事物分解成简单的要素，逐一加以考虑的心智操作(黄希庭，1991，p.439；汪凤炎，燕良轼，郑红，2019，pp.73-75)。

三、提高智慧心理学科研能力的策略

科学研究，简称"科研"，指个体或群体遵循科学规范，运用科学方法探索和解决科学问题的过程。要准确把握科研的定义须掌握四个要点：(1)遵循科学规范；(2)运用科学的方法；(3)探索科学问题，而不是哲学问题或伪问题。科学问题指能被证实或证伪，有一定理论价值或现实意义的问题。科学不是万能的，科学有边界。科学无法有效探索哲学问题。哲学问题指无法证实或证伪，只能进行思辨的问题。科学问题不但有真伪之分，还有价值大小之分。(4)科研允许失败。科研的关键是要有原创性思想(idea)，并以适当的方式表达。

(一)遵守科学规范

遵守科学规范主要包括遵守伦理道德规范和学术出版规范两方面。

1. 遵守伦理道德规范

科研工作者必须遵守所在国家或地区的道德与法律。除此之外，还须在科研过程中遵守四项伦理道德规范：(1)对真理与学术保持敬畏之心；(2)维护人的价值、尊严与良知，增进人类的福祉；(3)善待被试；(4)尊重知识产权。

小知识

一些 SCI(科学引文索引)和 SSCI(社会科学引文索引)期刊会要求论文的每一位作者填写一张表格,以明确每位作者在研究中扮演的角色,实现责、权、利的统一,文责自负。此处提供一个样例,仅供参考。

您作为这篇论文的作者之一,在其中扮演的角色或做出的贡献是什么?请在下面相应条目前的"□"内打"√"。

□ 撰写初稿(writing-original draft)[□ 处于领导地位(lead);□ 与其他作者同等重要(equal);□ 次要角色或配角(supporting)]

□ 写作-审核和编辑(writing-review & editing)[□ 处于领导地位(lead);□ 与其他作者同等重要(equal);□ 次要角色或配角(supporting);□ 概念化(conceptualization)]

□ 调查(investigation)

□ 数据处理(data curation)

□ 方法(methodology)

□ 验证(validation)

□ 形式分析(formal analysis)

□ 基金获得(funding acquisition)

□ 项目管理(project administration)

□ 资源(resources)

□ 软件(software)

□ 监督(supervision)

□ 可视化(visualization)

---

2. 遵守学术出版规范

遵守学术出版规范主要是应熟悉并遵守心理学界通行规范,如美国心理学会(American Psychological Association,APA)出版的《美国心理学会出版手册(第七版)》(*Publication manual of the American Psychological Association*,7th ed.)(American Psychological Association,2020),以及部分期刊的投稿要求。

小知识

部分 SCI 和 SSCI 期刊审稿条目

1. 核检表

(1)论文的英语水平是否达标?(○是 ○否)

(2)论文的前言是否简洁描述了问题提出的来龙去脉?(○是 ○否 ○不适用)

---

(3) 研究假设、研究设计和研究方法是否已在文中作明确阐述？（○是　○否　○不适用）

(4) 文中图与表的质量令人满意吗？（○是　○否　○不适用）

(5) 文中所用统计方法是否有效且正确(如样本量、显著性检验方法的选择是否恰当?)（○是　○否　○不适用）

(6) 如果本研究是实证研究,其结果是否已清晰呈现？（○是　○否　○不适用）

(7) 文中对结果的讨论是否连贯和令人信服？（○是　○否）

(8) 文中的结论是否得到文中给出的结果和讨论部分的充分支持？（○是　○否）

(9) 本研究是否有良好的可验证性？（○是　○否）

(10) 文后所列参考文献是否涵盖了本主题所涉的全部相关文献？（○是　○否）

(11) 您发现文中有剽窃吗？（○是　○否）

(12) 本研究是否遵守伦理标准(包括伦理委员会批准和同意程序)？（○是　○否）

2. 论文质量评估表

项目名称	低					高
该文的原创性程度	1	2	3	4	5	6
该文研究设计的严谨性程度	1	2	3	4	5	6
该文的研究意义	1	2	3	4	5	6
该文吸引普通读者的程度	1	2	3	4	5	6
该文的写作质量(包括论文结构和英文写作质量等)	1	2	3	4	5	6
研究的总体质量	1	2	3	4	5	6

3. 请向编辑和作者提供详细的审稿报告。内容包括但不限于:(1)概括该文的主要发现;(2)指出该文的主要优缺点;(3)评价该文所用研究方法、所获研究结果和论证过程,若文中存在客观错误,或结论没有足够证据支撑,请详细指出;(4)对上述"核检表"和"论文质量评估表"所涉问题的评论。

(二) 选择合适的科研类型

科研有不同的类型,可用不同标准进行划分。按研究方法,可分为量的研究与质的研究,或理论研究、历史研究、问卷或测量研究、实验研究等。按研究性质,可分为基础研究、应用研究和混合型研究(汪凤炎,燕良轼,郑红,2019,pp.40—85)。按研究的原创性程度,则可分为传播式研究、模仿研究和创新性研究三种类型。

1. 传播式研究

传播式研究指旨在传播他人成果的研究。它可细分为四种:(1)翻译。不同学科对语言和翻译技巧的要求不同,相应地,翻译在此学科中的地位也不同。一般而言,对语言和翻译技巧要求高的学科(如文学),翻译的地位相对高;反之,对语言和翻译技巧要求低的学科(如数学),翻译的地位相对也低。(2)研究工具(包括量表、统计软件、实验仪器等)的推广。(3)写评介,即对某篇文章、某部书或某个人的思想先述后评或边述边评。评述的文章、著作或思想须深刻或有新意,述评者对述评对象也应有深刻理解,并具有一定文采。(4)写综述,即围绕某个或某几个主题进行概括、分析与总结。写综述一般涉及多篇论文、多部著作或多个人的思想。综述至少有两种类型与写法:一是述评式综述。主要述评别人的研究,至多再谈点自己的粗浅看法。写好述评式综述的关键是资料权威,架构合理,具一定新颖性。另一是原创性综述。它主要以自己扎实的前期研究为基础,"温故而知新",从中提炼或建构出新思想、新技术或新方法。像发表在英文《心理学评论》(*Psychological Review*)上的综述多属此类。写好原创性综述的关键是研究者要在某个领域或主题上有扎实的前期研究,从而能提出创新性的观念或技术。

2. 模仿研究

模仿研究指仿照他人所做的研究。其特点是"依葫芦画瓢"。依模仿的比例大小不同,分为两种:(1)100%的模仿,也叫"完全模仿"或"重复性研究",即完全照着原文做一遍。(2)部分模仿,也叫"跟班式研究"或"打补丁式研究",即在他人研究的基础上打补丁,主要包括研究工具的小幅修订、研究范式或实验设计的细微改良、被试取样的适当拓展等。模仿研究对初学者而言是必要的,在检验他人的假设或理论是真还是伪时更有必要。不过,模仿研究没有自己的问题意识,没有自己的文化特色,没有自己的理论,没有自己的体系,没有自己的术语,没有自己的研究范式,不可能生出真正意义上的原创式研究成果,无法在学术史上打上自己的烙印,故终生止步于做模仿研究的人不可能成为真正的大家。

3. 创新性研究

创新性研究指研究者做出了有别于已有研究的新研究。如果一项研究开辟了崭新的研究领域,提出或运用了崭新的研究范式或方法,取得了原创性成果(理论、技术或产品等),就属原创性研究。它能推动学术进步,带来学术积累。研究者应综合考虑自己的知识背景与能力,具备的研究条件,以及研究主题的性质,选择适合自己的研究类型,切不可盲目跟风,更不可一辈子只做模仿研究。

(三) 善做文献综述

文献综述是正式研究开展之前的一项重要工作。它的功能至少有四:(1)"为往圣继绝学"。很多研究主题都已经历过前人的研究,其中不乏颇有见地或极有创见者。后来的研究者的一大文化使命即通过文献综述,发掘前人提出的精义见解并发扬光大,使之代代相传,不至于淹没在历史长河之中。(2)接着说。通过文献综述,准确把握前人已有研究成果的现状,有助于研究者在此基础上接着说,避免研究闭门造车、起点太低或缺乏理论依据。(3)避免出现重复性研究。(4)获得灵感与启发。做好文献综述,还须做好下面两项工作。

1. 收集尽可能全面的相关资料

文献资料主要有两类：(1)书籍，包括专著、编著、主编、译著、资料汇编等，纸质版、电子版均可；(2)文章，包括实验报告、理论性文章、史学性文章、综述性文章等，纸质版、电子版均可。查找资料时，须仔细斟酌使用的检索词，不可过于生僻。相关资料过于庞杂时，可借助二次、三次检索，不断缩小范围。若确无相关研究，亦应大胆开辟这一研究新空间。

2. 挑选代表性资料作进一步分析

初步检索获得的大量文献资料，还须从中挑选出具代表性的资料作进一步分析。挑选时，可先挑出一篇质量上乘的论文或一部质量上佳的著作，然后以此文或著作所列参考文献为线索，作一追根究底式溯源。质量上乘的论文或质量上佳的著作通常满足以下几项条件：(1)论文或论著的作者声誉高。(2)所属期刊或出版社的质量(声誉)佳。(3)已获同行专家的良好评价，如"引用率"高，获重要奖项等。当然，也存在两个例外：①质量高但未及时得到同行的认可，曲高和寡。②引用率高，却非出于研究质量，而是话题吸引人或语言通俗易懂。(4)文献使用者已作良好评价，这要求使用文献的研究者自身具有高学术水平。应注意的是，无论采用哪种评价标准，最核心、最关键之处仍是论著的原创性及其大小。

挑选出有代表性的文献后，还须做好三项工作：(1)逐篇或逐章阅读，摘录文中重要的观点、材料或方法等；(2)对摘录的内容进行归类，从中提炼出几个重要主题或问题；(3)以提炼出的主题或问题为线索，查找其他重要中外文文献，观察其他研究者的观点及其异同，分析区别产生的原因，思考可拓展的方向及其方式，最终成文。一篇好的文献综述，其内容既要有述更要有评，全文须具一定逻辑结构，论证严密且有证据。

3. 做文献综述时宜注意的问题

做文献综述的过程中，须关注三个问题：(1)参考文献要有权威性。权威性是一个重要标准，但不是唯一标准。文献内容本身的质量好坏，应为关注的核心。(2)参考文献要尽可能全面，忌遗漏重要文献，以及重要观点、证据或方法。须做到兼顾中外文文献，兼顾论文与专著，兼顾理论性文献与实证性文献(除非是纯粹的理论文章或史学文章)。若研究主题不是一个经典的老问题，还应兼顾经典文献与最近 5 年内出版和发表的文献。(3)有针对性，有述有评，忌堆砌。

(四) 提高学术修养

"工欲善其事，必先利其器。"要提高从事智慧心理学科研的能力，提高自身学术素养是关键。

1. 至少具备四个方面的学术素养

一般而言，智慧心理学领域的合格研究者至少具备四方面的学术素养。

第一，有较扎实的国学功底，"进得去，出得来"。中国文化是影响中国人心理与行为的重要因素之一。处理好智慧心理学研究的"中国文化"这一变量,既不能依靠简单引用古文,也不能简单将中国文化作为一个变量考虑,而必须具有较扎实的国学功底,并做到"须入乎其内,又须出乎其外。入乎其内,故能写之。出乎其外,故能观之。入乎其内,故有生气。出乎其外,故有高致"(姚淦铭,等,1997,p.155)。

第二,有较扎实的西方哲学和西方智慧心理学功底,"进得去,出得来"。现代智慧心理学研究的主阵地主要分布在北美和西欧的发达国家,学科内研究理念、术语或理论模型,以及研究方法和研究主题均深受西方哲学和西方智慧心理学思想的影响。研究者若想有效开展智慧心理学的研究,除基本的语言工具,还应具备较扎实的西方哲学和西方智慧心理学的功底,深刻领会和把握其发展历史、现状与未来,并做到"进得去,出得来"。

第三,既有较强的理论分析与建构理论的能力,也有较熟练的实证功夫。综观心理学的发展历史,巴甫洛夫、维果斯基、皮亚杰、华生、科尔伯格等大师级的心理学家,往往既有深厚的理论修养,又善做精巧的实证研究,能实现理论研究与实证研究的有机统一。他们基于自己的理论假设,设计精巧的心理实验、问卷或心理测验,在实证中提升并完善自己的理论体系。有鉴于此,智慧心理学研究者也应拥有这两方面的科学素养,不仅须熟练掌握常用实验和统计软件,更要熟练掌握实验法、问卷法和测量法等实证方法的实质。

第四,有较优秀的人格素质。智慧心理学研究者除了要智商正常(有超常智商更佳)、掌握足够的专业知识外,还必须通过修身养性、道德学习等途径,逐渐使自己具备自尊、自信(包括对中国文化的自信)、自觉(包括对中国文化的自觉)、自强、有责任心、自爱爱人、公平公正、见利思义、谦虚谨慎、善于独立思考、性情乐观、执着(也叫"意志坚定""有恒心"或"定力")等优秀人格素质。其中,独立思考、执着与淡泊名利三者最重要,甚至比聪明更重要。

2. 有效提高学术素养的做法

有效提高自身学术素养,需做到以下三个方面。

第一,通过道德学习和修身养性的方式提高自身道德修养或人格修养。

第二,按"六度"标准提高自己的知识(认知)素养。"六度"指知识的高价值度、知识的高度、知识的深度、知识的广度、知识的精度和知识的新度。获得符合"六度"标准的知识的方法主要有六:(1)多看、多听、多读、多记、多思,不断拓展知识的广度;(2)采取多种手段不断提高知识的价值度,以便获取知识的最大价值;(3)高屋建瓴地看、读、听、记、思,不断提高知识的高度;(4)通过深度阅读、深度思考、深度推理,不断推进知识的深度;(5)严谨而仔细地看、读、记、思,不断提高知识的精度;(6)平日注意跟踪本学科的最新发展动态,不断提高知识的新颖度。

第三,通过持之以恒的实践提高科研能力。俗话说:"实践出真知。"在日常生活中持之以恒地坚持学术研究,多写多修改,自然是提高自身科研能力的一种好做法。"科学研究贵在坚持,不能'放一枪就跑'。只要思路对,方法合理,持之以恒就有可能有所发展,有所成就,在相关领域取得领先的地位。"(黄希庭,2011)科研实践效率的提高可分三个阶段依次推进:(1)无批判性继承。按前文介绍的做文献综述的方法,先挑选一篇质量较高的学术论文,然后仔细阅读,熟悉科研的一般流程。进而以之为模板,"依葫芦画瓢",不作批判性选择,只求完全复制。(2)复演。重复演练前一步,做到整个过程不走样,水准向优秀研究看齐。(3)改良或优化。完全掌握科研流程并烂熟于心后,再根据自身经验和科研实际进行改良或优化,做出创新性成果。撰写论文或专著,可参考"三步法":第一步,博采众长。确定研究主题后,先做文献综述,然后以文献综述为基础,博采各位方家的相关重要观点、挖掘的重要材料或收集的数据、使用的主要研究方法等信息,并逐一罗列。第二步,融会贯通。比较和归类罗列的众多信息,以一定框架与结构将之组织起来,使结构尽可能合理,逻辑尽可能严密。第三步,推陈出新。在第二步的基础上,做出或写出新意(汪凤炎,燕良轼,郑红,2019,pp.83-85)。

思考题

1. "仁者"能"无敌"吗？为什么？
2. 简要述评有关德与才关系的四类常见错误观念。
3. 如何看待品德与创造力之间的关系？
4. 为什么要研究智慧心理学？
5. 怎样有效开展智慧心理学的研究？
6. 科研工作者必须遵守哪些伦理道德规范？
7. 科学研究中为什么要做文献综述？如何做好文献综述？

第二章

智慧心理学发展简史

内容摘要

本章共分两节:第一节阐述20世纪70年代之前的智慧心理学。第二节论述20世纪70年代以来的智慧心理学。本章的重点是智慧心理学的内涵及研究对象、智慧心理学演化的脉络及其原因、智慧与智力间的复杂关系。

核心概念

智慧心理学　理论智慧　实践智慧　认知智慧　智力　液态智力　晶体智力　弗林效应　慧商

智慧心理学是研究个体和群体的智慧心理与智慧行为及其规律,以提升个体和群体智慧水平的科学。根据此定义,智慧心理学的研究对象主要包括四个方面:(1)个体的智慧心理与智慧行为;(2)群体的智慧心理与智慧行为;(3)提升个体智慧水平的手段、途径和方法;(4)提升群体智慧水平的手段、途径和方法。其中,前两个方面属基础性研究,后两个方面属应用性研究。由此可见,智慧心理学是一门基础性与应用性相结合的心理学分支学科。从智慧的载体看,智慧心理学的研究对象主要包括三个方面:(1)人类的智慧和愚蠢心理与行为。它包括个体的智慧心理与行为和群体或组织的智慧心理与行为,个体的愚蠢心理与行为和群体或组织的愚蠢心理与行为。二者一体两面。(2)动物的智慧和愚蠢心理与行为。它包括个体的智慧心理与行为和群体的智慧心理与行为,个体的愚蠢心理与行为和群体的愚蠢心理与行为。研究动物的智慧和愚蠢心理与行为,旨在从演化与进化的角度更好地揭示人类智慧心理与行为的演化与进化规律。(3)人工智慧。研究人工智慧,一方面是试图一揽子解决人工智能可能存在的威胁,另一方面,也是试图利用人工智慧进一步拓展人类智慧。与艾宾浩斯(Hermann Ebbinghaus)声称"心理学有一长期的过去,但仅有一短期的历史"相类似(波林,1981,p.ii),智慧心理学思想虽源远流长,从现代心理学视角研究智慧的历史却极短暂。一般认为,现代意义的智慧心理学研究始于20世纪70年代(Clayton, 1975, 1982; Clayton & Birren, 1980; Brugman, 2000)。

第一节 20世纪70年代之前的智慧心理学

哲学意义上的智慧心理学与心理学家眼中的智慧心理学在表述形态上存在明显差异。对此,本节分别予以阐述。

一、哲学意义上的智慧心理学

人类学家认为,现代人类是智人(Homo sapiens)的后代。"Homo"的意思是人,而"sapiens"即智慧(wisdom)。可以说,对智慧的思考与追求,贯穿整个人类的文化历史(Staudinger & Glück, 2011)。智慧是人类最重要的积极心理素质之一,既是人类追求的重要生命品质(Assmann, 1994),也是人类实现美好生活(good life)的重要心智资源,为个体获得有意义的幸福生活等提供洞察与指导(Baltes & Staudinger, 2000)。在西方,自古希腊开始,在中国,自先秦开始,思想家们就已对智慧展开了探讨(陈浩彬,汪凤炎,2013),"智慧"也成为人们日常生活中的常见词。中外思想家对智慧的探讨是当代智慧心理学研究的一个重要思想源泉。

(一)西方哲学史上的智慧观

西方文化有两大源泉,一个是从古希腊文化而来的科学、理性,另一个是从希伯来文化而来的宗教信仰与行动准则。正如阿诺德(Matthew Arnold)所说:"希伯来文化和希腊文化——我们的世界就在这两极之间运动。"阿诺德将古希腊文化的精髓概括为"如其实际地观看事物",将希伯来文化的精髓概括为"品行与服从"。对真理的渴求、明晰的头脑、敏锐的洞察、深刻的判断,这就是古希腊文化的精神。希伯来文化的精神则是追求公正、要求道德完善、坚持寻求人们的行动准则。这两种文化之间可能会发生冲突,最严重者莫过于16世纪对文艺复兴时期人文主义者狂放的思想和情感的谴责。这两种文化也可能融为一体,从奥古斯丁(Aurelius Augustinus)到阿奎那(Tommaso d'Aquino)的思想体系均是如此。这两种文化还可能会轮流占据上风(罗兰·斯特龙伯格,2005,p.4)。相应地,西方智慧同样有这两种来源。西方哲学史上的智慧观的发生与发展大致经历了古希腊时期的认知智慧与道德智慧并重,中世纪的神性智慧取代道德智慧,近代的科学智慧、技术智慧三个过程(施炎平,2001)。虽然"philosophy"(哲学)在古希腊语中意为"爱智慧",即喜欢探求真理或知识,但依海德格尔(Martin Heidegger)的理解,只有不断追问"'是'是什么"(what is Being)的人,才是哲学意义上的爱智者。不过,西方哲学史上,除古希腊哲学家对智慧有所思考外,其余多数时候,知识而不是智慧才是西方哲学关注的重点。从柏拉图区分意见与真理开始,西方哲学的真理概念基本都与知识而不是与智慧有关,真理就是得到了证明的知识。到了近代,随着自然科学知识给人类带来越来越多的福利,知识问题更是成为西方哲学的主要问题,近代西方很少有哲学家将智慧作为主要的思考对象。在认识论哲学家看来,哲学的主要功能就是研究知识的性质、结构、条件和可能,提供形式化的知识说明。"知识就是力量"不仅反映了西方人对知识的理解,也反映了知识在西方思想中的绝对地位。近代西方哲学家更关心的是知识而不是智慧,对知识的追求几乎成为现代思想的唯一目的,智慧却少有人问津。这造成的结果就是有知识论而无智慧论(张汝伦,2010)。因此,相对于道德理性,西方文化中的智慧观实是一种认知或知识取向的智慧观。总体而言,西方哲学传统强调有关普遍真理的知识,以及智慧的认知成分,如实践推理(Grossmann & Kung, 2019)。

1. 古希腊时期的智慧观

西方文化中的智慧思想的源头之一,是公元前 3000 年的古埃及文化。那时的智慧主要指日常生活中的实用性建言,以及普遍流行的关于善良行为与智慧的戒律(Brugman,2000)。这一时期的智慧主要有两层含义:(1)对人类遭受的痛苦和生活中矛盾本质的理解;(2)一套被社会广为接受的道德规范和宗教法则(Bryce, 1979)。进入古希腊文明后,哲学之父泰勒斯(Thalēs),以及其他一些重要哲学家都在追求对世界本源及其构成成分的认识。智慧不再指生活中的戒律,而是对自然世界的法则和构成成分的探究。这些广泛的理论开辟了从古希腊早期哲学家通往后世对理解宇宙运行的尝试的道路。这一时期的哲学家有一个共同的理念,即智慧就是能够理解真理,以及认识世界的本源。古希腊三贤分别对智慧作了明确探讨与论述。苏格拉底(Socrates)作为智慧的传播者,将问题的焦点从探讨关于自然世界的认识转向关于如何创造"美好生活"的认识。他关注诸如"什么是善?""什么是公正?"这类问题。对这些问题的回答对人们的生活方式具有深刻影响。苏格拉底认为,智慧是人在追求真理和领悟真理过程中的产物,但人永不能达到智慧,因为智慧只能为神所特有。他拒绝称任何人为"智慧者",认为哲学家唯一需要的是去爱智慧而不是拥有智慧。因此,在苏格拉底看来,人"自知其无知"是一项重要的智慧品质。苏格拉底还提出"美德即知识",将"善与知识"共同纳入智慧体系(Adler, 1952)。苏格拉底曾指出,"使真正的善得以可能的是智慧"(柏拉图,2002, p.67)。苏格拉底的学生柏拉图(Plato)认为苏格拉底是最善的、最智慧的、所有人中最公正的。柏拉图的早期对话中谈论的问题涉及道德、政治哲学和自然世界。他的哲学理念主要包括两种基本成分:一种是对个体造成的真正伤害是对他灵魂的伤害;另一种是人们应自我反省,而不能将任何事情都视作理所当然。柏拉图认为,在世界多变表象的里层,有一些真实且永恒存在的形式(form),这些形式构成宇宙的基本原理与结构。人通常须通过理性思辨(reason)才能理解这些不能靠感官得知的形式,而且人只有在理解这些抽象形式之后才能臻于至善(the Good)的境界(Kaufmann & Baird, 1994)。柏拉图由此认定,理性思辨是区别人与兽的核心特质。这表明,在柏拉图心中,智慧是理性思辨的产物,一个有智慧的人不但能以基本逻辑论证来理解真理,也能清楚地判断某些论点的前提假设是否符合真理(Labouvie-

Vief,1990)。比柏拉图稍晚的孟子在《孟子·公孙丑上》里主张,人天生就有的恻隐之心、羞恶之心、辞让之心、是非之心等"四端"促使人追求善,并与禽兽相区别。相比较可知,柏拉图对智慧的论述较偏重抽象思维与理性认知(杨世英,2008)。依据鲁宾孙(Robinson,1989,1990)的观点,《柏拉图对话集》(*Platonic Dialogues*)中区分了三类智慧:(1)索菲娅(sophia)。它指追求真理的哲学家身上体现的智慧,后人一般用"理论智慧"(theoretical wisdom)来指称。(2)实践智慧(phronesis)。它指政治家和立法者拥有的涉及实际事务的实践智慧,使政治家和立法者得以作出明智选择,不受激情的驱策和感官的欺骗,后人一般用"实践智慧"(practical wisdom)来指称。(3)认知智慧或知识智慧(episteme)。它指用科学眼光来理解事物者身上体现的认知智慧或知识智慧,即某种形式的科学知识,只有那些深悉事物本性和控制行为的原则者才能获得(Sternberg,1998)。对柏拉图而言,智慧就是具有理性的美德,不仅要反思真理也要指导行为(Adler,1952)。智慧关注生命的终极意义,以及物理世界和人性的本质(Birren & Svensson,2005)。柏拉图的学生亚里士多德(Aristotle)与其老师一样,将智慧看作最基本的人类美德之一(Adler,1952)。他延续了柏拉图对表象与抽象原理、肉体与灵魂(精神)的二分法。他认为灵魂具有理性与欲望,而理性又可分为理智理性与实践理性,并从中发展出两种类型的智慧:(1)哲学智慧(philosophical wisdom),也叫"理论智慧"(theoretikes)。哲学智慧指人的灵魂中用于把握普遍、不变和独立品质的存在智慧。哲学智慧的主要功能是让人寻求接近真理的基本原理,其中涵盖一切科学,以及形而上学的范围。哲学智慧是一种高级智慧,与最高形式的知识有关,只有神能完全拥有。(2)实践智慧(practical wisdom),即《柏拉图对话集》中的实践智慧。实践智慧包含运用适当尝试衡量现时的情景,并通过适当选择增进人世间的共善。实践智慧涉及对事物好坏的判断和选择,与个体追求美好生活的行动有关,可通过人的行为展现(Small,2004)。如果一个人能正确判断情势,选择最适于达成目标的方法,便可认为其有实践智慧(Clayton & Birren,1980;Sternberg,1998;杨世英,2008)。实践智慧不同于哲学智慧之处在于"关于人类的关切,关于需要深思熟虑的事情"(Swartwood & Tiberius,2019)。总体上,古希腊时期的智慧观既注重认知之智又重视道德之智,但更以认知或知识智慧取向为主。认知智慧包含的知识范围也较为广泛,不仅人类处理生活实践的理性与技能之智,以及对自然或未知世界认识的自然之智,甚至美德和善行也多指对道德知识的掌握。古希腊时期的智慧观直接影响了古罗马人。古罗马的西塞罗(Marcus Tullius Cicero)和塞涅卡(Lucius Annaeus Seneca)都把智慧视为神启示给人的知识(张汝伦,2010)。古希腊时期的智慧观对西方智慧心理学思想有深刻影响。例如,今人常说的"理性智慧"(logos wisdom,rational wisdom)一词就可追溯至古希腊哲学家提出的上述智慧观。不过,古希腊哲学家的智慧分类观主要从哲学角度进行论述,显得有些"大而化之",不够精细、准确(汪凤炎,郑红,2014,p.181)。

2. 中世纪欧洲的智慧观

"中世纪"(the Middle Ages)一词出现于欧洲文艺复兴时期,意指古典(希腊、罗马)文化期与古典文化"复兴"期之间的时代,约当公元4或5世纪至15世纪。它是欧洲历史三大传统划分(古典时代、中世纪、近现代)的一个中间时期。今指介于古代奴隶制与近代资本主义之间的时代,一般以公元476年西罗马帝国的灭亡至15世纪末大航海时代或1640年英国资产阶级革命,为欧洲中世纪之时限(陈至立,2019,p.5760)。

西方文化中的智慧思想的另一个源头是希伯来文化,它对中世纪甚至现在的欧洲有着深刻影响。在希伯来人看来,上帝用"hochma"创造了世界。"hochma"是关于神圣原则和神圣力量的知识,就是智慧(Ferrari, Kahn, Benayon, & Nero, 2011)。神圣法则隐含在表象内,智慧者能揭示这些法则,然后以诗歌和谚语的形式传达给人类,帮助人类在神圣原则的指导下过上幸福生活。犹太教传统中,获得智慧有两种途径:一种途径是,接受正式教育和父母的指导,培养认知能力,积累知识经验,拥有道德、外交、政治、宇宙等知识,拥有自我反省的能力、学习的需要以及逻辑思维能力;另一种途径则是信仰上帝(Achenbaum & Orwoll, 1991; Takahashi, 2000)。总之,希伯来人认为智慧与知识、道德和上帝有关。

希伯来人在希腊人有关智慧的定义中增加了神学成分,智慧就成为一种来自上帝的神圣启示和关于真理的揭示(Bates, 1993)。随着基督教的出现,作为人类智慧最高级形式的早期哲学智慧和作为上帝礼物的宗教智慧被区分(Bates, 1993)。

基督教区分了世俗智慧和精神智慧,奥古斯丁将前者称为"科学"(scientia),将后者称为"智慧"(sapienta)。奥古斯丁受古希腊三哲的影响,将人类心智划分为科学(Scientia)和智慧(Sapientia)两类:前者指关于物质世界的知识,帮助人们取得物质世界的目标;后者指关于上帝的知识,有助于人们获得上帝的永恒智慧(Takahashi, 2000)。在此传统中,上帝才是绝对真理的最终裁判,人类只是上帝的创造物,只能追求智慧,而不能成为智慧者本身(Assmann, 1994)。阿奎那通过整合西方哲学与基督教教义,主张将哲学与宗教区分开,或将理性与信仰区分开。他提出思辨智力的三个特性,即智慧、科学和理解,认为科学依赖理解,理解是更高层次的美德,而科学和理解又依赖智慧,智慧是最高水平的美德。智慧是科学的一种类型,它不仅判断结论也判断首要原则,并为它们设定秩序。因此,智慧是比科学更完善的美德。在基督教看来,人是有罪的,因而对终极真理的理解是有限的,而神是完美的,他可以持有终极真理,因此,人类通往智慧的道路是敬畏神,在神的面前保持谦卑。《箴言》中说:"敬畏上帝是人类智慧的开端。"尽管人类的原罪使他们无法达到上帝的最高智慧,但是追求智慧能使人类从世俗世界中脱离,从而生活在精神世界之中(Bates, 1993)。由于智慧的这种神性本性,西方文化中所说的智慧部分地是超自然的,与道德完美、理想和自我超越有关(Birren & Svensson, 2005)。

总体上,在中世纪,古希腊对哲学理论与技能实践以及美德与善行的追求的智慧被对神的信仰与理解取代,成为认识和理解神谕的神性智慧,但其实质仍是一种认知智慧,是一种对神性或上帝认知的知识智慧观,主要涉及知识、学习愿望与能力、理解、道德识别力、审慎等(Takahashi & Overton, 2005)。这一时期的智慧观也为西方后世的智慧概念打上了宗教烙印,精神性或灵性(spirituality)一直是西方智慧心理学理论中智慧的重要维度。

3. 文艺复兴以来的智慧观

文艺复兴时期,智慧的概念与美德交织在一起。蒙田(Michel Eyquem de Montaigne)认为,实践智慧暗含着生命的存活应与自然、自我认知、世界知识和自我管理协调一致(Brugman, 2000)。智慧包括一种批判的态度,真正的智慧者总能意识到自己的无知。蒙田认为,想从他人那里得到知识却没有完全理解并将其内化为自己的知识是不够智慧的。

进入近代社会,认知或知识已完全成为智慧的代名词,智慧与知识等价。培根(Francis Bacon)认为智慧者通过使用严格的演绎推理和系统的科学调查来发现所有被观察现象的根本形式或过程。智慧体现在通过严格的推理和科学的调查来观察隐藏于现象之下的事实。笛卡儿(René Descartes)认为,知识成为不证自明的命题的唯一基础就是进行不断怀疑的思考的推理演绎,因此,人们应怀疑一切直到找到不能再令他产生怀疑的最初规律。笛卡儿认为,唯一令他不再怀疑的就是"我思故我在"。他把智慧等同于知识,认为智慧是通过反思、推理和熟虑获得的认识性知识。洛克(John Locke)认为感性经验是我们一切思想理念的来源,知识源于对原初感觉输入的反思与提炼(Cottingham, 1996)。洛克还主张感官的性质可分为第一性质和第二性质。洛克相信世界由物质构成,物质的第一性质(主性质)包括形状、运动或静止、数目等与物质不可分离的那些性质;第二性质(次性质)则包括颜色、声音、气味等其他各种性质。在洛克的著作中,有关智慧的论述都处在了解上帝的背景中。在《人类理智论》(*Essay Converning Human Understanding*)中,洛克认为只有通过思考和冥想才能掌握上帝的最真实和最好的观念。智慧者和熟虑者可通过正确、谨慎地运用自己的思想和推理生活。叔本华(Arthur Schopenhauer)认为经验世界什么都不是,人不能被它迷惑(Brugman, 2000)。对叔本华而言,天才是无意志知识的最高形式。一个人对自身欲望知道得越多,被这些欲望控制得越少。因此,他认为智慧就是直觉的东西,智慧是对生活的真正洞见,能让生活尽可能地舒适和幸福。康德(Immanuel Kant)将哲学的定义建立在古代"爱智慧"的基础之上,亦即对智慧的运用的渴望和追求。康德认为,哲学就是智慧的原理和运用。他认为,人类并没有获得智慧,而是爱智慧。智慧具有概念、模式,永远不会获得,仅是被追寻。他认为,智慧对人不可得,只是在上帝那里作为一切理论和道德(实践)之知的最高原则。因此,康德把哲学规定为"在任何时候都不会完成的对智慧的追求"(Magee, 1998)。对康德而言,智慧就是与其绝对规则保持一致。可以说,这一时期认知智慧观的盛行为西方近代社会人们探知宇宙自然奥秘、促进科学技术高速发展提供了精神动力与指引。

> **小知识**
>
> 西班牙哲学家葛拉西安(Baltasar Gracián)写了一部教人如何待人处世的《智慧书》(*The Art of Worldly Wisdom*)。该书于 1647 年出版,汇集了 300 则妙言警句,行文简洁,立意遣词机趣多端,字字珠玑,浓缩人生处世智慧之精华。现摘录几则。
>
> 有识亦应有胆,这是成为伟人的要素。知识与勇气是不朽的,同样可使人不朽。懂得多少,便有多伟大;若你学识渊博,则无事不可为。一个人无知,正如世界没有光明。智慧与力量,就像双眼与双手。有识无胆者亦无所成。(Gracián, 2009, p.2)
>
> 不要比上司更耀眼。所有的成功都会引起嫉恨,若超过上司,更是愚蠢,甚至是致命的。优越者总是引起他人的憎恨,更别说超过位高权重之人。人要善于将自己的优势深藏不露。举个例子,姣好的面容可用不经意的装束来遮掩。也许人不在乎你有好的运气或是温良的秉性,但是没人会乐意——尤其是君主——你在判断力上超过他,因为优秀的判断力是王者特有的能力,你一定要僭越,便是对其不敬。身为君主,自然希望在判断力这一最高贵之特质上远胜一筹。他们可以允许旁人辅佐,却不允许有人超越;要让他们采纳建议,就要像是帮他回想起忘掉的东西,而不是指引他们去找其久寻不得之物。天上的星辰教会了我们这种愉快的处世策略:它们是太阳之子,并且与太阳一样光亮,却从不与太阳争辉。(Gracián, 2009, p.4)
>
> 不被激情左右。这是最优秀的头脑才有的品质。这种优良品质使人免受短暂而低俗的冲动影响。没有什么驾驭能高于驾驭自身及自身之冲动——这是一种意志上的胜利。即便激情控制了你的脾气,也不要让它威胁你的地位;如果地位不低,你更需注意。这是避免丑闻的唯一坦途,也是重获荣誉的最短路径。(Gracián, 2009, p.5)
>
> 不过,从下面两则警句可看出,葛拉西安所讲的智慧有时指聪明才智。它纯粹是个认知概念,是中性的,须与良好品性或善心相结合才完美无缺。
>
> 品性与智慧,是组成人类才能的两个要素。要走向幸福生活,缺少哪一个都将半途而废。仅仅拥有智慧是不够的,还要有好的品性。蠢人的不幸,在于没有获得适合他的地位、职业、邻居与朋友圈子。(Gracián, 2009, p.1)
>
> 学识和善心结合起来可确保成就不断。高超的智慧与邪恶的意愿结合,会生出变态的魔怪。邪恶的意愿将破坏所有的优点。如果再有学识助力,将使事情更加败坏。这是一种可悲的过人之处,它的最终结果就是毁灭。有学识而无明智的判断,则倍加愚蠢。(Gracián, 2009, p.10)

(二) 中国哲学史上的经典智慧观

中国古代，至少自老子、孔子和墨子开始就一直关注智慧（也写作"知慧""知惠"或"智惠"）。"智慧"一词也是中国古籍中的常用词。本节按时间顺序，分述不同历史时期最为经典的智慧观。中国思想家的智慧心理学思想则待第八章详细论述。

1. 先秦时期的智慧观

(1) 智慧的语义分析

古汉语用字极简洁，喜欢以单个字为词。古汉语中，"知"与"智"相通，"慧"和"惠"义同。因此，要准确把握中国人对智慧的看法，必须从"知""智""慧""惠"四字入手。

据《汉语大字典》解释，"慧"的含义主要有六：①聪明；智慧。《说文·心部》："慧，儇也。从心，彗声。"徐锴《系传》："儇，敏也。"（汉语大字典编辑委员会，2010，p.2506）依此解释，"慧"是下形上声的形声字。不过，"彗"的含义有三："扫帚""扫；拂""星名。拖有长光，像扫帚，俗称'扫帚星'。古人以为彗星出现是灾异的象征。"（汉语大字典编辑委员会，2010，p.1031）这样，若将"慧"理解为"扫除心中尘埃（主要是贪欲、迷情、成见和谬论），光明之心（人的纯真本性）便能呈现"，此时"慧"与"智"类似，也是一个会意字，而且是真善合一的。②狡黠。《增韵·霁韵》："慧，妍黠也。"③佛教用语。了悟。《正字通·心部》："慧，梵书言了悟也。"《五灯会元·章敬晖禅师法嗣》："帝曰：'云何为慧？'对曰：'心境俱空，照览无惑名慧。'"④方言。病愈。《方言》卷三："南楚病愈者谓之差，……或谓之慧。"⑤轻爽；清爽。⑥中医学指眼睛清明（汉语大字典编辑委员会，2010，p.2506）。同时，《说文·叀部》："惠，仁也。从心，从叀。𢡟，古文惠从卉。"按：或以为此字从心，叀（zhuān）声。可见，"惠"也是形声字。据《汉语大字典》解释，"惠"除了可用作姓氏、古州名和古代兵器名外，含义主要有十：①仁爱。《书·皋陶谟》："安民则惠。"蔡沈注："惠，仁之爱也。"《论语·公冶长》："其养民也惠。"刘宝楠正义："惠者，仁也。"②恩惠；好处。③恩爱；宠爱。④柔顺；柔和。⑤善。⑥妩媚。⑦赐给；赠送。⑧会账；会钞。⑨通"绘"。⑩通"慧"。聪明。《列子·周穆王》："秦人逢氏有子，少而惠。"《后汉书·仲长统传》："纯朴已去，智惠已来。"《世说新语·夙惠》："何晏七岁，明惠若神。"（汉语大字典编辑委员会，2010，pp.2472-2473）由此可见，一方面，当作"聪明；智慧"解时，"慧"不但与"智慧"同义，而且与"智""惠"同义，这表明，"智慧"一词不是由"智"与"慧"二字组成的一个偏正式、补充式、动宾式、主谓式或重叠式的合成词，而是由"智"与"慧"二字组成的一个并列式的合成词。其中，"智"与"慧"两个语素之间是不分主次的平等关系，它们平等地联合在一起，构成"智慧"一词。假若有人持以下两种见解，除非能提供足够证据，否则很难成立：①"智"中只有知性，更侧重聪明才智或足智多谋，"慧"中带有悟性，更接近佛教所讲的自我超越式智慧（self-transcendent wisdom），故"慧"比"智"高；②慧是天生的，无法教，无法学，"智"是后天习得的，既可教，也可学。另一方面，由于至今未在甲骨文中发现"慧"字（徐中舒，2006，p.14），所以"慧"可能比"智"要晚出一些，故下文不多论"慧"。不过，"慧"字的出现至迟不会晚于墨子生活的时代,因为《墨子·尚贤中》里已有"智慧"一词。

据《字源》解释,"𢎻""智""知"三字始于同一个字,其字形即"𢎻"(约斋,1986,p.203)。张𢎻在其编著的《金文艺用字典》一书中,"知"字下,列出的"知"的金文写法是"𢎻"或"𢎻"(张𢎻,2003,p.262)。从字形上看,对于"智"字,第二版《汉语大字典》列出了九种字形变化图,如图2-1所示。与张𢎻的著述比较可知,"智"字的甲骨文和金文写法,与"知"字完全相同。

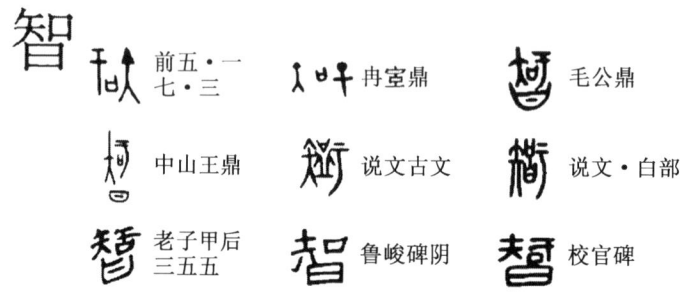

图 2-1 "智"字字形变化图

(汉语大字典编辑委员会,2010,p.1628)

从造字法上看,甲骨文"𢎻"本是一个会意字:"𢎻"字左边类似"亏"的符号指"气"。正如段玉裁注:"锴曰:亏亦气也。"(汉语大字典编辑委员会,2010,p.1628)。中间的符号是"口"的象形字(汉语大字典编辑委员会,2010,p.613),右边的符号一看就是"箭"的象形字。合起来看,甲骨文"𢎻"字左边的"气"表示"力量",与右边的"箭"合起来后,既有"箭速很快"之义,也含有"有的放矢"之义,将之与位于中间的"口"合在一起,其义恰恰是"知"字里蕴含的如下重要含义:"识敏,故出于口者疾如矢也"(许慎,段玉裁,1988,p.227);"凡知理之速,如矢之疾也,会意"(汉语大字典编辑委员会,2010,p.2763)。约斋在《字源》里解释"𢎻、智、知"三字时说得好:"知识的作用是无形的,只得借矢来代表,本作矢于口,谓矢射及的情形,后增日,跟口重复,仍省作智作知。"(约斋,1986,p.203)根据上文分析可知,约斋的这一解释从总体上看颇有见地。但是,根据下文所论,"后增日,跟口重复"这一解释没有准确看到"增日"的真正价值,这是其不足之处。对于"𢎻"与"智"的关系,《汉语大字典》在解释"智"字字形时提供了一个重要线索:"徐灏注笺:'知𢎻本一字,𢎻隶省作智。'"(汉语大字典编辑委员会,2010,p.1628)依徐灏的解释,"𢎻"字本是"智"的古体字,"智"字是从"𢎻"字的隶书字体里演化出来的:小篆"𢎻"字中的"白"本"乃从甘之讹"(王光耀,1998,p.354),在用隶书字体书写"𢎻"时,将右边的"亏"字省略掉,将下边的"白"字"以讹传讹"地写成"日"字,就成了现代通行的"智"字。这表明,在汉字史上,是先有"𢎻""𢎻"或"𢎻"三字,继而有"𢎻"字,后有"智"字。徐灏指出"智"字是在用隶书字体书写小篆"𢎻"时产生的,这有一定见地。这说明"智"字产生的时间虽不如"𢎻"早,但也有一定历史了。不过,只认为"智"下的"日"是将"矯"下的"白"字"以讹传讹"地写成"日"字的结果,这实也未深究"智"字下加"日"的用意。窦文宇和窦勇对"智"的解释是:"由'知'和'日'构成。'知'有知识的含义,引申有聪明、智慧和见识的含义,其下加'日'是为了与'知'字的其他含义区别开,专门表述上述含义。"(窦文宇,窦勇,2005,p.61)看到"知"与"智"在字形与字义上的联系是对的,不过,这也未深究"智"字下加"日"的用意,而只说"智"下加"日"是为了与"知"字的其他含义区别开,用以专门表达"聪明、智慧和见识"的含义,这一见解值得商榷。综上所论,从字形看,甲骨文、金文和小篆的"智"字与"知"字实都是同一个字,而且都源自"𠁿"; 对于"智"字下加"日"的解释,尽管学人有不同看法,但一般只将其解释为"以讹传讹"的结果。为什么在"知"下加"日"使之成为"智",而不是在"知"下加别的什么字或符号,使之既与"知"区分开,又能表达"聪明、智慧和见识"的含义呢?对于这个问题,已有解释多未深究。汪凤炎认为,"智"字之字形,其上为"知",其下为"日",这个"日"字蕴含三种含义:(1)"日积月累",即要以日积月累的方式逐渐让自己获得广博知识,才有可能让自己变得越来越聪明,越来越智慧。(2)"日日行之"。中国先哲论学时大都信奉下述两段引文揭示的道理。此道理虽由荀子明确阐述,但实是至少自孔子以来就有,而且一直为通晓儒家教育精义者所身体力行。

> 不闻不若闻之,闻之不若见之,见之不若知之,知之不若行之,学至于行之而止矣。行之,明也。明之,为圣人。圣人也者,本仁义,当是非,齐言行,不失毫厘,无它道焉,已乎行之矣。故闻之而不见,虽博必谬;见之而不知,虽识必妄;知之而不行,虽敦必困。不闻不见,则虽当,非仁也,其道百举而百陷也。(王先谦,1988,p.142)

> 君子之学也,入乎耳,著乎心,布乎四体,形乎动静,端而言,蝡("蠕"的异体字)而动,一可以为法则。小人之学也,入乎耳,出乎口。口耳之间则四寸耳,曷足以美七尺之躯哉!(王先谦,1988,p.12)

根据上述两段引文可知,从"知行脱节"式的"小人之学"中获得的"知",无法有效帮助学习者获得智慧,只有从"知行合一"式的"君子之学"中获得的"知",才能有效帮助学习者获得智慧,因为智慧本是"知行合一"的。因此,"智"字下面的这个"日"字也有"日日行之"之义,即通过日日力行的方式,使所学知识逐渐变成自己的素质。因为个体学习某种知识后,若能真正做到"入乎耳,著乎心,布乎四体,形乎动静,端而言,蠕而动",那么,可以肯定的是,这种知识就已内化为此个体的内在素质。而要达到这一学习境界,显然须个体日日力行。这意味着,从字形上看,"智"本有"将知识日日力行,使之不断从陈述性知识转换成程序性知识"之义。(3)"日行一善"。通过上述两个步骤,一般能将知识转换成聪明才智;若想将知识转换成智慧,还须加上第三个关键步骤:日行一善,即个体须将由日积月累所得的一些经过实践证明是正确的程序性知识用来为绝大多数人谋福祉。需要指出,由于中国古代官学与私学传授的主要是道德知识,而不是今人所讲的科技知识。因此,古人在讲"知而获智"时,虽常未明言"真善合一",但实际上已内在地隐含"真善合一"。但是,当代人所学的知识多是科技知识,若想"转识成智",一定要将所学知识用来为绝大多数人谋福祉。若少了这个"临门一脚"的功夫,那前面做得再好也徒劳无益。

综上所论,个体在认识和解决复杂问题时,若能做到出口之言就像"如矢中的",一方面要具备良好的直觉或缜密的逻辑思维能力、流畅的语言表达能力、准确的判断力等(这些均是才能的表现);另一方面,也要能预测到行动结果是好的。因为,"如矢中的"的含义有二:从科学性角度看,要求行动准确;从道德性角度看,要求行动正确。由此可见,从"智"字字形看,"智"与"慧"类似,不但是一个会意字,而且"真善合一",其中明显潜藏有"知而获智""转识成智""知行合一"的思想。"知而获智"观是中国传统文化中的一种经典智慧观。用现代心理学的眼光看,"知而获智"观具有两大显著优点:①定义智慧的视角恰当。"知而获智"观注重从知识角度定义智慧,这与现代西方心理学界定智慧的主流视角,如柏林智慧模式的智慧观和斯腾伯格的智慧观暗通,从而显示出中国先哲的远见卓识。②蕴含"转识成智"的思想。"转识成智"中的"转"字很关键,它表明,知识与智慧之间本有一定距离,二者并非同一事物,不可以"知"代"智",而且,"转"也须做到具体问题具体分析,在"转"的过程中善于运用阴阳思维平衡各方利益和各种关系,基于善的动机、灵活地"转",以追求善的目的。"知而获智"观自身存在的不足主要有两点:①表述不系统。从表现形式上看,中国先哲多未有意识地对"知而获智"观作系统而深刻的论述,往往只在只言片语里论及,使得有关智慧的重要见解在中国经典文献里时隐时现。②未明言"转识成智"的途径与方法,易使人误将智慧等同于知识渊博(汪凤炎,郑红,2009)。

(2)先秦道家、儒家和墨家的智慧观

先秦时期,道家的天人智慧观、儒家的道德智慧观、墨家的自然智慧观呈现出多元共存与发展的态势,为秦汉以降的智慧观奠定了坚实基础。

在汉语典籍里,"智慧"一词原被认为最早出自通行本《老子·十八章》:"大道废,有仁义;智慧出,有大伪;六亲不和,有孝慈;国家昏乱,有忠臣。"同时,《老子·十九章》说:"绝圣弃智,民利百倍;绝仁弃义,民复孝慈;绝巧弃利,盗贼无有。"于是,后人误认为"智慧"一词最早出自老子,而且老子有"绝圣弃智""绝仁弃义"之说。不过,1993年湖北荆门郭店村战国楚墓出土三种《老子》摘抄本,其中便有当今世界上最古老的《老子》抄本。通过对郭店村战国楚墓出土竹简的整理与研究,1998年,北京文物出版社印行了《郭店楚墓竹简》(陈鼓应,2009a,p.5)。这时人们才恍然大悟:老子并无"绝圣弃智""绝仁弃义"之说。"绝圣弃智"见于《庄子·胠箧》(庄子后学的作品)、《庄子·在宥》,"攘弃仁义"见于《庄子·胠箧》,此为传抄《老子》者据以妄改《老子》所致(陈鼓应2009a,p.134)。因此,陈鼓应认为,帛书及通行本均衍出"智慧出,有大伪"句,而郭店简本无此句,当据删。这样,《老子·十八章》的内容本是:"大道废,有仁义;六亲不和,有孝慈;国家昏乱,有忠臣。"(陈鼓应,2009a,p.132;汪凤炎,郑红,2014,pp.127-128)

需指出,通行本《老子·十八章》中的"大道废,有仁义;智慧出,有大伪;六亲不和,有孝慈；国家昏乱，有忠臣"虽是假托《老子》，却对后世产生了重要影响。老子道家将"道"看作宇宙万物的本体，大智慧是对"道"的把握，真正的大智慧与"道"融为一体，真正的大智者懂得天理运行之"道"，从而"顺应自然"，做到"天人合一"。当然，道家智慧也具有深刻的"人学"内涵，如《老子·三十三章》中"知人者智，自知者明"。《老子》还强调谦虚、无为和低调在人际交往中的作用。因此，无论是假托《老子》还是《老子》原有此意，《老子》道家倡导的追求"天人合一"的生存智慧，以及人与人、人与自然和谐相处的人伦智慧均对后世中国人产生了深远影响。

回到对先秦道家、儒家和墨家的智慧观的讨论上来，既然《老子·十八章》的内容本是"大道废，有仁义；六亲不和，有孝慈；国家昏乱，有忠臣"，"智慧"一词便最早出自墨子。《墨子·尚贤中》记载：

> 今王公大人有一衣裳不能制也，必藉良工；有一牛羊不能杀也，必藉良宰。故当若之二物者，王公大人未知（当作"未尝不知"，引者注）以尚贤使能为政也。逮至其国家之乱，社稷之危，则不知使能以治之。亲戚则使之，无故富贵、面目佼好则使之。夫无故富贵、面目佼好则使之，岂必智且有慧哉。若使之治国家，则此使不智慧者治国家也，国家之乱既可得而知已。

在这里，《墨子》是从"德才一体方是智慧"的角度来谈智慧，故《墨子》讲的"智慧"不仅仅指"聪明、才智"，而且指人的一种德才一体的综合心理素质，即智慧是个人稳定而持久的思考风格或认知结构，其作用体现在治国或领导上。若任人唯亲、任人唯貌，而不是任人唯贤（智慧），就会导致国家出现混乱（汪凤炎，郑红，2014，p.128）。同时，《墨子·经说上》里还有"心知为智"的思想。在墨家看来，个体如果能根据自己已有的知识推知未知的事物，就能使自己拥有的知识越来越明确、显著和深刻。个体能以这种方式做学问，也就达到了智慧的层次。与道家和儒家"由天而人"的智慧观不同，墨家后期以"思维和存在"的关系作为智慧学说的主题来讨论和从事自然科学研究，将人们的语言包括概念、判断、推理作为认识对象进行科学研究，建立了一个较系统的逻辑理论体系（方同义，2003，p.183）。总之，墨家的智慧观主要是一种自然智慧，包括社会知识和自然知识，重视知识和思维逻辑对智慧生成的重要性。

尽管《论语》中未出现"智慧"一词，但据杨伯峻的统计，"知"字在《论语》中共出现116次，其中作"智慧"义有25次（杨伯峻，1980，p.256）。"知"在儒学中主要有四种含义：①善于知人与自知。《论语·颜渊》记载："樊迟问仁。子曰：'爱人。'问知（智）。子曰：'知人。'"《荀子·子道》也记载："知者知人，……知者自知。"②实事求是的态度。《论语·为政》记载："知之为知之，不知为不知，是知也。"③才智与认知能力，尤其是对是非、善恶的认知和辨别，这是作为道德规范的智慧的最基本、最主要的内容与要求。《论语·子罕》有"知（智）者不惑"一语。《孟子·告子上》说："是非之心，智也。"《荀子·修身》中提出"是是、非非谓之知，非是、是非谓之愚"。④德才一体的心理素质。《孟子·公孙丑》记载："齐人有言曰:'虽有智慧,不如乘势;虽有镃基,不如待时。'"《荀子·正论》中则有:"天子者……道德纯备,智惠甚明。"这将智慧看作德才一体的心理品质。总体而言,儒家的智慧观主要是一种德智并重、以德为主的道德取向智慧观。这种智慧主要是一种道德智慧,在价值取向上偏重人伦关系和社会关系,把道德视为人生和生命的本质与价值体现(姚新中,洪波,2002)。它是对人对事的整体性把握与判断,是人伦实践的指导,具有明显的伦理道德特征,不是对事物的旁观者式认识和客观知识,而是实践的决断。在儒家的智慧观下,智慧也不是一般日常意义的聪明才智,智慧总是与伦理道德相关,与仁义相关(张汝伦,2010)。

综上所论,若再结合孔子、颜回、孟子、老子、庄子、墨子等人一生的实践看,中国文化一向将创造力、智力和智慧分开,而不是将它们视作过美好生活的三种相同的能力。例如,中国人常说"聪明反被聪明误",却没有"智慧反被智慧误"的说法。同时,"美好生活"至少有美好物质生活和美好精神生活两个层次。智慧者,如颜回和庄子,不一定在物质生活上过得美好,甚至刚好相反,在物质生活上非常贫乏,但他们的精神生活一定十分美好。先秦学人在智慧上开辟的这两项传统,为后世真正有智慧者传承至今。

2. 汉唐时期的智慧观

西汉时期,大儒董仲舒提出的"推明孔氏,抑黜百家"被汉武帝接受,从而启动了儒学走向至尊的历史车轮,并最终完成了以儒学取代黄老作为国家政治指导思想的历史性转换。自此至清代灭亡,先秦儒家倡导的德智并重、以伦理道德为主的道德智慧观在中国古代哲学史上占据主导地位,修养智慧成为个体安身立命的实践之道。与此同时,董仲舒延续并丰富了儒家的道德智慧观。他在《春秋繁露·必仁且智》中说:"何谓之智?先言而后当。凡人欲舍行为,皆以其智先规而后为之。""智"之实本不是那种求取客观真理的"智",而是知道怎样采取合乎规矩的行动方式的"智",这本身就是一种修德的方法。董仲舒进而在《春秋繁露·必仁且智》一文中强调"智"与"仁"要相结合,即"必仁且智",认为个体修德,"莫近于仁,莫急于智。不仁而有勇力材能,则狂而操利兵也;不智而辩慧狷给,则迷而乘良马也。故不仁不智而有材能,将以其材能以辅其邪狂之心,而赞其僻违之行,适足以大其非而甚其恶耳。……仁而不智,则爱而不别也;智而不仁,则知而不为也"。"仁智合一"的思想对后人尤其是宋明理学家产生了深远影响。

王充在《论衡·辨祟》中说:"夫倮虫三百,人为之长。人,物也,万物之中有知慧者也。"他明确主张人之所以贵于万物,正在于人有智慧。在此基础上,王充延续前人的认知智慧观,提出如"天地之性人为贵,贵其识知也"(《论衡·别通》)、"人有知学,则有力也"(《论衡·效力》)等观点,并指出知识、才能是道德的基础,如"反情治性,尽材成德"(《论衡·量知》),即知识、学问的积累有利于增进人的德性。

佛教传入中国的时间,一说为西汉哀帝元寿元年(公元前2年),一说为东汉永平十年(67年)。佛教传入中国的初期,人们仅将它作为神仙方术的一种。到了东汉末年,随着安世高、支谶首译汉文本佛经的行世,佛教教义开始与中国传统伦理和宗教观念相结合。经三国、两晋,到南北朝,佛教寺院广为建造,佛经的翻译与研究日渐发达,到隋、唐达到鼎盛,产生三论、律宗、天台、华严、唯识、禅宗、净土、密宗等本土化宗派,对中国哲学、文学、艺术和民间风俗等产生了较大影响(陈至立,2019,p.1200)。根据里卡德(Mathieu Ricard)的观点,佛教中的智慧与以下两个因素有关:(1)超越表象以理解现实的真实本质;(2)知道如何运用这些知识以提高众生的幸福感和减少众生的痛苦(Sevilla, 2013)。

3. 五代至明清时期的智慧观

司马光在《资治通鉴·周纪一》中曾说:

> 智伯之亡也,才胜德也。夫才与德异,而世俗莫之能辨,通谓之贤,此其所以失人也。夫聪明强毅之谓才,正直中和之谓德。才者,德之资也;德者,才之帅也。……是故才德全尽谓之"圣人",才德兼亡谓之"愚人";德胜才谓之"君子",才胜德谓之"小人"。凡取人之术,苟不得圣人、君子而与之,与其得小人,不若得愚人。何则?君子挟才以为善,小人挟才以为恶。挟才以为善者,善无不至矣;挟才以为恶者,恶亦无不至矣。愚者虽欲为不善,智不能周,力不能胜,譬如乳狗搏人,人得而制之。小人智足以遂其奸,勇足以决其暴,是虎而翼者也,其为害岂不多哉!(司马光,2012,pp.13-15)

受阴阳思维中"平衡"观念的深刻影响,在德与才的关系上,司马光极其推崇德与才相统一的思想,力主以德统帅才,将先秦以来儒家推崇的"必仁且智"式道德智慧观发挥得淋漓尽致。与此同时,宋明时期,理学兴盛,理学家们论"天理"与"良知"是为获得道德智慧,修成圣人("必仁且智"式智慧者)。因此,对于只知探求草木、器用等客观事物规律的做法,朱熹持批评态度。例如,《晦庵朱先生文公文集》卷三十九《答陈齐仲》记载,朱熹曾说:"欲致吾之知,在极物而穷理也。如今为此学而不穷天理、明人伦、讲圣言、通世故,乃兀然存心于一草一木、一器用之间,此是何学问? 如此而望有所得,是炒沙而欲成其饭也。"待到明末清初时,王夫之、黄宗羲、顾炎武等人倡导以"经世致用"为宗旨的"见闻"之智、"实用"之智。于是,中国传统文化中的智慧观开始由重道德智慧曲折地向重认知智慧和实践智慧演变(赵馥洁,1995)。

明朝末年还出现了一部《智囊》。它是明代文学家冯梦龙编纂的一部文言小说集,初编于明天启六年(1626年),崇祯七年(1634年)增补后改名为《智囊补》,或称《智囊全集》。"智囊"一词出自《史记·樗里子甘茂列传第十一》:"樗里子者,名疾,秦惠王之弟也。与惠王异母。母,韩女也。樗里子滑稽多智,秦人号曰'智囊'。"冯梦龙在《智囊自叙》里写道:"人有智犹地有水,地无水为焦土,人无智为行尸。智用于人,犹水行于地也,地势坳则水满之,人事坳则智满之。……或又曰:'子之述《智囊》,将令人学智也。智由性生乎,由纸上乎?'冯子曰:'吾向者固言之:智犹水,然藏于地中者,性;凿而出之者,学。井涧之用,与江河参。吾忧夫人性之锢于土石,而以纸上言之畚锸,庶于应世有瘳尔。'"(冯梦龙,2007,

p.1)由此可知,冯梦龙于内外交困、危机四伏的时局中编撰《智囊全集》的目的在于"令人学智",为此,他整理了上起先秦、下迄明代的正史、笔记和野史资料中的智慧故事,最终辑成《智囊全集》(傅承洲,2012)。《智囊全集》内分十部,各有侧重(见表2-2)。《智囊全集》中的"智"有"聪明才智"和"智慧"两种含义,冯梦龙更侧重兼备良好品德和聪明才智的智慧,有时也将有才无德之人视作智慧者。例如,冯梦龙对才高德低的南宋奸臣秦桧的评价是"下下人有上上智"(冯梦龙,2007,p.10),仍非常肯定秦桧的智慧,秦桧因而在《智囊全集》中被提及6次,出现频次在《智囊全集》所有智慧人物中并列第13名(见表2-2)。下面通过量化统计来客观、系统地梳理《智囊全集》中蕴含的智慧心理学思想。

(1)《智囊全集》的智慧故事分析

以中华书局2007年出版的《智囊全集》为底本,梳理全书智慧故事总数、智慧人物总数及每一智慧人物出现的频次,并按频次降序排列。结果发现,全书共包含1 404则智慧故事,可归纳为22个大类(见表2-1)。

表2-1 《智囊全集》智慧故事一览表

名次	智慧故事	频次
1	随机应变,解决面对的难题或挑战	212
2	辅佐(劝谏、讽谏)居上位者	155
3	明察秋毫,智断案件	132
4	官场中,清楚分析形势,深谋远虑	126
5	战场上,摸清敌军心态,出其不意,攻克敌军	103
6	谋划以达成利己目的	80
7	官场中,善察言观色、洞悉人心	77
8	辅佐(劝谏)丈夫、儿子、父亲	68
9	善修筑工事、改良武器、布置阵法	66
10	以柔克刚治理民众、招抚盗匪和叛乱士兵	60
11	其他	53
12	拆字、解谜、占卜、测字、释梦	50
13	妥善处理国家事务	46
14	辨别谣言,破除迷信	30
15	巧舌如簧,化解(自身、他人)危机	29
16	维护国家礼法、朝廷纲纪、军纪	26
17	谆谆告诫他人	23
18	宽厚待人,不计小过	20
19	唯才是举,慧眼识才	15
20	从严治军,从严治民	12
21	坚守自身气节,不畏权贵	11
22	报仇雪恨	10

由表2-1可知,出现频次排名前五的智慧故事类别为:(1)随机应变,解决面对的难题或挑战(n=212)。例如,《智囊全集·捷智部·灵变卷·鲍叔》记载,并结合《左传》中《鲁

庄公八年》和《鲁庄公九年》的记载,鲁庄公八年(公元前 686 年),齐国内乱,齐大夫连称、管至父杀死齐襄公,立公孙无知。鲁庄公九年(公元前 685 年)春,齐国人杀死公孙无知,齐遂无君。逃亡在外的齐襄公的两个弟弟公子纠和公子小白都想抢先回到齐国争夺王位。两人半途相遇,管仲射中公子小白腰带上的环扣。鲍叔牙将计就计,让公子小白趁机诈死,骗过了管仲。公子小白趁管仲放松警惕之际,日夜兼程,赶在公子纠之前到达临淄,后得立为国君(冯梦龙,2007,p.416)。(2)辅佐(劝谏、讽谏)居上位者(n=155)。例如,《智囊全集·语智部·善言卷·晏子》记载:"齐有得罪于景公者,公大怒,缚置殿下,召左右肢解之:'敢谏者诛!'晏子左手持头,右手磨刀,仰而问曰:'古者明王圣主肢解人,不知从何处始?'公离席曰:'纵之。罪在寡人。'"(冯梦龙,2007,p.498)齐景公盛怒之下将冒犯他的人处以分尸的极刑,并扬言谁敢说情就杀了谁。在君王盛怒之时与之争辩往往效果不佳,甚至会惹祸上身。晏子深谙此理,于是假装顺从,遵照景公的命令,拿刀准备去肢解犯人。在肢解犯人前,晏子为启发景公,提问道:"肢解犯人总得有个方法,请问古代明君肢解人犯时,从身体的哪个部位下刀?"晏子的这一问让景公醒悟到古代仁君不会乱杀人,更不会残忍地肢解犯人。景公立刻站起身说:"放了他吧!这是寡人的错。"(3)明察秋毫,智断案件(n=132)。例如,《智囊全集·察智部·得情卷·黄霸》记载:"颍川有富室,兄弟同居,妇皆怀妊。长妇胎伤,弟媳生男,长妇遂盗取之。争讼三年,州郡不能决。丞相黄霸令走卒抱儿,去两妇各十步,叱令自取。长妇抱持甚急,儿大啼叫,弟媳恐至伤,因而放与,而心甚怀怆。霸曰:'此弟子!'责问乃伏。"(冯梦龙,2007,p.293)妯娌同时怀孕,之后长嫂流产,弟媳生下男孩,长嫂将弟媳所生男婴偷来并声称是自己所生。为争此儿,妯娌将官司打了三年,官府始终无法判决。黄霸听闻此事后,让小卒抱着小孩站在公堂中间,命令两名妇女上去争夺,称谁先抢到孩子,便把孩子判给谁。长嫂抢得凶狠,小孩大声哭叫,弟媳唯恐伤了孩子,不敢使劲,最后只好放手,但心中悲伤。看到此景,黄霸顿时了然,斥责长嫂说:"你只想着抢孩子,却全然不顾孩子是否会受到伤害。因此,这是你弟媳的孩子。"长嫂最终只得认罪。(4)官场中,清楚分析形势,深谋远虑(n=126)。例如,《智囊全集·上智部·见大卷·萧何》记载:"沛公至咸阳,诸将皆争走金帛财物之府分之,何独先入收秦丞相、御史律令图书藏之。沛公具知天下阨塞户多少强弱处、民所疾苦者,以何得秦图书也。"(冯梦龙,2007,p.22)刘邦率大军攻下咸阳后,将士们都争先恐后地劫掠金银财宝,只有萧何急赶往丞相府和御史府,一一清查秦朝的律令、图画、户籍、地形资料等,并妥善保存。后来正是通过萧何收集的资料,刘邦才得以详知天下的关塞险要、群众多寡、各方势力强弱和人民的疾苦。(5)战场上,摸清敌军心态,出其不意,攻克敌军(n=103)。例如,《智囊全集·兵智部·制胜卷·陆逊》记载:"昭烈率众伐吴,自巫峡至夷陵,连营七百余里,而先遣吴班将数千人,平地立营以挑战。吴诸将皆欲击之,陆逊不许,曰:'此必有谲。'坚壁良久。昭烈知计不行,乃引伏兵从谷中出,凡八千人。逊谓诸将曰:'所以不听击班者,正为此也!今而后吾知所以破之矣!'乃敕于暮夜,人各持茅一把,每间一营,辄攻一营,同时火举,首尾不能相救。于是四十余营,一战俱破。"(冯梦龙,2007,p.539)刘备率大军攻击孙权,自巫峡至夷陵,连营七百余里。随后派吴班率领数千人引诱吴军。吴军很想攻击吴班,但吴军的统帅陆逊不同意,认为其中必定有诈,命令吴军坚守不出。刘备发现陆逊不上当,只好取消此行动。随后陆逊让吴军准备好干茅草之类的易燃物,等天气炎热、蜀军疲惫且疏于防范时,用火攻之计一举烧掉蜀军四十余座大营,大胜蜀军。

与"开民智"的成书旨趣相符,《智囊全集》辑选的1 404个智慧故事皆能体现其中主人公的卓越才智。具体而言,冯梦龙认为智慧者须具备的聪明才智包括洞察力、反省思维、创造力、逻辑思维、整体思维、批判思维、辩证思维和问题解决能力等(见表2-1和表2-2)。例如,在"辨别谣言,破除迷信"类智慧故事中(n=30),智慧者不轻信权威与前人的经验,敢于质疑所谓的真理(批判思维),理性地观察(洞察力)和分析现状(逻辑能力),典型事例有《智囊全集・明智部・剖疑卷・西门豹》中记载的"西门豹治邺"故事(冯梦龙,2007,p.218)。在"辅佐(劝谏、讽谏)居上位者"类智慧故事中(n=155),居上位者在听取劝谏后,或借鉴盛平之世社会发展的进步经验,或吸取衰乱之世社会动荡的深刻教训,反思并改进自身行为(反省思维),典型事例有《智囊全集・语智部・善言卷・晏子》(冯梦龙,2007,pp.498-499)。实际上,《智囊全集》对反省思维的重视与现代智慧理论不谋而合(Bangen et al., 2013; Thomas et al., 2017; Weststrate & Glück, 2017b)。又如,在"官场中,清楚分析形势、深谋远虑"类智慧故事(n=126)和"官场中,善察言观色、洞悉人心"类智慧故事(n=77)中,智慧者洞察他人内心意愿(洞察力和逻辑思维),充分利用各方势力间的利害关系,运筹帷幄(整体思维),借力打力,实现自身利益最大化(问题解决能力),典型事例有《智囊全集・语智部・辩才卷・子贡》记载的"子贡出使五国"故事(冯梦龙,2007,pp.476-478)。须注意的是,强调整体思维是东方智慧观的一大特色。与仅重视分析思维的西方智慧观相比,东方传统智慧观更为兼收并蓄,认为整体思维和分析思维皆是智慧的重要成分(Takahashi, 2000)。

(2)《智囊全集》的智慧人物分析

《智囊全集》辑选的1 404个智慧故事中共包含1 404人次的智慧人物。其中,有多个智慧人物出现在多个智慧故事里(见表2-3),涤除重复出现的智慧人物姓名后,余1 013名智慧人物,他们在正史中大多有记载。因此,本小节以《史记》《资治通鉴》《宋史》等正史为佐证,提取并分析全书智慧人物的人口学变量信息(见表2-2)。同时,本小节列举了出现频次前3%的智慧人物,以供形成有关书中智慧人物的更为直观和清晰的认识(见表2-3)。

在性别方面,智慧人物以男性为主。纵观《智囊全集》全书,除闺智部出现93人次的女性智慧人物外,其余9部中仅见7人次的女性智慧人物(见表2-2)。同时出现频次前3%的智慧人物皆为男性(见表2-3)。可见,《智囊全集》的智慧人物大多为男性,这一现象与前人的智慧者提名研究结果一致(Weststrate, Ferrari, & Ardelt, 2016; Yang, 2011, 2014)。造成男女智慧人物比例悬殊的原因在于,传统中国社会奉行"男主外,女主内",在

表 2-2 《智囊全集》各部提及的智慧者概况（人次）

各部名称	性别 男	性别 女	性别 x^2	角色 帝王和官员	角色 非官员	角色 不详	角色 x^2	年龄 0—18岁	年龄 18—60岁	年龄 60岁以上	年龄 不详	年龄 x^2	总计	侧重点
上智部	301	0	—	284	16	1	239.41***	1	171	30	99	385.96***	301	创造力、深谋远虑
明智部	225	0	—	210	15	0	169.00***	0	97	25	103	—	225	洞察力、逻辑思维
察智部	120	0	—	114	6	0	97.20***	1	30	2	87	76.46***	120	洞察力、善辨奸恶
胆智部	54	0	—	52	2	0	46.30***	0	15	5	34	—	54	有勇有谋、果断
术智部	117	1	114.03***	110	8	0	88.17***	1	66	4	47	174.92***	118	善谋术、创造力
捷智部	157	1	154.03***	127	30	1	59.93***	15	55	9	79	83.96***	158	见机而作、领悟力
语智部	61	0	—	54	7	0	36.21***	0	22	6	33	—	61	能言善辩
兵智部	189	0	—	184	5	0	169.53***	1	101	18	69	225.47***	189	出奇制胜、反省
闺智部	0	93	—	1	92	0	89.04***	0	5	0	88	—	93	女性智慧
杂智部	80	5	66.18***	34	51	0	3.40	1	9	2	73	—	85	狡黠小慧
总计	1304	100	1032.49***	1170	232	2	627.56***	20	571	101	712	1224.43***	1404	

注：* $p<0.05$，** $p<0.01$，*** $p<0.001$；角色栏的 x^2 值为"帝王和官员"与"非官员"间的适合度检验（期望值为 1∶1），不考虑"不详"项的智慧者人次；年龄栏的 x^2 值为"0—18岁""18—60岁"和"60岁以上"间的适合度检验（根据各年龄段的时间跨度长短，将期望值定为 1∶2∶1），不考虑"不详"项的智慧者人次。

表 2-3 《智囊全集》出现频次前 3% 的智慧者一览表

序号	名次	频次	姓名	朝代	角色	序号	名次	频次	姓名	朝代	角色
1	1	14	王守仁	明	官员	16	13	6	孔子	先秦	官员
2	2	11	赵匡胤	宋	官员	17	13	6	秦桧	宋	官员
3	3	10	贺盛瑞	明	官员	18	13	6	苏轼	宋	官员
4	3	10	张咏	宋	官员	19	13	6	种世衡	宋	官员
5	5	9	曹操	汉	帝王	20	13	6	周忱	明	官员
6	5	9	王旦	宋	官员	21	21	5	陈霁岩	明	官员
7	7	8	韩琦	宋	官员	22	21	5	狄青	宋	官员
8	7	8	李泌	唐	官员	23	21	5	韩信	汉	官员
9	7	8	刘大夏	明	官员	24	21	5	李纲	宋	官员
10	10	7	程颢	宋	官员	25	21	5	李晟	唐	官员
11	10	7	范仲淹	宋	官员	26	21	5	李允则	宋	官员
12	10	7	李世民	唐	帝王	27	21	5	刘晏	唐	官员
13	13	6	陈瓘	宋	官员	28	21	5	韦孝宽	南北朝	官员
14	13	6	管仲	先秦	官员	29	21	5	文彦博	宋	官员
15	13	6	韩雍	明	官员	30	21	5	晏婴	先秦	官员

注：对于频次相同的智慧者，按其姓名的拼音字母进行排序。

家庭和社会中处支配地位的男性有更多公开展现智慧的机会，女性则往往养在深闺或沦为家庭主妇，较少在外抛头露面，自然较少有机会展现自己的智慧(汪凤炎，2019a，pp.142-145)，结果，无论是口头流传还是书面记载的女性智慧人物及其智慧故事都极少。因此，冯梦龙编撰《智囊全集》时，可供挑选和使用的女性智慧故事便很稀缺。而且，《智囊全集》中女性智慧人物多以贤内助或贤惠母亲的形象出现，故事内容多为辅佐或劝诫丈夫或儿子。例如，《智囊全集·闺智部·贤哲卷·乐羊子妻》记载，乐羊子（东汉人）妻说："志士不饮盗泉，廉士不食嗟来，况拾遗金乎？"劝诫丈夫不应将路边拾到的钱财据为己有，乐羊子听后非常惭愧，于是将所拾遗金"捐之野"（冯梦龙，2007，p.627）。《智囊全集·闺智部·雄略卷·李景让母》记载，唐代的李景让，时为浙西观察使，"有牙将逆意，杖之而毙。军中愤怒，将为变。母闻之，出坐厅事，立景让于庭而责之曰：'天子付汝以方面，岂得以国家刑法为喜怒之资，而妄杀无罪！万一致一方不宁，岂唯上负朝廷，使垂老之母含羞入地，何以见汝之先人哉！'命左右褫其衣，将挞其背。将佐皆为之请，良久乃释，军中遂安"（冯梦龙，2007，p.651）。尽管冯梦龙并未完全摆脱"男尊女卑"的旧式性别观念，但他已开始认识到女性的重要作用，并对妇女的智慧给予充分肯定，具有一定的超前性。

在角色方面，智慧人物多为帝王或官员。《智囊全集》的 1 013 位智慧者中既有帝王和官员等大人物(788 人，占 77.79%)，也有奴仆、侍妾、老卒等市井小民(225 人，占 22.21%)。除杂智部外，其余 9 部中，帝王和官员的人数均显著多于非官员($p<0.001$，见表 2-2)。同时，出现频次前 3% 的人物皆为帝王或官员(30 人，占 100%)。显然，冯梦龙辑选的智慧人物以身

份显赫的帝王和官员为主。出现这一结果的可能原因有二：①受知名度的影响。这些大人物的智慧故事颇知名，既方便编辑，可读性也强；②受冯梦龙编《智囊全集》的旨趣影响。《智囊全集》成书之时，朝廷从皇帝至普通官吏多昏庸腐朽，国家内外交困。在这一时代背景下，冯梦龙辑选贤君忠臣的智慧故事，在评点时或借古喻今，或借古今对比批评社会现状，皆意在劝诫当朝统治者以史为鉴，改革当朝弊政，造福百姓。例如，《智囊全集·明智部·经务卷·抚流民》记载的富弼和滕元发招抚流民的故事中，"富散而民不扰，滕聚而能整，皆可法也"，对比之下，"今日招抚流移，皆虚文也"，冯梦龙由此劝诫当朝者效仿前人招抚流民的智慧做法（冯梦龙，2007，pp.237-239）。《向敏中》条中，冯梦龙严厉抨击为政腐败的当朝官员，评前代明察事理的好官，往往得益于下属的鼎力协助，而且这些属吏均经过层层选拔或由他人推荐而得以任用，因此大多是有用之才，如今，官员任命却已变为一种商品买卖。《智囊全集·明智部·亿中卷·邵康节》条引用司马光的话："忠信之士，于公当路时虽龃龉可憎，后必得其力；谄谀之人，于今诚有顺适之快，一旦失势，必有卖公以自售者。"（冯梦龙，2007，p.204）他劝诫当朝统治者要近贤臣，远小人。他在《智囊全集·上智部·见大卷·韩滉 钱镠》条中评论，认为若每位当政者都能像韩滉和钱镠那样善用人才，那么"天下无弃才、无废事矣"（冯梦龙，2007，p.8），由此表达对当朝用人制度的不满（傅承洲，2012）。

在智慧人物所处朝代方面，以宋代智慧人物为主。全书1 013个人物中，所处朝代可查的共950人，其中以宋代人物居多（213人，占22.42%；各朝代智慧者数见图2-2）。全书出现频次前3%的人物也以宋代人物为主（14人，占46.7%）。可见，无论是以全书1 013位智慧人物为总体，还是以出现频次前3%的智慧人物为总体，宋朝智慧人物皆占最大比重。这可能是因为：宋代人才辈出，为冯梦龙辑选智慧人物提供了大量可用素材。宋代崇文抑武的立国之策使得士大夫在政治上具一定发言权，这有利于他们展现自身的聪明才智；弥封、眷录和锁院等制度最大程度上确保了宋代科举考试的公平公正，使得具有真才实学的寒门子弟能跻身仕途并展现自身才华；宋代发达的经济和图书事业（受益于印刷术的发展）以及教育的普及，也极大提高了读书人数，相应地，成才者人数也大幅上升（郭学信，2006）。

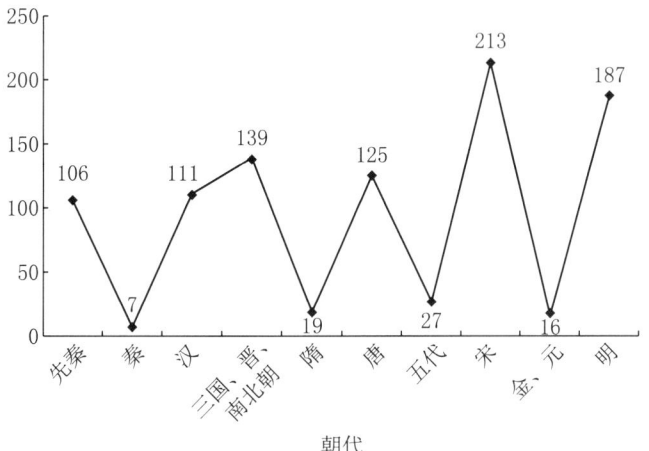

图 2-2 《智囊全集》智慧人物的朝代分布

在年龄方面,智慧人物年龄集中于18—60岁。全书1 404则智慧故事中,712则故事(50.7%)无法判断主人翁实施智慧行为时的具体年龄;20则故事(1.4%)的主人公小于18岁,其中年龄最小者为4岁的洪钟;568则故事(40.46%)的主人公处于18—60岁;104则智慧故事(7.4%)的主人公在60岁及以上,其中年龄最大者为111岁的姜太公。通过进一步的卡方适合度检验发现,《智囊全集》中的智慧者以成年早期和成年中期个体为主($p<0.001$,见表2-2),这一结果与前人的智慧者提名研究一致(Yang,2008,2011)。18—60岁个体的智慧水平高于18岁以下的儿童与60岁以上的老人,这意味着个体智慧水平自成年早期起持续增长,在60岁左右达到顶峰,随后开始下降。这一现象与现有智慧心理学实证研究结果具有相似性(Thomas et al.,2017;Webster et al.,2014),可作为智慧与年龄关系中的"高原论"的另一论据(王予灵,汪凤炎,2018)。

在智慧人物类型方面,人慧者占绝大多数,物慧者极少。冯梦龙在《智囊全集》中辑选的智慧人物多兼具良好品德和聪明才智,这一内隐智慧观与汪凤炎提出的智慧的德才一体理论中的智慧观高度一致,即智慧在本质上是良好品德与聪明才智的合金。同时,依智慧里包含的聪明才智的不同,智慧可进一步分为人慧和物慧两种类型(关于人慧和物慧的内涵请见下文)。《智囊全集》收录了一些人慧者及其智慧故事。例如,《智囊全集·术智部·谬数卷·晏婴》记载了晏婴"二桃杀三士"的故事。春秋时期齐景公手下有三员大将——公孙接、田开疆和古冶子。三人战功显赫,但也因此恃功而骄。晏婴将三人视为"危国之器",建议齐景公除掉三人。齐景公忌惮三人实力,担心武力无法制服。这时,晏婴建议齐景公赏赐二桃,让三人论功而食。本是微不足道的桃子,此时成为至高无上的荣誉象征。公孙接与田开疆都先报出自己的功绩,各拿了一个桃子。此时,古冶子认为自己功劳更大,气得拔剑指责二人,而公孙接与田开疆听到古冶子报出自己的功劳后,也自觉不如,羞愧之余便将桃子让出并自尽。尽管如此,古冶子却对先前羞辱别人吹捧自己,以及让别人为自己牺牲的丑态感到羞耻,因此也拔剑自刎。晏婴正确分析并利用三人"士可杀不可辱"和"侠者重勇贵义"的心态,仅凭两颗桃子,兵不血刃地为国家消除三个潜在威胁(冯梦龙,2007,p.386)。《智囊全集》也收录了一些物慧者及其故事,但数量较之人慧者少很多。例如,《智囊全集》出现频次前3%的人物中具有良好物慧能力的仅范仲淹和苏轼两人,他们都具有卓越的治水才能。范仲淹出知苏州时,当地百姓正饱受水灾侵害,江湖泛滥,良田被淹,农耕失收,百姓日益穷困潦倒。为解决这一实际问题,范仲淹在总结前人成功治水经验的基础上创造性提出"修围、浚河、置闸"的治水方针(脱脱,等,1977,p.10269)。苏轼出知杭州时,西湖湖泥淤塞,湖水干涸,葑草芜蔓,每隔几年就需疏通一次,而这既有碍航运,又劳民伤财。苏轼到任后,动用大量民工,将挖出的淤泥和葑草堆积起来,筑成一条横贯西湖、可供行走的30里长堤,即今天的苏公堤,造福了千万百姓(冯梦龙,2007,p.246;脱脱,等,1977,p.10813)。《智囊全集》出现频次前3%的人物皆为人文社科方面的智慧者(100%),只有范仲淹和苏轼还兼有自然科学方面的聪明才智(7%)。造成这一差异的原因主要在于,儒学重德轻智,重视人的价值、人与人之间的交流,以及人与社会间的关系,自然科学多被视作奇技淫巧或雕虫小技,予以轻视(汪凤炎,郑红,2014,pp.49-76;Xiong & Wang,2022)。

二、心理学家眼中的智慧心理学

(一) 霍尔论智慧

20世纪早期,一些心理学家曾写过关于智慧的文章。这通常发生在他们的晚年,主要基于他们自己的观察和内省。霍尔(G. Stanley Hall)便是其中一位。他一生的大部分时间都在研究青春期(adolescence)。1922年,76岁的霍尔出版了《衰老,生命的最后一半》(*Senescence, The Last Half of Life*)(Hall, 1922)。这是一本关于老龄化(aging)的书。在这本书中,霍尔反思了自己的老龄化过程,指出老年人具有的智慧等优秀心理品质未得到足够重视,因为社会只关注年轻人的力量。霍尔认为,老龄化使许多老人在看待问题时很少采取自我中心的视角(self-focused perspective),从而能更清楚地看到问题的更广泛背景和问题的伦理道德维度(Sternberg & Glück, 2022, p.58)。霍尔对老龄化所持的这种积极看法,对后来者研究积极老龄化产生了一定影响。

(二) 皮亚杰的智慧心理学

如下文所论,英文"intelligence"一词尽管现在一般译作"智力",但其中也有"智慧"的含义,也可译作"智慧"。因此,在中国,多数人将"intelligence"译作"智力",但也有人将它译作"智慧",如洪宝林。如果采取将"intelligence"译作"智力"的译法,那么,在心理学界,皮亚杰(Jean Piaget)是最早从生物进化与思维方式角度探讨智慧(intelligence)的心理学家。早在1942年,他就于法国法兰西学院讲授"智慧心理学"(psychology of intelligence),后又创建发生认识论国际中心,致力于儿童智慧发展的国际合作研究,1971年退休后仍任该研究中心的主任,足见其对儿童智慧发展研究的重视(皮亚杰,1992,pp.207-208)。皮亚杰当年使用的法语译成英文是"intelligence",而不是"wisdom"。在皮亚杰看来,智慧是适应(皮亚杰,1992,p.6)。适应指有机体对环境的作用与环境对有机体的作用之间的平衡(皮亚杰,1992,p.6)。具体而言,智慧是一切适应过程的扩展和完善,即智慧的逻辑运算与演绎使外界与思维之间构成一种灵活易变,同时又具持久性的平衡(皮亚杰,1992,p.7)。因此,智慧具有逻辑性(皮亚杰,1992,p.1)。皮亚杰借用康德先验图式(scheme)的思想,认为儿童以图式为基础,通过同化与顺应的方式,经历"平衡、不平衡到新的平衡……"的螺旋式上升过程,形成本质各不相同的心理结构,也是智慧发展的基本形式;同时,皮亚杰又借用运算(operation)来显示智慧发展的外在表现形式,运算的水平由低到高经历前运算阶段、具体运算阶段和形式运算阶段。

皮亚杰从生物进化角度来阐释智慧定义的做法显然受到达尔文(Charles Robert Darwin)进化论的影响,这是同一时期心理学家普遍具有的学术背景(郑传芹,彭金洲,

2004)。皮亚杰主张,智慧的本质从生物学来说是一种适应,适应既可以是一种过程,也可以是一种状态。这种智慧观具有四个显著优点,从而在一定程度上触及智慧的本质:(1)清楚地认识到个体智慧的发展需要以其思维方式的发展为前提与基础,从而重视从个体认知发展尤其是个体思维方式发展的角度探讨个体的智慧及其发展,但与此同时,又未将智慧等同于思维,而是主张智慧的范围大于思维,思维是在婴幼儿18个月左右以后逐渐发展为智慧的核心(皮亚杰,1992,p.220);(2)明确指出智慧具有生物适应性和逻辑性的双重性质(皮亚杰,1992,pp.1-2),并用平衡来解释智慧,对后继者(如斯腾伯格等)研究智慧产生了积极的影响;(3)指出智慧的本质是个体有效率地解决自己所面对问题的一种能力;(4)强调智慧发展的内在性和主动性(张春兴,1998,pp.99-100)。

不过,皮亚杰的智慧观也存在一些值得商榷之处,除了有学者指出皮亚杰的逻辑结构观即运算水平的逻辑发展规律和平衡概念太抽象而难以操作,而且,这种逻辑模式在数学或数理逻辑上也有错误(Flavell,1963;Brainerd,1976;Ennis,1975),主要的还有五点:(1)未严格区分由本能产生的适应与由智慧产生的适应之间的界限。虽然克拉帕雷德(Édouard Claparède)和施太伦(William Stern)早就主张,智慧指个体有意识地以思维活动来适应新情境的一种潜力(朱智贤,1989,p.953),简要地说,即对新情境的心理适应,而本能和习惯是对情境的遗传的或习得的适应(皮亚杰,1992,p.8),但皮亚杰似乎不太认同他们两人对本能、习惯与智慧的区分,仍主张"智慧是适应"(皮亚杰,1992,p.6)。这就有将由本能产生的适应与由智慧产生的适应相混淆之嫌。心理学一般则认为,有机体凭借本能适应环境通常不能称作智慧,因为智慧主要是个体后天习得的。(2)未看到解决简单问题和复杂问题时个体内在心智加工过程的本质区别。适应有繁简之别,简单适应环境只是运用过去习得的本领(包括通过遗传获得的本能)来解决面临的问题,它仅是一种已有(知识)经验的运用,其中不包含复杂的心智加工过程;而个体在面临复杂情境时,只有先对脑海中已有的经验进行复杂的心智加工,才能使自己较好地适应环境,这种适应才可能是智慧。(3)适应是一个中性词,其本身无善恶之分,因此,并不是所有的适应都是智慧,只有指向为大众谋福祉的适应才可能涉及智慧。如果一个道德败坏的人以"物竞天择,适者生存"为自己的做人准则,虽也是一种适应,但其内绝不包含智慧。(4)尽管皮亚杰清楚地认识到,情感生活和认识生活虽有差异,却是不可分割的,因此,智慧活动包括对能量的内部调节(兴趣、努力、心情舒畅等)和外部调节(对探求到的解决办法的评价,以及在探求中对有关客体的评价)(皮亚杰,1992,p.4),也就是说,智慧包含情感成分,但在实际研究中,皮亚杰又主要从认知角度来探讨智慧,更倾向将智慧视作一个偏向认知的概念,这从他使用"intelligence"而不是"wisdom"来指称"智慧"的事实里就可见一斑("intelligence"与"wisdom"的区别请见下文),进而有忽视智慧中本有的善良情感与良好品德成分之嫌。(5)过于强调智慧发展的内在性和主动性,未充分重视环境尤其是良好环境在个体智慧发展中的重要作用,这种思想不利于引导和激发人们通过创造良好的后天环境与教育来促进个体智慧的发展(汪凤炎,郑红,2010a)。皮亚杰的上述研究为后皮亚杰主义的诞生奠定了坚实基础。

(三) 埃里克森论智慧

除霍尔和皮亚杰外,20 世纪 70 年代之前,智慧只略出现于埃里克森(Erik Homburger Erikson)的人格发展八阶段理论(Clayton,1975)。埃里克森的人格发展八阶段理论于 20 世纪 30 年代末 40 年代初逐渐形成,并在 1950 年出版的《儿童期与社会》(*Childhood and Society*)一书里得到阐述。该理论认为,所有个体的人格发展都会经历八个阶段:(1)婴儿期(infancy):信任对不信任(trust vs. mistrust,出生至 1.5 岁);(2)学步儿童期(toddler):自主对羞怯和怀疑(autonomy vs. shame and doubt,1.5—3 岁);(3)游戏期(playage):主动对内疚(initiative vs. guilt,3—6 岁);(4)学龄期(schoolage):勤奋对自卑(industry vs. inferiority,6—12 岁);(5)青春期(adolescence):同一性对角色混乱(identity vs. role confusion,12—20 岁);(6)成年早期(young adulthood):亲密对孤独(intimacy vs. isolation,20—40 岁);(7)成年期(adulthood):繁殖对停滞(generativity vs. stagnation,40—65 岁);(8)成年后期(late adulthood):整合对失望(integrity vs. despair,65 岁以上至死亡)。个体能顺利度过前七个阶段,就会拥有充实、幸福的生活,心理就会产生充实感和完善感,对社会有所贡献。这种人不惧怕死亡,他们在回忆过去的一生时,自我是整合的、完善的。而个体回顾自己的一生时若感觉过去失去了很多机会,走错了方向,想重新开始又感到为时太晚,就会经常体验到失望,对死亡没有思想准备。不过,个体面临失望时,常常会从两个方面进行自我整合:一是肯定自己一生中的成绩,以弥补失望之感;二是以洒脱的态度接受自己生命将走到尽头的事实,并产生将自己的知识传授给后人的责任感。假若这一阶段的危机得到积极解决(整合成功),就诞生智慧;如果危机得到消极解决(整合失败),就会形成失望、毫无意义甚至是绝望感。这表明,埃里克森是从个体心理与社会发展层面来强调智慧,认为个体成功度过八个人生阶段后就能发展出智慧。智慧包括植根于知识积淀的成熟才智和成熟判断力。这是摆脱了时间相对性的知识本质,允许个体在直面死亡时对生命本身表现出一种超然的关怀。智慧是自我的力量或美德(Erikson,1959,1964;Clayton,1975)。换言之,智慧实际上是个体对人生所持的一种内含爱心且超然脱俗的理智生活态度或生活方式。因此,通常情况下,个体的智慧只有在其生命发展周期的第八个阶段才会出现,它是个体成功解决死亡威胁所产生的心理危机的产物(张卫东,2002;杨世英,张钿富,杨振昇,2006)。

埃里克森继承了从"人类的积极生活态度或积极生活方式的角度来研究智慧"这一传统,并将个体持有的一种内含爱心且超然脱俗的理智生活态度或生活方式视作智慧。这种对智慧内涵的理解至少有三个长处,从而对后来者,如柏林智慧模式、斯滕伯格的智慧观和积极心理学的智慧观等产生了一定影响:(1)契合中西方传统文化从哲学和宗教学角度来界定智慧的传统。例如,《吠陀经》中的吠陀(Vedas)的词根是"vid",其本意是"知道、明白",即对宇宙本体、自我、生与死的理解和洞察等(Monier-Williams,2006),个体一旦获得智慧,就可从现世生活的痛苦中解脱,得到救赎,进入极乐世界,获得终极自由(Lee,2016)。英国哲学家、数学家和社会活动家罗素(Bertrand Arthur William Russell)对人生的看法非常豁达。罗素说:

> 有些老人因对死亡的恐惧而郁郁寡欢,……克服这一点的最好方法——至少在我看来是这样——就是使你关心的事情逐步变得更广泛和超越个人圈子,直至自我之墙逐渐远离,你的生命就会日益融合于宇宙万物的生活之中。个人的存在应该像一条河流——开始很小,狭窄地处在河的两岸;以后汹涌奔腾,经过巨石,越过瀑布。渐渐地,河面变得宽阔,两岸后撤,河水流动得更为平静;最终,滔滔不绝汇入大海,并且毫无痛苦地失去独自的存在。上了年纪而能这样看待生活的人,就不会害怕死亡而感到痛苦,因为他关怀的事物将继续下去。同时,如果疲惫随着精力的衰退而增长,由此而有安息的想法也未尝不可。(Alexander,1992,pp.79-81)

罗素对人生的看法如此豁达,再加上心中有爱与正义(罗素被后人誉为"欧洲的良心"),能拥有高超的智慧并享年98岁,也就不足为奇了。(2)符合日常生活中人们对智慧的常识性看法。例如,一个人在读了先秦时期的老子和庄子或罗素关于生死的看法后,发现他们以洒脱的方式看待生死问题,都会认为他们是智慧者。(3)合乎毕生发展心理学的相关研究成果。毕生发展心理学的相关研究表明,智慧与默会知识、经历、经验甚至生理成熟密切相关,是一种随生命进程而展露出来的心理现象。通常情况下,智慧在个体生命的早期甚至成年早期都难表现出来(Paris,2001),因为人的智力(包括液态智力和晶体智力)、知识、经验和生理的成熟都需要足够的时间才能充分完成。《论语•为政》记载,孔子曾说:"吾十有五而志于学,三十而立,四十而不惑,五十而知天命,六十而耳顺,七十而从心所欲,不逾矩。"中国有"家有一老,胜似一宝"的谚语,西方也有"老而智"(older and wiser; a day older, a day wiser)的民谚,都相信个体年龄的增长将带动个体智慧的增长。

当然,埃里克森对智慧的内涵的见解,除在下文"将智慧视作一种实践或行动的属性"里指出的值得商榷的地方外,还有四点有待完善:(1)从内涵上看,知识的本质(essence of knowledge)是一个颇模糊的术语。更重要的是,在直面死亡时能对生命本身表现出一种既深沉又超然关怀的人太少,多数人很难做到"向死而生",往往逃避死亡这个话题或讳言死(汪凤炎,2019b, pp.211-214),因此,若仅用能否洞察生死来衡量个体是否有智慧,仅将具有爱心且超然脱俗的理智生活态度或生活方式视作智慧,不但窄化了智慧的内涵,也导致拥有智慧的人数锐减(Clayton,1975b)。事实上,展现智慧的东西绝不仅仅停留在洞察生死问题上,而是包含更丰富的内容。一旦扩展了智慧的内涵,那些无法洞察生死却对人类进步作出贡献者可能也有智慧,只是在死亡问题上未展现出智慧。(2)由于埃里克森所讲的智慧主要体现在个体妥善地解决年老时面临的生死问题,势必导致其将个体出现智慧的时间定在个体生命发展周期的第八个阶段上,因此,从时间上看,这有太晚之嫌。许多事实都表明,虽然正常情况下,智慧一般多是晚慧型,难以在个体生命的早期甚至成年早期表现出来,直至成年中后期才可能出现,但是,如果拓展智慧的内涵,也有少数人的智慧可以很早出现,即人们常说的早慧型,如生活在东汉末期的曹冲。(3) 埃里克森所讲的智慧之内虽包含一定的伦理道德因素,但体现出来的主要是一种私德而不是公德,因为它关心的主要是个体如何妥善解决自身面临的生死问题,而不是关心如何增进绝大多数人的福祉。从这个角度讲,埃里克森所讲的智慧属于个体如何对待人生的智慧,它仅仅是众多智慧类型中的一种(汪凤炎,郑红,2010a)。(4) 人格发展的每个阶段是否恰巧仅对应一对矛盾?在人格发展的每个阶段,是否只有完美化解该对矛盾才能顺利进入下一发展阶段?等等。这类问题仍有待商榷。克莱顿(Clayton,1975b)综合考虑其他有关发展的有机体理论(organismic theories of development),对埃里克森的人格发展八阶段理论进行研究,发现大多数人在青春期后,要么寻求救赎(seek forclosure),要么进入长久的暂停期(prolonged moratoriums),从未达到人格发展的第八阶段。因此,面临人格发展第一阶段遇到的难题时,对冲突力量的妥协(compromise)而不是完全解决(complete resolution),似乎是通向第八阶段最常见和最现实的方法,尽管这并不足够。瑞夫(C. D. Ryff)和辛格(B. H. Singer)也认为,智慧虽与个体的经历、经验、个人成长甚至生理成熟密切相关,是一种随生命历程展现的心理素质,但智慧应属个体自我所有方面的整合、对立双方的调和、支持集体和公共的利益而超越个人的事务(Ryff & Singer,2006)。

(四) 20 世纪 70 年代之前的心理学者不太关注智慧的缘由

除霍尔、皮亚杰和埃里克森外,20 世纪 70 年代之前,至今未见有其他心理学者在其论著里专门探讨智慧。为什么 20 世纪 70 年代之前的现代心理学者不看重智慧的研究?概括起来,缘由主要有四点。

第一,20 世纪 20 年代至 50 年代,行为主义心理学盛行,主流心理学只注重研究人和动物的行为。概括而言,行为主义心理学的创始人华生(John Broadus Watson)将个体看作一个"空心的有机体"(empty organism),相信其行为完全由外界环境控制,进而提出著名的"S→R"公式,将学习看作"因行动而学到行为"(张春兴,1998,p.170)。于是,在托尔曼(Edward Chace Tolman)借鉴伍德沃斯(Robert Woodworth)的思想,将"S→R"公式改为"S→O→R"公式并发展出"中介变量"思想之前,行为主义心理学者将意识完全排除在研究内容之外,主要以动物为研究对象,擅长设计精巧的实验工具,如"桑代克笼""托尔曼迷宫""斯金纳箱",以满足自己的研究需要,并试图通过类比来分析人类的心理与行为规律。在这种无视有机体内部因素、把复杂问题简单化的研究取向影响下,自然少有人研究智慧这种复杂的心理素质,因为智慧中的智识谦虚、辩证思维、良好品德、洞察力等成分既不吻合行为主义心理学的理念,也难以用行为主义的方法进行研究。

第二,智力测验和智商(IQ)观念一度非常流行,导致人们热衷研究智力和智力测验,忽略对智慧的研究。1905 年,法国心理学家比纳(Alfred Binet)和医生西蒙(Theodore

Simon)编制出世界上首个正式的智力测验量表,即比纳-西蒙量表,预示着科学智力测量的开端。此后,智力测验在世界各国陆续运用,内容和形式不断改进。当前心理学界常用的智力测验有斯坦福-比纳智力测验(Stanford-Binet Intelligence Scale)[1]、瑞文标准推理测验(Raven's Standard Progressive Matrices)[2]和韦克斯勒智力测验(Wechsler Intelligence Scale)[3]等。对智商与智力测验的追捧,使许多心理学者更倾向于研究人的具有文化普适性的智力或个体与生俱来的聪颖度,而智慧由于被普遍视为一种后天习得的积极心理素质,未能受到足够的关注。

第三,智慧的概念太复杂,既不是当时的心理学工具可精确测量的对象,也不易开展实验研究。自1879年从哲学中独立出来成为一门独立学科起,以哲学思辨为主的心理学开始向以实证研究尤其是以实验研究为主要范式的新心理学转变。行为主义心理学诞生后,实验法更是成为心理学的主流方法,进而强化了"没有实验法就没有心理学"的传统,此传统一直延续至今,不但未随行为主义心理学的没落而没落,反而因新实验仪器、新实验范式的不断涌现,进一步得到巩固与加强,表现之一便是使用高精尖仪器的研究更易在高影响因子期刊上发表。在此背景下,"实验法优先,研究对象须服从实验法的需要"成为许多心理学者信奉的第一法则,多数心理学者喜欢研究能用实验法的种概念、具体概念或下位概念,这种内涵相对狭窄的概念易于定义和测量,方便用从自然科学中移植过来的实验法与测验法等方法进行研究。例如,在问卷法或测量法中,每个问题都有正确或错误的答案,以方便施测及后续的数据收集与处理,或者,通过大脑扫描能发现问题在人脑特定功能区的位置。至于像智慧这类类概念或属概念、抽象概念或上位概念,其内涵太复杂,太"模糊"(fuzzy),不易找到成熟的实验范式,并且,智慧关注的是那些没有正确答案的问题,在人脑中没有确切的脑区位置,而是结合了许多不同功能的脑区,因而不太容易引起心理学研究者的兴趣(Sternberg & Glück,2022,p.58)。

第四,智慧不属于人类心理异常症状的一部分,未引起精神分析学派的重视(杨世英,2008)。

第二节 20世纪70年代以来的智慧心理学

一、20世纪70年代以来心理学者关注智慧的缘由

当历史的车轮驶入20世纪70年代,智慧之所以能逐渐进入心理学研究者的视野,原

---

[1] 美国斯坦福大学的推孟(Lewis M. Terman)1916年发表的经过修订的比纳-西蒙量表。
[2] 英国心理学家瑞文(Carlyle Raven)编制的智力测验,为非文字型图形测验。
[3] 美国医学心理学家韦克斯勒(David Wechsler)创制。该量表分为三种:韦氏学前儿童智力量表(WPPSI),用以评定4岁至6岁半儿童的智力;韦氏儿童智力量表(WISC),评定6岁至16岁儿童的智力;韦氏成人智力量表(WAIS),评定16岁以上成人的智力。韦氏智力测验可运用于幼儿到老年人,是一套比较完整的具有各年龄代表性的智力量表。该量表废除智力年龄的概念,保留智商的概念,但以离差智商取代比率智商。

因主要有五点。其中,"倡导智慧教育激发人们深入研究智慧"将在"智慧教育"一章予以探讨,下面只论余下四点。

(一) 心理学者逐渐认识到智慧不同于智力,值得单独研究

无论是在汉语还是英语中,"智力"(intelligence)和"智慧"(wisdom)二词在含义上都有相通之处,《现代英汉——汉英心理学词汇(修订版)》就将"intelligence"译作"智能,智力,智慧"(张厚粲,等,2006,p.165)。心理学领域,至今仍有人主张"智力即智慧",如《心理学大词典》就将智慧界定为"人的智力,亦即人认识客观事物及其规律并用以解决实际问题的能力"(朱智贤,1989,p.953)。这是一种典型的智力即智慧观。但是,受埃里克森人格发展八阶段理论中蕴含的智慧思想的启示,一些心理学研究者逐渐认识到智慧不同于智力,值得单独研究。在这之中,美国的克莱顿(Vivian Clayton)当属代表性人物之一。在此基础上,可以将"智力"与"智慧"二词间的重要区别概括为六个方面。这六方面区别也解释了为什么不能将"智力"等同于"智慧"。

第一,"智力"与"智慧"二词在词义上有差异。智力更倾向于指个体与生俱来的聪颖度,因而有"灵性"和"悟性"之义。并且,由于智力更倾向于先天获得性,相应地,它就具有一定的文化普适性。智慧更倾向于指个体通过后天的知识经验获得的聪慧度,故有"知识""学问"之义,而不同社会的个体认可的知识、学问有一定差异,智慧因而内在地具有一定的文化相对性和后天习得性。

第二,心理学对"智力"与"智慧"二词的定义不同。虽然智力和智慧至今都没有公认的定义,但心理学界通常认为,"智力是一种一般的心理能力,包含推理、计划、问题解决、抽象思维、理解复杂思想、快速学习、从经验中学习等能力"(Gottfredson,1997)。由于智力包含如此多方面的能力,以至于不同心理学家对怎样有效测量人的智力存在争论。一些心理学家相信人类的智力可定量并归纳为一个分数;另一些心理学家主张智力具有多种成分,可分别测量;还有一些心理学家主张人具有几种不同的智力(格里格,津巴多,2003,p.264)。至于智慧的多种定义,下文将有详论,这里不赘述。稍加比较可知,智慧与智力在定义上有明显差异,二者不能等同(Clayton,1982)。

第三,智力与智慧和遗传的关系不同。虽然学者们可以争论智力或创造力(creativity)是否部分可遗传,不过,若有人认为智慧是可遗传的,则是完全愚蠢的。智慧基于生活经验,是一套基于个体从生活中积累的经验里所学到的判断技巧(Sternberg & Glück,2022,p.23)。

第四,智力与智慧的本质不同。智力从总体上看主要涉及聪明才智。西方文化传统一般将道德(morality)与智力进行区分,进而将人视作非道德性、聪明的个体,并在此前提下研究个体的智力(Yang & Sternberg,1997)。因此,虽然西方心理学家现在不断拓展智力的内涵,提出了社交智力、情绪智力、人际智力、内省智力等概念,导致"智力"一词中不断增加情感成分和伦理道德成分,但是,即便西方的智力概念已涉及伦理道德成分和情感成分,也不能从总体上改变西方智力概念在价值上仍偏向中立,即西方的智力概念是一个较中性的概念,其本身无善恶之分(Sternberg,1998)。智慧是聪明才智与良好品德的合金,智慧本身是善的,是一个褒义词,人们可以用"智商高"形容希特勒之类的恶徒,却不能说他们有智慧。汉语中也有"聪明反被聪明误"的说法,而无"智慧反被智慧误"。

同时,研究者可能认为,存在一个通用的智力(a general intelligence)或一个创造力的通用因素(a general factor of creativity),但几乎可以肯定,智慧不是一种单一的技能(single skill),智慧出现的前提是个体须综合利用智力、情绪能力(emotional competence)、共情(empathy)、创造力、知识和其他人格特性(other characteristics)。因此,能否智慧地思考和行动,不仅取决于个体是否掌握了一系列技能,而且取决于个体面对某一难题时如何结合这些技能作出智慧决策(Sternberg & Glück,2022,p.23)。

第五,智力与智慧的发展历程不同。1963年,卡特尔(R. B. Cattell)正式提出液态智力和晶体智力说(theory of fluid and crystallized intelligence)(Cattell,1963),并于1965—1967年与霍恩(John L. Horn)进一步充实(Horn,1965;Horn & Cattell,1966,1967)。该理论认为,个体的智力实际由液态智力与晶体智力构成。液态智力指在信息加工和问题解决过程中表现出的能力,如对关系的认识,类比、演绎推理能力,形成抽象概念的能力等。因此,液态智力是与基本心理过程有关的能力,如知觉、记忆、运算速度和推理能力。液态智力主要来自遗传,受制于生理或神经系统的功能,较少依赖文化和知识的内容,多半不依赖学习,属于人类的基本能力,是个体生来就能进行智力活动的能力,其个体差异受教育文化的影响较少。晶体智力指获得语言、数学知识的能力,取决于后天的学习,是社会文化的产物,得自个体对知识经验的积累,故而得名。尽管晶体智力依赖液态智力,液态智力是晶体智力的基础,假若两个个体具有相同的经历,其中一人有较强的液态智力,那么此人将发展出较强的晶体智力,但有较高液态智力的个体若生活在贫乏的智力环境中,那么其晶体智力的发展将是低下的或平凡的。同时,液态智力的发展与年龄关系密切,随个体的生理变化而变化。一般而言,液态智力的发展在个体20岁后达到顶峰,30岁后将随年龄的增长而逐渐降低;与液态智力不同,大多数个体的晶体智力在60岁前几乎一直处于随个体知识经验的积累而发展的状态,只是发展的速度在个体25岁之后随液态智力达到高原期而渐趋平缓,直至个体60岁左右时因液态智力下降到不足以支撑其维持基本的心智能力而开始缓慢衰退。因此,通常情况下,年轻人较之年长者有更好的液态智力,年长者较之年轻人有更好的晶体智力。

同时,智力测验中还存在弗林效应。弗林效应(Flynn effect)指智商测试结果逐年增加的现象(Lynn,1982),最早由林恩(Richard Lynn)在比较日本人与美国人的智商高低时发现。随后,弗林(James R. Flynn)的研究发现,每一代美国年轻人总会比上一代年轻人表现出更优异的智商平均指数,1932—1978年,美国年轻人的智商平均指数提高了13.8个点。由于此现象由弗林发现,故以其姓氏命名为弗林效应(Flynn,1984)。弗林的另一项研究表明,14个国家的数据显示,仅仅在一代人身上,他们的智商就提高了5—25分(Flynn,1987)。这个结果再次证实了弗林效应的存在,并支持弗林的智商环境成因论,却与心理学界主流智力理论相悖。心理学界的主流智力理论认为,个体的智商主要由遗传基因决定,即遗传因素对智商指数的贡献至少有60%,而人类智商不可能在如此短的时间里获得如此快的进化。微小的遗传差异在环境中逐步放大,最终产生巨大差异,这可能是弗林效应出现的原因。例如,个体因遗传因素而在身材上仅占一点优势,在游泳运动中稍加出色,而这又使他喜欢游泳,并在游泳馆遇到一位慧眼识才的优秀教练,于是进入一个良性循环,有可能在游泳运动领域取得极高成就。

智慧与液态智力和晶体智力均有关,但主要与晶体智力有关。而且,如"智慧与年龄"一章所论,绝大多数研究者认为,对绝大多数人而言,青少年期和成年早期是个体智慧的萌发期(Sternberg,2005;Brugman,2006)。成年期智慧与年龄的关系则众说纷纭,尚无定论。而且,无论是从理论上讲,还是从实证研究的结果看,至今未发现慧商(wisdom quotient,WQ)测试结果逐年增加的现象。慧商是智慧商数的简称,指评估人类智慧的各种标准化测验分数。稍加比较可知,智慧与智力的发展历程确有较大差异,因此,智商高者不一定有智慧,更不一定有同等程度的高水平智慧。

第六,智力与智慧在实用价值上有差异。大量研究已表明,高智商本身只是一种"有条件的善"(康德语),只有将其用来为人类谋福祉时,它才能对人类产生积极影响,一旦将其用在邪恶目的上,它将对人类产生(巨大的)负面影响。并且,智力与个体获取有益于人类文明进步的成就和体验到生活的幸福感之间的正相关不高。智慧将良好品德与聪明才智有机统一起来,成为一种"无条件的善"(康德语),此乃世间万事万物中唯有智慧才对人有百利而无一害的内在根源。自然而然地,一个有智慧尤其是卓越智慧者,若"入世"谋发展,往往能取得一番辉煌事业,促进人类的健康与可持续发展;若退隐过隐士生活,往往能自得其乐,过上幸福的精神生活。智慧与个体的成就、生活满意度和精神幸福感或自我实现幸福感之间存在明显正相关,这是当代心理学重视研究智慧的内在根源之一(汪凤炎,郑红,2015;傅绪荣,魏新东,王予灵,汪凤炎,2019)。而且,智慧几乎总是适用于事关人类利益的问题。个体可以创造性地发明某种小部件,但这项发明是否智慧将取决于它对人类和其他生命物种的影响。有时,一个问题的解决方案似乎并不涉及人类利益,直到后来才发现它确实如此。例如,人们起初以为原子的结构纯粹是一个物理发现,后来才了解它对人类产生的巨大积极和消极影响(Sternberg & Glück,2022,p.23)。

(二) 心理学者在研究高龄老人智力时发现了智慧现象

20世纪80年代以来,心理学家对智慧越来越感兴趣,主要原因之一是积极或成功老龄化研究的推进(Sternberg & Glück,2022,p.59)。随着毕生发展心理学的发展,智慧一直被认为是成功老龄化的重要标志和毕生发展的理想终点(Baltes & Staudinger,2000)。例如,20世纪50年代,埃里克森在其建构的人格发展八阶段理论中,将智慧视为老年人成功完成最后生命发展阶段任务的自然结果。20世纪90年代以来,伴随人口老龄化的加速,一些国家和地区快速进入老龄化社会,逐渐兴起成功老龄化而非消极老龄化研究,心理学研究者开始采用实证方法探讨智慧与老人成功老龄化的关系(Baltes & Smith, 1990; Baltes et al., 1992),以及智力、专业知识、身体状况和经济条件等对老年人智慧的影响(Ardelt, 1997, 2000a)。研究发现,尽管健康老人的身体素质、记忆力、反应速度等不如年轻人,但他们往往比年轻人更有智慧。这暗示,智慧可能是比智力更佳的心理素质,犹如优雅气质①和才华是比美貌更佳的素质。例如,柏林智慧模式的研究者就是在研究高龄者智力的过程中发现了智慧现象(陈浩彬,汪凤炎,2021)。

(三)积极心理学的兴起助推了人们关注智慧的热情

20世纪90年代后期以来,心理学研究出现了一种新取向,即一改以往过于重视心理活动消极面的倾向,转而开始利用心理学中较完善和有效的实验方法与测量手段来研究人类的美德和幸福感等具积极意义的心理,并将之命名为"积极心理学"(positive psychology)。智慧作为人的最优秀心理素质之一,自然与幸福感一道成为积极心理学的重要研究主题。2000年1月,《美国心理学家》(American Psychologist)杂志第1期推出了"积极心理学"的专刊。在此期专刊中,智慧心理学研究的先行者巴尔特斯(Paul B. Baltes)和斯托丁格(Ursula M. Staudinger)撰写专文介绍了柏林智慧模式(Baltes & Staudinger, 2000)。

(四)研究智慧有助于人类健康与可持续的发展

如下文所论,斯腾伯格在研究智力、智慧和创造力的关系时发现,没有智慧的指导,仅有智力往往是一件非常危险的事情(Sternberg, 1986)。此后,为妥善解决人类的健康与可持续性发展过程中遇到的一系列问题,包括环境问题、和平与发展问题、教育问题、食品与药品安全问题、人工智能问题等,被视作人类心理素质发展最精华部分的智慧由原先备受冷落的主题一跃成为焦点,逐渐得到心理学、教育学、管理学、人工智能等诸多领域的重视(Baltes & Staudinger, 2000; Sternberg, Nusbaum, & Glück, 2019)。

二、20世纪70年代以来智慧心理学发展概况

本节借鉴斯腾伯格和格吕克的观点(Sternberg & Glück, 2022, pp.60-77),并结合汪凤炎的研究,将20世纪70年代以来的智慧心理学研究大致分为三部分。

(一)昙花一现:智慧心理学研究的序曲

20世纪70年代早期至1982年是克莱顿(Vivian Clayton)学术生涯中专门研究智慧心理的一个短暂时期。这一时期也是智慧心理学研究的开端,其特点是"昙花一现"。

1976年,克莱顿获得南加利福尼亚大学(University of Southern California)心理学博士学位。她的前两段职业经历是在学术机构,先后被旧金山州立大学(San Francisco State

---

① 此处的气质类似宋人所说的"气象"。

University)心理学系和哥伦比亚大学(Columbia University)师范学院心理咨询系聘为助理教授(assistant professor)。在获得加利福尼亚州临床心理学执照后,克莱顿便基本离开了学术界,放弃了对智慧心理学的研究,在安道斯老年学中心(Andrus Gerontology Center)工作。直至退休,她再未专门从事智慧心理学的研究。因此,克莱顿有关智慧心理学的研究主要集中在其攻读博士学位至离开哥伦比亚大学期间。

1975年,克莱顿在《人类发展》(Human Development)杂志上发表《当埃里克森的人格发展理论应用于老人:作为矛盾认知的智慧》(Erikson's Theory of Human Development as It Applies to the Aged: Wisdom as Contradictive Cognition),首次较深刻地剖析了埃里克森人格发展八阶段理论中的智慧心理学思想,并质疑埃里克森提出的"个体只有成功度过八个人生阶段面临的危机才能发展出智慧"这一观点。1976年,克莱顿在其题为《智慧概念的多维标尺分析》(A Multidimensional Scaling Analysis of the Concept of Wisdom)的博士学位论文中,首次采用多维标度法(multidimensional scaling)研究年轻人、中年人、老年人三个群体的内隐智慧观,发现它们大同小异,都是一个包含三维结构的概念。这三个维度分别是认知(cognitive)、情感(affective)和反思(reflective)三种品质(Clayton,1976,pp.44-46)。克莱顿据此率先给智慧下了一个经验性定义:智慧是一种多维构念,具有明确的认知、情感和反思成分(Clayton,1976,p.66)。1980年,克莱顿和拜伦(J. E. Birren)合作撰写并发表一篇论文,题为《智慧横跨个体一生的发展:一个古老话题的再审视》(The Development of Wisdom Across the Life Span: A Reexamination of An Ancient Topic)。在该文中,他们汲取东方传统智慧观的精义,将智慧定义为"把握变化万千又时有矛盾的人性的能力",并通过多维尺度统计程序分析,认为智慧与认知(经验和智力)、情感(共情)和反思(直觉和内省)等特征相联系(Clayton & Birren,1980)。1982年,克莱顿发表《智慧与智力:个体晚年时知识的性质与功能》(The Nature and Function of Knowledge in the Later Years),指出智慧与智力在定义上有差异:智力可定义为"一种让个体能进行逻辑思维、概念化和从现实中进行抽象思考的能力";智慧可定义为"把握变化万千又时有矛盾的人性的能力"。虽然智力和智慧都被认为随年龄增长而增长,均为个体终身获得知识提供条件,不过,智慧的本质及其在发展过程中的功能与智力有足够的不同,值得单独审视(Clayton,1982)。

克莱顿专门研究智慧心理时的身份只是博士生和助理教授,且专门从事智慧心理学研究的时间不长,其研究成果虽在当时美国心理学界产生一定影响,但未真正在心理学界吹响研究智慧心理学的号角,与随后兴起的柏林智慧模式等智慧理论之间也没有明显的继承关系。克莱顿关注的是智慧者的特征,而巴尔特斯及其团队关注的是智慧本身的特征(Baltes & Kunzmann,2004),二者的研究视角有差异。因此,这不能算作智慧心理学研究的一个阶段,只能算智慧心理学研究的一个序曲。但是,克莱顿采用多维标度法研究智慧的内涵、为智慧所下的经验性定义,以及将智慧与老龄化过程相联系,不仅使智慧成为可作客观测量的概念,更为智慧心理学的兴起,为后来者继续用多维标度法研究智慧的内涵,为进一步探讨智慧的界定、智慧与老龄化的关系打下了良好基础。例如,后来一些智慧定义,尽管各有偏重,但是都强调克莱顿和拜伦提出的认知、情感和反思三种智力成分(Aldwin,2009),尤其是阿德尔特(Monika Ardelt)的三维智慧模型(three dimensional wisdom model,3D-WM)。又如,米查姆(Meacham,1983,p.129)认为,智慧由那些能在极端僵化和极端谨慎之间保持平衡的人获得,他们能在继续获得知识的同时认识到和建构新的不确定性、怀疑和问题。

(二) 一枝独秀:智慧心理学研究的第一阶段

智慧心理学研究的第一阶段,时间大致为 20 世纪 80 年代早期至 2000 年,其特点是"总体上一枝独秀"。不过,这一阶段的后期也不乏势头强劲的后起之秀。具体而言,这既是柏林智慧模式一枝独秀的阶段,也是斯腾伯格智慧观强势登台和新皮亚杰学派默默推进的阶段。

1. 柏林智慧模式的兴起

20 世纪 80 年代以来,在德国毕生心理学倡导者、发展心理学家巴尔特斯的带领下,德国柏林玛克斯·普朗克人类发展与教育研究所(Max Planck Institute for Human Development and Education in Berlin)继克莱顿之后,开始开展智慧研究。巴尔特斯和他的同事们通过整合毕生发展理论、老年心理发展研究和人格与专家系统研究的观点,提出了柏林智慧模式(Berlin model of wisdom),正式吹响了研究智慧心理学的号角。在巴尔特斯的卓越领导下,柏林智慧模式的研究者取得的丰硕成果使"智慧"这一主题开始受到心理学界的瞩目(Baltes & Smith,2008;Baltes & Staudinger,1993,2000;Pasupathi, Staudinger, & Baltes,2001;Smith & Baltes,1990),巴尔特斯也成为早期智慧心理学领域的领军人物。

柏林智慧模式的一个重要思想来源是西方哲学,亚里士多德有关实践智慧的论述对柏林智慧模式产生了较大影响。在西方哲学中,智慧被认为是一种卓越的理智美德(intellectual virtue),可引导人类过上更美好的生活。亚里士多德认为,实践智慧是个体将获得的知识以符合伦理规范的方式应用于解决人类的各种事务。因此,道德美德(morally virtuous)本质上蕴含在实践智慧中。柏林智慧模式吸收了这一思想。

柏林智慧模式的另一个重要思想来源是心理学对人类高级认知功能(如智力或思维发展)的研究成果。卡特尔的液态智力和晶体智力说认为,智慧与液态智力和晶体智力均有关系,但主要与晶体智力有关。随着个体在某领域知识经验(晶体智力)的持续增加,个体将更擅长解决该领域的问题,成为该领域的专家。从这个角度而言,智慧和专家知识系统也有关系。但与传统的晶体智力不同,智慧与个体积累起来的一般性知识经验关系不大,而主要取决于个体解决事关人生意义和自身发展的重大且根本性问题(如职业选择、婚姻、死亡、冲突、灾难等不确定性事件)时积累的知识经验,并且智者运用这种知识经验的目的是为自我、他人和社会谋福祉。与此同时,柏林智慧模式的研究者也吸收了新皮亚杰主义者对后形式运算思维的研究成果。皮亚杰认为,人类思维发展的最高峰是形式运算思维(formal operational thinking, formal thinking),其典型特点是采用线性的非此即彼的绝对二分的方式思考和解决问题,不考虑情境中各部分的关联。新皮亚杰主义者认为,人类思维发展的最高阶段是后形式运算思维(postformal operational thinking, postformal thinking),它表现出矛盾、变化和整体性等辩证思维的特点(Sternberg, 1990, pp.52-83, pp.212-220)。

需要指出,巴尔特斯不但带领团队提出了柏林智慧模式这一重要智慧理论,还培养出一支智慧心理学研究团队,在当代智慧心理学领域成果颇丰的斯托丁格、梅克(A. Maercker)、史密斯(J. Smith)等都曾是该团队的重要成员。在他们的努力下,智慧心理学的研究成果得到进一步丰富。

2. 斯腾伯格智慧观的强势登台

与此同时,在美国,斯腾伯格(Robert J. Sternberg)1985 年就曾发表《关于智力、创造力和智慧的内隐理论》(*Implicit Theories of Intelligence, Creativity and Wisdom*)一文,探讨创造性与智力和智慧的关系。在该研究中,他发现在艺术、商业、哲学、自然科学与技术学领域,以及普通民众心中,智慧与创造性的相关度都很低,最高的只有 0.48(艺术),甚至在商业领域出现了负相关(-0.24)(Sternberg, 1985)。随后,在《智力、智慧和创造力:三个好于一个》(*Intelligence, Wisdom and Creativity: Three is Better*)一文里,斯腾伯格先用肯尼迪(John Fitzgerald Kennedy)作出"入侵猪湾"的错误决定与尼克松(Richard Nixon)在"水门事件"中的错误等事例告诉人们,没有智慧的指导,仅有智力往往是一件非常危险的事情(Sternberg, 1986)。他进而用问卷法探讨人们关于智力、智慧与创造力的内隐理论,发现高智力往往伴随着高智慧,高智慧往往伴随着高创造性,高智力往往伴随着高创造性,但商业领域是例外,在该领域,智慧与创造性之间出现了负相关(-0.24),即在商业领域,聪明的人被视作创造性低,反之亦然(Sternberg, 1986)。在斯腾伯格看来,实践智力(practical intelligence)指人们在现实生活环境中获得并用以解决现实生活问题的智力(Sternberg & Glück, 2022, pp.63-64)。基于实践智力的研究,1998 年,斯腾伯格在《智慧的平衡理论》(*A Balance Theory of Wisdom*)一文中提出了智慧的平衡理论(Sternberg, 1998)。自此直至现在,尽管斯腾伯格曾多次对该理论的表述进行修订,但其核心观点始终未变(Sternberg, 1998, 2001b, 2004a, 2004b, 2019a; Ferrari & Potworowski, 2008; Ferrari & Weststrate, 2013; Sternberg & Glück, 2022, pp.63-66)。斯腾伯格智慧观虽比柏林智慧模式晚诞生近 10 年,但因斯腾伯格本人的不断努力,来势凶猛,成为智慧心理学领域的重要理论之一,斯腾伯格本人也成为当代智慧心理学领域的领军人物之一,这一情况在 2006 年巴尔特斯去世后更加明显。

除提出智慧的平衡理论外,斯腾伯格先后组织编写七本智慧心理学书籍:《智慧的本质、起源与发展》(*Wisdom: Its Nature, Origins, and Development*)(1990)、《为什么聪明的人会如此蠢》(*Why Smart People Can Be So Stupid*)(2002)、《智慧、智商和创造力的综合》(*Wisdom, Intelligence and Creativity Synthesized*)(2003)、《智慧手册》(*A Handbook of Wisdom*)(2005)、《剑桥智慧手册》(*The Cambridge Handbook of Wisdom*)(2019)、《用智慧解决当代世界问题》(*Applying Wisdom to Contemporary World Problems*)(2019)、《智慧：智慧思想、智慧言语和智慧行为中的心理学》(*Wisdom：The Psychology of Wise Thoughts, Words, and Deeds*)(2022)。在他的努力下，智慧心理学领域的研究成果有了结集成书、集中展现的机会。同时，斯腾伯格通过培养智慧心理学领域的学术共同体，开展智慧教育(Sternberg，2001a，2001b，2001c)，以及指导智慧心理学研究方向的博士生，培养了大批人才，扩大了智慧心理学的影响。

3. 新皮亚杰学派的默默推进

如前文所论，皮亚杰认为个体智慧的发展须以其思维方式的发展为前提和基础，重视从个体认知发展尤其是个体思维发展的角度探讨个体的智慧和发展。皮亚杰的认知发展阶段理论将智慧视为个体认知发展的最后阶段，以辩证思维的出现为特征(Riegel，1973)。在此基础上，新皮亚杰学派(neo-Piagetian，宽泛意义上的，包括深受皮亚杰主义影响的心理学家)认为，青少年掌握形式运算后，其认知发展并未完成，因为这一认知水平尚不足以处理个体经历的各种复杂问题。他们通过研究发现，智慧实际是一种超越了皮亚杰认知发展阶段理论中第四个阶段(形式运算阶段)，而位于其上的第五个阶段，即后形式运算阶段的产物(Labouvie-Vief，1980，1990)。新皮亚杰学派的上述研究进一步推进了对智慧的研究。

(三) 百花齐放：智慧心理学研究的第二阶段

随着以巴尔特斯和斯腾伯格为代表的心理学者对智慧的概念、结构及其与相关变量的关系进行的一系列研究取得令人欣喜的成果，智慧心理学开始得到越来越多心理学者的关注。进入21世纪后，越来越多的研究者陆续踏足智慧领域，在PubMed数据库中以"智慧"为关键词进行搜索，可以发现20世纪70年代至2008年，有关智慧的研究文献增加了7倍(Meeks & Jeste，2009)。当今的智慧心理学研究通过两种路径借鉴了大量成果：一是关于人类高级认知机能的研究；二是关于成熟人格的研究。前一种路径主要指对智力(intelligence)和思维方式的研究。智力如何发展？最终能发展到何种程度？研究发现，如果将智力视为加工速度、空间知觉等极度依赖生理条件的智力结构，那么随着年龄的增加以及生理机能的衰退，人的智力必将持续下降，这与社会各行各业的翘楚多是年长者的现实不符。如果将智力视为言语能力和知识积累等，则在个体成年前，智力随着年龄增加而不断发展，成年后，在基本生理机能良好的情况下，智力维持稳定甚至有所上升。在这两种智力中，前者是流体智力，后者是晶体智力。皮亚杰通过对儿童的研究，发现儿童的认知从感知运动阶段、前运算阶段、具体运算阶段，最终发展到形式运算阶段。新皮亚杰主义者研究成人的思维方式，发现还存在超越形式运算阶段的后形式运算思维和辩证思维阶段。这一思维形式使人们可以从变化、发展和矛盾的观点思考问题(Sternberg，1990，pp.52-83，pp.212-220)。后一种路径可追溯到奥尔波特对健康人格的研究。马斯洛和罗杰斯等人提出的观点则最为经典,即人格发展的最高目标是自我实现。自我实现者各项心理机能的潜能都得到最大程度的发挥。这种自我实现主要指个体人格功能发展的最理想状态,并未明确阐述个体的自我实现对他人或整个社会的发展带来多大的益处。例如,一生都身处深山修炼自己品性而有所得的人,虽然实现了自我的发展,但其对他人或社会的发展贡献有限。尽管智慧研究在某种程度上得益于人类高级认知机能和成熟人格的研究,但智力、知识、思维方式、成熟人格与智慧存在本质区别。智力、知识、思维方式本身不存在善恶之分,是中性的。具有正常乃至超常的智力、丰富的知识、良好的思维方式者既可以行善,也可以作恶。具有成熟人格的人是积极发展自我的人,是使自己获得最大发展的人,但他们不一定为他人或整个社会的发展作出过重大贡献。只有具有成熟人格同时也能实现利他或利社会的人,才是智慧者。由于智慧者是为自己、他人或整个社会作出重要贡献的人,从这个角度讲,智慧必然是德才一体的综合心理素质(汪凤炎,傅绪荣,2017)。

　　随着进入这一领域的心理学研究者的不断增多,以及智慧心理学研究的不断发展,智慧心理学研究进入第二阶段。这一阶段大致自2001年开始,直至现在,特点是"百花齐放"。这主要体现在两个方面:一是智慧被视为比知识更重要的东西,出现了更多不同的智慧概念和理论;二是兴起了多个研究热点(Sternberg & Glück,2022,pp.66-69),智慧心理学的研究领域不断扩大。智慧心理学研究的第二阶段开始的标志是阿德尔特于2001年对柏林智慧模式智慧概念的批判。在阿德尔特看来,智慧并非柏林智慧模式所说的那样,是关于虚构的人的抽象的知识,而是由个人洞见组成。这些洞见必须通过个人经验获得,无法从书本上习得。个体在反思人生经历,试图理解所发生的事情并从中吸取教训时,才会获得智慧。阿德尔特进而基于克莱顿的三维智慧观提出三维智慧模型(Ardelt,2003,2018;Ardelt & Bruya,2021)。克莱顿的三维智慧观是由以外行人(laypersons)为被试的研究得出的内隐智慧观,而阿德尔特的三维智慧模型是其作为智慧心理学领域的专家建构出的外显智慧观(Sternberg,1985)。而且,鉴于并非所有情感都有利于个体和群体智慧的生成,阿德尔特将其情感维度限定在共情(同理心)上。三维智慧模型是一种不同于柏林智慧模式的智慧模型,侧重人格而非知识,主张智慧是认知(cognitive)、反思(reflective)、共情(compassionate)三种人格特征维度结合的结果。阿德尔特对柏林智慧模式的这一批判最终于2004年发表,自那以后,各种智慧理论或观点纷至沓来,各种侧重智慧不同方面的智慧定义开始出现,它们共同构成了一幅关于智慧的更全面的图景。其中,来自俄勒冈大学(University of Oregon)的利文森(Michael R. Levenson)和阿尔德温(Carolyn Aldwin)从佛教和哲学对智慧的思考中汲取灵感,建构了智慧的自我超越理论(self-transcendence wisdom)(Levenson,Jennings,Aldwin,& Shiraishi,2005),来自温哥华兰加拉学院(Langara College in Vancouver)的韦伯斯特(Jeffrey Dean Webster)建构了智慧的英雄模型([H. E. R. O.(E.) model of wisdom])(Webster,2003,2010;Webster et al.,2018),来自南京师范大学的汪凤炎建构了智慧的德才一体理论(陈浩彬,汪凤炎,

2013；Wang & Zheng，2012；汪凤炎，郑红，2014，pp.185-304；汪凤炎，郑红，2015)，它们都产生了一定的影响(Sternberg & Glück，2022，pp.66-69)。

  智慧心理学从诞生到发展至今,目前被较广泛引用的智慧观主要有柏林智慧模式、斯腾伯格的智慧的平衡理论、阿德尔特的三维智慧模型、韦伯斯特的智慧的英雄模型、利文森等人的智慧的自我超越理论和汪凤炎的智慧的德才一体理论(陈浩彬,汪凤炎,2013；Wang & Zheng，2012；汪凤炎，郑红，2014，pp.185-304；汪凤炎，郑红，2015)六种(傅绪荣,魏新东,王予灵,汪凤炎,2019)。柏林智慧模式的核心观点将在第三章与第七章等章节予以详论,智慧的平衡理论、三维智慧模型和智慧的英雄模型将在第三章中予以阐述,智慧的自我超越理论将在第三章和第八章等章节予以探讨,智慧的德才一体理论将在第三章和第四章等章节予以阐述,此处均不赘述。

  此外,值得一提的是,除了出现不同的智慧理论和智慧观,目前智慧心理学还出现了多个研究热点,它们也大大拓宽了智慧心理学的研究领域：(1)研究者对人类智慧为何会在不同情境和不同领域中发生变化,以及如何发生变化越来越感兴趣。受此影响,将智慧视作一种稳定个人特质的研究者越来越少,将智慧视作一种特定领域或情境的状态的研究者越来越多,代表人物之一是来自加拿大滑铁卢大学(University of Waterloo)的格罗斯曼(Igor Grossmann),他的研究重点在于证明智慧不是一种稳定的特质(trait)——有些人拥有更多而另一些人拥有更少的特质——而是高度依赖个体所处的情境(situation)(Sternberg & Glück，2022，pp.69-72)。(2)斯托丁格及其同事首次讨论了与自我有关的智慧和与他人相关的智慧之间的区别(Staudinger,2019)。(3)对智慧观进行文化比较,探讨北美与欧洲、西方与东方等不同文化中智慧观的异同(Sternberg & Glück，2022，pp.77-78)。(4)对智慧纳建、作为智慧反面的愚蠢、人工智慧和智慧教育等主题的研究也越来越热。这些同样在下文有详论,此处不多讲。

思考题

1. 如何理解智慧心理学的内涵与研究对象？
2. 请简要述评西方哲学史上的智慧观。
3. 请简要述评中国哲学史上的智慧观。
4. 20世纪70年代之前和之后,心理学者对智慧的态度为何有明显差异？
5. 请简要勾画智慧心理学的演化脉络。
6. 智慧为何不等同于智力？
7. 如何理解"知而获智"观？
8. 请简要述评皮亚杰的智慧心理学思想。
9. 请简要述评埃里克森的智慧观。
10. 试陈述生活中的一个智慧案例,并说明举例理由。

第三章

智慧的内涵

内容摘要

本章共分两节。第一节探讨智慧的定义,首先介绍心理学界几种具代表性的智慧定义,然后从德才一体的角度对智慧作出新界定。第二节依次澄清智慧与聪明、才智或智谋、情绪智力、社交智力、本能、智能、知识、思维方式等相关概念的关系。本章的重点是德才一体的角度的智慧界定、智慧的素质与情境交互作用模型、智慧与相关概念的关系。

核心概念

智慧　后形式运算　自我超越　情绪智力　社交智力(社会智力)　本能　智能　知识　思维方式　智慧推理　智识谦虚　智慧的素质与情境交互作用模型

第一节　智慧定义的纷争与整合

一、智慧定义的纷争

自20世纪70年代智慧进入心理学领域以来,众多心理学研究者试图探悉智慧的本质与内涵。由于智慧内涵本身的复杂性、成熟的人格属性,以及有关生命和过美好生活的重要且实用的专业知识的类型与标准多种多样,智慧又具有一定的文化普适性和文化相对性,加之研究者个人的知识背景、研究视角和兴趣不尽相同,故一时很难对智慧下一个共识性定义(Kramer,2000)。结果,各种智慧定义纷至沓来,从被定义为一系列成熟的人格属性到理性的知识,再至对有关生命的重要且实用的专业知识,又至强调实践或行动和自我超越等,至今已有20余种,而公认的智慧定义仍未产生。斯腾伯格2019年将现有智慧定义概括为四类,即将智慧视作人自身的一种功能或属性、将智慧视作个体在情境中展现的一种属性、将智慧视作人与情境互动中的一种属性、将智慧视作一种实践或行动的属性(Sternberg,2019a)。下面就从这四个方面来详细介绍心理学领域现有的智慧定义。

(一) 将智慧视作人自身的一种功能或属性

将智慧视作人自身的一种功能或属性,主张智慧这种优秀属性或功能存在于个体身上,这种观点可简称为"人的属性或功能型智慧观"。它主要包括定义性特征模型

(defining features model)、原型模型(prototype model)和范例模型(exemplar model)三种子类型。其中，智慧的定义性特征模型陈述了一组属性，这些属性对想成为智慧者的个体或集体而言是必须具备的。这是有关智慧的一种最常见定义(Sternberg，2019a)，又可分为以下几种子类型。

1. 将智慧视作以人的一种特殊思维方式为主

将智慧视作以人的一种特殊思维方式为主，这种智慧观以新皮亚杰学派为代表。新皮亚杰学派认为，智慧的产生必须基于后形式运算阶段发展出的更高层次的认知结构，主张该认知结构能让个体发现问题(problem-finding)，而智慧与个体发现问题的能力有关(Arlin，1990)。对此，也有学者认为，智慧的产生必须以辩证推理(dialectical reasoning)或相对推理(relativistic reasoning)为基础(Kramer，1983，2000)。换句话说，智慧者懂得整合各方面的观点，通过正、反、合等辩证思维的过程得到更高一层的领悟。而且，智慧者由于有更高层次的认知结构，因而在推理上不仅能整合内在的各种信念、动机、情绪，还能同时容纳外在环境中各种不同的逻辑与价值系统，并在认知上作出良好的统整。后形式运算具有反省思维和辩证思维的特点，而且在超越普遍真理标准观的基础上，接纳多元化真理观，对不相容的目标和知识、矛盾的事物，以及高度不确定性的知识持容忍态度，进而善于将不同甚至相反的知识加以整合。这样，智慧实际上就是一种超越了皮亚杰认知发展阶段理论中第四个阶段(形式运算阶段)，而位于其上的第五个阶段，即后形式运算阶段。于是，新皮亚杰学派将智慧定义为越来越复杂的动态的思维，其判断标准包括意识到多元化的原因和解决方法，意识到悖论与矛盾，以及处理不确定性、不一致、不完整和妥协的能力。后形式运算思维不仅关注辩证认知，而且关注认知与情感的整合，后形式运算思维者比非后形式运算思维者显示出更少的行动者—观察者效应(将自己的行为归因于情境因素，将他人的行为归因于性格因素)，展现出更高水平的道德理性(Labouvie-Vief，1980，1990)。

新皮亚杰主义智慧观的长处是，看到智慧中体现出的思维方式具有的一些重要特点，如反省性、辩证性、开放性、对话性、矛盾性、宽容性和(将认知、需要、情感融为一体的)整合性等。事实上，假若个体能以此种思维方式看待世界，的确容易被视作有智慧的。不过，若只从思维方式的角度来界定智慧，势必将智慧看作一个纯粹的认知范畴，自然容易忽略智慧中本有的伦理道德属性，进而难以保证智慧与思维方式或智力之间保持恰当的距离，留有将智慧等同于某种特定的思维方式或智力的潜在风险。同时，能否将智慧者的思维方式都归入单一的某种特定思维方式，如后形式运算思维，也是一个值得再推敲的话题。可能更科学的看法是：智慧者的思维方式多种多样，其中既有一些智慧者的思维方式达到后形式运算水平，也有一些智慧者尽管思维方式不属于后形式运算水平，但仍有智慧，如具备良好直觉、形象思维或中庸思维者，当他们将良好直觉、形象思维或中庸思维用于为大众谋福祉并取得良好效果时，便具有了智慧(汪凤炎，郑红，2010a)。

2. 将智慧视作一种专家知识

这种智慧观以柏林智慧模式为代表。柏林智慧模式中,智慧被定义为一种有关生命的重要且实用的专家知识(和行为)系统,此专家知识(和行为)系统内包括对复杂、不确定的人类生活情境的杰出的直觉、判断和建议(Baltes & Staudinger, 1993),也包括善良动机(good intentions),即个体的行动须兼顾自我和他人的福祉。因此,智慧主要是为解决三类关于人生的重要问题:(1)人生规划(life planning),即应树立什么样的人生目标,以及如何实现该目标;(2)个体生活管理(life management),即如何有效处理一些重要的事件,如自杀和人际冲突等;(3)人生回顾(life review),即如何认识自己的过去和成长历程等。对个体而言,智慧是个体运用其智力学习这些知识,并运用于生涯规划、个体生活管理和人生回顾(Baltes & Staudinger, 2000)。因此,相较于尚未有智者者,智慧者在拥有有关生命的重要且实用知识的数量上,以及运用这些知识的方法上已达到专家的程度。当然,智慧既可帮助个体解决对其自身而言具重要意义的人生问题,也能为他人解决重要的人生问题提供良好的建议,助其作出正确判断(Baltes & Smith, 2008)。不过,从后续一系列的实证研究来看,巴尔特斯等人集中探讨的主要是个体为他人面临的重要人生问题提供建议和判断时表现出的智慧。

皮亚杰对知识作了较权威的界定,即知识是主体与环境或思维与客体相互交换而导致的知觉建构,知识不是客体的副本,也不是由主体决定的先验意识。与此相适应,现代认知心理学一般将知识定义为主体通过与其环境相互作用而获得的信息及其组织。于是,贮存于个体脑海中的知识就是个体的知识,用一定方式记录下来且贮存于个体外的知识就是人类的知识或公众的知识(邵瑞珍,1997, p.58)。根据这个定义,知识的范围极广。从安德森的知识分类角度看,既包括陈述性知识也包括程序性知识。从波兰尼(Michael Polanyi)的知识分类角度看,既包括显性知识(explicit knowledge)也包括隐性知识(implicit knowledge)或默会知识(tacik knowledge)。显性知识是那些可用书面文字(written words)、图表(maps)或数学公式(mathematical formula)等手段清晰表达的知识。隐性知识或默会知识是那些个体已知道却不能用书面文字、图表或数学公式等手段清晰表达的知识(波兰尼,2000, pp.129-130)。从获取知识的方法看,包括用各种方法,如思辨法、观察法、实验法、问卷法等获得的知识。因此,人们常说的文盲只是缺乏文字知识,从而既无法用文字将自己的所知所感表达出来,也无法识别由文字记载的知识。不过,文盲虽无文字知识,却可有丰富的人生知识与默会知识。这种知识观其实是中国古代的一贯传统。例如,《邵雍集·伊川击壤集》卷八记载,邵雍在《知识吟》中说:"目见之为识,耳闻之谓知。奈何知与识,天下亦常稀。"(邵雍,2010, p.297)既然"目见之为识,耳闻之谓知",那么,一个人只要不是天生的既盲又聋的残疾人,便都能通过自己的眼睛观察而不断积累"见识",通过耳听而不断积累"闻知"。

这样一来,如果不将知识等同于文字知识,而是指主体通过与其环境相互作用而获得的信息及其组织,那么,知识不一定是智慧,但知识肯定是智慧的主要成分之一。个体一旦熟练掌握有关生命的重要且实用的事实性知识和策略性知识、有关生活情境和社会变化的知识、有关考虑不确定性生活的知识，以及有关考虑价值和生活目标相对性的知识（详见"智慧的结构"一章），对个体乃至团队生成智慧和提升智慧均有益处。

以有关生活情境和社会变化的知识与有关考虑不确定性生活的知识为例，无论是过去、现在还是将来，个体或团队只有时刻对快速变化的环境保持开放，对生活或研究中出现的新异现象保持敏感，敢于、善于及时突破常规，才有成就智慧的可能。反之，个体一旦缺少这些方面的知识，面对不确定性事件、瞬息万变的情境和多种价值观并存的情境等，往往无法智慧地解决。从这个意义上讲，柏林智慧模式的观点有一定合理之处。以有关考虑价值和生活目标相对性的知识为例，无论是个体还是团队，弱小和无知不是生存的障碍，傲慢才是。个体或团队拥有的一种优势，用久了易让人变得傲慢，若不及时醒悟，此时它便成了阻碍个体或团队进一步成长的因素。因此，不能过于沉迷已有的成功和优势，而要善于根据具体情况作出新的改进，否则，先前的智慧行为也会因时过境迁而变成愚蠢行为。柏林智慧模式将智慧定义为一种有关生命的重要且实用的专家知识（和行为）系统，可见，它也承认行为的重要性，更重要的是，如果它是从"只有做到知行合一的知才算是真知，知行分离式知属伪知"的角度讲作为智慧的专家知识系统，信奉类似王守仁在《传习录》卷中《答顾东桥书》中提出的"知之真切笃实处，即是行；行之明觉精察处，即是知。知行工夫本不可离，只为后世学者分作两截用功，失却知行本体，故有合一并进之说。真知即所以为行，不行不足谓之知"这一思想，那么，它就更未忽视行为的重要性，而是提倡一种重知的知行合一论。

不过，尽管知识是智慧的主要成分之一，但智慧不仅仅是知识。正如斯腾伯格认为，柏林智慧模式对智慧的定义，更多地将重点放在知识本身，而不是强调人们如何运用其拥有的知识(Sternberg, 2004a)。这就存在一个明显隐患，即容易将智慧等同于知识。但事实上，如下文所论，知识与智慧之间本有一定距离，二者不是一回事。而且，只将有关生命的重要且实用的专家知识（和行为）系统称作智慧，实有窄化智慧之嫌。虽然有关生命的问题几乎涵盖人生的所有领域，不过，依柏林智慧模式的观点，有关生命的专家知识（和行为）系统里包含的知识主要限定在一些与个体生涯规划、个体生活管理、人生回顾(Baltes & Staudinger, 2000)等内容相关的知识上，并未突出科学技术知识，因而在有关生命的问题上展现的智慧主要是一种道德智慧，几乎不包含物慧，也较少涉及人慧的其他子类型（汪凤炎，郑红，2014，pp.146-147）。

3. 将智慧视作一种人格属性

人格属性取向的学者将智慧视作一种人格属性(personality characteristics or qualities)，而不是一种遗传的人格特质(inherited personality trait)，这种智慧观以美国的阿德尔特为代表。受克莱顿(Clayton, 1976)和拜伦提出的"智慧中包含认知、情感和反思三个成分"的主张影响(Clayton & Birren, 1980)，阿德尔特认为智慧是基于东方传统内隐智慧理论和外显智慧理论的一种人格属性,尤其应将智慧视作认知性(cognitive)、反思性(reflective)和情感性[affective,主要指富有同情心(compassionate)]三种特性的统一体(Ardelt,1997,2000a,2003,2016)。

侧重于人格属性而非知识,阿德尔特的三维智慧模型是一种不同于柏林智慧模式的智慧观(Sternberg & Glück,2022)。智慧包含认知、反思和同情三种成分的主张有着悠久的思想传统。人格是一个整体,其内包括特质性的属性(如气质)、状态性的属性(如能力)和变化性的属性(如性格),因而不等于特质。将智慧视作一种人格属性,认为这种人格属性虽短期内可保持相对稳定,但会在人的一生中不断发展,并非天生的稳定特质,在注意到智慧素质稳定性的同时,也为智慧素质的不稳定性保留了生存空间,无疑有合理之处。不过,这一观点对智慧的情境性特点似着墨不多,且较强调智慧素质的稳定性而有较强的人格特质论倾向,也未从行为层面对智慧进行界定。

4. 将智慧视作多种心理因素的复合体

将智慧视作多种因素的复合体,这种观点以加拿大的韦伯斯特为代表。他认为,智慧是个体有能力和意愿应用重要人生经验,推动自我和他人朝积极方向发展(Webster,2010)。能力指决策、问题解决或其他智力形式。意愿指主动采取智慧行动的愿望。应用指实际的行动。智慧是幽默(humor)、情绪调节(emotion regulation)、回忆(reminiscence)与反思(reflectiveness)、经验开放性(openness)和生活经验(experience)五种关键成分的整合。由于每个成分的英文首字母可合成"hero"(英雄)这一英文单词,因此这一模型也被称为"智慧的英雄模型"(Webster et al.,2017)。以此理论为基础,韦伯斯特还编制出《自我评估智慧量表》(Self-Assessed Wisdom Scale,SAWS)(Webster,2003,2007)(详见附录2)。

将智慧视作幽默、情绪调节、回忆与反思、经验开放性和生活经验五种关键成分的整合,这对认识智慧的本质有一定启迪。杰森等人(Jason et al.,2001)的一项研究结果也与之有共通之处。这项研究结果表明,智慧的成分包括:(1)智力:具有天赋、问题解决能力、聪明;(2)热情:有幽默感、善良、同情、活泼。不过,幽默是不是智慧的关键特征或关键成分?换言之,没有幽默感的人是否就没有智慧?这值得推敲。

5. 将智慧视作自我超越

从自我超越的角度探讨智慧同样有着悠久的思想传统(Aldwin, Igarashi, & Levenson,2019)。

(1) 什么是自我超越

自我超越(self-transcendence)原是哲学和宗教学概念,各大教派都在其经典中强调自我超越的重要性,如佛教无我思想便是自我超越的典型体现(Cleary,1994;Aldwin, Igarashi, & Levenson,2019)。心理学对自我超越的关注始于弗兰克尔(Viktor E. Frankl),他于1946年首次将自我超越引入心理学。弗兰克尔的《活出生命的意义》(*Man's Search for Meaning*）将自我超越视作自我实现的心理基础，要求人们通过献身于某一事业或另一个人而完全忘记自己（弗兰克尔，2018）。马斯洛在其职业生涯晚期也曾设想一个自我实现之上的自我超越阶段，这一阶段由超越自我的价值观驱动（Koltko-Rivera，2006；Maslow，1969）。20世纪90年代以来，各种测量自我超越的工具涌现，心理学领域对自我超越的研究越来越感兴趣。

在对自我超越进行心理学分析之前，我们先对这一术语进行界定：(1)心理学关注的自我超越是经验性的，这种经验性存在不仅体现为个体生活中的无私，而且体现为那些超个体的意识体验；(2)与自我超越的经验性相对应，其中的自我也是经验性的，相当于詹姆斯的自我理论中的客我，即包括物质自我、社会自我和精神自我在内的经验自我；(3)对于超越，安乐哲等人认为，"如果B的存在、意义和重要性只有依靠A才能获得充分的说明，反之则不然，那么，对B来说，A是超越的"（安乐哲，2006，p.19）。综上所述，作为一个心理学概念，自我超越指心理与行为的发生关涉自我，但不依赖经验自我或不受经验自我的限制。因为自我涵盖的内容极广泛，自我超越在哲学、宗教和心理学等领域也具有多种取向。目前，在心理学界，自我超越的定义主要有三种取向（Aldwin，Igarashi，& Levenson，2019）。

第一，从价值观或美德的角度定义自我超越。对自身利益的超越是自我超越最富有现实意义的体现，也是心理学定义自我超越的最直接取向。这一取向的自我超越最早可追溯至道家的"不争"思想，老子以极具辩证性的视角指出，常人对事物的执着往往急功近利，而忽视了现实世界中对立关系具有的两面性，只有超越自身利益的"不争"才能真正成就自我。李虹（2006）综合道家的得失观和佛教的"去我执"理论，从对待得失的态度上将自我超越定义为对超越自我中心（self-centeredness）的更高生存境界的认知和信念。个体只有超越自我利益，才能做到直面得失、辩证看待得失、不惧丧失和失败。以儒家、受儒家思想影响的学者、基督徒为代表的学者则主张，自我超越是对自身关系的超越，体现为自我边界的扩张和与更宏大的存在产生联系。儒家鼓励个体通过自我心性修养或接受道德教育拓展自我与他人的界限，使自我从绝对的小我扩大到包括与我有着亲近关系的他人身上，甚至进一步扩大到与我并没有什么关系的他人身上，其终极境界是"天人合一"式或"民胞物与"式自我（Wang，Wang，& Wang，2019）。在基督教传统中，自我超越意味着个体从单一的自我关注中脱离，重新发现自己与上帝的联系，转而以对家庭、国家和世界的关心驱动自己的人生（Keating，2012，p.50）。归心祷告能减少对虚假自我的关注，祷告者不仅与房间里的人和那些真正寻求上帝的人合而为一，而且与上帝创造的万事万物合而为一（Keating，2012，p.158）。施瓦茨（Schwartz，1994；Sortheix & Schwartz，2017）等人基于人类价值的研究，从自身利益和自身关系的双重取向上界定自我超越，认为自我超越包括仁爱（benevolence）和普遍主义（universalism）两个方面。仁爱是一种自我扩张（self-expansive）的价值存在，个体将对自身利益的关注扩大到与自己有亲密联系的他人。普遍主义也是一种自我扩张，其相对于仁爱的特殊性在于将对自身利益的关注扩大到增强更多的他人、更广阔的社会和整个宇宙的福祉。在他们的理论中,自我超越与自我增强(self-enhancement)相对,自我增强能带来更多自身利益,而自我超越代表更广阔社会利益的价值取向。对比来看,这一概念取向与儒家的自我发展观一致,都是从与重要他人和一般他人两个方面的关系上认识自我超越。也有学者从对自身认知与情绪的超越角度研究自我超越。针对"当局者迷"这一现象,有研究者发现,个体在他人生活问题上的智慧思维表现确实显著优于在自身问题上的智慧思维表现,而自我抽离(self-distanced perspective)和追求美德(pursuit of virtue)则能有效消除这一因自身卷入而导致的思维局限(Grossmann & Kross,2014;Huynh et al.,2017)。这是因为,当问题或冲突发生在自己身上时,人们会受到自身视角和情感的限制,从而忽视其他视角对问题的理解,对自身视角的偏好性也有所增加。自我抽离和追求美德均具有自我超越性,能帮助个体超越问题情境下主观认知和情绪的限制,以更客观而理性的视角看待问题。因此,除自我抽离(self-distanced)技术外,追寻美德也可消除所罗门悖论。黄等人的研究发现,那些越是认可应追寻美德的人在涉及自身冲突事件中的智慧推理得分越高(Huynh et al.,2017;魏新东,许文涛,汪凤炎,2019)。这一取向的另一个重要内容是对自身欲望的超越。众多重视反省和禁欲的中西方思想流派均强调对自身欲望的超越。例如,传统天主教的禁欲主义理念使人们远离日常生活,将超越世俗的伦理界限作为最神圣的职责,以达到更高的道德水平(韦伯,2007,p.107)。老子目睹上层社会沉迷纸醉金迷的生活形态,淫佚放荡,心灵激扰不安,认为正常的生活是摒弃外界物欲的诱惑,持守内心的安足,确保固有的天真。因此,道家主张突破自我的局限,将自身从现实世界的拘束中超拔出来,并将人的精神生命不断向上推展以与宇宙精神相契合,而后从宇宙的规模上把握和提升人的存在(陈鼓应,2009a,pp.43-44)。

第二,从一种发展成熟后的心理过程和心理状态定义自我超越。从一种发展成熟后的心理过程和心理状态定义自我超越,认为自我超越是对那些被概化为"我"的内在意识的超越,常与精神实践、全身心的投入或丰富的人生经历相关。这一取向的自我超越常伴随深刻的精神体验,更符合大众对自我超越的一般认识。例如,弗兰克尔将自我超越描述为通过将自身投入到某些人或物而忘却自我,认为自我实现是自我超越的副产物(Frankl,1946),进一步提出获得人生意义的三种自我超越模式,即为世界作贡献、乐于接受他人和接纳不可抗生活事件(弗兰克尔,2018)。佛教"无我"观认为,没有永恒不变的自我存在,常人的自我是基于欲望和恐惧的幻觉,修行者应深入这个假我背后,在更深层次的真我上建立健全自我(彭彦琴,江波,杨宪敏,2011),即摒弃世俗自我,力求通过精神和宗教实践以超脱尘世的污染。里德(Reed,1991a)基于发展心理学的理论视角,将自我超越定义为一种发展成熟的品质,体现为超越对自我和世界关系狭隘认识的自我边界的扩张。这种扩张包括三个层面:①向外的扩张,朝向他人和更广阔的外部环境;②向内的扩张,对信仰、价值观和梦想有更高的认识;③时间上的扩张,在当下整合过去与未来的生活。他们发现,自我超越能突破当下的自我意识,进而在过去和现在的生活中发现意义与价值,通过帮助和受助,与他人建立联系,对学习产生兴趣,并能适应困难(Reed,1991b,2003)。利文森等人将智慧等同于自我超越,并将自我超越定义为一个从外在自我定义中解放出来的发展过程(Levenson et al.,2005)。

第三,从人格或性格特质角度定义自我超越。菲什拜因等人(Fishbein et al.,2020)基于情境认知行为疗法的研究,将自我超越界定为一种持久的人格特质,能感觉到与自身和他人的内在联系,并促进人类整体的繁荣发展。他们认为,自我超越包括:①自我抽离,与当下生活事件保持心理距离的能力;②自我观照,体会到心理自我实体并将其与当下生活事件作区分的能力;③人际超越,与其他人或物的内在联系感;④非永久性,对外部世界和内部经验的不断变化的认识。其中,前三个成分得到测量学的支持,第四个成分是否属于自我超越还需进一步探索。这一自我超越概念关注到对自身关系、认知与情绪、自我意识三个方面的自我超越,以及自我超越可能涉及的对变化性的知觉这一积极层面,在一定程度上整合了以往多种自我超越取向(Fishbein et al.,2020)。

(2) 自我超越的诞生

从自我形象的大小上界定小我与大我后,个体只有产生敬畏感,认识到自我的渺小,才会产生自我超越;从自我边界的大小上界定小我与大我后,个体只有忘却小我,或将小我融入大我,才会产生自我超越。个体做到自我超越,才会有像海一样宽阔的胸襟,像山一样崇高的思想。让个体产生敬畏感,进而产生自我超越一点就明,此处主要介绍几种让个体忘却小我以产生自我超越的技术。

第一,采用自我肯定和同情训练启动被试的自我超越心态。康等人(Kang et al.,2018)采用自我肯定(self-affirmation)和同情训练(compassion practice)启动被试的自我超越心态。自我肯定理论认为,个体有保持自我价值感的动机,对自我价值的威胁会受到抵制,而自我肯定任务通过促使个体反思重要自我超越价值观,使个体从对自身价值的关注中脱离出来。同情训练通过将注意从自我利益转移到他人福祉上,为他人许下有针对性的积极愿望。同情训练与对人类苦难的同情反应、积极的人际和群体间态度有关。康等人发现,相对于控制组,自我肯定和同情训练能引发与积极评估或奖励相联系的脑区内相似的激活模式,这一区域的活跃可激发更多的探索、学习和记忆形成。他们认为,自我超越可能通过激活正性奖励反应引发的无偏见、开放性的认知心态,启动对外部信息的开放性。

第二,冥想训练。主要做法有二:①通过修习正念进行冥想训练,促进个体自我超越。汉利等人(Hanley, Dambrun, & Garland, 2020)为探究正念训练对自我超越的影响,用感知身体边界消融(perceived body boundary dissolution)和非自我中心空间参考框架(allocentric spatial frame of reference)衡量自我超越,发现正念训练能减少感知身体边界,促进非自我中心参考框架。进一步的路径分析结果表明,非自我中心参考框架在正念训练与感知身体边界消融之间起中介作用。辛格和巴梅尔(Singh & Bamel, 2020)对职场员工的调查也发现正念训练对自我超越的正向预测作用，而且这一关系受到意义性工作的部分中介作用。②通过瑜伽进行冥想训练。瑜伽是一种身心结合的练习，通过培养平衡、平静、和谐与意识，将心、身、灵融为一体，努力实现超越自我人格。有研究者采用纵向研究方法探究瑜伽对自我超越和主观生命力的影响。在八周的自我管理课程中，实验组在每次常规课程外增加20分钟的瑜伽训练，控制组增加20分钟的课程讨论和反思。结果发现，八周的瑜伽训练能有效增强被试的自我超越和主观生命力，瑜伽是建立利他行为的有效、高效和可持续的训练工具(Dagar, Pandey, & Navare, 2020)。

(3) 通过自我超越促进个体的智慧

心理学研究者常关注智慧与自我超越的密切关系，认为智慧体现在个体能超越自我中心的局限性，更多关注他人、社会与人类群体的利益(Staudinger & Glück, 2011; Sternberg, 1998)。概括而言，基于不同的研究取向，学者对智慧与自我超越间的关系主要有"智慧含摄自我超越"和"自我超越促进智慧"两种观点(许文涛，汪凤炎，2022)。

一种观点认为，智慧含摄自我超越。换言之，自我超越是智慧的重要成分，甚至是智慧本身(Aldwin et al., 2019; Wink & Helson, 1997)，如"慧"字在佛教语境中就隐含自我超越的意蕴(Ferrari & Alhosseini, 2019)。阿肯鲍姆和奥沃尔通过研究《约伯记》(*Book of Job*)中蕴含的智慧观，提出智慧的合成模型(synthetic model of wisdom，如图3-1所示)(Achenbaum & Orwoll, 1991)。该模型将智慧区分为个体内(intrapersonal)、个体间(interpersonal)和超个体(transpersonal)三个领域，每个领域的智慧都以情感(affect)、认知(cognitive)和意动(conation)三个方面的发展为基础。同时，个体内、个体间和超个体三个领域的智慧各对应三个智慧成分，合计共九个。它们分别是：①个体内领域的智慧对应的三个成分：自我发展(self-development，属情感方面)、自我认知(self-knowledge，属认知方面)和自我整合(integrity，属意动方面)；②个体间领域的智慧对应的三个成分：共情(empathy，属情感方面)、人际理解(understanding，属认知方面)和人际关系成熟度(maturity in relationships，属意动方面)；③超个体领域的智慧对应的三个成分：自我超越(self-transcendence，属情感方面)、对知识和理解局限性的认知(recognition of limits of knowledge and understanding，属认知方面)和哲学性或精神性投入(philosophical or spiritual commitments，属意动方面)。此思想对斯腾伯格和阿德尔特的智慧观均有重要影响。在此基础上，温克和赫尔森(Wink & Helson, 1997)将智慧分为实践智慧(practical wisdom)和灵性智慧(transcendent wisdom)。灵性智慧对应超个体领域的智慧，体现在从狭隘的自我关注中解脱出来，认识到知识的局限性和背景性，拥有哲学或精神上的洞察力。柯尔诺(Curnow, 1999)则提炼欧洲和亚洲哲学中智慧传统的主要关注点，得出智慧的四个核心特征：自我认知、超脱(detachment)、整合(integration)和自我超越。而在一些宗教和哲学传统中，智慧甚至被直接定义为自我超越。

	个体内	个体间	超个体
情感	自我发展	共情	自我超越
认知	自我认知	人际理解	对知识和理解局限性的认知
意动	自我整合	人际关系成熟度	哲学性或精神性投入

图 3-1 智慧的合成模型图

(Achenbaum & Orwoll，1991)

在上述思想的基础上，利文森等人（Levenson et al.，2005）采纳柯尔诺（Curnow，1999）的观点，也将自我超越视作智慧和个体晚年适应的重要组成成分。自我超越折射出个体依赖外在因素定义自我的倾向在减少，内在性和灵性在增强，与过去和未来世代的联系感也在增强。进而，利文森等人将自我超越定义为一个从外在自我定义中解放出来的发展过程。随后，阿尔德温（Aldwin，2009）又主张，智慧是一种实践，它反映个体在自我认知、自我整合、不依恋、自我超越、同情以及对生活更深层次的理解方面的发展过程。这种实践包括更好的自我调节和道德选择，从而为自己和他人带来更大的益处。阿尔德温等人在2020年发表的一篇题为《只有一半的故事》(Only Half the Story)的评论性短文中再次强调上述智慧定义，强调自我超越是道德发展的核心，并指出实践智慧是习得的，但索菲娅和自我超越是转化的结果（Aldwin，Igarashi，& Levenson，2020）。同时，如下文"智慧的生成与发展"一章所论，利文森与阿尔德温等人认为，自我超越不是一种简单的心理特质，个体综合自我认知、超脱和整合三个不同发展阶段的成果后，才最终形成自我超越的智慧。利文森与阿尔德温等人还认为，自我超越是智慧的核心内容，因为一方面，实践智慧取决于文化或时代要求，不同文化和社会对其有不同评判标准，自我超越是一种超情境、超时代，具文化普适性的存在，不以社会或时代意志为转移。这一点已得到一项基于美、韩被试群体的跨文化研究的支持（Lee et al.，2015）。另一方面，自我超越使个体不仅能通过实践智慧获得个体利益，而且能进一步增加他人利益和社会福祉，体现为个体道德发展中关注群体的不断扩大，从单一的自我到直系亲属，再到当地社区、国家、其他物种、全世界，最后到整个宇宙（Templeton & Eccles，2008；Aldwin et al.，2019）。

众所周知，中西方思想史上，从自我超越的角度探讨智慧有悠久的思想传统，儒家、道家、佛教和西方思想家都相信自我超越有助个体习得德慧，但自我超越是否有助个体习得其他类型的智慧仍有待进一步研究。换言之，将自我超越视作德慧的核心内容显然有道理，但能否将自我超越视作所有智慧类型的核心内容，即是否所有类型的智慧都需要有自我超越，仍值得商榷。关于智慧与自我超越的关系，另一种观点认为，自我超越与智慧属于不同的心理建构（详见第八章）。

另一种观点认为，自我超越促进智慧。持此观点的学者认为，自我超越与智慧属于不同的心理建构，自我超越是智慧的重要心理基础或影响因素，能促进个体的智慧表现

(Grossmann et al., 2017；Keltner & Piff，2020)。相关研究表明,有他人导向和自我超越目标的个体有更好的决策能力(Abramoski et al.，2017)、开放性(Bronk & Finch, 2010)和更广泛的社区意识(Quinn, 2014)。持此观点的研究者多从社会生态取向界定智慧,认为智慧体现于个体在社会情境中的具体表现,由个体与环境的交互决定,是一种相对独立于个体特征的存在(魏新东,汪凤炎,2020),自我超越可作为一种个体因素对智慧产生影响。在这一取向下,研究者多关注自我超越式的认知心态对个体在处理人生困境或冲突类问题中智慧表现出的促进(Kross & Grossmann, 2012; Grossmann & Kross, 2014; Grossmann et al., 2017)。该主题源自所罗门悖论,即相对于自己遇到的难题,人们更能明智地看待他人遇到的难题(Grossmann & Kross, 2014)。为化解所罗门悖论,研究者通过诸如空间、时间和语言上的自我抽离技术来提高个体智慧推理水平(魏新东,等,2019)。在这里,去自我中心(self-decentering)、无我(no-self)、自我抽离(self-distanced)等概念和自我超越以同样的方式发挥作用,即帮助个体从自身的观点和情绪中抽离,从而能从更广阔的视角看待问题。至于去自我中心、无我和自我超越在增进个体的智慧行为方面是否有差异,以及去自我中心、无我、自我超越与个体的智慧行为之间存在何种关系,仍有待深究。

此外,研究者从自觉情绪(self-conscious emotion)研究中汲取灵感,提出自我超越情绪(self-transcendent emotion)的概念(Keltner & Piff, 2020)。这种情绪通常产生于对他人的关注,此时个体的注意不再集中于自身,而是转移到他人的需要上。自我超越情感体现在三方面:①基于同情感而减少伤害行为,因而增加他人的幸福感(Goetz, Keltner, & Simon-Thomas, 2010);②基于感恩的慷慨行为(Bartlett & DeSteno, 2006);③基于敬畏感的亲社会行为与合作(Piff et al., 2015)。这些情感能引导个体关注他人利益,寻求没有个体偏差的真理,并在更广阔的范围内界定自我,从而使自我超越得以成为智慧的道德心理基础(Keltner & Piff, 2020)。

综上所述,在心理学界,将智慧视作人自身的一种功能或心理属性,主张智慧这种优秀心理属性存在于个体身上,这是自埃里克森论智慧以来的一个重要传统(Clayton, 1975;魏新东,汪凤炎,2020)。这种定义智慧的角度是恰当的。当然,到底将智慧视作人的一种特殊思维方式,还是个体获得的某种类型的知识,又或一种人格属性、人的多种心理属性的综合体、自我超越,因各有得失,有待进一步研究。相对而言,笔者更倾向将智慧视作人的一种综合心理素质及相应的行为方式,主张将智慧视作个体习得的一种德才一体的综合心理素质。

(二)将智慧视作个体在情境中展现的一种属性

社会生态取向的学者将智慧视作个体在情境中展现的一种属性,这种观点可简称为"情境属性型智慧观"。并非所有的研究者都认为智慧是个体身上的一种功能或属性。格罗斯曼(Grossmann, 2017a)就认为,与其将智慧视作智慧者拥有的一种优秀属性,不如将智慧视作个体在情境中展现的一种属性。因为一个人是否智慧取决于情境,不存在一种类似斯皮尔曼(Charles Spearman)二因素智力理论中"基本因素"(g因素,general factor)的智慧因素(w因素),因此,无论是否存在基本智力(general intelligence),智慧测量中都不可能测量到作为通用水平的智慧。例如,马丁·路德·金、甘地和爱因斯坦在他们的职业生涯中表现出非常高的智慧水准,却未在其个人生活领域展现同样高水平的智慧;与此相反,有些人在个人生活领域可能是智慧者,却在其专业领域无智慧可言(Grossmann, Dorfman, & Oakes, 2020; Sternberg, 2019a)。

由于笔者主张智慧的素质与情境交互作用模型,与持情境属性型智慧观者相类似,也认为不可能存在一种泛情境的智慧因素(w因素),即笔者也不完全赞成特质智慧观(trait wisdom)。笔者坚信人类的智慧都是特定领域内的智慧或普遍性领域的智慧,人类不可能拥有泛情境的全知全能的智慧,马丁·路德·金、甘地、爱因斯坦等人只在其职业生涯中表现出高智慧水准,而未在其个人生活领域展现同等水平的智慧,这类事实恰恰证明人类的智慧多是特定领域内的智慧,能拥有普遍性领域的智慧的人极少,更不可能有拥有全知全能的智慧的人。而且,笔者也坚信情境是影响个体和团体(群体)能否及时展现智慧行为的一个重要外部因素(Glück et al., 2015)。与持情境属性型智慧观者不同,笔者也不完全认可状态智慧观(state wisdom)。因为若完全持状态智慧观,进而否认智慧者身上存在智慧素质的可能性,即不将智慧视作个体的某种心理特性,而将智慧完全视作由情境决定的一种行为,这种研究样式似乎超出了心理学的范畴,更像是社会学、法学等学科的研究。其实,以往心理学遇到类似主题时,除行为主义心理学家外,一向是将这类主题作为人的某种心理属性来研究。例如,人的道德行为与智慧行为类似,同样受情境的影响较大,不过,道德心理学家甚至道德教育学家、伦理学家和哲学家都相信,在人的道德行为背后一定蕴含某种道德品质,人的道德行为绝不完全由情境决定。甚至,根据科尔伯格的道德认知理论,道德行为是道德判断(道德动机)与利他行为的有机统一。因此,若某种行为之前无善良动机,无论其结果是利他的还是损他的,均不在道德范畴之列,不能判定其是道德行为还是不道德行为,而只能算非道德行为(汪凤炎,燕良轼,郑红,2019, pp.201-202)。由此推论,鉴于智慧行为是良好道德品质与聪明才智的有机统一(汪凤炎,郑红,2015),若某种行为之前无善良动机,即便其结果非常成功,且让人觉得其行事方式非常聪明,仍不属智慧行为。例如,曼斯坦因(Erich von Manstein)提出绕过马其诺防线,让装甲部队经由卢森堡和比利时的阿登山区,出其不意地从北部入侵法国。此作战计划被希特勒采纳,并大获成功,但入侵法国的行为属侵略行为,即使构思巧妙,大获成功,也不属智慧行为,曼斯坦因也不属智慧者。而且,只将智慧视作个体在情境中展现的一种属性,完全否认智慧存在于个体自身,则智慧本身便不是个体的某种良好心理素质。这不但与人们"将智慧视作智慧者身上展现的某种良好心理素质"的常识相背,也不易解释,智慧仅是个体在情境中展现的一种属性的情况下,能展现此属性者具备的良好心理素质是什么。

(三) 将智慧视作人与情境互动中的一种属性

将智慧视作人与情境互动中的一种属性,这种观点可简称为"人与情境互动型智慧观"。人与情境互动型智慧观认为,智慧根本不存在于人或情境之中,而是存在于人与情境的互动之中。这种互动主义观点也可被视为"社会文化观",因为它考虑到了智慧产生的社会文化背景。斯腾伯格的智慧的平衡理论就持这种智慧观(Sternberg,2019a)。斯腾伯格的智慧的平衡理论有一个不断完善的过程(Sternberg,1998,2000,2001b,2003b,2004a,2019a;Ferrari & Potworowski,2008,pp.38-39;Ferrari & Weststrate,2013,pp.53-74)。早期,斯腾伯格(Sternberg,1998)认为,智慧是个体以价值观为指导,运用默会知识,通过平衡个体自身(intrapersonal)、人际(interpersonal)和个体外部(extrapersonal)三者及三者间的利益,借助平衡适应现有环境(adaptation to existing environment)、塑造现有环境(shaping of existing environment)和选择新环境(selection of new environment)三种对待环境的反应方式,追求公共利益(common good)的过程(如图 3-2 所示)。在 2019 年发表的一篇论文里,斯腾伯格认为,智慧蕴含在个体融入其积极伦理价值观,运用其知识和技能,在长期和短期之内,通过平衡个体自身利益、他人利益和重大利益,追求公共利益的过程之中(Sternberg,2019a)。在 2022 年出版的题为《智慧:智慧思想、智慧言语和智慧行为中的心理学》的著作里,斯腾伯格再次复述了此定义(Sternberg & Glück,2022,pp.1-2)。

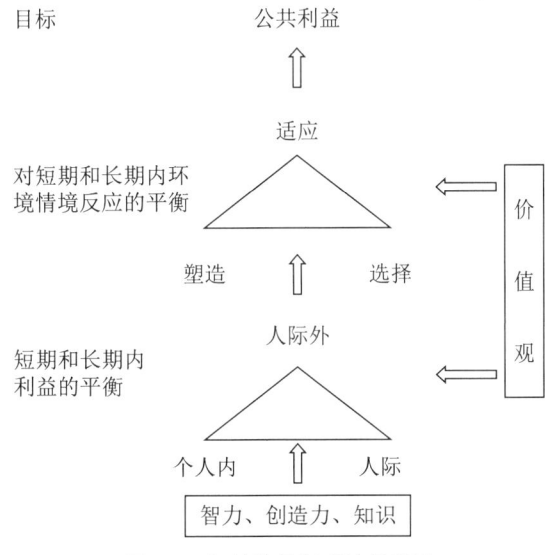

图 3-2 智慧的平衡理论示意图

(Sternberg et al.,2007)

另外,作为斯腾伯格指导的博士,杨世英也将智慧视作人与情境互动中的一种属性,认为智慧是经由思考上的整合,以及行动实践之后,于现实生活中发挥正面影响力而展现的一系列历程。它包含三个核心组成部分:整合、具体实践(embodiment)和正面效应

(positive effects)。日常生活中,智慧源于个体在思考上整合了多种体系的想法与价值观,进而形成能对人类美好生活有所增进的愿景,再经对愿景的具体实践,为个体本身和承受个体行为后果的周遭他人带来正面影响(Yang,2001,2008)。虽然智慧在日常生活中并不易见,但在逻辑层面,每个人都有可能在日常生活中展现智慧(杨世英,张钿富,杨振昇,2006)。杨世英又以宋代大儒范仲淹为例,再次将智慧定义为一个涉及认知整合(cognitive integration)、具体实践,对自身和他人产生积极影响的过程(Yang,2016)。

斯腾伯格对智慧的上述见解,其长处主要有八:(1)主张从人与情境互动的角度探讨智慧,而且充分认识到不同社会文化背景对智慧产生的影响,这无疑都是正确的。(2)明确强调智慧的首要特征是平衡(balance)。虽然皮亚杰明确用平衡来解释智慧,埃里克森在论智慧时所讲的"整合/完善(integrity)"一词之内实有平衡的思想,柏林智慧模式强调"协调"时实也蕴含平衡自我利益和他人利益,平衡认知、情感和道德等的关系的思想,等等,但是,斯腾伯格向前走得更远,明确强调智慧的首要特征是平衡,即在长期和短期之内,通过平衡个体自身利益、人际利益和个体外部利益,以追求公共利益的过程。而且,这种平衡的要义是,个体要知道根据具体情境采取恰当的行为方式(Sternberg,2004a),这既说明斯腾伯格所讲的平衡里实有人与情境相互"协调、和谐"的思想(陆谷孙,2007,pp.131-132),与儒家在《中庸》里所说的"君子而时中"的思想也相暗通。(3)在看到智慧与知识和技能之间密切联系的同时,指出智慧与知识的三个重要区别,从而消除将智慧等同于知识的隐患:一是未像柏林智慧模式那样将智慧定义的重点放在知识本身,而是强调人们如何运用拥有的知识(Sternberg,2004a)。二是知识本身并不能保证个体对它加以正确合理地使用。个体既可将知识用于善的目的,也可将知识用于恶的目的。一些臭名昭著者往往是高智商且受过良好教育的人,却将自己的聪明才智用来作恶,最终"聪明反被聪明误"。他们无疑是聪明的,有知识和才能,却不是智慧者(Sternberg,2004b)。智慧与知识、智力、创造力等概念的一个显著差异就是体现了价值观的调节作用,不可能在价值观之外来理解智慧,智慧者必然拥有正确的道德认知与道德判断。三是知识、能力并不能确保人们的主观幸福感,一些掌握丰富知识或拥有高超能力者虽有一般社会认知的成功与成就,但他们的生活并不一定很快乐。与此不同的是,智慧能有效地提高个体的主观幸福感(Sternberg,2004c)。(4)指出展现智慧的重要方式之一是妥善平衡个体针对环境的各种反应,这是对皮亚杰思想的继承,更是对其思想的发展。因为与皮亚杰不同的是,斯腾伯格既看到个体运用智慧适应环境和凭借本能适应环境的差异,也看到适应本身的价值中立性质,为避免产生不必要的混淆,其智慧定义巧妙运用三种方式来排除本能以及与善无关的适应的干扰:一是明确指出个体运用知识与技能来适应环境,而个体的知识与技能主要靠后天习得,不是与生俱来的。二是强调个体既要善于适应现存环境,也要善于选择新环境,必要时还要善于塑造现存环境,个体对环境作出的这些反应(尤其是后者)大多不依靠本能完成,而依靠后天不断学习。三是明确指出只有为追求绝大多数人的公共利益的适应才涉及智慧,换言之,智慧行为只能是个体超越自身利益、努力平衡多方利益进而实现为绝大多数人谋福祉的行为。凡是只考虑个人或小集团利益(扩而言之,只考虑本民族或本国利益)而要牺牲绝大多数人利益的行为,都不属智慧行为。(5)强调智慧既包含待人的智慧,也包含待己的智慧,相信智慧包含元认知成分,使得智慧者知自己之所知、不知与不可知(张卫东,2002),显得更加全面。美国心理学家加涅(Robert Mills Gagné)早就指出,智力技能(intellectual skill)指运用概念和规则对外办事的能力,实质上是一套关于"怎么做"的知识,即程序性知识,而不是陈述性知识。斯腾伯格将知识尤其是程序性知识视作智慧的核心,此见解与加涅的观点相通。加涅的智力技能观也有一个小缺陷,即内涵较小。加涅将人们运用概念和规则对内调控的程序性知识称作"认知策略"(cognitive strategy),并认为认知策略和智力技能是两个东西,这无形中缩小了智慧的内涵。事实上,根据中国人一贯主张的"知人者智,自知者明"的传统和教育心理学特别看重元认知的事实,加涅所讲的认知策略也是一种(待己的)智慧。与加涅不同,斯腾伯格借鉴了阿肯鲍姆和奥沃尔的思想。阿肯鲍姆和奥沃尔(Achenbaum & Orwoll,1991)认为,获得智慧的过程发生在个人、人际和超个人层面,它必须表现在情感、思想和行动上。在借鉴阿肯鲍姆和奥沃尔思想的基础上,斯腾伯格在定义智慧时,强调个体应用知识来平衡个体自身利益、他人利益和重大利益,在这之中显然既包含对待他人的智慧,也包含待己的智慧,显得更为合理。(6)既强调智慧内在的积极伦理道德属性,又明确指出这种积极伦理道德属性体现的主要是一种公德意识(为获取公共利益),而不是私德意识(为"独善其身",以便获取个人私利)。(7)明确区分智慧与其他相关概念之间的关系,使智慧自身的独特性一目了然。在斯腾伯格看来,实践智力、社交智力(social intelligence)、情绪智力(emotional intelligence)、人际智力与内省智力(interpersonal and intrapersonal intelligences)等概念虽与智慧有某种相关,但它们之间的区别也颇为明显:实践智力和社会智力都是中性概念,它们既可以助人为善,也可以助人为恶;而智慧是一个褒义词,它只在助人为善或为人们谋取公共利益而非仅谋取个人利益的事情中体现。情绪智力包含理解、判断和调节情绪的意蕴,这些技巧虽然也是构成智慧的重要组成部分,但是在理解、判断和调节情绪的过程中如何作出明智选择是情绪智力本身难以完成的,需要智慧的参与。人际智力仅指与人交往且能与人和睦相处的能力,内省智力仅指对自身内部世界的状态与能力具有极高敏感水平的能力(Gerrig & Zimbardo,2003,pp.270-271);而为了获取公共利益,智慧不但能平衡个人内部和人际利益,而且能平衡个人外部的利益。由此可见,智慧与智力之间有重要区别,二者不能相混(Sternberg,1998)。(8)对智慧的描述同时包含能力(个体如何运用其认知能力来表现智慧)和个体发挥的影响(整个历程还包含个体将其思维付诸实现的行动以及其后带来的影响),相信智慧蕴含于个体在现实生活中展现的一系列发挥正向影响力的历程,表明智慧中包含正义社会推崇的行动模式。这与人们对智慧的常识看法相吻合(杨世英,张钿富,杨振昇,2006;Sternberg,2019a)。

斯腾伯格的智慧观中，值得商榷之处主要有三：(1)若只将智慧视作人与情境互动中的一种属性，完全否认智慧存在于人自身，同样会遇到上文所讲的将智慧视作个体在情境中展现的一种属性所遇到的难题。具体而言，若智慧仅蕴含在追求公共利益的过程之中，那能够展现此过程的人具备的良好心理素质又叫什么？把智慧视作人与情境互动中的一种属性，而不是人的一种心理素质与相应的行为方式，这种完全否认智慧存在于人自身的观点既不利于培养智慧，也不利于测量智慧。看来，对智慧更加全面的看法是，智慧既是一种特殊心智过程，更是一种良好综合心理素质。作为特殊心智过程的智慧与作为良好综合心理素质的智慧（智慧一定是某种良好心理素质，但并非所有良好心理素质都是智慧）之间的关系是：有了后者，方能展现前者；有了前者，便可推出后者（汪凤炎，郑红，2015）。因此，研究智慧既要研究"什么是智慧"，也要研究"智慧如何展现"。因为真正的智慧一定在行动中展现出来，而且真正的智慧者会在其擅长的领域经常展现智慧的行动。因此，如果一个人被有些人认为是有智慧的，但终其一生从未在实际行动中展现过智慧，甚至遇到他人认为的他擅长的领域内的难题时，也从未给出智慧的化解方式，那么，此人实际上并未真正拥有智慧，只是让某些不善识人者产生了"他有智慧"的错觉而已。"什么是智慧"与"智慧如何展现"虽紧密相连，却是两个问题。研究智慧时，既不可用前一个问题取代后一个问题，也不可用后一个问题取代前一个问题。界定智慧时，则只研究前一个问题即可。(2)从下文关于人慧与物慧的视角看，个体为获取公共利益而善于平衡各种关系，这里面展现的智慧主要是人慧中的德慧。个体处理复杂的自然科学与技术问题时，没有团队的帮助，仅靠个人平衡各种关系可能无法解决，而必须展现一定的创造性。这或许是斯腾伯格过于重视价值观在智慧中扮演的重要角色的结果。但是，这有窄化智慧之嫌，因为其内基本缺乏物慧，也较少涉及人慧中的其他子类型。智慧不应仅局限于个体处理复杂人事问题时展现的创造性与善心，而要适当拓展智慧的范围，使之包含个体处理复杂人文社会问题和复杂自然科学与技术问题时展现的创造性与善心；同时，智慧是良好品德与聪明才智的合金，有其自身的边界或范围须予以保持，从而与单纯的善良、聪明或创造性相分开，不能无所不包。(3)斯腾伯格的智慧观是一种单一类型、单一水平的智慧观，而非多类型、多水平的智慧观，进而未明确提及真智慧与类智慧或大智慧与小智慧之间的联系和区别，无法很好地指导实际的智慧教育尤其是面向中小学生的智慧教育（汪凤炎，郑红，2010a，2014，pp.171-178）。

（四）将智慧视作一种实践或行动的属性

将智慧视作一种实践或行动的属性，这种观点可简称为"行动属性型智慧观"。行动属性型智慧观建立在情境属性型智慧观和人与情境互动型智慧观的基础上，认为既不需要太关注个体，也不需要太关注处于孤立状态或与人互动中的情境，而是应该关注个体或群体的行动（Sternberg, 2019a）。在当代智慧心理学界，将智慧视作一种实践的观点以埃里克森为代表，但它有一个悠久的传统，在西方，它至少可追溯至古希腊时期的实践智慧取向。由于人们至今都无法直接研究人的心理,而须借助人的行为间接推测,从这个意义上讲,在多数情况下,判断某个个体是否具备智慧素质、是不是智慧者与判断某种行为是不是智慧行为相比,后者显然容易得多。不过,智慧行为与智慧心理之间不能完全等同。根据当下心理学领域的通行做法,界定某个心理学概念时,首要的仍是从心理属性上对其进行界定,然后再适当考虑是否加入行为的要素,而不能像当年行为主义心理学那样,仅从行为层面界定心理学概念。况且,对于那些科学性自身已知的行为,是否智慧容易判断,而对于那些科学性未知的行为,受制于人的有限理性,则很难正确判断,易错将愚蠢行为视作智慧行为,或误将智慧行为视作愚蠢行为。

二、智慧定义的整合
(一) 智慧的通用模型

为了消除智慧定义上出现的这种混乱局面,2020年,格罗斯曼等人共同发表一篇题为《极化世界中的智慧科学:已知与未知》(*The Science of Wisdom in a Polarized World: Knowns and Unknowns*)的论文,提出智慧的通用模型(common wisdom model,CWM),试图在智慧的定义等方面取得共识。他们认为,智慧关注的主要是在社会认知过程中以道德为基础的优异表现,主张智慧的核心是基于道德愿景和特定社会文化背景与经验的视角的元认知。智慧让人们看清各类假象,避免自欺欺人,促进以生存为导向的合作和长期规划。基于上述认识,他们将影响智慧的因素分为三大方面:(1)视角的元认知(perspectival meta-cognition),包括平衡各方观点(balance of viewpoints)、智识谦虚(epistemic humility)①、环境适应性(context adaptability)和多元视角(multiple perspectives)四个方面;(2)环境(contexts)、文化(culture)和经验(experiences);(3)道德愿景(moral aspirations),如自身与他人利益的平衡、对真理的追求和人道主义取向、公共利益的实现。他们以一个状似猫头鹰的视觉图表示智慧的通用模型(如图3-3所示)(Grossmann, Weststrate, Ardelt et al.,2020)。

智慧的通用模型看似融会了众多研究智慧的专家的意见,但其核心思想仅较集中地反映了格罗斯曼个人对智慧的看法,无法成为智慧心理学领域真正的共识,也无法通用。正如阿尔德温等人在题为《只有一半的故事》的评论性短文中指出,智慧是一个包含多个成分的广泛构念。不仅古希腊人,有关智慧的跨文化研究大都确定了智慧的两种主要研究取向:一是实践智慧取向;二是索菲娅取向,即理论智慧取向。格罗斯曼等人的智慧的通用模型完全符合实践智慧的传统,也就是说,考虑实际的选择,或个体需要具备"美好生活"(good life)的素质(qualities)。格罗斯曼等人的智慧的通用模型最好的部分是强调道

---

① epistemic humility 也译作"认识论上的谦虚",指个体在认知方法论上持谦逊的态度,承认自己无知,进而在认知能力和知识经验方面表现出谦虚,认识到自身在看问题视角上的局限性,让自己以更开放的心态听取或搜集来自不同视角的信息。"智识"一词出自《韩非子·解老》中"故视强则目不明,听甚则耳不聪,思虑过度则智识乱"一语。

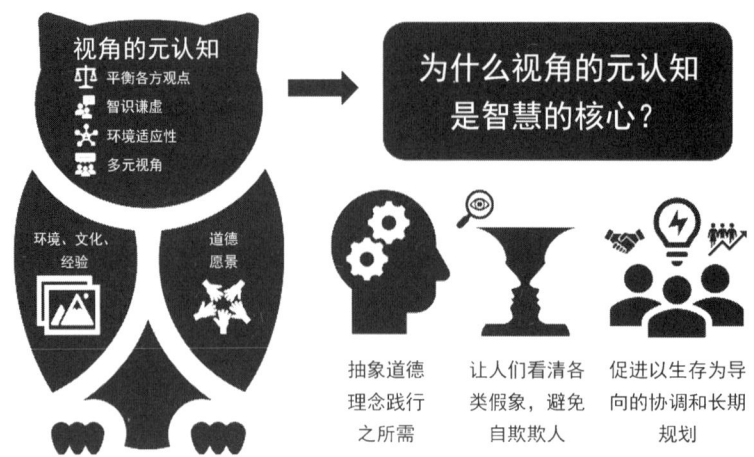

图 3-3 智慧的通用模型示意图

(Grossmann，Weststrate，Ardelt et al.，2020)

德，并承认智慧对社会的本质价值。不过，仅从实践知识的角度看问题，其弊病在于，狡诈的恶人可能也非常有知识，且在犯罪方面效率很高，但狡诈的恶人绝不是智慧的原型。正如斯腾伯格(Sternberg，2015)指出，不能将智慧简化为智力，因为智慧中包含道德发展和自我超越(Aldwin，Igarashi，& Levenson，2020)。

(二) 对智慧定义的再整合

心理学研究者之所以会在智慧定义上产生不同看法，除了智慧的内涵本身颇丰富，以及不同研究者各自的知识背景和兴趣爱好不同导致看问题的视角有差异，最主要的原因在于，对智慧的界定仍存在四个无法绕过的争论。

争论一 智慧是个体拥有的一种特质型属性 vs.智慧是一种情境属性

从认知结构主义和建构主义的视角看，凡将智慧视作个体具有的一种较稳定的专家知识系统、人格属性或多种心理因素的复合体，相信智慧具浓厚普遍性的观点，都属认知结构主义智慧观；凡强调智慧的情境性、互动性与开放性，将智慧视作个体与情境互动中的一种属性或一种行动的观点，都属建构主义智慧观。探讨智慧的内涵时之所以会产生争论，一个重要原因是不同学者之间存在认知结构主义与建构主义之争(汪凤炎，2022)。有的学者从认知结构主义的观点出发，过分强调从个体自身探讨智慧，侧重从静态视角界定智慧，将智慧视作个体一种较稳定的素质或人格属性(Ardelt，Pridgen，& Nutter-Pridgen，2019)。有的学者则受建构主义的影响，过分强调从情境角度探讨智慧，侧重从动态角度界定智慧，主张智慧不是静态地存在于个体，而是动态地存在于人际关系或人与环境的关系，将智慧视作一种不稳定的状态(Grossmann，Kung，& Santos，2019)。认知结构主义和建构主义都有其合理的一面，但凡事过犹不及，谈认知结构主义和建构主义都不能过度。智慧既有静态的一面，也有动态的一面。智慧作为一种心理素质时，既有静态的一面，也处于动态发展之中；而将此种智慧素质用于解决难题从而作为一种问题解决能力时,它主要体现动态的一面,且与所处的情境关系密切。

争论二　智慧是一种内在的心理属性 vs.智慧是一种外在的行为

有的研究者将智慧视作一种内在的心理属性,也有研究者将智慧视作一种外在的行为。这两种看法都有一定的道理,但也都有一些不足。将智慧视作一种内在的心理属性,其优点在于符合当下主流心理学的趋势,但心理是无形的,一旦将智慧视作一种内在的心理属性,就会像内科医生那样,即便借助相关仪器设备,仍无法进行直接研究,只能作出推测,因此,极易误判,如将大智若愚者视作蠢人,将拥有小聪明者视作智者。这进而易引起另一个争论,即智慧素质是否稳定。将智慧视作一种行为,其优点是便于直接研究,因为行为是外在的,而且实际发生过的行为就像烙印一样稳定。不过,一旦将智慧视作一种行为,就容易像外科医生一样只关注个体外在行为的智慧与否,而不关注个体的内在。而且,行为结束后虽像烙印一样稳定,但其效果的积极与否以及效用的长短,则易随人们认识的深入而发生变化,需经历时间的考验。在此之前,一种行为到底是否智慧,极易引起人们的争论:为何有些行为先前被视作是智慧的,后来却发现是愚蠢的? 为何有些行为先前被视作是愚蠢的,但随着时间的推移,人们越来越意识到它是非常智慧的?

既然二者各有优劣,合理的做法便是兼顾二者。同时,上述困惑涉及智慧的时效性问题,要破解这种困惑,就要区分短期智慧行为和长期智慧行为。短期智慧行为指在短期内属于智慧的行为。从长期看,短期智慧行为既可能仍是智慧行为,也可能变成愚蠢行为。长期智慧行为指从长期看或经时间考验后发现属于智慧的行为。但从短期看,长期智慧行为既可能是智慧行为,也可能是愚蠢行为。由于智慧中的德与才最终须体现在为绝大多数人谋福祉上,而是否真为绝大多数人谋求到福祉需要时间的检验。这使得有些行为在当时情境中看是智慧的,但从长远眼光看是愚蠢的,如杀鸡取卵;有些行为在当时情境中看是愚蠢的,但从长远眼光看是智慧的,如愚公移山。因此,在评价智慧、智慧行为或智慧者时,不能过于强调"从当时情境看,适时有效的行动是智慧的标志"这一标准,还须强调"时效性"这个标准。例如,孔子在乱世中坚持自己的理念,"笃信好学,守死善道"(杨伯峻,1980,p.82),在当时虽不合时宜,从长远眼光看却是最智慧的。《新五代史》卷五十四《杂传第四十二·冯道》记载,冯道八面玲珑,一生"事四姓十君",堪称五代十国时期的"不倒翁丞相",在当时得到人们的广泛赞誉,但到欧阳修编撰《新五代史》时,评价冯道"无廉耻"(欧阳修,1999,p.402),今天已很少有人知其名。而且,虽然个体都希望做出长期智慧行为,但由于个体只拥有有限理性,有时做出在短期内看属智慧行为而从长远看属愚蠢行为的举动也在所难免。不过,人类应守住一条底线:绝不可为一己私利做损害绝大多数人福祉的愚蠢行为。

争论三　智慧是一个纯粹的认知概念 vs.智慧是一个融良好道德品质与聪明才智于一体的褒义概念

有的学者侧重从认知概念的角度界定智慧,将智慧视作一个中性概念。有的学者侧重从融良好道德品质与聪明才智于一体的角度界定智慧,将智慧视作一个褒义概念(汪凤炎,2022)。尽管各种智慧观的表述方式各不相同,却仍存在几点共识:一方面,大多数智慧定义都认可克莱顿和拜伦提出的"智慧中包含认知、推理和情感三个成分"这一观点(Clayton & Birren, 1980),仅重点相对有差异(Aldwin, 2009);另一方面,大多数智慧定义都相信智慧非中立(Nayak, 2016),须关注人类的福祉,旨在产生支持人类生活和人类共享的生物生态系统的行为,实均异曲同工地主张智慧是良好品德与聪明才智的有机统一。既然"德才一体方是智慧",科学的智慧定义就宜从德与才相结合的角度进行界定。

争论四　智慧存在超越性 vs.智慧不存在超越性

智慧与自我超越的关系上的争论主要在两种观点之间。一种观点认为,自我超越与智慧属不同的心理建构,前者是智慧的心理基础或影响因素,能正向预测智慧人格和促进生活中的智慧表现(Grossmann et al., 2017; Keltner & Piff, 2020)。另一种观点主张,自我超越是智慧的一个子成分,甚至可能是智慧的核心成分(Achenbaum & Orwell, 1991; Wink & Helson, 1997)。持前一种观点的研究者相信,并非所有类型的智慧均具有超越性,超越性仅存在于部分智慧类型中;持后一种观点的研究者则认为所有类型的智慧均具有超越性。汪凤炎认为,面对涉及个人智慧的难题时,摆脱自我中心的自我超越是成就智慧的必要条件。此时的关键在于及时自我超越,而非是否有足够的聪明才智与善心。面对涉及一般智慧的难题时,因"事不关己",个体不易产生自我中心。此时,聪明才智和善心水平是关键,而非自我超越水平。这里涉及一个关键问题,即是否所有的善均须基于自我超越?若认为确是如此,则所有智慧均包含善,那么,自我超越相应只是在个人智慧与一般智慧中具有不同的重要性程度,并不否认自我超越在成就智慧中的重要性;若认为并非如此,那么,自我超越仅是成就个人智慧的必要条件,对于成就一般智慧则可能只是一个中介变量或调节变量。这一争论在理论上均可得到论证,谁是谁非还须借助扎实的实证研究予以澄清。

为解决智慧定义里存在的上述诸争论,在借鉴已有多种智慧定义精髓的基础上,汪凤炎不断优化智慧定义,以智慧的素质与情境交互作用模型为基础,主张智慧是一个多面体,宜从行为、心理素质与个体或群体三个角度对智慧进行界定(吴楠,2018):

  从行为层面看,智慧是智慧行为的简称,智慧行为指创造性地解决一个难题,并且其行为结果是利他的,而此利他结果被证明是有善良动机的。

  从心理素质的角度看,智慧指个体在其智力与知识的基础上,经由经验与练习习得的一种德才一体的综合心理素质。个体一旦拥有这种综合心理素质,就能睿智、豁达地看待人生与展现人生,洞察生活中形形色色的人与事;当身处某种紧急且复杂问题情境时,既能让个体及时生出善良动机,又能让个体及时运用其聪明才智去正确认知和理解所面临的复杂问题,进而采用正确、新颖(常常能给人灵活与巧妙的印象)且最好能合乎伦理道德规范的手段或方法高效率地解决问题,并保证其行动结果不但

不会损害他人和社会的正当权益,还能长久地增进他人和社会或自己、他人和社会的福祉。(汪凤炎,傅绪荣,2017)

从个体或群体角度看,智慧指具备智慧素质的个体或群体。也就是说,如果一个个体或群体能在一个或多个擅长的领域做出一个让人公认的智慧行为或多件智慧行为,并且此个体或群体在此之前或之后没有做出将此智慧行为完全消解的愚蠢行为,那么此个体或群体易被人视作智者或有智慧的群体。(汪凤炎,2022;Zhang et al.,2022)稍加比较可知:(1)在智慧定义中将智慧行为、智慧素质和智慧者作区分,既包括作为个体自身属性的智慧,也包括作为行动的智慧,智慧便既可是素质,也可是具体行为,还可是智慧者智慧,智慧研究进而既可在实验室情境中进行,也可在日常生活情境中进行。(2)行为层面的智慧定义整合将智慧视作一种实践或行动的属性,既将个体所处情境纳入考量,也关注个体与情境的互动,并凸显善良动机、善良结果和创造性的重要性,从而将智慧行为与单纯的道德行为和利他行为区分开,排除运气这一无关因素造成的假智慧行为。(3)心理素质层面的智慧定义整合主张个体只有同时具备聪明才智、善,以及将德与才结合在一起思考问题和解决问题的习惯与能力,才可能拥有智慧,三个条件缺一不可。这种定义既清晰表明智慧的本质是德才一体,也将智慧与智力(能力、思维方式等)、美德进行区分。(4)强调道德品质的重要性与积极价值观的激励作用,主张智慧应追求公共利益,注意长短期利益与多方利益的平衡,体现智慧的超越性,而且该超越性不止停留在自我超越层面(Aldwin,2020)。同时,智慧有超越性的一面,但这种超越性与宗教的超越性并不完全相同,而是比后者更宽泛,既包括宗教的超越性,也包括世俗社会的超越性。

在有关智慧的上述三种定义里,最关键的定义是从心理素质的角度界定智慧。因此,为进一步探讨智慧的内涵,以图 3-4 表示作为素质的智慧。

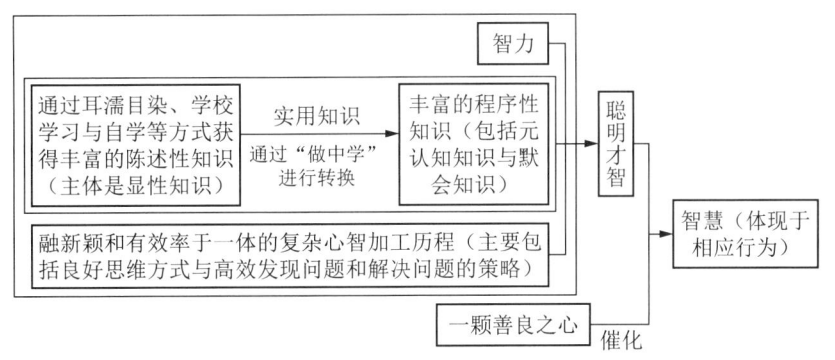

图 3-4 作为素质的智慧的内涵示意图
(汪凤炎,郑红,2014,p.189)

如上图所示,若以公式表示作为素质的智慧,则为:

$$W = f(V \times S)$$

其中,"W"为英文"wisdom"的首字母,意指智慧;"f"为"function"的首字母,意指函数关系;"V"是"virtue"的首字母,意指个体身上的美德或一颗善良之心;"S"是"smartness"的首字母,意指聪明才智,尤其指聪明才智中的创造性或创造力(creativity);"×"表示"乘"的关系(汪凤炎,郑红,2015a)。这意味着,只要个体在美德或聪明才智上有一项得分是零,个体的智慧得分就是零。一旦个体在智慧上得分为零,就表明个体无智慧可言。这既清晰地表明智慧的本质是德才一体,也将智慧与聪明才智、美德区分开。

由智慧公式可知,评判个体或群体的某种心理与行为是否属于智慧的三个关键词或标准分别是:聪明才智、善,以及将德与才结合在一起思考问题和解决问题的习惯与能力。其中,衡量个体的聪明才智时要综合考虑个体的年龄、性别、受教育水平、个体扮演的角色、个体的创造性大小、个体创造性地解决问题时耗费时间的长短、是着眼于整体还是局部、是着眼于长期还是短期,以及是否把占人家便宜或奸巧看成聪明等多种因素后才能作较准确评定:(1)一般而言,在同等条件下,个体言行中展现的创造性越大,在聪明才智度上越易获得更高评价。(2)从整体与局部的角度看,若整体与局部的正当权益可兼得,就尽量兼顾整体与局部的正当权益;若整体与局部的正当权益发生矛盾,就优先考虑整体的正当权益,并尽量不损害或尽可能少地损害局部的正当权益。如果这样做,个体就易在聪明才智度上获得较高评价,反之亦然。(3)从长期与短期的角度看,若长期利益与短期利益可兼得,就尽量兼顾长期利益与短期利益;若长期利益与短期利益发生矛盾,就优先考虑长期利益,并尽量不损害或尽可能少地损害短期利益。如果这样做,个体就易在聪明才智度上获得较高评价,反之亦然。(4)同一件事或包含类似创造性水平的两件事,如果年龄较小的儿童做了能获得"聪明"的好评,那么成人做了则不一定能获得如此好评;如果受教育水平较低的人做了能获得"聪明"的好评,那么受教育水平较高的人做了一般不易获得如此好评;如果一个扮演小角色的人做了能获得"聪明"的好评,那么扮演大角色的人做了一般不易获得如此好评。(5)万不可将占人家便宜或奸巧看成聪明。因为此类小聪明不但极易让自己犯缺德式愚蠢的错误,还易破坏社会的诚信体系,最终让大家都生活在彼此猜忌、防范、围堵、监督的不良社会环境中,不但降低了生产力,而且也让大家彼此工作被动,心情不愉快。与此相反,当彼此信任度越高,管理就越少,彼此方便,成本自然下降,工作也越愉快(庄佩璋,2015)。同理,衡量个体的善良品质,以及将德与才结合在一起思考问题和解决问题的习惯与能力时,也要综合考虑个体的年龄、角色、行为动机、行事手段、行为结果,以及时代背景、实际情境等多种因素后才能作较准确评定。

一个智商在70以下的人是不可能拥有智慧的,更别奢谈拥有高水平的智慧,因为弱智者不但缺少良好的思维方式,也无法高效习得知识与良好品德。一个人即使拥有正常乃至超常的智商与一颗善良之心,若没有足够的实用知识与良好的思维方式,其智商和善良的效用往往也会大打折扣。生活里一些心地善良、智力正常的普通民众,之所以一般至多拥有小智慧而没有高水平的智慧,重要原因之一就是没有受过良好教育,尤其是良好的高等教育和社会教育,从而未拥有足够的实用知识和良好思维方式。同时,个体拥有的聪明才智若没有良心的指引,就不能保证其行进在为大众谋福祉的正确方向上,也不能保证其行动的结果能增进大众的福祉,故易"聪明反被聪明误",或沦作为虎作伥的工具。像中国历史上的吴起与李斯之徒,虽才高八斗,却将品德视作毫无用处的东西,不注重修德,只知道运用自己的聪明才智去一味地追求所谓的事功,结果前者虽成长为一代名将,后者也曾贵为秦国的宰相,但两人均未得善终,两人的人品也为后世有良知者所不齿。可见,真正智慧的人,关键之处不在于他能解决问题,而在于他总能正确地做事情。这里的"正确"不仅包含做事情的方式方法合乎客观规律而能将事情妥善解决之义,更含有善的含义,即问题解决后,其结果不但不会损害他人的正当权益,还能长久地增进他人或自己与他人的福祉。仅一味强调将事情处理好,为此不惜损害或牺牲他人尤其是绝大多数他人正当利益或福祉的做法,绝不是智慧的做法,也不值得提倡。因此,《孝经·圣治章》说得好:"子曰:……不在于善,而皆在于凶德,虽得之,君子不贵也。"(胡平生,1996,p.20)谭嗣同在《仁学界说》中也说:"智慧生于仁。"(谭嗣同,1958,p.4)

与此同时,为避免不必要的争论,更为看清智慧的本质,汪凤炎建构出智慧的素质与情境交互作用模型,如图 3-5 所示。该模型认为,个体的智慧水平由其拥有的智慧素质(包括相应的知识、技能、良好思维方式与良好道德品质等)和所处情境的优劣两个内外因素共同决定;除极少数具卓越智慧的个体或群体能通过塑造环境以展现卓越智慧外,绝大多数个体或群体均只能适应环境,至多只能选择环境。因此,对绝大多数个体或群体而言,只有已具备某种智慧素质,而且所处情境有利于激发个体或群体做出智慧决策并有利于其智慧素质的展现,才能在该情境中展现智慧,任一条件的缺失都将导致智慧无法适时展现。与此相应,同一情境中,个体或群体能否及时展现智慧行为,取决于是否已具备智慧素质,以及智慧素质的类型与水平;同一个体或群体智慧行为的展现,亦取决于情境有利于展现智慧行为与否。

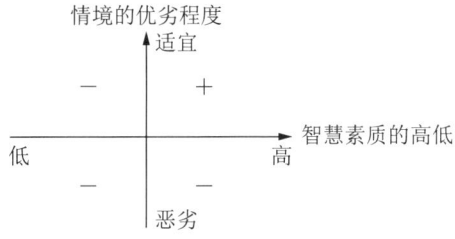

图 3-5 智慧的素质与情境交互作用模型示意图

如图 3-5 所示,以 X 轴代表智慧素质的高低,以 Y 轴代表情境的优劣程度,可区分出四个象限。个体或群体处于第二象限和第三象限时,均无法适时展现智慧;处于第四象限时,若个体或群体的智慧水平有限或固守善道而不知变通,也无法适时展现智慧,此时,只有智慧水平卓越者才能适时展现卓越智慧。这意味着,个体或群体无法适时展现智慧的情况通常有三种:(1)情境适宜展现智慧,但个体或群体自身缺少智慧素质。(2)个体或群体拥有高智慧素质,但情境不利于展现智慧且个体固守善道而不知变通。(3)情境不利于展现智慧,个体或群体也无智慧素质。只有当个体或群体处于第一象限,即既有高智慧素质,又身处适宜智慧展现的情境中时,个体或群体才能适时展现自己的智慧。但同时满足这两个条件的概率极低,因此,现实生活中真正有智慧者极少。何谓"素质"? 2019年版《辞海》中,"素质"一词的含义有四:①白色的质地。②本质。③素养,如政治素质、思想素质。④在心理学上,指人的先天的解剖生理特点,主要是感觉器官和神经系统方面的特点,是人的心理发展的生理条件,但不能决定人的心理内容和发展水平。某些素质的缺陷可通过实践和学习获得不同程度的补偿(陈至立,2019,p.4167)。根据这一解释,本书在使用"素质"一词时,若无特别说明,均指"素养"。在此意义上,素质的范围较大,可分为相当稳定、具泛情境性属性的特质型素质,相当不稳定、具情境性的波动型素质,有一定稳定性、具情境性的状态型素质。何谓"情境"? 这里讲的情境指影响个体和群体展现智慧的外在环境因素。借鉴许烺光(Hsu,2005)的心理社会均衡理论(psycho-social homeostasis,PSH)与格罗斯曼和孔(Grossmann & Kung,2019)的观点,影响个体或群体展现智慧的情境因素主要包括三个相互影响的组成部分,即宏观环境(包括流行于当地的文化、当地实行的政治制度、当地的科技与经济发展水平等)、中观环境(包括有用的社会与文化和个人的社会与文化)和微观环境(包括顶头上司的素质与管理风格、个体所处的社会地位、难题涉及的专业属性及其难度等)。它们构成相互嵌套的关系,共同组成影响个体和群体展现智慧的整体环境。其中,有用的社会与文化(available society and culture)以角色关系为特征,这一层中的人、观念和事物是个体认为有用的,如教师必须有学生,商人必须有客户,雇主必须有雇员,统治者必须有臣民,棋手必须至少有一位对手。这些相互关系中的每一种都至少有两个角色扮演者。扮演角色并不要求亲密或情感,有时角色担任者的相互沟通有限以致沟通危机增加。这一层的文化规范和人工制品是个体对其没有强烈的甚至没有任何感情依恋的东西,如交通规则、测验和考试等。当然,同一人、观念或物品对不同个体而言也属个人的社会与文化这一层。个人的社会与文化(personal society and culture)是每个人对其有强烈依恋感的外部世界的一部分,其他文化中的个体常常会对其感到不合理。它包括与个体有亲密关系的人、文化习俗和相关的人工制品等。这里的亲密意指这样一种关系,即处于其中的个体能解除心理戒备并不怕遭到拒绝,能相互倾诉苦衷,可期望得到对方的安慰、同情和支持而不必报答。亲密关系具有言语交流、感情支持和相互接受三个基本要素(许烺光,2005)。判定情境优劣度的标准主要有二:一是从专业属性上讲,属自己擅长的(专业)情境就是适宜展现智慧的优越情境,否则属恶劣情境。二是从压力水平或动机强度上讲,凡能激发个体和群体展现智慧的情境,均属适宜的情境;

反之,凡是压制个体或群体追求智慧的情境或严重阻碍个体或群体展现智慧的情境,均属恶劣情境。尽管有研究表明,适度的恶劣环境有助于个体生成智慧(Weststrate & Glück, 2017b),东西方哲人也认为,智慧来自苦难,如《孟子·告子下》中"天将降大任于是人也,必先苦其心志,劳其筋骨,饿其体肤,空乏其身,行拂乱其所为,所以动心忍性,曾益其所不能",但是,从有助于个体和群体生成或展现智慧的角度看,这种环境的恶劣性存在一个"度",过则不及。而且,这个"度"具一定个体差异和群体差异。只有同时满足上述两个标准的情境才是适宜智慧生成与展现的情境。由此可见,情境优劣度既有一定的文化普适性,也有一定的文化相对性(包括一定的时代性),还有一定的个体差异。有利于展现智慧的优越情境需既在个体或群体擅长的领域内,又让个体或群体感到被支持。同时,由于个体专业属性并非固定不变,因而情境优劣度既有一定稳定性,也有一定可变性。例如,就专业属性而言,个体精通某一专业后,此专业对于此个体便一直属有利于其展现智慧的优越情境,直至此个体在此专业上变得生疏;反之,个体未掌握某专业前,该专业对个体而言便一直属不利于其展现智慧的恶劣情境,直至个体掌握此专业。稍加比较可知,智慧的素质与情境交互作用模型和上文所讲的斯腾伯格的人与情境互动型智慧观的相同之处在于,二者都认为个体的智慧受个体自身和情境因素的双重影响。二者的不同之处是,智慧的素质与情境交互作用模型主张人的智慧素质存在于人身上,而它能否在行动中展现出来取决于人和情境的双重变量;人与情境互动型智慧观主张人的智慧根本不存在于人或情境之中,而是存在于人与情境的互动之中。以智慧的素质与情境交互作用模型为理论基础,研究智慧时就能妥善回答五个难题。其中,"为什么有些智慧者是人们心中公认的饱学之士,但有些看似没读什么书、没有多少知识的人也能展现智慧行为?"留待下文"智慧与知识"部分探讨,此处只论余下四个难题。

第一,为什么有些人在此情境中能表现智慧行为,在彼情境中却不能表现智慧行为?这是智慧与情境的关系问题。人类的智慧均具有情境性,这至少体现在两个方面:一方面,人类的智慧均具有专业性。个体虽能在其擅长的一个或几个领域展现智慧行为,却不可能拥有泛情境性的智慧。个体一旦跨界,进入到自己不擅长的领域,就无法展现智慧行为。另一方面,人类的智慧还受时代背景、管理制度、领导风格等的影响。

第二,为什么有些人仅偶尔甚至终生仅做出一次智慧的举动?这是智慧、智慧行为与智慧者的关系问题。回答这一疑问,首先须区分智慧、智慧者与智慧行为或行动。智慧是一种心理现象。智慧行为或行动是展现智慧的行为。智慧者则是公认的有智慧的人。"愚者千虑,偶有一得"之类的说法告诉人们,即便是一个愚者,因"灵光一闪"或运气等原因,偶尔也会做出一两次智慧行为或行动。但若个体做出智慧行为或行动的频次极低,从效果上看,其智慧行为或行动中惠及人数极少,而从获益时间上看,人们从其智慧行为或行动中获益的时间极短,那么,他就不能算是一个智慧者,也不表明他拥有智慧素质。与此相反,若个体在某件事关绝大多数人存亡的困难前做出智慧的抉择或行动,并且其结果能长久增进绝大多数人的福祉,那么,哪怕此人之后一生再未展现智慧行为,只要他未有完全消解其智慧行为的愚蠢行为,仍会被人视作有智慧。

第三,为什么有些人先前表现平平甚至有愚蠢之嫌,却在后来的人生中给人有智慧的印象?有些人则正好相反,先前给人有智慧的印象,最终却因做了大蠢事导致一生英名毁于一旦?这是有关智慧的早熟与晚慧,以及何时才能盖棺定论的问题。个体的智慧不是天生的,而是后天习得的。因种种机缘巧合,有些人展现智慧的时间早一些,有些人展现智慧的时间晚一些。一个先前表现平平甚至有愚蠢之嫌的人若肯沉下心来涵养智慧,最终有可能成为一个真正的智慧者,更何况,有些人本就拥有智慧,只是平时露拙藏巧,表现得大智若愚罢了。与此同时,智慧的本质是德才一体。德与才中,若说才具有一定的稳定性和文化普适性,那么,对绝大多数人而言,其优秀的道德品质往往未达到特质的层次,具有不稳定性,且具有明显的文化相对性。而且,人类的智慧都仅是特定领域的智慧,个体若不谦虚,莽撞行事,就易做出愚蠢举动。正由于此,一些先前有智慧的人因品行修养不够,无法善始善终,最终沦落为一个真正的愚蠢者。另一些人则仅有小聪明,平日伪装得好,"大奸似忠,大诈似信",给人以有智慧的印象,但伪装的智慧迟早会暴露。

第四,为什么有些人一生并未做什么轰轰烈烈的大事,却仍让人觉得他有智慧?有些人平时虽给人有智慧的印象,却一遇到需要解决的大事就犯愚蠢?这是智慧的水平与类型和运气的关系问题。从智慧的水平和运气角度看,有些只拥有中低水平智慧的人很幸运,一生未遇到需要其解决的大难题,此时,只要能将生活中的琐碎事务处理妥当,就能让周围人觉得他有智慧。有些只拥有中低水平智慧的人的命运是先好后差,即起初处理日常生活中常见的难度不大的难题时能得心应手,从而给人有智慧的印象,待遇到难度超出其能力范围的大事,自然易犯愚蠢。从智慧的类型角度看,智慧有多种类型,不同类型的智慧内还有量的差异,因此,能保证自己和身边人幸福生活者自然易被人视作有智慧。不过,让人幸福生活的智慧往往是人慧,而且通常至多只需中等水平的人慧,个体解决大事时所需的智慧往往是物慧或高水平人慧,一旦缺乏,自然就易犯愚蠢。

第二节　智慧与相关概念的辨析

一、智慧与常见相关概念

要准确把握智慧的内涵,除须澄清智慧与智力、思维方式的关系外,还须对一些相关概念作辨析。

(一) 智慧与聪明、才智或智谋

常见的重要中文工具书在对智慧进行释义时,除指佛教所讲的"般若"外,在世俗意

上多主张智慧指"聪明""才智"。例如,据《辞源》解释,"智慧"一词的含义有二:①聪明、才智。《荀子·正论》说:"天子者……道德纯备,智惠甚明。"②佛教指破除迷惑证实真理的识力。梵语"般若"的意译,有"彻悟"意。《大智度论》四三说:"般若者,一切诸智慧中最为第一,无上无比无等,更无胜者,穷尽到边。"注:"般若,秦言智慧。"(商务印书馆编辑部,1983,p.1443)2019 年版《辞海》对"智慧"的解释:①对事物能认识、辨析、判断处理和发明创造的能力。或曰思维能力。如智慧过人。②犹言才智,智谋。《孟子·公孙丑上》说:"虽有智慧,不如乘势。"③见"般若"(陈至立,2019,p.5691)。"般若"是梵语"Prajnā"的音译,亦译"波若","智慧"之意。佛教用以指如实了解一切事物的智慧。佛教认为,般若智慧非世俗人所能获得,是一种超越世俗认识的特殊认识,通过般若可到达涅槃彼岸,为成佛所必需。为表示它和一般智慧不同,故用音译。大乘佛教称之为"诸佛之母"(陈至立,2019,p.336)。商务印书馆 2011 年出版的第 11 版《新华字典》(p.652)对"智慧"的解释是:"对事物能迅速、灵活、正确地理解和解决的能力。"稍加分析可知,若将"般若"的含义搁置一边(因为它是佛教用语),《辞源》《辞海》《汉语大词典》《现代汉语词典》和《新华字典》对智慧的释义大同小异,均指"聪明""才智",其中"对事物能认识、辨析、判断处理和发明创造的能力",或"对事物能迅速、灵活、正确地理解和解决的能力",实只是对"聪明""才智"作进一步展开阐述的结果,而且,后一种表述与《韦氏大词典》(*Webster's New World College Dictionary*,p.1533)对"智慧"的看法几乎如出一辙:"智慧是个体以知识、经验、理解力等为基础,正确判断并采取最佳行动的能力。"可见,若按《辞源》《辞海》《汉语大词典》《现代汉语词典》《新华字典》《韦氏大词典》的解释,除"般若"含义外,"智慧"一词实指"聪明""才智"。正由于上述权威工具书多将"聪明""才智"视作智慧,《辞海》更是直接用"智谋"来诠释智慧。于是,有人说:

> 东方的智慧标准是计谋权术,西方的智慧标准是发明创造。按照东方的智慧标准,牛顿、爱迪生、爱因斯坦不过几个书呆子而已。牛顿遇到诸葛亮,肯定被诸葛亮玩得像如来佛手心里的软糖一样,谁敢在诸葛亮面前谈天才。而按西方的智慧标准,诸葛亮不过是一个擅长计谋的政治人物而已,连一个高等数学方程式都解答不了,谁敢在牛顿面前谈智慧。美国前国务卿基辛格之类擅长计谋的政治老腕,不会被列入西洋天才人物的行列。(田婴,2003)

这种看法恰当吗?如果聪明、才智、智谋是智慧的同义语,能说希特勒之徒有智慧吗?其实,对智慧有洞见的人都承认一个事实:智慧是德才一体的,因此智慧是一个褒义词,而聪明、才智、智谋均是中性词。可以用聪明、才智、智谋之类的中性词描述希特勒之徒,却不可以用智慧来描述希特勒之徒,因为希特勒的所作所为中缺乏善。同时,若聪明、才智、智谋是智慧的同义语,那为什么有"聪明反被聪明误"的说法,却几乎从未听过"智慧反被智慧误"的说法?这是因为,愚蠢有少智式愚蠢和缺德式愚蠢两种,聪明人虽然不会轻易犯少智式愚蠢,但如果其聪明才智没有良好品德的引导,便易犯下缺德式愚蠢,希特勒之徒最终犯下的都是缺德式愚蠢(详见第十六章)。可见,聪明、才智、智谋不是智慧的同义语。而且,《辞源》和《辞海》之所以将智慧作"聪明""才智"解释,是因为它们缺少一个科学的智慧观去观照古人的智慧。若用智慧的德才一体理论去观照古人的智慧,就会发现一个事实:在中国古籍里,智慧的含义虽有时指"聪明""才智",但也常常从"德才一体方是智慧"的角度论智慧(汪凤炎,郑红,2015)。

(二) 智慧与情绪智力、社交智力

1. 智慧与情绪智力

情绪智力(emotional intelligence)由美国心理学家梅耶(John D. Mayer)和萨洛维(Peter Salovey)于 1990 年正式提出(Mayer, Dipaolo, & Salovey, 1990),随后受到人们的广泛重视。1995 年,美国心理学家戈尔曼(D. Goleman)在《情绪智力》(*Emotional Intelligence: Why It Can Matter more than IQ*)一书中提出情绪智商(emotional quotient, EQ)的理论,论述情绪智力的内涵、生理机制、对成功的影响,以及情绪智力的培养等问题,初步形成情绪智力的基本观点和理论体系。戈尔曼将情绪智力界定为五个方面:(1)自我认知能力,指个体觉察并了解自己的感受、情绪和本能冲动的能力及其对他人的影响;(2)自我调控能力,指自动调节控制冲动和心情,以及谨慎判断、三思而后行的能力;(3)自我激励能力,指不断激励自己努力的能力;(4)认知他人情绪并产生同感的能力,指有同情心或了解他人情绪结构的能力及适当响应他人情绪反应的能力;(5)社会与人际关系处理能力,指显示个体管理人际关系和建立人际网络的能力,也包含寻找共同点与建立亲善关系的能力(Goleman, 1995)。后来梅耶和萨洛维等人将情绪智力定义为四个主要成分(Mayer & Salovey, 1997; Mayer et al., 2001):(1)准确适当地知觉、评价和表达情感的能力;(2)运用情感以促进思考的能力;(3)理解和分析情感,有效地运用情感知识的能力;(4)调节情绪以促进情感和智力发展的能力。综上所论,情绪智力指个体准确知觉、评价与表达情绪的能力,理解情绪及情绪知识的能力,调节情绪以使情绪与智力更好地发展的能力。与智慧的定义稍加比较可知,情绪智力不等同于智慧,因为情绪智力与智力一样都是中性的(Sternberg, 1998)。情商高的人若没有良好品德的引导,为实现一己私利,往往极善伪装,在他人面前展现自己时能做到喜怒不形于色,与人交往时则善于察言观色,投人所好,从而在一定时间、一定范围内骗得对方的赏识、认可或支持。例如,北宋宰相蔡京曾得到宋徽宗、王安石和司马光的赏识,居相位 17 年之久,而且写得一手好字,曾与苏轼、米芾、黄庭坚并列"宋四家",最终却因小聪明吞噬了大智慧,成为中国历史上臭名昭著的奸相,"宋四家"也改指苏轼、米芾、黄庭坚和蔡襄。

2. 智慧与社交智力

社交智力(social intelligence),也译作"社会智力",由桑代克(Edward Lee Thorndike)提出,指理解和管理他人的能力,即在人际关系中明智地行事(Thorndike, 1920)。之后,桑代克又将社交智力的定义简化为理解和管理他人的能力(Thorndike

& Stein，1937）。其后，一些学者对它作了稍有差别的界定：亨特（Hunt，1928）认为，社交智力指与人相处的能力。沃克和福利（Walker & Foley，1973）认为，社交智力指理解他人并在社交情境中智慧行动的能力。基廷（Keating，1978）认为，社交智力指在社交技能测验中表现良好的能力。巴尔内斯和斯腾伯格（Barnes & Sternberg，1989）认为，社交智力包括准确理解社交信息的能力。最近的研究则直接将社交智力定义为社交、人际领域的智力（Osterhaus et al.，2020；Job et al.，2021）。西尔韦拉（Silvera，2001）总结认为，现有社交智力定义主要有认知、行为和心理测量学三种取向。他们将社交智力视为一种多层面的构念，编制特罗姆瑟社会智力量表（Tromsø Social Intelligence Scale）。该量表包括社交信息处理、社交意识和社交技能三个成分，其中社交信息处理和社交意识成分关注社交智力的认知层面，社交技能成分关注社交智力的行为层面。与智慧的定义稍加比较可知，社交智力不等同于智慧，因为社交智力与智力一样，也是中性的（Sternberg，1998）。

（三）智慧与本能、智能

1. 智慧与本能

有人说智慧是天生的，如鸟生来便会筑巢，鸟能筑巢便表明鸟有智慧。智慧果真是天生的吗？如果智慧是天生的，那智慧就是动物和人的一种本能。本能（instinct）指个体在进化过程中形成并由遗传固定下来的不学就会的能力。正由于本能是物种在进化过程中得来的，故其改变极其缓慢，因而由本能生出的心理与行为模式基本上是固定不变的。例如，可以毫不夸张地说，今天燕子所筑的巢与一千年前甚至几千年前其祖先筑的巢并无二样。这表明本能基本没有创造性，仅是祖先某种心理与行为的"复制"。并且，本能（扩而言之，包括人的液态智力）虽是成就智慧的先天因素之一，但智慧的生成与发展还受个体的晶体智力、知识、思维方式和品德等因素的影响，它们均是个体后天习得的。除此之外，外在环境因素同样影响智慧的生成与发展，它是外在于个体的因素。合言之，智慧不是个体天生的本能，而是个体后天习得的综合心理素质（汪凤炎，郑红，2015）。

2. 智慧与智能

若智能是智慧的同义语，计算机之类的人工智能岂不是最有智慧吗？其实，智能不是智慧。因为创造性和道德性是智慧两大固有特性，它们恰恰是人工智能所不具备的。一方面，计算机之类的人工智能均是人工产物，尽管它能高效地为人类处理多种事务，但其自身缺乏创造性；另一方面，人工智能缺乏能够判断善恶的良心，仅是一种工具，既可用于行善，也可用于作恶。因此，尽管随着科技水平的不断进步，计算机之类的人工智能将越来越聪明，但在人工智能自身具有创造力和良善之前，它永远不可能有智慧，而人工智能能否具有创造力和良善，也是目前人工智能领域关注的热点之一。到目前为止，只有那些拥有良善且富创造性的个体才有智慧，只有那些拥有大善且极富创造性的个体才有大智慧（汪凤炎，郑红，2015）。

(四) 智慧与知识

从智慧与知识的关系看,智慧与知识的联系密切:智慧的组成成分的主体本是程序性知识(包括元认知知识与默会知识),而不是什么其他神秘的东西。因此,智慧主要是在明确知识与默会知识的基础上,通过"转识成智"的方式逐渐生成的,而且,个体一旦习得智慧,又能反过来指导其更好地掌握和运用各类知识。英国当代哲学家、数学家怀特海(Alfred North Whitehead)说得好:"智慧是掌握知识的方式。它涉及知识的处理,确定有关问题时知识的选择,以及运用知识使我们的直觉经验更有价值。这种对知识的掌握便是智慧,是可以获得的最本质的自由。古人清楚地认识到——比我们更清楚地认识到——智慧高于知识的必要性。"(Whitehead,2002,p.54)在怀特海看来,智慧高于知识,智慧是处理具体问题时对知识的恰当选择、处理和运用,知识是生成智慧的基础。

同时,智慧与知识之间存在八个重要区别。(1)心理成分不尽相同。知识既可以是陈述性的,也可以是程序性的;既可以是明言知识,也可以是默会知识。与此不同,智慧是良好品德与聪明才智的合金,其内既有强烈的认知色彩,也蕴含浓厚的伦理道德色彩和人文关怀,即蕴含善良情绪与情感以及善良意志。就知性的一面而言,智慧之内虽包含陈述性知识,但智慧的实质本是程序性知识,并且其内包含元认知知识与默会知识。正如杜威说:"智慧与知识不同,智慧是应用已知的去明智地指导人生事务之能力。"(杜威,1965,p.4)说得形象些,假若说智慧中"智"包含的程序性知识的主体属于明言知识与智性知识(intellectual knowledge)的范畴,那么智慧中"慧"包含的程序性知识则更多地属于默会知识与智慧性知识(wisdom related knowledge)的范畴(Ardelt,2000b)。(2)获得的方式或方法不尽相同。对知识而言,其中的陈述性知识部分主要依靠背诵与理解的方式获得,其中的程序性知识(包括默会知识)部分主要在技能学习与相应的实践中获得。与此类似,由于智慧中"智"包含的程序性知识的主体属于明确知识与理性的范畴,因此,它也主要是通过背诵、理解、技能学习与相应实践获得;不过,由于智慧中"慧"包含的程序性知识与智慧性知识更多地属于默会知识,因此,个体若想获得某种智慧性知识,需要直接参与到该种活动中,对经验持开放的态度,并善于自我反省和心灵感悟(Ardelt,2000b),从而带有强烈的个人色彩与风格。同时,智慧中的善良情绪与情感以及善良意志的获得,则主要依靠个体平日的道德学习和修身养性功夫获得。(3)习得的速度不同。一般而言,习得知识的速度相对要快一些,其中,尤以陈述性知识的习得速度最快,程序性知识的习得速度相对慢一些。不过,较之知识,智慧的习得速度普遍慢一些,因为它不仅要求个体习得程序性知识(包括默会知识),还要求个体习得善良情绪与情感以及善良意志,并把它们融会贯通。(4)价值度不同。知识既可以是有用的或有价值的,也可以是无用的或无价值的;在有用或有价值的知识中,有的知识有大用或大价值,有的知识只有小用或小价值。而智慧里包含的知识的主体一定是有大用或大价值的。从有利于成就智慧的角度看,个体必须具备足够的高价值度、高度、深度、广度、精度、新度的"六度"型知识,从而善于对面临的难题产生真知灼见,才能不断提升自己的聪明才智,促进智慧的生成。若个体习得的知识仅为"仅指知道""仅指常识""仅停留于意见""已陈旧过时"四种,则无法让知识产生力量,自然也无助于智慧的生成。知识有价值大小之分,故要正确看待培根(Francis Bacon)提出的"知识就是力量"一语。从全人类的角度看,随着掌握的有关宇宙和人生的知识越来越多,人类对宇宙和人生的理解也越来越系统、深刻、准确,改造世界的能力也越来越大。从个体的角度看,个体拥有知识的多寡与其能力的大小并不一定有明显的正相关,有的人学富五车却最终一无所成,有的人目不识丁却成就斐然。造成这种结果的原因很多,包括个体掌握的知识的类型、个体的思维方式、个体所处的时代、个体的寿命长短等。仅从知识本身看,"知识"的英文为"knowledge",其中第一个音节"know"是"知道""精通",并由此产生有独到见解的"真知灼见"(方柏林,2001, p.3);中间的"l"是"热爱"(love),是"学习"(learn),是"生活"(live)(方柏林,2011, p.5);末尾的"edge",是"边缘、领先"(方柏林,2011, p.3)。这意味着,若想让知识产生力量,第一步是个体要具备足够的高价值度、高度、深度、广度、精度、新度的"六度"型知识,从而能对问题产生真知灼见;随后,要热爱自己的真知灼见,反思自己的真知灼见,在生活中践行自己的真知灼见,只有这样做才能让自己处于领先(leading edge)的地位,才能让知识成为一种力量。与此类似,中文的"知识"一词也告诉人们,只有"知"与"识"(远见卓识)相结合,才能让自己处于领先的地位,才能让知识成为一种力量(方柏林,2011, pp.3-5)。另外,依智慧的德才一体理论,"知识"仅是一个中性词,"知识就是力量"是中性表述。个体若将其拥有的丰富实用知识用于为绝大多数人谋福祉,才能生出巨大的正能量;反之,若仅为自己或自己的小集团谋私利,并为此不惜侵害他人的合法权益,就会生出巨大的破坏力。(5)抽象与概括程度不同。知识重分析与抽象,重有分别的领域,把握的是一个个事实和一条条定理。与此不同的是,智慧(尤其是大智慧)重综合,以把握整体;重"求穷通",以打通宇宙人生的根本原理(冯契,1996,pp.418-420)。正如古希腊哲学家亚里士多德所说:"(智慧由普遍认识产生,不从个别认识得来)……智慧就是有关某些原理与原因的知识。"(亚里士多德,1959,pp.2-3)这意味着,智慧是对事物本质和发展规律的把握,谁能把握事物最普遍、最基本的事理和规律,并用于为大众谋福祉,谁就是智慧者。(6)性质不同。知识虽然既包含自然科学知识,也包含做人的知识,不过,只要它还只是知识,就仍主要停留在认知领域,且更偏向是一个中性词。与此不同,智慧是良好品德与聪明才智的合金,是一个褒义词。(7)二者之中的知行关系不尽相同。知识有陈述性知识与程序性知识之分,只有程序性知识才与行联系紧密,而其中的陈述性知识与行的联系较松散。这意味着,在陈述性知识学习里,知与行既可以合一也可以分离;而在程序性知识学习里,知与行必须合一。于是,在陈述性知识领域,个体只要知道某一方面的知识,往往就可以立即成为该领域的专家,而不一定要自己去亲自践行。例如,一个文艺评论家可以对别人的作品点评得头头是道,自己却可以不会创作文艺作品,而这丝毫不损害他文艺评论家的称号。当然,在程序性知识领域则有一个知与行能否合一的问题。例如,具有数学、几何学的知识,当然可以是数学家、几何学家,但光有建筑的知识,停留于纸上谈兵,并不能成为建筑师。因此,在这类程序性知识领域,要将知变为行,需要相当的中间环节,如需要实际的利害动力和实际的技术等(Hegel,1997,p.69),否则,就不可能成为该领域的真正专家(汪凤炎,郑红,2011,p.5)。与知识不同,智慧不但是知行合一的概念,其内还一定包含受正义社会推崇的行为模式(Sternberg,1998)。(8)包含的心智加工方式不尽相同。知识里蕴含的心智加工方式既可以仅仅是记忆,也可以包含记忆与创新。与此不同的是,智慧里蕴含的心智加工方式虽有记忆,但更有创新。

正由于知识与智慧之间存在上述八个重要差异,因此,虽然在一些情况下具有渊博知识的人也往往有较高的智慧,但是仍不能将智慧与渊博知识相等同。正如赫拉克利特所说:"博学并不能使人智慧。"(北京大学哲学系外国哲学史教研室,1981,p.26)因为一个人的脑中若拥有渊博知识,只表明此人的知识在数量上非常多,但是,从知识的内容上看,渊博知识既可能是纯粹的科学技术知识,也可能是包含科学技术知识和做人知识在内的完整知识;从知识的性质上看,渊博知识既可能是丰富的陈述性知识,也可能是丰富的经过转换之后的程序性知识;从知识的价值上看,渊博知识既可能是大量的无用的陈旧知识、无实用价值的知识,也可能是大量的新知识、实用知识;从知识的心智加工方式上看,一个人既可以仅用记忆来加工知识,也可以用包含记忆与创新的方式来加工知识;从知识的用途上看,一个人既可以将其拥有的渊博知识用作为自己谋私利,也可以将其用作为大众谋福祉。一个人如果只拥有大量科学技术知识,却缺乏必要的做人知识,是不能很好地促进其智慧发展的,"科学是一把双刃剑"等观点和"马加爵事件"等事实证实了这个道理;一个人拥有大量无用的陈旧知识或无实用价值的知识,这种垃圾知识不但不能促进其智慧的发展,反而可能使其越学越笨,"屠龙术"之类的典故讲的就是这个道理;一个人即使拥有大量的新知识或内含实用价值的知识,若只将其停留在陈述性知识的层面,而不将其作程序性知识的转换,或者只用记忆而不用创新的方式加工这些知识,那只会使自己变成"活动的书橱",同样不可能拥有真正的智慧,"纸上谈兵"之类的典故讲的就是这个道理;一个人即使拥有大量实用的程序性知识,也知道加以创造性地运用,但如果只将知识用来为自己或自己的小集团谋私利,而不将其用作为大众谋福祉,更是不可能真正拥有智慧,秦桧和希特勒之徒的行径无可辩驳地证实了这个道理。因此,人们只有将大量实用的、本属陈述性知识的完整知识(包含足够的道德知识与科技知识)作根本的转换,使之成为程序性知识(包括元认知知识与默会知识),并通过"做中学"的途径习得大量的默会知识,然后加以创造性地运用,同时,不但将其行动动机与目的都指向为绝大多数人谋福祉,并最好保证其行为结果不但不会损害他人的正当权益,而且能长久地增进他人或自己与他人的福祉,才能使自己的知识"转变"成智慧,即"转识成智"。人也正是在这种创造性的"转识成智"过程中,达到"物我两忘""天人合一"的境界,获得身心、德性和人格等方面的自由发展(冯契,1996,pp.418-420)。因此,既不能像柏林智慧模式那样简单地将智慧等同于知识,也不能仅以明言知识来解释智慧,从而忽略默会知识在成就个体智慧中的作用,而要像斯腾伯格那样,既突出知识(包括默会知识)在生成智慧中所起的重要作用,又将智慧与知识区分开。

综上所论,虽然智慧者在其擅长领域一般都拥有丰富知识,但不可将知识渊博等同于智慧。因为至少有三种拥有渊博知识的人是没有智慧的:(1)只拥有过时的旧知识者,如孔乙己;(2)拥有丰富的书本知识(陈述性知识),但没有足够的程序性知识(包括默会知识),只会纸上谈兵而不能灵活运用者,如赵括;(3)拥有丰富的陈述性知识和程序性知识(包括默会知识),善于活学活用,但损公肥私者,如秦桧。

(五) 智慧与情感

中西方对智慧与情感之间关系的看法略有差异。长期以来,西方多数人都相信,智慧者知识渊博(knowledgeable)、理性(rational)而冷静(dispassionate)。与西方不同,中国人受儒学深刻影响,多相信智慧者知识渊博、理性而富有善良情感,而且,须对这种善良情感的度有适当的把握,不能"过"与"不及"。正如《中庸》说:"喜怒哀乐之未发,谓之中;发而皆中节,谓之和。中也者,天下之大本也;和也者,天下之达道也。致中和,天地位焉,万物育焉。"

二、智慧与智慧推理

西方心理学有重认知的传统,与此一致,探讨智慧中特有的思维方式一直是西方智慧心理学的研究重点。2010 年,格罗斯曼等人在综合前人研究的基础上首次提出智慧推理(wise reasoning)的概念(Grossmann et al., 2010),并在随后展开一系列理论与实证研究(Brienza & Grossmann, 2017; Brienza et al., 2018; Grossmann et al., 2010; Grossmann et al., 2012; Grossmann et al., 2013; Grossmann, Gerlach, & Denissen, 2016; Grossmann et al., 2017; Grossmann & Kross, 2014; Huynh et al., 2017; Kross & Grossmann, 2012)。智慧推理的理论基础有四,分别是埃里克森的人格发展八阶段理论、新皮亚杰主义的智慧观、柏林智慧模式和斯腾伯格的智慧的平衡理论(Grossmann, Gerlach, & Denissen, 2016)。有研究表明,智慧推理有助于克服社会冲突中的内群体偏见,拥有智慧推理的人能更积极地对待外群体,在看待内外群体的冲突时更少出现两极化的态度(Brienza, Kung, & Chao, 2021)。本节基于已有研究,对智慧推理的概念、测量及其影响因素等进行简要的概括与总结,旨在厘清智慧推理与以往智慧研究的关联。

(一) 什么是智慧推理

格罗斯曼等人(Grossmann et al., 2010; Grossmann et al., 2013)认为,智慧包括特定类型的实用推理(pragmatic reasoning),个体以此应对社会生活中的诸多重要挑战。这一类型的实用推理又称"智慧推理",源于新皮亚杰主义关于后形式运算思维,以及柏林智慧模式中关于智慧的三个元标准(matecriteria)的研究(Baltes & Smith, 2008; Baltes &

Staudinger，2000；Basseches，1980；Kramer，1983）。研究者总结概括两者的思想，以具体冲突情境为框架，将智慧推理的成分归纳为六个方面：(1)视角转换，指能从自身视角转移至冲突中的他人视角；(2)意识到冲突可能发生变化；(3)预测的灵活性，指能认识到冲突展开的多种可能性；(4)意识到冲突的不确定性及自身的局限性；(5)寻求解决方案；(6)在冲突中寻求妥协。随后，克罗斯和格罗斯曼（Kross & Grossmann，2012）研究发现，智慧推理表现出的共同特征都集中在要求人们以消除自我中心观点的整体信息加工视角去推理事件的不同表征形式。在解决社会冲突问题方面，智慧推理具有三个主要维度，即折中策略、视角转换、不确定性；在解决个人生活问题方面，人们更倾向灵活关注自身经历的具体细节，并借助提升自我视角的整体性来精细加工局部信息与整体事件的表征关系，其中"承认知识的限度"和"区分变化的可能性"是两个重要的维度概念。因此，为研究智慧在日常生活中的表达，格罗斯曼（Grossmann，2017a）突破冲突情境的框架，于智慧推理的框架中整合认知的各个成分，认为智慧推理包括四个成分（见图3-6）：(1)理智谦逊（intellectual humilith）①，即认识到自身的局限；(2)对不确定性和变化的认知（recognition of uncertainty and change）；(3)他人的视角或考虑并采用比眼前更广阔的视角（others' perspectives/broader contexts）；(4)妥协（compromise），即整合不同意见。

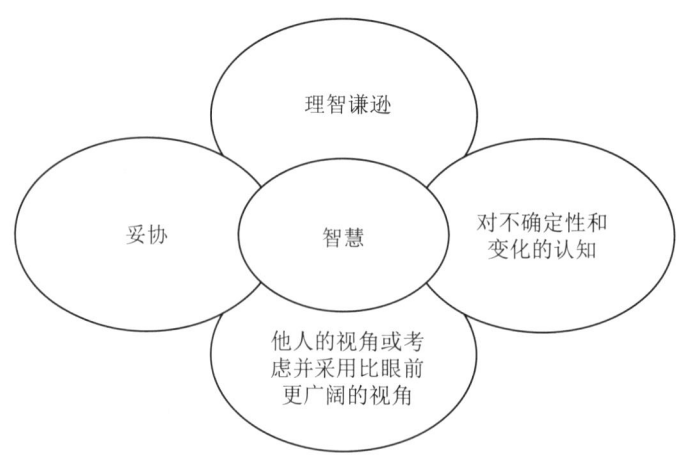

图3-6 智慧推理的结构图

(Grossmann，2017a)

智慧推理与抽象推理之间有四个重要差别：(1)二者解决的问题类型不同。智慧推理主要解决既复杂又界定不清晰（ill-defined）的人际关系问题（Grossmann，2017a；Vervaeke

---

① 理智谦逊是格罗斯曼早期使用的一个术语，指个体认识到自身的局限，偏重强调思维须理智。智识谦虚（epistemic humility）作为与之相似的术语，更早出现于哲学界、认知科学界和心理学界，偏重强调认识论上的谦虚。相较而言，理智谦逊的心理学色彩更浓厚，基本只为格罗斯曼所使用；智识谦虚的哲学色彩更浓厚，使用频率更高。但在宽泛的意义上，二者可换用。

& Ferraro，2013)；抽象推理主要以演绎与归纳推理为主，主要解决自然科学和人文社会科学领域的问题。(2)二者的难易程度有差异。掌握和精通智慧推理需要个体积累足够的生活经验，因而智慧推理一般在成年中晚期发展成熟(Staudinger & Glück，2011)；而个体在青少年时期就已发展出成熟的形式运算思维，可根据一些符号规则与程序推导出结论(Inhelder & Piaget，1958)。(3)二者所处的认知发展阶段不同。智慧推理脱胎于新皮亚杰主义关于后形式运算思维的研究，而后形式运算思维主要以辩证思维为主；抽象推理则主要在形式运算阶段发展成熟，以形式运算思维为主(Basseches，1984；Piaget，1974)。(4)二者的功用不同。智慧推理致力于达到个体自我内部、自我与他人及自我与环境之间的平衡(Sternberg，1998)；抽象推理的目的在于由已知前提推导出正确结论(魏新东，许文涛，汪凤炎，2019)。

另外，智慧推理的四个成分基本可涵盖柏林智慧模式中的三个元标准，不同在于智慧推理以观点采择(perspective taking)取代元标准中的价值相对主义。价值相对主义主要指从自身视角与个人价值观中抽离出来，认识与理解多种视角(Kunzmann & Baltes，2005)。观点采择主要指能从他人视角或考虑并采用比眼前更广阔的视角看待和分析问题。价值相对主义强调抑制自身观点与获得不同观点，观点采择则并未明确要求抑制自身观点，相反，可以个人视角和过去的经验为指导(Grossmann，2017a)。研究表明，价值相对主义与液态智力呈显著正相关，观点采择与其相关不显著；同时，观点采择与个体生命投资(personal life investment，主要包括不同生活领域的接触程度与个体对这些生活领域的控制感)呈显著正相关，价值相对主义与其相关不显著(Kunzmann et al.，2018)。可见，价值相对主义与基本认知过程，即与智力联系紧密，观点采择更能体现智慧特色(魏新东，许文涛，汪凤炎，2019)。

(二) 智慧推理的测量及其发展历程

不同于属性取向的智慧研究可根据特定理论开发量表以测量个体智慧水平，智慧推理的测量必然要依赖一定情境，因为只有这样才能展现个体的推理过程。柏林智慧模式使用假设情境结合出声思维的方法较早发展起较成熟的智慧测量范式，促进了智慧心理学研究的早期发展(Baltes & Staudinger，2000)。然而，柏林智慧模式的测量存在一些不足，包括：(1)所用情境材料只是简短描述，而相关背景信息可能是影响智慧推理的关键因素(Sternberg，2004a)；(2)借助出声思维法回答问题只是个体的独白，不涉及任何互动与交流，而现实生活中遇到类似问题时通常存在可供个体交流的对象；(3)测量程序繁琐复杂，等等。基于此，格罗斯曼等人(Grossmann，2010)对智慧推理的测量最初采用丰富背景信息的假设情境与结构化访谈相结合的方法，后采用自我报告代替结构化访谈(Grossmann & Kross，2014)，2018年，他们又以事件重建取代假设情境，构建起事件重建与自我报告相融合的崭新范式(Brienza et al.，2018)。智慧推理测量的发展历程如表3-1所示。

表 3-1　智慧推理测量的发展历程（魏新东,许文涛,汪凤炎,2019）

历程	提出者（年份）	测量结构			评价
		情境类型	作答方式	评价方式	
起源	巴尔特斯、斯托丁格（Baltes & Staudinger，2000）	假设情境（背景信息单薄）	出声思维法	他评	最早采用问题情境法测量个体的智慧水平；不同情境之间缺乏可比性；背景信息单薄会影响生态效度；独白式作答偏离现实使被试参与度不高；培训评分者使经济成本过高
最初	格罗斯曼等人（Grossmann et al.，2010，2012）	假设情境（背景信息丰富）	结构化访谈	他评	丰富背景信息并采用结构化访谈有效提高智慧推理的测量效度，依然存在经济成本过高与不同情境缺乏可比性等问题
过渡	格罗斯曼、克罗斯（Grossmann & Kross，2014）	假设情境（背景信息丰富）	自编问题	自评	由他评变为自评降低了测量成本，但存在自编问题及自评造成的社会赞许性等自我报告偏差
最新	布伦泽等人（Brienza et al.，2018）	事件重建	结构化量表	自评	以结构化量表测量智慧推理能大样本施测；有效降低社会赞许性与自我报告偏差；记忆偏差易导致测量误差等

由表 3-1 可知,格罗斯曼等人（Grossmann et al.，2013）的测量过程最初分为三步:第一步,提供给定人际冲突事件,如"夫妻是否要一起就寝"。第二步,访谈者指导被试思考这些冲突情境会如何发展并阐述原因,如"您觉得此事之后会发生什么？还有其他的吗？您认为为什么会发生这种情况？""您认为应该如何应对？"被试的回答被以文字或音频的形式收集。第三步,对获取的资料进行独立编码,并由受过培训的评分者按给定标准进行评分。其中,每对评分者接受系统培训后在同一案例上的评分者信度可达 0.9 以上。2014 年,格罗斯曼引入自评法,即给出与智慧推理相关的几个自编问题,如"努力寻求妥协对你而言有多重要"等（Grossmann & Kross，2014）。自评法为标准化量表的开发奠定了基础。

目前,研究者以事件重建与《情境智慧推理量表》中的自我报告法来考察被试的智慧推理能力（Brienza et al.，2018）。事件重建指请被试回忆一个最近发生的与同事或朋友的冲突。为保证回忆的准确性,通过询问几个问题指引被试重建经历过的情境,如事件发生的时间、地点、人物和其他背景信息（Brienza et al.，2018；Kahneman et al.，2004）。同时,与柏林智慧模式相似,格罗斯曼等人也采用出声思维法测量个体解决生活问题时的智慧推理过程。起初,他们认为评估智慧推理的关键指标有六,即站在冲突双方的立场上思考问题、认识到事态会发生改变、灵活的预测能力、认识到存在不确定性和知识的局限性、寻找化解冲突的方法、寻找共识等(Grossmann et al.，2013)。这与柏林智慧模式的三个元标准内涵具较大一致性(Baltes & Staudinger，2000)。仔细比较可以发现，格罗斯曼等充实了柏林智慧模式用来评价智慧的元标准，放弃了对陈述性知识和程序性知识的测量(傅绪荣，汪凤炎，陈浩彬，2019)。由布伦泽等人于2018年编制的《情境智慧推理量表》(Situated Wise Reasoning Scale，SWIS)包含5个维度：(1)对方视角，如"站在对方的立场上"；(2)认识到世界的变化性及事件会以多种形式展开，即可能会有多种结果，如"随着情形的变化，寻找不同的解决方案"；(3)认识到自身知识的局限性或智识谦虚，如"总觉得有些信息我没有掌握"；(4)寻求妥协或解决问题的方法，如"尽可能想办法调节双方矛盾"；(5)从局外人的角度考虑问题，如"试图从一个局外人的角度看待冲突"(Brienza et al.，2018)。《情境智慧推理量表》的得分与观点采择、宜人性、外向性等亲社会因素呈显著正相关；与正念中的三个因素，即对经验的不反应、观察或参与、描述呈显著正相关；与情绪智力呈显著正相关。总体上看，事件重建和自我报告的融合弥补了假设情境故事法缺乏生态效度的缺陷，继承了自我报告法的经济性和高效性，有效降低了研究成本(魏新东，许文涛，汪凤炎，2019)。更多有关智慧推理测量的信息将在第七章详述。

(三) 智慧推理的影响因素

1. 智慧推理与年龄因素

智慧推理作为智慧中特有的推理方式，同样受到个体年龄的影响。格罗斯曼等人(Grossmann et al.，2010)选取具代表性的较大规模样本，采用接近现实的具有丰富背景信息的故事材料，研究发现个体年龄越高越智慧。他们将被试分为三个群体：25—40岁的年轻人，41—59岁的中年人，60—90岁的老人。三组被试中，老人在智慧推理总分与各子成分得分上均显著高于年轻人和中年人。控制受教育程度、社会经济地位、智力、回答的内容长度及性别等变量后，年龄仍可预测智慧推理。他们进一步筛选出得分为前20%的群体，发现其平均年龄为64.9岁，而得分在后80%的群体，其平均年龄为45.5岁。可见，个体的年龄是影响智慧推理的重要因素之一，符合大众惯常认为的"老而智"(魏新东，许文涛，汪凤炎，2019)。

2. 智慧推理与文化因素

智慧推理的内涵与东方的整体思维、辩证思维在某种程度上有所重合(Nisbett et al.，2001；Peng & Nisbett，1999；汪凤炎，2019b，pp.318-370)，因此可以推测东方人的智慧推理能力高于西方人。为验证这一想法，格罗斯曼等人(Grossmann et al.，2012)通过对25—75岁的美国人和日本人进行的一项跨文化比较研究发现，在控制认知能力、职业和回答长度的情况下，日本人的智慧推理得分显著高于美国人。

不仅不同的国家有不同的文化，不同的社会阶层(social class)之间同样具有文化差异(Grossmann & Varnum，2015)。研究发现，相对于高阶层者，低阶层者更有可能通过人际关系来界定自我和个人目标(Stephens et al.，2014)。同时，眼动研究和神经科学的证据表明,低阶层者更关注周围社会环境(Dietze & Knowles,2016;Varnum et al.,2015),这种对人际关系与情境的关注有助于个体在面对冲突时作出更明智的推理。布伦泽和格罗斯曼以《情境智慧推理量表》对美国各地的 2 145 人进行网上施测,同时以收入水平、受教育程度和对金钱的担心程度等指标代表被试的社会阶层。该研究发现,低阶层者比高阶层者的智慧推理得分高出约两倍;在控制性别、年龄、情绪智力等相关变量后,低阶层者的智慧推理得分依然显著高于高阶层者(Brienza & Grossmann,2017;魏新东,许文涛,汪凤炎,2019)。

3. 智慧推理与情境因素

情境因素对智慧推理的影响集中体现在有关所罗门悖论的研究中。为破解所罗门悖论,研究者一般通过空间(Kross & Grossmann,2012)、时间(Huynh et al.,2016)以及语言上(Grossmann & Kross,2014)的自我抽离(self-distancing)技术(李天然,等,2015)来提高个体的智慧推理水平。这种消除智慧推理中的所罗门悖论的操作本质上是一种"去自我中心"的认知思维方式。例如,格罗斯曼和克罗斯(Grossmann & Kross,2014)以伴侣出轨为背景,假设这件事发生在被试身上(第一人称视角)或被试朋友身上(第三人称视角),以此来考察被试如何应对这一事件。该研究结果表明,第三人称视角下,被试智慧推理的得分显著高于第一人称视角(魏新东,许文涛,汪凤炎,2019)。

思考题

1. 你如何理解"将智慧视作人自身的一种功能或属性"的观点?
2. 请结合具体事例谈谈你对"将智慧视作个体在情境中展现的一种属性"的看法。
3. 你赞成"将智慧视作人与情境互动中的一种属性"的观点吗?为什么?
4. 如何理解"德才一体方是智慧"?
5. 应如何看待智慧与知识间的关系?
6. 智慧与社交智力和情绪智力之间有何异同?
7. 请简要述评素质与情境交互作用式智慧观。
8. 智慧推理与抽象推理有什么区别?
9. 如何测量个体的智慧推理?

第四章 智慧的结构

内容摘要

本章共分两节,分别从"早期和中期探索""新近探索"两个阶段,介绍心理学界对智慧结构的划分。本章的重点是从德才一体的角度剖析智慧的结构。

核心概念

智慧结构 聪明才智 团队迷思 品德 独特性原则 经济性原则 本土性和国际性相结合原则 动机上的善 手段上的善 效果上的善

智慧结构指智慧的组成成分,是个体智慧的结构体。智慧结构作为个体心理现象的形式而言,具有普遍性、规律性,不由时代、民族或阶级决定。现代意义上的智慧心理学的历史尽管不长,对智慧结构的探索却可大致分为早期探索、中期探索和新近探索三个阶段。从研究方式上看,大致而言,研究者早期主要采用内隐理论(implicit theory)的方式探索那些不熟悉心理结构的外行人(layperson)对智慧和智慧者的认知与建构;研究者在中期主要运用智慧的外显理论(explicit theory)——心理学专家或其他领域研究者基于哲学定义和人类发展的心理阶段建构的智慧理论体系(Sternberg,1998)——探索智慧的结构。新近研究探索智慧的结构则综合运用内隐理论和外显理论。

第一节 智慧结构的早期和中期探索

一、智慧结构的早期探索

20世纪70年代,智慧心理学研究之初,已有人(如克莱顿)采用多维标度法和因素分析法探讨外行人头脑中内隐(implicit)的智慧结构(Clayton,1976)。这类研究通常包括两个步骤:第一步,被试提出他们想到的描述智慧属性的词单。将这些词单与专家给出的词单进行合并,去除特异词与同义词后,再请更多被试按该描述词与智慧的联系紧密程度进行排序。第二步,采用多维标度法或因素分析法,从这些排序及其最典型特性的标度中析取出潜在成分。这些研究关注外行人判断典型智慧所依据的特征。研究者通过收集和解释这些特征之间的关系,确定智慧的子成分。不同的研究得出的子成分各异,如表 4-1 所示。

表 4-1 描述词排序研究中鉴定出的智慧子成分

	认知能力	洞察力	反思态度	关注他人	处世能力
克莱顿和拜伦(Clayton & Birren, 1980)	认知:知识渊博的、经验丰富的、实用的、观察力敏锐的、聪明的		反思:内省的、直觉的	情感:安宁的、理解的、温和的	
霍利德和钱德勒(Holliday & Chandler, 1986)	一般能力:聪明的、开放的、深思的、知识渊博的、受过教育的	特殊的理解能力:在日常生活中经验丰富或熟练的、能看到事情的本质、理解自我或他人	社交低调的:在不知不觉中而非引人注目中表现	人际技能:积极的、以尊重和可接受的方式对待他人	判断和交流技巧:对世界保持警惕、平衡的、容忍的、问题解决技能、给出良好建议
斯腾伯格(Sternberg, 1985)	推理能力:具有问题解决能力、逻辑思维、有知识且善于运用	敏锐:具有直觉、洞察力、站在公正与真理立场提供解决办法 信息处理敏捷:从经验中学习、寻找信息	从思想和环境中学习:善于接纳的、重视思想、从错误中学习	睿智:关怀他人、理解的、公平的、虚心向他人求教的	判断:在范围内行动、敏感的、在行动或说话前思考

布卢克和格吕克(Bluck & Glück, 2005)对已有描述词排序研究进行研析,将研究得到的不同成分划分为五个连续类:(1)结合晶体智力和液态智力的认知能力成分。这是以经验为基础的广博的和深刻的生活知识部分,包括较好的推理能力以及有关新颖问题的逻辑思考的能力。(2)洞察力,即透过现象看本质以清晰理解问题的动机和能力。这包括直觉以及对他人的观点和个体自身想法与动机的深刻理解,也包括需要更进一步理解问题时,收集额外的信息的能力。(3)反思态度,即对事情、他人和自己的深刻思考,以及在行动或说话前进行思考的基本动机。这常与以低调、安静的方式表达自我联系在一起。(4)关注他人。这包含对他人友善和感兴趣的一般性态度,明白他人的想法和理解他们的情感的能力,以及公平和尊重地对待他人。(5)现实问题解决能力,即将所有成分运用于现实生活的各种情境。这包括理解问题时的良好判断能力、识别能力、认识自身短处的能力,以及被要求给出良好实用建议时的社交技巧。

二、智慧结构的中期探索

经过前期的探索,20 世纪 90 年代至 21 世纪 10 年代出现了几种有代表性的智慧观,其内蕴含的智慧结构观也颇具特色。

(一) 柏林智慧模式的智慧结构

柏林智慧模式认为,由有关生命的重要且实用的专家知识(和行为)系统构成的智慧包括五个子方面的知识(见图 4-1):(1)有关生命的重要且实用的事实性知识;(2)有关生命的重要且实用的策略性知识;(3)有关生活情境和社会变化的知识;(4)有关考虑生活不确定性的知识;(5)有关考虑价值和生活目标相对性的知识(Baltes & Staudinger,1993)。其中,前两项是所有类别的专门知识都具有的特点,后三项为智慧独有。这表明,在巴尔特斯等人看来,智慧者除了拥有过人的有关生命的重要且实用的事实性与程序性知识(factual and procedural knowledge),在面对世事时,也会自然地运用考虑生活不确定性(uncertainty)与人生发展的情境化(life-span contextualism)思维,进而以具有相对性的(relativism)价值观来作决定或下判断(Baltes & Staudinger,2000)。

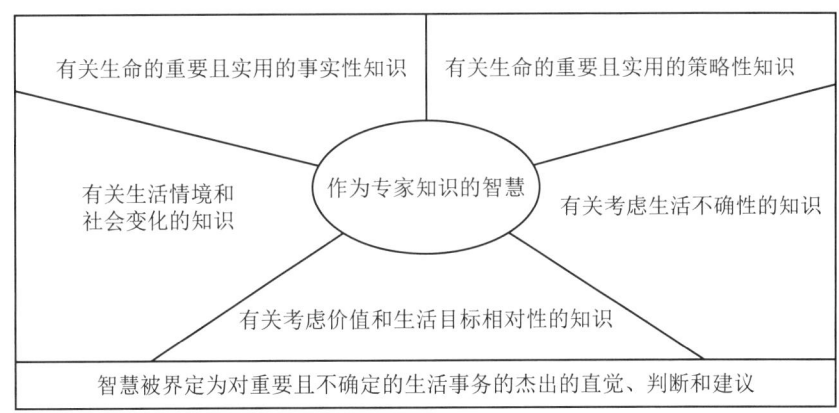

图 4-1 柏林智慧模式的智慧及其五种成分构成图

(Baltes & Staudinger,1993)

(二) 斯腾伯格的智慧平衡结构

斯腾伯格(Sternberg,1990,1998,2013)认为,智慧的本质是做出平衡判断的行为。从构成成分上看,智慧主要由知识(包括默会知识和元认知知识)、独特的思维方式(如具有公正性与辩证性等)、良好的人格特质(如宽容与意志力坚强等)、良好的情绪与情绪反应、善良动机等因素组成,是这些优秀心理素质的恰当整合,其中包含受社会推崇的行为模式(Sternberg,1998)。

(三) 阿德尔特的三维智慧结构

阿德尔特将智慧视作认知性、反思性、情感性三种特性的统一体,提出三维智慧模型(three-dimensional wisdom, 3D-WS)。该模型认为,智慧是一个由三个维度的潜在人格变量构成的结构,智慧者相较于常人更充分地整合了这三个维度(见图 4-2):(1)认知,指辩证地看待现实处境,认识到自我的局限性、人生无法预知和充满不确定性,以及对生活的理解和渴望知晓真理;(2)反思,指从不同角度看待现象和事件,能站在对方的角度思考问题(视角采择),对他人和环境不求全责备;(3)情感,指对他人有积极的情感,如对所有人都充满同情与仁爱,亦即具有增进他人幸福的动机(Ardelt,2003)。三维智慧模型是目前智慧心理学领域有影响力的模型之一。

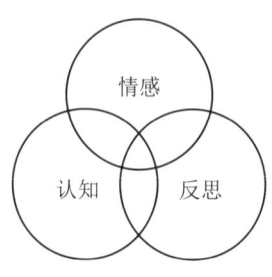

图 4-2 三维智慧模型

(Ardelt,2003)

(四) 其他学者对智慧结构的看法

除上述智慧结构外,还有一些学者也对智慧结构展开了颇有价值的研究,提出了不同的观点。杰斯特和瓦西亚(Jeste & Vahia,2008)采用质性方法分析了《薄伽梵歌》(其内记载了古印度人的智慧观)的内容,揭示出十种智慧成分,包括人生知识、情绪调节、控制欲望、决断力、对上帝之爱、责任和工作、自我满足、仁慈或自我牺牲、洞察力或谦逊、瑜伽(人格整合)。米克斯和杰斯特(Meeks & Jeste,2009)总结出六个智慧子成分,即亲社会态度或行为、社会决策或生活中的实用知识、情绪稳定、反思或自知之明、价值观相对主义或包容、认识与有效处理不确定性或模糊性。霍尔(Hall,2010)则提出八项智慧的神经支柱,即情绪管理、判断价值能力、道德推理、同情心、谦逊、利他、耐心、处理不确定性。

第二节 智慧结构的新近探索

一、智慧的二维结构观

前文已述,柏林智慧模式重视专家知识,斯腾伯格的智慧的平衡理论重视智力、创造力和默会知识,三维智慧模型强调认知、反思与情感的统合,皮亚杰和后皮亚杰主义者重视良好思维方式,而个体拥有发现问题和解决问题的策略及相关能力可看作个体拥有一套独特思维方式的结果(汪凤炎,郑红,2014,p.195)。基于此,汪凤炎将"作为素质的智慧的内涵示意图"(图 3-4)作进一步归纳与细化,将智慧的结构划分成两个层次(见图 4-3),提出智慧的二维结构观(Zhang et al.,2022),主张智慧包含德与才两个成分。该理论现已得到三项实证研究结果的支持(陈浩彬,汪凤炎,2014;Li & Wang,2017;陈浩彬,汪凤炎,2020)。

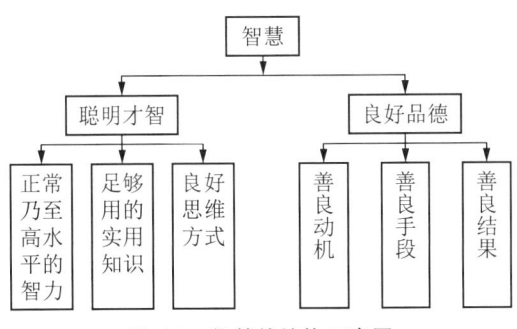

图 4-3 智慧的结构示意图

（汪凤炎，郑红，2014，p.195）

（一）智慧中必须含有足够的聪明才智

1. 聪明才智是智慧必备的两个核心成分之一

智慧本质上是良好品德与聪明才智的合金，其中必定包含让个体或群体在擅长领域足够用的聪明才智，以保证个体或群体在该领域遇到复杂问题情境时，能正确认知和理解面临的复杂问题，进而以正确、新颖（常常能给人灵活与巧妙的印象）且最好能合乎伦理道德规范的方式高效率地解决。

当然，人类社会中，群体的聪明才智并不是群体内所有个体的聪明才智的简单相加，其大小常常取决于流行群体内的文化氛围或管理制度的优劣。生活在有利于展现聪明才智的文化氛围中的群体，其聪明才智往往能实现"整体大于部分之和"。生活中，个体无法解决的问题，经由团体的头脑风暴就能得到有效处理，便是这一情况的体现。反之，生活在不利于展现聪明才智的文化氛围中的群体，其聪明才智会大大降低，甚至产生团队迷思（group think），即团队的成员之间由于缺少独立思维和批判性思维，产生"领导或同伴的意见正确"这一错觉，造成盲目的从众效应，使成员倾向于使自己的观点与领导或团队保持一致，导致无人提出值得争议的观点、有创意的想法或客观的见解，或者即便提出，也遭到领导或团队的忽视或否定，进而令群体缺乏不同的思考角度，无法对问题进行客观分析和作出正确决策，最终共同作出愚蠢决定的心理与行为方式（Dobelli，2014）。美国前总统肯尼迪作出的"入侵猪湾"的愚蠢决定就是典型一例（Sternberg，2004b）。

然而，任何个体或群体的智慧中都不可能包含让其在所有领域都足够用的聪明才智。个体拥有的聪明才智在数量上和水平上均有一定限度，群体同样如此。这是因为：(1)群体由个体组成，既然个体拥有的聪明才智在数量上和水平上均有一定限度，再加上个体的寿命有限，因此，即便实行有效管理能取得"三个臭皮匠顶个诸葛亮"的良好效果，群体也不可能拥有全知全能的聪明才智；(2)群体成员间的个体差异极大，有时群体拥有的聪明才智并不会高于群体内或群体外某个极端聪明的个体拥有的聪明才智，即群体的聪明才智有时并不会因群体人数的增多而增长；(3)若管理不当，群体的智商还易随人数的增长而下降，这种糟糕局面在古今中外历史上时有发生，不胜枚举。

2. 智慧里包含的聪明才智的具体内涵及类型

聪明才智,简称"聪明"。何谓"聪明"? 据2019年版《辞海》解释,其义有二:①视听灵敏。《管子·内业》:"耳目聪明,四枝(肢)坚固。"亦指视听、闻见。②聪敏;有智慧。《管子·宙合》:"聪明以知,则博。"(陈至立,2019,p.649)很显然,本书所用"聪明"的含义类似《辞海》所讲的"聪敏",却不等同于智慧。若对"聪明才智"作个界定,它指个体在其流体智力的基础上,对经由后天学习而获得的晶体智力、知识、良好思维方式,以及善于发现问题与高效解决问题的策略进行恰当整合后形成的一种综合能力。参照斯腾伯格(Sternberg, 1998)的论述,若将个体的聪明才智作进一步分解,它主要由三部分构成:(1)正常乃至高水平的智力;(2)在某一领域或多个领域足够用的实用知识(包括元认知知识与默会知识);(3)良好思维方式(内含善于发现问题与高效解决问题的策略)。这三种成分的不同排列组合,形成四种类型的聪明才智。这意味着,虽然才是构成智慧的必要条件之一,但成就才的因素有明显个体差异,导致不同智慧者身上展现的聪明才智也往往有明显个体差异:(1)先天智商高型,即个体主要是因自己的先天智商高而拥有聪明才智。亚当·斯密说得好:"平常的智力之中无才智可言。"(Smith, 1997, p.26)这一思想颇有见地。因此,如果要下一个操作性定义,那么,本书所用"先天智商高型"的含义类似现代心理学中智力的CHC理论所讲的"高智商"的概念,即智商大于120者。一个人的智商在120分以上,就属于先天智商高型聪明人;智商在140分以上,则属于先天智商超常型聪明人。曹冲和王勃之类的人就属先天智商超常型聪明人。当然,现代智力测验主要测量个体偏重自然科学领域的智力,人慧里展现的聪明才智则主要是偏重人文社会科学领域的聪明才智,因此,在衡量个体在人文社会科学领域展现的聪明才智时,并不能完全用现在通行的《韦氏智力量表(第四版)》测量(汪凤炎,郑红,2014,pp.195-196)。(2)实用知识渊博型,即个体主要是因自己在某一领域或多个领域具有渊博的实用知识而拥有了聪明才智。纪晓岚和钱锺书就属实用知识渊博型聪明人。(3)良好思维方式型,即个体主要是因自己具备良好思维方式,善思考,因而拥有了聪明才智。马斯克(Elon Musk)之类的人就属良好思维方式型聪明人。(4)兼有型,即个体因同时具备高智商、渊博实用知识或良好思维方式中的两种或三种成分而拥有了聪明才智。达·芬奇(Leonardo da Vinci)、高斯(Carl Friedrich Gauss)、爱因斯坦、司马光等人便属此类。

这表明,个体的聪明才智并不仅仅体现在其智商高低上,还体现在其拥有的实用知识的多寡和思维方式的优劣上。同是聪明人,其聪明类型常有较大差异。因此,在衡量某种行为或行动是不是智慧行为或智慧行动时,仅就其中的聪明才智类型而言,在其他聪明才智类型无明显欠缺时,只要至少有一项聪明才智类型能够展现即可。此处,一种聪明才智通常指个体聪明才智中占主导地位的聪明才智,而不指个体身上唯一的聪明才智。换言之,个体若拥有聪明才智,其聪明才智往往是一个聪明丛(能力丛)、聪明束(能力束)或聪明集(能力集),其中常有一个占主导地位的聪明才智,由它决定个体的智慧类型。例如,拥有道德智慧者具有的占主导地位的聪明才智虽一定是做人方面的聪明才智,但这种做人方面的聪明才智也往往需要以一定的语言能力为基础,否则很难做到善与人沟通,缺乏此种能力必将制约其做人方面聪明才智的恰当展现。不过,只要此人是以道德智慧见长,而不是同时兼有道德智慧与语言智慧,那其语言能力一定比不上其做人能力,而只能从属于道德智慧。蕴含于智慧其余子类型的聪明才智也存在类似情况。当然,若个体兼有两种或多种智慧子类型,那么其聪明丛便同时存在两种或多种占主导地位的聪明才智。另外,如前文所论,先天智商主要属液态智力,其发展与年龄密切相关。通常而言,年轻人较之年长者有更好的液态智力,年长者较之年轻人有更好的晶体智力(Horn & Cattell, 1967)。与此同时,实用知识即便再渊博,若无良好思维方式的催化,往往难以达到最佳状态;良好思维方式若无液态智力和实用知识作为基础,其效用也会大打折扣。这意味着,兼有型聪明才智是个体拥有的最完美的聪明才智。

(二) 智慧中必须含有足够的善

从伦理道德角度看,智慧内必须含有足够的善,以保证个体身处某个复杂问题情境时,能做到将"保证其行动结果不但不会损害他人的正当权益,还能长久地增进他人或自己与他人的福祉"作为自己行动的初衷,以及追求的最终目标。这是智慧有别于其他概念的一个重要前提。因此,善是智慧必备的两个核心成分之一(汪凤炎,郑红,2014,pp.204-227;Sternberg & Glück, 2019a)。汪凤炎指出,智慧中的善至少可从两种角度作进一步细分。

1. 智慧行为中蕴含敬畏、节制、责任、诚信、仁爱或公正的成分

智慧究竟包含哪些美德?汪凤炎认为,要回答这个问题,首先要确定筛选美德的三个原则:(1)独特性原则,指德目本身具有独特属性,能将自身与其他德目作明显区分;(2)经济性原则,指确定德目时,要坚持以较少的数量、较少的层次达到最佳的呈现或表达效果;(3)本土性和国际性相结合原则,指确定德目时,既要体现本土文化意识、本土文化特质、本土文化创造的精神,又要体现开放性、与时俱进性和国际性精神。综合考虑上述三个原则,从良好品德或积极道德品质角度看,智慧中的善主要体现在敬畏(Krause & Hayward, 2015;Keltner & Piff, 2020)、节制、责任、诚信、仁爱与公正上(Zhang et al., 2022)。综合中西方道德心理学思想的精义可知,其中,仁爱和公正是最重要的两个德目,并且相对而言,中国人更看重仁爱,西方人更看重公正(汪凤炎,2007,pp.95-107)。同时,犹如从三原色可衍生出万千色彩,这六种美德也能生成人类社会全部的美好德性。凡是智慧的行为,其内一定蕴含上述六种美德中的一种或几种。换言之,衡量某种行为或行动是不是智慧行为或行动时,仅就其中的美德成分而言,当其他美德无明显欠缺,有一项美德能够展现即智慧行为或行动。这也意味着,尽管善是构成智慧的必要成分之一,但成就善的因素同样具有明显个体差异,导致不同智慧者身上展现的良好品德也具有明显个体差异。

2. 凡是智慧的行为,最低限度须体现动机上的善和效果上的善,最理想的状态是同时拥有动机上的善、手段上的善和效果上的善

从动机、手段和效果的角度看,智慧中的善主要有三种:动机上的善(善良动机)、效果上的善(具有利他或既利他又利己的效果)与手段上的善。通常情况下,只有手段上的善可迅速得到判断,动机上的善和效果上的善较难得到准确判断。这是因为,动机是内在的,外人不易准确觉察和判断,而行动结果的好与坏往往要经由时间检验,短时间内能获得好的效果并不意味着从长远眼光看也有好的效果,反之亦然。而且,兼顾义务论(deontology,也译作"道义论")和功利主义(utilitarianism)的精义,能称得上是智慧的行为,其解决问题的方式、手段或方法最好是善的。这里的"最好"指在正常情况下,能被称为"智慧"的东西必须具备手段上的善,即行为本身最好是善的。这意味着,通常情况下,人们切不可故意用一个本身不道德的行为或恶的手段达成一个道德的目的。因为动机与结果即便是善的,手段上的恶也是一种恶。

二、智慧结构的新近探索

杰斯特和李(Jeste & Lee,2019)对30多年的智慧结构研究进行总结认为,作为多维度的整合结构,智慧至少包含六个子成分:(1)与社会推理、提供良好建议的能力、生活知识和生活技能有关的社会决策与实用知识;(2)包含共情、同情、温暖、利他主义和公正感的亲社会的态度与行为;(3)与内省、洞察、直觉以及自我认识和意识有关的反思与自我认知;(4)承认并有效处理不确定性;(5)价值观相对主义或宽容;(6)与情绪调节和自我控制有关的情绪稳定。

综上所论,尽管目前研究者对智慧的结构尚未达成一致意见,但都认可智慧是一个多层次、多维度的整体性结构(Ardelt,2004),一般都涉及高水平的认知能力、知识经验或思维策略等智力素质,以及趋于共善的动机、行动和结果的道德素质。2020年,格罗斯曼等人(Grossmann, Weststrate, & Ardelt,2000)提出智慧的通用模型,其中包含的智慧结构便基本体现了上述思想。

思考题

1. 请简要述评柏林智慧模式的智慧结构。
2. 请简要述评智慧的平衡理论的智慧结构。
3. 请简要述评三维智慧模型的智慧结构。
4. 对智慧结构的探索已取得哪些共识?
5. 聪明才智有哪些类型?请举例说明。
6. 如何理解动机上的善、手段上的善和效果上的善?

第五章 智慧的分类

内容摘要

本章共分两节。第一节探讨心理学界几种有代表性的智慧分类。第二节介绍几种全新的智慧分类。本章的重点是中西方心理学经典的智慧分类和三种新智慧分类。

核心概念

真智慧　伪智慧　理性智慧　感性智慧　常规智慧　应变智慧　个人智慧　一般智慧　特定领域内的智慧　普遍性领域的智慧　全知全能的智慧　人慧　物慧　类智慧　真智慧

第一节　智慧的经典分类

第二章"智慧心理学发展简史"部分已涉及智慧的分类,但除此之外,还有多种分类方式。例如,科万(Cowan,2009)从人类与组织学习的视角归纳出两种智慧:群体或团队智慧(group/team wisdom)和组织智慧(organization wisdom)。群体或团队智慧主要指群体或团队在解决认知、协调与合作等问题上展现的智慧。群体或团队智慧的主体是群体或团队,强调团队思维的发散性与创造性,与群体动力学、团队绩效等概念相关联。组织智慧主要指组织情境中个体在领导、判断和决策等方面展现的智慧。它将个人作为分析单位,而不是将组织作为一个整体。这种智慧分类主要是对群体与组织研究领域中智慧相关研究的归纳,既缺乏理论的支撑,也缺乏具体的操作定义和测量工具(陈浩彬,汪凤炎,2013)。除此之外,还有六种重要的智慧分类方式,它们构成了本节的主要内容。

一、真智慧与伪智慧

用现代心理学的眼光看,中国人很早就开始探讨智慧的类型,其中最常见的一种分类是真智慧与伪智慧。

真智慧,也叫"大慧"或"大知"("大智"),实指真正意义上的智慧。真智慧是"必仁且智",多指个体处理是非问题时表现的智慧。在中国先哲看来,具有真智慧者往往既讲原则,也因时制宜。伪智慧也叫"小慧""小知"或"小智",即俗语"小聪明"。现有文献记载,

"小慧"和"小知"二词出自《论语》。《论语·卫灵公》:"子曰:'群居终日,言不及义,好行小慧,难矣哉!'""子曰:'君子不可小知而可大受也,小人不可大受而可小知也。'"可见,孔子所说的"小慧"和"小知"实指伪智慧,即有智无德式小聪明。个体只将其聪明才智用于为自己或自己所属小集团谋取私利而不惜为此牺牲绝大多数人的利益,此种有智无德的小智就属典型的伪智慧。在中国先哲看来,拥有伪智慧者往往偏知。个体不能去掉小智而追求大慧,就不可能拥有真正的智慧。有才无德的伪智慧与德才一体的真智慧之间是"你死我活"的对立关系。因此,《庄子·外物》才说:"去小知而大知明。"《吕氏春秋·贵公》也说:"处大官者,不欲小察,不欲小智,故曰:'大匠不斫,大庖不豆,大勇不斗,大兵不寇。'"《淮南子·说山训》亦称:"人不小学,不大迷;人不小慧,不大愚。"

与真智慧与伪智慧的分类类似,斯腾伯格区分了伪智慧(pseudo-wisdom)和暗黑伪智慧(dark pseudo-wisdom)。此处,伪智慧指以私利为动机的虚假智慧。暗黑伪智慧指带有邪恶动机的虚假智慧。伪智慧者常打着为公众谋福祉的幌子为自己谋私利。暗黑伪智慧者则常利用自己的聪明才智害人(Sternberg & Glück,2019,pp.6-7)。

二、理性智慧与感性智慧

拉波维-维夫(Labouvie-Vief,1990)认为智慧是一种综合思维。他从发展心理学角度将智慧分为理性智慧(logos,rational wisdom)和感性智慧(mythos,poetic wisdom)。理性智慧以某种程度的自我反思意识为前提,其主体是认知因素,包括推理、逻辑运算、分析解释等成分。感性智慧的主体是感性因素,包括整体式思维、感情、经验等成分。"logos"源于"收集"(gather)和"阅读"(read),然后演变为"计数""计算""解释"或"规则"的意思,最终演化出"理性"的意涵。与感性相反,理性指知识的一部分,可论证,可精确、统一地进行定义和阐释。理性思维中,意义与变化无常的现实世界相分离,而与稳定的分类系统相关联。感性的复杂性被降低,被固化成单一的形态与固定的含义。理想情况下,理性意味着知识可被呈现为纯粹机械的、可计算的和演绎确定的。根据新哲学,所有有效的知识都是理性知识;感性被认为是一种不那么可取的知识形式,一种更原始的知识形式,一种纯粹的理性的退化。这种分离不仅影响生活的集体层面和外部层面,还影响更私密和内在的层面。在拉波维-维夫看来,理性智慧是坚持将理性与观念、思维与感觉、外在与内在、精神与身体等领域分开,真正的智慧应坚持认为理性与感性两个领域构成思想的两极,二者互为补充,相互作用。由于智慧的核心是理解这两个极端的必要联系,智慧的领域将包括对道德和伦理等问题的理解,对自身情绪和内心生活的了解,并将之与他人区别开来,然后反思利用这种理解,努力寻求一种理性的态度,将对客观验证的追求与对主观意义的追求统一起来。

这种分类区别了智慧的认知成分和情感成分,便于心理学的实证操作(陈浩彬,汪凤炎,2016)。但是,这种分类方式将智慧割裂,易使人对智慧的内涵与结构产生误解,误以为只有理性或只有感性也是智慧。实际上,智慧既包含理性的成分,也具有感性的成分,二者缺一不可。

三、常规智慧与应变智慧

美国学者卡恩(Kahn,2005)主张将智慧分为常规智慧(conventional wisdom)与应变智慧(emergent wisdom)两种类型。常规智慧指个体在正常的自然科学与技术和社会环境中,用来增进人类福祉的一整套行为信念和规范。常规智慧适用于人类对现有稳定的物质和社会环境已有相对较好适应的情境。常规智慧往往不被个体意识到,一般经由教育和社会知觉(social awareness)纳入个体的思维。在环境系统能持续稳定地为人类提供福祉的时期,人们使用和依赖的通常是常规智慧。然而,自然科学与技术或社会环境发生巨大变化时,常规智慧并不能让个体更好地适应新情境。这种情况下,个体便需要另一种类型的智慧,即应变智慧。应变智慧可以为个体提供一套新的行为信念和规范,是发展一套新的信仰和行为规则所需要的。与常规智慧提供一套稳定的行为信念和规范来帮助人们适应常态环境不同,应变智慧努力寻求的是思维和行动的变化,这个过程非常具有创造性。首先,它要求人们从目前的行动中退后一步,以获得一个更广阔的视野。其次,通过更深刻地洞察视野中各成分的功能来增强视野。最后,新方法的有效应用必须基于其实践的可行性(Kahn,2005)。卡恩基于进化心理学的视角,从适应常态环境还是异常环境这个角度对智慧进行分类,并看到智慧具有有效性和德才一体两大特性,有一定见地。但是,根据卡恩对常规智慧和应变智慧两种智慧子类型的界定可推知,在卡恩看来,智慧实际上是帮助个体适应常态情境或新情境,用以增进人类福祉的一整套行为信念和规范。这表明,此分类存在三点值得商榷之处:(1)常规智慧更像是一套或多套实用知识(包括经验在内),以及记忆的正常应用。所有这些内容并不一定能被描述为智慧,因为其内并不一定包含智慧的重要特征,即新颖性。(2)对智慧的分类应将智慧的内部心智过程考虑在内,若仅根据行为信念和规范是否适应环境的变化划分智慧的类型,不但不能更好地让人把握住智慧的本质,还容易使人误认为智慧是与聪明一样的东西,因为聪明也能在一段时间内帮助个体更好地适应环境的变化。(3)个体即便掌握了帮助其适应常态情境或新情境,用以增进人类福祉的一整套行为信念和规范,若无足够的才华与起码的良好道德品质,也不一定能展现智慧。毕竟,知与行有时是有距离的,知而不能行的情形时有发生(汪凤炎,郑红,2014,p.182)。

四、个人智慧与一般智慧

米克勒(Charlotte Mickler)和斯托丁格根据个体智慧地解决某种复杂问题时是置身其中还是置身其外,将智慧分为个人智慧与一般智慧。个人智慧(personal wisdom,PW)指个体在生活中展现的智慧,其焦点集中于"个体处理生活中不确定性事件和难题时展现的智慧"。一般智慧(general wisdom，GW)指个体以观察者的身份或视角，处理一般生活问题时展现的智慧。例如，处于婚姻危机中的个体找某位朋友寻求建议，此时这位朋友就需要运用一般智慧；但倘若这位朋友自己的婚姻也正面临危机或正在考虑离婚之事，并将自己从婚姻危机或离婚经历中获得的经验或解决办法传授给该个体，那么这位朋友就在使用个人智慧(Mickler & Staudinger，2008；Staudinger，2008)。之后，斯托丁格和格吕克(Staudinger & Glück，2011)主张将定义智慧的视角分为与自我相关的或个人智慧的视角和一般智慧的视角两类，即可从第一人称视角和第三人称视角将智慧分为个人智慧和一般智慧。个人智慧指解决个体自身面临的复杂问题时展现的智慧，如化解个体自身婚姻冲突时表现的智慧。一般智慧指个体解决指向他人的复杂问题时表现出的智慧，如化解婚姻冲突时的惯常做法。换言之，个人智慧与一般智慧之间的主要区别在于，智慧地解决某种复杂问题时，若问题解决者本人置身其中，那么，其身上体现的智慧就属个人智慧；反之，若问题解决者本人置身其外，那么，其身上体现的智慧就属一般智慧。

与上述观点观照，相对而言，埃里克森、阿德尔特和拉波维-维夫等人的智慧定义偏向个人智慧的视角，而新皮亚杰主义者、柏林智慧模式和斯腾伯格等人的智慧定义偏向一般智慧的视角。区分个人智慧与一般智慧，让人清楚看到第一人称视角和第三人称视角对智慧解决问题的影响，有助于破解所罗门悖论。而且，有助于人们正确看待个人智慧与一般智慧之间的关系。因为无论是日常生活还是学术研究，有人认为只有同时拥有个人智慧和一般智慧者，才算真正的智慧者(Huynh et al.，2017)。也有人认为，个体的一般智慧通常高于个人智慧，而且，个人智慧高时，一般智慧肯定也高，因此，能否拥有个人智慧才是衡量个体是否有智慧的标准，即个体只有拥有个人智慧才算是智慧者，若只拥有一般智慧而无个人智慧，则无真正的智慧(Huynh et al.，2017)。此观点看到个体的个人智慧通常弱于一般智慧的事实，即知人易而知己难，但此观点高看了个人智慧而小瞧了一般智慧，错以为个人智慧与一般智慧之间存在单向的正相关。还有人认为，拥有一般智慧者易使人觉得他有智慧，因为他能帮助众人智慧地解决难题。例如，一些人将类似《圣经》里的所罗门之类的人视作智慧者(Huynh et al.，2017)。亦有人认为个人智慧和一般智慧是两种不同的智慧，如《老子·三十三章》中的"知人者智，自知者明"。尽管在智慧者中，多数智慧者的一般智慧高于个人智慧，但个人智慧与一般智慧之间并不存在明显的正相关或负相关，因此，汪凤炎主张，从个人智慧与一般智慧的角度看，像《老子》那样将之视作两种类型的智慧更贴切，如此一来，世上存在四类人(如图5-1所示)：(1)双高型，即既有个人智慧也有一般智慧者，如刘邦、邹忌。(2)双低型，即既无个人智慧也无一般智慧者，普罗大众多属此类。(3)自知者型，即有个人智慧而少一般智慧者，如齐宣王。(4)所罗门型，即少个人智慧而有一般智慧者，如所罗门。可见，教人要教人所短：对于自知者型智慧者，宜重点发展他的一般智慧；对于所罗门型智慧者，宜优先发展他的个人智慧。用人要用人所长：对于自知者型智慧者，宜让其处理个人遇到的难题，而不宜让其处理他人遇到的难题;对于所罗门型智慧者,宜让其处理他人遇到的难题,而不宜让其处理个人遇到的难题,《孟子·离娄上》中"君子易子而教"讲的就是这个道理。

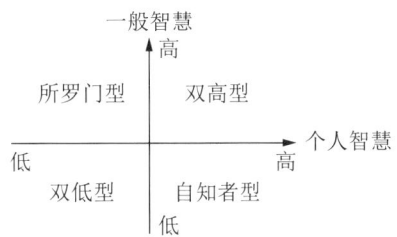

图 5-1　个人智慧与一般智慧的四种组合

不过,个人智慧与一般智慧这对概念易引起读者的误解,以为前者是在解决个人问题中展现的智慧,而后者是在解决一般问题中展现的智慧。因此,这种分类在命名上有值得完善的地方(汪凤炎,郑红,2014,p.183)。

五、特殊性领域的智慧与普遍性领域的智慧

如表 5-1 所示,斯腾伯格根据领域的宽窄(domain generality)和深度(depth)将智慧分为四种类型。

表 5-1　智慧的种类(Sternberg & Glück,2019,pp.5-6)

领域的宽窄	智慧的深度	
	深	浅
普遍性领域	普遍性领域的深智慧	普遍性领域的浅智慧
特殊性领域	特殊性领域的深智慧	特殊性领域的浅智慧

普遍性领域的深智慧(domain-general deep wisdom,GD)是使个体在深入和全面地思考一系列复杂问题后产生明智解决方案的智慧,是个体思考智慧时经常想到的智慧类型。拥有普遍性领域的深智慧者能跨领域提出深刻见解。普遍性领域的浅智慧(domain-general shallow wisdom,GS)指仅能帮助个体明智地解决某些普遍却肤浅的问题的智慧。拥有普遍性领域的浅智慧者可在不同领域提出适当的有洞察力的建议,通常表现为年长者对年轻人的忠告。特殊性领域的深智慧(domain-specific deep wisdom,SD),也叫"特定领域内的智慧",是使个体深入思考某一特定领域复杂问题后产生明智解决方案的智慧。这类智慧的应用范围相对狭窄,只能用来明智地解决某一特定领域的问题。拥有特殊性领域的深智慧者只在自己擅长的领域内有智慧,在别的领域则没有智慧。例如,有些人能在事业上作出智慧选择,却把个人生活搞得一团糟。特殊性领域的浅智慧(domain-specific shallow wisdom,SS)是仅能帮助个体明智地解决单个领域且肤浅问题的智慧

(Sternberg & Glück，2019，pp.5-6)。

六、个体智慧与集体智慧

根据展现智慧的主体是一个人还是多个人，智慧可分为个体智慧(individual wisdom)与集体智慧(group wisdom)。一个个体身上展现的智慧为个体智慧。两个及以上的个体共同贡献的智慧为集体智慧。用这个眼光看，米克勒和斯托丁格的个人智慧和一般智慧均属个体智慧，因为它们都是一个个体身上展现的智慧。

个体智慧与集体智慧既存在相同点，又有一定区别。它们的主要区别在于展现智慧的主体人数不同，展现个体智慧的主体只有一个，而展现集体智慧的主体往往至少有两个。它们的相同点主要在于实质，即无论是个体智慧还是集体智慧，只要是智慧，就是真与善的合金。个体智慧与集体智慧之间的这些相同点与区别导致二者之间的关系颇为复杂。就关系的积极面而言，个体智慧与集体智慧之间有一定的相互促进，个体若能很好地利用集体智慧，往往能有效促进其个体智慧的发展。正如牛顿说："我之所以能看得更远，是因为我站在巨人的肩膀上。"就关系的消极面而言，个体智慧与集体智慧存在一定的相互牵制，个体尤其是拥有权势的个体若只会自以为是，不善于借鉴甚至有意压制集体的智慧，此时，集体智慧不但难以发挥，而且势必会阻碍个体智慧的发展。同时，集体的力量往往强于个体的力量，集体智慧有时也会不留情地扼杀个体智慧。组织不当的群体易导致道德水准下降，如群体易导致责任分散，出现团队迷思而作出不理智的决定，以及压抑个体的个性与自由，催生人的奴性(依附性)、盲目性与机械性，等等。这些弊病均会阻碍个体智慧的生成与发展。因此，良好规则既能保证集体生出并充分发挥集体智慧，又能尊重个体智慧，不小看或漠视个体智慧的价值(汪凤炎，郑红，2014，pp.183-184)。

第二节 智慧的新分类

虽然现在已有上述多种智慧分类，但它们并未穷尽智慧的类型。为了进一步认识到智慧类型的多样性，深化对智慧的研究，有必要对智慧进行新的分类，其中，"小智慧、中智慧和大智慧"的分类留待第六章进行探讨，这里只讲余下的几种智慧新分类。

一、特定领域内的智慧、普遍性领域的智慧与全知全能的智慧

汪凤炎依据智慧是情境性的还是泛情境性的差异，将智慧分为特定领域内的智慧(domain-specific wisdom)与全知全能的智慧(overall wisdom)。如果个体或群体只在某个或某几个特定的擅长领域内拥有智慧，在其他非擅长领域内不拥有智慧，那么这种智慧就属特定领域内的智慧；假若个体或群体在所有领域都拥有智慧，那么这种智慧就属全知全

能的智慧,也叫"全领域的智慧"或"完全泛情境的智慧"。汪凤炎认为,较之新手和普通民众,智慧者在其擅长领域往往更易展现智慧行为,即智慧者在其擅长领域往往有更稳定的智慧表现。从这个意义上说,特定领域内的智慧有一定特质论色彩,个体或群体一旦成为某个或某几个领域内的智慧者或智慧群体,其智慧行为就相对稳定(汪凤炎,傅绪荣,2017)。然而,对人类而言,无论是良好道德品质还是实用知识或良好思维方式,都有多种类型和水平,任何人都无法拥有全部且高水平的良好道德品质、全部的实用知识和所有高水平的良好思维方式。具体而言,品德上,虽然真正优秀的道德品质一定是特质型的(泛情境型的)而非情境型的,但柳下惠、颜回、庄子这样拥有特质型优秀道德品质的人极少,绝大多数人的道德行为具有明显的情境性,即治世易展现优秀道德行为,乱世易展现缺德行为。在聪明才智方面,科学诞生之前,人类的知识从数量上讲相对有限,而且未出现细致分科,相对而言,那时人类的聪明才智在性质上多偏向做人方面并有较强泛情境性,不过,在科技日新月异且学科分化严重的当代,几乎再不可能出现百科全书式的大学者,即每个人的知识都分领域,个体都仅在一个或几个擅长领域内拥有一定水平的聪明才智,在不擅长的领域则几乎没有任何聪明才智。相应地,虽然每个人都是一个角色丛,但任何人都无法胜任所有角色,无法将其扮演的所有角色都做到最好。因此,无论是个体还是群体,其智慧不可能像特质人格那样是完全泛情境性的,而往往具一定专业领域性,并与其扮演的某种或某几种专家角色呈高度正相关。例如,孔子作为一名教育家和人生哲学家在教育和哲学领域拥有高超的智慧,但缺少自然科学领域的智慧;爱因斯坦作为一位世界知名物理学家,在物理学领域有卓越智慧,但无论是作为丈夫还是父亲,均不称职,因而在做人上谈不上有智慧。

稍加比较可知,汪凤炎对智慧作特定领域内与全知全能两类划分的观点,与斯腾伯格按领域宽窄划分智慧的方法有相通之处;二者的区别则主要在特定领域的数量上,斯腾伯格的普遍性领域的智慧仅对应特定领域数量在两个及以上的情况,但达不到全知全能的智慧的程度,其特殊性领域的智慧仅对应特定领域数量为一时的特定领域内的智慧。不过,斯腾伯格的智慧分类比汪凤炎的智慧分类在维度上多一个"深度",显得更有解释力。

2019年年底,汪凤炎综合自己与斯腾伯格对智慧分类的长处,按智慧涉及领域的多寡,再次将智慧分为特定领域内的智慧、普遍性领域的智慧(domain-general wisdom)和全知全能的智慧三种。如果个体或群体只在某个擅长的领域内拥有智慧而在其他非擅长的领域内不拥有智慧,或者,个体在某个擅长的领域内拥有的智慧不能迁移到其他擅长的领域,则这种智慧就属特定领域内的智慧。如果个体或群体在两个或多个擅长的领域内拥有智慧而在其他非擅长的领域内不拥有智慧,而且这种智慧在擅长的两个或多个领域内能通用,从而在一定范围内带有某种普遍性,则这种智慧就属普遍性领域的智慧。根据此定义,如果个体或群体虽在两个或多个擅长的领域内拥有智慧,在其他非擅长的领域内不拥有智慧,但在这两个或多个擅长的领域内拥有的每一种智慧均不能做到在其他擅长的领域内通用,则这种智慧仍属特定领域内的智慧,只不过表明个体同时拥有两个或多个特定领域内的智慧。假若个体或群体在所有领域内都拥有智慧,那么这种智慧就属全知全能的智慧,也叫"全体领域的智慧"或"完全泛情境的特质型智慧"。在此基础上,再按智慧的深浅分,这三种智慧中的每一种均可分为深和浅两种,总计便有六种智慧(如表 5-2 所示)。

表 5-2　智慧的种类(Sternberg & Glück,2019,pp.5-6)

领域的宽窄	智慧的深度	
	深	浅
特定领域内	特定领域内的深智慧	特定领域内的浅智慧
普遍性领域	普遍性领域的深智慧	普遍性领域的浅智慧
所有领域	全知全能的深智慧	全知全能的浅智慧

巴菲特(Warren E. Buffett)的人生座右铭是:"了解你的能力圈并坚守在圈中。圈的大小并没有那么重要,知道自己能力圈的边界才是至关重要的。"在人类社会,就个体的聪明才智而言,一定有一个巴菲特说的"能力圈"。圈内是个体精通的技能,个体对圈外的东西则是一知半解甚至一窍不通。因此,在其擅长领域拥有智慧的个体一旦跨界,遇到来自非其擅长领域的复杂问题时,往往就无聪明才智可言,自然也就无智慧可言。例如,《论语·子路》记载:"樊迟请学稼。子曰:'吾不如老农。'请学为圃。曰:'吾不如老圃。'"作为一名著名的教育家和人生哲学家,孔子在其擅长的领域内拥有高超且稳定的智慧,一旦跨界到自然科学领域,孔子便缺少智慧。因此,当孔子的学生问孔子如何种庄稼、如何做园艺时,孔子无法给出明确的指导,自然也无法展现智慧。又如前文已提到的,爱因斯坦作为一位物理学家,在物理学领域有卓越且稳定的智慧,但在生活中是一个不算称职的丈夫和父亲,故谈不上拥有德慧。这两个典型例证证明,个体的智慧是分领域的,但这绝不表明个体的智慧在其擅长的领域也处于波动状态。换言之,只有佛祖、上帝、强人工智能等(汪凤炎,魏新东,2018)拥有全知全能的智慧,人世间的任何个体或群体拥有的智慧多是特定领域内的智慧,仅少数人拥有普遍性领域的智慧,但人类不可能拥有全知全能的智慧(Zhang et al.,2022)。

二、人慧与物慧

(一) 人慧与物慧的内涵

人慧与物慧这一智慧分类由汪凤炎于 2013 年提出。人慧(humane wisdom)有广义与狭义之分。广义人慧是人类智慧(mankind wisdom)的简称,目前与之相对的是神的智慧(god wisdom, divinity wisdom)和动物的智慧(animal wisdom),人工智能若发展到人工智慧,则还与人工智慧相对。狭义人慧指个体或集体在处理人生问题或复杂人文社会科学问题时展现的智慧,与物慧相对。人慧往往与人心有关,故而得名。换言之,从素质的角度看,狭义人慧指个体在其智力与人文社会科学知识的基础上,经由经验与练习习得的一种德才一体的综合心理素质。罗希(Rosch,1975)提出的原型说(prototype theory)告诉人们,概念主要以原型,即其最佳实例来表示,人们主要从最能说明概念的一个典型实例来理解概念。从这个角度看,孔子、甘地、马丁·路德·金等人可视作人慧者的原型,他们身上展现出来的智慧可视作人慧的原型。因此,典型的人慧者一般是"人文社会学家＋良好道德品质或善人"的合金(汪凤炎,郑红,2014,p.228)。借鉴以恶意创造力任务评估个体恶意创造力表现的做法(Hao et al.,2020),可以用善意创造力任务评估个体的人慧表现,即要求个体尽可能多地就人文社会科学领域某一开放性问题报告新颖且利他的解决方案。评价指标则包括流畅性、新颖性和利他性三个。流畅性和新颖性的评分标准与恶意创造力的评估相同。利他性指生成观点的利他程度。5名评分者各自就每个观点的利他性进行5点评分,每个观点的利他性得分为5名评分者的评分均值。被试所有观点的利他性得分均值为其最终利他性得分。限于本书旨趣,若无特别说明,本书所讲的"智慧"均指人类的智慧,而非动物的智慧或神的智慧,并且,若无特别说明,本书所讲的"人慧"均指狭义人慧,而用"人类智慧"或"人类的智慧"来指称广义人慧。

物慧是个体或集体在研究客观事物的规律或运用从客观事物身上获取的规律以适应或改造环境时展现的智慧。换言之,物慧是自然智慧(natural wisdom)的简称。从素质的角度看,物慧是个体在其智力与自然科学知识的基础上,经由经验与练习习得的一种德才一体的综合心理素质(汪凤炎,郑红,2014,p.229)。依据原型说,爱因斯坦可视作物慧者的原型,其展现的智慧可视作物慧的原型。因此,典型的物慧者一般是"自然科学家＋良好道德品质或善人"的合金。而且,若与保卢斯等人(Paulhus, Wehr, Harms, & Strasser, 2002)的一项研究结果相比较,物慧与科学智力对应的原型几乎一样,这暗示物慧与科学智力是两个名异实同的概念。对物慧的评估可借鉴以善意创造力任务评估个体人慧表现的做法,以善意创造力任务评估个体的物慧表现,即要求个体尽可能多地就自然科学领域某一开放性问题报告新颖且利他的解决方案。评估标准及计分方法同人慧。

人慧与物慧这一智慧分类已得到一定实证研究的支持。陈浩彬与汪凤炎(2016)进行的一项基于智慧描述词和提名智慧者的分类的实证研究考察了51名硕士生对给定智慧描述词和提名智慧者的分类。多维标度分析与聚类分析表明,40个智慧描述词的语义空间包括"人文才能或科技才能"和"内在特质或外在表现"两个维度,分为自然科学才能、社会科学才能和人文科学才能三类;40个提名智慧者的语义空间包括"自然科学者或人文社科者"和"人际的或个人内的"两个维度,分为自然智慧者、社会智慧者和人文智慧者三类。综合以上分类结果和中西智慧文化,根据智慧内包含才能或能力的性质或要解决的问题性质,该研究认为,智慧可分为人慧与物慧两大类型。

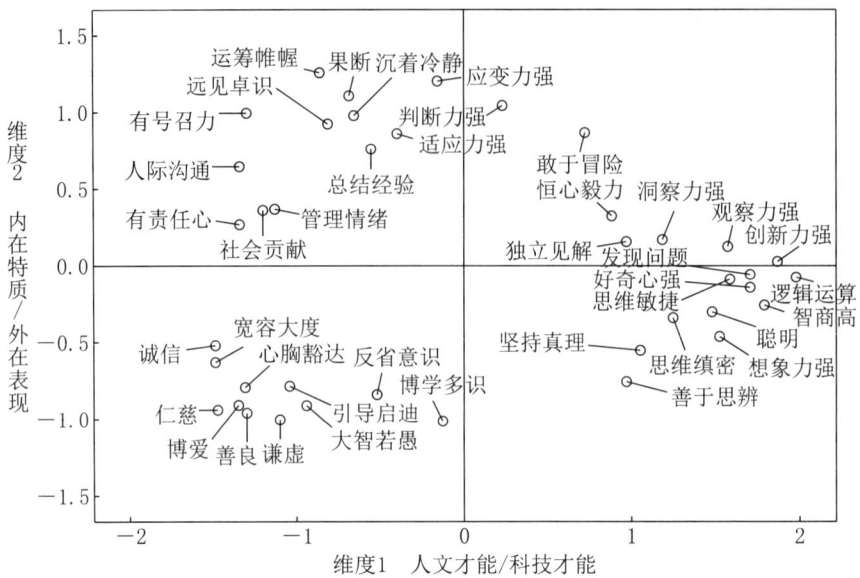

图 5-2 被试对智慧描述词分类的语义空间图

(陈浩彬,汪凤炎,2016)

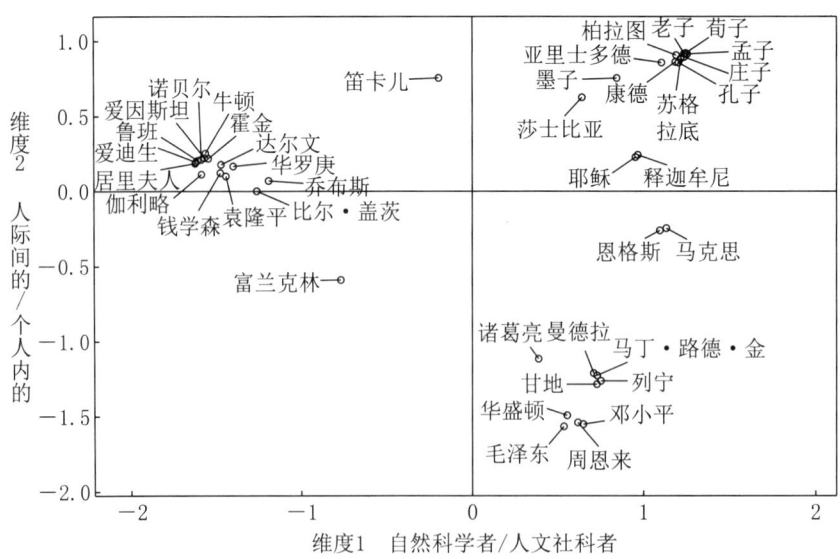

图 5-3 被试对提名智慧者分类的语义空间图

(陈浩彬,汪凤炎,2016)

(二)人慧与物慧的关系

人慧与物慧既然同属于智慧下面平行的两个子类,二者之间显然有一定联系:从本质上看,二者都是良好品德与聪明才智的合金,都蕴含一定的良好品德。但是,人慧与物慧涉及的聪明才智的性质不同:人慧里蕴含的聪明才智主要体现在人文社会科学领域,物慧里蕴含的聪明才智主要体现在研究自然科学方面(见图 5-4、图 5-5)(汪凤炎,郑红,2014,p.236)。因此,如果设置一个须用人慧解决的问题情境甲,一个须用物慧解决的问题情境乙,然后采取分层抽样的方式,挑选只擅长解决人生问题的被试作为 A 组,挑选只擅长解决自然科学问题的被试作为 B 组,运用组内设计,将 A、B 两组被试都置于甲、乙两种问题情境中,可以预测,A 组被试在甲问题情境里得分高而在乙问题情境里得分低,B 组被试在甲问题情境里得分低而在乙问题情境里得分高,且 A、B 两组间得分有显著差异,从而证明人慧与物慧两种智慧类型不但存在,而且有时很难作正迁移,因为二者分属不同的智慧类型,需要不同的才华。

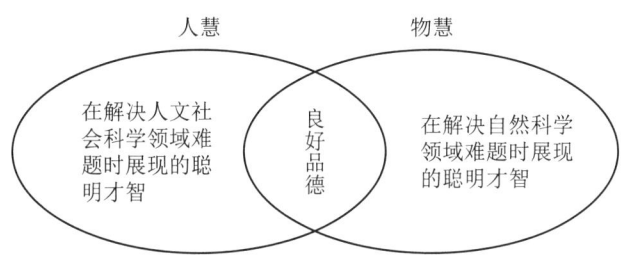

图 5-4　人慧与物慧的关系平面示意图

(汪凤炎,郑红,2014,p.236)

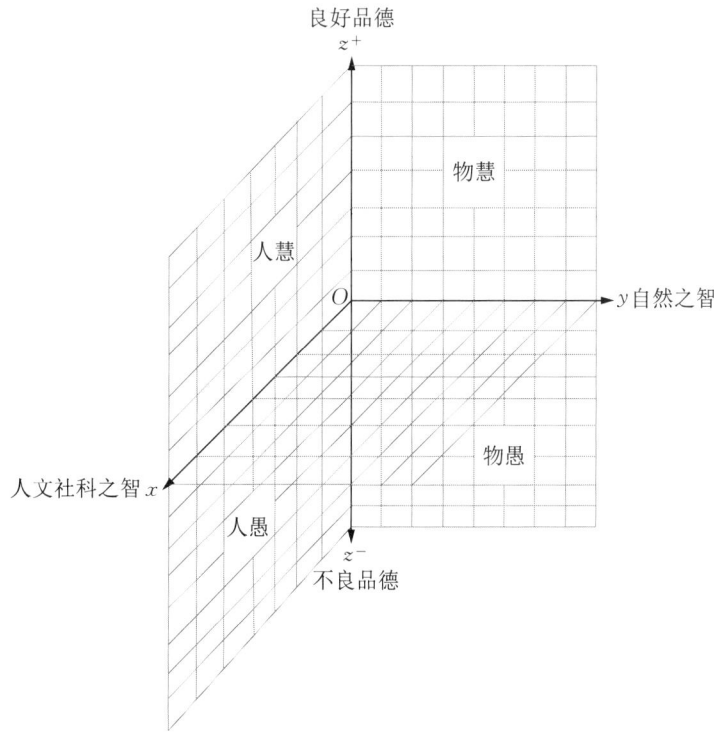

图 5-5　人慧与物慧的关系立体示意图

(汪凤炎,郑红,2015)

图 5-5 是人慧与物慧的关系立体示意图。在这个三维坐标图中,x 轴代表个体在人文社会科学领域展现的聪明才智,简称"人文社科之智",并且,从里(起点是"0")往外,个体的人文社科之智越高;y 轴代表个体在自然科学领域展现的聪明才智,简称"自然之智",并且,从左(起点是"0")往右,个体的自然之智越高;z^+ 轴代表个体的良好品德,并且,从下(起点是"0")往上,个体的良好品德发展水平越高;z^- 轴代表个体的不良品德,并且,从上(起点是"0")往下,个体越来越缺德。坐标轴上的"0",从道德角度看,代表个体的行为处于前道德阶段;从人文社科之智或自然之智的角度看,代表个体无人文社科之智或自然之智。因此,x 轴与 z^+ 轴组成的平面 xz^+ 代表人慧,类似心理学意义上,个体在人文社会科学领域展现的正创造力(positive creativity),并且,其面积越大,个体的人慧水平越高;y 轴与 z^+ 轴组成的平面 yz^+ 代表物慧,类似心理学意义上,个体在自然科学领域展现的正创造力,并且,其面积越大,个体的物慧水平越高;x 轴与 z^- 轴组成的平面 xz^- 代表个体在人文社会科学领域展现的负创造力(negative creativity)或人愚,并且,其面积越大,个体在人文社会科学领域展现的负创造力或人愚水平越高;y 轴与 z^- 轴组成的平面 yz^- 代表个体在自然科学领域展现的负创造力或物愚,并且,其面积越大,个体在自然科学领域展现的负创造力或物愚水平越高;x 轴与 y 轴组成的平面 xy 则代表聪明才智,其面积越大,个体的聪明才智越高(汪凤炎,郑红,2015)。之所以将平面 xy 作为底面,是因为聪明才智是个体做人(含修德)、做事的前提。

正因为人慧与物慧之间存在天然联系,一个人慧者若继续学习和钻研理、工、农、医等纯粹自然科学领域的知识,并善于在研究过程中做到"人法自然",自然也能更好地促进其人慧的不断完善;更进一步言之,如果一个人慧者能在理、工、农、医等纯粹自然科学领域取得一定的造诣甚至很高的造诣,并用以为绝大多数人谋福祉,则会使自己最终发展成一个兼具人慧与物慧的智慧者。与此类似,一个物慧者如果继续学习和钻研人文社会科学领域的知识,并身体力行,同样也能更好地促进其物慧的不断完善;更进一步言之,假若一个物慧者能在人文社会科学领域取得一定的造诣甚至很高的造诣,并用以为绝大多数人谋福祉,最终也会发展成一个兼具人慧与物慧的智慧者(汪凤炎,郑红,2014,p.236)。

在人慧与物慧的分类下,加入不同的发展水平,经排列组合,能生成纷繁复杂的智慧子类型,如图 5-6 所示。需要指出四点:(1)根据图 5-6,任何一种聪明才智只要与良好品德形成合金,便能生成一种新的智慧子类型。(2)尽管古代中国人普遍有"道德高于技术"的观念,当代中国人则普遍持有"重理轻文、重技术轻基础"的观念,但这两种观念实际上都是片面的,今人万不可受上述错误观念的影响,进而持"德慧高于物慧"或"纯粹人慧型智慧低于纯粹物慧型智慧、纯粹物慧型智慧低于人慧物慧兼有型智慧"的错误观念,因为只有在同一种智慧类型之间才能比较量的大小,不同智慧类型之间不具可比性,而且每一种智慧类型只要发展到极致,都是大智慧。(3)与多元智慧相一致,现实生活里智慧者的类型实也是多种多样的。因此,多元智慧理论可为因材施教、个性教育和职业生涯规划提供扎实的理论依据。(4)从智慧教育的角度看,个体能做到具有真智慧固然很好,能够最终成为一个大智慧者自然更好,但任何个体的品德发展都有一个循序渐进的过程,不同个体之间的智商有高低之别,不同个体拥有的知识经验与机遇也有多寡之分……总之,由于主客观方面的因素不同,不能要求人人的品德都很高尚,更不能要求人人的才智都获得高水平发展。这意味着,不能将智慧教育的目标只锁定在培育大智慧者上,还宜将培育小智慧者作为目标之一,对于教育对象是年少的儿童的学前教育和中小学教育,以及教育对象是智能不足者的特殊教育而言,往往更是只能将培育小智慧者作为其教育目标。毕竟,由不同类型或水平的德与才组成的六种类型人物(智能不足者、恶人、小聪明者、常人、善人、智慧者)中,只有大恶人、小恶人、小聪明者三种人物类型是绝不能成为教育目标的,而各式各类的智慧者、善人与常人则都可以成为某一类型或某一阶段教育的目标(汪凤炎,郑红,2014,p.260)。

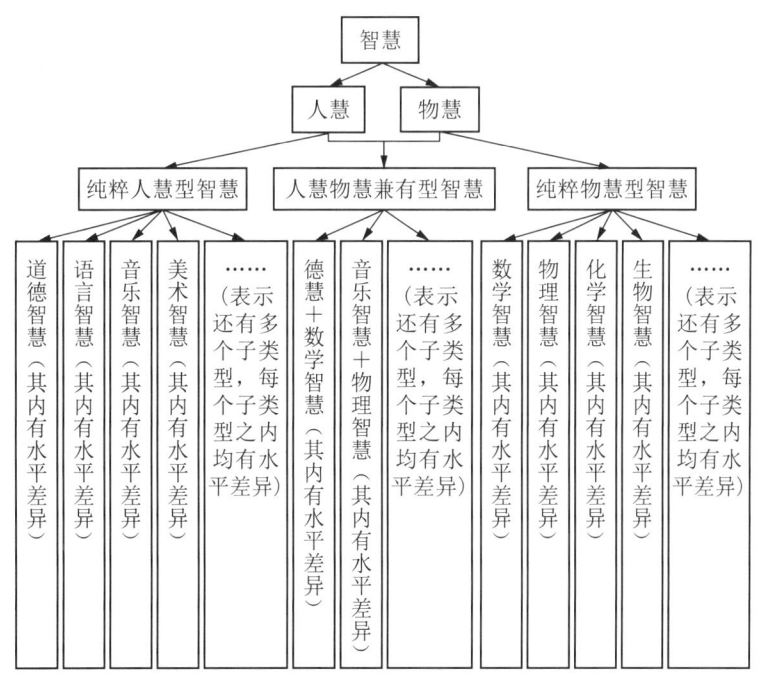

图 5-6 多元智慧示意图

(汪凤炎,郑红,2014,p.261)

(三) 人慧与物慧分类的意义

人慧与物慧的智慧分类至少有三个重要意义。

1. 有助于进一步拓展智慧的研究领域

用人慧与物慧的眼光看,当前智慧心理学领域研究的智慧均主要指人慧中的德慧,基本不涉及人慧中的其他子类型,更不涉及物慧,这便窄化了智慧心理学的研究主题。人慧与物慧的分类让人清楚认识到智慧不仅与优秀的道德品质(包括优秀的人格特质在内)和良好的思维方式有关,除德慧不需专业知识外,其他类型的智慧尤其是物慧还与专业知识密切相关。同时,让人看到人慧与物慧之间的异同,为智慧的研究范式、智慧测量、智慧管理等带来一系列新的研究主题(汪凤炎,郑红,2014,pp.237-238)。例如,相对而言,全球化背景下,做人带有较大的文化普适性,如果智慧测量时测量的是德慧,它就带有较大的跨时空、跨情境的稳定性。又如,物慧的测量因要用到大量专业知识,就一定具有明显的专业领域性,此时,除非被试是通才,否则,"隔行如隔山",一旦超出其专业领域,即便被试有一颗善心,会反思和辩证,也无法展现物慧,毕竟"巧妇难为无米之炊"。

2. 有助于因材施教

人慧与物慧的分类蕴含的是一种多元智慧观,意味着任何一种聪明才智只要与良好品德形成合金,就能生成一种新的智慧子类型,因此,可依据不同的聪明才智将智慧分成多种子类型。同时,这种多元智慧观包含的多元智慧可进行培育,因为每种聪明才智只要用于为善便是智慧。对绝大多数智商正常者而言,其聪明才智中,除液态智力是天生的外,实用知识、良好思维方式和良好道德品质均是后天习得。对各级各类教育而言,这就为因材施教提供了理论依据;对各级各类管理部门而言,这有利于根据工作岗位的特点,有针对性地培养和选择相应的智慧型人才(汪凤炎,郑红,2014,p.246)。

3. 有助于认识不同智慧类型在中西方文化中的不同命运和性别差异

一般而言,从文化上看,中国文化尤其是传统文化更推崇德慧;西方文化在推崇人慧的前提下更推崇物慧;从性别上看,男性在物慧上有更好表现,女性则在德慧上表现得更好。阿尔德温(Aldwin,2009)的一项研究表明,男女两性在智慧总分上没有显著差异,但男性在认知维度上表现更好,女性在人际关系维度上表现更好,这从侧面印证了智慧在性别上有一定差异。因此,区分人慧与物慧,可帮助人们更深入地看清不同类型的智慧在中西方文化中的不同命运和性别差异(汪凤炎,郑红,2014,pp.240-245)。

三、真智慧与类智慧

(一) 真智慧与类智慧的内涵

从创造是真创造还是类创造的角度,可将智慧分为真智慧与类智慧两种类型。从心理素质角度看,真智慧是个体在其智力与知识的基础上,经由经验与练习习得的一种能让其产生对全人类而言都具新颖性和有社会价值的创造性成果的智慧。类智慧(quasi-wisdom)指个体在其智力与知识的基础上,经由经验与练习习得的一种只能让其产生具社会价值,但只对自身而言具新颖性的创造性成果的智慧。

根据上述定义可知,真智慧与类智慧的共同之处在于:二者不但都是聪明才智与良好品德的合金,而且其心理结构与心智加工过程类似。真智慧与类智慧的区别在于:真智慧能产生对全人类而言都具新颖性且有社会价值的创造性成果;而类智慧只能产生有社会价值,但只对个体自身而言具新颖性而对于他人不具新颖性的创造性成果(见图 5-7)。

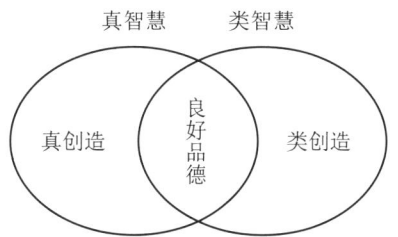

图 5-7 真智慧与类智慧的关系示意图

(汪凤炎,郑红,2014,p.255)

(二) 真智慧不一定是大智慧,类智慧不一定是小智慧

也许有人会说真智慧一定是大智慧而类智慧一定是小智慧,但事实并非如此。某些真智慧蕴含的真创造只属于小发明、小创造,其社会价值并不是很高,并不能进入大智慧的行列。与此不同,特殊情况下,包含类创造的类智慧的价值可以很大甚至极大。这种特殊情况主要有二:(1)对某种已失传的知识或技术的复制。这种创新虽只是一种类创造,但这种类创造仍极有价值。(2)独立研发他国保密知识或技术。这种背景下,科研人员通过自力更生获得的知识或技术,尽管从世界范围看并不新颖,但这种类创造的价值巨大,尤其是对提升一国国力和促进世界和谐发展等均有一定积极意义。可见,真智慧与类智慧中均既有小智慧也有大智慧。因此,在评价个体智慧的大小时,要考虑其思维方式或最终产出的新颖性或原创性,更要考虑其思想成果创造的社会价值的大小,切不可一味追求新颖性而轻视社会价值,从而过于强调真智慧的重要性而贬低类智慧的价值(汪凤炎,郑红,2014,pp.254-256)。

思考题

1. 请举例说明什么是真智慧和伪智慧。
2. 请举例说明什么是个人智慧和一般智慧。
3. 人慧与物慧的区别与联系是什么?
4. 请结合实例谈谈你对类智慧和真智慧的看法。
5. 什么是特定领域内的智慧、普遍性领域的智慧和全知全能的智慧?这种智慧分类有何现实意义?
6. 请提名两位典型的人慧者与物慧者,并简要说明理由。
7. 个体智慧与集体智慧之间有什么关系?如何更好地展现集体智慧?

第六章

智慧的生成与发展

内容摘要

本章共分四节。第一节概述智慧的脑机制。第二节探讨智慧与年龄的复杂关系。第三节揭示智慧与性别的复杂关系。第四节探讨智慧的生成样式、发展过程与影响因素。本章的重点是智慧的脑机制,以及智慧生成与发展的影响因素。

核心概念

亲社会行为　利他行为　共情　情绪共情　认知共情　行为共情　积极共情　消极共情　不确定性认知及其管理　智慧的增长模型　智慧的衰减模型　智慧的晶体模型　智慧的高原模型　智慧的综合模型　性别　生理上的性别　心理上的性别　社会性别　双性化　小智慧　中智慧　大智慧　风险决策　模糊决策　自我反省　创造性思维　人格适应　人格成长　五因素交互作用论

智慧是如何生成与发展的?为什么有些人有智慧甚至有大智慧,而有些人并没有智慧,至少没有大智慧?研究者大体上认可,智慧由个体通过生活经验发展而来,但并非每一个体都能通过积累生活经验拥有智慧。可见,智慧的产生与生活经验的多寡有关,更与人们处理生活经验的方式有关(Glück,2019)。因此,要弄清智慧的生成与发展,至少要解决四个问题:(1)智慧的脑机制;(2)智慧与年龄的关系;(3)智慧与性别的关系;(4)智慧的生成样式、发展过程与影响因素。下面就分四节依次探讨这四个问题。

第一节　智慧的脑机制

智慧是一个复杂的概念,目前尚无研究智慧脑机制的成熟仪器和研究范式。前人在研究其他心理过程的脑机制时,通常只会在基本厘清心理过程的内涵及其重要子成分、开发出成熟且高效的研究范式后,再基于行为实验法和量表法的熟练运用,考虑研究该心理过程的脑机制。遗憾的是,当前智慧心理学的研究历程较短,不同研究者建构的智慧理论之间仍存在较大分歧,研究范式仍处于不断修正和完善之中,无形推迟了探索智慧脑机制的进程。目前,暂未见有学人基于事件相关电位(ERP)、功能磁共振成像

(fMRI)、近红外脑功能成像系统等技术手段直接研究智慧的脑机制,现有涉及智慧脑机制的研究多以综述性论文的形式出现,它们对与智慧相关联的大脑区域进行了一些总结(Hall,2010;Jeste & Harris,2010;Meeks & Jeste,2009;Sanders & Jeste,2013),如基于文献综述建构的智慧的神经生物学模型(neurobiology of wisdom)。此外,对智慧重要子成分的脑机制的研究已取得一定进展,这些研究成果可在一定程度上帮助人们认识智慧的脑机制。

一、智慧的神经生物学模型

米克斯和杰斯特(Meeks & Jeste,2009)首次对可能涉及智慧的神经生物学文献作了综述。在此基础上,他们提出了智慧的神经生物学模型,推测智慧的主要成分,即社会决策、情绪调节、亲社会行为、自我反省、接受不确定性、果断和灵性,似乎主要定位于前额皮层和边缘纹状体(见图 6-1),但这一推测还有待进一步检验。

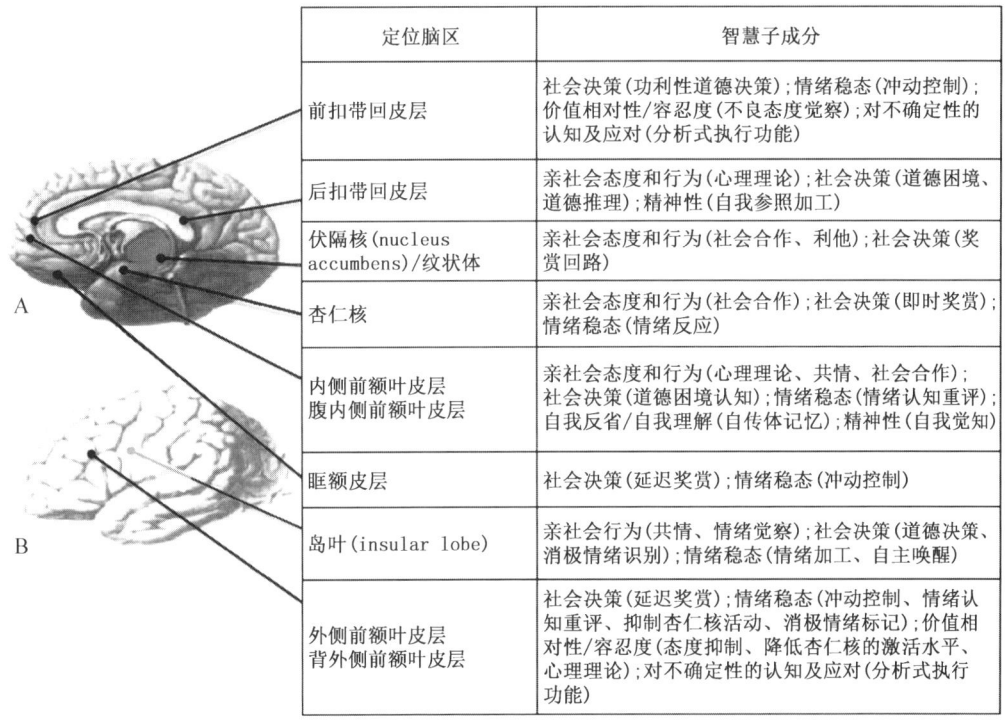

定位脑区	智慧子成分
前扣带回皮层	社会决策(功利性道德决策);情绪稳态(冲动控制);价值相对性/容忍度(不良态度觉察);对不确定性的认知及应对(分析式执行功能)
后扣带回皮层	亲社会态度和行为(心理理论);社会决策(道德困境、道德推理);精神性(自我参照加工)
伏隔核(nucleus accumbens)/纹状体	亲社会态度和行为(社会合作、利他);社会决策(奖赏回路)
杏仁核	亲社会态度和行为(社会合作);社会决策(即时奖赏);情绪稳态(情绪反应)
内侧前额叶皮层 腹内侧前额叶皮层	亲社会态度和行为(心理理论、共情、社会合作);社会决策(道德困境认知);情绪稳态(情绪认知重评);自我反省/自我理解(自传体记忆);精神性(自我觉知)
眶额皮层	社会决策(延迟奖赏);情绪稳态(冲动控制)
岛叶(insular lobe)	亲社会行为(共情、情绪觉察);社会决策(道德决策、消极情绪识别);情绪稳态(情绪加工、自主唤醒)
外侧前额叶皮层 背外侧前额叶皮层	社会决策(延迟奖赏);情绪稳态(冲动控制、情绪认知重评、抑制杏仁核活动、消极情绪标记);价值相对性/容忍度(态度抑制、降低杏仁核的激活水平、心理理论);对不确定性的认知及应对(分析式执行功能)

图 6-1 智慧的神经生物学模型
(Lee & Jeste,2019)

二、智慧重要子成分的脑机制

智慧的重要子成分主要包括亲社会行为、不确定性认知及其管理、自我反省、情绪稳定性和创造性思维等,它们各有其特殊的脑机制。

(一) 亲社会行为的脑机制

亲社会行为(prosocial behavior)指一切有益于他人和社会的积极的适应性社会行为。与亲社会行为相关的一个概念是利他行为(altruistic behavior)。利他行为指关心他人(个人或群体)利益而不考虑自己利益的行为。换言之,利他行为是个体通过自身努力乃至牺牲自身利益来提高他人福利的行为。利他行为的特点是自愿做出有益于他人的事,而不期望得到任何回报,甚至没有要给人留下好印象的想法。个体做出利他行为时不一定非要自我牺牲,有时也可能仅是举手之劳。常见的利他行为包括帮助行为、合作行为、资源分享、慈善捐赠、志愿活动等。亲社会行为不一定由利他主义引起。亲社会行为可以是出于某种目的的助人行为,因而是一个比利他行为更宽泛的概念。任何对他人或群体乃至社会有好处的行为都属亲社会行为,如助人、分享、谦让、合作、自我牺牲等。这种行为可能是直接的,也可能是间接的;既包括一切积极的、有社会责任感的行为,也包括符合社会道德标准的侵犯行为。例如,司法人员的正当执法行为,父母或教师对儿童的适当惩罚,这些行为虽具有潜在伤害性,但合乎社会要求,其目的不是伤害,在一定意义上是积极的,属于亲社会行为(《中国大百科全书》第三版心理学编委会,2021,p.231)。由此可见,利他行为是亲社会行为内的一个子概念。综上所论,从利己与利他和损己与损他角度看,亲社会行为包括四大类:(1)既利己又利他的行为,如合作;(2)不利己和损己但利他的行为,如举手之劳式助人行为;(3)损己而利他的行为,如自我牺牲;(4)损他而利社会的行为,如司法人员的正当执法行为。

1. 共情的脑机制

有研究者对近30年亲社会行为与共情的关系的实证研究进行元分析,发现二者之间存在显著正相关(丁凤琴,陆朝晖,2016)。这意味着,个体的共情水平越高,越能感知和辨别他人的求助诉求与感受,从而越频繁地做出亲社会行为。

有人认为,共情(empathy)指个体知觉和理解他人的情绪并作出适当行为反应的能力(Decety & Svetlova, 2012; Decety et al., 2016)。也有人认为,共情是个体在与人交往过程中理解和共享他人情绪状态的倾向,是产生亲社会行为的基础(Frans, 2008;魏高峡,满晓霞,盖力锟,等,2021)。还有人认为,共情,又称"同感""共感""同理心",指心理咨询师准确体会和认识来访者内心世界并将这种体会和认识传达给来访者的态度与能力,是来访者中心疗法的核心概念(《中国大百科全书》第三版心理学编委会,2021,p.97)。尽管由于词源和翻译的问题(颜志强,苏金龙,苏彦捷,2018)以及对共情中包含成分的理解存在差异(Decety & Jackson, 2004),人们对共情的界定具有较大争论,时至今日仍有分歧,但大多数研究已表明,镜像神经网络是共情脑机制的重要组成部分。共情包括的脑区主要有额下回(inferior frontal gyrus)、颞上沟(superior temporal sulcus)、顶下小叶(inferior parietal lobule)、前扣带回皮层(anterior cingulate cortex)、腹内侧前额叶皮层(ventromedial prefrontal cortex)、躯体感觉皮层(somatosensory cortex)以及皮层下脑区,如杏仁核

(amygdala)、前脑岛(anterior insula)、后扣带回(posterior cingulate gyrus)等。其中,额下回、颞上沟和顶下小叶是镜像神经系统的关键脑区。因此,研究者认为,共情加工机制涉及包括镜像神经系统及相关边缘系统在内的更广泛的大脑网络(魏高峡,满晓霞,盖力锟,等,2021)。

与此同时,越来越多的研究者开始接受格莱德斯特恩(Gladstein,1983)提出的共情两成分理论。该理论认为,共情包括情绪共情(emotional empathy)和认知共情(cognitive empathy)两种独立成分。情绪共情是普遍意义上的共情,指个体感知到他人的情绪并产生与他人相似的情绪体验,认知共情指个体理解他人情绪产生的原因及该情绪背后的目的、企图与信仰等(Schulte-Rüther et al.,2011;潘彦谷,等,2012;肖凤秋,等,2014)。情绪共情和认知共情对应的脑区有所不同。情绪共情的神经网络为与情绪体验有关的区域,如前脑岛、前扣带回(anterior cingulate gyrus)和镜像神经系统,包括额下回、颞上沟和顶额叶皮层(Fan et al.,2011;Lamm et al.,2011;Pfeifer et al.,2008;Tholen et al.,2020;魏高峡,满晓霞,盖力锟,等,2021);认知共情与认知灵活性和心理理论(theory of mind)系统联系更为密切(竭婧,等,2017),其核心脑区是额下回(主要是环扣带回区域)、后顶叶(posterior parietal labe)、颞上沟、颞顶联合区(temporal-parietal junction)和颞极(temporal pole)等(潘彦谷,等,2012;Lev-Ran et al.,2012;肖凤秋,等,2014;Saxe & Powell,2006;魏高峡,满晓霞,盖力锟,等,2021)。萨克斯和韦克斯勒(Saxe & Wexler,2005)发现,个体接受他人的心理状态类信息时,右半球的颞顶联合区被显著激活。此外,持共情特质论的研究者发现,个体的共情特质水平越高,其对应脑区的激活程度越高。换言之,情感共情特质水平较高的个体,其内感觉系统和镜像神经系统的激活程度更强;认知共情特质水平较高的个体,心理理论系统与情绪加工脑区之间存在更强的联系(岳童,黄希庭,2016b)。还有人倾向将共情分为认知共情、情绪共情和行为共情三种成分。其中,行为共情的定义目前存在争议,有研究者认为行为共情是一种行动倾向,是对内在认知和情绪共情反应的外部表达;也有研究者提出,行为共情是一种表现情绪共情或认知共情的言语或非言语行为的倾向或状态。由于行为共情目前多停留在定义探讨阶段(Clark,Robertson,& Young,2019),实证研究较少,有关其脑机制的研究仍较缺乏(陈慧,等,2021)。

若以接受和理解到的他人情绪的效价为分类标准,可将共情分为积极共情和消极共情。积极共情指对他人积极情绪的感同身受,消极共情指对他人消极情绪的反应(Morelli et al.,2015;Sallquist et al.,2009)。它们的脑部表征区域是否一致,目前尚未对此达成一致。其中,一些研究者持相似观,主张积极共情和消极共情都与镜像神经系统和心理理论系统有关(竭婧,等,2017;岳童,黄希庭,2016a)。例如,莫雷利和利伯曼(Morelli & Lieberman,2013)发现,被试对他人快乐、悲伤和焦虑的图片进行共情时,内侧前额叶皮层(medial prefrontal cortex)、背内侧前额叶皮层(dorsomedial prefrontal cortex)和杏仁核均被激活。另一些研究者主张,积极共情和消极共情激活的神经网络并不相同。例如,拉姆等人(Lamm et al., 2015)发现,个体积极共情时,内侧眶额皮层(medial orbitofrontal cortex)得到激活,消极共情时则主要是右侧额岛皮层(right fronto-insular cortex)被激活。

2. 利他决策的计算和神经基础

以往研究主要从两方面探讨利他行为产生的机制。一方面,共情-利他假说(empathy-altruism hypothesis)认为,他人的不幸遭遇会诱发个体的共情反应,共情特质更强的个体会更愿意做出利他行为,帮助他人摆脱困境(Batson, Duncan et al., 1981; Batson, Batson et al., 1989; Batson, Eklund et al., 2007; FeldmanHall et al., 2015)。另一方面,代价-奖赏模型(cost-reward model)认为,基于经济人假设或理性人假设,个体在实施利他行为之前会权衡实施该行为可能付出的代价(包括时间、精力、金钱等方面的损耗)、收益或奖赏(包括提高地位、带来荣誉、改善情绪等),以及不提供帮助可能造成的损失,进而作出是否帮助他人的抉择。一般而言,收益若大于损失,个体做出利他行为的概率就大,而且收益越大,个体做出利他行为的概率越大,反之亦然(Piliavin et al., 1981; Penner et al., 2005)。不过,由于以往研究缺乏定量分析,个体在作出利他决策的过程中如何权衡自我利益与他人利益,这一计算过程如何在大脑中实现,代价-收益计算的过程是否以及如何受到个体人格特质(如共情特质)的影响等尚不明确。胡捷等人(Hu et al., 2021)的一项研究运用人际帮助实验范式,结合计算模型和功能磁共振成像技术,对以上问题进行了探讨。该研究每一轮的人际帮助任务中,被试可选择是否捐出一定数额的金钱帮助搭档免于接受相应的噪声刺激。研究者通过操纵噪声刺激的强弱(由弱到强共10个等级)量化匿名搭档接受帮助后的获益大小。噪声刺激较弱时,利他行为产生的获益较小;而噪声刺激较强时,利他行为产生的获益较大。被试愿意捐出的金钱数额则被作为测量个体利他行为的指标。在功能磁共振成像实验中,研究者参数化地操纵了每一轮任务中搭档将接受的噪声刺激强度(帮助行为的获益大小),以及被试将捐出的金钱数额(帮助行为的代价)。试验后,计算模型的分析结果表明,个体会对帮助行为的代价和获益大小进行非线性整合。这意味着,获益越大时,个体愿意付出的代价将非线性地提高。这一结果扩展了以往研究中对利他行为的线性计算假设,证实了非线性计算对刻画和解释个体利他行为的重要性。神经成像的结果则表明背侧前扣带皮层(dorsal anterior cigulate cortex)与右侧顶下小叶(right inferior parietal lobule)共同表征了利他行为的代价大小和获益大小,双侧背侧前脑岛(dorsal anterior insula)或额下回只参与了代价大小的表征(Hu et al., 2021)。

为进一步解释利他行为在不同个体之间存在巨大差异的原因,研究者进行了中介分析和被试间表征相似性分析(IS-RSA)。中介分析表明,更强的共情特质确实会提高个体在利他帮助任务中对他人获益的计算权重,并且,这一效应受到腹侧前脑岛(ventral anterior insula)或中脑岛(medial anterior insula)的完全中介。被试间表征相似性分析的结果则表明,在腹侧前脑岛或中脑岛和背外侧前额叶皮层(dorsolateral prefrontal cortex)具有更高表征相似性的个体会表现更加相似的利他倾向。这些结果共同表明,腹侧前脑岛或中脑岛和双侧背侧前脑岛或下额回作为脑岛(insula)中临近却不同的两个亚脑区参与了利他决策过程中不同的子加工过程(Hu et al.,2021)。

3. 社会合作行为的脑机制

社会合作行为是亲社会行为的重要表现形式之一(窦凯,等,2018)。社会困境决策中,个体合作动机的产生主要受奖赏加工系统(reward process system)、认知控制系统(cognitive control system)和社会认知系统(social cognitive system)三个系统的影响(窦凯,2016;袁博,2014;Declerck et al.,2013)。这三个系统的脑神经机制如图6-2所示。

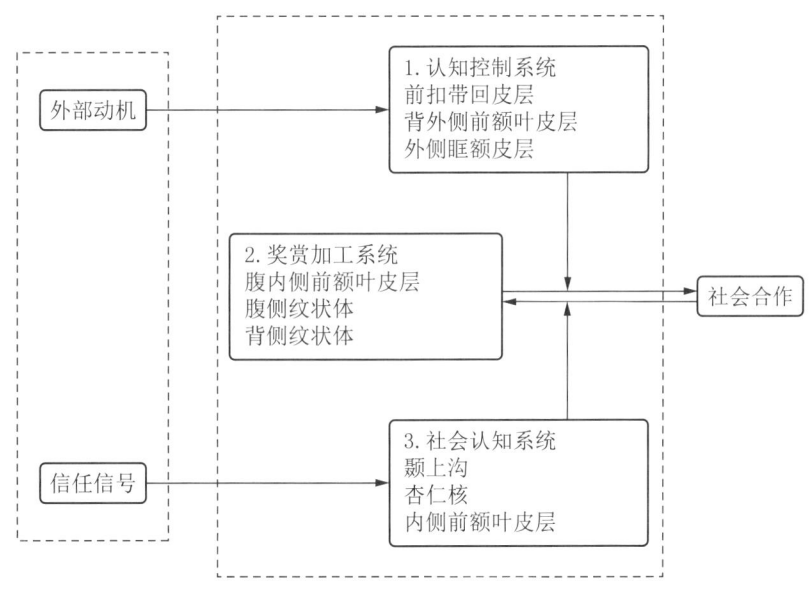

图 6-2 社会困境中的合作行为的脑神经机制

(Declerck et al.,2013)

认知控制系统主要涉及三个脑区,即前扣带回皮层、背外侧前额叶皮层和外侧眶额皮层(lOFC)。在这之中,前扣带回皮层负责监控相互竞争的动机(Rilling et al.,2002),如自我利益与集体利益的冲突、眼前利益与长远利益的冲突;背外侧前额叶皮层是工作记忆和执行功能的重要成分之一,提供认知能力以解决社会困境中的动机冲突,在判断当前收益和损失的过程中具有重要作用(Carter & van Veen,2007;Declerck et al.,2013),并与控制和抵抗自私冲动以获得更长远的合作利益有关(McClure et al.,2004);外侧眶额皮层与评估惩罚刺激(而非奖励刺激)密切相关(Kringelbach & Rolls,2004;Rilling et al.,2008)。

与奖赏加工系统相关的脑区有腹内侧前额叶皮层、腹侧纹状体(ventral striatum)和背侧纹状体(dorsal striatum)。这三个脑区都涉及对博弈结果的评估和对奖励的预期(Izuma et al., 2010; Knuston et al., 2005; Tricomi et al., 2004)。

社会认知系统涉及的脑区主要是颞上沟、杏仁核和内侧前额叶皮层。颞上沟和杏仁核负责评估博弈对手的可信赖程度(Frith & Frith, 2006)。其中,可信赖刺激主要激活颞上沟(Winston et al., 2002),不可信赖刺激主要激活杏仁核(Engell et al., 2007; Stone et al., 2003)。内侧前额叶皮层主要负责整合不同类型的跨期信息,以促进心智化任务的完成(窦凯,2016)。

(二) 不确定性认知及其管理的脑机制

不确定性认知及其管理指个体认识到未来之事无法预料,过去和现在发生的事也无法完全知晓,面对这些不确定性时,须竭力制订计划和进行决策,而不是采取回避或逃避的态度(Staudinger et al., 1994)。个体在不确定性决策(decision-making under uncertainty)中的表现可被用来判断其对不确定性的应对情况(蔡厚德,等,2012)。根据决策每一可能结果的概率的可知性,可将不确定性决策分为两类:(1)可预知不同可能结果的概率的决策,称为"风险决策"(risky decision-making),如掷骰子、抛硬币;(2)无法准确评估每一可能结果的概率的决策,称为"模糊决策"(ambiguous decision-making),如突发自然灾害(Levy et al., 2010)。

克赖因等人(Krain et al., 2006)对1999—2005年间的13项风险决策和14项模糊决策研究进行的元分析发现,风险决策范式主要包括爱荷华博弈任务(Iowa gambling task, IGT)和剑桥风险任务(Cambridge risk task, CRT),模糊决策范式主要有卡片任务和双选项预测任务等。风险决策激活的脑区主要是眶额皮层(orbitofrontal cortex)、喙侧前扣带回皮层(rostral anterior cingulate cortex)和顶叶皮层(parietal cortex),模糊决策则主要激活背外侧前额叶皮层、背侧前扣带回皮层以及膝下侧前扣带回皮层(subgenual anterior cingulate cortex)和顶叶皮层。可用"冷""热"执行功能模型(Zelazo & Ulrich, 2002)来理解这两类决策在脑机制上的差异(Krain, 2006)。"冷""热"执行功能模型主张将个体在复杂问题解决中的执行功能分为两类:(1)"热"执行功能,相较而言,更关注认知和情感的作用,个体的情感卷入度较高,或需要对刺激的情感意义进行主动评价,由眶额皮层和喙侧前扣带回皮层完成,与风险决策的任务特征更为符合;(2)"冷"执行功能,关注纯认知层面的加工,侧重对抽象的去情境化类问题的解决,对个体的认知加工水平要求更高,由背外侧前额叶皮层、背侧前扣带回皮层和膝下侧前扣带回皮层完成,与模糊决策更为贴合。

然而,保德尔等人(Poudel et al., 2020)进行的针对76项风险决策和41项模糊决策的元分析研究得到了不一样的结果。他们发现,风险决策更多地激活了前扣带回皮层、腹外侧前额叶皮层(ventrolateral prefrontal cortex)和纹状体(corpus striatum)。其中,前扣带回皮层与风险觉知和预期、奖赏预期、损失规避和风险行为结果的习得有关;纹状体与奖赏加工有关;腹外侧前额叶皮层与情绪相关的心理加工过程联系密切;模糊决策则更多地激活了背外侧前额叶皮层和右侧脑岛。

以上两个元分析所得结果存在较大差异，原因可能是不同的模糊范式之间不具对等性，因而所得结果不具可比性，风险决策同理。同时，部分范式自身的合理性和适用性存有争议（张凤华，等，2015）。以经典的爱荷华博弈任务范式为例，有些研究者将其视为模糊决策的经典范式（Van den Bosa et al.，2013），但也有不少研究者将其用于风险决策的研究（梁正，等，2019；徐四华，2012），因此，基于此范式所得的脑机制结论难以解释，准确性也难以保证。对此，张凤华等人（2015）和蔡厚德等人（2012）总结认为，爱荷华博弈任务范式本身便是模糊决策和风险决策的混合体，在爱荷华博弈任务的早期，个体不清楚游戏的盈利规则，多次试误后，个体依据决策行为的得失结果（反馈）以及伴随的情绪反应习得刺激与反应之间的特定联结，由此将模糊情境中的内隐规则外显化。爱荷华博弈任务的后期是对这些内隐规则的具体应用，此时，爱荷华博弈任务便不再是模糊决策而是风险决策。

专栏

爱荷华博弈任务简介

爱荷华博弈任务由艾奥瓦大学（The University of Iowa）的贝查拉等人（Bechara et al.，1994）编制而来，是目前运用最广泛的情感性决策研究范式之一。该范式包括四组外观和大小相同的纸牌（A、B、C、D纸牌组）。被试每次从任意一副牌中选择1张牌，事先不会被告知要进行多少次选择。被试的目的是尽可能避免损失以获得最大收益。不同纸牌组对应的奖励和惩罚金额不同。纸牌组A和B的即时收益较为丰厚，但潜在的惩罚金额较大，即潜在的风险较大。纸牌组C和D则与它们相反。具体设计为：从A纸牌组中翻开任意一张牌可获得100美元的奖励，但连续10次中会有5次150—350美元的惩罚；从B纸牌组中翻开任意一张牌可获得100美元的奖励，但连续10次中会有1次1 250美元的惩罚；从C纸牌组中翻开任意一张牌可获得50美元的奖励，但连续10次中会有5次50美元的惩罚；从D纸牌组中翻开任意一张牌可获得50美元的奖励，但连续10次中会有1次250美元的惩罚。从长远看，较之A和B纸牌组，C和D纸牌组更有利于实现个人收益最大化。不同纸牌组的奖励设计如图6-3所示。

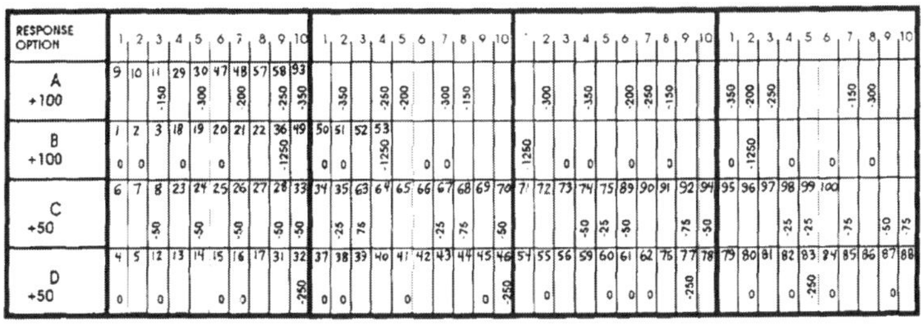

RESPONSE OPTION	1	2	3	4	5	6	7	8	9	10
A +100	9	10	11 -150	29	30 -300	47	48 -200	57	58 -250	93 -350
B +100	1 0	2 0	3	18 0	19	20 0	21	22	36 -1250	49
C +50	6	7	8 -50	23	24 -50	25	26 -50	27	28 -50	33 -50
D +50	4 0	5	12 0	13	14	15 0	16 0	17	31	32 -250

RESPONSE OPTION	1	2	3	4	5	6	7	8	9	10
A +100		-350		-250	-200		-300	-150		
B +100	50 0	51 0	52	53 -1250		0	0			
C +50	34	35 -25	63 75	64	65	66	67 -25	68 -75	69	70 -50
D +50	37 0	38 0	39	40	41 0	42	43	44	45 0	46 -250

RESPONSE OPTION	1	2	3	4	5	6	7	8	9	10
A +100		-300		-350		-200	-250	-150		
B +100	-1250		0	0		0		0		
C +50	71	72	73	74 -50	75 -25	89 -50	90	91	92 -75	94 -50
D +50	54	55 0	56	59	60 0	61 0	62 0	76	77 -250	78

RESPONSE OPTION	1	2	3	4	5	6	7	8	9	10
A +100	-350	-200	-250				-150	-300		
B +100	0	-1250		0		0		0		
C +50	95	96	97	98 -25	99 -25	100	-75		-50	-75
D +50	79	80 0	81	82 0	83 -250	84 0	85	86	87 0	88

图6-3 爱荷华博弈任务奖罚示意图

(三) 自我反省的脑机制

自我反省指个体对自身观点、感受和行为等方面的理解、审视和评价(Carver & Scheier, 1998; Grant et al., 2002)。从神经机制上看,自我反省与内侧前额叶皮层密切相关(Fossati et al., 2003; Holt et al., 2011; Johnson et al., 2002; Kelley et al., 2002)。例如,范德梅尔等人(Van der Meer, 2009)对自我反省与皮层中线结构(cortical midline structures)之关系进行的元分析发现,内侧前额叶皮层在自我反省中具有重要作用,而且内侧前额叶皮层的不同区域的具体功能有差异,具体表现在腹内侧前额叶皮层与自我反省过程中的情绪加工有关,背内侧前额叶皮层与评价和决策等认知过程有关。又如,詹金斯和米切尔(Jenkins & Mitchell, 2011)采用经典形容词判断任务探究自我反省的脑神经机制。研究者将被试随机分至实验组和控制组,实验组的任务是判断给定形容词与自身是否相符,控制组的任务是判断这些词与假定他人的符合程度。给定形容词包括三类:人格特质类(如勇敢的)、心境类(如无聊的)和身体特征类(如个子高的)。结果发现,较之控制组,实验组被试的内侧前额叶皮层区域的激活程度更强。

除内侧前额叶皮层外,脑岛和前扣带回(Modinos et al., 2009)以及后扣带回(Holt et al., 2011; Johnson et al., 2002)等脑区也与自我反省密切相关。例如,研究者采用功能磁共振成像技术比较被试在思考自我相关内容(如自身的职责与愿望)和非自我相关内容时的神经活动,前者为自我反省组,后者为控制组。结果发现,较之控制组,自我反省组的前扣带回和后扣带回区域更为活跃(Johnson et al., 2006)。

(四) 情绪稳定性的脑机制

根据情绪的调节过程模型(Gross, 1998; Gross & Barrett, 2011),情绪的发生包括五个阶段,不同阶段具有不同的情绪调节。这五个阶段依次为:(1)情境选择;(2)情境修正,即对当前情境的感知;(3)注意分配,即选择性注意某些刺激或其属性,获得集中注意的刺激进入下一阶段;(4)认知改变,即根据刺激与自身需求和目标的相关性评估其重要性;(5)反应调控。其中,认知改变和反应调控分别对应两种重要的情绪调节策略,即认知重评策略(cognitive reappraisal)和表达抑制策略(expressive suppression)。认知重评策略指对情绪刺激的含义进行重新解释,并赋予其更积极的意义;表达抑制策略指有意识地抑制当前或即将发生的情绪表达行为。

一般认为,情绪调节主要与杏仁核、内侧眶额皮层、双侧前额叶(prefrontal cortex)和前扣带回相关。杏仁核和内侧眶额皮层为情绪反应的相关脑区,双侧前额叶和前扣带回为情绪控制的相关脑区。这些脑区在认知重评策略和表达抑制策略中的激活程度有差异。

就情绪反应的相关脑区而言,杏仁核在促进情绪性刺激的注意捕获和增强其认知加工的过程中扮演了关键角色,其对情绪性刺激的加工包含早期不受注意资源制约的快速自动化加工成分和晚期受额顶叶皮层(frontoparietal contex)自下而上的注意调控的成分

(杜忆,等,2013)。研究发现,不同情绪调节策略对此情绪加工关键脑区的影响有所不同:认知重评策略能有效降低杏仁核对负性情绪刺激的激活,表达抑制则不会降低杏仁核的激活。例如,研究者呈现高消极情绪图片,要求实验组对该图片进行重新解读以改变对它的消极情绪反应,即进行认知重评,控制组的任务则是对图片进行自由情绪反应。结果发现,认知重评组被试的杏仁核激活程度降低(Ochsner et al.,2002;Phan et al.,2005)。被试被要求对消极情绪图片不作任何反应并尽量保持情绪稳定,即采用表达抑制策略时,被试的杏仁核激活程度无显著变化(Goldin et al.,2008)。至于另一重要脑区——内侧眶额皮层,主要负责情绪刺激的表征,认知重评策略可降低其激活程度,而表达抑制策略会使其激活程度提升(Ohira et al.,2006)。

就情绪控制的相关脑区而言,认知重评策略和表达抑制策略都与认知控制相关,因而都可诱发前额叶皮层和前扣带回的激活,但它们对应的具体区域有所不同。认知重评策略侧重对情绪事件的认知重构,监控最初产生的情绪评价与认知重构评价之间的冲突,监控情绪状态在重评过程中的改变,因而激活的是内外侧前额叶皮层和背部前扣带回区域(程利,等,2009;Rive et al.,2013)。例如,孙岩等人(2020)发现,与表达抑制策略相比,认知重评策略与前扣带回皮层联系更为紧密。前扣带回负责冲突和错误监控、注意资源的合理分配(蔡厚德,刘昌,2004),因而这一结果可能反映了采用认知重评策略的个体会将自身注意向积极方向转移(Zhao et al.,2012)。然而,表达抑制策略着重控制已发生或将要发生的外在情绪表现,因而会加强右侧腹外侧前额叶皮层的激活(程利,等,2009)。

此外,研究者发现,拥有不同情绪调节能力的个体,其大脑自发活动之间存在差异,个体的情绪调节能力越高,认知控制和默认网络的一些脑区[如辅助运动区(supplementary motor area)、楔前叶(precuneus)、顶下小叶、后扣带回等]的自发神经活动越强;情绪调节能力越低,加工情绪信息的脑区[如颞极、眶额叶、小脑(cerebellum)等]的自发神经活动越强(潘伟刚,2016)。

(五)创造性思维的脑机制

创造性思维(creative thinking)指应用新的方法解决问题并能产生新颖、有价值的结果的思维活动。创造性思维是创造力的具体表现,其基本特征是新颖性,表现为打破传统的问题解决方式,重新整合过去的经验,提出新的问题解决方法。1926 年,英国心理学家华莱士(G. Wallas)提出的创造性思维的四阶段(four steps for creative production)模型是当前最具代表性的创造性思维模型。该模型主张创造性思维包括四个阶段:(1)准备期,即个体通过阅读文献、与他人交流和实验等方式搜集并研究各种资料信息后,深入分析问题,从多方面探索,尝试解决问题;(2)酝酿期,即问题解决处于困境时,个体会暂时搁置问题转而从事其他活动,但会在无意识中继续思考和加工此问题;(3)明朗期,即通过无意识的加工,新的问题解决方案突然闪现,表现出顿悟的时刻;(4)验证期,即详细论述新的解决方案,验证方案的正确性,并对细节予以修正(《中国大百科全书》第三版心理学编委会,

2021，p.30）。如图 6-4 所示，这四个阶段的神经活动基础有所不同。

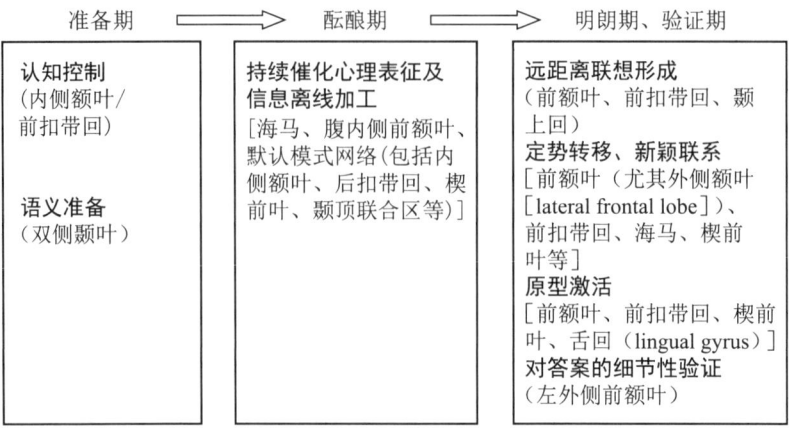

图 6-4 创造性思维四阶段神经基础
（詹慧佳，等，2015）

研究者从不同角度对创造性思维的脑机制进行积极探索，主要集中于发散思维、聚合思维、顿悟、原型启发、言语创造性和图画创造性等（刘春雷，等，2009）。沈汪兵等人（2015）通过对创造性思维的四个核心表征，即假设检验、顿悟思维、创新设计、定势-批判的脑机制的梳理与解析，总结出创造性思维需要多个脑区或脑网络的共同协作，其神经基础主要涉及前额叶、前扣带回、丘脑（thalamus）和顶下小叶等脑区。其中，前额叶负责认知和情感的功能整合与认知控制；前扣带回则与利益平衡、价值相对性容忍和自我反思密切相关；丘脑参与意识加工，同时在创造性思维的脑网络中具联络和"中继站"功能；顶下小叶负责行为规划和协助执行。

发散思维是创造性思维的核心，研究者大多采用替代性用途测试（alternative uses task）、词汇生成任务（verb generation task）和新奇隐喻任务（novel metaphor task）等范式对该思维进行探讨（孙江洲，2019）。科格德尔-布鲁克等人（Cogdell-Brooke et al.，2020）对健康个体在发散思维任务中脑激活模式的研究进行的元分析发现，发散思维的产生与四个脑区有关：(1) 左侧额下回（left inferior frontal gyrus）和中央前回（precentral gyrus），负责将松散遥远的概念组织形成创造性观点；(2) 左侧顶下小叶（left inferior parietal lobe），与创造性想法的产生、提取和缓存有关；(3) 额上回（superior gyrus）和额中回（medial frontal gyrus），与工作记忆有关，负责监控和灵活加工创新性想法，同时抑制不适宜的想法和解决方案；(4) 右小脑（right cerebellum），与发散思维任务中的语义加工过程密切相关。

罗劲及其团队（2004）对创造性思维的另一重要成分——顿悟的脑机制进行了丰富探讨。他主张，顿悟是一个瞬间实现的新旧视角的问题解决过程，包括打破旧的无效思路和实现新的有效问题解决思路两个方面。借助汉字组块破解任务、脑筋急转弯任务、字谜任务等范式,可将顿悟的脑机制定位于前额叶、扣带回、海马(hippocampus)、颞上回(superior temporal gyrus)、脑岛、楔前叶、楔叶(cuneus)等脑区(沈汪兵,等,2012;Luo & Niki,2003;Luo et al.,2004a,2004b,2006)。

根据创造性思维的双加工理论(dual-process theories)模型,创造性思维有时依靠无意识的自动化加工,有时基于有意识的控制性加工。其中,无意识的自动化加工是默认状态下的加工,是无意识的,具有快速和自动化的特点;有意识的控制性加工则是缓慢的、受意识控制的、需要较多认知资源参与的分析性加工(Evans,2009;Allen & Thomas,2011;罗俊龙,李奥斯卡,2018)。功能网络研究则表明,默认网络、突显网络、额顶控制网络的协作模式在创造性思维各阶段发生动态变化,这些网络在静息状态下的功能协作也与创造性有密切联系,高创造性个体的大脑自发性神经活动具有灵活易变的特点。有研究基于创造性思维的双加工模型认为,默认网络主要通过自发性联想在记忆系统中检索和提取新颖信息,控制网络负责根据任务要求对当前观点进行评估和选择,突显网络可能根据联想内容的新颖性负责默认网络与控制网络之间的灵活转换(何李,李彧,庄恺祥,等,2020)。

第二节 智慧与年龄

谈到"智慧""智慧者"时,您的脑海会浮现怎样的形象?是经验丰富的长者,还是聪颖灵活的少年?随着年龄的增长,我们会变得更有智慧吗?智慧在生命历程中有着怎样的发展模式?这些问题都是智慧与年龄的关系问题。心理学研究者已对智慧与年龄的关系进行了大量理论探讨和实证检验,绝大多数研究者认为,青少年期和成年早期是个体智慧的萌发期(Sternberg,2005;Brugman,2006),而成年期智慧与年龄的关系尚无定论。本节综合已有研究成果,分别系统评述增长模型、衰减模型、晶体模型、高原模型、综合模型五种观点。

一、增长模型:智慧与年龄呈正相关
(一)基本观点与证据支持
增长模型(positive model),也称"增长论",主张智慧随年龄增长而增长,在统计上表现为智慧与年龄呈正相关(Jordan,2005)。这种"老而智"的观点基本代表了大众的认识,因此,也有研究者称之为"(公众)广泛接受的观点"(Sternberg,2005)或"传统观点"(Meacham,1990)。

增长模型得到了一些证据支持。例如,《论语·为政》记载,孔子曾说:"吾十有五而志于学,三十而立,四十而不惑,五十而知天命,六十而耳顺,七十而从心所欲,不逾矩。"这是

支持"老而智"观点的经典证据。而智慧内隐理论研究也表明,常人往往会认为老年人更具智慧,因为老年人拥有更丰富的人生经验(Glück & Bluck,2013)。不过,这样的结果仅能代表普通人的智慧观,不能作为智慧与年龄呈正相关的直接证据。

"老而智"现象是否真的普遍存在且贯穿个体终生,需要直接对智慧与年龄的关系进行实证检验。杰斯特和奥斯瓦尔德(Jeste & Oswald,2014)通过梳理发现,智慧推理、决策(decision making)、情绪管理(emotional regulation)和积极性(positivity)、灵性(spirituality)、果断(decisiveness)等与智慧相关的心理素质都具有随年龄增长的趋势,可为增长模型提供间接的实证支持。一项早期研究可视为支持增长模型的直接证据。研究者采用自陈问卷对138名被试进行的为期25年的追踪研究发现,实践智慧的分数随年龄增长显著增加,而且这种增长趋势在临床心理学家身上更为明显(Wink & Helson,1997)。该研究的追踪时间起于个体30岁左右,止于55岁左右,至少可说明实践智慧在成年早期至成年中期呈上升趋势。同时,增长趋势的个体差异也暗示着,一些个体-情境变量可能具有加快智慧发展的作用。

(二) 简要评价

支持增长模型的实证证据存在一定缺陷。一方面,杰斯特和奥斯瓦尔德(Jeste & Oswald,2014)虽为增长模型寻求间接证据作了有益尝试,但这一证据过为间接,无法为增长模型提供强力支持。另一方面,温克和赫尔森(Wink & Helson,1997)的研究虽为增长模型提供了直接依据,却为孤证,且取样范围局限于成年早期至成年中期,无法充分揭示智慧与年龄的关系。

与此同时,从理论上看,纯粹的增长模型也有一定弊端。首先,增长模型强调积累生命经验的重要性,但经验本身并不足以生成智慧(Staudinger,1999;Glück & Bluck,2013)。其次,作为构成智慧中的聪明才智成分的一个要素的智力,尤其是液态智力,需一定生理基础。个体老化到一定程度后也会伴随智力尤其是液态智力的下降,进而出现认知能力的下降,甚至造成脑部结构的病变与萎缩,患上诸如阿尔茨海默病(Alzheimer disease)(老年痴呆症)等疾病,出现渐进性记忆障碍、认知功能障碍、人格改变、语言障碍等神经精神症状。2019年发表的一项调查数据表明,中国(除港澳台地区外)65岁及以上老人,阿尔茨海默病的加权患病率为5.6%(3.5—7.6)(Hung, et al. 2019)。这意味着,随着人口老龄化,阿尔茨海默病患者的绝对人数将越来越多。尤其是临近死亡的数年,伴随认知能力的严重衰退,即使是神经可塑性也无法弥补(Jeste & Oswald,2014)。因此,个体的智慧不可能随年龄的增长一直无限制地增长。最后,如第九章所论,若说前喻文化中易存在"老而智"现象,后喻文化中则易出现"老而愚"现象。

综上所论,由于缺乏有力的实证支持,理论上也存在一定缺陷,增长模型虽符合大众的日常经验,历史上,孔子等人也都持"老而智"的观点,但在当代心理学界,自埃里克森之后,除新皮亚杰主义外,几乎无人支持这一模型(王予灵,汪凤炎,2018)。

二、衰减模型:智慧与年龄呈负相关

(一) 基本观点

衰减模型(decline model)最早由米查姆(Meacham,1990)提出,也是已知文献中唯一坚持该观点的学者。衰减模型也称"衰减论",主张智慧自生命早期便不断衰退,在统计上表现为智慧与年龄呈负相关(Jordan,2005)。

衰减模型建立在反对增长模型的基础上。米查姆从两个方面批驳了增长模型:(1)专家的方法学悖论。大部分智慧研究者仍处在成年早期或成年中期,依增长模型的理论,他们显然不够智慧,那么,这些不够智慧的研究者如何能可靠地撰写智慧主题的文章?(2)常人的认知偏差。至少有三种认知偏差可能导致普通人持"老而智"观点:①观察的偏差。人们对智慧出现率(incidence of wisdom)的观察不充分,老年人的智慧往往更容易被人们观察到,对于其他年龄群体的智慧,人们往往视而不见。②归因的偏差。处在老龄化社会的年轻人往往对老年人持一种"老而无用"的刻板印象,如认知能力衰退、不适应新时代的发展,因而一旦观察到老年人的不凡表现,就会归因于智慧。③相信的偏差。年轻人面临种种人生挑战时,有向经验丰富的年长者求助的需要,因而在情感上需要相信这些年长者是智慧的。

为解决增长模型隐含的上述认知悖论,米查姆提出了衰减模型,并建构智慧二维空间理论解释人类在生命早期更具智慧的原因,以及人们的直觉经验为何与此相悖,绝大多数人又是如何随着年龄的增长而丧失智慧的。

(二) 智慧二维空间理论

1. 智慧的维度

米查姆认为,智慧包含本质和品质两个维度。(1)本质维度,即一个与发展无关的维度,表征智慧不变的本质。米查姆将智慧界定为对知识的批判态度,认为智慧者可在"确信己之所知"(knowing)与"怀疑知之真实"(doubting)之间达成一种平衡。在图 6-5 中,个体越接近"知"线与"疑"线的"中线"(智慧的适中路线)就越智慧。在该维度上,儿童较成

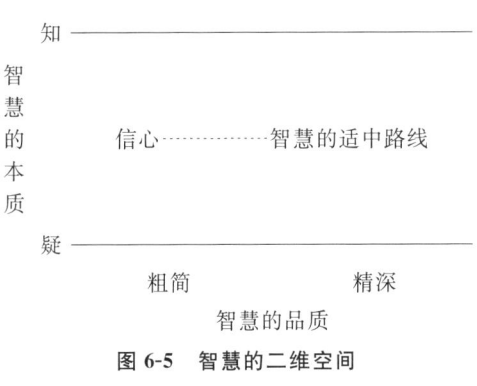

图 6-5 智慧的二维空间

(Meacham,1990,p.202)

人更为纯粹,往往恰好处于"知"与"疑"的平衡点或附近;成人受经验的影响偏向两极,或因于教条主义(过"知"),或流于怀疑主义(过"疑")。(2)品质维度,即一个发展的维度,与信息、经验、洞见等的积累有关,可由简单发展至深远。在该维度上,儿童一般处于粗简水平,而成人往往更为精深。品质维度的年龄差异与个体的直觉经验相符,但米查姆认为品质维度无法表征智慧的本质。

2. 衰减的因素

米查姆认为,偏离了"知"与"疑"的平衡就意味着智慧的衰减。他继而提出四种导致智慧随年龄衰减的因素:(1)积累(accumulation)。年龄的增长一般会为个体带来更多信息和经验,以及更大权势和成功。这种积累往往会使个体过于自信其"知",从而增加丧失智慧的风险(图6-5中,偏右上方,精深且盲信)。(2)刻板印象和偏执(stereotyping and intolerance)。随着年龄的增长,受社会氛围的影响而遵从刻板印象,个体盲信其"知",放弃对模糊、矛盾事物的深入思考,也意味着放弃智慧(图6-5中,偏左上方,粗简且盲信)。(3)文化变迁(cultural change)。现代人在成年期往往会经历较为剧烈的时代变迁、技术高速发展和文化急剧转型。随着年龄的增长,过去的知识经验可能不再适用,个体会对"知"的价值产生严重的怀疑,最终丧失智慧(图6-5中,偏右下方,精深且困惑)。(4)悲剧(tragedy)。相较于儿童和青少年,中老年个体在生命历程中经受了更多悲剧,如威胁生命的慢性疾病、亲友逝世、某种生活方式的丧失等。在这些悲剧的打击下,老年人的意义建构体系濒临崩溃,彻底失去"知"的信心转而怀疑一切(图6-5中,偏左下方,粗简且困惑)。

(三)简要评价

米查姆对智慧衰减因素的总结十分独特,颇有启发意义。而且,米查姆反驳增长模型,并提出衰减模型和智慧二维空间理论,这种敢破敢立的学术创新精神也值得学习。不过,衰减模型至少存在以下三点问题:(1)缺乏直接的实证支持。尽管衰减因素得到一定实证研究的支持(如 Specht et al., 2011),但尚无研究直接检验衰减模型。(2)过于窄化智慧的界定。(3)论证不够充分,如未能阐述四种衰减因素间的交互作用。总之,由于米查姆的观点过于标新立异且无实证支持,自提出以来,智慧心理学界少有人支持衰减模型(王予灵,汪凤炎,2018)。

三、晶体模型:智慧与年龄无直接关联

(一)基本观点

晶体模型(crystallized model),也称"稳定论",主张智慧与年龄无直接关联,即整体而言,成年期个体的智慧相对稳定,既不系统增加(不表现为增长模型),也不系统减少(不表现为衰减模型),在统计上表现为智慧与年龄不存在显著相关。该观点曾在智慧心理学领域长期占据主流地位,得到多数学者的支持(Staudinger, 1999; Baltes & Staudinger, 2000; Jordan, 2005; Sternberg, 2005; Brugman, 2006)。

支持晶体模型的实证结果主要源自基于柏林智慧模式(采用最佳行为测量取向)的研究。研究者通过人生规划任务研究青年、中年、老年个体在智慧相关知识上的差异。研究数据呈现出一种年龄相关的趋势,但整体上的年龄差异不显著(Smith & Baltes,1990)。后续三项结合了生活管理、生命回顾等任务的研究也未见显著年龄差异(Baltes et al.,1995;Smith et al.,1994;Staudinger et al.,1992)。斯托丁格(Staudinger,1999)对四项基于柏林智慧模式的研究数据(共计533名被试,年龄在20—89岁之间)进行整合分析,同样发现智慧相关表现与年龄间的相关不显著($r=-0.07$,ns),且智慧水平处在前20%的个体中,老年人与年轻人的数量相差不大。不仅基于最佳行为测验的柏林智慧模式研究结果支持晶体模型,韦伯斯特等人(Webster,2003,2007;Taylor et al.,2011)早期通过问卷(采种典型行为测验)进行的相关研究也发现智慧与年龄无显著相关。

增长因素与衰减因素之间存在一种平衡,这或许可从理论上解释晶体模型。人生历程中,既有符合增长模型的因素——经验积累与个人成长,能促进智慧生成,又有符合衰减模型的因素——认知处理能力的衰退、经验开放性的减少、固执程度的增加,妨碍智慧生成。二者的得失大体处于动态平衡,促进智慧增长的因素与妨碍智慧增长的因素相互抵消。因此,从总体上看,智慧与年龄不存在明显联系,在统计上表现为不相关(Staudinger,1999)。

(二) 简要评价

晶体模型有广泛的实证证据,因而支持者众多,理论也独具魅力。晶体模型的核心思想是智慧不会自发地随年龄增加(Ardelt,2010),年龄仅是成就智慧的必要条件(Jordan,2005;Staudinger,1999),成年期个体的智慧是一个年龄独立(age-independent)变量(Brugman,2006)。为恰当把握晶体模型,须注意以下几点:(1)晶体模型的"无关"意涵。称晶体模型为"无关论"亦无不可,但要明确一点,即"无关"仅指统计上的无关,意味着智慧与年龄无直接联系,但年龄可作为某些变量(如人生经验)的代理,与智慧间接相关。(2)晶体模型能兼容个体差异。晶体模型并非认为智慧不能在生命历程中增加,而是主张个体的经验确实会随年龄的增长而增多,但经验本身不足以生成智慧,需个体加以利用以建立更为复杂的知识结构,如柏林智慧模式的智慧相关知识,又如中国传统智慧观中的"转识成智"。从个体差异角度考虑,尽管智慧不会随年龄自然增长,但由于毕生发展存在异质性,对于那些已经走上智慧之路的个体,智慧可随年龄增长(Glück & Bluck,2013)。换言之,在晶体模型的框架下,即使智慧与年龄在整体上无直接联系,但在特定社会文化因素或个体因素的影响下(如 Pasupathi & Staudinger,2001;Ardelt,2010;Cheraghi et al.,2015),智慧完全有可能在生命历程中逐年增加。(3)晶体模型仍需深入检验。斯托丁格(Staudinger,1999)的整合分析显示,智慧与年龄的关系在80岁后的数据上表现为负相关。这暗示着,导致智慧衰减的因素远远强于促进智慧生成的因素时,晶体模型将不再稳定。同时,目前支持晶体模型的实证结果均源自横断研究,同辈效应(cohort effect)可能掩盖了年龄效应(age effect)。此外,利文森等人(Levenson et al.,2005)采取典型行为测量取向,用《成人自我超越量表》测量智慧,发现智慧与年龄不存在显著相关($r=0.01$, ns)。总之,现有结果尚不能坚实支持晶体模型,有待未来研究的深入检验(王予灵,汪凤炎,2018)。

四、高原模型:智慧与年龄呈倒 U 形关系

(一) 基本观点

高原模型,也称"高原论",斯腾伯格称之为"混合液态智力与晶体智力的观点"(Sternberg, 2005),韦伯斯特等人称之为"液态/晶体智力混合模型"(combined crystallized/fluid intelligence model),主张智慧与年龄呈非线性关系,大致为高原型或倒 U 形曲线。高原模型认为,智慧在成年早期开始增长,于中老年期达到顶峰,随后开始下降,下降速度先慢后快,在老年较晚期迅速衰退(Webster et al., 2014)。

成年期个体的智慧与年龄呈高原型或倒 U 形曲线关系已得到四项实证研究的支持。韦伯斯特等人(Webster et al., 2014)通过自陈问卷测量了 512 名成年被试(17—92 岁)的智慧,发现智慧总分及其分量表与年龄之间虽不存在显著线性相关,但二次曲线模型拟合良好,被试的智慧分数大体在成年中期达到峰值。托马斯等人(Thomas et al., 2017)使用不同工具、不同样本($n=1\,546$,20—100 岁)得到了与韦伯斯特等人类似的倒 U 形曲线:自 21 岁起,智慧随年龄不断增长,于 50 岁出头达到峰值[使用《三维智慧量表》得到的结果是 51 岁,使用《简版三维智慧量表》得到的结果是 56 岁],随后不断下降。事实上,早在 2012 年,阿德尔特等人(Bergsma & Ardelt, 2012)就已发现智慧与年龄可能存在非线性关系,但由于这不是其当时的关注重点,未作深入分析。2018 年,阿德尔特等人采用 3D-WS 在更大的样本($n=14\,248$,18—98 岁)中进行了检验,依然发现智慧与年龄呈倒 U 形关系,但峰值稍早,在 43 岁(Ardelt et al., 2018)。不过,该研究中,智慧各维度随年龄变化的趋势不尽相同:认知维度与年龄的关系依然呈倒 U 形,峰值在 42 岁;情感维度与年龄的关系呈正 U 形,谷底在 46 岁;反思维度自成年至 46 岁缓慢增长,随后保持相对稳定,71 岁起又开始呈增长趋势。

液态智力或晶体智力的增衰变化或许能解释高原模型。韦伯斯特等人认为,智慧的发展轨迹类似液态智力与晶体智力的综合(Webster et al., 2014)。当液态智力与晶体智力均呈涨势时,二者促进智慧生成的作用明显,智慧增速较快。液态智力达到峰值后,开始衰退的初期,晶体智力上升对智慧的增益作用大于液态智力衰退对智慧的削弱作用,智慧的增长速度变慢,但依然保持上升态势,直至智慧峰值("高原")。此后,液态智力衰退对智慧的削弱作用逐渐大于晶体智力上升对智慧的增益作用,智慧逐渐衰退,衰退速度先慢后快。

(二) 简要评价

高原模型有一定的实证依据,并且,晶体模型和增长模型的部分结果与高原模型并不

矛盾。具体而言,高原模型与晶体模型的结果兼容。韦伯斯特等人(Webster,2003,2007;Taylor et al.,2011)的早期研究并未发现智慧与年龄相关,研究结果支持晶体模型,其原因有二:(1)早期研究主要从线性关系立论,未考虑非线性模型,可能存在未检测到的倒 U 形曲线关系;(2)部分早期研究的中年被试过少,多为年轻被试和老年被试。因此,若在回归模型中考虑二次项,不仅可对早年支持晶体模型的数据进行修正,还有望支持高原论。阿德尔特等人(Ardelt et al.,2018)使用非线性模型检验早期数据,印证了上述观点。高原模型与增长模型的结果也兼容。随着人类平均寿命的延长和身心健康状态的改善,当代学者认定的中年期的结束时间,即老年期的起始时间延后(Karelitz et al.,2010),应对成年中期的新定义予以重视。在温克和赫尔森(Wink & Helson,1997)支持增长模型的追踪研究中,其年龄取样峰值不过 56 岁,恰好是韦伯斯特等人支持高原模型的新近研究中,个体于成年中晚期达到智慧峰值的年龄。依据高原模型的轨迹预测,如能继续对温克和赫尔森的被试进行观察,极有可能发现智慧自此衰退的趋势。

不过,支持高原模型的研究存在与支持晶体模型的研究类似的问题,即均是横断研究,无法排除同辈效应,有待纵向研究的进一步检验。同时,布伦泽等人(Brienza et al.,2018)的一项研究使用《情境智慧推理量表》考察智慧与年龄的关系,发现了与高原论完全相反的模式,即智慧与年龄呈 U 形曲线关系。这表明,虽然以实证手段检验智慧与年龄的关系时的结果深受操作性定义和测量方法的影响,但对智慧与年龄的关系的实证研究得出了截然相反的结论,仍有待进一步的实证检验(王予灵,汪凤炎,2018)。

五、综合模型:智慧与年龄的关系因境而论

(一)基本观点

王予灵和汪凤炎(2018)基于智慧的德才一体理论,在综合增长模型、衰减模型、晶体模型和高原模型精义的基础上,提出基于个体-情境差异的智慧-年龄关系理论构想,并命名为"综合模型"。综合模型的核心观点是智慧不会随年龄自动增长,个体智慧的发展受个体性因素和情境性因素的双重交互影响,是个体良好人格特质与丰富人生经历相互作用的结果。因此,智慧与年龄的关系较为复杂,受到个体-情境因素的调节,不能一概而论。个体因素即内在因素,包括遗传、成熟和主体性。情境因素即外在因素,包括环境和教育。从时间上看,青春期之前,个体因素中的遗传和成熟与年龄密切相关,且对个体智慧的生成与发展影响较大,这也正是学者(Brugman,2006;Sternberg,2005)普遍认为青春期及成年早期是智慧的萌发期的原因之一。不过,老人智慧的发展是一种动态过程。与"老而智"的现象相反,现实中也存在"倚老卖老""老奸巨猾"的现象(陈浩彬,汪凤炎,2021)。

从研究整体层面看,智慧与年龄关系的表现模式是多种因素交互作用的结果。但在个体层面,智慧与年龄的关系是个体因素与情境因素的交互作用。这也在一定程度上对综合模型作出了理论解释。综合模型认为，成年人的智慧虽不会随年龄自然增长，但成年人智慧水平的个体差异会随年龄的增长而增加。概括而言，若无外力干预，个体又不主动追求智慧，即不注重自我反思、对新经验的开放，缺乏同情与亲社会行为，那么个体的人生阅历反倒易使其僵化、固执或过于自我中心，智慧与年龄的关系此时表现为晶体模型，即只长年纪，不长智慧，从而可能出现"老而蠢"的现象，给社会造成"老人变坏，坏人变老"的消极印象。对于那些已走上智慧之路，着力追求智慧发展的个体，他们往往善于从自己与他人的生活经历中学习和开悟，此时，智慧就可能随年龄增长，智慧与年龄的关系大体符合高原模型。在生命历程中发展的智慧不仅对个体自身生活质量具有积极作用，而且其成功的老龄化，即"老而智"，对社会的公共福祉也具有重要贡献。智慧的德才一体理论认为，智慧是聪明和善的合金，包含聪明才智和良好品德两大成分，个体在漫长的成年期中若着力修才育德，充分利用内在和外在条件对重要且富有意义的生命经验进行反思与统整(Yang, 2014)，智慧就有望逐年缓慢增长。但个体的聪明才智毕竟受限于一定的生理基础，伴随个体老化的加深，智慧在老年期的某个时间点必会开始衰退。与此同时，智慧与年龄的关系还受情境因素的调节，若成年期的个体处在良好环境之下并曾接受良好教育，便有利于其智慧的生成与发展。因此可以推测，大体上，身处治世或稳定时代的大多数人，其智慧与年龄的关系更有可能表现为高原模型；身处乱世或剧烈变革时代的大多数人，其智慧与年龄的关系更有可能符合晶体模型或衰减模型("败德")(陈浩彬，汪凤炎，2021；王予灵，汪凤炎，2018)。

(二) 简要评价

综合模型在一定程度上对过往理论进行了整合，是一种有益的尝试，但依然有待系统的实证检验。智慧与年龄的关系是一个尚待深入探索的领域。综合模型若要探明智慧与年龄的关系，还须深入探讨四个问题：(1)对智慧的实质作更深入的理解与把握。(2)尽早开展纵向研究或系列交叉研究。(3)开发可同时测量个体人慧与物慧水平且具良好信度和效度的智慧水平测量工具(王予灵，汪凤炎，2018)。以往有关老龄化的研究主要集中在与衰老相关变化的认知能力方面。随着年龄增长，老年人的基本信息加工能力不可避免地将有所下降，导致老年人总给人以多方面认知下降、各种能力衰退的消极刻板印象(Park & Reuter-Lorenz, 2009)。但是，随着现代医疗水平、营养水平和生活环境等的改善，健康且长寿的老年人越来越多。个体60岁进入老年阶段，至死亡，中间常有短则几年长至几十年的健康生存时间。不可否认，老年人的生活经验和经由专家知识积累的晶体智力也会随年龄增长而增加，这在一定年龄段可于一定程度上作为一种补偿机制抵消生物学意义上的机能下降造成的老年人基本信息加工能力上的损失(Baltes & Staudinger, 2000)。与此同时，若老年人自身、家庭、社区依托各类老年大学(学校、学习点)和养老服务机构等，向老年人传授智能知识与技术，提升老年人获取新知识、新技术的能力，必将有助于老年人智慧的增长。那些追求智慧的老年人，其智慧势必在老年早期甚至中晚期出现一定程度的增长。因此,用智慧的德才一体理论进行观照,从物慧的角度看,因物慧与液态智力和科技知识关系更密切,故物慧一般会随个体年龄增长直至成年中期后开始下降,但老年人若持"活到老,学到老"的终身学习理论,及时更新自己的科技知识,可在一定时间内缓解自身物慧水平的下降速度;从人慧的角度看,人慧与晶体智力、人生经验和人文社会科学方面的知识关系更密切,老年人在情绪管理、社会决策、解决社会冲突及应对生活挑战等方面都具有丰富的实用智慧(王予灵,汪凤炎,2018)。因此,未来应在现有智慧测量工具的基础上构建一种可同时测量个体人慧与物慧水平的智慧测量工具,以便更全面地测量个体,尤其是老年人的智慧,从而有针对性地提升老年人的智慧水平。(4)深入揭示个体-情境因素对个体智慧发展的影响机制。智慧心理学的大量研究支持生活经历促进智慧的假设。当外行人和专家被要求评价个体如何变得智慧时,大多数人都认为智慧是从生活经历中习得的(Igarashi et al.,2018),生活经历是影响智慧发展的最典型特征(Glück & Bluck,2011)。然而,研究者也承认,并非具有生活经历的个体都能变得智慧。那么,哪些情境性因素和个体性因素,以及怎样的中介或调节机制促使一部分个体从生活经历中习得了智慧,而不是收获沮丧、绝望、停滞或过于自我中心等其他结果呢?为什么只有少数个体在其生命历程中保持在智慧的道路上逐步发展,而大多数人并未如此呢?目前仅有少量研究探讨了智慧的影响因素(Glück & Bluck,2013),揭示了探索性自我反思的中介作用(Weststrate & Glück,2017b),针对其他促进性预测因素及其内在作用机制的系统性研究仍旧缺乏。同时,鉴于这些研究的横断性质,很难确定促进性心理资源,如开放性和自我反思等与智慧的关系。因此,为进一步明晰个体尤其是老年人智慧的发展机制,还须开展大样本纵向追踪研究,以检验个体智慧在整个生命历程中的发展轨迹及其心理机制(陈浩彬,汪凤炎,2021)。

第三节 智慧与性别

性别有三种。第一种是生理上的性别。人类胚胎的性别取决于受精过程,即与卵子结合的精子携带的是Y染色体还是X染色体。携带Y染色体的精子与卵子结合,早期胚胎的生殖腺就向睾丸方向分化,发育的胎儿为男性;携带X染色体的精子与卵子结合,早期胚胎的生殖腺则分化为卵巢,发育的胎儿为女性(陈至立,2019,p.4950)。第二种是心理上的性别(psychological gender)。它指个体对自身性别的认同,与性别认同密切相关(Helgson,2017,p.35)。性别认同(gender identity)指个体对自己是男性还是女性的主观感觉,并通过外貌打扮、行为、态度等表现出来(Coon & Mitterer,2012,p.374)。实证研究中,常用《贝姆性别角色量表》(Bem Sex Role Inventory)(Bem,1974)测量个体的心理性别。心理上的性别有一定差异,如女性言语能力强于男性,男性空间、算术推理能力强于女性；男性攻击性、支配性、冒险性较强，女性较顺从、富于同情心。心理上的性别受生理因素和后天环境的双重影响（陈至立，2019，p.4950）。第三种是社会文化角色上的性别，又称"社会性别"（social gender），是由社会文化形成的男女角色分工、社会期望和行为规范等的综合体现，是通过社会学习习得的与男女两性生物性别相关的一套规范的群体特征和行为方式（方刚，2010，p.11）。性别角色（gender role）指特定社会或群体按照人的男女性别规定的不同行为模式（金盛华，2015，p.79）。性别角色社会化（gender role socialization）指个体在家庭、媒体等社会中介协助下，习得社会性别角色，即学习如何做个男人或女人的过程（侯典牧，2018，p.41）。社会文化会对性别角色进行规范，个体通过学习逐渐内化其所在社会文化体系认可的与性别角色相对应的行为模式，从而形成社会文化角色上的性别（陈至立，2019，p.4950）。男女两性在生理性别、心理性别和社会角色性别上均有一定差异。通常情况下，个体的生理性别、心理性别和社会文化角色的性别相一致，由此形成健康的性别认同，但有时也会产生性别错位，并可能使个体产生严重的心理问题（陈至立，2019，p.4950）。探讨男女两性的智慧差异，实际上是在关注两个问题：(1) 智慧水平的性别差异，即男性和女性的智慧水平是否存在高低之分？(2) 智慧观的性别差异。这包括两个部分：一是男性和女性的智慧观之间的异同；二是人们对男性智慧者的看法和对女性智慧者的看法之间的异同。一般而言，哲学家大多只关注前一个问题，心理学研究者则对二者给予同等的重视。

一、哲学心理学对智慧性别表现的探讨

智慧是否存在性别差异？人类对这一问题的争论已延续几千年。中西方哲学家虽身处不同社会文化背景与历史传统，但对两性智慧水平的看法较为一致。具体而言，中西方哲学虽有"男女互补"的观点，但占据主流地位的始终是"男高女低"的思想，均认为女性固然有智慧，但是水平低于男性（邱仁宗，2000）。"男高女低"式两性智慧观作为中西方哲学的重要组成部分，曾对中西方民众理解男女两性的智慧及两性关系产生广泛而深刻的影响。

（一）中国思想家对智慧性别表现的看法

儒家认为男性智慧和女性智慧的表现有所不同。女性的理想人格是以依附、顺从为主的人格（朱光禄，2006，pp.93-127），女性智慧主要表现在相夫教子、侍奉公婆和操持家事上。例如，《仪礼·丧服·子夏传》说："妇人有三从之义，无专用之道。故未嫁从父，既嫁从夫，夫死从子。"《易经·家人卦》说："女正位乎内，男正位乎外，男女正，天下之大义也。"女性的智慧若超出此范围，则容易招致灾祸。例如，《诗集传》说："妇人以无非无仪为善，无所事哲，哲则适以覆国而已。"（朱熹，2011，pp.291-292）与此不同，儒家以君子人格为男性的现实人格典范，认为男性智慧主要表现在处理天人、人我、身心和主客我的关系上（汪凤炎，2019a，pp.328-330）。在儒家看来，男性在做人过程中，若能用"兼容多端而

相互和谐"(张岱年,1996,p.410)的思想处理好这些关系,并具备其倡导的(大)仁、(大)义、(大)礼、(大)智等四种根源特质(汪凤炎,2008,p.546),便可称为"君子",即智慧者。对比男女两性,具有理想人格的男性较之具有理想人格的女性更有智慧。具体而言,尽管男女都能妥善处理好自身职责范围内的事务,并保证其行动结果能增进社会、他人和自身的福祉,但男性需应对的事务的数量及其难度,以及行为结果能惠及的范围都远胜于女性,自然地,其智慧水平也高于女性。这便是儒家"男高女低"式两性智慧观。秉承此传统,后世学人在论男女两性智慧时,往往低看女性的智慧、才智和品德。例如,明人谢肇淛在《五杂俎》卷八《人部四》中说:"夫子谓'女子小人为难养',《书》称'妧用妇言',《诗》称'哲妇倾城'。凡人女子之性,无一佳者,妒也,吝也,拗也,懒也,拙也,愚也,酷也,易怒也,多疑也,轻信也,琐屑也,忌讳也,好鬼也,溺爱也,而其中妒为最甚。故妇人一不妒,足以掩百拙。古今妒妇充栋不胜书也。""妇人以色举者也,而慧次之,文采不章,几于木偶矣。""荀奉倩云:'妇人才智不足论,自宜以色为主。'此是千古名通。女之色犹士之才也,今反舍色而论才,则士亦论以色举,而龙阳、弥子、列游夏之上矣,岂理也哉?但佳人之难得,较之才士为甚耳。""士人之好名利,与妇人女子之好鬼神,皆其天性使然,不能自克。故妇人而知好名者,女丈夫也;士人而信鬼神者,无丈夫气者也。"

道家是中西方哲学史上少有的主张"男女互补"智慧观的流派。道家以阴阳来解释男女,强调男女两性存在相互冲突、相互转化、和谐共生的复杂关系(汪凤炎,2019b,pp.334-339)。例如,《老子·四十二章》说:"万物负阴而抱阳,冲气以为和。"既然男性和女性能相互转化,二者之间必不存在本质区别。因此,在道家看来,包括男性和女性在内的万物的名称与价值皆是人为设定的,由此产生的纷纭杂乱的价值纠结和差别对立都是人为的结果,并非事物的本样(陈鼓应,2015,pp.22-25)。例如,《庄子·齐物论》说:"故为是举莛与楹,厉与西施,恢诡谲怪,道通为一。"由此,男女两性的智慧自然不存在显著差异。如果一定要区分高下,道家更为推崇女性智慧和女性特质,如柔弱、虚静、谦下等,这从《老子》中常见的雌性隐喻便可见一斑(刘笑敢,2003)。例如,《老子·七十八章》说:"天下莫柔弱于水,而攻坚强者莫之能胜,以其无以易之。弱之胜强,柔之胜刚,天下莫不知,莫能行。"

(二) 西方思想家对智慧性别表现的看法

西方思想家对男女两性智慧的论述最早可追溯至柏拉图。在柏拉图看来,智慧是具有理性的美德(Adler,1952),而女性德性天生弱于男性。他认为,转世为女性是对前世行为不端的男性的惩罚。《柏拉图对话集·蒂迈欧篇》说:"所有生为男人的生物,倘使行为懦怯,生活过得不正当,那么到了下一次出生的时候,就会变成女人。"(柏拉图,2016,p.223)此处的"正当"指能很好地克服人类天性中带有的各类情感,包括人人皆有的本能性的感觉、混合着快乐与痛苦的欲望、恐惧与愤怒,等等(柏拉图,2016,p.172)。换言之,柏拉图认为男性的行为和思想不被情绪左右,而女性无法控制和驾驭自身情绪与情感。由此可见,在柏拉图眼中,女性的智慧水平远比不上男性。其后,亚里士多德的两性智慧观与柏拉图大致相同。亚里士多德虽不否认女性拥有德性,但他认为女性作为天生的被统治者,其智慧水平必然低于生来便是统治者的男性。例如,《亚里士多德全集》第九卷说:"统治部分的德性和服从部分的德性是不一样的,其一是理性部分的德性,而另一是非理性部分的德性,……统治者(男性)应当具有完美的伦理德性。"(苗力田,2016,pp.27-28)同时,他主张女性德性主要体现在对男性的无条件服从上。例如,"男人的勇敢在发号施令中显示出来,而女人的勇敢体现在服从的行为上。对于其他德性亦是如此。"(苗力田,2016,p.28)由此可见,亚里士多德贬低和曲解女性智慧。

随后的基督教基本继承了希腊哲学家的两性智慧观,认为女性是不明智的,必须服从男性尤其是丈夫的教导。这从《旧约·创世纪》中亚当和夏娃的故事便可见一斑。正是因为夏娃缺乏自制力和判断力,禁不住诱惑偷食了禁果并分与亚当,才导致两人被逐出伊甸园。耶和华对她的附加惩罚是"你必恋慕你丈夫,你丈夫必管辖你"。13世纪的权威神学家阿奎那认为女性虽然有智慧,但其智慧水平远低于男性。例如,阿奎那在《神学大全》(*Summa Theologiae*)里说:"女人是有缺欠的和发育不全的,或未成功的个别物,……女人天生就该受丈夫的管理,因为男人天生就比较明智。"(阿奎那,2013a,p.249)"女性没有完善的智慧。"(阿奎那,2013b,p.92)

文艺复兴和宗教改革运动后,哲学家关注的重点从神与人的关系转移至人与物的关系,开始认识到人具有由上帝赋予的卓越本性和崇高价值(张志伟,2004,pp.173-176)。由此,哲学家们对女性智慧的认可程度有所提高,但他们头脑中根深蒂固的"男高女低"式两性智慧观并未被动摇(柳素平,2012)。例如,卢梭(Jean-Jacques Rousseau)较前人对女性持有更积极的态度,认为两性均有其存在的价值和意义,没有必要区分高下。他在《爱弥儿》第五卷中说:"每一种性别的人都同样为共同的目的而贡献其力量,不过贡献的方式是不同的。"(卢梭,2017,pp.579-580)可见,卢梭承认女性在社会和家庭中有其不可或缺的贡献与价值。但卢梭口中的女性的贡献不是指女性以自身行动来维护家庭和睦,推动社会进步与发展,而是指女性应竭尽所能地取悦和服从男性。他认为女性应欣然接受外界礼数的约束和男性的指令,并自觉克制自身的欲望。他在《爱弥儿》第五卷写道:"女人养成管束的习惯后,就会形成一种终生必备的优点:温顺。"(卢梭,2017,p.602)在此基础上,有智慧的女性还懂得"利用女性的地位和优点来驾驭男性"(卢梭,2017,p.605)。换句话说,卢梭认为,任何女性,只要她能控制和驾驭好男性,不论其德性和才识如何,就是智慧者。可见,卢梭并不承认女性的独立人格,仍将女性视为取悦男性的工具。可以说,卢梭对女性智慧的态度看似积极,但并非真正意义上的承认和尊重。

18世纪以来,女性主义哲学渐成体系。在该学派看来,男女两性的智慧本身并不存在实质差异,二者现有的差别对立和价值冲突均是社会建构的结果。女性主义哲学认为传统哲学对两性智慧的论述既不中立也不公正,充斥着对女性智慧的贬低、曲解和"双重标准"(邱仁宗,2000)。例如,女性主义先驱沃斯通克拉夫特(Mary Wollstonecraft)在《女权辩护》(*Right of Woman*)一书中将传统哲学对女性理性和品行的态度归纳为"不许妇女有足够的智力以获得名副其实的美德"(沃斯通克拉夫特,2009,p.26)。该学派还特别强调后天教育对女性智慧增长的重要作用,主张妇女应享有与男子同等的受教育权利。沃斯通克拉夫特曾说:"对人类的智力能力以及对于可用于很好管理人类事务的智慧总量的这种大量增加,部分地将通过妇女较好较完全的智力教育获得,……妇女一般将和同一社会阶级的男人平等地成长。"(沃斯通克拉夫特,2009,p.375;Xiong & Wang,2021)

二、智慧心理学对智慧性别表现的研究

(一) 智慧观的性别效应

智慧观指人们对智慧的看法。智慧观与性别的关系问题可分解为两个子问题:(1)男性和女性对智慧的看法是否相同?(2)人们对男性智慧者和女性智慧者的看法是否存在差异?

1. 男女两性对智慧的看法

从总体上看,男女两性的智慧观高度相似。具体而言,男性和女性对智慧内涵的界定具同质性,均认为智慧与问题理解能力、知识经验、自我反思和自我评估、共情、追求公共利益(Glück, Bischof, & Siebenhüner, 2012),以及平衡利益和灵活变通(Glück, Bluck, Baron, & McAdams, 2005)等因素密切相关。同时,男女两性对智慧故事的边界条件和现实表现的看法几乎一致。这可用一个实证研究来证明。要求被试报告亲历的智慧事件时,虽然被试报告事件的侧重点和领域有所差异(Glück, Strasser, & Bluck, 2009),但事件实质趋同,均可归纳为以下五类:(1)帮助他人或对大环境有所建树以求共善;(2)成就让自己满意的自我定位和生活状态;(3)决定人生发展方向;(4)解决工作上遇到的难题与挑战;(5)在强大的压力下坚持做自己认为正确且该做的事(杨世英,2007)。例如,男性报告的"在职场中,准确定位并调整自身角色定位,追求个人成长"智慧故事,与女性报告的"维持家庭成员间的圆满关系以及和谐的家庭气氛"智慧故事,虽发生于不同生活领域且内容相差较远,但都属于"个体通过不断的努力,克服艰难,成就让自己满意的生活状态"的类智慧故事(Yang, 2008b)。

出现上述结果的原因可能有两个:(1)此类研究大多是对比来自同一文化背景的男性和女性的智慧观,跨文化比较相对较少。来自同一文化的个体,不论男女,从社会文化大环境、家庭环境,以及各种类型的教育、学习和实践活动中接收到的关于"什么是智慧"和"什么样的人才称得上智慧者"的思想与观点极为相似(汪凤炎,郑红,2014,pp.268-276;Grossmann & Kung, 2018;Grossmann et al., 2020)。由此可推测,来自同一文化背景的男性和女性极有可能形成高度相似的智慧观。(2)研究比较的是男女两性群体对智慧的普遍看法的异同。这种情况下,除非男性群体和女性群体中的绝大多数人存在不同观点,否则出现"两个群体具有差异性"的结果的可能性不大。

2. 人们对男性智慧者和女性智慧者的看法

无论是在普通民众(lay people)眼中,还是在智慧心理学研究者眼中,男性智慧者和女性智慧者都具有高度同质性。具体而言,从普通民众的朴素智慧观的角度看,人们对男性智慧者和女性智慧者的描述高度相似(König & Glück, 2012)。这可用一个实证研究来证明。研究者请每位被试先阅读两份纸质材料,第一份材料上写着"保罗,72岁,他的朋友们认为他是一个智慧者",第二份材料上写着"宝拉,72岁,她的朋友们认为她是一个智慧者",接着要求被试评定这两位虚拟人物与提供的80个形容词(或短语)的符合程度(Glück, Strasser, & Bluck, 2009)。这些形容词(或短语)包括知识和生活经验、液态智力、洞察力、反思、开放性、情绪管理、关爱他人、现实技能八个类别。结果发现,被试对"保罗"和"宝拉"的描述不存在显著差异。

智慧心理学研究者在界定智慧内涵,探究智慧结构,开发智慧测量工具时,并不区分性别。换言之,智慧心理学研究者认为可用同一套智慧理论理解男性和女性的智慧,也可用同一套量表和实验范式测量男性和女性的智慧,没有分别探讨的必要。例如,在智慧的德才一体理论看来,任何人,无论是男性还是女性,只要兼具良好品德和聪明才智,就可被称为"智慧者"(傅绪荣,汪凤炎,陈浩彬,2019)。

除请被试直接描述男性智慧者和女性智慧者的特征,智慧者提名研究也可用于探究两性智慧者观的异同。该类研究大多发现被试会提名更多的男性智慧者(汪凤炎,郑红,2014,pp.285-294)。例如,要求被试提名认识的智慧者时,被试给出的66位智慧者中有55人(占77%)是男性(Yang, 2008a, 2008b, 2011)。又如,在一项要求被试提名历史上的智慧人物的研究中,被试给出的106名智慧人物中仅有25人(占23.6%)是女性(Weststrate, Ferrari, & Ardelt, 2016)。

如上所述,被试倾向用极为相似的词汇描述男性智慧者和女性智慧者,即智慧者的性别不会影响人们对其智慧素质的评价。这是因为,人们对智慧者持只见"智慧"不见"性别"的态度,认为真正的智慧者是双性化的(androgyny),兼具高男性正性特质和高女性正性特质(Ardelt, 2009;Orwoll & Achenbaum, 1993)。

智慧者提名研究中,被试提名男性人物的可能性远高于女性人物,并不说明大众普遍认为男性比女性更有智慧。研究者认为,此结果明显受两性社会角色和社会地位的影响,无法真实反映大众的两性智慧观。具体而言,研究者认为人类历史以男权制为主,在家庭和社会中处于支配地位的男性有更多公开展现自身智慧的机会,而女性在外抛头露面的机会较少(Weststrate, Ferrari, & Ardelt, 2016),由此口头流传下来或记录在案的女性智慧故事极少。正因如此,提名智慧者时,可供人们挑选和使用的女性智慧者十分稀缺,女性被提名为智慧者的概率相应远小于男性。

(二) 智慧水平的性别效应

关于智慧水平与性别的关系,实证研究的结论尚未达成一致,主要有两种观点:(1)两性的智慧水平之间存在显著差异;(2)两性智慧水平基本相同。

1. 智慧水平不存在性别效应

尽管已有实证研究选用的智慧理论基础和测量工具不同,但它们之中的绝大多数都发现,男性和女性在总体智慧水平上不存在显著差异。例如,有研究者基于柏林智慧模式,对163位68—77岁白人的智慧水平进行调查,发现男女两性在智慧水平总分上的差异不显著(Wink & Staudinger,2016)。有人以《自我评估智慧量表》为测量工具,对142位平均年龄为73.2岁的中国老人进行调查,结果未发现显著性别差异(Cheung & Chow,2019)。有人将智慧定义为自我认知、理解他人、判断能力、生活知识、生活技能、学习意愿等因素的有机结合体,以《智慧发展量表》(Wisdom Development Scale,WDS)为工具(Brown & Greene,2006)进行测量,同样未发现男女两性被试在智慧总分上的显著差异(Cheung & Chow,2019;Saleem et al.,2017)。最后,还有人将智慧解构为自我实现(self-actualization)和自我超越两个成分,认为智慧者具有成熟的自我意识,能以开放性的态度、反思的视角洞察自我概念。以《自我实现量表》和《成人自我超越量表》(Adult Self-Transcendence Inventory,ASTI)为工具进行测量,同样未发现显著性别效应(Koening & Gluck,2014;Le & Levenson,2005;Levenson et al.,2005)。

与此同时,一些研究发现,在智慧子维度的水平上同样不存在显著的性别差异。这些研究使用的量表各异,包括但不限于《实践智慧量表》(Practical Wisdom Scale,PWS)(Krause,2016)、《三维智慧量表》(Three Dimensional Wisdom Scale,3D-WS)(Alhosseini & Ferrari,2019)、《智慧发展量表》(Saleem et al.,2017)。研究所得结果均表明,在智慧子维度的水平上,性别效应不成立。

综上所论,在智慧总水平和智慧子维度水平上都不存在显著的性别效应。两性在绝大多数智慧相关变量上的相似性可用一个元分析研究证明。研究者曾对46项元分析进行检验,每项元分析均基于几十项研究。这46项元分析中,除择业偏好、运动能力、计算机能力、生活满意度、自尊、快乐感等11项元分析外,其他35项元分析的主题均与智慧概念相关。结果发现,绝大多数研究都未发现显著性别差异(Hyde,2005)。

2. 智慧水平的性别效应成立

与上述研究不同,另有一些研究者发现,智慧水平存在性别效应。这种性别效应主要体现在情感、反思和智慧推理等方面。

有研究表明,男性和女性在智慧水平上的差异体现在情感子维度上。研究者以《三维智慧量表》为工具,发现女性在情感维度上的得分显著高于男性(Brudek & Sekowski,2019;Cheraghi et al.,2015)。这说明,人际交往过程中,较之男性,女性对他人的情绪更为敏感,同时出现更为积极主动的情绪和行为反应(Garcia-Campayo et al.,2018)。这一性别差异在成年早期群体中(18—29岁)(Beaumont,2011)和老年群体中(52—87岁)(Ardelt,2009)均成立。

另外,也有研究认为,智慧水平的性别差异体现在反思子维度上。有人以《自我评估智慧量表》为工具,以 217 名成年早期个体(17—29 岁)为被试,发现女性在回忆和反思维度上的得分显著高于男性(Webster,2003)。但是,基于《三维智慧量表》的研究得到了不同结果。研究者以《三维智慧量表》为测量工具发现,青年男性和女性(18—35 岁)在反思维度上的得分不存在显著差异(Cheraghi et al.,2015)。产生这一矛盾结果的原因在于,尽管这两个量表的反思维度实质趋同,但在内涵和细节上存在差异。《自我评估智慧量表》中的反思指的是对自身经验的回顾与总结,意在从中吸取教训和积累实践经验以更好地应对未来的难题和挑战,属于有关自身的智慧(wisdom about the self)。女性在此维度上的得分高于男性。而《三维智慧量表》的反思指的是个体对自身的认知灵活性和客观性的审视,在此维度上得高分者能有效、适时、灵活地调整自身思维方式,属于有关社会世界的智慧(wisdom about the social world)(Verhaeghen,2019)。

在智慧推理水平上,有研究表明,女性优于男性。与他人发生冲突时,女性较之男性能更多地从他人视角出发思考问题,能更准确地认识到自身知识、经验和能力的局限性以及当前冲突展开的多种可能性(Booker & Dunsmore,2016;Grossmann et al.,2012)。同时,相较于搁置冲突或激化矛盾,女性更倾向通过整合冲突各方的意见或寻求妥协来解决冲突(Huynh et al.,2017)。

最后,有些研究发现智慧总体水平(level of overall wisdom)存在显著性别效应。这些研究基于的理论基础和测量工具各异,但都发现智慧总体水平与性别的相关关系显著(Ardelt & Jeste,2018;Webster et al.,2018),或是男性与女性在智慧总体水平上的差异显著(Cheraghi et al.,2015;Huynh et al.,2017)。需注意的是,这些智慧总体水平上的显著性结果的效应量均较小,相关系数 r 的绝对值范围为 0.062—0.291;偏 η^2 的绝对值范围为 0.01—0.03。同样,前述智慧子维度上的显著性别效应的效应值也较小,d 值均小于 0.3,r 的绝对值范围为 0.1—0.26,偏 η^2 的绝对值范围为 0.011—0.04。由此可见,尽管部分实证研究支持智慧总体水平和智慧子维度水平上的显著性别效应,但这些研究的效应值较小,解释力有限,表明这一效应较不明显。

智慧水平上存在的细微性别差异,或许可从以下几个角度解释:(1)生物学视角。当前虽尚无研究者直接探讨智慧的生物学基础,但基于前人理论和研究结论,可认为男性和女性在智慧水平上的差异可部分由两性的生理差异解释。具体而言,有研究者发现基因、激素和大脑结构等生理基础对个体的心理发展与成熟具有重要影响(Halldorsdottir & Binder,2017;Thomas et al.,2019),而两性在这些生理变量上确有差异(Gershoni & Pietrokovski,2017;Giddens et al.,2018,p.285;Ristori et al.,2020),由此可推测,两性在心理发展和成熟上的差异可部分由两性在基因、激素和大脑结构等生理基础上的不同解释。此处的心理发展和成熟与智慧关系紧密,因此有理由相信智慧水平上的性别效应的产生,部分与两性的生理差异有关。不过,以往有关大脑与行为性别差异的关联性研究(Tunc, et al.，2016；Phillips，2019)并未依据脑的大小来调整数据分析的结果,或只针对脑的大小调整了一部分大脑测量的结果。2021 年的一项研究表明,大脑的性别差异与行为之间存在微小的相关性,但在控制脑的大小这一变量后,这种相关性消失。换言之,大脑的形状和结构与行为性别差异之间的相关性很可能受脑的大小驱动,因此,宜谨慎解释男女大脑差异与行为性别差异之间的相关关系和因果关系(van Eijk et al.，2021)。(2)社会学视角。社会学主张两性在情感、反思和人际冲突应对方式上的不同主要源于:①男女两性的现实需要因社会分工不同而有所差异。目前,在大多数文化中占主流地位的社会分工模式仍是"男主外女主内",男性充当工具性角色(instrument role),女性则为表达性角色(expressive role)(Giddens et al.，2018，p.293)。男性追求现实问题的高效解决,女性看重人与人之间的互动与情感交流;男性主动趋利,女性倾向于避害(Eagly et al.，2019)。男女两性不同的现实需求导致其产生不同的行为表现。例如,与他人起冲突时,女性为维系和谐良好的人际关系,或不扩大现有矛盾,会尽可能多地考虑对方的真实想法和利益需求。女性的这种应对方式能在一定程度上弥补她们在体力上较之男性的劣势,甚至能扭转局面。而男性为更高效、迅速地解决现有冲突,会倾向选择更为直接、激烈的沟通和行为方式。同理,男女两性在反思维度上的差异也可用二者不同的现实需求解释。具体而言,男性与职场情境的联系更为密切,对自身认知灵活性和客观性的不断反思能使他们在职场情境中获益更多;女性平日接触的多是亲人和朋友,不存在同类需求(Ellemers，2018)。奥沃尔和阿肯保姆(Orwoll & Achenbaum，1993)基于他们于 1991 年提出的智慧的合成模型(Achenbaum & Orwoll，1991),梳理前人研究后发现,男性和女性在个体内领域的智慧对应的三个成分(自我发展、自我认知与自我整合)、个体间领域的智慧对应的三个成分(共情、人际理解与人际关系成熟度)、超个体领域的智慧对应的三个成分(自我超越、对知识和理解局限性的认知与哲学性或精神性投入)上均存在不同程度的差异,或是在发展模式或外在表现上有差异。他们由此得出结论,即男性和女性的智慧有所不同。②社会对男性和女性在情感、反思和人际冲突应对方式上具有不同期待,这些社会性别期待在持续社会化过程中转化为两性行为表现的现实差异。为避免获得消极评价或获得更多积极评价,个体在社会化过程中会自觉或不自觉地关注与自身生理性别相对应的社会性别期待,并将其内化为自身的信念和行为准则。由此,社会对两性的不同期待转化为两性在现实生活中的真实差异(Giddens et al.，2018，pp.283-284)。具体而言,人们普遍认为,女性更具社群性(communality),更看重人际关系、情感交流和精神生活,而男性能动性(agency)较强,倾向于依照逻辑和实存证据对各种观点作出科学性评价,以及更看重自身在团体中的任务表现(Ellemers，2018)。这些社会性别期待引发的男女两性行为的差异,体现在智慧实证结果中便是女性在情感和反思维度上的得分高于男性,以及谨慎地避免与人发生正面冲突。③对榜样的学习。社会学习理论主张个体通过模仿他人习得行为,而且同性模仿发生的概率远高于异性模仿(Bussey & Bandura，1999)。个体之所以采取更为柔和的方式处理人际冲突,除了上文论及的符合客观需求和社会角色期待,还有一个重要原因,即对榜样的模仿。这种情况下,个体并未考虑自身利益需要或社会性别期待,而是自然地展现从同性榜样处学到的处事模式。这亦可用于解释两性在情感和反思子维度上的差异。(3)整合视角。整合视角认为,生物因素和社会文化因素交互影响个体的智慧水平,进而导致两性智慧产生差异。社会因素无法独立于生物因素影响个体的认知和人格发展,同样,两性先天的生理差异对智慧水平的影响受后天社会文化因素的调节(Wood & Eagly, 2002)。

综上所论,就总体智慧水平和智慧子维度水平的性别效应而言,虽然有部分研究获得了显著的统计结果,但这些结果的效应量均较小。由此可见,男性和女性在智慧总体水平和智慧子维度水平上即使存在差异,这种差异也不会十分明显。总体上看,男女两性的智慧水平较为相似。由此出发,对待男女两性关系的理性态度应是在思想上认可女性,认为女性具有与男性等同的能力、德性和独立人格;在现实的生活、学习与工作中,承认男女两性差异的存在,根据男女两性不同的心理和行为特点制定具性别针对性的公共政策、组织策略和规章制度,尽量满足男女两性的不同现实需求。为追求男女平等而忽视男女两性差异,让二者承担同样的责任和义务是不可取的(Xiong & Wang, 2021)。

第四节 个体智慧的生成样式、发展过程与影响因素

通过第五章,我们已了解到,智慧可根据展现智慧的主体是一个人还是多个人分为个体智慧与集体智慧两种类型。相应地,有关智慧的生成与发展过程的研究,既包括个体智慧层面,也包括集体智慧层面。本节仅就个体智慧的生成与发展作一二探讨。

一、个体智慧的生成样式

从智慧生成或展现智慧的时间角度看,个体智慧的生成存在早慧型、正常成熟型和晚慧型三种典型样式。这表明年龄既不是影响智慧生成的必要条件,也不是影响智慧生成的充分条件。同时,尽管早慧型智慧者出名早,往往易赢得良好声誉和众多支持,晚慧型智慧者成名之前常常过得很平淡甚至很艰辛,但早慧只意味着个体生成智慧素质或展现智慧行为的年龄早,并不代表个体的智慧水平高。早慧型、正常成熟型和晚慧型仅是个体智慧生成的三种典型样式,个体最终能否成长为智慧者,成长为何种类型、何种水平的智慧者,则往往要等到其身故才有定论,有时甚至"盖棺"仍无定论,还须再经历一段时间的检验才能最终看清其是否为智慧者,以及是何种类型、何种水平的智慧者。

(一) 早慧型

早慧型,也叫"早熟型",即个体在儿童期(0—18岁)就具有智慧。三国时期"智救库

吏"的曹冲就属这一类型(陈寿,2007,pp.586-587;汪凤炎,郑红,2014,p.299)。

(二) 正常成熟型

世界各国对老年人口的年龄划分不尽相同,一般以 60 岁或 65 岁为界。个体在成年早期至老年期到来前的任一时间段展现智慧,即正常成熟型。三国时期的诸葛亮和明代大儒王守仁就属正常成熟型。

(三) 晚慧型

晚慧型,也叫"晚熟型",即个体的智慧在个体进入老年期后才生成。埃里克森所讲的智慧就属这一类型,其典型是商末周初的姜子牙。

二、个体智慧的发展过程与阶段

(一) 个体智慧的发展过程

与其他心理现象一样,个体的智慧也经历从无到有、由幼稚到成熟的发展过程。从时间长短出发,对智慧的生成与发展可作两种理解:(1)智慧的微观变化;(2)智慧的长期变化。这两种视角互为补充。

1. 个体智慧的短期变化过程

智慧的微观变化指受内外因素影响,个体的智慧在较短时间内发生波动变化。例如,个体解决人际冲突问题时,从自身立场转向旁观者立场有助于问题的智慧解决(Grossmann & Kross, 2014)。个体智慧的短期变化过程主要是从微观层面揭示智慧的生成和发展过程。目前与此有关的研究包括大学生智慧发展模型和教育者智慧促进模型。

第一,大学生智慧发展模型。布朗(Brown, 2004)认为,智慧发展是个体不断积累人生经验、提高智慧水平的过程,分为自我反省、整合、应用三个子过程。自我反省和整合指个体对输入信息的加工,也指接受正规学校教育和对亲身经历的自我反省,将外部的知识经验转化为对自身有意义的内容。自我反省和整合又分为分析、联系、背景化、统整四个过程。分析指个体将接收到的知识和经验进行分解,以新的方式加以认知,获得新知识。联系指个体将新的知识经验与已有知识经验联结起来。背景化指个体比较新旧知识之间的异同,进行更深入的加工。统整以前三个步骤为基础,将新旧知识经验整合在一起,形成一个完整而新颖的知识结构。统整后的知识与旧知识相比有了质的变化。智慧发展的最后一步是应用,指个体将经过自我反省和整合的知识经验运用于制定规划、作判断、作决策等生活实践,让知识经验发生效用,而这一过程也会改变个体的态度、价值观、感知和行为。应用是智慧发展中的关键一步,不将知识经验正确应用于生活,就不可能获得真正的智慧。布朗的这一理论对个体智慧的生成与发展过程作了颇细致的刻画。尽管布朗未明确说该理论是从微观层面揭示智慧发展过程,但从其内容看,这一模型未指出个体的智慧在个体一生中如何发展变化,是否经历不同发展阶段,仅分析了其中的微观过程。

第二，教育者智慧促进模型。陈等人(Chen et al.，2011)也从微观层面分析了智慧的生成与发展过程。他们将智慧的生成与发展分为四个子过程：知识经验获取、内部同化(assimilation)与调整(adjustment)、实际行为改变(transformations of actual actions)、行为结果反馈。知识经验获取指个体从工作、生活、社会互动、观察、家庭、宗教、阅读等活动中获得各方面信息。同化指接收的信息未改变个体已有知识结构。调整指新信息改变个体已有知识结构，使其对自身和外部世界形成新认识。换言之，新旧知识之间无冲突，不会改变个体的认知观念；新旧知识发生冲突，个体需要形成新知识结构。调整过程又可分为认知改变和动机改变。认知改变在个体面对新问题或难以解决的复杂问题时发生，是对人生产生新的洞察和领悟。动机改变是个体的意志力发生改变，使其有勇气直面任何复杂问题。智慧的生成与发展是在新旧知识经验不断同化和调整的辩证过程中实现的。这种观点显然受到皮亚杰同化与顺应思想的影响。实际行为改变指个体将知识经验运用于实际生活，如指导他人、解决实际问题、作决策。停留在口头和书本上的知识经验并不能产生实质益处，难以促进智慧发展。

与布朗(Brown，2004)的理论相比，知识经验获取类似信息输入，同化和调整相当于自我反省和整合，实际行为的改变相当于应用。与布朗的理论不同，陈等人(Chen et al.，2011)认为，智慧的生成与发展过程至应用这一环节尚未彻底完成，还需补充行为结果反馈这一环。正向的反馈结果带来成就感，激发个体的热情和参与意识，为智慧发展提供更广阔的可能性。负向的反馈结果提高个体自我反思的意识，促使个体努力找出差距和原因，作出改变，以期未来做得更好。总之，智慧的生成与发展过程可概括为个体通过同化和调整的过程对获取的知识经验进行加工，进而改变行为表现，行为结果反过来影响个体的信息加工过程，重新作用于智慧的生成与发展过程，使整个发展过程成为一个封闭的环路。

2. 智慧生成与发展的长期变化过程

智慧的长期变化指从个体一生的长时程看，个体的智慧从萌芽发展到小智慧，再从小智慧发展到中智慧，再从中智慧发展到大智慧，又从大智慧慢慢出现智慧衰退现象的全过程(汪凤炎，郑红，2014，pp.251-254；王予灵，汪凤炎，2018；Ardelt et al.，2018；Pasupathi et al.，2001；Staudinger & Kessler，2008)。个体智慧的长期变化过程主要是从宏观层面揭示智慧的生成与发展过程。从长期看，智慧发展以短期变化为基础，即通过智慧短期变化的不断累积，使个体解决日常生活问题时常表现出智慧行为，形成相对稳定的智慧素质。而要弄清这一问题，就须探讨智慧与人格的关系。个体智慧表现的短期变化可视为一种状态，智慧的长期发展近似人格发展。目前关于智慧与人格的关系主要有三种观点。

第一种观点受完美人格和成熟人格研究的影响，视完美人格或成熟人格为智慧，以埃里克森的智慧观、阿德尔特(Ardelt，2003)的智慧三维模型、利文森等人(Levonson et al.，2005)的自我超越智慧理论、温克和赫尔森(Wink & Helson，1997)对实践智慧和超越智慧的划分为主要代表。阿德尔特（Ardelt，2003）认为智慧是由认知、反省、情感整合而成的人格属性。因此，智慧的生成与发展过程实是智慧人格的发展过程。利文森等人（Levonson et al.，2005）认为智慧与自我超脱有关，指个体在发展中逐步摆脱自身社会属性的束缚，如名誉、权势、成就、人际关系，转而关注自我的精神世界，体验到人生的完整感、贯通感和对他人的同情心。因此，智慧发展是个体对自我的不断蜕变和超越。温克和赫尔森（Wink & Helson，1997）认为实践智慧与认知有关，指个体拥有卓越的判断能力和关于人生问题的实用性专家知识，类似柏林智慧模式的观点。超越智慧是个体不断扩展自我边界的过程，类似利文森等人（Levonson et al.，2005）的观点。总体上，秉持智慧是一种人格特征的研究者认为，个体只有表现出稳定的智慧素质才能被称为"智慧者"。不过，这种观点未看到个体在具体情境中的智慧表现可能发生变化。也就是说，即便对于真正的智慧者，也难以保证其在任何情境、任何时刻、任何状态下都能表现智慧行为。

第二种观点以柏林智慧模式的支持者为代表，他们认为，智慧与人格不能等同，人格可能是智慧生成与发展的前因、相关或后果变量（Baltes & Staudinger，2000），智慧是关于人生问题的专家知识，可脱离活生生的人而存在于书籍、电影、建筑等无生命的文化载体。个体掌握本民族的文化遗产，有能力作出良好判断，拥有大量与智慧有关的知识，就能成为智慧者。既然智慧不一定根植于个体的内心，那么智慧与人格不完全等同。他们认为，某些人格特质，如开放性、自主性、心理感受性等对个体掌握与智慧有关的知识具有促进作用，而神经质等人格特质对个体获得与智慧有关的知识有阻碍作用。这种观点受到阿德尔特（Ardelt，2004）的批评。阿德尔特认为，智慧只能存在于个体的内心，存在于文化载体的知识并不能自动成为个体内心的一部分，使个体成为智慧者。个体只有通过不断实践，将知识、技能、情感等化为其内在人格属性，才能获得智慧，才能成为真正的智慧者。可见，柏林智慧模式认为智慧实质上来自外部，而阿德尔特认为智慧本质上根植于内心。这个问题非常关键，因为这涉及智慧为何能生成与发展，以及智慧发展过程中内外部因素的关系和作用。

第三种观点认为，智慧表现为人格特质和状态两种形态（Brienza, Kung, Santos, Bobocel, & Grossmann，2018），也就是说，如第五章所论，人类社会中，任何个体或群体拥有的智慧都是特定领域内的智慧，不可能拥有全知全能的智慧，因而人类的智慧并非人格特质那样是完全泛情境性的。因此，个体在某个领域内形成相对稳定的智慧后就具备了人格特质一样的智慧，这也可被称为"智慧人格"（Li & Wang，2017，2019）。与之相对，个体在某领域中的某一时刻表现的智慧可被称为"智慧状态"。布伦泽等人（Brienza et al.，2018）也持类似观点，认为将智慧等同于人格特质，采用自陈量表一次性测量智慧，并不能准确了解个体的智慧水平，因此，他们开发了状态综合测量法。这种方法能同时测量相对稳定的智慧和个体在某时的智慧状态。智慧人格和智慧状态的划分类似将焦虑划分为特质焦虑和状态焦虑。可见，第三种观点将智慧人格和智慧状态视为智慧的两种表现形式,而这两种表现形式体现了智慧的短期和长期变化过程,与智慧的生成与发展有着紧密联系。

(二) 智慧的发展阶段

1. 利文森等人的智慧发展四阶段理论

如第三章所论,柯尔诺(Curnow,1999)从欧洲和亚洲哲学中提炼出智慧的四个核心特征,即自我认知、超脱、整合和自我超越。尽管有些人把自我超越作为一种特质,但也可以将其理解为一种发展过程的结果。借鉴柯尔诺的理论,利文森等人确定了智慧发展的四个阶段,即自我认知(self-knowledge)、超脱(detachment)、整合(integration)和自我超越。利文森等人认为,自我意识产生于个体的角色、成就、关系和信仰,被个体概化为一种自我与他人的二元性感觉。自我认知就是对个体自我意识的这些根源和特性的清晰认识。换言之,自我认知指个体认识到现在的自我是如何诞生的,也知道自我会因社会角色和成就的改变而变化。超脱产生于深刻的自我认知,指认识到自我的存在是短暂而非永恒的,即能认识到产生和维持自我意识的事物、关系、角色和成就的短暂性与暂时性。整合则体现为各种防御机制维持的多种内在自我的解体,克服自我幻象并重新认识和接纳更统一的自己。在这三个阶段的基础上,个体能摆脱外在自我定义,自我与他人的边界也得以消解,从而达成自我超越的智慧境界(Levenson, Jennings, Aldwin, & Shiraishi, 2005; Aldwin et al., 2019)。由此可见,与惯常看法不同,利文森等人认为自我超越不是一种简单的心理特质,而是个体综合了自我认知、超脱和整合三个不同发展阶段的成果后,最终形成的自我超越的智慧。自我超越是个体心理发展的高级阶段。个体达到自我超越后,便不再依赖外在事物,如物质、社会角色、成就、名誉、人际关系等显示自我存在,也不再以外在事物定义自我,而关注自我的内心世界(interiority)和精神性(spirituality),强烈感受到过去和未来的贯通感(connectedness),并逐渐消解自我与他人的边界,心怀同情心,获得深刻的认知能力和自我整合,能体会到与更宏大的存在的紧密联系,获得内心的宁静与深刻的精神体验(傅绪荣,魏新东,王予灵,汪凤炎,2019)。

2. 智慧发展的三阶段三水平说

到目前为止,尚未有学者对个体智慧作阶段划分。那么,个体智慧有无明显的发展阶段? 若有,以什么为依据进行划分? 是以个体是否出现后形式运算思维及其后形式运算思维的发展水平为依据吗? 个体智慧可以分为几个阶段? 在这个问题上,汪凤炎认为,个体智慧的发展与其他事物一样具有阶段性,其划分或可以个体是否能德才一体地看待问题、分析问题和解决问题,以及从德才一体角度看待问题、分析问题和解决问题的成效大小为标准,分为混沌阶段、智慧的萌芽阶段、智慧阶段(内分小智慧阶段、中智慧阶段和大智慧阶段三个水平),共三个阶段三个水平。

处于混沌阶段的个体完全不知道从德才一体的角度看待问题、分析问题和解决问题,其心智发展尚处于前智慧阶段。在智慧的萌芽阶段,个体初步知晓须从德才一体的角度看待问题、分析问题和解决问题,但尚未掌握从德才一体的角度解决问题的相关知识与技巧,不知从何处下手。处于智慧阶段的个体在其擅长的一个或多个领域已真正进入拥有智慧的阶段。个体既能有意识地从德才一体的角度看待问题、分析问题和解决问题,也有能力在其擅长的一个或多个领域妥善解决问题。此时,再根据个体妥善解决问题时展现的善和才华的高低,以及创造的福祉的大小、持续时间和覆盖人数,将其智慧分为小、中、大三个水平。个体的智慧就相应进入小智慧阶段、中智慧阶段或大智慧阶段。因此,从智慧生成与发展的角度看,根据个体品德和才能发展的高低,可将智慧分为小智慧、中智慧、大智慧三种类型。三种智慧类型在发展上具递进关系,即个体在内外部因素的共同作用下,不断提高其道德品质和聪明才智,首先获得小智慧,然后是中智慧,最后发展出大智慧。具体而言,尽管中外学术界至今未出现一个公认的、具操作性的、判断智慧发展程度高低或大小的标准,但从辩证唯物主义有关量变与质变关系的论述,以及人本主义心理学的角度看,智慧从数量上讲仍可有大小之分,即同一类型不同层次的智慧之间存在水平差异,因而可以划分为小智慧、中智慧、大智慧三类。这样做既有助于增强个体尤其是儿童的自信心,也有助于通过智慧教育来培育个体的智慧。同时,鉴于智慧有小、中、大之分,不宜笼统地将智慧视作个体心理成熟的标志和人类心理发展的顶峰,仅宜将大智慧视作人类心理发展的顶峰。因为个体偶尔出现一两次小的智慧行为,并不一定标志着其心理的成熟,更不意味着个体已达到人类发展的顶峰。只有当个体在其擅长的领域经常性地展现智慧行为,才表明个体在此领域已心智成熟;只有当个体在其擅长的领域展现大智慧,才表明个体在此领域已接近或达到同时代人类心理发展的顶峰。这里之所以特别强调"同时代"是因为自然科学从总体上看是进化的,而人文社会学科从总体上看是演化的。自然科学成果从总体上看会随时间的推移越发先进,相应地,人类的物慧水平也会越来越高。不同历史时期的人文社会学科成果从总体上看是波动的,各自能达到不同的高度,这种高度或可衡量,却不意味着古人的水平低于今人的水平,甚至有可能刚好相反,因缺乏共同的标准而无法衡量。与此相应,人类的人慧水平不一定会越来越高(汪凤炎,2019b,pp.10-11)。

(1)小智慧、中智慧与大智慧的内涵

小智慧、中智慧和大智慧三个概念虽是生活中常见的概念,但人们通常是在常识水平上使用它,本书对它们作严格的界定,使之从前科学概念转变成科学概念。综合考虑思维的新颖性的大小、行动结果带来的积极结果覆盖人数的多寡,以及行动结果具有的良好社会价值的持续时间三个因素,即依智慧包含的才能的大小差异和品德的发展水平,或者依据个体所要解决的问题的难度高低,可以将智慧分为小智慧、中智慧、大智慧三种类型。

从心理素质角度看,小智慧指个体在其智力与知识的基础上,经由经验与练习习得的一种较低水平的德才一体型综合心理素质。个体一旦拥有这种综合心理素质,就能让其较睿智、豁达地看待人生与展现人生,并能基本洞察日常生活中常见的人与事,使生活过得更加美好;当个体身处某种难度较低的复杂问题情境时能让个体在善良动机的激发下,及时运用其聪明才智正确认知和理解面临的某种难度较低的复杂问题,进而采用正确、较新颖(常给人较灵活与巧妙的印象)且最好能合乎伦理道德规范的手段或方法高效解决这些难度较低的复杂问题,并保证其行动结果在短时期内不但不会损害他人和社会的正当权益,还能让某些他人或自己与某些他人的福祉得到小小提升。例如,在"司马光砸瓮"的典故中,年少的司马光出于善良的动机,能恰当地运用自己的聪明才智,及时通过砸瓮的方式,将掉进大水瓮的同伴救出来,就表明他已有一定的智慧。当然,从智慧大小的角度看,这种智慧只能算一种小智慧,因为"砸瓮救人"的难度不大,而且受益者只是溺水者及其家人。

从心理素质角度看,中智慧指个体在其智力与知识的基础上,经由经验与练习习得的一种中等水平的德才一体型综合心理素质。个体一旦拥有这种综合心理素质,就能较睿智、豁达地看待人生与展现人生,并能较好地洞察日常生活中形形色色的人与事,使生活过得更加美好;当个体身处某种难度中等的复杂问题情境时能让个体在善良动机的激发下,及时运用其聪明才智正确认知和理解面临的某种难度中等的复杂问题,进而采用正确、较新颖(常给人较灵活与巧妙的印象)且最好能合乎伦理道德规范的手段或方法高效解决这些难度中等的复杂问题,并保证其行动结果在较长时期内不但不会损害他人和社会的正当权益,还能让一部分他人或自己与一部分他人的福祉得到中等程度的提升。例如,"曹冲智救库吏"的故事中,年少曹冲展现的智慧就属于中智慧。"救库吏"这件事在当时的社会背景下是一件颇困难的事情,但曹冲出于善良动机,凭其聪明才智妥善解决了问题。

从心理素质角度看,大智慧指个体在其智力与知识的基础上,经由经验与练习习得的一种高水平的德才一体型综合心理素质。个体一旦拥有这种综合心理素质,就能睿智、豁达地看待人生与展现人生,并洞察生活中形形色色的人与事,使生活过得更加美好;当个体身处某种高难度的复杂问题情境时能让个体在善良动机的激发下,及时运用其聪明才智正确认知和理解面临的某种高难度的复杂问题,进而采用正确、非常新颖(常给人非常灵活、非常巧妙的印象)且最好能合乎伦理道德规范的手段或方法高效解决这些高难度的复杂问题,并保证其行动结果不但不会损害他人和社会的正当权益,还能长久地让绝大多数他人和社会或自己与绝大多数他人和社会的福祉得到大幅提升。用这个标准看,孔子、李冰、爱因斯坦等都属于典型的有大智慧者。

(2) 小智慧、中智慧与大智慧的同与异

无论是小智慧、中智慧还是大智慧,三者只在数量上存在差异,实质都一样,即只要是智慧,就是良好品德与聪明才智的合金。更重要的是,大智慧是在小智慧的基础上逐渐发展起来的,如图 6-6 所示。

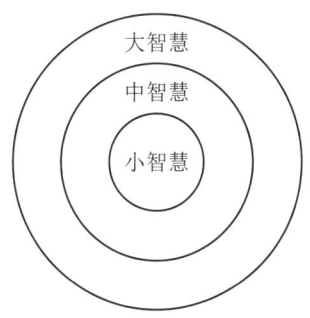

图 6-6　小智慧、中智慧与大智慧关系示意图
（汪凤炎，郑红，2014，p.252）

表 6-1　小、中、大智慧的同与异（汪凤炎，郑红，2014，p.254）

	实　质	善与聪明才智的发展水平	受益人数	受益程度	良好效果持续时间
小智慧	善与聪明才智的合金	低	少或多	低	持续时间一般较短
中智慧	善与聪明才智的合金	中	少或多	中	持续时间较长
大智慧	善与聪明才智的合金	高	多	高	持续时间很长或极长

（3）小智慧、中智慧与大智慧之间的关系

小智慧、中智慧与大智慧都是聪明才智与良好品德的合金，三者之间仅在聪明才智与品德的发展水平、受益人数多少和良好效果持续时间的长短上有差异。因此，个体发展智慧的一般进程是，先生成小智慧，再逐渐生成中智慧，最后成就大智慧。不过，具体到个体身上，则有明显个体差异：有的人一辈子毫无智慧可言，有的人终其一生只展现小智慧，有的人依次展现小智慧、中智慧和大智慧，有的人一生仅抓住一次机会展现大智慧，有的人先展现智慧后出现愚蠢。此种个体差异的出现，从宏观上讲，是因为个体能否展现智慧以及展现什么水平的智慧是环境因素（包括大、中、小环境因素）和个体自身因素双重影响下的结果。从智慧本身讲，这是因为小智慧、中智慧和大智慧之间虽有量的差异，却不存在简单的线性式由量变到质变的关系。事实上，并非所有事物都能由量变引发质变。同理，个体若不能展现中智慧或大智慧，其展现的一个个小智慧并不能依靠累积成为中智慧和大智慧，只有当个体及时提升自身素质并抓住机会，才能及时展现中智慧或大智慧。

三、智慧生成与发展的影响因素

哪些因素会影响个体智慧的短期表现？哪些因素会影响智慧的长期发展？解答此类问题对智慧干预和智慧教育具有重要意义。而探讨影响智慧生成与发展的因素，既要了解智慧在短时间内的变化及影响,也要弄清智慧在个体一生发展过程中有哪些具体表现,以及影响这一进程的因素。纵观智慧心理学研究历史,与智慧定义、结构、测量等问题相伴随,学界对智慧生成与发展的问题也进行了较多理论探讨和实证研究。上文探讨的智慧与性别、年龄的关系,以及下文将探讨的智慧与自我、文化、死亡的关系,实际上也是探讨影响智慧生成与发展的性别、年龄、自我、文化、死亡等因素。限于本书旨趣,本节仅探讨影响个体智慧生成与发展的因素,详细阐述涉及智慧生成与发展的理论模型和实证研究,包括柏林智慧模式、积极人格发展观、MORE生活经验模型、社会生态取向等。

(一) 柏林智慧模式的见解

1. 柏林智慧模式对智慧生成与发展影响因素的看法

巴尔特斯等人(Baltes & Staudinger,1993)将促进个体智慧生成与发展的因素归纳为三类:一般个人因素(general person factors)、特定领域的专业知识因素(specific expertise-related factors)和有利的生活背景因素(facilitative experiential contexts)(见图6-7)。这三种因素交织在一起,共同影响个体对重大人生问题(人生规划、人生管理、人生回顾)的思考和判断。

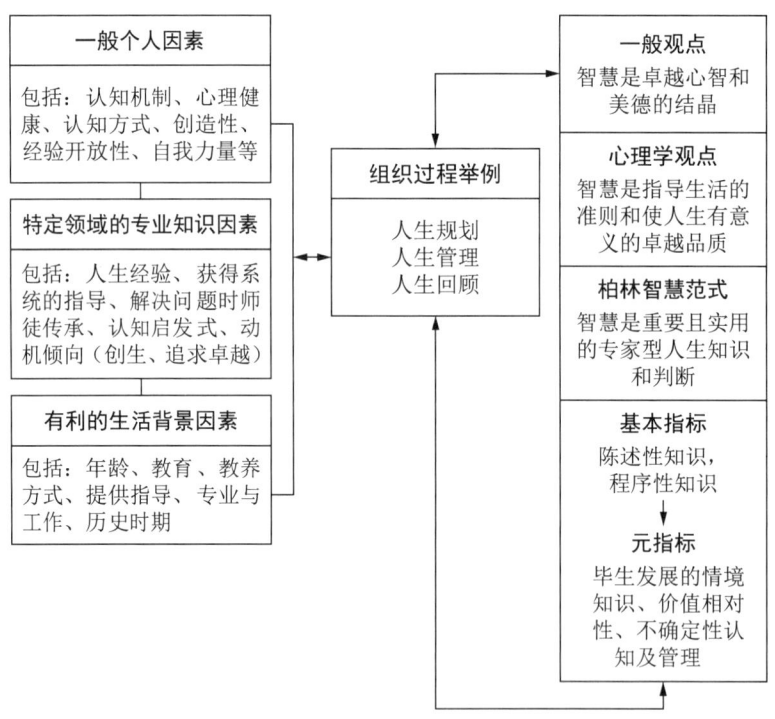

图 6-7 智慧相关知识和行为的前因、相关和结果变量

(Baltes & Staudinger,2000;Baltes & Smith,2008)

(1) 一般个人因素的潜在影响

一般个人因素指个体拥有的基本心理素质,如智力、人格、思维方式等。智慧是由心

智和美德构成的综合素质,是一个内涵包容性极强的概念(Baltes & Staudinger,2000)。由此不难推测,人格和智力等人类基本心理素质是构成智慧的必要成分,而融合智力和人格形成的综合心理素质因与智慧内涵存在更大重叠,对智慧的生成与发展更为重要。因此,理论上可推测人格、智力,以及由两者综合而成的心理素质对智慧的生成与发展有重要影响。斯托丁格(Staudinger,1997)选取125名年龄在19—87岁的德国人(女性74名)为被试,以"自杀""人生理想未实现""小女孩离家出走"三个问题情境为测试材料,同时测量液态智力和晶体智力(智力)、大五人格、心理感受性和心理幸福感(人格)、社交智力、创造力、思维方式和反省与冲动(综合智力和人格的心理素质)。该研究发现,智慧相关知识中40%的变异可被上述各种因素解释,其中又以融合智力和人格的心理素质解释力最高,达15%。随后,斯托丁格等人(Staudinger et al.,1998)以女性为样本再次考察智慧与人格和智力的关系,其中包括36名临床心理学家(19人年龄为26—48岁;17人年龄为50—82岁),54名建筑师、记者、高级管理人员、高中教师、律师、自然科学家等专业人员(24人年龄为28—49岁;30人年龄为50—75岁)。该研究采用柏林智慧模式测量智慧,材料为人生规划情境。通过回归分析,研究发现智力和人格能解释14%的总体变异,人格比智力对智慧的影响更大,开放性人格对智慧而言是最重要的人格变量。

虽然智力、人格和融合两者的心理素质对智慧发展具有重要影响,但它们对青少年和成人的影响可能不同。青少年处于智力和人格的发展期,尚未达到顶峰,其人格与智力的综合特征更是远未成熟。因此,青少年的智力和人格发展对其智慧形成和发展具更大的预测作用。与此不同,成人的人格和智力特征已经成熟并达到顶峰,而其融合人格与智力的综合素质仍处于发展之中,因而后者对成人的智慧具更大的预测作用。斯托丁格和帕苏帕济(Staudinger & Pasupathi,2003)在德国招募148名年龄为14—20岁的青少年(男生占54%)和145名年龄为35—75岁的成人为被试,以自杀情境和人生理想情境为测试材料进行的研究发现,智力和人格对青少年智慧具更大的预测作用,融合人格与智力的综合素质对成人智慧有更大的影响。

(2) 特定领域专业知识因素的潜在影响

特定领域的专业知识指个体通过解决特定领域的复杂问题而积累的知识经验,也包括有利于智慧生成与发展的动机倾向与人生导师的指导等。巴尔特斯和斯托丁格(Baltes & Staudinger,2000)将智慧界定为关于人生的重要且实用的专家知识系统,率先在知识与智慧之间建立联系。不过,与一般智力测验中测查的知识和自然科学知识不同,这里的专业知识主要是个体应对不确定的现实生活而积累的知识经验,因而主要是一种关于人的知识(人文与社会科学领域的知识),而不是关于物的知识(自然科学领域的知识)。人文与社会科学知识的积累对智慧的生成与发展有利,具此类丰富知识者应具有更高的智慧水平。斯托丁格等人(Staudinger et al.,1992)在德国选取21名年轻女性(平均年龄32岁)和22名老年女性(平均年龄71岁)为被试实施了一项研究。研究中,被试被分为两组，其中实验组包括17名临床心理学家（具有关于人的专业知识），控制组为26名其他专业人员。实验材料是年轻人或老年人常面对的人生回顾问题。研究发现，临床心理学家的智慧得分显著高于其他专业人员的得分，老年人在故事主人公是老年人的情境中表现得更好，年轻人则在故事主人公为年轻人的情境中表现得更好，但总体而言，老年人和年轻人的智慧得分没有显著差异。这一发现不仅重复验证了智慧不存在年龄差异的结论，而且证实与社会科学有关的专业知识对智慧的生成与发展有重要影响。与此类似，史密斯等人（Smith et al.，1994）在德国调查了60名年轻女性和老年女性，包括其他专业人员和临床心理学家，重复验证了上述研究结论。斯托丁格等人（Staudinger et al.，1998）的另一项研究发现，相比于人格和智力，经验对智慧的预测效果最好，尤其是临床心理学专业训练，为预测智慧分数的最佳指标，可解释总体变异的26%。

根据图6-7，特定领域的专业知识因素中，动机对智慧也有一定影响（图中所讲的创生）。虽然很难将此与特定领域的专业知识直接联系在一起，但追求特定领域的专业知识的动机与智慧的发展不无关系。动机通常与情绪和情感相联系，自然也引起研究者的注意。昆兹曼和巴尔特斯（Kunzmann & Baltes，2003）在柏林智慧模式框架下，考察智慧与情感和价值追求的关系。他们将情感分为三类：消极情感（生气、悲伤、失望等）、快乐情感（高兴、自豪等）和情感卷入（有趣、有吸引力、鼓舞人心等）；将价值追求分为两类：增益自我价值取向（快乐人生、自我成长、洞察力）和增益他人价值取向（朋友的福祉、贡献社会、生态保护）。他们认为，与人生有关的专业知识包含大量与情绪调节有关的内容，智慧者善于运用这些知识调节情绪，因而较少感受到消极情绪。快乐情绪来自肤浅的自我评价和浅薄的满足感，具深刻洞察力和开放性人格特征的智慧者会表现更多卷入性情感，不太可能有更多快乐情绪。对价值追求而言，善于平衡自我和他人的利益成为智慧者的重要品质（Baltes & Staudinger，2000；Sternberg，1998）。他们通过广告招募了318名德国人为被试，其中年轻组年龄为15—20岁，中年组年龄为30—40岁，老年组年龄为60—70岁，男女各占一半。测试材料为"自杀""人生理想未实现"和"少女离家出走"情境。结果发现，在情绪方面，智慧与快乐情绪和消极情绪有显著负相关，与情感卷入呈正相关；在价值追求方面，除快乐人生外，其他价值追求与智慧均呈正相关。

创生（generativity）是埃里克森的人格发展八阶段理论的重要概念，是中年期成人的主要发展任务，指个体将追求自我成功转向关心下一代和为社会作贡献。因此，创生是个体运用自身丰富智慧相关知识帮助他人和关心下一代成长的重要亲社会动机。温克和斯托丁格（Wink & Staudinger，2016）以163名老年人样本（68—77岁）考察智慧与创生的关系，测试材料为"自杀"情境。该研究发现，智慧与创生呈显著正相关。这一研究结果与韦伯斯特（Webster，2003，2007）采用《自我评估智慧量表》测量智慧的研究发现相一致。

（3）有利的生活背景因素的潜在影响

有利的生活背景因素包括个体的年龄、所处时代、接受的文化、接受的教育、所处历史时期或领导经验等。有利的生活背景因素是促进智慧生成与发展的外在因素,与内在因素构成柏林智慧模式所认为的智慧是内外在因素共同作用之结果的完整结构。从相关实证研究看,柏林智慧模式主要考察了年龄和社会互动对智慧的作用。

对于年龄增长与智慧发展的关系,须首要回答的问题是智慧萌芽于何时。从理论上看,智慧的发展离不开智力、人格等基本心理素质的发展,因而有充分理由认为,正处于智力和人格快速发展阶段的青少年期是智慧生成与发展的重要时期。帕苏帕济等人(Pasupathi et al.,2001)首次采用实证方法证实了这一观点。他们选取 146 名 14—20 岁的德国青少年(男生 54 名)为实验组,以及 58 名 20—37 岁的德国成人(大部分受过良好教育,一半为男性)为对照组,以专门针对青少年的问题情境(性经验、考试、友谊、父母离婚)和一般问题情境(自杀、人生理想未实现)为测试问题开展的研究发现,虽然青少年的智慧水平低于成年人,但青少年期和成年早期(14—24.5 岁)的智慧处于快速发展阶段。

对于成年期智慧是否仍在发展,心理学界的意见尚不统一(王予灵,汪凤炎,2018)。常识观念中,老年人似乎拥有更高的智慧。俗语说"家有一老,如有一宝"。智慧的提名研究要求人们提名其熟悉的智慧者,其中大部分为中年人和老年人(Weststrate et al.,2016)。有些智慧的外显理论也持类似观点,如埃里克森认为,智慧是人生发展到最后阶段才可能出现的心理品质。然而,实证研究似乎并未支持这一观点。例如,史密斯和巴尔特斯(Smith & Baltes,1990)选取 25—35 岁、40—50 岁和 60—81 岁三个年龄段的德国民众(受过高等教育和从事专业工作)为被试,施测人生规划问题,发现三个年龄组的智慧表现不存在显著差异,并且三个年龄组最高得分者的分数分布也无显著差异。不过,这一研究说明,随着年龄增长,老年人仍能与年轻人表现得一样好,对积极老龄化而言具有积极意义。

虽然智慧是个体的内在心理素质和心理过程,但智慧不能脱离社会支持力量的作用。社会互动作为可能催化智慧生成与发展的因素,受到柏林智慧模式研究者的关注。斯托丁格和巴尔特斯(Staudinger & Baltes,1996)选择 244 名大柏林区的民众为被试,组成 122 个两人小组,其中包括 148 名女性,年轻人(20—44 岁)和老年人(45—70 岁)各占一半。测试材料为"自杀""人生理想未实现"和"小女孩离家出走"情境。研究首先测量所有被试在单独情况下的智慧表现作为基线,然后将所有被试分为 5 个实验组:第一组,两个被试先在一起讨论,后单独思考并接受智慧测试(外部讨论+个人思考组);第二组,两个被试先在一起讨论,后接受智慧测试(外部讨论组);第三组,被试先想象某个人与其讨论测试问题,然后单独完成智慧测试(内部讨论);第四组,被试先独自思考问题,然后单独接受智慧测试(自由思考组);第五组,与基线测量一样(控制组)。结果发现,无论是外部讨论还是内部讨论都能显著提高个体的智慧得分。

2. 简要评价

一般个人因素、特定领域的专业知识因素和有利的生活背景因素三类影响因素基本涵盖了重要个体内外部环境因素，显得较全面而完整。更重要的是，它们都有相应的实证证据，而不仅仅是理论上的探讨。这将智慧生成与发展的影响因素的研究提升到科学的层面，而非仅停留在理论或哲学层面。同时，斯托丁格、格吕克和布卢克均为柏林智慧模式的重要成员和继承者。以斯托丁格为代表的积极人格发展观和以格吕克与布卢克为代表的 MORE 生活经验模型在探讨影响智慧生成与发展的因素时，其见解与柏林智慧模式均有千丝万缕的联系，是对柏林智慧模式见解的进一步深化和展开。这一方面表现为对影响智慧生成与发展的因素进行更精细的划分，另一方面表现为探讨影响智慧生成与发展的因素时的不同侧重，深化了该领域的研究。

(二) 积极人格发展观的见解

1. 理论观点

在积极人格发展观(positive personality development)框架下，探讨人格发展与智慧生成与发展的关系，是对柏林智慧模式有关该问题的理论的深化，其代表人物是，柏林智慧模式的重要成员和继承者——斯托丁格。结合大量相关研究，斯托丁格等人将个体的积极人格发展分为两种路径，即人格适应(personality adjustment)和人格成长(personality growth)，分别探讨智慧与两种人格发展路径的关系(Law & Staudinger, 2016; Staudinger & Kunzmann, 2005)。

人格适应指个体内化社会角色规范和要求(如工作和家庭职责)，争取社会认可的成就和地位，最终达到良好的社会适应。随着人格适应能力的提高，个体能更好地应对社会生活的要求，社会适应更加游刃有余，如具备更高的日常问题解决能力、更稳定的情绪和良好的社会关系等，由此获得和维持较高的主观幸福感。从大五人格的角度看，情绪稳定性(低神经质)、责任心和宜人性是人格适应的主要指标。随着个体年龄的增长，这三种人格特质将不断提高，幸福感也随之提高。从里夫(Ryff, 1989)提出的心理幸福感角度看，环境控制(environmental mastery)、积极的人际关系(positive relations with others)和自我接纳(self-acceptance)是人格适应的主要指标(Law & Staudinger, 2016)。

人格成长指个体努力挑战现行社会制度的规范和要求，摆脱当前行为习惯和情感束缚，保持开放的心态，追求积极的自我批判，不断提高自我的认识水平和洞察力，超越自我中心而关心他人和社会的福祉。人格成长具体包括三个核心特征：对自我、他人和世界的洞察，复杂的情绪调节能力，以及摆脱自我中心而关注整体的福祉(Law & Staudinger, 2016)。与人格适应催生主观幸福感不同，人格成长要求个体不断挑战自我和社会的局限，不断提升自我格局和自我蜕变，因而更易产生痛苦，并由痛苦引发人生意义和自我成长。从大五人格的角度看，经验开放性是人格成长的最重要预测指标。随着个体年龄的增长，经验开放性逐渐下降，对智慧的促进作用将越来越小。从里夫(Ryff, 1989)提出的心理幸福感角度看，个人成长(personal growth)、人生目的(purpose in life)和自主性(autonomy)是人格成长的主要指标。

总而言之，在积极人格发展观看来，人格成长与智慧的内涵更接近，可以说人格成长历程即智慧发展的过程，因而人格成长对智慧的生成与发展更有意义。人格适应的追求使个体采用现行社会规则应对困境，获得良好社会适应，并不会促使个体深刻思考人生而变得智慧。因此，人格适应的结果与智慧发展关系不大，甚至有可能产生冲突。

2. 实证依据

（1）横断研究

智慧与心理幸福感的关系将在第十章着重探讨，为避免重复，此处主要依据大五人格的结构总结研究成果。

大五人格理论的五个人格特质中，经验开放性最早受到智慧研究者的关注。斯托丁格等人认为，对经验保持开放，不断吸收新经验和信息，才能持续更新和积累重要人生知识，从中提炼新的认识和洞察。智慧者的重要特征是深刻的理解能力或睿智的思考能力，以及对理解自我和他人的心理现象有浓厚兴趣。斯托丁格等人选择德国人为被试，采用柏林智慧模式考察智慧与大五人格的关系，发现智慧与经验开放性的相关程度达 0.42，而与其他人格特征不存在显著相关（Staudinger et al., 1997）。这一结论也得到了其他研究的进一步验证，如米克勒和斯托丁格（Mickler & Staudinger, 2008）发现个体的开放性与其友谊关系中的智慧表现存在显著的中等正相关。

与上述研究不同，采用自陈智慧量表调查其他文化群体的研究发现，智慧不仅与经验开放性有关，而且与大五人格的其他成分也有关系。韦伯斯特等人（Webster, 2014）采用《自我评估智慧量表》调查了 512 名 17—92 岁的丹麦人，发现智慧不仅与经验开放性呈正相关，也与外向性呈正相关，与神经质呈负相关。与此类似，利文森等人（Levenson et al., 2005）在 18—73 岁（平均年龄 34 岁）的美国人群体中，采用《成人自我超越量表》测量智慧，发现自我超越与神经质呈负相关，与外向性、开放性、宜人性和责任心呈正相关（0.16—0.23）。回归分析发现，神经质负向预测智慧，宜人性、责任心和开放性正向预测自我超越智慧。格吕克等人（Glück et al., 2013）对比 47 名提名智慧者和 123 名普通人的智慧表现发现，开放性与《智慧自我评估量表》《三维智慧量表》《成人自我超越量表》均存在显著正相关。

温克和斯托丁格（Wink & Staudinger, 2016）在积极人格发展观的指导下，采用柏林智慧模式测量智慧，运用开放性、心理感受性、个人成长、人生目的、自主性等相关量表测量人格成长，借助宜人性、责任心、低神经质、积极的人际关系、自我接纳、环境控制等相关量表测量人格适应，直接验证智慧与积极人格发展的关系。该研究发现，智慧与人格成长的正相关远大于智慧与人格适应的正相关；控制人格成长后，智慧与人格适应的相关不显著。路径分析发现，人格适应通过人格成长的完全中介作用于智慧。这项研究说明，人格与智慧关系密切，而人格成长与智慧的关系似乎更紧密。

总之，尽管目前的横断研究数据基本支持斯托丁格提出的人格发展模型，但未提供追踪数据支持，尚不能确定两者的因果关系（见表6-2）。

表 6-2 人格对智慧生成与发展的影响

研究者与时间	群体	年龄	测量工具	研究类型	研究结果
斯托丁格等人（Staudinger et al., 1997）	德国人	19—87 岁	柏林智慧模式、《大五人格量表》	横断研究	$r_{开放性}=0.42$
阿德尔特（Ardelt, 2000）	美国女性	起始:1928—1929 终止:1968—1969	根据三维智慧模型, 从相关人格量表中选择相应题目	追踪研究	成年早期成熟人格对老年期智慧无显著影响
利文森等人（Levenson et al., 2005）		18—73 岁	《成人自我超越量表》《大五人格量表》	横断研究	$r_{神经质}=-0.28$, $p<0.001$ $r_{开放性}=0.20$, $p<0.001$ $r_{外向性}=0.16$, $p<0.01$ $r_{宜人性}=0.23$, $p<0.001$ $r_{责任心}=0.20$, $p<0.001$
韦伯斯特等人（Webster et al., 2014）	丹麦人	17—92 岁	《自我评估智慧量表》《大五人格量表》	横断研究	$r_{神经质}=-0.19$ $r_{外向性}=0.35$ $r_{开放性}=0.46$
格罗斯曼等人（Grossmann et al., 2013）	美国人	20—90 岁	智慧推理、《大五人格量表》	横断研究	$r_{神经质}=-0.15$, $p=\mathrm{ns}$ $r_{开放性}=0.06$, $p=\mathrm{ns}$ $r_{外向性}=-0.06$, $p=\mathrm{ns}$ $r_{宜人性}=0.27$, $p<0.01$ $r_{责任心}=0.12$, $p=\mathrm{ns}$

续表

研究者与时间	群体	年龄	测量工具	研究类型	研究结果
格吕克等人（Gluck et al., 2013）	德国人	19—95 岁	《自我评估智慧量表》《三维智慧量表》《成人自我超越量表》、柏林智慧模式、《大五人格量表》的开放性分量表	横断研究	$r_{自我评估智慧量表}=0.409$，$p<0.01$ $r_{三维智慧量表}=0.591$，$p<0.01$ $r_{成人自我超越量表}=0.444$，$p<0.01$ $r_{柏林智慧模式}=0.365$，$p<0.01$
温克和斯托丁格（Wink & Staudinger, 2016）	德国人	68—77 岁	柏林智慧模式、《大五人格量表》《心理幸福感量表》	横断研究	$r_{人格成长}=0.57$，$p<0.01$ $r_{人格适应}=0.25$，$p<0.01$
布伦泽等人（Brienza et al., 2018）	美国人	29.44 岁（平均）	《情境智慧推理量表》《大五人格量表》	横断研究	$r_{神经质}=-0.10$，$p=\text{ns}$ $r_{开放性}=0.19$，$p<0.01$ $r_{外向性}=0.24$，$p<0.01$ $r_{宜人性}=0.12$，$p=\text{ns}$ $r_{责任心}=0.02$，$p=\text{ns}$
阿德尔特、盖拉赫和韦兰特（Ardelt, Gerlach, & Vaillant, 2018）	美国人	出生于 1915—1924 年，80 岁时接受测试	根据三维智慧模型，从相关人格量表中选择相应题目	追踪研究	青年期开放性显著预测老年期智慧
傅绪荣、汪凤炎（2020）	中国人	18—27 岁	《整合智慧量表》《大五人格量表》	横断研究	$r_{开放性}=0.32$，$p<0.01$ $r_{外向性}=0.15$，$p=\text{ns}$ $r_{神经质}=-0.16$，$p=\text{ns}$

（2）长期追踪研究

长期追踪研究能进一步揭示人格与智慧发展的关系，并为确定两者间的因果关系提供更坚实的基础。然而，目前直接探讨智慧与人格关系的追踪研究较少，而且结论不完全支持积极人格发展观的观点。

阿德尔特（Ardelt, 2000）在一项时间跨度长达 40 年（1928—1929 到 1968—1969）的追踪研究中，考察了 82 名美国女性的童年生活质量、原生家庭状况以及成年早期成熟人格对老年期三维智慧的影响。他发现，只有个体原生家庭状况（如父母职业、教育和智力兴趣）对老年期智慧有显著影响，而童年生活质量和成熟人格对老年期智慧无显著影响。测量成熟人格的指标包括两个部分：平静和无焦虑情绪。平静包括情绪稳定、无愤恨、无易怒情绪等，无焦虑情绪指没有紧张和恐惧情绪。可见，阿德尔特对成熟人格的测量指标更接近斯托丁格对人格适应的定义。因此，这一追踪研究似乎验证了斯托丁格等人的观点，即人格适应与智慧发展关系不大。

阿德尔特等人依据埃里克森的人格发展八阶段理论，认为智慧发展更可能是人格适应和人格成长二者平衡发展的结果，即早年社会支持和家庭关系影响个体幼年的发展，进而影响青少年期的学业成就和表现，再影响成年后的情绪稳定性、责任心和宜人性等人格特征，而这些人格特征有助于个体承担社会和家庭的责任，有助于个体顺利度过人生发展的第七阶段，形成关心他人成长的创生品质，最终可能在人生最后阶段整合和接纳自己的一生，安然迎接人生终点的到来，获得智慧。在一项追踪研究中，他们考察了 98 名出生于 20 世纪初的哈佛毕业生。被试于大学一年级接受第一次调查，之后每隔一段时间接受一次调查，直至 80 岁接受最后一次测试（Ardelt, Gerlach, & Vaillant, 2018）。阿德尔特等人根据埃里克森的人格发展八阶段理论，分别测量个体从童年到老年各阶段的表现，结果发现，青年期的经验开放性可显著预测老年期的智慧，而童年生活质量可显著预测求学时的学业和体育成绩，进而显著预测青年期的情绪稳定性、中年期的创生和老年期的智慧。这一研究结果也不完全支持斯托丁格等人认为的人格适应和人格成长在智慧发展中互不兼容的观点，反而证明人格适应和人格成长的平衡发展对智慧发展具有重要意义。

（三）MORE 生活经验模型的见解

1. 理论观点

普通人和智慧心理学研究者都认为，智慧发展离不开知识经验，年龄的增长成为增加知识经验的外显指标，但目前支持智慧与年龄存在线性增长的证据几乎不存在（王予灵，汪凤炎，2018）。年龄的自然增长可能只是智慧发展的条件之一，而要发挥年龄增长带来的优势，离不开个体内部心理资源的整合与发展。MORE 生活经验模型（MORE life experience model）正是从这个角度提出了新观点。该模型最早由格吕克和布卢克（Glück & Bluck, 2013）提出，二人均为柏林智慧模式的重要成员和继承者。相比于柏林智慧模式，格吕克和布卢克似乎更看重个体内部因素的作用，同时也承认外部因素的价值，认为充满挑战性的人生经历(life challenges)是智慧生成与发展的重要催化剂,而智慧的生成与发展是内外因素动态交互作用的结果(Glück,2019)。挑战性人生经历既包括给个体带来不愉快、难以控制和不安全感的消极人生经历,如死亡、失业、离婚、丧子、重大疾病等能深刻颠覆个体对自我和世界的认知与价值观的人生事件,也包括对现有价值观造成冲击的少数积极事件,如长子出生、进入不同文化环境。这些事件往往使个体认识到世界是不断变化的和普遍联系的,个人力量是有限的,未来是不可控和不确定的。这些因素都与智慧密切相关。人生经历既是个体智慧展现的背景,也是推动智慧发展的必要条件(Glück et al.,2018)。然而,即便如此,经历重大事件后的个体并非都能获得智慧的发展,关键还在于积极发挥主体自身的作用。

内在因素指促进智慧发展的内部心理资源,有助于个体顺利解决复杂人生问题。该理论早期将情绪调节(emotion regulation)和共情放在一起,构成四种心理资源,目前则倾向将两者分开,变为五种,其他三种资源分别是控制感(mastery)或管理不确定性(managing uncertainty)和不可控性(uncontrollability)、开放性(openness)、反省(reflectivity),所有资源的首字母组合在一起构成英文单词"MORE",该模型遂以此为名(Glück et al.,2018)。五种心理资源中,控制感指个体对实际能掌控自己人生的感受,这种感受不是自欺欺人的虚假控制感,而是基于实际情况的控制感。智慧者一方面认识到人生的不可预测和不可控,另一方面能积极主动采取措施掌控自己的命运,从而体会到一种相对的控制感。开放性指面对问题能从不同角度进行思考的倾向,能对不同信念、价值观和人生观保持接纳的态度,善于听取他人的建议,愿意向不同的人和事物学习,不固执己见,因而能获得新的认识和洞察力。反省指采取复杂全面的态度看问题,而不是将它们简单化,通过这一过程获得对问题的更为深刻的认知。具反省特征的个体还善于自我批评,有勇气质疑自己的行为和观点。情绪调节指善于根据情境的要求对自我和他人的情绪进行调整,尤其是对消极情绪的调节,维持平和的心态。智慧者能容忍不确定性和不可控性带来的不良情绪。情绪调节隐含情绪感知成分,指个体对自我和他人的情绪保持敏感的洞察力(Glück & Bluck,2013)。智慧者在共情的基础上摆脱自我中心,产生帮助他人的动机。此外,智慧者不仅能站在他人的立场,而且能将自己的感受与他人的体验区分开来,不会沉浸于他人的情绪而无法自拔。值得注意的是,他们认为这五种资源不是稳定的人格特质,而是相互影响、相互促进、伴随个体发展的过程,并与个体的人生经历相互关联,即影响个体面临的人生经历,促使个体反省自己的人生经历以提高智慧水平,以及将人生经历整合进自我的人生叙事。

从积极人格发展观的角度看,控制感和情绪调节主要是人格适应的指标,而开放性和反省主要是人格成长的指标。因此,与积极人格发展观的观点不同,MORE生活经验模型认为,人格适应和人格成长都是智慧生成与发展的影响因素。这与阿德尔特等人(Ardelt et al.,2018)的追踪研究结论一致。

2. 实证依据

经验开放性对智慧的影响在上文已有阐述,此处不再赘述。自我反省(self-reflection)对智慧的潜在影响将在第八章重点阐述,此处不再赘述。

控制感对智慧的潜在影响。埃特扎迪和普什卡(Etezadi & Pushkar,2013)通过报纸广告招募加拿大魁北克地区的 360 名退休老人(平均年龄 61 岁,女性占 53%)为被试,采用《三维智慧量表》和《感知控制量表》(Perceived Control Scale)分别测量智慧和控制感,结果发现,智慧得高分者既善于利用丰富知识和卓越问题解决能力直接作用于环境,获得控制感,也擅长通过调整自身态度和感知间接适应环境,提高控制感。阿德尔特和爱德华兹(Ardelt & Edwards,2016)在美国采用《三维智慧量表》对 156 名健康老人和 41 名临终老人(52—98 岁,平均年龄为 72.28 岁)进行智慧测量,证实智慧与控制感的正相关关系。

情绪调节与共情对智慧的潜在影响。格吕克等人(Glück et al.,2013)分别采用柏林智慧模式,以及自陈智慧量表,如《三维智慧量表》《自我评估智慧量表》《成人自我超越问卷》测量智慧,并同时测量个体的情绪能力(emotional competence,包括对自我和他人的情绪感知和调节能力)和共情能力。该研究发现,情绪调节与四种智慧测量工具均存在显著中等正相关,共情与三种自陈智慧测量工具显著相关,但与柏林智慧模式的相关不显著。

在另一项研究中,格吕克等人通过广告招募社会人员提名身边的智慧者,有 47 名被提名为智慧者的被试参加研究,另有控制组 123 人,共计 170 人(90 名女性,80 名男性),大部分人的年龄在 40—92 岁。为降低表现法测量智慧的成本,控制组只有 47 名被试接受柏林智慧模式智慧测试。研究采用两种方式测量 MORE 生活资源:一种采用自陈量表,选择的工具均为发展成熟的量表;另一种采用访谈法,要求被试讲述自己经历的复杂人际冲突事件,如当时发生了什么、当时的感受和现在的感受、吸取了什么经验教训等,最后由两位评分者根据 MORE 生活经验模型进行评分。研究发现,对于自陈量表,除反省与《三维智慧量表》相关不显著外,MORE 生活资源与智慧量表均存在显著正相关;从访谈的评分看,个体在人际冲突中的 MORE 生活资源表现能显著预测柏林智慧模式测量的智慧得分,路径系数达 0.45(Glück, Bluck, & Weststrate, 2018)。

(四) 社会生态取向的观点

1. 理论观点

尽管一些智慧心理学家也认为智慧的生成与发展是内外因素相互作用的结果,但受生态系统理论影响(Bronfenbrenner & Morris,1998),一些研究者重点考察外部因素的作用,从而与 MORE 生活经验模型着重关注内部因素的做法区分开来。例如,五十岚等人(Igarashi,2018)将作为外部因素的人生逆境事件(adversity)促进个体积极发展的研究成果引入智慧心理学领域,提出智慧发展的社会生态取向(social ecological approach)。这一取向的研究者认为,智慧不仅应被看作一种相对稳定的个体特征,而且应被视为一种发展过程,这一发展过程是艰难的生活事件(difficult life events)、个体内部资源和社会环境因素积极互动的结果,即面对艰难的生活事件时,个体一方面积极调动内部资源,另一方面充分利用社会环境,如父母、老师、朋友等的支持作用,战胜困难,促进智慧发展。与前人观点一致,艰难的生活事件挑战个体的现有信念、自我认知、价值观和人生观,促使个体深入思考,获得新的认识,这是促进智慧发展的重要条件。个体内部资源的内涵接近MORE生活经历模型的观点,但相较于MORE生活经历模型,五十岚等人更重视他人、社区、组织机构等社会环境因素对智慧发展的促进作用,这也成为该理论的最大特点。从阿尔德温和五十岚(Aldwin & Igarashi, 2012)建立的心理韧性生态模型的角度看,社会环境因素可概括为两个主要组成部分:远端的社会文化环境(larger sociocultural environment)和近端的社会情境(immediate social context)。

格罗斯曼等人批评主流智慧研究"以个人为中心"(person-centric),即操纵和测量个体的内部智慧特征,而将环境因素视为干扰研究的不利因素加以控制和排除。这集中体现在采用自陈量表测量个体的智慧相关内部特征,而不考虑智慧表现的具体情境。他们认为,社会生态取向未将关注点置于智慧的个体差异,而将研究重点集中于各种情境因素对智慧发展的作用,是对主流智慧研究偏向的纠正(Grossmann, Dorfman, & Oakes, 2020)。具体而言,格罗斯曼和孔(Grossmann & Kung, 2019)认为,影响智慧发展的情境因素主要包括三个相互影响的组成部分:宏观环境(文化、地区和经济因素)、中观环境(社会经验和社会资源)、微观环境(社会地位和情境因素)。三种环境因素构成相互嵌套的关系,共同组成智慧生成与发展的整体环境。

2. 实证依据

东西方文化对智慧生成与发展的影响的实证研究将在第九章予以探讨,这里不赘述,只论以下因素对智慧的影响。

(1) 经济发展程度和社会阶层的作用

在同一文化圈内部,由于各地区社会经济发展存在差异,或同一地区存在社会阶层差异,社会环境往往相对不同。这样的环境同样影响人们的智慧表现。布伦泽和格罗斯曼(Brienza & Grossmann, 2017)在研究中,通过网上收集数据,共招募2 145名美国居民为被试,平均年龄为32.75岁。研究通过IP地址确定被试来自哪个州,将他们归入经济发展程度不同的地区。同时,研究按受教育水平和收入水平,将被试分为工人阶层和中产阶层。被试中的730名需要回答"对方的地位是否比你高",以此测量他们的主观社会经济地位。智慧测量要求被试回忆最近经历的人际冲突事件,包括它们发生的时间、地点等问题,然后填写状态智慧推理自陈量表。研究发现,来自经济更发达地区的被试在解决人际冲突问题上的智慧得分显著低于来自经济欠发达地区。与此类似,相较于低社会阶层的个体,来自高社会阶层的个体表现出更低的智慧水平。个体感知社会阶层对智慧的影响具有类似效应,并且感知人际亲密度在其中发挥部分中介作用。在另一项研究中,布伦泽和格罗斯曼在密歇根招募了199名被试参与实验室研究。研究按受教育程度水平,将被试分为高社会阶层和低社会阶层,测试材料为虚拟人际冲突和群际冲突事件,个体的智慧得分由两位评分者评定。研究发现,人际冲突情境中,高社会阶层个体的智慧得分显著低于低社会阶层个体,而群际冲突中未出现这一差异。布伦泽和格罗斯曼认为,之所以出现这一现象,是因为掌握较少资源的低社会阶层为应对资源缺乏,只有寻求亲密关系和加强群内成员合作,才能提高生存和成功的可能性。

(2) 社会支持的作用

从微观的环境看,与他人的社会互动对个体的智慧展现具有更直接的影响。柏林智慧模式很早就发现,与真实存在的他人或想象的他人共同解决复杂的人生问题能显著提高个体的智慧水平(Staudinger & Baltes, 1997)。五十岚等人(Igarashi et al., 2018)在消极生活事件的背景下,采用扎根理论考察影响智慧发展的个体内部因素和社会环境因素。他们访谈了50名受过良好教育的白人(男性14人,女性36人),年龄为56—91岁(平均年龄71.71岁),要求他们讲述自己如何应对重要的消极生活事件。研究发现,中老年被试最常提及的重要消极事件是亲人去世。几乎所有被试都认为,社会环境对应对消极生活事件具有重要意义,如寻求帮助、更团结、获得支持、能听取专业建议、建立新的友谊关系、受到社会大环境影响等。研究还发现,消极生活事件对个体的改变体现了智慧的主要特征,如对自我认同、人格和信念的重新认知,更能容忍和关心他人,对未来的不确定性和不可控性处之泰然,以复杂的心态而不是非此即彼的简单化思维看待生活。

(3) 家庭环境与个体内部因素交互作用的作用

陈浩彬和刘洁(2018)考察了家庭经济地位对智慧的影响及开放性与教养方式在其中的作用机制。他们选取中国江西省696名中学生(男生占54.9%)为被试,采用布朗和格林(Brown & Greene, 2006)编制的《智慧发展量表》测量智慧(详见附录3),采用《简式父母教养方式问卷》(Simple Egna Minnen av Bamdoms Uppfostran, S-EMBU)中文版测量教养方式,采用《大五人格问卷》的分问卷测量开放性,并由被试报告其父母的职业和受教育程度,即家庭社会经济地位。研究发现,家庭社会经济地位对智慧、教养方式和开放性人格具有显著影响,并且后两者在其中发挥完全中介作用。换言之,较高的家庭社会经济地位对父母的教养方式和孩子的开放性人格具有积极影响,进而影响个体的智慧。

(五) 其他观点

与前述观点有较多实证证据支持不同,还有一些尚缺乏实证证实,但具有较大参考价值的观点。这类观点以智慧发展模型、智慧促进模型和五因素交互作用论为代表。它们或通过扎根理论而建立,或主要基于理论分析。其中,智慧发展模型、智慧促进模型针对大学生、教育者等特定群体,五因素交互作用论则具有更高的概括性。

1. 大学生智慧发展模型

智慧发展模型(model of wisdom development)最早由布朗(Brown, 2004)提出,因主要针对大学生群体,也被称为"大学生智慧发展模型"(如图6-8所示)。该模型认为,大学生智慧的生成与发展包括向生活学习(learning-from-life),以及影响这一进程的因素或促进条件。向生活学习包括三个过程:反省(reflection)、整合和应用(application)。反省和整合指对信息的接收和认知加工,即在新信息与个体储备的知识之间建立有意义的联系。该过程进一步细分为四个子过程:分析、联结、情境化和统整。分析指将新信息分解成不同部分,并以新的方式理解这些信息。联结指在新信息与个体已有知识之间建立联系。情境化指比较新信息与个体已有知识的异同。统整指整合新信息与个体已有知识,形成新知识结构。应用是将由反省和整合获得的新知识运用于生活实践,达到改变个体态度、价值观、认知和行为的目的。该模型认为,只有运用新知识,才能实现真正的成长。

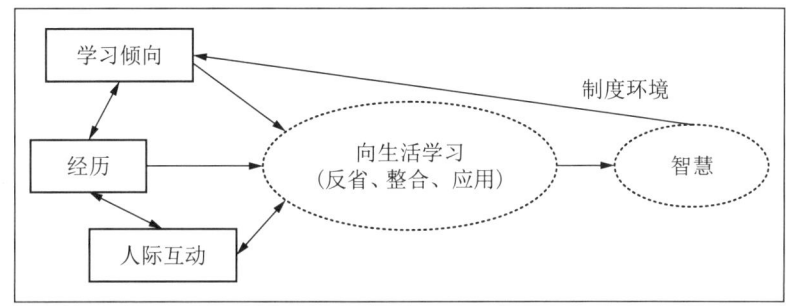

图 6-8　大学生智慧发展模型

(Brown,2004)

此外,该模型指出,有四个条件能促进智慧的生成与发展,以及向生活学习的过程。它们是学习倾向(orientation to learning)、经历(experiences)、人际互动(interactions with others)、制度环境(institutional environment)(Greene & Brown,2009)。学习倾向指大学生与他人和环境互动前秉持的态度、期望、自传体记忆(personal biographies)和动机等。经历指大学生参加的各种活动和所处情境,包括正式和非正式的形式。其中,与自身建立起意义联系的正式的课程学习尤其重要。人际互动指大学生与各类人员的交流互动,作用尤其关键的是对大学生产生重要影响的人物。他们为大学生提供不同的观点、价值观、视角、兴趣、行为等信息。制度环境指各种环境因素,为大学生的智慧生成与发展提供背景条件。智慧的生成与发展过程具体表现为:促进条件决定个体有何种人生经历(新信息),而向生活学习过程(反省、整合、应用)是对人生经历的深加工,从而获取知识和经验,促进智慧的生成与发展。该模型通过访谈研究和扎根理论得到建立,但目前为止尚未获得足够的实证验证。

2. 教育者智慧促进模型

智慧促进模型(facilitative model of wisdom)由陈等人(Chen et al.,2011)提出,如图 6-9 所示。他们调查了台湾地区被提名为智者且正从事教育活动的教育人士,采用访谈法与扎根理论收集和分析资料。因此,该模型实质是教育者智慧促进模型。它包括四个部分:促进条件(facilitative conditions)、个体的同化(assimilations)和调整(adjustments)、实际行为改变(transformations of actual actions)以及行为结果反馈(feedback from the results of actions)。

促进条件指个体的人生经历是积累知识经验的重要途径,具体包括八种:工作经历、生活经历、社会互动、观察学习、家庭教育、专业发展、宗教和阅读。与促进条件并列的是未解问题,指个体面临的困境,既可能导致抑郁状态,也可能促使个体努力寻求解决方案,只有后者才有可能转化为促进智慧发展的条件。如果未解问题没有顺利化解,将阻碍智慧的发展。

智慧发展的内部过程指个体的同化和调整,该观点明显受皮亚杰认知发展理论的影响。同化指个体参与工作、生活、交往等八种活动而吸收到新信息。新信息与个体储备的知识经验无明显冲突,被纳入已有认知结构。调整指随着知识的不断积累和统整,由量变引起质变,促使个体心理发生变化。调整包括认知调整和动机调整。认知调整指运用知识解决新问题。动机调整指个体的意志以及面对未解问题的勇气和学习的愿望。个体通过认知调整重新整合内部的新旧知识和经验,建立新的认知结构。在动机调整的基础上,个体获得化解未解问题的意志和勇气。需要注意的是,只出现同化而未产生调整,无法实现智慧发展。

实际行为改变是将由同化和调整获得的新认知和动机运用至实际生活,改变个体为人处世的方式,如教学、人际互动、日常事务的处理等。个体的实际行动必然带来某种结果,从而成为一种正向或负向反馈,影响智慧发展的促进条件和内部认知与动机过程。因此,从促进条件激发的内部过程,再到个体表现出实际行动和获得反馈,最终反作用于促进条件与同化和调整,智慧发展体现为整个过程的螺旋上升。

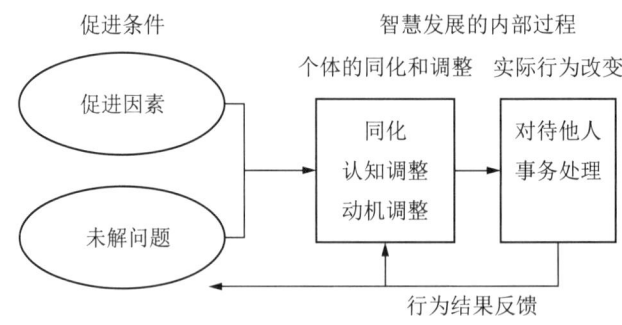

图 6-9 教育者智慧促进模型

(Chen et al., 2011)

3. 五因素交互作用论

影响个体智慧生成与发展的因素复杂多样,概括而言,从宏观上看,主要有遗传、成熟、环境、教育和主体性五个变量。遗传、成熟、环境、教育取大家公认的定义,故这里不再多讲;主体性指个体的需要、兴趣、爱好、价值观、人生观或世界观和志向,以及个体根据它们对来自体内外的诸种刺激进行判断、选择、吸收、利用或改造的能力。其中,立志成为一个智慧者,为此而善于自我观察、自我反省、自我激励等,是保证个体生成智慧的重要因素。其中,立志成为一个智慧者,即要有发展智慧的强烈动机,为此善于自我观察、自我反省、自我激励,主动迎接并积极应对生活中遭遇的各类挑战,是保证个体生成智慧的一个重要因素(Glück,2019)。在智慧的生成与发展过程中,这五种因素扮演的角色虽有差异,但也正是它们之间的交互作用最终决定了个体能否生成智慧以及能生成多大的智慧,这就是本书倡导的五因素交互作用论。若模仿拓扑心理学家勒温(Kurt Lewin)提出的公式 B=f(P,E)(其含义是人的行为(B)是个体的综合因素(P)和环境因素(E)的函数),那么可将五因素交互作用论用下列公式表示:

$$W_P = f(H, M, E1, E2, S)$$

公式的含义是,人的智慧是遗传(heredity,H)、成熟(matureness,M)(主要指生理成熟)、环境(environment,E1)、教育(education,E2)和主体性(subject,S)的函数。五因素论也可用图 6-10 示意。

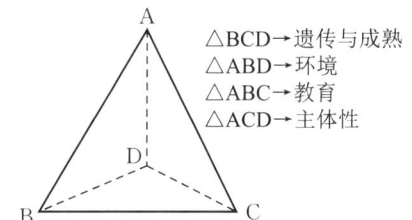

图 6-10 五因素对个体智慧形成与发展的影响示意图

(汪凤炎,郑红,2014,p.269)

由图 6-10 可知,个体智慧的形成与发展程度是由四面体 ABCD 的体积决定的,四面体 ABCD 的体积大,表明个体智慧发展的程度较高;反之,四面体 ABCD 的体积小,表明个体智慧发展的程度较低;而四面体 ABCD 的体积大小由其四个面的大小和质量高低决定,这表明遗传、成熟、环境、教育和主体性在个体智慧发展中都有自己的作用。之所以将遗传与成熟放在同一个维度,是因为成熟是遗传随时间的流逝而自然展开的;之所以以四面体的底面△BDC 称指遗传与成熟,是考虑到遗传与成熟是个体智慧形成与发展的基础和前提条件。这样,根据加拿大管理心理学家彼得(Lawrence Johnston Peter)提出的木桶理论(buckettheory):木桶由多块木板箍成,盛水量也由这些木板共同决定。若其中一块木板很短或有破洞,则此木桶的盛水量就被此短板限制;若要让此木桶盛水量增加,必须将短板加长或补好。因此,假若将上述四面体比作一个容器,那么,要想其装的水越多,四面体的底首先要正常,至少不能有漏洞,更不能有大漏洞,否则其他三面再好,这个四面体容器也无法长期装水,即使一时勉强装了水,过不了一段时间就会全部漏掉;如果四面体的底正常,其装水的量就取决于其他三面的长短和质量高低:假若其他三面质量都好,面积都大,这个四面体装的水就会很多;如果其他三面中有一面或两面或三面质量不好(如板虽长但有破洞)或太短,这个四面体实际装水的量取决于最短那块板子的长度或最差那块板子的质量。同理,遗传与成熟是影响个体智慧生成与发展的前提,环境与教育是影响个体智慧生成与发展的两个重要外部变量,并且,遗传(包括性别和智商等)、成熟(主要体现在年龄上)、环境与教育四个因素要通过主体性这个内因才能对个体心理起作用。个体要想其智慧获得良好发展,先要有起码的遗传素质,并保证有一个尽可能健康的成熟过程,在此基础上再来营造一个良好的外部环境(包括教育环境),而且主体自身也要有持之以恒地追求智慧的主体意愿或动机(Glück, 2019),这些因素缺一不可。假若个体自身有一个或多个素质有明显缺陷,就须采取相应的补救措施,否则,就会影响其智慧的形成与发展。常用的补救措施至少有三:(1)通过勤能补拙等方式将"短板"补长。(2)扬长补短,即充分发挥自身优势(至少要有一块足够长的"长板"),然后要有"完整桶"(系统思维)的意识,进而通过合作双赢的方式借助他人的"长板"来补自己的"短板"。(3)既笨鸟先飞,又取长补短。在其他诸种因素类似的前提下,个体是否愿意让自己成为智慧者以及生成多高水平的智慧,最关键的因素是个体的价值观。如果个体不甘平庸和堕落,志向远大,并朝着自己的目标不断前行,就有可能成长为一位智慧者;反之,若个体自甘平庸和堕落,缺乏上进心,那么,他也极有可能成为一个平庸者。另外,四面体中指向 A 点的三条线和指向 D 点的两条线各有一小段用虚线表示,这是表明个体身心发展及环境的利用空间均有一定潜力或弹性空间,很少有人能通过后天努力并充分利用各类环境因素而将其遗传素质全部展开,从而达到身心发展的极限(汪凤炎,郑红,2014,pp.269-275)。

当然,遗传、成熟、环境、教育和主体性五因素对个体身心发展具有的影响依个体年龄的不同而呈现出不同的发展曲线,如图 6-11 所示。遗传与成熟在个体成长的早期影响最大,此后,遗传与成熟对个体身心发展的影响从总体上看,随个体年龄的增长而减小,并在个体身心均已基本成熟后降至最低点。个体稳定人格未形成之前,环境与教育对个体身心发展的影响随个体年龄的增长而增大,并在个体的认知思维达到成熟水平后逐渐占据最重要的位置;个体形成稳定人格后,环境与教育对个体身心发展的影响又会逐渐下降。其中,个体所处社会的管理制度的优劣是影响个体智慧生成与发展的重要环境变量之一。个体生活经历的丰富程度和个体是否接受过智慧教育以及接受智慧教育的程度高低是影响个体智慧生成与发展的两个重要教育变量。主体性对个体身心发展的影响随个体年龄的增长而增长,但在个体稳定人格形成之前,其影响小于环境与教育对个体身心的影响,故而个体这一时期的曲线均在指称环境与教育的曲线之下;个体稳定人格形成后,主体性对个体心理发展的影响将首次超过环境与教育对个体心理的影响而达到最高峰,此后个体的心理发展主要受其主体性控制。这意味着,在其他诸种因素类似的前提下,个体是否愿意让自己成为智慧者以及成为多高水平的智慧者,最关键的因素实际上是个体的志向、价值观和努力程度。如果个体不甘平庸,志向远大,朝着自己的目标不断前行,假以时日,就有可能将梦想变成现实,成长为一位智慧者甚至高水平智慧者;反之,若个体自甘平庸,缺乏上进心,绝不奋斗,平平淡淡地过日子,又或志大才疏,缺乏持之以恒的信念,那么,随着时间的推移,该个体极有可能变为一个平庸者。同时,各阶段之间并无明显分界线,前一个阶段未完全结束时,后一个阶段的特性已在酝酿中。最后,上述五个因素对个体身心发展的影响在具有普适性的同时,也具有一定的个体差异性(汪凤炎,2006b;汪凤炎,郑红,2014,p.275)。

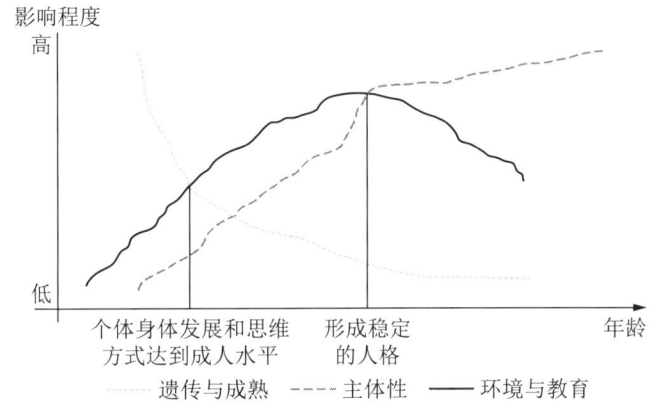

图 6-11　五大因素对个体身心的影响随年龄增长而有不同的变化之示意图

(汪凤炎,郑红,2014,p.275)

思考题

1. 请简要阐述智慧的神经生物学模型。
2. 探索智慧重要子成分的脑机制对理解智慧的脑机制有何益处?
3. 试比较智慧的增长模型、衰减模型、晶体模型、高原模型、综合模型之间的异同。
4. 个体因素和情境因素,哪个对智慧与年龄关系的影响更大?
5. 请针对智慧与年龄的关系设计一项研究。
6. 请结合实例谈谈你对智慧与性别关系的看法。
7. 对于男女两性的智慧水平,一度流行"男高女低"的观点,其原因是什么?
8. "头发长见识短"是真的吗?为什么?智慧水平的细微性别差异应如何解释?
9. 试举例谈谈早慧型、正常成熟型和晚熟型智慧者。
10. 请举例谈谈小智慧、中智慧、大智慧在现实生活中的体现。
11. 请简要述评五因素交互作用论。

第七章

智慧的测量

内容摘要

本章共分两节。第一节探讨智慧的表现测量取向,先探讨智慧的表现测量取向的早期做法,再阐述智慧的表现测量取向的新发展,最后对智慧的表现测量取向进行简要评价。第二节阐述智慧的自陈量表测量取向,先阐述智慧的自陈量表测量取向的早期做法,再探讨智慧的自陈量表测量取向的新发展,最后对智慧的自陈量表测量取向作简要评价。本章的重点是智慧的两大测量取向。

核心概念

智慧测量　智慧的表现测量取向　柏林智慧模式　出声思维　智慧的自陈量表测量取向　三维智慧模型　智慧的英雄模型　自我超越智慧　情境综合测量法　行动者-观察者偏差

智慧测量指在控制的情境下,用一种客观的、标准化的程序测量某一行为样本,并与一定标准相比较,以度量个体或群体的智慧观或智慧发展水平的方法。要想尽可能准确地了解人们的智慧观和智慧发展水平等问题,就必须测量智慧。然而,智慧概念的内涵极丰富,结构极复杂,在尚无统一智慧定义的背景下开展智慧测量研究面临极大挑战。

自柏林智慧模式于1990年率先开展智慧测量起,智慧心理学领域至今主要形成两种测量范式:(1)开放式表现测量(open-ended performance measures),亦称"最佳表现测量取向"(maximal-performance approach)(Glück, 2017a),脱胎于智力测验和知识测验,通过被试在解决难题时的智慧表现测量其智慧水平;(2)自陈测量(self-report measures),亦称"典型表现测量取向"(typical-performance approach),脱胎于人格测验,通常先让被试对一份李克特式智慧量表上的陈述项依自己的认同程度进行勾选,然后评定被试的智慧得分(Sternberg, 2004a; Sternberg & Glück, 2022, pp.83-98)。本书倾向采用"开放式表现测量"和"自陈测量"这一对术语,但也有微调。近年来,这种分类逐渐得到智慧心理学界的认可,例如,2019年出版的《智慧心理学手册》中就有学者将这两种测量取向分别命名为"基于表现的测量"(performance-based measures)和"自陈测量"(Kunzmann, 2019; Webster, 2019)。另外,近年来出现的新智慧测量方法——情境综合测量法也通过自编自陈量表来测量智慧,很难说它属于最佳表现取向还是典型表现取向,但可归为自陈测量取向这一类型。不过,"自陈测量取向"这一命名不太准确,因为表现测量取向也采用自我报告的形式（出声思维），而从自陈测量取向的内部特点看，一般都已编制标准化自陈量表。为避免混淆，本章将自陈测量取向改称为"自陈量表测量取向"；开放式表现测量和基于表现的测量由于都包含"表现测量"，本章将它们统一命名为"表现测量取向"。

表现测量取向和自陈量表测量取向两种智慧测量范式在测量的准确性和效率上各有优劣。表现测量取向能更准确地测量智慧，但测量效率较低，生态效度也不高。自陈量表测量取向简单高效，生态效度更高，但测量过程易受社会赞许性、测试者记忆偏差和自我认知的影响，导致测量准确性较低。总体看来，相比于智慧的表现测量取向，智慧的自陈测量取向是当前颇受欢迎的测量智慧的主要范式。近年来，研究者对二者做了诸多改进，已取得不少新成就。本章主要对两种智慧测量范式的发展历程和最新进展进行详细介绍，使读者全面、深入地了解智慧测量发展过程的面貌（傅绪荣，汪凤炎，陈浩彬，2019）。

第一节　智慧的表现测量取向

心理学界对智慧测量的研究始于表现测量法，它至今仍是智慧测量的主流范式之一。

一、智慧的表现测量取向的早期做法

智慧的表现测量取向最早由柏林智慧模式的作者提出，其理论基础是柏林智慧模式，早期使用者有巴尔特斯、史密斯和斯托丁格等人（Baltes & Staudinger，2000；Smith & Baltes，1990）。将智慧的内涵具体化和操作化，并在实验室中进行研究，使柏林智慧模式突破了以往只从哲学和理论思辨的角度研究智慧的局限性。下面从评估智慧的标准或制定智慧的测量指标、测试材料、测量程序、评分方法等方面介绍柏林智慧模式对智慧测量的开创性贡献。

（一）测量指标

智慧测量的前提是对智慧概念作可操作化定义，让人们直观了解智慧的本质特征，并采用具体可行的评价标准对个体的智慧水平进行客观评估。根据柏林智慧模式的智慧观，巴尔特斯等人于1993年提出评估个体智慧水平的五个指标：(1)有关生命的重要且实用的事实性知识的丰富性程度。(2)有关生命的重要且实用的策略性知识的丰富性程度。(3)有关生活情境和社会变化的知识的丰富性程度。(4)有关考虑价值和生活目标的相对性的知识的丰富性程度。有关考虑价值和生活目标的相对性的知识越多，越能认识到价值和生活目标具有相对性，反之亦然。(5)有关考虑不确定性生活的知识的丰富性程度。有关考虑生活不确定性的知识越多，越善于识别和管理生活中的不确定性（Baltes & Staudinger，1993）。

之后，巴尔特斯等人对上述评估智慧的五个指标稍作展开修订，修订后的指标有六：

(1)关于重要人生问题的陈述性知识(factual knowledge)。(2)关于重要人生问题的程序性知识(procedural knowledge)。(3)毕生发展的情境知识(life-span contextualism),指思考人生问题时应综合考虑人生阶段、生活场景、历史和文化背景对个体行为的影响。(4)价值相对主义(value relativism),指价值因人格特征、优先性(priorities)、文化背景、社会期望的不同而表现出差异,同时存在有益于所有人的共同价值。(5)不确定性认知及管理(recognition and management of uncertainty),指个体的一生相对不可预知,应有效管理人生决定、人生解释和人生规划具有的不确定性。(6)是否拥有旨在帮助自己和他人获得良好生活的善良动机。前三个指标考察智慧的基本成分,后三个指标考察智慧独有的元标准(Baltes & Staudinger,1993,2000;Staudinger et al.,1994;汪凤炎,郑红,2014,pp.144-145)。仔细分析可知,这些成分实际不只是一种知识的表征,也是后形式运算思维特点的集中体现。知识和思维方式事实上不能分离。没有知识,思维方式就是无源之水。但是,相比知识,思维方式对于智慧展现更重要。拥有同样丰富知识的两人,具备良好思维方式者更易展现智慧。

(二) 测试材料

实际研究中,采用什么样的材料更能促使个体智慧地思考,产生智慧行为,往往是容易被忽视的问题。柏林智慧模式认为一般性问题,如数学问题、重复单调的日常生活事件等并不能引发智慧,只有关于人生意义和引导人生发展的重要事件才能激发人们的智慧表现。从这个角度来说,选择的测量材料要契合研究者对智慧的界定。下面四类事件是柏林智慧模式经常用作测量智慧的问题情境。

[人生规划事件]:

乔伊丝是一个60岁的寡妇,最近考了工商管理学位,开办了自己的公司。她非常期待这一新挑战。但是,她得知自己的儿子有两个未成年的孩子需要照顾。乔伊丝开始思考下面两个选择:放弃事业,与儿子生活在一起,或为儿子提供经济资助。(Staudinger et al.,1994)

被试要回答:从故事主人公的角度思考,其未来3—5年会怎么想和怎么做(Smith & Baltes,1990)。该事件涉及个体退休后的第二次人生规划,而这是影响个体发展的重要事件之一,契合柏林智慧模式对智慧的认识。但是,这个故事可能更适合老年人,因为年轻人缺乏这样的人生经验。

下面的故事情境也经常被采用,适用的年龄范围更广。

[未成年人离家出走]:

一位14岁的男/女孩很想立即离家出走,他/她是怎么想的和怎么做的?(Staudinger et al.,1997)

被试要回答:从故事主人公的角度思考,这个孩子是怎么想的,该怎么办。

此外,还有人生回顾事件(人生理想未实现)和人生管理事件(好友自杀管理)。

[人生回顾事件]：

回顾自己的一生时，人们有时意识到自己没有实现曾经制订的计划。他们会怎么想和怎么做？(Staudinger et al.，1994)

[人生管理事件]：

某人接到好朋友的电话。好朋友说不想活了，已决定自杀。这个人会怎么想和怎么做？(Kunzmann & Baltes，2003)

人生回顾是个体整合人生意义和引导未来人生的重要方式，与柏林智慧模式认为智慧与人生意义和指导人生方向的内涵有关，同样适合测量柏林智慧模式所讲的智慧。自杀事件与人生意义和引导人生发展有密切联系，也是引发智慧反应的适当情境。

上面的材料更接近成年人的生活情境，与青少年的生活距离较远。为研究青少年的智慧，研究者专门设计了几个更适用于青少年阶段的故事情境(Pasupathi et al.，2001)，如考试失利和父母离异。

某男孩或女孩在一场重要考试中发挥失常，而这场考试对于他或她至关重要。对此，人们或这个男孩或女孩会怎么做和怎么想？

某男孩或女孩发现父母打算离婚。对此，人们或这个男孩或女孩会怎么想和怎么做？

柏林智慧模式对测试智慧材料的选择较慎重，在实践中也取得了较好效果。但需要注意的是，这些故事中的主人公和其中的故事情节是根据西方社会中人们经常遇到的生活事件为蓝本虚构的，尽管某些材料（如好友自杀、考试失利等）具有一定文化普适性，但有些材料也具有一定文化相对性。不同地域或文化背景的研究者使用这些材料时，宜慎重考虑是否符合当地的社会文化实际。同时，有学者认为这些情境材料只是简短描述，太过简单(Sternberg，2004a)。

（三）测量程序和评分方法

柏林智慧模式更注重个体解决问题的思维过程，认为采用出声思维(thinking aloud)测量这一过程是恰当的做法。出声思维，也叫"出声思维报告"，指在问题解决或推理过程中，个体用言语报告自己思考过程的思维方式，有时也指一种认知加工研究的研究方法，由德国心理学家东克尔(K. Duncker)于1926年提出。研究者要求被试在完成各种复杂任务时，尽可能详细地叙述解决问题的过程。1972年，美国心理学家纽威尔(A. Newell)和西蒙(Herbert A. Simon)将这一方法用于问题解决领域并受到研究者的广泛关注(《中国大百科全书》第三版心理学编委会，2021，p.28)。此后，出声思维一直被广泛用于研究个体问题解决的思维过程。采用出声思维测量智慧的优点主要有二：(1)可展现智慧思维的动态变化；(2)相较于自陈量表，采用出声思维有助于研究者更详细地了解与智慧有关的认知加工过程。当然，出声思维自身也有一定局限性：(1)被试作答的字数和时间是影响其智慧得分的重要因素，因而对被试的口头表达能力要求较高，更适合测量受过良好教育者;(2)要求被试一边思考,一边大声报告思维过程,对被试的认知控制能力要求较高,会占用更多认知资源,增加被试的精力消耗;(3)被试对问题的回答只是个体在独白,不涉及任何互动与交流,而现实生活中遇到类似问题时,一般存在可供交流的对象。

在具体操作层面,通常只有一名被试和一名实验者在安静的实验室中。有时,为避免实验者在场给被试造成压力,影响被试答题,练习结束后,只有被试独自在实验室中完成测试任务。具体的测量程序是:第一步,练习口头报告法,如两位数加减计算,或找出练习材料中的动物并命名。此举的目的在于让被试适应口头报告的操作方法。第二步,再次练习口头报告法。与前面的练习不同,此时,练习材料更接近实验任务。如果正式任务是人生规划任务,那么练习材料必须为类似的规划任务,如要求被试回答为客人准备晚餐需要做哪些事情。练习时,被试若在出声报告时有较长时间的停顿,实验者会询问被试当时的想法,并提醒被试及时将思考内容无评判地全部报告出来。被试能顺利完成练习后,才开始正式的实验任务。第三步,正式实验。被试有 5 分钟或 10 分钟的思考时间。思考时间结束,被试大声报告其思考内容。实验者若在场,可鼓励被试多思考,但不能引导被试作答;实验者若不在场,被试可自行将其思维过程表达出来。实验者宜在离开前向被试强调尽可能充分地说出自己的想法。无论实验者是否在场,都需在征得被试同意后对其出声思考过程进行录音。

柏林智慧模式采用 7 点等级评分,但不是李克特式量尺。为使评分更准确,避免出现宽大效应、极端化、顺序效应等造成测量偏差,柏林智慧模式将 7 点量尺划为三段:1—2 为低分,3—5 为中等分,6—7 为高分。各分数段均建构一个可操作的评分指标,并给出具体评分示例以指导评分过程。个体表现越接近某个等级则越可能得到相应分值。评分者需要接受大量练习才能掌握评分标准。若评定不同材料,或采用新评分标准和示例,则需重新进行练习。如果评分的材料较多,评定完一定数量的材料后,需再次进行练习,以便及时矫正评分误差。为降低评分者之间的相互影响,每个评分者通常只评定其中一个维度,并且每个维度至少有 2 名评分者,因此,整个评分过程共需 10—12 名评分者。评分步骤是:先讲解评分可能出现的误差,然后练习使用 7 点量尺,接着呈现与实验材料无关的文本(如评定童话故事的想象力),由评分者按实验者制定的标准在 7 点量尺上评分,最后给予实验材料练习评分。评分练习结束后,进入正式评分阶段。

（四）小结

柏林智慧模式对智慧测量的开创性研究有一些值得后人学习之处:(1)重视个体智慧表现的认知加工过程;(2)对智慧的界定充分吸收个体认知和情感发展研究的最新成果,为后人研究智慧测量奠定基础;(3)创设虚拟情境,易操控情境变量,如故事主角的性别、年龄、职业、事件的主题,考察其对问题解决产生的影响(Smith & Baltes, 1990)。柏林智慧模式对智慧测量的开创性研究值得拓展之处主要有五点,其中,出声思维的缺陷已在前文阐述,下面只论余下四点:(1)柏林智慧模式测量智慧时,一般只要求个体针对问题给出一般性建议和判断,而不要求个体针对具体人物或自身情况给出建议。因此,经典柏林智慧模式大致属于一般智慧的范畴,而非个人智慧,能否用它以及如何用它测量个人智慧,值得进一步思考。(2)未关注知识和情感成分对智慧的不同作用。知识对个体智慧的展现具有重要作用,但并非智慧的核心成分,是否一定需要测量知识成分成为研究者思考的问题(汪凤炎,郑红,2010a;Ardelt,2004;Sternberg,1998)。情感是智慧的重要组成部分,而柏林智慧模式并未给予足够的重视。(3)测量程序繁琐复杂,需采取措施提高测量效率。从被试口头报告的训练和实施,到筛选合适的评分者,再到训练评分者掌握复杂的评分过程。这些步骤的完成需要研究者付出大量时间和精力。(4)个体的参与度和测量的生态效度有待提高。尽管柏林智慧模式认为智慧包括认知、情感、动机等多个方面,是心智和美德的综合体,但它倾向于测量个体智慧中表现出的认知能力(Glück,2017a)。人们面对虚拟情景时,与虚拟情境中的人物毫无亲密关系,因而更易作出认知反应,而很难真正卷入其中,展现情绪和动机反应,如同情、仁慈、内心的激烈冲突等(Staudinger & Glück,2011)。同时,柏林智慧模式测量智慧时使用的虚拟情境材料只有简短描述,缺乏背景信息,而展现智慧的情境往往包含丰富的背景信息,对背景信息的充分利用才是智慧的表现(Ferrari,Weststrate,& Petro,2013)。

二、智慧的表现测量取向的新发展

前一部分的介绍已展示智慧的表现测量取向的基本原理和操作过程,以及在发挥重要作用的同时,存在的一些不足。近年来,智慧的表现测量取向的新发展正是针对这些不足所作的适度拓展(傅绪荣,汪凤炎,陈浩彬,2019)。

(一)采用表现法测量个人智慧

针对柏林智慧模式只能测量一般智慧而不能测量个人智慧,并难以唤起个体真实的情感反应,米克勒和斯托丁格开创了布莱梅智慧模式(Bremen wisdom paradigm),专门测量个体解决自身遭遇的事件时展现的智慧,即个人智慧(Mickler & Staudinger,2008)。布莱梅智慧模式部分继承柏林智慧模式的测量方式,但在测量指标和材料与程序方面有一定变化。

1. 测量指标

借鉴成熟人格和柏林智慧模式的研究,米克勒和斯托丁格也提出评估个人智慧的五条标准:(1)深刻的自我认知,对自己和自己的人生有深刻的认识;(2)自我调节和成长策略,如表达情绪和调节情绪的策略,建立和维持良好的社会关系等;(3)认识到外在环境,如年龄、历史文化、个人背景等对自身行为的影响;(4)认识到自我的局限性,如客观评价自我,维持积极的自尊,包容自我和他人价值观的差异;(5)容忍模糊性,认识到人生和自我发展充满不确定性并能作适当调整(Mickler & Staudinger,2008)。比较这五条标准与柏林智慧模式的评分标准,可知除情绪外,二者之间存在一定对应性:自我认识类似于陈述性知识,自我调节和成长策略类似于程序性知识,认识到环境对自身行为的影响类似于毕生发展的情境知识,认识到自我的局限性类似于价值相对主义,容忍模糊性类似于不确定性及其管理。

2. 测试材料与程序

柏林智慧模式使用虚构的情境材料,要求个体为他人解决问题提供建议和判断,只能测量一般智慧。与此不同,要从个体自身的角度唤起真实的情绪体验,测试材料须为个体亲身经历的现实生活事件。最初,米克勒和斯托丁格(Mickler & Staudinger, 2008)让被试讲述其在现实生活中遭遇的两难处境,却发现这一做法效果不理想。原因主要有二:(1)存在行动者-观察者偏差(actor-observer bias),导致被试对自身的观察有盲点。这一假设由琼斯和尼斯贝特于1972年提出,已得到一定证据的支持(Watson, 1982)。它指对待同一情境下的同一行为,行为者与观察者的解释存在一定差异:个体作为评价者对他人的行为进行归因时,往往会作稳定的内部归因,而对自身行为进行归因时,倾向于作外部归因。换言之,对于同一情境下的同一行为,观察者通常倾向于个人特质因素归因,行动者会在归因中高估情境因素的作用。(2)让被试回忆过往遭遇的两难处境对其自我造成较大威胁,被试往往仅简单描述亲历事件的情境背景等表面信息,较少谈及自身人格特征和问题解决策略等深层次表现。因此,研究者很难从中掌握与智慧有关的信息,无法由此判断个体解决问题时的智慧水平。而且,每个受测者讲述的个人经历都不相同,这为研究资料的比较带来较大困难,尤其是被试列举的生活事件存在明显年龄差异。这导致研究者只能退而求其次,选择不具有威胁性、无年龄差异、几乎所有人都有可能亲历过的事件为测试材料。米克勒和斯托丁格通过预实验发现,友谊事件正符合这些条件。正式研究中,他们要求个体想象作为某人的朋友会出现哪些典型行为,并举例说明。指导语为:

请大声报告作为朋友,您的典型行为表现有哪些。请举例说明与朋友相处困难时,您会怎么做。您能说一说这样做的原因吗?您的优势和不足是什么?您想改变什么?(Mickler & Staudinger, 2008)

给被试20分钟的思考时间和20分钟的作答时间,并对作答过程进行录音。评分方法与柏林智慧模式相同,采用7点评分,每个分数段设有详细评分指标和示例,比较被试的回答与相应指标得出分数。在一项于德国人群体中实施的研究中,米克勒和斯托丁格发现,采用上述做法测量个人智慧具有较好的信度和效度,由此得到的个人智慧与采用柏林智慧模式所得的一般智慧只有中等程度的正相关,以及个人智慧在老年人中有下降的趋势(Mickler & Staudinger, 2008)。

(二)对测量指标的扬弃

有研究者认为,陈述性知识和程序性知识虽是智慧的组成部分,但并非核心(Ardelt, 2004; Stenberg, 1998)。托马斯和昆兹曼(Thomas & Kunzmann, 2013)通过实证研究发现,采用柏林智慧模式提出的三个元标准进行评分与采用五个标准进行评分得到的结果极为接近。格罗斯曼(Grossmann，2017a)也认为智慧的内涵并非知识所能涵盖，宣称他们测量的是智慧思维(wise thinking)或智慧推理。智慧推理具有亲社会性，伴随人生知识经验的增长而提高，有助于个体有效应对生活事件，如人际冲突(Grossmann，2017a)(参见第三章"智慧与智慧推理"部分)。

(三) 简化测量程序

研究者对表现测量取向的评分程序作了一定简化，这具体体现在评分量尺上。例如，格罗斯曼等人(Grossmann et al.，2013)将柏林智慧模式的7点评分改为3点评分，并且未针对每个分值设定具体评分指标，而是由评分者根据主观印象给出相应分数。因此，格罗斯曼等人采用的评分方法类似李克特式评分。相较于柏林智慧模式的评分方式可获得智慧得分的绝对水平，这种评分方式只能获得个体智慧得分的相对水平。两种不同的评分方式，对被试的分数分布可能产生较大影响。柏林智慧模式的研究中，只有极少数人(约5%)可获得高分，总体分数的分布呈负偏态；而格罗斯曼等人的评分方式中，若采用随机取样，总体分数基本呈正态分布。两种评分方式对智慧测量的效度可能产生影响。智慧若确实存在一个临界点，即柏林智慧模式认为的达到某个水平才能被认为具有智慧，那么柏林智慧模式能更准确地测量智慧。从这个角度看，李克特式评分只是测量智慧的相对水平，若受测群体总体智慧水平偏低，就有可能将无智慧者视为有智慧者。因此，为获得更准确的测量结果，若采用李克特式量尺，随机取样就变得极为重要。

测量程序的另一变化是大幅削减评分者人数。柏林智慧模式为最大限度降低评分者评定不同维度之间的相互影响，避免晕轮效应，为每个评分指标选择了至少2名评分者，5个评分指标共需至少10名评分者。评分人数的增加使得训练评分者占用了大量研究时间。与此不同，格罗斯曼等人(Grossmann et al.，2013)只采用2名评分者评定全部6个评分标准。不过，同一评分者评定所有维度，维度之间的相互影响不可避免，然而，对于这一问题尚不见相关研究。

(四) 提高测量的生态效度和参与度

与现实生活情景往往包含大量背景信息不同，柏林智慧模式采用的是虚拟情景，而且背景信息很少。具体研究中，柏林智慧模式的研究者常面对被试向主试询问其他背景信息的情况。背景信息缺乏和情境的非真实性很难使被试沉浸其中，产生真实的生活体验，进而影响测量工具的生态效度。针对这一问题，格罗斯曼等人(Grossmann et al.，2013)在创设虚拟冲突情境时增加了背景信息。例如，"夫妻是否要同时就寝"的冲突情境：

> 我刚结婚，每晚9:30—11:30的某个时刻，丈夫总会"提醒"我该睡觉了。如果我先睡(不常如此)，他会很生气。如果他想睡了，而我想把这本书看完了再睡，或想多看会儿电视，他也会很生气。我试图和他商量这件事，但他强调说结婚后必须"同时"就寝。但总听他的安排，那我呢？就这样，我们都带着怒气入睡。我们该怎么做才能化解彼此的抱怨呢？(Grossmann et al.，2013)

针对上述情境，实验者指导被试思考这些冲突情境会如何发展并阐述原因："您觉得此事之后会发生什么？还有其他的吗？为什么会发生这种情况？应该如何应对？"被试的回答被以文字或音频的形式收集起来。背景信息增加后，被试解答问题的参与度，以及研究的生态效度均有所提高。值得注意的是，智慧推理侧重测量个体在对未来事态发展的预测中展现的智慧，而柏林智慧模式更重视个体为他人提供建议和进行观点采择时的智慧表现，这是两个测量范式的差异之一。

尽管目前智慧的定义尚不统一，但研究者普遍认为，智慧既包含认知成分，也包括情感和动机成分。柏林智慧模式同样如此，但如前所述，其测量智慧时采用的纯文本材料包含的背景信息较少，难以让被试卷入其中并产生情感反应，更无法评价个体的智慧情感。以录像的形式而非文字的形式呈现虚拟情境，尝试增加被试的情感卷入的同时，对情感反应进行测量(Thomas & Kunzmann, 2013)是未来值得借鉴的测量方法。例如，托马斯和昆兹曼采用的实验材料是一对夫妻扮演的冲突情境的视频文件。研究发现，这一测量方法能获得较好的信度和效度。

格罗斯曼和克罗斯(Grossmann & Kross, 2014)为考察问题解决过程中视角转换（由第一人称视角转为第三人称视角）对智慧推理的影响，分别测量了个人智慧和一般智慧。其中，对个人智慧的测量吸取米克勒和斯托丁格的做法，让被试回答发生在其身上的冲突事件在未来的发展趋势(Mickler & Staudinger, 2008)。例如，"恋人冲突"的情境：

> 想象一下您的恋人承认有了外遇。你们的关系非常紧张，您现在突然得知恋人和您非常亲密的朋友发生了性关系。请花几分钟想象这个场景。

如果测量的是一般智慧，则将上述例子中的主角由被试自己改为其朋友。与米克勒和斯托丁格(Mickler & Staudinger, 2008)不同的是，格罗斯曼和克罗斯采用统一的测量指标评价个体的第一人称智慧（个人智慧）和第三人称智慧（一般智慧）。让个体充分想象自己卷入某种情境，获得较为真实的体验，能在一定程度上唤起被试的情绪反应，提高测量的生态效度(Grossmann & Kross, 2014)。不过，这种方法与柏林智慧模式一样，未对个体的情绪反应进行直接测量，即对智慧推理的评价基本不包含情感成分。

胡超等人以柏林智慧模式为基础，创立切片智慧测量模式，从两方面改进表现测量范式。一方面，他们将问题解决的视角由第三人称（一般角度）改为第二人称，如"假如您的某位老师突然觉得人生没有意义了，因为他没有实现自己年轻时孜孜以求的梦想。你会对他说些什么"。另一方面，让被试对着摄像机回答问题，并将摄像机想象为那个正在向自己寻求帮助的人。这种方法可增加被试参与研究的积极性，也可记录和分析被试的面部表情，有助于改进以往研究不能测量个体情绪变化的问题(Hu et al., 2017)。

三、对智慧的表现测量取向的简要评价

智慧的表现测量取向作为智慧测量的重要范式之一，虽已得到一定完善，但这一取向

仍存在一些尚未解决的关键问题。

(一) 缺乏完整测量智慧思维和智慧行为的表现测量工具

柏林智慧模式和智慧推理模式注重个体解决问题时表现出的与智慧有关的认知加工过程或智慧相关知识,很少涉及个体的智慧行为。智慧不只是一种知识或思维过程,也是个体有利于自我、他人和社会的行为的展现(汪凤炎,郑红,2014,pp.189-201;Ardelt,2004;Sternberg,1998;Yang,2017)。智慧测量不仅应重视对思维过程的测量,还应关注对思维结果(行为)的测量。个体面临复杂问题时,首先是认识问题和分析问题,然后形成有效的问题解决方案,最后才将解决方案付诸行动,获得有利于各方的积极结果(汪凤炎,郑红,2014,pp.189-201;Sternberg,1998;Yang,2001)。智慧思维和智慧行为都是智慧的组成部分,只单独测量其中任一部分都不能完整地体现智慧的本质。未来对智慧思维和智慧行为的完整测量须重视以下问题,即如何创设测量智慧行为的问题情境。若只要了解个体解决问题时的认知加工过程,测量智慧思维可采用虚拟的复杂问题情境。测量智慧行为则要创设使个体展现具体行为表现的情境,因此,这样的情境只能是真实的,或至少要让被试感知到问题情境是真实存在的。未来可有两种方法实现这一点:(1)考察个体过去解决真实问题时的思考和行为表现。这需要被试回忆过去的经历,易造成记忆偏差,而且事件发生的时间越久远,回忆偏差可能越大。(2)在现实生活或实验室中创设真实情境,尽可能让被试产生身临其境的感受,考察被试应对问题的行为表现。相比第一种方法,这种方法操作难度大,但可控性更高。不管是回忆过往经历还是现场解决问题,都需要被试报告他们的思维过程和问题解决方案,以及产生的效果。杨世英已在此方面做了一定探索,未来可在此基础上继续前行(Yang,2014,2017)。

(二) 缺乏有效测量智慧情感成分的表现测量工具

从柏林智慧模式和智慧推理模式列出的智慧评分指标中可看出,它们都未直接测量智慧的情感成分(Baltes & Staudinger,2000;Grossmann,2017a)。柏林智慧模式采用的虚拟情境很难唤起个体的情感,更谈不上对智慧情感成分进行测量。托马斯和昆兹曼尝试在实验室中播放情境更加真实的人际冲突影片,以唤起被试的情绪体验,但他们未直接将情感纳入评分范围(Thomas & Kunzmann,2013)。智慧推理模式将虚拟情境换成现实情境,能唤起被试的情感反应,但同样未将情感成分作为评估个体智慧的指标。切片智慧测量模式通过摄像机记录被试的情感反应,却未指出应如何将情感反应纳入智慧评分。由此可见,对于智慧情感成分的测量,首要条件是给出的问题情境能激发个体的情感反应。能唤起情感反应的情境最好是个体亲身经历的生活事件,或至少能让个体体验到问题情境的真实性。同时,更为重要的是,须设计情感成分的评价指标,并与其他测量指标综合成一个整体。

(三) 对测量智慧的最佳问题情境具有何种特征尚缺乏共识

测量智慧的最佳问题情境具有何种特征,对于这个问题,研究者之间尚缺乏共识。要解决这一难题,可从质和量的方面进行思考:(1)质的方面指问题情境的性质,如采用冲突情境还是两难情境,是否除人生或人文社会科学问题之外,还应包括物理、化学等自然科学问题。(2)量的方面指问题情境的难易程度或复杂程度。柏林智慧模式认为,蕴含人生意义,指引人生发展,且较为复杂的两难情境是测量智慧的最佳素材(Baltes & Smith, 2008)。柏林智慧模式的继承者和智慧推理模式常采用日常一般性人际冲突情境,没有评估和区分这些情境的复杂程度(Glück, 2017a; Thomas & Kunzmann, 2013)。还有一些研究者认为,测量个体在创伤性事件中的表现更适合评估个体的智慧(Glück et al., 2018; Igarashi et al., 2018)。同时,智慧的德才一体理论则认为,测量智慧不能仅测量人慧中的做人智慧(德慧),还应包括其他类型的人慧,以及物慧,即复杂的"物理"问题(汪凤炎,郑红,2014,pp.228-251;魏新东,等,2019)。因为,若说陈述性知识和程序性知识虽是德慧的组成部分但并非核心(Ardelt, 2004; Sternberg, 1998),个体在智慧地解决做人问题或就做人问题为他人提供智慧建议时不需要太多的做人知识,那么,在解决其他类型的人慧问题,尤其是物慧问题时,仅有善心和智慧推理而没有足够的专业知识(包括陈述性知识、程序性知识和默会知识)将无法智慧地予以解决。从现有研究看,何种问题情境最适合测量智慧,与研究者对智慧的定义有关。研究者多是测量其感兴趣的智慧类型,暂时未有人测量全类型的智慧。

第二节 智慧的自陈量表测量取向

一、智慧的自陈量表测量取向的早期做法

与智慧的表现测量取向更重视测量个体的智慧表现和认知过程不同,智慧的自陈量表测量取向的早期做法是更重视测量整合了认知、情感和动机等与智慧有关的综合心理素质,并且认为个体一旦形成这种综合心理素质,表现出一定的跨情境和跨时间的相对稳定性与一致性,即具备相对稳定智慧素质的个体,更易展现智慧行为(Ardelt, 2004; Webster, 2007)。

(一) 智慧的自陈量表测量取向的理论基础

较早采用智慧的自陈量表测量取向且较有影响的学者有阿德尔特、韦伯斯特和列文森等人,下面依次介绍他们的观点。

阿德尔特(Ardelt, 2004)不赞同柏林智慧模式将智慧视为专家知识系统,可脱离人而存在。她认为,两个拥有同样知识的人不一定有同等智慧。人们需将这些知识转化为个体的人格,同时付诸行动,指导自己的人生,才有可能成为智慧者,进而在行动中展现智慧。因此,她认为智慧与人不能分离,智慧本质上是由认知、反省和仁慈(情感)整合而成的人格特征(Ardelt, 2004)。此处,认知指的是把握个体内在(intrapersonal)和人际之间

(interpersonal)蕴含的人生真相,具体包括认识并接纳人性的积极面和阴暗面、知识的局限性,以及人生无法预知和充满不确定性,为认识人生真相,需摆脱自我中心和投射。反省指通过自我监控、自我觉知、自我洞察,多角度观察人生现象和人生事件,摆脱自我中心,以宏观而去自我中心的视角提升洞察自我和他人的动机、情感与行为的能力,唤起仁慈的情感。仁慈(情感)指对所有人充满同情与仁爱,也包括增进他人幸福的动机。通过比较可发现,阿德尔特的观点与柏林智慧模式、格罗斯曼等人对智慧的认识既有相似之处也存在差异。相似之处在于他们都认为反省思维和辩证思维等一些良好思维方式是智慧的重要特征。差异之处有两点:(1)阿德尔特视辩证思维和反省思维为泛情境的相对稳定的人格特征,柏林智慧模式和格罗斯曼等人视二者为个体在问题解决过程中表现的思维过程;(2)阿德尔特认为应同时测量与智慧有关的情感特征,以及个体在解决自身人生问题时的行为表现,柏林智慧模式和格罗斯曼等人则未进行测量(傅绪荣,汪凤炎,陈浩彬,2019)。

韦伯斯特的观点与阿德尔特相似,仅在智慧者应具备何种综合心理素质方面稍有不同。2017年以来,韦伯斯特等人(Webster et al., 2017)将2003年提出的模型称为"智慧的英雄模型",认为智慧是处于不断发展中的个体的综合心理素质。韦伯斯特(Webster, 2003,2007)认为,智慧者具备五个方面的综合特征:重要的人生经验、回顾与反省、情绪调节、幽默、开放性。从韦伯斯特等人采用自陈量表测量智慧可知,重要的人生经验和回顾与反省属相对稳定的认知特征,情绪调节和幽默属相对稳定的情感特征,开放性则属大五人格特质之一。

与上面两种观点稍有差异,利文森等人(Levenson et al., 2005)从个体毕生发展的角度,将智慧等同于自我超越。这一观点在第六章已有详论,此处不再赘述。

(二)测量过程和测量工具

持此取向的学者一般认为智慧是无法脱离个体而存在的综合心理素质,是智慧者的典型特征,具有相对稳定性,不易受情境特征的影响。他们通常采用测量人格和态度的传统自陈量表,通过去情境化量表,一次性测量个体的智慧特征,以了解智慧者相对稳定的智慧素质。传统典型行为测量取向的操作步骤包括:先根据智慧的内隐理论或外显理论,建立一个测量智慧的理论架构,然后从已发展成熟的相关量表中抽取表面效度相近的题目,或根据访谈自编题目,最后找评定者依据表面效度筛选题目组成自陈量表,再经大样本施测检验量表的信度和效度。有人对这种测量方式提出了质疑,认为自陈量表不能准确测量智慧(Kunzmann & Baltes, 2005)。对此,阿德尔特(Ardelt, 2004)进行了反驳。她认为,尽管用标准化自陈量表很难甚至不能测量智慧本身,但智慧的测量可通过测量其潜在核心成分的指标变量而间接实现。目前,心理学界已编制出一批信度和效度良好的自陈智慧量表,其中较常见者有:《三维智慧量表》的完整版(Ardelt, 2003)和简化版(Thomas et al., 2017)、《自我评估智慧量表》、《成人自我超越量表》等。除此之外,还有《智慧思维与行为问卷》(Wise Thinking and Acting Questionnaire, WITHAQ)(Moraitou & Efklides, 2012)、《基本价值量表》(Foundational Value Scale, FVS)(Jason et al., 2001)、《智慧发展量表》(Brown & Greene, 2006)、《简化智慧筛查量表》(Brief Wisdom Screening Scale, BWSS)(Glück et al., 2013)。下面简要介绍其中较常用且在具体应用中有良好信度和效度的智慧量表。

1.《三维智慧量表》

阿德尔特(Ardelt, 2003)基于其三维智慧模型编制了《三维智慧量表》(Three Dimensional Wisdom Scale, 3D-WS)。该量表现有完整、简化两个版本。2003年的完整版共有39个题项(Ardelt, 2003)。2017年发表的简化版是从2003年版本三个维度的题项中各抽取4题组成，共计12个题项(Thomas et al., 2017)。《三维智慧量表》是目前应用颇为广泛的智慧测量工具之一。

以2003年版的《三维智慧量表》为例，它分别测量认知、反省和情感三个维度。根据每个维度的操作定义，阿德尔特或从发展成熟的相关量表中收集题项，或通过访谈自编题项，经专家评定、项目分析和验证性因素分析，编制了包含39题的《三维智慧量表》。其中，考察智慧的认知性维度的题项共14个，考察智慧的反思性维度的题项共12个，考察智慧的情感性维度或同情心维度的题项共13个(Ardelt, 2003)。《三维智慧量表》的初始测量人群是具有高中以上学历的老年人(平均年龄72岁)，其中女性占70%。《三维智慧量表》与各分量表的相关为0.3—0.5，其内部一致性信度为0.71—0.85，验证性因素分析证明《三维智慧量表》的结构效度良好，10个月后的重测信度为0.85。《三维智慧量表》与受教育程度、职业生涯规划、人生意义、控制感、总体幸福感和主观健康程度呈正相关，与抑郁症状、消极情绪、压力感知、死亡回避和死亡焦虑呈负相关，与生活质量和人口学变量的相关不显著(Ardelt, 2003, 2011, 2016; Ardelt & Edwards, 2016; Bergsma & Ardelt, 2012; Glück et al., 2013)。同时，《三维智慧量表》在大学生群体中也具有良好信度和效度(Ardelt, 2010)。鉴于2003年版《三维智慧量表》的题目数量对特定人群(如注意难持续很久者)而言较多，托马斯等人(Thomas et al., 2017)从原量表的每个分量表中提取负荷最大的4个题项，组合成包含12题的简短版本，测量认知、反省和情感成分，抽取1546名年龄在21—100岁的社区人员试测，发现《简版三维智慧量表》的心理测量学指标符合要求。

一些研究者在其他文化中施测《三维智慧量表》所得研究结果存在较大差异。贝尼迪科维乔娃和阿德尔特(Benedikovicova & Ardelt, 2008)用《三维智慧量表》测试斯洛伐克大学生，切拉吉等人(Cheraghi et al., 2015)测试伊朗成年人(18岁以上)，其结果均验证《三维智慧量表》具有良好信度和效度。金和奈特(Kim & Knight, 2015)认为东方人的智慧观包括"谦虚"这一特征，于《三维智慧量表》上增加这一维度后，在韩国人中发现不同的三维结构，即认知灵活性(cognitive flexibility)、观点相对性(viewpoint relativism)和共情式谦逊(empathic modesty)。邦和周(Bang & Zhou，2014)将《三维智慧量表》应用于中国西南地区的大学生(18—22岁)，未能证实原量表的三维结构，而得到了四维结构，即非二元思维(non-dualistic thinking)、观点采择(perspective-taking)、不憎恨(non-resentment)和共情(empathy)。胡超(Hu，2016)将《三维智慧量表》施测于中国浙江某高校大学生，发现量表的内部一致性信度和结构效度均未达到理想结果。

2.《自我评估智慧量表》

《自我评估智慧量表》(Self-Assessed Wisdom Scale，SAWS)由韦伯斯特于2003年编制第一版。第一版包括30个题项，五个分量表，分别测量重要的人生经验、反省与回顾、开放性、幽默和情绪调节等特征，每个分量表各有题项6个。研究发现，此版本《自我评估智慧量表》具有良好的结构效度，能有效筛选出愚蠢者。而且，在22—78岁的成年人群体中，该量表与创生和自我整合呈正相关(Webster，2003)。

2007年，韦伯斯特在第一版量表的基础上重新修订《自我评估智慧量表》。新修订的《自我评估智慧量表》是目前较为常用的智慧测量工具之一，同样由5个分量表构成，每个分量表有题项8个，总计共40个题项。于加拿大171名年龄在17—92岁的成年人中施测的结果发现，新修订的《自我评估智慧量表》的内部一致性信度为0.904，时隔两周的重测信度为0.838(Webster，2007)。采用固定因子法进行探索性因素分析后发现，除部分题项的负荷值小于0.45或归类错误外，新修订的《自我评估智慧量表》的题项归属较为清晰，与理论预期相符。验证性因素分析发现，新修订的《自我评估智慧量表》具有良好的结构效度(GFI=0.968，CFI=0.947，IFI=0.948)(Webster，2007)。新修订的《自我评估智慧量表》与宽恕、创生、自我整合、提升自我和他人的福祉的价值追求、积极的人生态度、心理幸福感、社会幸福感、生理健康等呈正相关，与回避型依恋呈负相关(Taylor et al.，2011；Webster，2010；Webster et al.，2014)。不同于其他智慧量表往往只选择单一文化群体的被试进行信度和效度检验，新修订的《自我评估智慧量表》既施测于西方被试，也施测于一部分东方被试，适用性有所提高。

3.《成人自我超越量表》

与阿德尔特和韦伯斯特一样，利文森等人(Levenson et al.，2005)也采用自陈量表测量智慧，因而也倾向于认为智慧是一种相对稳定的人格特征。他们根据自我超越的定义和以往研究成果，自编包含15个题项的《成人自我超越量表》(Adult Self-Transcendence Inventory，ASTI)，分别测量自我超越和疏离感(alienation)两个维度。其后，有学者对《成人自我超越量表》进行修订，形成两个版本：一个版本为35个题项，其中，25个题项测量自我超越，10个题项测量疏离感(Glück et al.，2013)；另一个版本为25个题项，不包括测量疏离感的10个题项(Koller，Levenson，& Glück，2017)。研究发现，自我超越与疏离感和神经质呈负相关，与外向性、开放性、宜人性、责任心和生活满意度呈正相关(Le，2008)。2015年发表的一项跨文化研究表明，《成人自我超越量表》在韩国($n=305$，平均年龄33.99岁)和美国样本($n=838$,平均年龄30.28岁)中具有类似的因子结构,在一定程度上说明自我超越智慧具一定文化普适性(Lee et al.,2015)。

(三) 小结

智慧的自陈量表测量取向有三个明显优势:(1)相较于智慧的表现测量取向采用第三者评分的方式获取个体的智慧得分,智慧的自陈量表测量取向使测量的分数更为标准化。(2)测量和评分简便,显著提高研究效率,可应用于大样本调查,提高研究的外部效度。(3)测量现实生活中的智慧,提高了生态效度。

智慧的自陈量表测量取向的不足也主要有三点:(1)不同研究者提出的智慧结构存在较大差异,既让人难以把握智慧的本质,也不利于研究结果的比较。例如,有研究指出,上述量表的一些成分(如开放性)可能是促进智慧发展的条件,而不是智慧的构成成分(Ardelt,2011)。而且,《三维智慧量表》与《自我评估智慧量表》只有中等程度的正相关(Taylor et al.,2011)。(2)虽然上述几种常见自陈智慧量表在西方文化下表现出良好的信度和效度,但在中国使用时,信度和效度均不太理想(傅绪荣,2019;Hu,2016)。(3)易产生较大测量误差。它们主要来自三方面:①压缩过去经历易造成记忆偏差。自陈量表中的题目多是一些概括性描述,一般只施测一次,个体填写量表时需在短时间内压缩和过滤多年的生活经验,极易因记忆偏差而产生测量误差(Brienza et al.,2018)。②自陈量表施测的准确性在很大程度上取决于个体的自我认知是否准确,但自知不易,尤其是评估自己的智慧程度。智慧者善于自我反省和自我批评,填写量表时可能会无意识地"贬低"自己的行为;缺乏智慧者可能因看不清自己而过高或过低评价自己(Bangen et al.,2013;Brienza et al.,2018;Staudinger & Glück,2011)。③来自社会赞许性的影响。量表编制者常依据表面效度筛选题项,被试有可能也据此答题,从而产生社会赞许性效应(Glück et al.,2013;Staudinger & Glück,2011)。由此可知,关于自陈量表能否准确测量智慧的争论只是表象,其实质是智慧的本质之争,即智慧是稳定的静态特征还是不稳定的状态特征,抑或既包括静态的一面,也包括动态的一面。

二、智慧的自陈量表测量取向的新发展

在上一部分的末尾,我们探讨了智慧的自陈量表测量取向存在的不足,以及导致这些缺陷的可能原因。近年来,智慧的自陈量表测量取向的新发展正主要集中于解决上述问题。

(一) 编制智慧内涵综合性更强的自陈量表

有关智慧成分与智慧结构的观点纷繁复杂,致使智慧的实质模糊不清。宾格等人(Bangen et al.,2013)对智慧定义和测量工具进行综述后发现,研究者一般认为智慧包括九个特征:生活知识、亲社会价值观、自我认知、认识到不确定性、情绪稳定、忍耐性、开放性、精神性、幽默感。其中,前五个成分得到研究者的普遍认同。在此基础上,他们基于《智慧的定义与评定:文献综述》(*Defining and Assessing Wisdom: A Review of the Liter-*

ature)(Bangen et al., 2013)和《智慧的神经生物学？：文献概述》(*Neurobiology of Wisdom?: A Literature Overview*)(Meeks & Jeste, 2009)二文的理论构想，编制了《圣地亚哥智慧量表》(San Diego Wisdom Scale)，该自陈量表包括24个题项，6个分量表，分别测量个体的亲社会行为(pro-social behaviors)、情绪调节(emotional regulation)、自我反思(洞察力)[self-reflection (insight)]、对不同价值观的容忍度(接受不确定性)[tolerance for divergent values(acceptance of uncertainty)]、果断性(decisiveness)与社会建议(social advising)。施测后，所有标有"rev"的题项进行反向计分，24个题项的平均分即为智慧总分。研究发现，该量表在美国居住或生活的24—105岁人群中具有良好内部一致性信度，与《简版三维智慧量表》和《自我评估智慧量表》有中等程度的正相关，与认知失败、焦虑和抑郁呈负相关，与心理健康、积极老龄化、控制感、心理弹性、幸福感、生活满意度等呈正相关(Thomas et al., 2017)。更重要的是，他们还从认知神经科学的角度阐释上述6个智慧成分(维度)与人类大脑区域分布的关系，如前额叶皮层涉及情绪调节、社会建议和多元价值观。其中，前额叶背外侧皮层与计算、推理驱动的决策制定等有关，腹内侧前额叶皮层与情绪效价和亲社会态度与行为等有关(Meeks & Jeste, 2009)。因此，《圣地亚哥智慧量表》为研究者考察智慧结构与认知神经功能的关系提供了一条路径，也为探讨该量表的结构是否具文化普适性提供了可能。2021年，杰斯特等人(Jeste et al., 2021)将精神性(spirituality)作为智慧的一个重要组成部分，进一步拓展《圣地亚哥智慧量表》。2021年版的《圣地亚哥智慧量表》包括28个题项，7个分量表，分别测量个体的精神性、亲社会行为、情绪调节、自我反思(洞察力)、对不同价值观的容忍度(接受不确定性)、果断性和社会建议。一般智慧因子与7个子因子之间的因子负荷如图7-1所示。施测后，所有标有"rev"的题项进行反向计分，28个题项的平均分即为智慧总分，亦为"杰斯特-托马斯智慧指数"(Jeste-Thomas wisdom index)。在此基础上，杰斯特等人又开发出7题版《圣地亚哥智慧量表》(SD-WISE-7)，类似阿德尔特的《简版三维智慧量表》(3D-WS-12)，适合在大规模追踪研究中使用(Thomas, et al., 2021)。未来可考察该量表在其他文化下，尤其是在中国是否具有良好的信度和效度，是否可作为中西方智慧文化的比较研究的优秀测量工具。

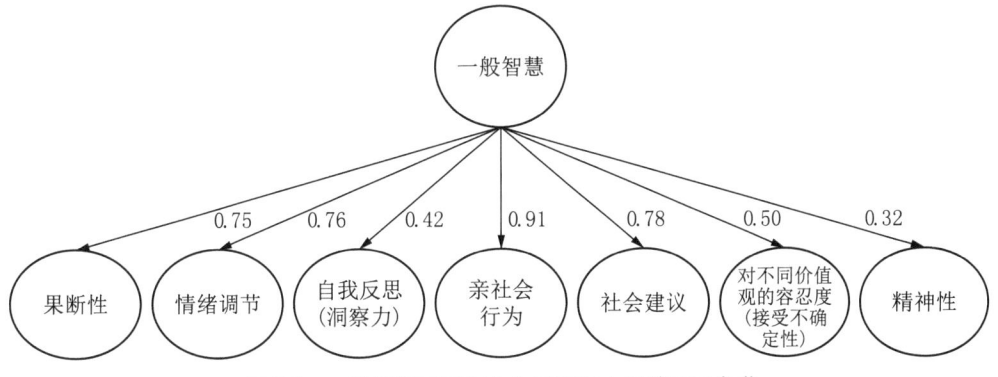

图7-1 一般智慧因子和7个子因子之间的因子负荷

(Jeste et al., 2021)

傅绪荣和汪凤炎以智慧的德才一体理论为基础，编制了适合中国文化的《整合智慧量表》(见附录1)。该量表是在已有智慧自陈测量工具的基础上，结合智慧的最新研究成果编制而成，具有更强的综合性，可测量智慧者的综合心理素质。该量表包括九个一阶因子，分别是：节制、诚信、责任、公正、仁爱、辩证思维、反省思维、批判思维和创新思维。其中，节制、诚信、责任、公正、仁爱构成二阶因子良好品德，辩证思维、反省思维、批判思维、创新思维构成二阶因子聪明才智。研究发现，该量表在中国青年样本(18—37岁)中具有良好的内部一致性信度、重测信度和结构效度，与《三维智慧量表》和《自我评估智慧量表》有中等及较高的正相关，与开放性和心理幸福感呈正相关，与生活满意度不相关(傅绪荣，汪凤炎，2020)。由于智慧的德才一体理论对智慧结构的分析是抽取以往智慧定义的"最大公约数"(陈浩彬，汪凤炎，2013)，因而该理论有助于人们在纷繁复杂的智慧定义中抓住智慧的本质，并为智慧的跨文化比较研究提供可用的新测量工具。

(二) 智慧的情境综合测量法

近年来，智慧心理学领域争论的焦点之一在于，智慧主要是相对稳定的综合心理素质，还是处于不断变化中的心理过程(状态)。阿德尔特等人认为智慧是一种由综合心理素质整合而成的人格属性，具有相对稳定性。而格罗斯曼(Grossmann, 2017a)的实证研究却发现，人们以第一人称视角解答问题时的智慧水平显著低于第三人称视角，这意味着，智慧易受视角转换这种情境因素的影响而发生改变。后续研究中，格罗斯曼等人还发现，智慧受文化、阶层、经济发展水平、情景等背景因素的影响(Grossmann et al., 2020)。从这些研究来看，智慧并非在所有条件下都是稳定的，更可能是在个体擅长的一个或多个领域表现为一种智慧状态或类特质倾向。如果智慧是稳定的，采用传统自陈量表测量智慧的综合心理素质是可行的，而如果智慧体现为一种状态，仅靠一次智慧的传统自陈量表测量便难以准确评估个体的智慧水平。再者，智慧是内涵极其丰富且复杂的积极心理特征，采用智慧的传统自陈量表测量易产生较大的测量误差，仅测量一次就推论个体是否具有智慧并不准确。另外，个体的智慧表现往往不能脱离具体的现实情境，而智慧的传统自陈量表并未考虑情境因素对智慧的作用。因此，格罗斯曼(Grossmann, 2017a)认为，智慧主要不是稳定的综合心理素质，不能通过脱离现实情境、一次测量推导个体的智慧水平。在这一理论思考的指导下，情境综合测量法应运而生(Brienza et al., 2018)。

在对智慧进行界定时，布伦泽等人(Brienza et al., 2018)吸取了斯腾伯格的观点。斯腾伯格(Sternberg 1998, 2013)认为，平衡是智慧的核心认知过程，受正向价值观的引导，终极目的是获得共同利益。基于此，布伦泽等人(Brienza et al., 2018)认为，与智慧有关的认知过程包括五个方面的特征：智识谦虚(intellectual humility)、变化和多种结果、站在他人的立场上、站在旁观者的立场上、寻找共识。可见，布伦泽等人继承了前人从认知角度界定智慧的精义，将平衡过程、辩证思维和反省思维过程作为评估智慧推理的关键。

情境综合测量法的操作程序是：个体回忆最近亲历的冲突事件，如工作中的人际冲突，描述事件发生的时间、地点、人物和活动，反思自己的感受和思考，然后填写测量智慧推理过程的自我报告量表。因此，这一测量方式也被称为"事件重构法"，旨在唤起清晰的情景记忆，弥补传统自陈量表脱离具体情境测量智慧的弊端。遵循传统自陈量表制作的一般流程，布伦泽等人编制了标准化的《情境智慧推理量表》。该量表包括21个题项，测量5个维度（上述5项特征），每个维度约3—5题。研究发现，该量表在不同社会阶层和人口学变量中具有良好内部一致性信度和结构效度，与《三维智慧量表》《自我评估智慧量表》《成人自我超越量表》的相关系数分别为0.39、0.21和0.19，与社会赞许性的相关不显著，未表现出明显的测量偏差（Brienza et al.，2018）。为弥补传统自陈量表只测量一次易造成较大记忆歪曲的不足，该方法强调在一段时间内测量2—5次以保证测量信度。

近些年，采用《情境智慧推理量表》的研究发现，在多次测量中，个体的智慧推理水平呈正相关，相关系数在0.2—0.48之间，进一步验证智慧的不稳定性，但也说明智慧具有一定的稳定性（Brienza et al.，2018；Grossmann, Gerlach, & Denisse，2016）。这一研究发现在其他研究报告中也有体现。例如，格吕克等人（Glück et al.，2015）访谈被提名的智慧者，请他们讲述过去经历的充满挑战的事件，然后根据智慧相关评分标准评定智慧者的智慧水平，结果发现，同一智慧者在不同事件中展现的智慧水平具有正相关，相关系数约为0.3。基于现有研究结论，格罗斯曼等人（Grossmann et al.，2019）一改先前认为智慧主要是一种不稳定心理状态的观点，转而认为智慧同时包含相对稳定（特质）和相对不稳定（状态）的成分，而情境综合测量法是测量这两种智慧成分的可靠方法。

情境综合测量法融合以往智慧测量的众多优势，可提供"一个高效的、可信的、准确的方式测量智慧"（Brienza et al.，2018）。具体而言，情境综合测量法的优势有四：（1）可同时测量特质智慧和状态智慧，为整合智慧的特质观与智慧的状态观提供重要方法学基础，有利于化解两种智慧观的争论。密度分布假设认为，随着时间和情境的变化，某个特质是其状态的频率分布（Fleeon，2001）。因此，特质智慧推理可被视为状态智慧推理在不同时间和情境中的频率分布（Brienza et al.，2018）。多次测量状态智慧推理，既能了解个体在不同情境中思考问题的认知加工过程，也能发现该加工过程中某些方面的跨时间和跨情境的稳定性。（2）克服表现测量取向测量状态智慧的繁琐程序，提高研究效率。（3）采用评分和施测都更简单的自我报告法，要求被试回忆事件发生的过程，以唤起鲜活的情景记忆，降低记忆歪曲、自我认知不准确、社会赞许性的影响。（4）在现实情境中测量智慧，提高生态效度。情境综合测量法也有一个潜在的问题，即多次测量易产生练习效应，造成新的测量误差。被试有可能从测量内容中逐渐学会正确表现自我的方法，促使测量分数提高或有更稳定的表现（傅绪荣，汪凤炎，陈浩彬，2019）。

三、对智慧的自陈量表测量取向的简要评价

从采用传统自陈量表到以情境综合测量法测量智慧，这一过程历经近20年。虽然传

统自陈智慧量表测量法受到研究者的批评,但它对智慧测量研究的推动不可磨灭,而且未来仍将发挥重要作用。

(一)不同智慧测量方法的竞争与互补

实际研究过程中,阿德尔特等人坚持认为以自陈量表测量智慧优于智慧的表现测量取向,而采用柏林智慧模式测量智慧的研究者对智慧的自陈量表测量取向多持批评态度。研究初期,两种测量范式的支持者几乎水火不容,最近才出现二者优势互补的趋势。即便如此,不少研究者仍怀疑智慧的自陈量表测量取向的效度,因而更倾向以智慧的表现测量取向的结果作为评判测量效度的标准(Webster, 2019)。该如何把握智慧测量的发展趋势?如何在不同测量方法间博采众长?鉴于目前的测量范式多少存在难以弥补的不足,"如何才能开发新的测量范式"成为研究者当前着力思考的问题。韦伯斯特(Webster, 2019)认为,研究智慧宜借鉴心理学界对创造力的研究,从四个角度展开,即人(person)、过程(process)、产品(product)和情境(press),简称"4Ps"。自陈量表多用于测量个体在现实生活中的表现,是对人的心理和行为的直接测量,智慧的自陈量表测量取向即用于测量智慧者。过程是对问题解决过程中的认知策略和思维过程的测量,采用智慧的表现测量取向可能更具优势。产品指对可见结果的测量,表现为智慧的判断和决策,目前还未出现对此进行测量的范式。情境是影响智慧发展的地域、历史、社会环境等因素,这方面的研究正在兴起。

(二)采用传统自陈量表和情境综合测量法测量智慧的情感成分

情感既可是个体在较短时间内体验到的具波动性的心理变化,也可表现为相对稳定的情感特质,因此,既可结合具体生活情境,在被试解决问题的短时间内完成情感测量,也可通过传统自陈量表一次性测量智慧的情感特质。若是在实验室里创设较为真实的问题解决情境,则可在被试解决问题后立即进行情感状态的测量。若是在现实生活中测量智慧,传统自陈量表和情境综合测量法不啻为测量智慧情感状态和特质的有效方式。

(三)缺乏运用他评量表测量智慧的实证研究

现有测量智慧的量表多是自陈工具,其信度和效度受社会赞许性的影响,一些研究者遂提出采用他评量表测量智慧(Bangen et al., 2013;Glück, 2017a)。有研究者提议,结合使用自评和他评对智慧进行测量,比较二者的测量结果以检验个体对智慧的自我认知与智慧的实际表现是否一致(Kunzmann, 2019)。这既有助于比较两种测量方式的特点,也可比较个体在自我认知与实际表现之间出现差异的原因。

思考题

1. 柏林智慧模式对智慧测量的贡献和不足有哪些?
2. 智慧的表现测量取向的新发展如何弥补柏林智慧模式的不足?

3. 智慧的表现测量取向亟须解决的问题有哪些?
4. 智慧的自陈量表测量取向的优势和不足有哪些?
5. 情境综合测量法的优势具体体现在何处?
6. 如何从智慧的自陈量表测量取向中吸取经验与教训,开发智慧测量的新工具?
7. 出声思维的优缺点有哪些?

第八章

智慧与自我

内容摘要

本章细致梳理了智慧与自我的关系。第一节简要阐述自我及其类型。第二节探讨有我与智慧的关系。第三节论证无我与智慧的关系。本章的重点是智慧与自我之间的复杂关系,以及四种易出现所罗门悖论的情形。

核心概念

自我　小我　绝对小我　相对小我　大我　绝对大我　相对大我　无我　自我反思　自我沉浸视角　自我抽离视角　独立自我　互依自我　自我的太极模型　自我超越　反省思维　智识谦虚　所罗门悖论　正念　达克效应(邓宁-克鲁格效应)

一方面,真正的大智慧者,如孔子、苏格拉底与释迦牟尼等,都是已达到自我实现的人,他们从内心欲望与外界压力中解放出来,具有极强的自主性与自我控制能力,进而实现对自身命运的主宰,并达到一种内心充实、满足与平静的人生境界(Ardelt,2008;Maslow,1971)。同时,他们也是无我的,超越了自我中心的局限性,更关注他人、社会与人类群体的利益(Staudinger & Glück,2011;Sternberg,1998)。另一方面,无论是从理论上讲还是从现实生活中看,一个太过自我的人,或者,一个连自我都没有的人,均不可能有真正的智慧。这意味着智慧与自我的关系错综复杂。本章就用三节的篇幅来揭示自我与智慧的关系。

第一节　自我及其类型

在探讨智慧与自我的关系之前,首先简要澄清自我的内涵,以及与智慧有关的自我类型。

一、什么是自我

"self"(自我)指个体对自己的认识,包括三个方面:(1)自我概念,即有关自己的描述;

(2)自尊,即对自己的评价;(3)自我认同,指自己的社会身份,即自己呈现给别人的那一面(《中国大百科全书》第三版心理学编委会,2020,p.526)。

根据奥地利心理学家弗洛伊德(Sigmund Freud)的观点,人格结构包括本我(id)、自我(ego)和超我(superego)三个部分:(1)本我,又称"伊底",是人格结构的内核,是所有驱力和冲动的源泉。本我是人出生时仅有的人格结构,是人格结构中最原始、最难接近的部分,由与生俱来的冲动和欲望组成,包括性和攻击的本能。本我遵循快乐原则,不分善恶,会在不考虑周遭环境限制的情况下肆无忌惮地寻求即时满足。如果得不到满足,个体就会处于紧张状态。本我在婴儿期处于主导地位,婴儿想得到一个东西就会伸手去抓,受到阻碍就会哭闹。对婴儿而言,没有一点耐心,没有对错,没有过去未来,只追求刻不容缓的满足。本我冲动会永远存在,必须受控于人格的其他部分,但也要允许其得到适当的满足(《中国大百科全书》第三版心理学编委会,2021,p.7)。(2)自我,指人格结构中约束本我冲动,让它以符合现实的方式表达的那一部分(《中国大百科全书》第三版心理学编委会,2021,p.525)。自我随着与环境的互动,在个体出生后两三年间逐渐形成。本我不能直接接触现实世界,个体与现实世界的交互作用必须通过自我。自我是人格的执行者,遵循现实原则,以被外界接受的方式满足本我的欲望,解除其紧张状态。自我通过调节、控制或延迟本我欲望的满足,使本我适应现实条件。自我的能量来自本我,目的在于帮助本我满足欲望,并考虑外部环境的要求。自我也协调本我与超我的关系。因此,自我要同时在本我、超我和外部环境的要求之间调停斡旋,维持人格的和谐。这表明,自我代表人格中理性的力量(《中国大百科全书》第三版心理学编委会,2021,pp.525-526)。(3)超我,指人格结构中负责内化社会价值和道德观念的那一部分。超我约在儿童5岁时才开始形成。超我代表社会的,特别是父母的价值标准,遵循完美原则。为此,它能使个体做错事时感到内疚、羞愧和尴尬,做正确的事时感到骄傲和自豪(《中国大百科全书》第三版心理学编委会,2021,p.22)。希和洛文杰(Hy & Loevinger,2014,pp.3-12)提出自我发展(ego development)的八个水平,即冲动、自我保护、遵从规范、自我意识、谨慎、个人主义、自主、整合,八个水平又以冲动控制、人际交往模式、意识集中三个维度的逐渐成熟为特征,详情如表8-1所示。

表8-1 自我发展的八个水平(Hy & Loevinger,2014,pp.3-4)

水平 (level)	特点(characteristics)		
	冲动控制 (impulse control)	人际交往模式 (interpersonal mode)	意识集中 (conscious preoccupation)
冲动 (impulsive)	冲动的 (impulsive)	自我中心的 (egocentric) 依赖的 (dependent)	身体感受 (bodily feelings)

续表

水平 (level)	特点(characteristics)		
	冲动控制 (impulse control)	人际交往模式 (interpersonal mode)	意识集中 (conscious preoccupation)
自我保护 (self-protective)	机会主义 (opportunistic)	有控制欲的 (manipulative) 警惕的 (wary)	麻烦 (trouble) 控制 (control)
遵从规范 (conformist)	尊重规则 (respect for rules)	合作的 (cooperative) 忠诚的 (loyal)	外表 (appearances) 行为 (behavior)
自我意识 (self-aware)	允许例外 (exceptions allowable)	乐于助人的 (helpful) 有自我认识的 (self-aware)	感受 (feelings) 问题 (problems) 适应 (adjustment)
谨慎 (conscientious)	自我评估标准 (self-evaluated standards) 自我批判 (self-critical)	紧张的 (intense) 有责任心的 (responsible)	动机 (motives) 特质 (traits) 成就 (achievements)
个人主义 (individualistic)	克制 (tolerant)	互利的 (mutual)	个性 (individuality) 发展 (development) 角色 (roles)
自主的 (autonomous)	应对冲突 (coping with conflict)	相互依存的 (interdependent)	自我实现 (self-fulfillment) 心理动因 (psychological causation)
整合 (integrated)		珍视个体性的 (cherishing individuality)	同一性 (identity)

综上所论,英文的"self"和"ego"的中文均为"自我",但二者含义大相径庭,不能混为一谈。限于本书旨趣,本节所讲的自我主要是"self",而不是"ego"。

二、自我的分类

从不同角度划分,可将自我分为不同类型(汪凤炎,2019a,pp.237-257),本小节只阐述两种与智慧有关的自我分类。

(一)独立自我与互依自我

马库斯和北山(Markus & Kitayama,1991)参照文化维度理论中的个人主义和集体主义文化特征,在分析影响个体社会化过程的文化因素后,提出自我建构(self-construal,也译作"自我构念")的概念,强调自我是文化的过程与产物,进而提出"独立自我"(independent self)与"互依自我"(interdependent self)这对概念。他们认为,西方个体主义文化影响下的个体形成的多为独立自我,表现为一个以自身肉身为边界的、独特的、自主和自足的实体,强调自我与他人的区隔;东方集体主义文化影响下的个体形成的是互依自我,表现为自我由社会关系界定,强调人与人之间的彼此关系,如图 8-1 所示。后来,马库斯和北山(Markus & Kitayama,2010)对其观点作了修正,指出文化与个体之间存在双向互动性,两种自我建构实际上是人的两种生存模式和两种自我理解,普遍存在于所有人类文化,两者之间可彼此互动,依具体情境表现出不同自我类型。

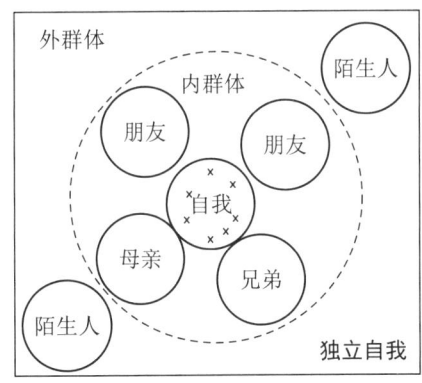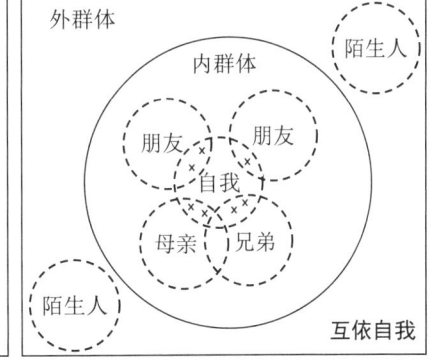

图 8-1 独立自我与互依自我示意图

(Markus & Kitayama,2010)

独立自我与互依自我这对概念在当今心理学界产生了广泛影响。辛格利斯(Singelis,1994)编制的《自我建构量表》(Self-Construal Scale,SCS)是最早直接测量自我建构的自陈量表,共 24 个题项,包含独立自我建构与互依自我建构两个维度,每个维度各有题项 12 个,要求被试在 7 点量表上评估项目叙述符合自身情况的程度。从严格标准看,辛格利斯本人的研究并未支持该量表的良好信度和效度。探索性因素分析显示,两因素对总体方差的解释率为 25.1%,两因素的内部一致性系数分别为 0.74 和 0.70,验证性因素分析显示的各项拟合指数也未达到理想水平(如 GFI=0.809,AGFI=0.772,RMR=0.093)。但辛格利斯本人认为该量表的信度和效度可接受。从实际使用情况看,辛格利斯的量表得到了广泛应用(刘艳,2011;Howard,Gardner,& Thompson,2007)。古迪昆斯特(Gudykunst et al.,1996)在借鉴《自我建构量表》的基础上,基于文化共通性方法(etic measure),以来自美国、日本、韩国、澳大利亚四个国家的大学生为被试,编制《独立自我与互依自我建构量表》(Independent And Interdependent Self-Construal Scales)。该量表共28个题项,测量独立型与依存型自我建构的题项各14个,两因素对总体方差的解释率为57.7%。不同子样本中,两因素的内部一致性系数在0.73—0.85。虽然《独立自我与互依自我建构量表》的信度和效度指标较辛格利斯的《自我建构量表》更为理想,但其应用普遍性不及《自我建构量表》。这一现象的可能原因是《独立自我与互依自我建构量表》的一个重要特色在于编制过程主要基于文化共通性方法。该量表的初始问卷题项抽取自多个文化背景中的相关测量工具,进行因素分析时,被试在所有项目上的分数均预先进行了文化内的标准化。经由此种方法编制的量表适宜于跨文化研究,对于特定文化内的研究,则因不包含具文化特定性的项目(culture-specific item)而不是最理想的测量工具(刘艳,2011;Gudykunst & Lee,2003)。

(二) 小我与大我

一般而言,界定小我与大我的角度有二:一是从自我形象的大小上进行界定;另一是从自我边界的大小上进行界定。

1. 小我与大我:从自我形象大小的角度界定

从自我形象大小的角度讲,小我一般指自我形象卑微、渺小的我;大我一般指自我形象威严、高大的我。通常而言,集体主义(collectivism)文化影响下的个体,多持小我观念,在他们心中,只有国家和组织(单位)等集体形象才是威严、高大的;与此相对,个体主义(individualism)文化影响下的个体,多持大我观念,在他们心中,自我利益神圣不可侵犯,须优先保障。

2. 小我与大我:从自我边界大小的角度界定

从自我边界大小的角度讲,小我一般指个体以其自身或以其所属小集团为边界,强调自身或其所属小集团利益的我(魏新东,汪凤炎,2020)。此种意义的小我类似私我。私我指代表私人或私人小集团利益的自我(汪凤炎,2019a,p.250)。因此,小我的核心特点是自私自利,即一切行动仅以维护或增加其自身或其所属小集团福祉为宗旨,为此不惜忽略甚至牺牲其自身之外或其所属小集团之外其他人的正当权益,因而在行动中为自身的情绪、利益和认知等所困,难以在辩证性思维、关心他人利益和整体福祉、开放性视角等诸多智慧相关成分上有良好表现。小我有两种:(1)绝对小我,指个体仅以其自身(肉身)为边界,强调自身这一孤家寡人利益的我。因它"至小无内",故是绝对小我。(2)相对小我,指个体以其所属小集团为边界,强调其所属小集团利益的我。从其边界和包含的人数看,这种小我已将自我的边界扩至自身以外,从而将与其有密切关系的他人甚至他物包含在自我之内,因此,仅从边界和包含的人数看,实属一种大我(相对大我),但这种自我仅以个体所属小集团为边界,进而仅重视维护或增进其所属小集团利益的我,故称"相对小我"。绝对小我与相对小我的共同之处在于,二者都仅关心自己的私利,为此而忽视甚至不惜牺牲其他人的正当权益。绝对小我与相对小我的差异之处至少有三:(1)二者包含的人数有差异。绝对小我内仅包含自己一个人；相对小我往往包含多个与自身利益密切相关的他人，有时甚至包含自己所属人数众多的小集团。(2)二者是否利己有差异。绝对小我绝对利己，但个体为维护相对小我的利益，有时不得不作出自我牺牲。(3)对二者的评价难度有差异。个体一旦展现绝对小我，往往立即招致诸如自私自利的批评，但个体维护相对小我的举动，有时会得到同属此相对小我之内的个体的认可与支持，从而会在一段时间内或一定范围的人群内赢得赞誉。当然，等到这个小集团的利益最终受损时，此个体的举动才被人真正看透，仍会招来负面评价。例如，英国前首相张伯伦(Arthur Neville Chamberlain)为了英国的利益，不惜牺牲自己的名誉，执行纵容德国与意大利法西斯侵略的绥靖政策(policy of appeasement)。也许张伯伦真以为自己已为英国尽心尽力，但他无视遭法西斯蹂躏的国家和民族的正当权益，忽视人类的公共利益，最终折损自己国家的长远利益(Sternberg, 2004b)。

与小我相对，大我一般指个体将自我的边界扩至自身以外，从而将他人甚至他物包含在自我之内。此种意义的大我类似公我。公我指代表公家或公众利益的自我(汪凤炎，2019a，p.250)。大我分两种：(1)绝对大我，指"天人合一"式自我或"民胞物与"式自我。因它"至大无外"，故属绝对大我。(2)相对大我，指自我之内包含两个及以上人或物，但未达到"天人合一"境界的自我。它介于绝对小我与绝对大我之间，大小具相对性，故称"相对大我"。因此，上文所讲的相对小我实属相对大我的一种。当然，相对大我除了相对小我这种类型，还包括将自我边界扩展至非自己所属小集团的个体身上但未达到"天人合一"境界的各式大我。绝对大我与相对大我的共同之处在于，二者都关心他人的正当权益。绝对大我与相对大我的差异之处至少有三：(1)二者包含他人与他物的数量有差异。绝对大我包含他人与他物的数量远多于相对大我。(2)二者是否真正关心与自己关系疏远者的正当权益有差异。绝对大我"至大无外"，会真正关心与自己关系疏远者的正当权益；相对大我若仅停留在相对小我的水平，则只真正关心与自己关系亲密者的正当权益，而会牺牲与自己关系疏远者的正当权益。(3)拥有二者的难易程度有差异。一般而言，除非个体的心性修养达到墨子，或佛、耶稣等宗教人物那样的崇高境界，否则，个体很难拥有绝对大我。因此，在现实生活里，真正拥有绝对大我的人极罕见。相对而言，个体拥有相对大我的难度低一些，因此，拥有相对大我的人数多得多。同时，中国思想史上，除了墨子和尸子(参见《尸子·广泽》)等极少数人倡导"爱无差等"的兼爱思想，绝大多数人认可的都是儒家的"爱有差等"思想，并且，中国传统文化一向有"人贵论"的思想(汪凤炎，1999)，而当代社会普遍认可"危害人类罪(crimes against humanity)是重罪"的理念，因此，"民胞物与"的思想只在万物和谐共存的背景下才成立，一旦人与非人之间发生尖锐矛盾且被迫作出选择，绝大多数有良知者往往优先选择保护人类，为此而不得不依其他生物和物质在其心中的价值由低至高逐渐放弃。这一观点也得到一项实证研究的证实(Caviola et al., 2021)。

以太极图中的阴和阳分别代表小我和大我,可建构自我的太极图模型,如图8-2所示。这种自我的太极图模型显然是受儒学影响的结果,因而也称"儒家自我的太极图模型"。

图8-2 自我的太极图模型

(Wang, Wang, & Wang, 2019)

如图8-2所示,外面代表"太极"的最大圆指自我;"阴"(黑色)表示小我,"阳"(白色)表示大我,因为小我相对大我更黑暗(更自私),大我相对小我更明亮(更亲社会);"黑中白点"暗示小我里蕴含大我的种子,即天理或孟子所说的善端,故个体通过持久地修身养性能不断成全大我;"白中黑点"暗示大我里潜藏小我的种子,即人欲或荀子所说的恶端,意指个体的品行若未达到"从心所欲,不逾矩"的圣人境界就放弃继续修行,放松警惕,一遇不良道德情境就易心生恶念,之后也不能及时消除,便极有可能使自我倒退,大我变为小我。因此,《尚书·虞夏书·大禹谟》说:"人心惟危,道心惟微,惟精惟一,允执厥中。"《诗经·小雅·小旻》说:"战战兢兢,如临深渊,如履薄冰。"自我的太极图模型以形象的方式告诉人们:(1)自我的太极图模型吻合中国人推崇的阴阳思维模式(也叫"中式辩证思维")。因此,自我的太极图模型里的小我与大我双方相互对应,互为参照,虽能各自独立存在,却无法彻底分离,因为彼此相互包含,小我中蕴含大我的种子,大我中潜藏小我的种子。与此同时,小我与大我之间犹如"阳消则阴息,阴消则阳息,阴阳互相消息,循环不已",此消彼长,虽能相互转化,但只能是部分转化,并且有一定转化条件,双方永远共存,一方无法彻底扬弃或消灭另一方(李平,2014,pp.246-248)。这意味着,即便是极端自私乃至万恶之徒,其心中仍藏有大我的种子,有"放下屠刀,立地成佛"的可能;即便是圣人,其心中也仍有小我的种子,只不过得到妥当处理,能"从心所欲,不逾矩";若是亚圣,一旦不洁身自爱,仍有成魔的可能。(2)以自我的太极图模型为内核,就能生出自我圆融说。它的核心要义是:每个个体虽只有一个自我,但犹如太极图内的"阴"与"阳",自我中有大我与小我之分,而且二者的关系是此消彼长的,通过持久的心性修养,使小我变得越来越小,大我变得越来越大,并让它们相互和谐、圆融,就能不断提升自我,而自我提升到一定境界便能发展出成熟自我乃至圆融式自我,此时,个体就能做到万事圆融(Ames,2006)。

事实上,儒家以及深受儒家影响的中国人的自我修养过程正有意或无意地按自我圆融说进行。(3)以性善论为基础塑造出来的自我结构图因将伊底排除在自我的结构之外而导致多数中国人不易宽容自己或他人所犯的过错,倾向于严厉对待。因此,中国有"浪子回头金不换",更有"一失足成千古恨"。与此相一致,在中国,一个人即便犯了"偷鸡摸狗"之类的小错误,只要被人发现,就很难轻松翻身(汪凤炎,2019a,pp.305-306)!

3. 两种小我与大我之间的关系

两种小我与大我的内涵虽不同,但它们存在一定关联,且均与文化有类似的相关。一般而言,个人主义文化中,个体持含义为"自我形象卑微、渺小的我"的小我时,从自我边界的大小上进行界定,往往持大我;反之,个体持含义为"自我形象威严、高大的我"的大我时,从自我边界的大小上进行界定,往往持小我。与此相反,集体主义文化中,个体持含义为"自我形象卑微、渺小的我"的小我时,从自我边界的大小上进行界定,往往持小我;反之,个体持含义为"自我形象威严、高大的我"的大我时,从自我边界的大小上进行界定,往往持大我。

第二节　有我与智慧

此处的"有我"指有自我,是相对无我而言的。有我意味着有自我参与的心理活动具有主宰性、独立自主性、自我中心性、私有性等多种关切自身的重要特性(汪凤炎,2019a,pp.180-189)。这些特性本身价值中立,但与社会生活实践相结合后,便可产生积极或消极的影响,如有些人未能成功驾驭自身的自我中心性和私有性而成为一个自私的人,也有人能充分发挥自我的主宰性和独立自主性以严格要求自己。可见,智慧的获得离不开对自我中积极成分的发扬和消极内容的克制。个体善于自我反思时,自我能促进个体智慧的增长;个体沉迷于小我的利益时,易陷入所罗门悖论,阻碍其智慧地解决与自身利益有关的难题。

一、自我反思与智慧

对生活的深刻理解离不开对现实世界的准确把握,个体要做到这一点,需进行反思性思考,从不同角度看待生活现象和事件,以培养自我觉知和自我洞察(Ardelt,2003)。自我反思能逐渐减少个体的自我中心性、主观性及其外在投射,有助于洞察事物本质,包括对自身和他人行为动机的准确判断(Ardelt,2003;Clayton 1982)。长远来看,审视自我生活不仅能带来发现自身优缺点的机会,从而发展优点,改善缺点,还有助于人们以更加发展性和开放性的眼光重新认识自己的生活,发现不一样的人生意义,这是智慧固有的任务(Webster,2003)。

自我反思(self-reflection)，也叫"反省""自我反省"，是人类的一种重要内省能力，但至今缺乏公认的定义。格朗、弗兰克林和兰福德(Grant，Franklin，& Langford，2002)借鉴卡弗和谢尔(Carver & Scheier，1998)对自我反思的论述，认为个体的自我意识体现为两个成分：(1)自我反思，即个体对自己的思想、情感和行为的检查与评估；(2)自我洞察，即个体对自己的思想、情感和行为的理解的澄清。为此，他们编制出《自我反思与洞察力量表》(Self-Reflection and Insight Scale，SRIS)，作为评估个体自我反思和自我洞察的工具。尽管自我反思和自我洞察都是使个体实现有目的、有针对性的改变的重要元认知因素，但无论是从理论假设还是从实证研究的结果看，自我反思与自我洞察之间不相关。这意味着，一个花费大量时间进行自我反思的人并不一定能获得良好的自我洞察力(Grant，Franklin，& Langford，2002)。此外，自我反思与幸福感呈负相关，自我洞察与幸福感呈正相关(Silvia，2021)。阿德尔特(Ardelt，2003)认为，自我反思指个体从不同视角看待现象与事件的能力和意愿。韦伯斯特(Webster，2003)认为，自我反思指个体回顾过去以获得可用于未来情境的洞见的倾向。自我反思是一个自我调节的过程，体现为对自身生活经历和内在体验的有意且努力的处理，在自我认知的发展、行为改变和个人成长中具有关键作用(Weststrate，2019)。自我反思与自我洞察不同，前者是一个心理过程，后者是自我反思的积极结果。有研究者认为，自我洞察是智慧的重要方面(Mickler & Staudinger，2008)。当前心理学和相关多角度研究认为，自我反思是一个多方面的结构，与私我意识、内部状态知觉、心理意识、生活回顾、叙事加工、内在好奇心等概念均有重叠(Weststrate，2019)。

自我反思的视角有两种：(1)自我沉浸视角(self-immersed perspective)，即个体将自己重新置于情景中，以当事人的眼光重现事件发生的过程；(2)自我抽离视角(self-distanced perspective)，即个体从超越自我中心的观点看问题的过程(Kross，Gard，Deldin，Clifton，& Ayduk，2012)，指个体能从旁观者的角度观察当时的自己，将过去的自己作为客体来审视。克罗斯和艾杜克(Kross & Ayduk，2011)认为，自我沉浸视角将个体的注意狭窄地聚焦于当时的细节和感受。例如，当时发生了什么？当时自己的情绪如何？自我抽离视角将自我放置于客体的位置上，个体从观察者的角度，用更为宽广的视野观察自我和当时的经历。因此，以自我抽离视角进行自我反省具有适应性，以自我沉浸视角进行自我反省可能适应不良，尤其是在回忆负性经历方面(Kross & Ayduk，2011；Ayduk & Kross，2008)。一系列的研究也发现，自我抽离视角不仅能缓解抑郁、焦虑、愤怒等负性情绪，而且在减少基本归因错误、作出合理推理等方面均有一定积极作用(李天然，李晶，俞国良，2015)。

自我反思与智慧的关系很早就受到研究者的关注。一些研究表明，自我反思是智慧的重要构成成分，更是促进智慧增长的重要因素和途径。在智慧理论模型中，自我反思是柏林智慧模式、后皮亚杰主义的智慧模式、阿德尔特的三维智慧模型、韦伯斯特的智慧的英雄模型,以及格吕克和布卢克的MORE生活经验模型的核心成分。巴尔特斯和斯托丁格(Baltes & Staudinger,2000)提出,人生回顾是个体将生活经历转化成智慧的重要加工机制,借助人生回顾问题可测量智慧。斯托丁格(Staudinger,2001)也指出,对一般人生经历的自我反省有助于提高一般智慧,而对个体自身人生经历的自我反省能促进个人智慧的发展。斯托丁格(Staudinger,2013)还发现,自我反思可能会导致自我洞察,进而促进个体的一般智慧。后皮亚杰主义者提出的反省思维也是自我反思的积极体现(Kramer,1990;Labouvie-Vief,1990)。反省思维(metathinking),也叫"元思维",指个体对自己思维的思维。反省思维指向个体内部认知或思维过程,个体若能做到善于监控自己的生活事件,并反思自己对这些事件的思考过程,就表明其反省思维处于较高水平(汪凤炎,郑红,2014,p.414)。研究者认为,智慧者能在自我反思的过程中表现出辩证性思维、自我批判、智识谦虚等后形式运算思维,这些思维方式能有效减少甚至消除个体的认知偏差(Weststrate,2019)。阿德尔特(Ardelt,2003)认为,自我反思是智慧中认知性和情感性得以发展的内在基础和重要动力,自我中心和主观性的消除才能进一步形成对生活现象与事件的深刻洞察和理解,改善个体面向他人的情感与行为倾向,表现出更多同情与仁爱。韦伯斯特将对自身过去和当下生活的评价性反思视作智慧的重要成分,认为自我反思有助于同一性的形成与维持,改善自我理解,还能增强问题解决能力和对生活事件的适应性应对(Webster,2003)。法拉利、韦斯特斯特拉特和佩特罗(Ferrari,Weststrate,& Petro,2013)推测,个人智慧部分通过自传式推理发展。自传式推理,即一种反思个体的过去以将其人生和自我的各部分整合起来的过程。在韦斯特斯特拉特和格吕克(Weststrate & Glück,2017b)看来,虽然外行和专家都相信智慧通过各种各样的积极和消极的生活经验得到培养,但并非所有有生活经验的人都有智慧,能否从生活经验中生出智慧的可能决定因素之一是自我反省,即只有善于自我反省的人才可能从生活经验中获得智慧。为验证此假设,韦斯特斯特拉特和格吕克选取了47名智慧提名者,男女比例大致相当,年龄在26—92岁,另选取了47名普通人,年龄为26—84岁。他们同时采用自陈量表和表现法测量智慧,提高测量的多元化,测试工具和方法包括《三维智慧量表》《自我评估智慧量表》《成人自我超越量表》和柏林智慧模式。在自我反省的测量方面:由被试报告自己反省过去中的"为什么"(回忆功能),以及自己过去如何应对生活中的困难事件(自传体推理),然后由评分者从意义生成、个人成长等角度对被试报告的内容进行评分,获得被试反省表现的分数。结果发现,智慧与个体自我反省的频率无关,但与自我反省的质量有关。具体而言,智慧者在回忆的原因和自传体推理的方式上与普通人不同,有两个过程会对智慧形成和发展产生重要影响:(1)个体对生活中的困难事件进行深入的意义探索,从中获得对自我和人生的新洞见;(2)个体在经历生活中的困难事件的过程中积极改变自我,努力促成自我成长。如果只是对事件作简单的积极或消极的解释并不能获得智慧,但有可能影响个体的主观幸福感(Weststrate & Glück,2017b)。智慧的德才一体智慧理论提出,个体追求智慧的主动性越强，越有希望充分利用内外在条件对重要且有意义的生活经历进行统整与反思，越有利于其智慧随年龄而增长（王予灵，汪凤炎，2018）。相关研究也发现，自我反思的个体可能比其他人具有更强的寻求意义的动机（Webster et al.，2018），而那些有机会和动力追求智慧的个体，以及那些愿意和能从生活事件的教训中学习且愿意在这一历程中进行转换的个体，其智慧会随年龄而增长（Ardelt，2010）。这表明，意义寻求在促进个体智慧的增长中具有重要作用，自我反思也可能通过意义寻求的中介过程影响智慧。意义寻求指个体领会、理解或看到其人生意义，并伴随个体追求自己人生目标、使命和首要目标的动机程度（Steger et al.，2006）。阿德尔特（Ardelt，2003）认为，从不同视角看问题，以及渴望理解现象更深层含义的能力与意愿（反思维度的自我审视和自我洞察）能推动个体走向有目的、有价值的人生。佐尔纳和梅克尔（Zoellner & Maercker，2006）发现，有意识地努力理解个体生活中正在发生的事件并从中获取意义（自我反思），是从负性经历中获得更长远成长的重要预测因素，自我反思的个体特别有能力在其生活经历中创造目标和意义，进而增长智慧。而且，有研究表明，意义创造与智慧存在显著的正相关关系（Helson & Srivastava，2002）。由此可见，自我反思的个体具有更强的意义寻求动机，高反思的个体能更好地将过去经历的负性事件融入其人生更大的意义，从而越有可能增长智慧。因此，意义寻求在自我反思与智慧之间可能具有中介作用。自我反思通过意义寻求影响智慧，这种中介作用可能在不同情境下有所不同，即其间接作用可能受其他因素的调节。MORE生活经验模型提出，智慧是个人资源与其经历的生活事件之间相互作用的结果（Glück & Bluck，2013）。智慧的德才一体理论也认为，智慧来自个体经历的重要生活事件，尤其是给个体生活带来重大转变的事件，如高考失利、父母离异、重大疾病、亲友故去、自然灾害等（汪凤炎，傅绪荣，2017）。布卢克和格吕克（Bluck & Glück，2004）通过提名智慧者自传式叙述研究发现，大多数被试报告了诸如生活决策或不得不处理意外负性事件等困难情境，并且，大多数人都展示了获得成长和从经历中学习的证据。米克勒和斯托丁格（Mickler & Staudinger，2008）更是发现，个体经历的重要生活事件越多，其个人智慧越高。重要生活事件指日常工作、生活、学习中遇到的精神重创及不幸（辛秀红，姚树桥，2015）。每个个体经历的生活事件及受影响程度不同，对于生活经历背景各异的个体，自我反思通过意义寻求对智慧产生的影响可能也有不同程度的表现。个体经历的负性生活事件较少并接受过良好的教育，自然有利于其智慧的生成与发展，这时动机性因素影响较小（王予灵，汪凤炎，2018）。当经历较多或较严重的负性生活事件，若个体能主动反思这些灾难或不幸，从中习得经验与教训，获得人生洞见或自我洞见，不仅能更好地应对生活中的障碍和危机，还能促进自身智慧增长（Weststrate & Glück，2017b）。此时，动机性因素能发挥决定性作用。斯蒂格等人（Steger et al.，2008）的研究证实，压力性生活事件能触发个体对人生意义的寻求。韦伯斯特和邓（Webster & Deng，2015）进一步发现，压力性生活事件发生时，人们会反思自己的生活以从中获取意义，这种意义创造过程是在个体的世界观被破坏或崩溃后,由一种自我整合的基本需要驱动。当事件得到最佳解决,该过程会促使个体产生对自我和世界更深刻、更复杂的理解,最终可能带来更高的智慧。综上所述,自我反思通过意义寻求对个体智慧产生影响的中介过程可能受生活事件的调节,对于经历较多生活事件的个体,这种中介效应可能更强。由此推测,生活事件会调节自我反思通过意义寻求影响智慧的中介路径。一项实证研究结果表明:(1)意义寻求在自我反思与智慧之间起部分中介作用,即自我反思通过意义寻求间接影响智慧。(2)自我反思通过意义寻求影响智慧的中介作用受生活事件的调节,生活事件调节了"自我反思→意义寻求→智慧这一中介过程"的后半路径。对于经历较少生活事件的个体,意义寻求的影响在自我反思与智慧之间的中介作用不显著;对于经历较多生活事件的个体,意义寻求的影响在自我反思与智慧之间的中介作用显著(陈浩彬,董海燕,汪凤炎,2021)。

二、小我与所罗门悖论

(一) 所罗门悖论的含义

所罗门悖论(Solomon's paradox)指相对于自己遇到的难题,人们更善于智慧地分析和解决他人遇到的难题(Grossmann & Kross,2014),由西方学者在研究个人智慧与一般智慧的关系时发现。换言之,个体若拥有较高甚至极高水平的一般智慧,却在个人智慧上得分明显偏低,就表明个体陷入所罗门悖论。所罗门悖论的存在表明,能在他人遇到生活难题时为他人提供智慧建言的个体,并不一定能在自己遭遇类似难题时作出同样智慧的表现。所罗门悖论不但阻碍个人智慧的生成,也易使个体无法智慧地采纳他人的智慧建言(Hu et al.,2017;Mickler & Staudinger,2008;Staudinger & Glück,2011)。

一个完美的智慧者必同时具备一般智慧和个人智慧。用这个标准看,所罗门王这类仅拥有一般智慧的个体不能算是一个完美的智慧者。生活中的确有人不善于智慧地解决自身遭遇的难题,却擅长智慧地解决他人遭遇的难题。中国俗语"清官难断家务事"就是对此类现象的描述。这也提醒用人者要用人所长,但也不能随意将个体的优势从一个领域扩展至另一个领域。

(二) 所罗门悖论产生的情境

《老子·三十三章》说:"知人者智,自知者明。"这句话的意思是,了解他人是聪明或有智慧的表现,了解自己是内心光明的表现。因为,了解他人,难在人心难测;了解自己,难在人人都有虚荣心、利害心和情绪,往往既不愿承认自己的不足或缺点,以免脸面或利益受损,又喜欢拔高自己的优点,以追求虚荣的脸面或利益,还喜欢沉迷于追求自己或所属小集团的利益。由此可见,是小我的自身利益、情绪和主观认知对个体心理产生了影响,导致个体在认知和行动上产生偏差。《论语·子罕》记载:"子绝四:毋意,毋必,毋固,毋我。"这是孔子逐渐拥有智慧的一个法宝。佛教也提醒人们要破"我执",否则难生智慧。《庄子·齐物论》则要人"丧我"(消除偏执的我)。清代石成金在《传家宝·绅瑜》里也说:"世人只因认得'我'字太真,遂多种种嗜好,种种烦恼。要知前人有云:'不复知有我,安知物为贵?'又云:'知身不是我,烦恼更何浸?'真破的之言。"斯腾伯格(Sternberg,2004b)认为,聪明人之所以会愚蠢,一个重要原因正在于他们过于自我中心。自我中心(self-centeredness)之所以会阻碍个体的智慧展现,是因为它会使个体沉浸在自己的观点与情绪中,对自身相关事件有一种虚假的确信,同时忽视其他视角,包括相关事件中的重要信息(Kross & Grossmann,2012)。概括起来,个体一旦执迷于小我,易在如下四种情境中遭遇所罗门悖论:(1)问题或冲突发生于个体自身,此时个体若沉迷于小我的利益,就会忽视他人的正当权益,进而陷入所罗门悖论,阻碍其智慧地解决与自身利益有关的难题。(2)问题或冲突发生于个体自身,此时个体若为小我之情所困,只顾自身欲望的满足和主观意愿的实现,就会忽视他人的情绪,做出诸如贪图享乐、挥金如土、滥用权力等愚蠢行为,陷入所罗门悖论,阻碍其智慧地解决与自身情绪有关的难题。(3)问题或冲突发生于个体自身,此时个体若缺少智识谦虚(intellectual humility),盲目自大,就易出现达克效应(D-K effect)[①],陷入所罗门悖论,阻碍其智慧地解决所遇到的纯粹认知上的难题。(4)问题或冲突发生于个体自身,此时个体若过于自恋,导致自我无限膨胀,并将世界无限缩小,致使自己目中无人,且反思能力下降,缺少最起码的共情能力,便陷入所罗门悖论,阻碍其智慧地解决所遇到的事关自尊和爱人等难题。自恋(narcissism)让人总是自觉优越:家庭出身的优越、地域的优越、国籍的优越、智商的优越、性别的优越、长相的优越、受教育的优越、知识的优越、阶层或身份的优越、财富的优越、口音的优越、职业的优越,甚至是种族的优越、道德的优越或宗教的优越(罗翔,2019,pp.8-13)。此处,自恋指一种人格特质,属黑暗三人格之一(另外两个是反社会倾向与马基雅弗利主义),主要包含权欲、优越感、自我钦羡、特权感四个维度(《中国大百科全书》第三版心理学编委会,2021,p.522)。2021年发表的一项研究表明,自恋由不安全感驱动,而非由自我膨胀感驱动。自恋行为只是个体应对自身不安全感的一种方法。自恋不是自爱,而是一种变相的自欺欺人。自恋可更好地理解为一种克服和掩盖自我价值低下的补偿性适应措施。从长远看,自恋行为致使与个体类似的人更少,进一步加剧个体的不安全感,从而导致炫耀行为的恶性循环。自恋型人格障碍(narcissistic personality disorder)是过度自恋,由自大型自恋和脆弱型自恋两个亚型组成。这两个亚型都表现出自负、自我沉醉和无视他人的特点,但自大型自恋更加外向、有攻击性,追求他人的敬仰和尊重,脆弱型自恋则表现为内向、过于敏感、自我防御和焦虑情绪。真正的自恋者缺乏安全感,最好用脆弱型自恋亚型来描述,而自大型自恋者可

[①] 达克效应,全称"邓宁-克鲁格效应"(Dunning-Kruger effect),一种自我认知偏差现象,指越无知无能的人越易高估自己的学识与才华,越误以为自己非常博学或才华出众。这类个体非但不会以其他视角理解问题,而且对自身视角的偏好性有所增加(Ayduk & Kross,2010)。

能更应被理解为精神疾病的一种表现(Kowalchyk et al., 2021)。

(三) 东方文化下的所罗门悖论

所罗门悖论目前只在西方文化背景下得到验证。受个人主义文化影响的西方人大多拥有独立自我,在儒家文化、道家文化、佛教文化、集体主义文化和西方文化的多重影响下,中国人的自我虽多内隐为太极式自我,却多是情境式自我,常会依具体情境展现不同的自我类型并相互转换,如大我与小我的转换、柔我与刚我的转换、净我与尘我的转换、独立自我与互依自我的转换等(Markus & Kitayama, 1991, 2010;汪凤炎, 2019a, pp.174-237;Wang, Wang, & Wang, 2019;Wang & Wang, 2020)。对于所罗门悖论在中国是否会展现与西方不同的特点与机制,已有实证研究作出回答。例如,从理论上讲,持大我、小我或互依自我的中国人会将与其关系亲密的他人纳入自我之中。2007年,朱滢等研究者利用自我参照效应的研究范式,向研究对象呈现一些褒义或贬义的人格形容词,如勇敢、懒惰、浪漫等,然后请被试判断这些形容词是否适合描述自己。为比较人际关系,研究者还请被试针对母亲、名人等进行判断,同时进行fMRI扫描。研究发现,对于中国人,自我参照项目的记忆成绩显著优于他人参照项目的记忆成绩,但母亲是个例外,即母亲参照与自我参照的记忆成绩没有显著差异,这在一定程度上证实了中国人的自我并非完全独立,而是包括母亲等十分亲近的他人。进一步的fMRI结果从神经层面上证实,西方人的自我参照完全独立于他人参照,与此相一致,西方人只有自我激活了腹内侧前额叶,而与西方人不同,在进行自我参照和母亲参照时,中国人的腹内侧前额叶均明显被激活。鉴于已有大量文献证明这一脑区与自我参照显著相关,这一结果表明,西方人的自我独占此脑区,中国人的自我则与亲密他人(该研究是母亲)分享这一脑区。中国人不仅思考自我时会激活内侧前额叶,而且思考与自我非常亲近的他人时也会激活内侧前额叶。出现这一现象的可能原因是,受儒学深刻影响,中国文化非常强调人与人之间的相互依赖关系,个体(自己)与非常亲近的他人不分彼此;西方文化则强调人与人之间的分离,西方人的自我是独立于任何人的(包括最亲近的母亲)存在。因此,强调人与人之间相互依赖关系的中国文化导致中国人发展出自我与亲近他人(如母亲)的神经联合,而强调独立自我的西方文化造就了西方人中自我与他人甚至非常亲近的母亲的神经分离。此项研究结果暗示,大脑可调控复杂的认知过程,同时,文化也影响大脑的功能组织,中国人与西方人自我观的差异可在大脑中找到原因,即中西文化的不同导致中国人与西方人的自我有不同的神经基础(Zhu, Zhang, Fan, & Han, 2007;Zhu & Han, 2008;朱滢,伍锡洪, 2017, pp.135-138)。这一特征使中国人在看待与其关系亲密他人所遇到的人际冲突时易被卷入其中,从而干扰其智慧地看待与其关系亲密的他人所遭遇的人际冲突,进而更有可能陷入所罗门悖论。未来需要开展跨文化研究和实验室研究进一步探讨这一差异。

另一方面,互依自我强调个体与他人的关联,无我在某种程度上是互依自我的进一步扩展，即不仅强调个体与他人的关联，还强调个体与环境及世界的关联（Dambrun & Ricard，2011）。因此，相对于独立自我，持互依自我的个体是否在面临人际冲突时更智慧？去自我中心式的启动是否会对持不同自我类型的个体产生相同程度的影响？这些都有待进一步的检验。魏新东和汪凤炎（2021）的一项研究表明，相较于面对自己的人际冲突，美国文化下以独立自我为主的个体在面对朋友的人际冲突时的智慧推理水平更高，即存在所罗门悖论现象；中国文化下独立自我程度高的个体同样会表现出所罗门悖论现象，独立自我程度低的个体则未出现所罗门悖论现象；中国文化下，通过启动不同自我类型也发现相同模式。可见，所罗门悖论可能只存在于独立自我高的个体，并不具备文化普适性。

第三节 无我与智慧

此处无我（no-self）的含义有二：(1)个体尚未形成自我，或因种种原因丢失自我；(2)个体已摆脱自我中心心态。这两种无我的含义截然不同，它们与智慧的关系也有所差异。

一、没有自我或迷失自我均会阻碍个体展现智慧

《老子·十二章》曾说："五色令人目盲；五音令人耳聋；五味令人口爽；驰骋畋猎，令人心发狂；难得之货，令人行妨。是以圣人为腹不为目，故去彼取此。"林语堂在《老子的智慧》（*The wisdom of Laotse*）中将"腹"解释为内在自我（inner self），"目"则指外在自我或感觉世界（陈鼓应，2009a，p.106）。老子看到这样一个现实，即个体越沉迷于外在的物欲生活，其心灵就越空虚。因此，老子认为，智慧的生活是为"腹"不为"目"。老子说出这段话的目的是劝人摒弃外在物质生活的诱惑，持守内在自我的宁静恬淡（陈鼓应，2009a，pp.106-107）。可见，老子极重内在直观自省。《老子·四十七章》说："不出户，知天下；不窥牖，见天道。其出弥远，其知弥少。是以圣人不行而知，不见而明，不为而成。"老子认为人的心思如果一味向外奔驰，将会使思虑纷杂，精神散乱，一个轻浮躁动的心灵自然无法明彻地透视外在事物，只有通过自我修养的功夫，向内观照，省察克制，才能清除心灵的壁障，发挥心灵本明的智慧，以虚静的心境洞察宇宙人生的内在规律（陈鼓应，2009a，p.242）。《老子·四十八章》又说："为学日益，为道日损。损之又损，以至于无为。无为而无不为。取天下常以无事，及其有事，不足以取天下。""为学"指探求外物的知识活动；"为道"指通过冥想或体验以领悟事物未分化状态的"道"，摒弃偏见，开阔心胸视野以把握事物的根本，提升主体的精神境界。求学一天比一天增加知识，求道一天比一天减少智巧，减少又减少，直至"无为"的境界。一旦达到"无为"的境界，就没有什么事情做不成（陈鼓应，2009a，pp.243-245）。

《论语·颜渊》记载,孔子主张修养道德的具体方法之一是"四勿":"非礼勿视,非礼勿听,非礼勿言,非礼勿动。"当然,孔子的非礼勿视、勿听、勿言、勿动,假若不能正确把握其实质,简单地将之教条化,就会成为吃人的礼教,束缚人的心灵,让人变成契诃夫(Антон Лавлович Чехов)所说的"装在套子里的人"。但是,诚如王安石说:"非礼勿听,非谓掩耳而避之,天下之物不足以干吾之聪也;非礼勿视,非谓掩目而避之,天下之物不足以乱吾之明也;非礼勿言,非谓止口而无言也,天下之物不足以易吾之辞也;非礼勿动,非谓止其躬而不动,天下之物不足以干吾之气也。"(王安石,1992,p.28)这表明,若像王安石那样理解"四勿",并对"礼"作与时俱进的理解,将"礼"诠释为当代社会的道德规范与法律制度,那么,"四勿"之说中潜藏的让人消极躲避外物的思想就被彻底抹去,变成鼓励人们凭良心去看、去听、去言、去动外物,只要不被外物(贪欲)迷惑心智(贺麟,1988,pp.288-293)。孟子在《告子上》中说:"仁,人心也;义,人路也。舍其路而弗由,放其心而不知求,哀哉!人有鸡犬放,则知求之;有放心而不知求。学问之道无他,求其放心而已矣。"由此可见,孟子主张人本有的善良之心一旦因种种原因而放却或丢失,就应将它找回来,否则个体将难以获得智慧(主要是德慧)。

受老子、孔子和孟子等人的影响,中国古代的思想家多认为,"古之教人,不过存心、养心、求放心。此心之良,人所固有,人惟不知保养而反戕贼放失之耳。苟知其如此,而防闲其戕贼放失之端,日夕保养灌溉,使之畅茂条达,如手足之捍头面,则岂有艰难支离之事"(《陆九渊集·与舒西美》)。反之,个体若沉醉于物质世界的感官快乐,轻浮躁动的心灵自然无法明彻地透视外在事物,难免失去以自主性和意志力为核心的内在自我。而个体一旦迷失自我,其智慧的展现就会受到阻碍。发展心理学的研究成果表明,个体因年幼而尚未形成自我或因弱智而无法形成自我时,个体无法展现智慧。社会心理学和人格心理学对从众、众从、权威思维等的研究也表明,个体迷失自我后将难以展现智慧。

二、三种类型的无我能促进个体的智慧表现

至少有三种类型的无我能促进个体的智慧表现。其中,"通过自我超越促进个体的智慧"在第三章已作探讨,下面只论余下两种。

(一)去自我中心式无我能消除所罗门悖论,促进个体展现智慧

社会生态取向的智慧研究主要关注去自我中心式的无我心态对个体处理人生困境或冲突类问题时的智慧表现的影响(Böhmig-Krumhaar et al., 2002; Kross & Grossmann, 2012; Grossmann & Kross, 2014; Grossmann et al., 2017)。此处,无我指去除仅以个体自身及其所属小集团为边界、强调自身及其所属小集团利益的小我的过程或结果。现实生活中,涉及个体切身利益的情境在所难免,因此小我也是这些情境中自我的常态。研究者通过多种措施启动个体的去自我中心心态(ego-decentering mind-set)(Grossmann, 2017a),发现这一心态可有效提升智慧表现。

去自我中心（ego-decentering）这一概念可追溯至詹姆斯，他认为自我有一个作为体验视角的"I"，也有一个作为观察者视角的"me"。观察者视角相对于体验视角就是一种去自我中心。詹姆斯指出，自我既可采用体验者视角"I"，也可采用观察者视角"me"。个体面临与自身密切相关的人生困境或冲突事件时，可从当局者的身份中脱离出来，从局外人的视角来思考该事件，这种由"I"到"me"的转换在某种程度上就属于一种去自我中心心态，将本属于自己的困境或冲突等同于他者遇到的困境或冲突来思考（Searle，1995）。皮亚杰也将去自我中心作为儿童思维发展的重要标志。柏林智慧模式的早期研究者采用较为间接的手段启动个体的去自我中心，如让被试进行"云层思考"，即想象自己坐在云层之上，并考虑飞过不同国家时，它们具有的风俗习惯差异。这一启动使被试对具体任务中更广泛的背景和价值相对主义有了更深刻的理解与认识（Böhmig-Krumhaar et al.，2002）。后来的研究采用较为直接的方式来指导被试从去自我中心的角度思考问题。例如，克罗斯和格罗斯曼（Kross & Grossmann，2012）在经济衰退最严重的时候招募一批即将毕业的大学生并引导他们思考自身工作前景，要求一部分大学生以"远距离观察者"视角想象以后的工作发展情况，要求另一部分大学生以"近在眼前者"视角来想象。研究发现，处于"远距离观察者"位置的被试在智慧推理的各维度得分更高。克罗斯和格罗斯曼还在2008年美国大选前一周，招募一批被试思考一些较为极端的政治问题，如伊拉克战争、堕胎等。他们将被试随机分为两组，一组以"居住在冰岛的居民"视角思考问题，另一组以"美国本土居民"视角来思考。研究发现，前一组被试表现出更高的智慧推理水平（Kross & Grossmann，2012）。除了重要的人生与社会问题，去自我中心也可改善个体在人际冲突情境下的智慧表现。研究者发现，采用第三人称考虑冲突时，所罗门悖论现象会消失，即个体思考与自身密切相关的冲突事件时的智慧表现，与思考朋友遭遇冲突时的智慧推理无显著差异（Grossmann & Kross，2014）。

尽管去自我中心与智慧推理中对他人利益或观点的关注在概念上存在某种程度的重叠，但上述实证研究表明，它同时也能促进智慧推理中诸如更广阔的视角、智识谦虚和对变化的认知等维度。总体上，去自我中心心态可帮助个体在人生或重大社会问题及人际冲突中表现得更加智慧（Grossmann，2017a）。

（二）通过正念促进个体的智慧

正念（mindfulness）指个体将意识和注意聚焦于当前经验，以一定距离观察自己的想法和感受，并持非评判观点（Kabat-Zinn，2003；Bishop et al.，2004），对自己的想法和感受保持接纳、开放和好奇的态度（段文杰，2014；陈语，等，2011）。一般认为，正念包括四个因素：(1)觉察，即对个人的体验有足够的意识；(2)注意的保持，即将注意置于不断变化的外部刺激；(3)聚焦当下，即毫不费力地将注意集中于当下每一时刻的意识状态；(4)开放性接纳态度，即非批判性地接纳进入意识状态中的念头、感觉、事件等，而不改变、控制或逃避它（Baer，2003）。由前三个因素合成而来的注意觉知与开放性接纳态度是正念的核心成分(Norris et al.,2018)。正念主要通过两种机制提升个体的智慧。

第一,正念中的注意觉知与开放性接纳态度为个人成长主动性提供生长的条件,从而促进个体智慧的发展。智慧并不会随个体年龄的增长而自然成长(王予灵,汪凤炎,2018)。智慧的获得需要个体积极主动追求,即善于利用相关资源,以一定距离观察和借鉴当前的经验、想法与感受,并适当付诸行动。阿德尔特(Ardelt,2010)的研究发现,普通年长者的智慧水平并不比大学生高,但受过高等教育的年长者的智慧水平显著高于大学生,且高智慧的个体几乎都报告了个人成长的经历。这表明,个体的成长主动性需要个体能清楚地觉知为改变作好准备的时间(Robitschek, Ashton, Spering, Martinez, Shotts, & Murray, 2009),并积极寻找和使用外部资源。个体若愿意积极主动地从生活经验中学习,并更多地进行自我反思,就能在个人成长的过程中获得智慧。正念中的注意觉知与开放性接纳态度(实是一种无我状态)恰好能为个人成长主动性提供生长的条件,因此,修习正念的个体更愿意主动寻求个人成长的机会(Franco, de la Fuente, & Salvador, 2011),更容易接纳开放性经验,不断从开放性经验中进行反思与超越,从而逐渐获得智慧。一些实证研究已证实这一点。例如,阿德尔特(Ardelt,2008)发现,较为智慧的个体很难回忆起过去一周的负面事件,因为他们更倾向于享受生活,不会反复地体验过去的记忆情境,而是非批判性地观察与觉知此时此刻。2017 年的一项干预研究基于 MORE 生活经验模型和三维智慧模型,对青少年进行 18 周的干预,结果发现,唯有正念干预手段可促进某些智慧成分的提升,如对自我的掌控感(a sense of mastery,M)、对生命经验的开放性(openness toward life experience,O)、反思态度(reflective attitude,R)、情绪调节(emotion regulation with empathy,E)(Sharma, Dewangan, & Kong, 2017;王伊萌,王振东,汪凤炎,2022)。

第二,正念使个体通过自我抽离视角达到无我或自我超越状态,进而促进个体智慧的发展。正念与自我抽离式自我反思有相似之处,即二者都是从旁观者的角度观察自己。正念与自我抽离式自我反思的区别主要有二:(1)认知对象不同。正念是个体以一定距离观察当前的经验、想法和感受,而目前有关自我抽离式自我反思的研究针对的是个体以往经历或未来发生的事件。(2)认知过程不同。正念是个体不加评判地观察自己的想法与感受等;自我抽离视角下的自我反思则是个体对事件进行意义重建,以旁观者角度重新理解过去或未来发生的事件(李天然,李晶,俞国良,2015)。

智慧地思考与包容和开放的心态有关。智慧者最基本的特征之一就是能开放性地从对方视角或旁观者角度看待问题,较少进行批判,并以开放的态度接受他人的价值观和观点。修习正念的个体能非批判性地观察问题。个体也许不能直接从他人视角或旁观者角度进行决策,但这种开放性的接纳态度使个体更易接纳生活中的不确定性与变化,更能消除自我中心倾向,以去自我中心化的方式进行思考,减少自我沉浸。正念的核心作用机制:一为增强自我心理距离的调控能力;二为增加认可,即接纳或非批判(Kabat-Zinn,

2003)。认知解离(cognitive defusion)是正念研究的热点,与自我抽离有相似之处,指从旁观者角度观察自己。因此,正念促使个体通过自我抽离视角达到无我或自我超越状态,进而促进个体智慧的发展。这已得到一些实证研究的支持。例如,基于克莱顿和拜伦(Clayton & Birren,1980)的东方传统智慧观,阿德尔特(Ardelt,2003)提出智慧包括专注与沉思。这与作为正念核心成分之一的注意觉知相兼容;正念与自我抽离式自我反思类似,能提高个体的智慧水平。张英俊等人(2017)对个体进行正念反思训练发现,正念可有效提高个体自我抽离的倾向,削弱自我沉浸的消极影响。因此,正念能促进个体的智慧水平(王伊萌,王振东,汪凤炎,2022)。上文也论及,通过修习正念进行冥想训练能促进个体的自我超越,进而提升个体的智慧水平。

三、无我与自我实现在智慧历程中的有机统一

如上文所论,现有研究大多只关注智慧与自我关系及其历程的某一面。例如,社会生态取向(Grossmann et al.,2020)的智慧研究主要关注去自我中心式的无我心态对个体处理人生困境或冲突类问题时的智慧表现的促进。人格属性取向(Ardelt et al.,2019)的智慧研究主要关注智慧者的自我实现,体现为探究智慧与自我实现幸福感的关系。从发展历程的角度对二者作整体性把握的研究则有所缺位。然而,无我与自我实现这两种特征同时体现在真正的大智慧者身上,揭示了智慧与自我密不可分的关系和一种基于自我发展的智慧历程。对该历程的关注不仅有助于智慧心理学与自我心理学两个领域的交叉共进,而且有助于理解并在一定程度上把握两种关于智慧的不同取向的内在关联。

从自我发展的智慧历程观出发,可将去自我中心式的无我与自我实现的人生状态或境界分别视为智慧历程的起点和终点,即无我作为智慧的基础心态,自我实现作为智慧的最终状态或境界(Ardelt et al.,2019;Grossmann et al.,2020)。社会生态与人格属性两种取向下的智慧可视为自我在现实生活中的实践,是介于智慧的基础心态(无我)和最终境界(自我实现)的中间过程。鉴于亚里士多德将与人的实践密切相关的在现实生活中作出适当决策以增进共善的智慧称为"实践智慧",可将无我与自我实现之间的中间过程称为"智慧在现实生活中的自我实践"。两种取向对智慧内涵的认识有诸多共通之处,例如,宾格等人(Bangen et al.,2013)指出,不同取向的智慧都主要包含自我反省、智识谦虚、关爱他人和对不确定的认识与容忍等成分。可见,两种取向仅是从不同角度采用不同方法研究智慧。借鉴弗利森(Fleeson,2001)以频率密度分布(density-distribution)学说整合人格特质与情境之争,即认为人格特质应被视为个体在不同情境下对应状态的频率密度分布(Grossmann,Gerlach,& Denissen,2016),智慧的两种取向也可视为量的不同而无质的差异。某种程度上,社会生态取向可视为低频率的自我实践,即易受周围环境影响的智慧型推理;人格特质取向可视为高频率的自我实践,即现实生活中,在相对长时期内,于几个情境中具跨情境稳定性的智慧型人格,由低到高依赖个体从经验中学习的意愿和不断的

练习,个体一旦放松对自身的要求便有可能出现由高到低的现象。在此基础上,可建构出基于自我发展的智慧历程模型,如图 8-3 所示(魏新东,汪凤炎,2020)。

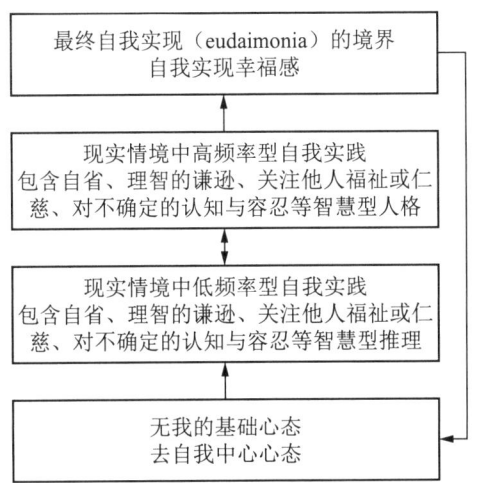

图 8-3 基于自我发展的智慧历程模型示意图

(魏新东,汪凤炎,2020)

由图 8-3 可知,基于自我发展的智慧历程中,无我首先被视作个体获得智慧的基础心态。个体有了无我心态,才真正踏上成就智慧的征程。除了在实证研究中启动去自我中心后能达到无我,无我作为智慧历程基础心态的合理性还体现在三方面:(1)古希腊与中国先秦时期公认的智慧者都提倡并训练类似心态。例如,苏格拉底以观察者视角强调"认识你自己",并将其作为自己的哲学箴言;柏拉图与亚里士多德也强调对真理与美德的追寻而不是关注个体短暂的自我利益;《论语·子罕》有"子绝四:毋意,毋必,毋固,毋我"一语;庄子主张"吾丧我""忘我"等。(2)在心理学界,除了詹姆斯关于自我的观点,去自我中心也是皮亚杰发展观中的重要概念。斯腾伯格(Sternberg,2004b)从反面指出,过于自我中心会使高智商者做出愚蠢行为。利文森等人(Levenson et al.,2005)则认为智慧者同时也是自我超越者,而自我超越者的核心特征就是无我,即不依赖外在环境,重点关注自我的内心世界和精神性,同时消解自我与他人界限的心态。脱离对当前涉及自身利益事件进行的有意识评判,也被视为正念的一个主要特征,而正念也是获取智慧的主要训练方式之一(Bernstein et al.,2015;Garland et al.,2015)。(3)作为基础心态,无我有稳定的后效。例如,一项研究要求被试从公正的记者(去自我中心条件)或私人律师(自我中心条件)的角度出发,写下过去几个月中发生的人际冲突。8 周后,研究人员询问被试的感受发现,去自我中心条件下的被试比自我中心条件下的被试有更少的负面情绪(McGregor & Holmes,1999)。自我发展的智慧历程的第二步是从无我出发,让个体在生活中完成低频率智慧型自我实践。第三步,个体经不断练习逐渐能达到高频率智慧型自我实践。在高低频率智慧型自我实践之间既存在由低到高的过渡关系，也存在退化的可能性（图 8-3 中以双向箭头表示）。第四步，个体经由高频率智慧型自我实践逐渐达到自我实现的人生境界。一旦达到自我实现的境界，个体即能从中获得内心充实、满足和平静的幸福体验，而这一愉悦体验又会反过来强化个体的无我心态。换言之，自我发展的智慧历程不仅可由无我至自我实现的这一具体过程实现，还可进行自我强化。尽管无我与自我实现分别被视为智慧历程的基础心态与最终境界，但二者并非"无我最终通向自我实现"的简单线性关系，个体对自我实现境界的体验同时也会加强无我心态。与无我心态相对的主要是将自我视为独立且具一定清晰边界的固定实体的自我中心心态（self-centeredness mindset）。持自我中心心态的个体通常尊崇享乐主义原则，通过趋利避害式自我实践，依赖外界刺激产生短暂而不稳定的幸福或痛苦体验。这种体验可能会进一步加强个体的自我中心。与此类似，个体一旦达到自我实现这一智慧的最终境界，便可体验到持久稳定的幸福感，即不依赖外界环境或刺激而产生内心充实、满足和平静的体验。这一境界带来的此种心理体验一旦扎根，与之相联系的无我心态相应会得到进一步加强（Dambrun & Ricard, 2011）。

当前智慧心理学中的人格特质取向与社会生态取向主要关注中间过程的自我实践，而与此同时，幸福心理学基于吸收亚里士多德关于人生最终目的的论述与人本主义心理学有关人性所能达到境界的探讨，也对作为最终状态或境界的自我实现进行了丰富论述（Ryff, 1989；Ryff & Singer, 2008）。另外，如前文所论，依据埃里克森的人格发展八阶段理论，这一最终状态或境界也是个体顺利度过前七个阶段在第八阶段达到的美好境界（魏新东，汪凤炎，2020）。

思考题

1. 请结合实例谈谈对智慧与自我关系的看法。
2. 请结合实例谈谈自我反思与智慧的关系。
3. 哪些情境易出现所罗门悖论？如何避免所罗门悖论？
4. 如何通过正念修得智慧？
5. 如何通过自我超越修得智慧？
6. 常用的去自我中心策略有哪些？

第九章

智慧与文化

内容摘要

本章分两节。第一节探讨文化的内涵及其与智慧的关系。第二节分别介绍文化普遍主义、文化相对主义和多元文化汇聚主义视角下的智慧。本章的重点是智慧与文化的复杂关系,以及智慧的文化普适性、文化相对性和多元文化汇聚性特点。

核心概念

文化　独知　众知　公知　共享　文化普遍主义　文化相对主义　多元文化汇聚主义

文化与智慧一样,内涵和类型复杂多样。智慧与文化之间的关系也错综复杂。本章将用两节的篇幅探讨文化的内涵及其与智慧的关系。

第一节　文化的内涵及其与智慧的关系

一、文化的内涵

"文化"是一个常用词,但至今尚无一个公认的定义。有关文化的定义现已达200种左右(冯天瑜,何晓明,周积明,2010),有的定义还在不断更新或变化。例如,《辞海》每十年更新一次,第五版、第六版、第七版对文化的定义均不完全相同。第七版《辞海》对文化(culture)的最新定义是:

(1) 广义指人类社会的生存方式以及建立在此基础上的价值体系,是人类在社会历史发展过程中创造的物质财富和精神财富的总和。可分为三个层面:①物质文化,指人类在生产生活过程中创造的服饰、饮食、建筑、交通等各种物质成果及其体现的意义;②制度文化,指人类在交往过程中形成的价值观念、伦理道德、风俗习惯、法律法规等各种规范;③精神文化,指人类在自身发展演化过程中形成的思维方式、宗教信仰、审美情趣等各种思想和观念。狭义指人类的精神生产能力和精神创造成果,包括一切社会意识形式:自然科学、技术科学、社会意识形态。

(2) 泛指一般知识,包括语文知识。如"学文化"即指学习文字和求取一般知识。

又如对个人而言的"文化水平",指一个人的语文和知识程度。

(3) 中国古代王朝所施的文治和教化的总称。南齐王融《曲水诗序》:"设神理以景俗,敷文化以柔远。"

(4) 考古学术语。用以表示考古遗迹中(特别是原始社会遗迹中)属于同一历史时期的有地方性特征的共同体。同一文化的遗存,有着同样形式的生产工具、生活用具和相同的制作技术,也有共同的文化习俗。考古学文化的名称,大多以第一次发现典型遗址的地点命名,如中国的仰韶文化、龙山文化。也有以该文化中某种具特征性的遗物来命名,如细石器文化。(陈至立,2019,p.4577)

一般而言,对于文化,人们已形成四个共识:(1)从实在论的角度看,文化作为人类社会的现实存在,具有与人类本身同样古老的历史。文化的实质性含义是"人化"或"人类化",是人类主体通过社会实践活动,适应、利用、改造自然界客体而逐步实现自身价值观念的过程。这一过程的成果,既反映于自然面貌、形态、功能的不断改观,更反映为人类个体与群体素质(生理与心理的、工艺与道德的、自律与律人的)的不断提高和完善。因此,人类作用于自然界和社会的一切活动及其结果都属于文化;或者说,"自然的人化"即是文化(张岱年,方克立,2004,pp.2-3)。这是最广义文化的定义,与之对应的是自然或自然界。狭义文化则专指思想、艺术和宗教。人们将文化与政治、经济、军事等学科并提时,一般指狭义文化。(2)从心理场的角度看,文化主要是一个集体现象,包括一系列共享的意义,这些意义为个体或群体理解社会实在、调整自己在群体生活中的活动,以及适应外部环境提供了共同的参考框架。从这个角度讲,共享是文化的一个重要特征。此处,共享指两个或多个个体共同分享某种文化。能否共享既是区分不同文化的一个重要标准,也是衡量个体或群体是否属于某种文化的一个重要标准(霍夫斯泰德,霍夫斯泰德,2010,pp.4-5)。换言之,某一社会只有在文化转化为社会群体的日常伦理实践时,才会被称为"某文化的社会"(施展,2017)。个体只有在日常伦理实践中践行某种文化,才会被称为"某文化的人"。如果某人声称其心中装有某种文化,却从未在日常生活实践中展现此文化,则很难让人相信其真知晓或认同此文化。同时,尽管共享是文化的一个重要特征,同一文化群体中的每个个体都拥有该文化中的一部分共享知识,但没有一个个体能掌握该文化中全部的共享知识。(3)强调文化的共享性并不否认文化的独知性或独享性。任何时候、任何社会都一定会有独知的存在。一个人的独自发明或发现叫"独知",如王阳明的"龙场悟道"。从实在论的角度看,独知也属文化,即属独知或独享文化,而非共享文化。如果说共享文化属众人的文化、主流文化,那么独知或独享文化就属个人的文化、非主流文化。不过,那些由先知先觉者独自发明或发现的能代表人类社会未来正确发展方向的独知一旦被广大民众知晓,就能逐渐变成众知,若再被广大民众认可并接受,就会变成共享的公知。这一过程中,受其影响的社会、文化和个体的整体精神面貌都会获得提升。例如,王阳明"龙场悟道"所获独知经其本人和弟子的传播,在中国和日本等地均有广泛影响,从而在中国和日本成为公知,促进了阳明心学的发展。而且,依认可并接受某种发明或发现的人数多寡,公知有大小之分。有的公知限定在某个领域、行业、地区或国家,有的公知则成为多个国家乃至全人类的共识。随着接受某一公知的人数增多,其影响的地域越广,产生的影响力也越大。反之,某种思想观念或发明创造,无论好坏,如果无法变成共享的公知,就无法影响社会或文化的进程;公知若中绝,被民众彻底抛弃遗忘,则在它重新被人知晓并认可前,将无法再影响社会或文化。(4)文化是一个复杂的整体,可用不同标准划分。例如,从内涵大小的角度看,有广义文化与狭义文化之分。从主观与客观的角度看,有主观文化与客观文化之分。从物质与精神的角度看,有物质文化与精神文化之分。从宗教与世俗的角度分,有宗教文化与世俗文化之分。从官方与非官方的角度看,有官方文化与非官方文化(民间文化)之分。从雅与俗的角度看,有雅文化与俗文化之分。从性别的角度看,有男性文化、女性文化与中性文化之分。从国别的角度看,有中国文化、美国文化、英国文化等。从成人与儿童的角度看,有儿童文化与成人文化之分。从流行程度大小的角度看,有流行文化与非流行文化之分。从认可人数的多少看,既有独知文化与共享文化之分,也有主流文化与非主流文化(边缘文化)之分。每种文化中还有一些被多数人(majority)认可的亚文化及相应心理与行为,也有仅被少数人(minority)认可的亚文化及相应心理与行为。后者常被社会边缘化(marginalized),不为主流社会所接纳,但一种文化中被边缘化的文化及相应心理与行为,可能在另一文化中处于主流文化的位置,反之亦然。从稳定程度的高低看,文化中有相对稳定的部分和相对不稳定(快速变化)的部分。从发展水平的高低看,文化有先进与落后之分(赵志裕,康萤仪,2011,pp.17-18)。从善与恶的角度看,文化有善恶之分。从普适性与相对性的角度看,文化中既有普适性的成分,也有相对性的成分。从流行地域看,文化还有地域之分,如东方文化与西方文化,本土文化与外来文化。即便同属东方文化,印度文化、中国文化与日本文化之间也存在一定差异。即便同属中国文化,中国南方文化与中国北方文化之间也不尽相同,等等(汪凤炎,2019a,pp.49-59)。

二、文化与智慧的关系

(一) 文化与智慧的先后关系

文化的内涵或类型不同,与智慧的关系也不同。概括起来,从先与后的角度看,文化与智慧之间可能存在三种关系。

1. 先有文化后有智慧

学界一般认为,文化是人类生产力发展到一定水平的产物。鲍迈斯特(Roy F. Baumeister)却在《文化性动物:人类的本性、意义与社会生活》(*The Cultural Animal: Human Nature, Meaning and Social Life*)一书中颠覆了这个预设。鲍迈斯特假定,文化先于人类而存在。由于文化是一种更有利于物种生存与繁衍的存在方式,于是,大自然在各物种间进行选择,让那些已在生物学意义上为文化作好准备的物种为利用和享用文化而进化与演进。结果,该物种在漫长演进过程中充分利用文化的优势,进化为超越其他物种,独步自然环境的人类(Baumeister,2021,pp.1-395)。换言之,文化不是人类进化的结果,而是人类进化的工具,是大自然选择了人类这个物种进入和适应文化,以帮助生物物种更好地达成生存与繁衍的目标。当然,在更广泛的意义上,文化也反过来改造了自然。

如果鲍迈斯特提出的"文化先于人类而存在"的假设能成立,那么动物也有文化,最早的文化在人类出现之前就已存在,人类的心智受到自然、社会和文化三种环境的交互影响。而且,可以想象,人类社会中最早的一批智慧者往往通过"吃一堑,长一智"的方式逐渐习得智慧,如"神农尝百草"。如果将"吃一堑"视作人文教化,那么"长一智"中的"智"既可能是聪明才智,也可能是智慧,故先有文化后有智慧。

如果文化是人类生产力发展到一定水平的产物,那么,无论是从个体发展的角度还是从类主体发展角度看,对绝大多数人而言,"先有文化后有智慧"这一假设成立的概率最大。因为无论是将文化视作"自然的人化"(张岱年,方克立,2004,pp.2-3),还是将文化视作思想、艺术和宗教,可以肯定的是,现今的个体自出生起就一定生活于某种人类文化,然后在习得文化的过程中开始产生自己的创见并付诸行动,取得利他的效果,由此才表现出智慧行动,才可能在某一领域拥有智慧。

2. 先有智慧后有文化

前文已述,从心理场的角度看,共享是文化的一个重要特征。从这个角度讲,独知不满足共享的条件,不属于文化的范畴。假若文化仅指共享文化,就会出现"先有智慧后有文化"的现象。例如,王阳明的"龙场悟道"是独知,也是王阳明卓越智慧的耀眼表现,尔后经王阳明及其弟子的努力,阳明心学这种共享文化被建构并传播。在这个典型个案里,显然是先有智慧后有文化。

3. 文化与智慧并行出现和发展

如果从实在论的角度,将独知文化和共享文化视作文化,那也可能会出现"文化与智慧并行出现和发展"。同样以王阳明的"龙场悟道"为例,它既属独知文化,也属智慧,二者并行出现和发展。集体智慧达成的同时也意味着由此集体内的成员共享,故集体智慧与集体文化有时也并行出现和发展。

(二)文化与智慧的影响与接受关系

从影响与接受的角度看,文化的内涵或类型不同,与智慧之间的关系也不同。

1. 先进文化与智慧存在正相关关系,落后文化与智慧存在负相关关系

一般而言,先进文化(此处指广义文化)与智慧之间存在明显的正相关。例如,唐朝"贞观之治"时期,以李世民为代表的一批文化精英建构起的先进文化体系,充分激发当时中国人的聪明才智和智慧,而这又进一步推动唐代文化的发展,二者相辅相成,最终形成万国来朝的局面,周边国家纷纷赴长安学习先进文化,推进了周边国家文明的进程。又如,英国也曾通过这一途径创建"日不落帝国",推进世界文明的进程。与此相反,落后文化与智慧之间存在明显负相关。时至清代,农耕文化已远远落后工业文化,再加上清王朝的统治者因循守旧,故步自封,最终严重阻碍当时中国人的智慧,而这又进一步遏制清代文化的发展,削弱国力,最终灭亡。

2. 善的文化与智慧存在正相关关系,邪恶文化与智慧存在负相关关系

有时人们也从善与恶、好与坏的角度来定义文化或文明。善的文化,指由人做出的有利于自然界和人类社会健康与可持续发展的一切发明与发现,如电、飞机、轮船、火车、汽车等有益于人类进步的伟大发明与发现和人类创造出的优秀管理制度、建筑、文艺作品等,以及个体与群体拥有的良好道德修养、生活方式与生活习惯等。与善的文化相对应的是邪恶文化,也叫"野蛮",指由人做出的不利于自然界和人类社会健康与可持续发展的一切邪恶发明与发现,以及个体与群体拥有的不良品性、不健康的生活习惯与生活方式等,如邪教、邪说、暴政、裹小脚等。

善的文化本身包含善,若再有创新,就属于智慧文化的范畴。《墨子·所染》说:"染于苍则苍,染于黄则黄,所入者变,其色亦变。五入必而已则为五色矣,故染不可不慎也!"对多数人而言,生活在善的文化中不但更易生出善性,还易追求创造性生活,从而更易生成智慧,故善的文化与智慧之间存在正相关关系。与此不同,邪恶文化本身包含恶,故邪恶文化本身不属于智慧的范畴。而且,对多数人而言,能"出淤泥而不染"者是少数,因此,生活在邪恶文化里的个体往往易生出各种劣性,不易生成智慧,故邪恶文化与智慧之间存在负相关关系。

3. 狭义文化与智慧之间或无关

如果取狭义文化的定义,即将文化视作思想、艺术和宗教,那么,文化至多是影响智慧的因素之一,且具很大弹性。同一文化圈中的个体和群体偏向的子文化有所不同,不同制度和文化代言人对智慧不同子类型的偏好等因素也会导致文化与某种或某几种智慧子类型之间可能存在某种程度的正相关。但从整体上看,文化与智慧之间的关系可能越来越弱,甚至没有关系。以中国儒家文化为例,自孔子创立儒学至清代灭亡,儒家文化作为一个流派始终存在,并自汉武帝开始始终居于主流地位,但受不同历史时期政治氛围的影响,儒家智慧的展现存在一定波动。同时,儒家强调道德文化、道德教育和道德修养,几乎不重视自然科学,相应地,儒家文化熏陶下的个体相对而言偏重生成人慧尤其是德慧,轻视物慧的生成。由此可知,不能简单地说儒家文化对智慧起促进或阻碍作用,而应根据其中的中介变量或调节变量判断。换言之,单纯的儒家文化与人慧尤其是德慧虽可能存在一定程度的正相关,但与物慧可能存在某种程度的负相关,因而从总体上看,单纯的儒家文化既不会促进智慧也不会阻碍智慧,二者之间无关。

4. 前喻文化、后喻文化对智慧的影响

米德(Margaret Mead)从文化传递方式的角度,将整个人类的文化划分为三种基本类型:(1)前喻文化(pre-figurative culture),指年长者向年少者传授,年少者向年长者学习的文化,以稳定性和连续性为基本特征。(2)同喻文化(co-figurative culture),也叫"并喻文化",指同代人相互学习的文化。(3)后喻文化(post-figurative culture),指年少者向年长者传授,年长者向年少者学习的文化(米德,1987,1988,pp.1-153)。依据米德的三喻文化说,假若前喻文化中易存在"老而智"现象,而且"老而智"中的智慧主要是人慧,那么,后喻文化中就易出现"老而愚"现象。例如,移动互联网的发展迫使一部分老年人不得不向儿孙学习使用新技术。这种以科技文化为主的后喻文化主要阻碍老年人物慧的生成。如果将来人文社会科学领域也出现后喻文化,那么这种后喻文化就会阻碍老年人人慧的生成。这也是文化影响智慧的一个重要表现。

第二节 三种文化视角下的智慧

每种文化都对智慧有独特的理解和认识,不同文化语境中展现的智慧观往往对应于某种世界观,既有一定文化相对性,也有一定文化普适性。以中西方智慧观为例,通过比较可以发现:(1)中西方早期的智慧概念中都包含德与才的成分。西方启蒙运动开始后,智慧观更偏重认知与知识的作用,这种智慧观也被皮亚杰学派和新皮亚杰学派以及柏林智慧模式继承。中国传统智慧观则更偏重德慧的价值。现代中西方心理学研究者均逐渐倾向认同智慧德才一体。(2)中西方哲学均主张以智慧解决与生命有关的难题。西方思想家更重视运用智慧解决外在世界的实践问题,即通过认识和改变环境的方式调整人与世界的冲突;中国学人更重视以智慧解决内在的心灵问题,即不断提升个体境界以解决个体与他人以及自然环境存在的矛盾。(3)中西方智慧均强调多种思维模式的综合运用。相对而言,西方更擅长采用逻辑、分析的思维模式运用智慧,强调理性认知;中国善于使用辩证、整体的思维模式,强调直觉体悟(Wang et al.,2021)。本节便主要探讨文化普适性、文化相对性与多元文化汇聚性及其与智慧的关系。

一、文化普遍主义及其与智慧的关系
(一) 文化普遍主义的含义

文化普遍主义(cultural universalism, cultural absolutism)由文化人类学家泰勒(Edward Burnett Tylor)提出。他认为,全人类不同区域的社会文化都遵循由简单到复杂、由低级到高级不断进化发展的规律,文化的差异只是文化进化的不同阶段的表现,不同文化发展的趋势和方向是一致的,而分布于全球的人类各民族的文化心理由此存在惊人的

相似性(泰勒,1992;张谨,2013)。

文化普遍主义的核心观点从内容上看,主张本体普遍主义,认为各类文化表象背后的基础或本质不变,是独立存在和普遍有效的;从价值观上看,主张价值普遍主义,认为世界上存在一种可用来判断任何文化的普遍价值,比较极端的立场是坚信只有自身文化的价值具有普遍性,这种态度常被人指责为"文化沙文主义"(康丹,1992;安洛特·易而斯,1996)。沃尔策(Michael Walzer)提出了两种普遍主义:(1)法则性的普遍主义(covering-law universalism),主张只有一个上帝,因此对所有人类而言,只有一种法律,一种正义;对于良好生活、良好政府或良好政体,只有一种正确的理解。(2)重复性的普遍主义(reiterative universalism),主张全人类不是只有一种出走(埃及),一种神的救赎,一种解放,相反,解放(出走、救赎)是一种特殊的体验,为每个被压迫的民族所重复,而每个民族都有自己的解放。按照沃尔策的解释,使重复性的普遍主义区别于法则性的普遍主义的东西是其特殊主义的焦点以及多元主义的趋势。这意味着,重复性的普遍主义自身存在这样一种张力,即重复必然是某种东西的重复,因此是普遍主义的;与此同时,重复也必然制造差别,因此是特殊主义的(Walzer,2007;姚大志,2012)。强调文化的基础或本质具有文化普遍性,这种思想在西方可追溯至古希腊时期,如柏拉图将"理念"作为事物永恒不变的基础或本质(张谨,2013)。强调文化的价值具有普遍性,其渊源在西方同样可追溯至古希腊时期。1776 年,《独立宣言》继承这一传统,宣称人生而平等,人人都有生命权、自由权,以及追求幸福的权利。1948 年发表的《世界人权宣言》也宣称,自由、平等、博爱是具有普适性的文化价值观。文化普遍主义认为,世界历史中各种文化经不断交流和求同后保留的核心要素具普遍适用性和普遍永恒性。

本体普遍主义的实质是将世界看作一个"核桃",寓意为现象是"壳",本质是"核",研究的实质是"透过现象看本质"。黑格尔(Georg Wilhelm Friedrich Hegel)有一个与二元论的"核桃模式"相对的"洋葱"比喻。黑格尔将世界看作一个"洋葱",认为本质和现象实为一体,现象与本质之间是"你中有我,我中有你"的关系,若一层层剥去现象,本质也会消失得无影无踪。鉴于世界上既有"核桃",也有"洋葱",故本体普遍主义在一定范围内具有合理性,但不可作为描述"洋葱"的理论基础(张春兴,1998,pp.31-36)。同时,价值普遍主义是否成立,须看其价值观的具体内容。若以"尊重人的价值与尊严"为普适性价值,在人类文明越来越昌明的时代,会得到越来越多人的认可;若将当代西方发达国家认可的价值观作为普适性价值,那就值得商榷。另外,在建构主义的知识观看来,世上的知识均由人建构,知识只是一种解释、一种假设,不是问题的最终答案,不是对现实的准确表征。科学知识中虽包含真理性,但不是绝对正确的答案,会因时而异、因人而异,因此,知识具有相对性、主观性、参与性、过程性等特点,这就是知识相对论。从这个角度看,世上本无普遍的、绝对的真理,也无永恒且永远正确的普遍价值。文化普遍主义坚信真理的客观性和价值观的普适性,彻底否认人的认识的主观性和价值观的相对性,但其确定的不容置疑的标准实际上常常是某种特定文化(宗教、哲学或政治意识形态)的产物。若某种文化被视为具有根本性,易出现单一文化主义(monoculturalism),排斥双元文化主义(biculturalism)和多元文化汇聚主义(polyculturalism),进而将强势文化视作具文化普适性的文化,完全相信文化普适主义,看不到文化的相对性,不能认同其他类型文化存在的合理性,致使文化沙文主义出现,让暂时处于弱势地位的文化失去发展空间(安洛特·易而斯,1996)。这种文化自然得不到"另类文化圈"中民众的支持。更可怕的是,文明或文化的冲突很大程度上是道德或价值观的冲突,片面强调价值普遍主义,缺少对不同于自己所认可价值观的其他价值观的适当包容(海特,2014,pp.1-345),极易引发文明或文化的冲突(亨廷顿,1998,pp.1-346)。因此,不可顽固地坚持文化中心主义,轻易用一种文化类型否认另一种文化类型,而宜适当坚持多元文化汇聚主义,承认文化的多样性,坚信"一花独放不是春,万紫千红春满园"。

(二) 从文化普遍主义视角看智慧的文化普适性

从文化普遍主义视角看,智慧心理学研究者对智慧的内涵与结构逐渐达成一个共识,即智慧是一个多维度的整合的概念建构,德才一体方是智慧。这说明,这种智慧观具有文化普适性,持智慧由德与才两部分组成的智慧结构观也具有一定文化普适性。例如,智慧中的聪明才智包括先天聪慧型、实用知识渊博型、良好思维方式型、兼有型四种子类型。其中,相对而言,先天聪慧型具有明显文化普适性,实用知识渊博型与良好思维方式型也有一定文化普适性,由此导致智慧中的聪明才智也具有一定文化普适性。同时,道德也具有一定文化普适性。例如,仁爱和公正具有一定文化普适性便意味着智慧中的良好品德也具有一定文化普适性(陈浩彬,汪凤炎,2013,2021;汪凤炎,傅绪荣,2017)。另一方面,中西方学者,如埃里克森、持柏林智慧模式的学者和中国的孔子、老子等,都将解决生命相关问题视作智慧的具体运用领域。

二、文化相对主义及其与智慧的关系

(一) 文化相对主义的含义

文化相对主义(cultural relativism)的提出基于西方人类学家和民族学研究者对以英国哲学家、"社会达尔文主义之父"斯宾塞(Herbert Spencer)和美国人类学家摩根(Lewis Henry Morgan)为代表的文化进化论的反对。文化相对主义的主要代表是美国的博厄斯(Franz Boas)及其学生赫斯科维茨(Melville J. Herskovits)。文化相对主义的基本论点主要有三:(1)强调各类文化的特殊性、差异性、地域性、不可比较性,主张任何民族的文化都有其独创性、特点和自身价值,不同民族的文化对各自民族所起的作用同等重要,因此,可以有文化差异论,但不可有文化高低论;(2)世界各民族文化,包括精神信仰与日常生活方式等在内,无先进与落后之分,在地位上平等,在效用上等价;(3)要根据事情发生的文化背景判断事情的对与错、好与坏、合理与不合理,而不同民族对同一文化现象的评价不同,因此,所有文化的价值只具有相对意义,不具有绝对意义(陈至立,2019,p.4580)。

文化相对主义者对文化持多元主义(pluralist)态度,主张文化虽多样但彼此之间平等,承认所有民族的文化都有其独创性、特点和自身价值,反对文化进化论和文化普遍主义。从国际范围看,这对双元乃至多元文化价值观的兴起,以及消除欧美文化或文明中心主义(欧洲文化或文明最优论),反对用种族灭绝等暴力手段对待落后民族的文化,具有积极意义。而文化相对主义主张的"根据事情发生的文化背景判断事情的对与错、好与坏、合理与不合理"的观点也有一定道理。不过,从性质上看,文化有合乎道义和违背道义之分,前者是进步的、催人上进的,后者是落后的、诱人作恶的。若简单主张一切文化都具有同等价值,都应受到尊重与包容,支持"各美其美,美人之美"(费孝通之语),难道活人殉葬和法西斯主义文化也应尊重和包容?这显然不妥。纵容违背道义文化的扩张,最终会让合乎道义的文化受损,甚至害人害己。可见,对不同类型文化的包容应有底线,即不能违背和伤害人的良心与良俗,既不可不加辨别地尊重和包容所有文化类型,盲目引进域外文化,也不可以保持文化的纯洁性为借口,一味排斥外来文化。从发展观(developmental visions)的视角看,文化有一定发展轨迹,处于不同发展阶段的文化之间存在高低之分(Shweder,2020)。因此,从发展水平看,"文化无高低"的观点不成立(葛兆光,2015)。文化实有先进与落后之分,不仅不同类型的文化之间有先进与落后之分,同一文化类型内的各子文化之间也有先进与落后之分。文化相对主义采取全称判断,认为世界各民族的文化虽有差异,却无先进与落后之分,进而对其他民族的文化采取尊重与包容的态度,此做法虽友善,但由此而不主张帮助落后民族提高其文化发展水平,不利于落后民族文化的生存发展及其民众文化生活水平的提高。更糟糕的是,身处落后文化的个体和群体一旦遇到来自先进文化的个体或群体的打击,将损失惨重,甚至有消亡的危险。承认从整体上看,不同类型的文化在不同历史阶段有先进与落后之分,承认作为不同文化的重要组成部分之一的管理制度和习俗有善恶与优劣之分,并不意味着落后文化就一无是处,也不意味着每一子文化类型都有先进与落后或优劣之分,更不意味着民族或种族有优劣或贵贱之分(葛兆光,2015)。

从本土原生性文化和引进型文化的角度看,本土原生性文化中既有好的文化类型,也有不好的文化类型,故土生土长的本土原生性文化虽具一定合理性,但不一定最佳,从整体上看更是如此;反之,域外文化中同样既有好的文化类型,也有不好的文化类型。若能从域外文化中适当引进一些好的文化类型或文化产品,不但能丰富本土文化,还能更好地满足本地人民的多种文化需求和日益增长的美好生活需求。

因此,在世界变成地球村和建构人类命运共同体的当代,既不可滥用文化相对主义,完全无视邪恶文化包含的恶,不加辨别地尊重和包容所有文化类型,盲目引进域外文化,也不可以保持文化的纯洁性为借口,故步自封,一味排斥外来文化。基于此,应坚持多元文化主义原则,在尽量保持本国优秀传统文化的特色的同时,对外来优秀文化持开放态度,并坚定反对和摒弃公认的邪恶文化类型或明显阻碍人类社会与人类文明进步的文化类型,让邪恶文化无可乘之机(汪凤炎,2019b,pp.25-27)。

(二) 从文化相对主义看智慧的文化相对性

从文化相对主义视角看,尽管德才一体方是智慧,但不同文化对德与才的理解,以及对德与才的类型偏好均有一定差异。这意味着,智慧具有文化相对性。对于智慧中聪明才智的四种子类型,相对而言,实用知识渊博型与良好思维方式型均具一定文化相对性,使得兼有型聪明才智也具一定文化相对性。现实中则表现为生活在农耕文化地区或农耕文化时代的个体,拥有越多农业种植知识且乐意在农耕上帮助他人者,越易被人视作智慧者;生活在游牧文化地区的个体,拥有越多畜牧知识且乐意在畜牧上帮助他人者,越易被人视作智慧者。生活在中华文化圈的智慧者,往往更擅长整体思维;生活在西方文化圈的智慧者,常常更擅长分析思维。同时,道德具有一定文化相对性。例如,中西方文化中的谦虚就有一定差异性(汪凤炎,2019a,pp.266-270)。相对而言,中国人更偏好仁爱这一德目,西方人更偏好公正这一德目(汪凤炎,2006;汪凤炎,2007,pp.95-107)。这意味着智慧里的良好品德也具有一定文化相对性。具体而言,西方思维模式建立在亚里士多德的逻辑理论之上,坚持同一律、矛盾律、排中律,导致西方人倾向以客体为中心,分析性思维突出,常将对象从上下文中剥离出来,不关注对象所处的宏观背景(Nisbett et al.,2001;Peng & Nisbett,1999)。皮亚杰较早在心理学中提出形式逻辑思维,认为青少年时期及以后的认知阶段为形式运算阶段,个体思维发展至形式运算思维(抽象逻辑)才算成熟(Labouvie-Vief,1990)。阿德尔特的三维智慧模型中首要的维度便是认知维度(Ardelt,2003)。高桥等人发现,西方的智慧概念集合了经验与知识,更强调认知性与分析能力,属于一种心理过程和分析性模式(Takahashi,2000;Takahashi & Bordia,2000)。格罗斯曼等人更是直接注重对智慧推理的研究(Grossmann,Gerlach,& Denissen,2016)。因此,无论是以西方传统哲学的视角,还是以现代西方心理学的视角,西式智慧观的核心成分,或者说智慧本身,就是认知理性的。与西方不同,中国文化中的智慧观偏好整体思维。整体思维将背景或场域与客体视作一个整体。整体思维强调联系性、变化性、矛盾性等原则,主张现实世界持续变化,充满对立统一性的矛盾(Nisbett et al.,2001)。这导致中国文化倾向在矛盾间寻求中庸之道,认可矛盾双方的相反相成、对立共生(Peng & Nisbett,1999)。与此对应,中国文化下的智慧观更重视容忍矛盾、预期变化并倾向采用整体论的方式看待复杂且相互联系的世界。这种思维方式充分反映在中国经典的阴阳思维、五行思维和阴阳五行思维模式中。同时,中式智慧的目标在于追寻个体内心的和谐、人与人的和谐、人与自然(世界)的和谐,而不是发现客观知识或真理(Nisbett & Miyamoto,2005;Nisbett et al.,2001;Talhelm et al.,2014;汪凤炎,2018;Wang et al.,2021)。

智慧的文化相对性现已得到一些研究的支持。例如,智慧内隐理论研究发现,个体所持世界观和价值观对其理解智慧非常重要(Li et al.,2020),不同文化圈的个体对智慧的认识显著不同,如东方人倾向认为智慧是整合认知和情感的综合心理素质,西方人更认同智慧主要是个体的认知特征(Ardelt,2003;Grossmann,Weststrate,Ferrari,& Brienza,2020)。魏新东和汪凤炎(2021)的一项研究表明,所罗门悖论可能只存在于独立自我高的个体,并不具备文化普适性。在文化对个体智慧表现的影响方面,格罗斯曼等人(Grossmann et al.,2012)率先考察东西方文化差异对智慧发展的影响。他们认为,具依赖性自我的东亚人更重视人际和谐,倾向与亲密他人保持稳定的关系,对社会冲突的线索比较敏感,可能更早学会如何智慧地解决人际冲突,但随着年龄的增加,人际冲突处理经验逐渐减少,解决此类问题的智慧发展将受影响;具独立性自我的西方人更注重个人偏好和人际关系的自主性,对社会冲突线索不敏感,经历的人际冲突不会在一生中明显减少,有机会不断学习处理人际冲突的方式,因而解决此类问题的智慧一直不断发展。换言之,东亚年轻人处理人际冲突的智慧水平高于西方年轻人,而东亚年长者处理人际冲突的智慧水平可能低于西方年长者。格罗斯曼等人选取186名日本人、225名美国人为被试,将他们划分为三个年龄组,即25—40岁为年轻组,41—59为中年组,60—75为老年组,以虚拟人际冲突情境为材料,测量这些被试的智慧推理水平。该研究发现,美国人中,人际冲突智慧推理得分随年龄的增长不断提高,而日本人中,老年组的得分并不比中年组和年轻组更高;年轻组和中年组的日本人的得分高于美国的同年龄组。

三、多元文化汇聚主义及其与智慧的关系
(一) 什么是多元文化汇聚主义

"多元文化汇聚主义"(polyculturalism)一词由历史学家凯利(Kelley,1999)和普拉沙德(Prashad,2001,2003)提出。他们认为,人类的不同文化是互相联系和交互影响的,人类文化永远处在变化和发展的过程之中。正如凯利说:"我们所有人,我的意思是'所有人'(all of us),尽管我们不能在血缘关系上精确地判断我们与这些大洲的关系,但我们都是欧洲、非洲、美洲传统甚至亚洲传统的继承者。"(Kelley,1999,p.81)建筑、烹饪、舞蹈、语言、武术、音乐、科学等领域有数量丰富的例子支持多元文化汇聚主义观点,只是人们缺乏对它们的应有理解和知觉,反而在文化竞争中夸大了本土文化的贡献和特色。反省那些文明昌盛、影响广泛的文化类型可以发现,它们的兴盛大都是不同优秀文化融合、汇聚的结果。在多元文化汇聚主义视角下,一个社会内部的文化不是一元性的、一致的,而是多元的、混融的(Morris,Chiu,& Liu,2014)。多元文化汇聚主义突出全球化背景下个体与多元文化的互动性。一方面,个体在全球化历程中被外在多元文化符号体系及其表示的生活价值和生活方式影响与限制;另一方面,在个体与文化的关系上,个体具有主动探索和选择的权利,外在文化符号和对应的生活形式提供了个体实现自身生活目标的多种资源。

(二) 从多元文化汇聚主义视角看智慧的多元文化汇聚性

从多元文化汇聚主义视角看,人类的智慧也具有多元文化汇聚的性质(Li et al., 2020)。心理学家沃尔什(Walsh, 2011, 2015)认为,东西方文化体现的智慧虽有差异,但可归为四个子类型,分别是实践智慧(practical wisdom)、直觉智慧(intuitive wisdom)、概念智慧(conceptual wisdom)和跨概念智慧(transconceptual wisdom)。智慧类型适用于解决生活问题涉及的不同应用领域,即每一种文化强调的智慧成分构成其生活问题的重心。这种观点与现代新儒家的开创者梁漱溟的观点如出一辙。梁漱溟(1999)在20世纪前期就提出,人类生存面临三大问题,分别是人与物的关系问题、人与人的关系问题,以及人与自身生命的关系问题。西方文化善于解决人与物的关系问题,中国文化善于解决人与人的关系问题,印度文化善于解决人与自身生命的关系问题。梁漱溟提出,人类文化的三期发展思路,即"人类当第一问题之下,持第一态度走去,即成就其第一期文化,从而自然引入第二问题,转到第二态度,成就其第二期文化,又将自然引入第三问题,转到第三态度,成就其第三期文化"(梁漱溟,1999,p.203)。格吕克(Glück, 2017b)认为,当下心理学对智慧的理解和界定,以及相关智慧理论可进一步改善,因为一种综合性更强的智慧理论应能吸收其他智慧理论的优点,应体现思维和知识的深度,能描述和揭示人类的多重矛盾性现象,产生一种对智慧现象更具包容性的理解。而从文化汇聚主义视角看智慧,人类文明会长时期同时面临以上三重生存问题。因此,全球化时代,人类智慧需要的是多元文化智慧的互补、融合与协调创新,而不是对立、竞争与此消彼长。

德国哲学家、社会学家哈贝马斯(Jürgen Habermas)认为,健全的世界应是一个动态生成的开放性世界,由三个形式的子世界构成,分别是主观世界、客观世界和社会世界(Habermas, 1984)。不同文化中的智慧关注不同的世界类型,以及人类面临的不同层次的问题。由此,李抗等人(Li et al., 2020)根据整体世界及相关的三个子世界提出,多元文化汇聚的智慧理论应包括四个成分:(1)整体世界的关系主义信念;(2)主体世界的先验施动性(agency);(3)社会世界的主体间性交往取向;(4)整合客观世界的确定性原理和不确定性原理。根据该智慧观,人们同时处于主体世界、客体世界和社会世界之中,而不是用一种子世界的规则否定或统治另一种子世界,如忽视人的主体性和社会性而把世界物质化,或忽视自然的客观性而把自然世界人文化、神秘化等。人类宜吸取不同文化世界观的

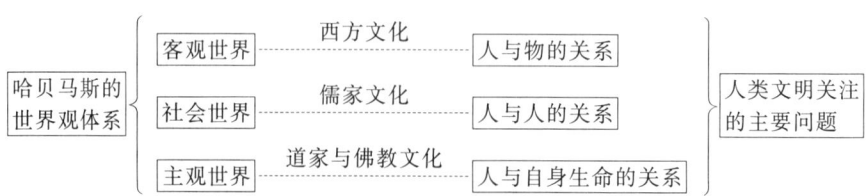

图9-1 哈贝马斯的世界观和梁漱溟的人类面临的三大问题与对应的文化

(Wang et al., 2021)

优点,并根据世界的多元的不同内涵与属性,选取和协调不同子世界的原理,化解人类的生存困境,推动人类文明的长足发展(Li et al.,2020)。

全球化时代的个体生活在多元文化的背景中。个体若能持多元文化汇聚主义视角,采纳多种文化中智慧的精义,充分利用人类数千年来积累的智慧,加以融会贯通,就能加深对人类当下处境的理解,更智慧地解决人类当下遭遇的环境污染、能源短缺、族群冲突、物质主义沉迷等危机,更智慧地对待生活中的多元价值观,容忍各种不确定性,做到和而不同(Wang et al.,2021)。

思考题

1. 智慧与文化之间有关系吗?为什么?
2. 请联系具体实例谈谈智慧的文化普适性。
3. 请联系具体实例谈谈智慧的文化相对性。
4. 请联系具体实例谈谈多元文化汇聚主义视角下的智慧。

第十章 智慧与幸福感

内容摘要

本章共分三节,旨在探讨智慧与幸福感的关系。第一节探讨幸福感及其类型。第二节探讨不同幸福感类型与智慧的关系。第三节从智慧发展历程角度论述不同智慧水平与幸福感之间的关系。本章的重点是智慧与不同幸福感类型之间的复杂关系。

核心概念

幸福　主观幸福感　心理幸福感　精神幸福感　享乐主义幸福感　自我实现幸福感

在中国,孔子倡导"安贫乐道"(《论语·学而》)的生活方式,认为"知者乐水,仁者乐山。知者动,仁者静。知者乐,仁者寿"(《论语·雍也》)。在西方,亚里士多德认为,幸福是"所有善事物中最值得欲求的,不可与其他善事物并列的东西"(亚里士多德,2003,p.9),是"万物中最好、最高尚[高贵]和最令人愉悦的"(亚里士多德,2003,p.24)。西塞罗说:"没有哪个愚蠢之人是快乐的。愚蠢的人不可能幸福,智慧的人不可能不幸福。"(西塞罗,2017,p.24)西方学者还认为,智慧既是人们追求幸福生活的目的,也是人们获得幸福生活的手段(Baltes & Staudinger, 2000)。可见,智慧与幸福或幸福感均具普遍意义和价值。但是,智慧者真的都幸福吗?或者说,智慧者真的都生活得很好吗?随着对幸福感和智慧的研究不断深入,心理学研究者除了将幸福感作为一个综合心理体验,还对幸福感进行了分类,进而探讨不同类型幸福感与智慧的关系。下面先探讨幸福感的内涵及其类型,接着探讨三种不同类型的幸福感与智慧的关系,最后再从智慧发展历程的角度论述不同智慧水平与幸福感之间的关系。

第一节　幸福感及其类型

2019年版《辞海》将"幸福"(well-being)定义为人们在为理想奋斗过程中,以及实现预定目标和理想时感到满足的状况和体验。对幸福含义的理解因理想、追求的内容不同而有差异(陈至立,2019,p.4949)。

长久以来,幸福感被认为等同于快乐的情绪体验,以及物质满足后的满意度和愉悦感。随着社会的发展,人们的物质生活日益丰富,个体的需求已跨越物质,开始思考和追求人生意义、生命价值感、自我实现、社会进步与和谐。心理幸福感、精神幸福感的概念也随之出现,成为幸福感研究的新取向。精神幸福感于20世纪70年代被正式提出,心理幸福感则出现于20世纪90年代。心理学研究者因而将幸福感分为主观幸福感、心理幸福感和精神幸福感三类(徐晓波,等,2017)。2001年,瑞安和德西(Ryan & Deci, 2001)总体回顾幸福感领域的文献时,认为对幸福感的研究大体分为两种取向:(1)涉及快乐感,即享乐主义幸福感;(2)涉及人类潜能,即自我实现幸福感(严标宾,郑雪,邱林,2004;傅绪荣,魏新东,王予灵,汪凤炎,2019)。下面逐一对它们作简要阐述。

一、主观幸福感与享乐主义幸福感

(一) 主观幸福感

主观幸福感(subjective well-being)是个体根据自定的标准对生活质量进行整体性评估而产生的体验,由认知和情感两种成分组成(Diener,2000)。它是衡量个体生活质量、生活状态的重要指标,主要包含情绪、认知两个层面。前者是反映个体主观情绪及感受的情绪幸福体验,如快乐、开心、成就感等;后者是个体对自身健康、生活状况的主观评价,体现对整体生活的满意度。

主观幸福感的概念出现于二十世纪五六十年代,旨在量化人们的生活质量。安德鲁斯和维希(Andrews & Withey,1976)认为,人们评价自己的生活时,依据的通常是其主观定义的世界,主观幸福感是生活质量的一个显著指标。坎贝尔等人(Campbell et al.,1976)在此基础上提出,生活满意度和快乐感是主观幸福感的指标,认为生活满意度反映个体对现实与愿望的差异感,快乐感是积极情感与消极情感之间的一种情感平衡的结果。这些观点强调了主观幸福感的不同框架,即生活满意度是个体对生活的判断和长期评价,快乐感是个体对即时体验的积极和消极情感反映(严标宾,郑雪,邱林,2004)。

主观幸福感更关注个体物质的享乐、积极情绪体验,因而也被称为"情绪幸福感"或"享乐主义幸福感"。换言之,主观幸福感与享乐主义幸福感大致相当。

(二) 享乐主义幸福感

享乐主义幸福感(hedonia well-being)认为幸福是获得最大快乐和最小痛苦(彭怡,陈红,2010)。享乐主义幸福感与自我实现幸福感之间的争论历史悠久(Ryan & Deci,2001;Ward & King,2016),源于西方思想史和伦理学史上的快乐论与实现论之争。享乐主义者普遍认为,幸福感包括主观幸福感,以及关注快乐与不快乐的体验,广义上可理解为包括对生活中好与坏因素的所有判断(Ryan & Deci,2001)。基于快乐论的观点,持享乐主义幸福感的研究者认为,幸福感指个体的快乐体验及对生活的积极认知评价,测量指标包括积极情绪与消极情绪的平衡和生活满意度。积极情绪和消极情绪是个体对生活品质的主观体验,而生活满意度是个体对生活质量的整体认知与评价

(Diener et al., 2003)。

二、心理幸福感与自我实现幸福感

(一) 心理幸福感

主观幸福感主要集中于探讨物质生活带给个体的积极情绪体验，以及个体对幸福的主观评估判断。这种对主观幸福感的追求也易因享乐主义的幸福追求而被批判，即快乐属于幸福，但幸福绝不只包含物欲满足带来的快乐体验。同时，有意义的快乐才是真正的幸福，无意义的快乐，如吸毒、嫖娼、出轨、暴食等，在快乐过后易使个体心生羞耻、愧疚（有罪感）、空虚等负面情绪体验（斯奈德，洛佩斯，2013，p.128）。因此，里夫和凯斯（Ryff & Keys，1995）于20世纪80年代提出心理幸福感（psychological well-being）的概念，认为幸福感不是简单的快乐的获取，而是通过发挥心理潜能努力达到完美的体验，即努力表现完美的真实的潜力。与主观幸福感关注整体生活满意度和快乐感不同，心理幸福感主要探索对存在的生命挑战的主体感觉，如有意义的目标追求、个体的成长和发展、与他人建立良好关系等。里夫（Ryff，1989）对影响心理幸福感的各种关键因素进行综合，提出心理幸福感的一个多维模型。该模型包含六个心理维度，分别是自我接受、同他人的积极关系、环境控制、自主性、生活目标、个人成长（严标宾，郑雪，邱林，2004）。心理幸福感因强调个体的潜能发挥及自我实现，也被称为"自我实现幸福感"。换言之，心理幸福感大致相当于自我实现幸福感。

越来越多的证据表明，主观幸福感与心理幸福感有一定联系。例如，里夫和凯斯（Ryff & Keys，1995）综合多项研究的数据分析主观幸福感与心理幸福感的关系，发现心理幸福感的两个维度（自我接受和环境控制）与快乐感和生活满意度有中等程度的相关，而心理幸福感的其他四个维度（自主性、个人成长、同他人的积极关系、生活目标）与主观幸福感有一种弱相关的混合关系。凯斯、希特莫金和里夫（Keyes, Shmotkin, & Ryff, 2002）进一步拟合主观幸福感与心理幸福感的结构关系，得出了一个理想模型，如图10-1所示。他们进而认为，主观幸福感和心理幸福感是积极心理机能的两个截然不同却相互联系的方面（严标宾，郑雪，邱林，2004）。

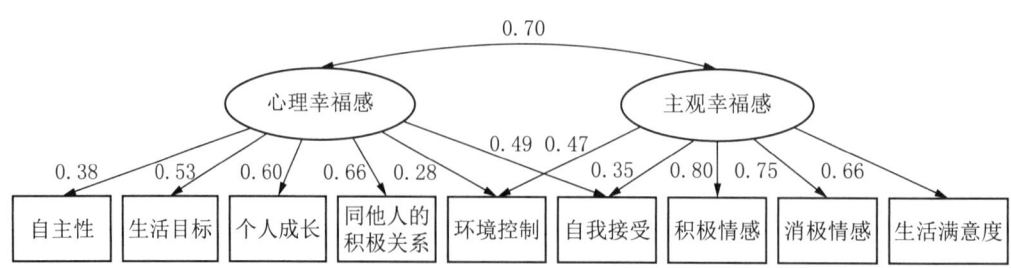

图 10-1 主观幸福感和心理幸福感的关系示意图

(Keyes, Shmotkin, & Ryff, 2002；严标宾，郑雪，邱林，2004)

(二) 自我实现幸福感

亚里士多德认为,人类的终极追求是自我实现(eudaimonia)。自我实现指个体认识到自我的真正价值所在,实现自己的潜能和美德,最终获得丰盛完满而充满活力的幸福人生(Ryan & Martela, 2016)。根据这一观点,研究者提出自我实现幸福感的概念。自我实现幸福感认为幸福是在理性控制下实现自我潜能的最优开发,在此过程中是否体验到快乐与痛苦则无关紧要。因此,自我实现幸福感(eudaimonia well-being)主要指向个体对成长、目标、自主性、和谐人际关系的努力追求,以及个人潜能的发挥和自我实现(彭怡,陈红,2010)。持自我实现幸福感论者认为,不宜将幸福感简单等同于快乐体验,应重视个体的自我成长、人生意义、自我潜能、卓越表现和精神性等与自我实现有关的美德(Huta & Waterman, 2014; Ryan & Deci, 2001; Ryan & Martela, 2016; Ryff & Singer, 2008; Steger et al., 2008; Waterman, 1993; 徐晓波,等, 2017)。

人是社会中的人,需解决许多社会问题。劳和斯托丁格(Law & Staudinger, 2016)进一步指出,自我实现幸福感不应只重视自我的幸福,还应兼顾他人的幸福,最终实现共同幸福。凯斯(Keyes, 1998)从个体的社会性出发,提出社会幸福感的概念以弥补心理幸福感的不足。因此,自我实现幸福感也包括社会性和道德的完善,指个体致力于自我、他人或社会的共同幸福(Keyes, 1998; Law & Staudinger, 2016)。自我实现幸福感的测量工具多采用《心理幸福感量表》(Psychological Well-Being Scale, PWBS)(Ryff, 1989),但这一测量工具相对忽视了自我实现的社会性和道德内涵。自我实现幸福感的测量指标多种多样,涵盖心理幸福感和社会幸福感的主要内容(Keyes, 1998; Ryff, 1989)。

三、精神幸福感

个体除生理和心理需求外,还有精神需求,因此,除享乐主义幸福感和自我实现幸福感外,还存在精神幸福感。国际老龄化宗教联盟(National Interfaith Coalition on Aging, NICA, 1975, p.1)早在 1975 年就对精神幸福感作出正式界定,这也是最早的精神幸福感的概念界定。国际老龄化宗教联盟认为,精神幸福感(spiritual well-being)是个体"在与上帝(God)、自我(self)、社群(community)、环境(environment)的关系中肯定生命,孕育并赞扬四者之间成为一个统一的整体"。国际老龄化宗教联盟还强调,精神幸福感是一种个体在与上帝、自我、社群、环境的关系中产生的对生命的体验。此后,一些学者对精神幸福感作了描述性界定。例如,费希尔(Fisher, 1998)依据国际老龄化宗教联盟的界定而提出的精神幸福感四维模型(Fisher 模型),强调自我、他人、环境、超自然这四个层面的精神幸福感。戈麦斯和费希尔(Gomez & Fisher, 2003)将精神幸福感定义为一种动态的生命存在状态,体现为人们对自己、他人、环境、超自然的认知反应、积极的情感和行为习性,以及由此产生的认同感、整体性、快乐、满足感、美感、关爱、尊重、内在的平静与和谐、生活的目的和方向感。这一定义较深入全面地诠释了精神幸福感,认为自我、他人、环境、超自然都可给人以幸福感,并强调它是一种积极、深刻的内在体验(徐晓波,等,2017)。

西方流行宗教文化的背景下,精神幸福感之内也包含宗教精神幸福感的成分。进入21世纪后,精神幸福感的概念从强调宗教体验到日益重视人们对自我、他人、环境的一种超脱体验,呈现出三个重要发展趋势:(1)人们逐渐意识到精神幸福感是一种多源主观体验,既可由宗教信仰产生,也可因个体对自我、他人、社会、自然环境等多种因素的超脱认知而产生,后者还会因个体的觉知与领悟程度不同而呈现出个体差异。(2)精神幸福感虽是从心理、社会、精神层面对幸福感的多元诠释,但强调的幸福是个体因自我觉知与领悟达到"物我两忘"层次后而获得的精神幸福,从而将个体因自然环境等因素而生的平和与宁静、敬畏与信念等超脱的精神体验纳入幸福感的范畴。这是主观幸福感和心理幸福感从未涉及的内容维度。(3)精神幸福感是一种深层次的主观体验,因而不易被个体觉察或报告,对个体的影响也不易被重视,从而蒙上一层神秘的面纱。因此,在宗教文化未进入中国主流文化的背景下,可将精神幸福感定义为个体在处理自我与他人、社会与环境等的关系时,因自我的觉知与领悟达到"物我两忘"而获得的愉悦精神体验,主要表现为个体内心深处体验到恬静、平和、意义与价值感、希望与力量感等。可见,较之主观幸福感着重强调个体因物质生活质量的改善与满足而获得的幸福体验,心理幸福感重视个体因自我价值的实现而产生的快乐体验,精神幸福感几乎不带任何功利色彩,纯粹强调精神上的恬静和愉悦体验。因此,精神幸福感既不同于主观幸福感,也不同于心理幸福感。至此,有关幸福感的认识已出现两个重大突破:(1)纵向上,从主观幸福感到心理幸福感再到精神幸福感,呈现出一个逐渐深入的过程,精神幸福感概念的提出,标志着对幸福感的研究上升至一个新层次;(2)横向上,将源自基督教信仰的精神幸福感拓宽至个体因自我觉知与领悟达到"物我两忘"而获得的精神幸福感,标志着心理学研究者在深入考察文化与精神幸福感的关系后,对精神幸福感拥有更全面的认知(徐晓波,等,2017)。

综上所论,心理学研究者对幸福的研究由物质享乐主义的情绪幸福感转至潜能发挥的自我实现幸福感,进而发展为自我修养的顿悟与提升、智慧实现、信仰的追求等更深更高水平的精神幸福感(徐晓波,等,2017)。可见,从来源看,幸福感至少表现为三个层次:(1)来自物质和生理需要的主观幸福感是最低层次;(2)来自自我实现(包括自我成长和社会贡献)的心理幸福感是中间层次;(3)因精神超脱而获得的精神幸福感是最高层次。强调幸福感的层次性也更体现中国文化对幸福感的理解,如中国人的幸福感既有基本生活需要和人际关系需要得到满足的感性之乐,也有不断提高自我道德修养而达到"仁"境界的理性之乐,更有独与天地精神相往来的超脱之乐与宁静和谐的涅槃之乐(曾红,郭斯萍,2012)。强调幸福感的层次性,在解释现实生活中人们对不同类型生活方式的追求上也有更高的生态效度。具体而言,个体处于追求生理需要和安全需要等低层次需要的满足时,对主观幸福感或享乐主义幸福感的需求较高;个体处于追求归属与爱的需要、尊重的需要和自我实现的需要等的满足时,对心理幸福感或自我实现幸福感的需求较高;个体处于追求精神需要的满足时,对精神幸福感的需求较高。如本章下文所论,亚里士多德曾提出人有三种生活和三种快乐。康德也将人的快乐分为三种:第一种是对快适的愉悦。快适就是在感觉中使感官感到喜欢的东西(康德,2017,p.31,p.33)。通俗地说,快适即物质上、生理上的快乐,这种快乐因能给个体直接的好处而与利害相关。第二种是对善的愉悦,也就是道德上的快乐,即行善后感到的快乐,因此,这种快乐也与利害相关(康德,2017,p.32)。第三种是对美的鉴赏的愉悦,这是一种无利害的和自由的愉悦,因为没有任何利害(康德,2017,pp.34-35),此种快乐既不给好处,也不涉及道德,如欣赏一张美丽的风景照时感到舒服,油然而生一种心灵上的快乐。再结合上文有关精神幸福感的探讨可知,编制具文化普适性的精神幸福感量表,须包括信仰幸福感、道德幸福感和心灵幸福感三个因子。其中,信仰幸福感指个体因虔诚信奉和践行某种信仰(如某种宗教信仰)而体验到的精神上的快乐或幸福,佛法或道行高深的佛教或道教人士体验到的幸福感就属此类;道德幸福感指个体从自我心性修养的提升中体验到的精神上的快乐或幸福,"孔颜之乐"就属此类;心灵幸福感指个体纯粹因美的享受而体验到的一种精神上的快乐或幸福,欣赏一张美丽的风景照时感到的快乐就属此类。

第二节 不同幸福感类型与智慧的关系

虽然从测量的角度看,对享乐主义幸福感和自我实现幸福感的测量分别对应主观幸福感和心理幸福感的测量,但享乐主义幸福感和自我实现幸福感更能体现幸福感争论的理论实质,具有更深厚的思想史背景。因此,本节探讨不同幸福感类型与智慧的关系时,优先采用享乐主义幸福感和自我实现幸福感这对概念。综合古今中外无数典型个案看,不同智慧水平的个体追求的幸福感类型也有明显差异。

一、享乐主义幸福感与智慧的关系

目前,心理学界对智慧与享乐主义幸福感或主观幸福感的关系存在争论,主要有两种观点:(1)智慧与享乐主义幸福感几乎无关;(2)智慧与享乐主义幸福感中等正相关。

(一) 智慧与享乐主义幸福感几乎无关

西方哲学家多认为,智慧者可能因看透人类面临的现实困境和自我的渺小或局限而感到不快乐,普通人则因对现实维持一种美好的幻觉而更易获得快乐(Bergsma & Ardelt, 2012)。同时,积极情绪(如快乐、感兴趣、满足、自豪和爱)对个体发展具有重要促进作用(Fredrickson, 2001)。受这些观点的影响,研究者将积极情绪划为两类,并考察两种情绪类型与智慧的关系:一种为快乐情绪,如愉悦、高兴、自豪;另一种为积极情感的卷入(affective involvement),如感兴趣、活力感、兴奋感。例如,昆兹曼和巴尔特斯(Kunzmann &

Baltes,2003)选取 293 名被试(青年人 93 人,成年人 93 人,老年人 107 人)进行的研究发现,智慧与积极情绪、消极情绪均呈负相关。因为快乐情绪虽让人感觉愉悦和舒适,但来自盲目乐观和空洞无聊的积极感受会削弱个体洞察人生意义和人类处境的动机与能力,阻碍智慧发展(Kunzmann & Baltes,2003)。相反,情感的卷入能激发个体探索环境的动机,提高认识能力,有利于智慧发展。

有人认为,智慧是个体用于应对人生挑战的重要且实用的专家知识系统,其中自然也包括战胜人生困难的策略性知识,如平衡能力和自我反省能力,这也能推知智慧与积极情绪正相关(Kunzmann & Baltes,2003)。面对困境时,具丰富智慧知识者善于运用这些策略性知识摆脱不良情绪的困扰(Kunzmann & Baltes,2003)。同时,东西方哲人都认为,智慧来自苦难,或"天将降大任于斯人也,必先苦其心志",因而智慧者都曾遭受人生重击,不会体验到太多快乐情绪。正所谓"不经一事,不长一智"(sadder but wiser)(Weststrate & Glück,2017a)。例如,有研究追踪参加过战争的军人退伍前的压力感知对十年后自我超越型智慧(self-transcendence wisdom)的影响,发现曾在战争中经历中等压力感知的退伍军人,其自我超越型智慧的得分高于低压力和高压力的退伍军人(Jennings et al.,2006),这在一定程度上验证了上述观点。还有研究者让被试报告其如何应对重大人生挫折,以及从中学到的人生经验,发现对重大人生挫折进行自我反省,以获得意义感和自我成长的被试有更高的智慧(Weststrate & Glück,2017b)。有研究还发现,消极情绪虽不能预测智慧,但与智慧相伴相生,甚至能促进智慧生成。智慧经常与不快乐、痛苦等消极情绪联系在一起,且具智慧者往往善于批判性自我反省,易体验到不良情绪,但他们也更能调节自身不良情绪,保持心理健康(Webster et al.,2014)。这些研究都暗示,通向智慧之路往往充满痛苦而非快乐,即智慧与享乐主义幸福感或主观幸福感的相关并不显著(Wink & Helson,1997;Helson & Srivastava,2002),或二者几乎没有关系(Mickler & Staudinger,2018),详情如表 10-1 所示(傅绪荣,魏新东,王予灵,汪凤炎,2019)。

(二)智慧与享乐主义幸福感存在中等正相关关系

如前文所论,埃里克森认为,智慧是个体顺利完成每个人生阶段的发展任务而在晚年形成的积极心理素质,表现为个体面对死亡时对人生的深刻认识和超脱的关怀。阿德尔特认为,虽然外在因素,如收入、受教育程度、社会地位和身体健康等对维持情感型幸福感有一定作用,但人格因素尤其是智慧这种人格特征是其中最重要的影响因素,特别是正处于人生逆境、没有太多外在资源可用者,更需要智慧人格维持积极情感(Ardelt,1997;Ardelt & Edwards,2016)。不过,米克勒和斯托丁格(Mickler & Staudinger,2008)认为,一定程度的积极情绪有助于个体进行自我反省,获得智慧,但积极情绪达到一定水平后对个体智慧发展的作用将逐步消失,因此,享乐主义幸福感是个体成就智慧的必要条件,却不是智慧发展的充分条件;而且,具智慧者善于进行批判性自我反省,这可能引起不愉快的情绪感受。有研究发现,弱势群体中(老人、妇女、临终病人等),智慧与积极情绪和生活

表 10-1 智慧与享乐主义幸福感的关系（傅绪荣、魏新东、王子灵、汪凤炎，2019）

研究者及年代	文化群体	年龄跨度（岁）	测量智慧的工具或范式	享乐主义幸福感的测量指标	相关系数
智慧与享乐主义幸福感几乎无关					
温克和赫尔森（Wink & Helson, 1997）	美国人	27—52	柏林智慧模式	生活满意度和夫妻关系满意度	$r_{生活满意度}=0.16$，$p=$ns $r_{夫妻关系满意度}=0.02$，$p=$ns
昆兹曼和巴尔特斯（Kunzmann & Baltes, 2003）	德国人	15—70	柏林智慧模式	情绪形容词	$r_{快乐情绪}=-0.17$ $r_{消极情绪}=-0.13$ $r_{情绪卷入}=0.28$
米克勒和斯托丁格（Mickler & Staudinger, 2008）	德国人	20—40 60—80	柏林智慧模式	情绪形容词	$r_{积极情绪}=0.05$—0.11，$p=$ns $r_{消极情绪}=-0.02$—-0.04，$p=$ns
格罗斯曼等人（Grossmann et al., 2013）	美国人	25—90	《智慧推理量表》	积极情绪、消极情绪、人际关系质量、反气、生活满意度、人生叙事的情感语言	$r_{生活满意度}=0.17$ $r_{消极情绪}=0.01$，$p=$ns $r_{人际关系质量}=-0.27$ $r_{人生叙事的情感语言}=0.25$ $r_{反气}=0.19$—0.33
胡超等人（Hu et al., 2018）	中国人	18—22	柏林智慧模式	面部表情记录设备	$r_{悲伤情绪}=0.36$
智慧与享乐主义幸福感中等正相关					
阿德尔特（Ardelt, 1997）	美国人	58—82	《三维智慧量表》	生活满意度	$r_{女}=0.76$ $r_{男}=0.70$
阿德尔特（Ardelt, 2003）	美国人	52—87	《三维智慧量表》	一般幸福感和抑郁	$r_{一般幸福感}=0.45$ $r_{抑郁}=-0.59$

续表

研究者及年代	文化群体	年龄跨度（岁）	测量智慧的工具或范式	享乐主义幸福感的测量指标	相关系数
内夫、鲁德和柯克帕特里克（Neff, Rude, & Kirkpatrick, 2007）	美国人	不详（大学生）	《三维智慧量表》	主观幸福感	$r_{认知}=0.11$, $p=\text{ns}$ $r_{反省}=0.47$ $r_{情感}=0.35$
博蒙特（Beaumont, 2009）	加拿大人	18—35	《成人自我超越量表》	主观幸福感	$r=0.48$
勒（Le, 2011）	美国人	39—96	《三维智慧量表》	生活满意度	$r=0.33$
博格斯马和阿德尔特（Bergsma & Ardelt, 2012）	丹麦人	20—70	《三维智慧量表》	快乐情绪	$r=0.30$
韦伯斯特等人（Webster et al., 2014）	丹麦人	17—92	《自我评估智慧量表》	快乐情绪	$r=0.30$
查赫尔（Zacher et al., 2013）	美国人	16—74	《三维智慧量表》	生活满意度、积极情绪、消极情绪	$r_{生活满意度}=0.16$ $r_{积极情绪}=0.14$ $r_{消极情绪}=-0.29$
埃特扎迪和普什卡尔（Etezadi & Pushkar, 2013）	不详，说英语和法语	45—79	《三维智慧量表》	积极情绪、消极情绪	$r_{积极情绪}=0.34$ $r_{消极情绪}=-0.27$ $r_{生活满意度}=0.29$
阿德尔特和杰斯特（Ardelt & Jeste, 2018）	美国人	51—99	《三维智慧量表》	生活满意度、一般幸福感、积极情绪、心理健康	$r_{一般幸福感}=0.35$ $r_{积极情绪}=0.34$ $r_{心理健康}=0.33$ $r_{心理健康}=0.26$
托马斯等人（Thomas et al., 2017）	美国人	21—100	《三维智慧量表》	心理健康、一般幸福感、焦虑、生活满意度	$r_{一般幸福感}=0.35$ $r_{焦虑}=-0.27$ $r_{生活满意度}=0.30$
阿德尔特等人（Ardelt et al., 2018）	美国人	平均80	《三维智慧量表》	一般幸福感	$r=0.17$

满意度的关系更强(Ardelt & Edwards, 2016; Bergsma & Ardelt, 2012),因此,智慧与积极情绪生活满意度无关,受过良好教育、有较高社会地位者可能有更多资源维持幸福感(Ardelt & Edwards, 2016)。换言之,智慧与享乐主义幸福感呈中等正相关,如表10-1所示。例如,泰勒等人(Taylor et al., 2011)研究发现,176名18—68岁被试自我报告的智慧与生活满意度呈显著正相关。博格斯马和阿德尔特(Bergsma & Ardelt,2012)的研究发现,7 037名被试的智慧与享乐主义幸福感呈中等正相关,能解释9.2%的变异(傅绪荣,魏新东,王予灵,汪凤炎,2019)。

(三) 智慧与享乐主义幸福感或主观幸福感的关系存在争论的缘由

造成智慧与享乐主义幸福感或主观幸福感之间关系不一的原因主要有三:(1)很大程度上是由于智慧的构成和测量方法存在差异。例如,有研究显示,智慧与享乐主义幸福感或主观幸福感呈中等正相关的结论大体来自智慧的人格或态度研究取向,采用自陈量表测量取向(测量工具主要为《三维智慧量表》和《自我评估智慧量表》),而智慧与享乐主义幸福感或主观幸福感不相关或相关微弱的结论主要来自智慧的能力研究取向,采用表现测量取向(主要为柏林智慧模式)。这似乎暗示,不可忽视测量方法和测量内容的差异带来的影响(Le, 2011; Zacher & Staudinger, 2018)。自陈量表测量取向存在记忆偏差、自我认知不准确、社会赞许性三个缺陷,很多研究者质疑其测量智慧的有效性(Brienza et al., 2018; Zacher & Staudinger, 2018)。而且,采用自陈量表同时测量智慧和幸福感,易产生共同方法偏差,而现有研究几乎未对此进行检验和控制。鉴于此,智慧与享乐主义幸福感之间的正相关存在虚高的可能性难以排除。(2)不同类型的智慧测量的测量内容有差异。智慧的表现测量取向测量与智慧有关的能力,而智慧的自陈量表测量取向测量与智慧相关的人格或态度(Staudinger & Glück, 2011)。测量内容造成的差异也可能造成不小的影响。(3)不同智慧水平与主观幸福感之间的关系可能也有差异。换言之,中低水平的智慧者可能更认同主观幸福感,导致中低水平的智慧与主观幸福感之间更易呈中等正相关;当主观幸福感和精神幸福感不可兼得时,高水平的智慧者更认同精神幸福感,而舍弃主观幸福感,导致高水平的智慧与主观幸福感之间没有关系。

综合来看,尽管学术界对智慧与享乐主义幸福感或主观幸福感的确切关系的看法并不一致,但智慧似乎并非产生享乐主义幸福感或主观幸福感的必要条件。智慧能维持和引起更高的生活满意度和积极情绪,智慧者由于面对自我、生长和生活中的苦与乐时能表现出睿智和豁达,更能接纳自我,理性面对社会和人生,易产生并维持更高的生活满意度。同时,适度的消极情绪可激发智慧,或者说,智慧产生的过程可能伴随一定程度的消极情绪,如同个体必须克服生活中的磨难和不愉快才能获得幸福,个体也是在不断学会灵活、新颖而又睿智地应对挫折、失去和失败,以及积极应对不顺、不快、不适的过程中逐渐形成智慧,成为解决自然科学或人文社会科学问题的智慧者。

二、自我实现幸福感与智慧存在正相关关系

智慧与自我实现幸福感的正相关已得到研究者的普遍认同。韦伯斯特等人(Webster，Westerh，& Bohlmeije，2014)的研究发现，智慧与自我实现幸福感之间呈显著正相关。韩国研究者(Hee & Hee，2014)研究发现，韩国 227 名 65 岁以上老年人的智慧与生活满意度、心理幸福感和自尊呈显著正相关，且智慧能显著预测心理幸福感。阿德尔特(Ardelt，2016)研究发现，老年人的智慧对身体健康、主观幸福感和心理幸福感均有积极影响，增长智慧可帮助老年人增进幸福感，等等。相关研究详情如表 10-2 所示。

智慧与自我实现幸福感之间之所以存在正相关，是因为智慧与自我实现幸福感的内涵有一定重叠。例如，心理幸福感强调个体深层自我的协调一致、自我成长、人生意义与自我价值的实现、自我潜能与美德的实现。心理幸福感的概念不仅强调个体的自我实现，更强调个体与他人和社会互动过程中获得的意义感、价值感与美德实现。而智慧心理学研究者都认为，平衡自我、他人或社会的福祉以实现共同福祉是智慧的关键特征(Ardelt，2003；Kekes，1995；Staudinger & Kunzmann，2005；Sternberg，1998；Webster，2010)。智慧者极注重自我的发展，但这种发展不是无节制地索取物质享受、感官刺激和权力，而是要获得洞察力和自我成长，同时善于兼顾自我和他人的福祉(Kunzmann & Baltes，2003)。换言之，智慧者不仅重视自我成长和潜能的实现，而且能兼顾自我与他人和社会幸福的实现。因此，智慧与心理幸福感之间相互促进，相互实现。智慧者在良心或善良动机的激发下，能在面对复杂问题或身处困境时，睿智、豁达、平和地看待人间事，能在不损害他人或社会的正当权益的基础上构建自我与他人和社会的平衡关系，也更能体会到价值实现、自我成长的幸福体验。这样一来，智慧与自我实现幸福感存在正相关，即智慧有助于提升自我实现幸福感也就在意料之中了。事实上，研究者，尤其是持智慧的人格属性取向的研究者，也正是将自我实现幸福感作为智慧测量工具的预测效标(Ardelt，2003；Taylor et al.，2011)。

需要指出，智慧与自我实现幸福感的内涵虽有重叠，却不意味着两个概念可互换。自我实现幸福感产生于个体运用智慧素质成功解决日常生活中存在的两难和冲突问题(Law & Staudinger，2016)，因此，智慧也是获得自我实现幸福感的手段(Baltes & Staudinger，2000)。同时，自我实现幸福感，如控制感和人生目标感，在智慧对积极情绪和生活满意度的影响中发挥重要作用。有研究者将控制感分为初级控制和次级控制。初级控制指直接作用于环境获得控制感，次级控制指调整自己的态度和感知以适应环境。研究者认为，深刻的自我认知和应对外在环境的能力，使智慧者学到很多实用性知识，提高了问题解决能力，进而获得更强的初级控制感。初级控制若失败，智慧者对人生的开放心态和灵活的处置态度有助于形成有效的次级控制策略，避免挫败感和自我怀疑的产生。而且，善于从不同角度灵活思考问题、拥有渴望深刻认识自我和世界的动机、善于反思等特征，使智慧者赋予人生事务以特定的意义和价值(人生目标感)。从这个角度讲，智慧者

表 10-2　智慧与自我实现幸福感正相关的证据（傅绪荣、魏新东、王子灵、汪凤炎，2019）

研究者及年代	文化群体	年龄跨度（岁）	测量智慧的工具或范式	自我实现幸福感的测量指标	相关系数
斯托丁格（Staudinger et al., 1997）	德国人	19—87	柏林智慧模式	开放性、心理感受性	$r_{开放性}=0.42$ $r_{心理感受性}=0.28$
昆兹曼和巴尔特斯（Kunzmann & Baltes, 2003）	德国人	15—70	柏林智慧模式	价值观：自我成长、洞察力、增进友人福祉、社会贡献和生态保护，合作倾向	$r_{自我成长}=0.20$ $r_{洞察力}=0.23$ $r_{增进友人福祉}=0.20$ $r_{生态保护}=0.17$ $r_{社会贡献}=0.17$ $r_{合作倾向}=0.16$
阿德尔特（Ardelt, 2003）	美国人	52—87	《三维智慧量表》	控制感、人生目标	$r_{控制感}=0.63$ $r_{人生目标}=0.61$
韦伯斯特（Webster, 2010）	加拿大人、中国人、印度人等	18—36	《自我评估智慧量表》	价值观：自我成长、洞察力、增进友人福祉、社会贡献和生态保护、生命态度	$r_{自我成长}=0.55$ $r_{洞察力}=0.51$ $r_{增进友人福祉}=0.34$ $r_{生态保护}=0.39$ $r_{社会贡献}=0.26$ $r_{生命态度}=0.23$
勒（Le, 2011）	美国人	39—96	《三维智慧量表》	价值观：自我提升（权力、快乐和成就）、开放性、自我超越（仁慈和宇宙视野）	$r_{自我提升}=-0.08, p=ns$ $r_{开放性}=0.20$ $r_{自我超越}=0.17$

续表

研究者及年代	文化群体	年龄跨度（岁）	测量智慧的工具或范式	自我实现幸福感的测量指标	相关系数
阿德尔特（Ardelt, 2011）	澳大利亚人为主体	18—68	《三维智慧量表》	心理幸福感	$r=0.40$—0.49（相关系数在 0.4 到 0.49 之间）
泰勒等人（Taylor et al., 2011）	澳大利亚人为主体	18—68	《三维智慧量表》《自我评估智慧量表》	心理幸福感	$r_{\text{3D-WS}}=0.64$ $r_{\text{SAWS}}=0.46$
埃特扎迪和普什卡尔（Etezadi & Pushkar, 2013）	具体不详，说英语和法语	45—79	《三维智慧量表》	生活参与度，感知控制	$r_{\text{生活参与度}}=0.35$ $r_{\text{感知控制}}=0.40$
韦伯斯特等人（Webster et al., 2014）	丹麦人	17—92	《自我评估智慧量表》	心理幸福感	$r=0.44$
温克和斯托丁格（Wink & Staudinger, 2016）	美国中产阶级	68—77	柏林智慧模式	人格成长（开放性、心理感受性、自我成长、自主性、人生目标），创生	$r_{\text{人格成长}}=0.57$ $r_{\text{创生}}=0.34$
阿德尔特等人（Ardelt er al., 2018）	美国人	平均 80	《三维智慧量表》	开放性	$r=0.31$
傅绪荣和汪凤炎（2020）	中国大学生	18—27	《整合智慧量表》	心理幸福感	$r=0.46$

也是一个人生意义的积极建构者(Etezadi & Pushkar，2013)。有研究发现，早年积累的宝贵人生经验使拥有智慧的长者能有效应对老龄化带来的危机和挑战，从而获得对人生的掌控感。同时，智慧的长者也能将关爱和感激作为人生目标，从而获得另一种意义上的掌控感。接纳和反思人生的不幸，加之较高的控制感，使智慧的长者在人生旅途的后半段重新发现和建构自己的人生目标与意义(Ardelt & Edwards，2016)。智慧者通过获得控制感和人生目标感维持较高的积极情绪(Etezadi & Pushkar，2013)。

三、精神幸福感与智慧的关系

从理论上讲，智慧者在看待人生、洞察人世时表现出睿智和豁达，能超越物质、现实、个人表现出明显的道德性、精神超脱性和对社会价值的追求。同时，那种追求更大的善的智慧之举，虽会牺牲个人的主观幸福感和心理幸福感，但与感官的快乐相比，他们对无私的道德目标的追求更易产生持久的精神幸福感(Bergsma & Ardelt，2012)。因此，智慧者与精神幸福感之间必然存在某种程度的正相关。在实证研究方面，有关精神幸福感与智慧关系的直接实证研究尚不多见。从有关智慧者的文字记载中则可窥见一二。例如，《论语·雍也》记载："子曰：'贤哉，回也！一箪食，一瓢饮，在陋巷，人不堪其忧，回也不改其乐。贤哉，回也！'"颜回的物质生活非常艰辛，"颜回之乐"不可能是主观幸福感或享乐主义幸福感。《论语·雍也》记载："哀公问：'弟子孰为好学？'孔子对曰：'有颜回者好学，不迁怒，不贰过。不幸短命死矣，今也则亡，未闻好学者也。'"明人谢肇淛在《五杂俎》卷五《人部一》写道："颜回不死，可以圣矣；诸葛亮不死，可以王矣。此不幸而死者也。贾生志大才疏，言非实用；长吉蛇神牛鬼，将堕恶道。天假之年，反露其短，此幸而死者也。至于范云、沈约、褚渊、夏贵之辈，又不幸而不死者也。"由此可见，颜回在孔子的众多弟子中以好学闻名，可惜早逝，未来得及自我实现，故"颜回之乐"也不可能是心理幸福感或自我实现幸福感，只能是一种精神幸福感。从孔子"贤哉，回也"的赞语中可推知，拥有精神幸福感的颜回非常有智慧。《孟子·尽心上》记载："孟子曰：'君子有三乐，而王天下不与存焉。父母俱存，兄弟无故，一乐也；仰不愧于天，俯不怍于人，二乐也；得天下英才而教育之，三乐也。君子有三乐，而王天下不与存焉。'"孟子有"亚圣"之称，也是一个有上等智慧的人。在孟子看来，"以德服天下"这种快乐都不包含在"三乐"之中，可见，"三乐"也都是精神上的快乐。范仲淹在《岳阳楼记》里主张："不以物喜，不以己悲，居庙堂之高则忧其民，处江湖之远则忧其君。是进亦忧，退亦忧。然则何时而乐耶？其必曰：'先天下之忧而忧，后天下之乐而乐。'"范仲淹在冯梦龙的《智囊全集》中是位列第十的大智慧者(详见表2-3)。他这样的大智慧者不是没有忧虑，只是忧虑的内容与普通人有所不同。大智慧者忧国忧民，普通人忧虑的仅是自家的柴米油盐。同时，"后天下之乐而乐"显然也是一种精神幸福感，这说明智慧者虽心忧国与民，但仍有精神幸福感。由此可见，美好生活至少包括美好物质生活和美好精神生活两个层次，智慧者一定有美好精神生活，却不一定有美好物质生活。因而在界定智慧时,不宜将其与美好生活挂钩,以免引起不必要的争论。

四、研究智慧与幸福感时应重视的问题

研究智慧与幸福感时除须关注引起智慧与享乐主义幸福感不一致结论的原因外,还应重视至少四个问题:(1)样本的文化多样性。当前的研究样本几乎均来自北美和西欧,针对其他文化人群的研究很少。北美和西欧民众多认可亚里士多德有关人有三种生活和三种快乐的论述。亚里士多德认为存在三种主要的生活:享乐的生活、公民大会的或政治的生活、沉思的生活。其中,享乐的生活和政治的生活都不是幸福,因为通俗地说,享乐的生活指人追求七情六欲的生活,如有钱、有房子、吃好穿好,等等。普通人把快乐等同于善或幸福,喜欢过享乐的生活。在亚里士多德看来,善或德性是个体内在的、不易被人拿走的优秀品质,享乐和荣誉是世俗性的品质,并且,享乐的生活是奴性的,政治生活的目的是荣誉,而荣誉是被人授予的,取决于授予者而不是接受者,故荣誉是外在的、易被人拿走的、肤浅的东西,因此也不是幸福(亚里士多德,2003,pp.11-12)。亚里士多德认为快乐与痛苦相对立,而不是幸福。幸福之中包含快乐,二者与实现活动有关(亚里士多德,2003,pp.217-226,pp.289-305)。上述三种生活中,沉思的生活是最幸福的,因为沉思是高等的实现活动,具有持久性,本身包含着快乐,是自足的,因其自身而被人喜爱,有闲暇(亚里士多德,2003,p.305,p.306)。与三种生活相对应,亚里士多德认为,快乐有三种,分别是过享乐的生活、做一个自由而负责的公民和做一个哲学家。其中,沉思的快乐最为纯净,而且不包含痛苦(亚里士多德,2003,pp.11-13,pp.305-311;贾德,2017,p.125)。在莱克汉姆看来,三种生活的说法可追溯至毕达哥拉斯(Pythagoras)。毕达哥拉斯将这三种人比作游戏中的三种参与者,即商人、竞赛者和观者(亚里士多德,2003,p.11)。与西方文化传统和道德传统是世俗性与神圣性相交融(中世纪时神圣性高于世俗性)不同,中国文化传统和道德传统的主体是世俗性的,少宗教的神圣性。例如,在处世上,如果说先秦道家倡导隐世以救己,偏向一端,那么,先秦墨家倡导"兼爱",主张入世后无差等地普救众人,就偏向右端。随后传入的佛教倡导出世以救众生,同样偏向另一端。与儒家强调人为(儒家主张积极入世,在道家看来就是一种人为)不同,道家倡导顺应自然。因此,就个体的生活模式而言,道家通常比儒家洒脱自在。例如,庄子对身外之人事采取顺其自然且非功利的态度,尽管由此导致家庭在物质生活上陷入赤贫状态,却仍自得其乐。他为追求精神幸福感,"不为五斗米折腰",不愿委屈自己利用才华改善自己和家人的物质生活质量。这种个人活得洒脱却不顾及家人感受和国家兴衰的做法,易让官方和普通百姓觉得自私、不识大体,自然难以被认可与接受。而墨家子弟积极入世,即便吃尽千辛万苦,仍无怨无悔地舍己以普救众人,以及佛教徒牺牲自我以普度众生,都不是一般人能轻易做到的。相比之下,儒家倡导积极入世,即便"逆水行舟",仍乐此不疲。《论语·泰伯》记载:"子曰:'笃信好学,守死善道。危邦不入,乱邦不居。天下有道则见,无道则隐。邦有道,贫且贱焉,耻

也;邦无道,富且贵焉,耻也。'"《孟子·尽心上》说:"穷则独善其身,达则兼善天下。"这符合中庸之道,合情合理(汪凤炎,2019a)。《孟子·告子下》记载:"天将降大任于是人也,必先苦其心志,劳其筋骨,饿其体肤,空乏其身,行拂乱其所为,所以动心忍性,曾益其所不能。"由此可见,儒、道、墨、佛诸家或深受儒学、道学、墨学、佛学影响者,对智慧与享乐主义幸福感或主观幸福感、自我实现幸福感、精神幸福感的看法有同有异。具体而言,"邦有道"则主张利用自己的智慧过上"富且贵"的生活,此时智慧的提升与享乐主义幸福感或主观幸福感、自我实现幸福感、精神幸福感的提升一致。"邦无道"时,儒家和道家主张退隐,露拙藏巧,宁愿放弃享乐主义幸福感或主观幸福感和自我实现幸福感,也要追求精神幸福感;墨家和佛家也愿意放弃享乐主义幸福感或主观幸福感,追求精神幸福感,但与儒家和道家的区别在于,愿意自我牺牲以普度众生,追求自我实现幸福感。因此,与现代西方智慧心理学研究者不同,中国真正有智慧的研究者探讨智慧与幸福感的关系时会秉承一个重要传统,即首先区分"邦有道"和"邦无道",以此为前提再探讨智慧与不同类型幸福感之间的关系。因此,现有主要以西方(western)、受过教育(educated)、工业化(industrialized)、富有(rich)、民主(democratic)的"怪异"(WEIRD)群体为被试所获智慧与幸福感的关系的研究结果是否适用于中国文化背景(Henrich et al.,2010),需要研究者在中国文化背景下采用本土测量工具重新验证。(2)探讨智慧与幸福感的关系时,应更重视幸福感的社会性和道德内涵,尤其是在集体主义文化背景下。例如,中国人更可能因社会价值和社会责任而感到幸福(陆洛,2007;曾红,郭斯萍,2012)。幸福感与品德密切相关,良好品德也是智慧的核心构件(汪凤炎,郑红,2015;Sternberg,2013b),但至今很少有测量工具重视测量智慧的道德内涵(Hirata,2016)。因此,探讨幸福感与智慧的关系不能缺少对品德的关注。(3)研究发现,相较于人口学变量,人格与幸福感之间关系更密切(Diner,Scollon,& Lucus,2003)。那么,人格与智慧和幸福感的关系何者更强?韦伯斯特等人(Webster et al.,2014)发现,控制人口学和人格变量后,智慧仍能解释幸福感的额外变异。这似乎说明智慧和人格对幸福感的影响均不容忽视。格罗斯曼等人(Grossmann et al.,2013)随机选择美国被试,测量其对人际冲突的智慧推理能力,发现控制大五人格特征等变量后,智慧推理仍能预测个体的幸福感。(4)从智慧测量的角度看,以往研究多基于不同理论测量智慧人格和智慧能力的单一成分,这也可能是造成智慧与幸福感关系存在争论的原因之一。因此,以同一理论为基础,编制出兼顾测量智慧人格和智慧能力的新工具,可为探讨智慧与幸福感的关系提供新视角(傅绪荣,魏新东,王予灵,汪凤炎,2019)。

第三节 从智慧发展历程看智慧与幸福感的关系

通过前两节的介绍,可以看出,现有智慧与幸福感的实证研究已获得一些新颖的结论,但它们都是研究者站在各自智慧理论的立场作出的解释,未从更广阔的理论视角对此进行审视。如果借鉴人格发展观和发展历程观的思想,从智慧发展历程的视角思考智慧与幸福感的关系,或许会有新的收获。

一、积极人格发展观

如第六章所论,斯托丁格和昆兹曼(Staudinger & Kunzmann, 2005)基于人格功能将个体的积极人格发展路径划分为人格适应和人格成长两种类型,以此确定智慧与幸福感的关系。人格适应良好者有较高的社会能力、实践能力和专业技能,以及情绪稳定和可信赖的人格特征。人格适应随个体年龄的增长而自然增长。社会成熟是人格适应的关键指标。社会成熟指个体能适应其所处社会环境的角色和社会规范的要求,逐渐获得感官享受、权利和世俗成就。大五人格中的宜人性、责任心和神经质(情绪稳定性),心理幸福感结构中的自我接纳、环境控制和良好人际关系均属人格适应范畴。人格适应良好能说明个体的社会化过程和结果令人满意。当个体因老化而丧失生理和心理机能,发展健全的各种实用性技能有助于他们提高和维持积极情绪与生活满意度(Law & Staudinger, 2016)。大五人格中的开放性,心理幸福感中的自我成长、人生目标感和自主性,以及心理适应性(psychological mindedness)等是人格成长的关键指标(Law & Staudinger, 2016; Staudinger & Kunzmann, 2005)。人格适应促使个体完成社会化的常规任务,遵循常规发展路径,而人格成长需要创造性,促使个体走上独特的发展道路。个体人格成长的结果是形成自我智慧(Staudinger & Kunzmann, 2005),但个体的人格成长或智慧之路并非坦途,需不断突破其所处社会文化环境的限制,迎接各种挑战。因此,享乐主义幸福感不一定与人格成长或自我智慧相伴,也绝不是智慧者的终极追求(Law & Staudinger, 2016; Mickler & Staudinger, 2008)。研究者发现,尽管柏林智慧模式测得的智慧与人格适应呈正相关(见表10-1和表10-2),但在回归分析中加入人格成长后,人格适应对智慧的预测不显著(Wink & Staudinger, 2016)。中介效应分析也发现,人格适应通过人格成长的完全中介作用于智慧。

二、发展历程观

有研究者基于人格发展观提出智慧与幸福感之关系的发展历程观(developmental process model),他们认为个体深入反思自己经历的人生重大挫折事件是其智慧发展的重要动因(Weststrate & Glück, 2017a)。随着重大挫折事件发生后的时间推移,个体可能会走上三条不同的发展路径,分别是无知得福路径、智慧得福路径和消极适应路径,如图10-2所示。

走上无知得福路径的个体经历重大人生挫折后,积极情绪和生活满意度短期内明显下降,但他们快速利用自我防御机制缓冲该事件的影响,将积极情绪和生活满意度提到略

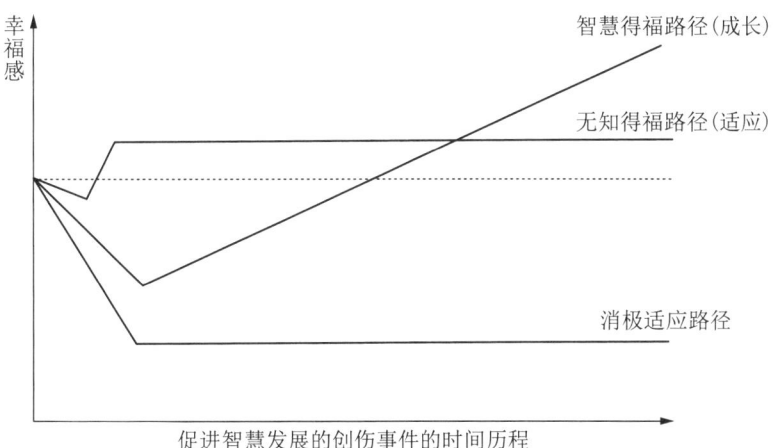

图 10-2　智慧与幸福感之关系的三种发展路径

(Weststrate & Glück, 2017a)

高于原先的水平。他们未对挫折事件作深入分析,而是用已有意义结构解释当前的一切,再次证实已有的知识,未形成新的意义结构,也就不能产生智慧。随着时间推移,这些人未从创伤性事件中获益更多,如幸福感的获得。

走上智慧得福路径的个体,经历人生逆境后,同样出现积极情绪和生活满意度短期内明显下降的情况,但他们愿意深入思考人生和世界的根本问题,获得新的认识和领悟,改变原有意义结构,提高智慧水平。随着时间推移,他们从逆境中获益越来越多,积极情感和生活满意度不断提高。

第三条路径——消极适应。走上此路径的人,面对人生逆境,自怨自艾,既缺乏有效的适应能力,也没有从逆境中获得人生领悟的动机,最终既未获得智慧,也未从逆境中恢复,陷入一蹶不振的状态。随着时间推移,个体的积极情感和生活满意度始终维持在低水平状态。

三、不同智慧水平与幸福感的关系

傅绪荣等人(2019)基于积极人格发展观(Staudinger & Kunzmann,2005)与智慧的德才一体理论,建构出智慧与幸福感之关系的发展水平观。积极人格发展观潜在地认为,智慧是人格成长的终点,未说明智慧可分为高低差异不同的层次或水平。智慧的德才一体理论根据个体品德和才能发展的高低差异,将智慧分为小智慧、中智慧和大智慧(汪凤炎,郑红,2014,pp.251-254)。若单从智慧的相对稳定性来说,人格成长过程也可视为智慧的发展过程,即个体的智慧从小智慧发展到中智慧和大智慧的过程。有研究认为,自我实现幸福感比享乐主义幸福感更优越,更值得追求(Ward & King,2016)。这表明幸福感也有层次之分,且不同层次之间存在质的差异。同时,如上文所论,从幸福感的来源看,可将幸福感由低至高分为主观幸福感、心理幸福感和精神幸福感三个层次。强调幸福感的层次性也更体现中国文化对幸福感的理解。

由于智慧与幸福感都具层次性,根据智慧的德才一体理论和自我的太极图模型(Wang, Wang, & Wang, 2019; Wang & Wang, 2020)可推测,智慧发展的水平差异与个体幸福感的层次性相适应。随着聪明才智的发展,个体对自我和世界的认识更加深刻,逐渐看透人生幻象(Mckee & Barber, 1999),发现人生真谛和真正的价值追求。同时,个体在经验积累基础上的问题解决能力也越来越高。个体的小我伴随道德修养的不断提高而不断升华,逐渐从自我中心脱离出来,形成一个可包容更大、更多人的社会性的大我(杨中芳,2009, pp.312-334;汪凤炎,2019a, pp.178-237),直至达到"天人合一"的境界,将自我和宇宙同一(Levenson et al., 2005)。由此,幸福感的来源也发生变化。具体而言,第一,处于智慧发展较低阶段者能在一定程度上发现人生的真正价值追求在于自我成长和社会贡献,但还不能完全脱离对物质利益的追求。面对自我与他人或社会的利益冲突,较好的问题解决能力虽有助于他们兼顾自我与他人或社会的长期和短期福祉,但受道德修养所限,他们的根本动机在于自己的福祉。此阶段,他们可获得自身物质需要得到满足和一定程度的自我成长带来的幸福感。第二,智慧发展中等程度者对人生的认识更深刻,追求自我成长和社会贡献的动机更强烈。不断发展的问题解决能力让他们更善于平衡自我与他人或社会的长期和短期福祉。由于道德修养的提高,他们的根本动机是为他人和社会作贡献。此阶段的幸福感主要来自对高尚人生意义的追求和社会价值的实现。第三,智慧发展至最高层次者对人生和世界的认识最深刻,能超越物我的二元对立,达到"天人合一"的超道德境界。发展完善的问题解决能力使他们最善于平衡自我与他人或社会的福祉,但其根本动机已经与自我和他人或社会无关,因为他们已无自我与他人或社会的对立。此阶段的幸福感主要来自精神的超脱和逍遥。此外,随着智慧不断提高,幸福感不仅在来源上体现出根本差异,而且有可能表现为持续时间更长,对身心健康的促进作用更大,进而对寿命产生更积极的影响(傅绪荣,魏新东,王予灵,汪凤炎,2019)。

由智慧的德才一体理论还可推导智慧的反面与幸福感的关系。智慧的反面可分为德才俱低于正常型和德才失调型。其中,德才失调型可大致分为两种:德高才少型和才高德少型(汪凤炎,郑红,2018)。德才俱低于正常者属先天智力缺陷者,他们对幸福仅有非常浅显的感受,可能仅限于生理的快感。他们对幸福可能也无清晰的意识,也就无所谓幸福不幸福。对于德高才少者,尽管他们存有善心,但由于未发展出较高的才能作为保障来解决复杂问题,可能会好心办坏事或无法成功解决问题(汪凤炎,郑红,2014, p.201),无法为自己和他人增添福祉甚至有所损害。由于德高才少者多能解决日常生活中的常规问题,他们若一生未遇到棘手的复杂问题或重大人生决策,也能过上安稳而平淡的生活。才高德少者可能得不到幸福或长久的幸福。尽管才高德少者才能出众,能较好地解决复杂问题,但由于道德修养不够,过于关注自身福祉,不能正确平衡自我与他人或社会的长期福祉,也不能发现人生的真正价值追求,最终可能有损自我、他人或社会的长期福祉。因此,即便他们能一时得到属于自己的幸福,但由于损害他人或集体的利益,最终可能遭受长期的痛苦。现有研究也表明,只有聪明才智而无亲社会动机很难获得幸福(Grossmann et al., 2013;傅绪荣,魏新东,王予灵,汪凤炎,2019)。

思考题

1. 在诸种幸福感类型中,你认为智慧与哪种幸福感的关系最密切?为什么?
2. 孔子和"颜回之乐"乐在何处?如何才能让自己也体验到这种快乐?
3. 你偏好哪种幸福感?为什么?

第十一章

智慧与死亡

内容摘要

本章共分三节,细致梳理了智慧与死亡的三种关系:向死存在助推智慧,向死存在阻碍智慧,向死存在是否助推智慧受多种因素调节。本章的重点在于智慧与死亡的三种关系及其解释机制。

核心概念

死亡　向死存在　死亡提醒　死亡反省　恐惧管理理论

《论语·泰伯》记载,曾子曾说:"鸟之将死,其鸣也哀;人之将死,其言也善。"现代新儒家唐君毅写道:"自然生命之终结乃自然生命存在之所向,而于其中可见有一正面之本性之善在,则为中国思想之一大慧所存。"(唐君毅,2016,p.127)这些都暗示了认识死亡对智慧生活的积极作用。心理学家埃里克森在其人格发展八阶段理论之中将智慧建构为一种个体面对死亡时具有的有见识的、超然的、关注生命自身的心理。而要深入理解向死存在与智慧的关系,还需进一步澄清向死存在的含义。向死存在这一概念由哲学家海德格尔提出。他认为,个体唯有向死存在,面向自身的死亡,才能发现本真的自我,实现生命的价值(Heidegger,2014)。心理学研究中,向死存在主要指人们在死亡意识下的存在,它既可是一种日常生活中的稳定心理特征,也可是因情景提醒而产生的暂时状态。向死存在作为一种稳定心理特征,可通过访谈罹患重症者或临终病人发现(Kinnier et al.,2001;Wright et al.,2017),或施测自陈式死亡焦虑量表获得(Wong et al.,1994)。向死存在作为一种情景性状态,可通过要求被试回答有关自身死亡的问题,或观看与死亡有关的视频或身处与死亡相关的情景等死亡提醒(mortality reminders)或死亡凸显(mortality salience)的启动实验获得(Pyszczynski et al.,2015)。目前,学界对智慧的定义尚未统一,但大多认为智慧者具有正向的价值观或精神上的超越性,面临人生困境和多元冲突时,表现出接纳现实与改善现实的心理,有益于自我、他人与社会。死亡的不可回避性和毁灭性与人类求生的本能之间存在巨大冲突,认识到死亡的不可回避和毁灭性后,不同个体会产生不同心理与行为。在对向死存在和智慧作上述理解的前提下,归纳相关文献可发现,向死存在对智慧的影响主要有三种观点及相应证据与机制,分别是:(1)向死存在助推智慧;(2)向死存在阻碍智慧;(3)向死存在是否助推智慧受多种因素调节(李抗,等,2020)。

第一节　向死存在助推智慧及其机制

除了存在主义哲学提倡向死存在助推智慧，佛教也推崇这一观点。向死存在助推智慧可通过自然观察得到一定程度的证实，如个体在各类灾难面前会变得更具同情心、宽容、感恩和利他等，心理学则主要通过实证研究检验这种观点。

一、向死存在助推智慧的证据

死亡体验可激活智慧。金尼尔（Kinnier et al., 2001）等人认为，存在一种死亡激活的智慧（death-inspired wisdom）。他们首先通过征询100名咨询专业的毕业生，提炼出一份包含13个问题的清单，然后访谈17位有过濒死体验的被试。被试或患有癌症，或遭遇严重意外事故等，或接受过心脏、肝移植等重大手术。他们依据扎根理论整理搜集到的材料，发现经历死亡威胁后，被试对自身生命和身边人有了欣赏的视角，看轻了名利和财富，对别人如何看待他们的焦虑降低，对死亡的恐惧减少，感到更多的精神性取向，期望帮助更多他人，对人类的未来更乐观等。为深入探索临终病人的智慧构成成分，辨析各成分的重要性，赖特（Wright et al., 2017）等人采取类似的研究方法，访谈了15名临终病人，发现谦卑（humility）是临终病人智慧的核心成分，多数病人承认人类能力的有限，承认"无知即智慧"。其他的智慧成分还包含理解力、从经验中学习、与他人共享知识、倾听学习他人、精神超越性、自我认知和自我觉察、肯定当下等（Wright et al., 2017）。

向死存在引发超越性学习。通过对那些近两年内有过丧亲之痛（配偶和子女死亡）的老人进行深度访谈，发现他们对待死亡的超越性学习有四个相继的过程：急剧的痛苦、反思、出现视角转变和新的生命行为。被访谈者经历这些过程后，变得对死亡问题更具觉察力，更珍惜当下的人生，改变曾经的人生目标和生活方式等（Moon, 2011）。

向死存在信息引发正向价值观判断。有研究者给予被试两种情境让其作价值观评价。一种情境是首席执行官在死亡提醒下作出了企业计划，另一种情境是首席执行官在牙病提醒下作出了企业计划。研究发现，被试对死亡提醒下的首席执行官正面评价较高，认为她不是以追求利益为目的，并愿意为这样的企业服务。更深入的研究发现，死亡提醒情境下，即使首席执行官表明其目的是追求利益，被试对她的价值判断依然是正向的。这说明死亡提醒信息引发了朝向正向价值判断的效应（Nordmo & Norman, 2016）。

向死存在有助于引发良好品行和树立服务社会的目标。乔纳斯等人（Jonas et al., 2002）考察了死亡提醒启动是否会引发慈善行为。在对死亡提醒的操控下，他们随机访谈路过殡仪馆的行人，并引导他们关注殡仪馆，参照组则是随机选择的那些远离殡仪馆的行人。研究者分别请两组被试对一些慈善机构的重要性进行排序,并鼓励当场捐助其中的机构,然后填写助人心理问卷。研究发现,死亡提醒提高了善良动机,募捐数量也显著高于非死亡提醒组(Jonas et al., 2002)。贝尔米和普费弗(Belmi & Pfeffer, 2016)也发现,死亡提醒一周后,被试在参与志愿行为、助人时长和使用技能帮助他人方面均高于非死亡提醒组。

向死存在引发精神超越、公平决策和非物质主义。科佐利诺等人(Cozzolino et al., 2004)批评过去的研究范式过于抽象,因此设计了一种情景性启动范式。具体的情景内容是:一个朋友住在一栋陈旧的20层公寓里。一天晚上,被试去拜访这位朋友,刚走到楼下就发现公寓烟雾滚滚,里面传来惊恐的呼救声。大火很快吞噬了一切,旁观者束手无策,里面的人最后都遇难了。被试需要回答问题:(1)请描述大脑中浮现这些场景时自己的感受和心情;(2)如果你遭遇了这种事,你在最后的时刻会怎么做?(3)再一次想象事情发生在自己身上,描述自己在那一刻的状态;(4)如果这事发生在你身上,你的家人会有怎样的反应?启动结束后,通过抛硬币任务范式评估被试的公平和贪婪,并填写精神境界问卷。研究发现,情景性死亡提醒会使被试的精神境界水平上升,并出现程序性公平取向,降低贪婪心理等。

二、向死存在助推智慧的机制

以上研究发现,死亡经历、死亡提醒启动等可改变人类对生命的认识,从而引发正向价值观、自我超越、对世界的欣赏、超越性学习、公平和利他等心理能力,即引发智慧。对于其间的机制,研究者提出了多种解释性理论,如人格创生理论和濒死体验理论(Kinnier et al., 2001)等,其中影响较大的是创伤后成长理论(post-traumatic growth, PTG)(Wright et al., 2017)。创伤后成长理论认为,人类经历过生命威胁等后,身心机能不但可恢复至原有水平,甚至可超越原有水平,表现出成长特征和智慧取向,表现出互依自我水平的扩大。经历死亡创伤后,个体的世界观产生积极改变,并习得处理困难事件的经验,从而提高智慧(Webster & Deng, 2015)。

第二节 向死存在阻碍智慧及其机制

向死存在阻碍智慧的观点在生活中也较常见。如有的个体一旦想到生命无常,顿时忧心忡忡,觉得生命毫无意义,生出不妨及时行乐的心理,更甚者,如《浮士德》中的主人公,宣称"我生前当及时享乐,死后哪管他洪水滔天"。向死存在阻碍智慧也得到实证研究的支持。

一、向死存在阻碍智慧的证据

向死存在引发不健康心理,增强自我服务偏见。有研究者通过操纵被试观看尸体解剖和触电死刑视频,启动被试的向死存在,发现死亡提醒效应产生后,夸大自身价值可降低死亡视频引发的焦虑,证实被试存在自我服务偏见(Greenberg, Simon, Pyszczynski, Solomon, & Chatel, 1992)。还有研究发现,死亡提醒后,被试出现人际刻板印象,表现出回避与扭曲现实、压抑死亡等行为(Pyszczynski et al., 2015)。

死亡提醒导致内群体偏见。有研究通过操纵被试观看 12 分钟的与恐怖主义袭击相关的新闻并完成与死亡相关的拼词任务(word fragment task),发现死亡提醒后被试更遵守内群体规范,并与外群体成员划清界限,被试对与自身价值观不一致的人产生厌恶,具有侵犯行为(Das et al., 2009)。另一项研究通过给予美国被试暴露 90 秒的与 911 恐怖袭击相关的死亡视频,发现死亡暴露唤醒了被试的爱国主义情绪,进而增加被试购物时对国货的偏向。对中国被试进行死亡提醒的研究发现,引发被试选择国产品牌而非选择海外品牌这条途径来提升自尊(柳武妹,等,2015)。

死亡提醒引起财富追求和物质挥霍。有研究操纵实验组被试想象自己的死亡,然后评估自己 15 年后的经济地位。评估的项目包含自己的薪水、配偶的薪水、家庭财产、购置的汽车价格、日用消费数额等。结果发现,实验组报告的经济地位显著高于参照组。随后,研究者在死亡提醒启动后操纵被试参与一种森林开发游戏。结果发现,死亡提醒带来恶性竞争和贪婪(Kasser & Sheldon, 2000)。梳理人类学家的研究也可发现,死亡信息启动下人们更爱金钱,表现出对物质的占有和挥霍;物质主义是个体应对死亡焦虑的策略之一,死亡提醒引起的不安全感导致了享乐、拜金等心理(王予灵,等,2016)。

二、向死存在阻碍智慧的机制

对于向死存在阻碍智慧的心理现象,以恐惧管理理论(terror management theory, TMT)为代表的理论提供了解释机制。该理论认为,人类作为一种高级生物,与其他生物的不同之处在于,人类能在抽象思维能力下知晓自己的必死性,因而产生死亡恐惧和焦虑。为应对这种死亡恐惧和焦虑,人类发展出多种心理缓冲机制,如增强自尊、追求永生和关注亲密关系,但这些机制往往导致人类产生自利行为和内群体偏见等,而不是产生智慧行为(Pyszczynski, Greenberg, & Solomon, 1999; Pyszczynski et al., 2015)。也有研究表明,死亡提醒对个体具有双重影响,个体经历死亡提醒后会产生不确定感和死亡焦虑感,二者共同影响了被试的行为,这种解释深化和扩展了恐惧管理理论(殷融,2010)。

第三节 向死存在是否助推智慧受多种因素调节

一、调节向死存在与智慧的因素

从上面两种几乎相反的观点看,向死存在与智慧的关系还受其他因素的调节影响。

哲学家波普尔(Popper, 1962)认为,世上不存在绝对的真理,科学命题是一种猜测性质的存在;科学命题的成立是有限的、有边界的,可通过可检验性和可证伪等途径确定。这即是说向死存在助推或阻碍智慧等命题不可能是无条件正确的。从这个角度看,研究二者之间的中介或调节变量十分必要。

自尊的调节作用。从向死存在阻碍智慧来看,有较多的研究支持向死存在导致自尊增强,出现自我服务偏见。而有些研究者发现,提高自尊能降低死亡焦虑,减少自我服务偏见(Greenberg et al., 1993)。跨文化研究也发现,自尊确实能缓冲死亡提醒带来的焦虑和自我服务偏见,而且被试依靠的自尊类型具有不同文化性质,如奥地利被试依靠高个体自尊,中国被试依靠高关系自尊(Du et al., 2013)。

政治信念的调节作用。有研究发现,遭遇死亡提醒后,保守派加大了对异见者的惩罚,而自由派提高了对异见者的宽容;在参照组,保守派和自由派对异见者的惩罚是一致的。另外,通过启发被试的宽容,即使在死亡提醒启动条件下,被试对批评本国者也表现出宽容(Greenberg Simon, Pyszczynski, Solomon, & Chatel, 1992)。

宗教信仰的调节作用。一项以台湾人为被试的研究发现,死亡提醒操纵并未改变台湾被试的生命轮回观,死亡提醒仅导致他们更倾向于顺应自然,接纳命运的安排(Yen & Cheng, 2010)。与基督教文化相比,伊斯兰教文化中死亡提醒条件下不存在文化世界观的防御现象,防御现象只在基督教文化中存在,原因可能是两种宗教信仰存在不同的自我观(Bos et al., 2012)。

自我构念的调节作用。研究者首先用自我构念量表测试被试的自我构念类型,接着采用两个经典的开放式问题操纵死亡提醒,并测量死亡焦虑。研究发现,死亡提醒只引发低互依自我构念水平的被试产生死亡焦虑,高互依自我构念水平的被试未能产生焦虑。研究者因此认为,高互依自我能缓冲死亡焦虑(Juhl & Routledge, 2016)。这个研究暗示,自我构念在死亡提醒与智慧之间存在调节作用。

从以上几项研究看,自尊、政治信念和宗教信仰等变量在死亡提醒与焦虑之间具有调节效应。自尊和自我构念等调节变量改变了被试的焦虑程度,而焦虑的降低减少了自我服务偏见等。政治信念和宗教信仰则直接调节了死亡提醒与智慧之间的关系。这说明,向死存在与智慧之间存在多元的调节变量,这些调节变量的重要程度在向死存在与智慧的关系中还未得到人们的充分重视。

二、澄清死亡与智慧的关系尚须深究的问题

通过系统整理可发现,向死存在是否引起智慧心理可能受不同中介变量的影响,如自我反省、创伤后学习、焦虑、自尊、自我构念、政治信念、宗教信仰等。其中,自我反省、创伤后学习有助于引发个体产生智慧心理,死亡焦虑则会阻碍个体的智慧心理的形成。除此共识外,对有些变量的认识还存在矛盾之处。例如,有的研究发现死亡提醒可引发个体的

智慧,有的研究却发现死亡提醒阻碍了个体智慧的生成。要想解决此类似是而非的观点,需要化解以下四方面问题。

第一,概念界定和操作问题。死亡提醒、死亡意识、死亡反省、死亡体验等概念均关涉死亡存在,但其内涵和效能可能不同。同样是死亡提醒启动,要求被试回答抽象问题、具体问题或接触与死亡相关的视觉信息可能具有不同效果。有的研究在死亡提醒后插入延迟性任务,有的研究则没有,规范性不统一。这些问题应在研究中作具体交代和解释,以体现研究的严谨性和规范性。

第二,向死存在的心理阶段问题。一些学者认为,死亡提醒会导致死亡焦虑,而死亡反省才导致对死亡的深入理解和生命成长(韦庆旺,等,2015)。这种解释具有一定合理性,但解决这个问题需要关注向死存在心理的阶段或类型等。例如,翁、雷克尔和格赛(Wong, Reker, & Gesser, 1994)提出对待死亡的五种态度:(1)恐惧死亡;(2)回避死亡;(3)逃避接纳;(4)中性接纳;(5)主动接纳。屈布勒-罗斯(Kübler-Ross, 1997)提出濒死心理反应的五阶段说,五阶段分别是:(1)震惊与拒绝期;(2)愤怒期;(3)商谈期;(4)沮丧期;(5)接纳期。向死存在与智慧的关系之所以复杂,原因可能是对死亡提醒的不同程度的加工产生了不同的态度、体验或不同的反应阶段。以后的研究需要对这些内容加以细化和区别。

第三,文化世界观的内涵问题。恐惧管理理论的相关研究认为,死亡提醒会导致对文化世界观的防御,从而引发非智慧心理,而人类丰富的文化资源告诉我们,还存在一些超越族群和国家的文化世界观。这种超越族群和国家的文化世界观被启动后,被试想到的是人人相连,物物相系,以及人类命运共同体等。在此种世界观的死亡提醒下,人类追求象征性永生的方式就变成自我超越而不是自我防御,从而突破自我服务偏见或内群体偏见(李抗,等,2020)。

第四,对死亡的认知与情绪体验的脑机制。只有揭示个体对死亡的认知与情绪体验的脑机制和智慧的脑机制,并弄清二者之间的关系,才能更深入地把握智慧与死亡的关系。

思考题

1. 如何理解向死存在对智慧的助推作用?
2. 向死存在在什么情况下会阻碍智慧的产生与发展?
3. 向死存在与智慧的关系受哪些因素的调节?

第十二章

智慧建言

内容摘要

本章共分两节。第一节简要阐述智慧建言的内涵,接着探讨智慧建言与建言的异同以及智慧建言的正例和反例。第二节论述智慧建言的类型与影响因素。本章的重点是智慧建言的内涵及其类型。

核心概念

建言　智慧建言　随机应变式智慧建言　事先备好式智慧建言　直言不讳式智慧建言　迂回含蓄式智慧建言　上行式智慧建言　平行式智慧建言　下行式智慧建言　促进型智慧建言　抑制型智慧建言

语言是人与人交流的重要工具。它有重有轻,有善有恶,正所谓"良言一句三冬暖,恶语伤人六月寒"。乌台诗案发,王安石劝谏宋神宗"安有圣世而杀才士乎",助苏轼逃脱了死罪。《宋史·文天祥传》记载,当元帝萌生释放文天祥的念头时,留梦炎进言道:"天祥出,复为号召江南,置吾十人于何地?"这句建言最终促使元帝下了杀文天祥的决心(陈鲁民,2021)。又如,《史记·仲尼弟子列传》记载,子贡开展穿梭外交时,不但能使鲁国转危为安,影响五国的命运,甚至能改天换地,"故子贡一出,存鲁,乱齐,破吴,强晋而霸越。子贡一使,使势相破,十年之中,五国各有变"。因此,与人沟通时,能否智慧建言,是一件关乎自己、他人乃至组织和国家利益的大事。

第一节　智慧建言的内涵与正反例

一、智慧建言的内涵

建言(voice behavior),也称"建议",指个体为改善自己、他人、组织和社会现状,主动向他人或组织提出意见的沟通行为(Morrison,2014)。"谏"指直言规劝,使改正错误,用于下对上,如进谏。《周礼·地官·保氏》:"保氏掌谏王恶。"(陈至立,2019,p.2069)由此可知,"谏"的内涵较之建言的内涵窄得多,主要用于下对上,如臣对君、子对父,建言则既可用于下对上，也可用于上对下，还可用于平辈。因此，本书使用"建言"一词，而不用"谏"或"谏言"。当然，谏诤思想在中国源远流长。《尚书》《国语》《左传》《周礼》《晏子春秋》《论语》《礼记》《荀子》《吕氏春秋》《史记》等典籍均蕴含丰富的谏诤思想。本章探讨智慧建言时会适当汲取其中的精义思想。

从不同角度可将建言分为不同类型。例如，根据建言动机的好坏分，可将建言分为进忠言和进谗言两种类型。进忠言指个体为改善自己、他人、组织和社会现状，主动向他人或组织提出建设性意见的沟通行为。谗言则指说他人的坏话（陈至立，2019，p.450）。相应地，进谗言指个体为改善自己或自己所属小集团的现状，出于私利，不惜牺牲他人、组织的正当权益和社会福祉，主动向他人或组织提出破坏性意见的沟通行为。可见，进谗言既不具有改善他人、组织和社会现状的良好动机，其内容也不具有建设性。

依建言的定义进行类推，智慧建言（wisely voice behavior）是个体在善良动机的激发下，向他人、组织或社会提出建设性意见，以促使其意见被采纳，从而产生能改善他人、组织或社会现状的积极结果的沟通行为。由此定义可知，智慧建言包括三个必要条件，它们也是智慧建言的重要特征：(1)善良动机。智慧建言的动机一定是为建言对象或自己与他人谋福祉，即须有利他或利己并利他的行为动机。从这个角度讲，个体无意中做出的恰巧对他人、组织或社会有益的建言行为，并非智慧建言；个体本意（或动机）是想伤害他人，但行为结果在客观上具利他作用的建言行为，亦非智慧建言。(2)善良结果，即一旦建言对象采纳建议，将产生有助于改善他人、组织或社会现状的积极功能，如有助于建言对象发现、认清甚至解决当前存在的问题，或促进建言对象不断发展和完善自身，等等。如果建言对象采纳建言后无法产生良好结果，则只是建言，而不是智慧建言。若建言对象采纳建言后造成恶果，则是进谗言，而不是智慧建言。(3)有新意。此处的"新"，可体现在建言内容上，即建言内容有新意；也可体现在建言方式或方法上，即建言方式或方法巧妙；还可体现在对建言时机的把控上，即巧妙选择建言时机；亦可体现在对建言对象的选择上，即巧妙选择建言对象。

由此可见，智慧建言的"善"一般通过"善良动机"和"善良结果"保证，智慧建言的"新"（创造性）一般通过"新颖的建言内容"或"巧妙的建言方式或方法"保证。尤其当建言内容蕴含的做人道理为人熟知而本无新意时，更须注重建言方式或方法的巧妙性。因此，只有巧妙建言，才有可能让决策者接受建言（详见智慧建言的正例）；反之，若建言方式或方法不巧妙，不但建言不会被建言对象采纳，还有可能惹祸上身（详见智慧建言的反例二）。

值得一提的是，智慧建言的"善"不强调以善良的建言方式或方法来保证，是因为在某些特定情境中，不可偏执于善良手段或方法这一智慧建言的常用手段，而要懂得"行正道不拘小节"。智慧建言也不强调一定要被建言对象采纳才算成功，因为智慧建言是从建言者角度出发，而建言被采纳与否关涉的是纳建。智慧纳建才从建言对象角度出发。影响建言对象采纳建言的因素有很多，如决策者本身的智慧水平、决策者所处的时代背景等，建言内容的质量高低、建言方式的巧妙程度、建言时机的恰当与否,仅是其中的三个影响因素。因此,智慧建言本身充满智慧,但不能保证建言对象一定会全部或部分采纳。一个好的智慧建言被愚蠢的建言对象拒绝,并不是智慧建言本身出了问题,而是纳建出了问题。

二、智慧建言与建言的异同

从智慧建言和建言的定义看,二者均是出于某种目的主动向他人或组织提出意见的沟通行为。前文已述,智慧建言有三个必要条件,它们也是使智慧建言与建言相区分的重要标志。这种区别具体体现为:(1)二者产生的动机不同。对于建言动机,莫里森(Morrison,2014)从企业管理的角度总结认为,尽管绝大多数员工的建言动机是亲社会动机或组织关心动机(organizational concern),但这并不代表员工在建言时不会考虑自身利益,更不代表员工不会为自身利益而建言。事实上,员工可能在以下两种利己动机的驱使下建言:一是自我提高(self-promotion)动机,指为追求积极的自我意象而建言(Van Dyne et al.,2003);另一是印象管理(impression management)动机,指为减轻甚至消除他人对自己的消极印象,或提升自身的有利形象而建言(Rioux & Penner,2001)。与此不同,智慧建言的动机必然是利他的,即激发和维持个体进行智慧建言的心理倾向或动力一定是为绝大多数人谋福祉。(2)二者产生的建言效果不同。智慧建言给建言对象带来的必然是积极影响,即有利于建言对象的发展和进步。与此不同,建言对建言对象决策的影响既可能是积极的,也可能是消极的,又或不产生任何影响。(3)二者在有无创新上不同。只有蕴含创新的建言,才可能是智慧建言,其余的均不属智慧建言。智慧建言中的"新",指建言时机恰当、建言方式巧妙、建言方案言简意赅且具新意,能给予建言对象一定启迪并采纳建言。综上所论,只有兼具善良动机和结果并蕴含一定创新的建言才属智慧建言。智慧建言只是建言的特例。

三、智慧建言的正反例

(一) 智慧建言的正例

智慧建言的正例有很多,人们耳熟能详的魏徵、海瑞、袁可立等历史人物都十分善于智慧建言。限于篇幅,下面仅举三例智慧建言的正例进行分析,其中,前两例是从权威性正史或史学著作中择取的名臣智慧建言,最后一例是从《智囊全集》中择取的女性智慧建言。

正例一:晏子劝谏景公勿因爱马死而诛圉人

《晏子春秋》卷一《内篇谏上第一》记载:

景公使圉人养所爱马,暴死,公怒,令人操刀解养马者。是时晏子侍前,左右执刀而进,晏子止而问于公曰:"尧舜支解人,从何躯始?"公矍然曰:"从寡人始。"遂不支解。公曰:"以属狱。"晏子曰:"此不知其罪而死,臣为君数之,使知其罪,然后致之狱。"公曰:"可。"晏子数之曰:"尔罪有三:公使汝养马而杀之,当死罪一也;又杀公之所最善马,当死罪二也;使公以一马之故而杀人,百姓闻之必怨吾君,诸侯闻之必轻吾国,汝杀公马,使怨积于百姓,兵弱于邻国,汝当死罪三也。今以属狱。"公喟然叹曰:"夫子释之!夫子释之!勿伤吾仁也。"

这段话的大意是:齐景公派人饲养自己喜爱的宝马,不料马因急病死了。景公对此很生气,命人以刀肢解养马之人。晏子此时恰好在齐景公身边,看到景公身边的人拿着刀进来便制止了他们,然后问景公说:"古时候尧、舜肢解人,从躯体的什么地方开始?"景公惊恐地说:"尧、舜从不肢解人,肢解人的做法是从我开始的。"于是景公放弃肢解养马人的想法。但他心中怒气难消,就说:"把养马人关进死牢。"晏子说:"养马人现在死了也不知道自己所犯何罪,我替您历数他的罪行,让他知罪再将他送进监牢。"景公说:"可以。"于是,晏子就当着景公的面历数养马人的三大"罪状":"你的罪行有三条。君王命你养马,你却让马病死了,这是你犯的第一条死罪。病死的是君王最心爱的马,这是你犯的第二条死罪。君王为一匹马而杀人,百姓知道后必定怨恨国君,诸侯知道后必定轻视齐国。你养死了君王的马,使百姓对君王产生怨恨,使齐国军队被邻国削弱,这是你犯的第三条死罪。现因此将你关进死牢。"景公听后感叹道:"您把他放了吧,您把他放了吧,不要因此损害了我的仁爱之心!"

从动机上看,晏子此番劝说,一为拯救无辜获罪的养马人,二为避免景公名誉受损,进而避免国家遭受无妄之灾。这个动机显然是善良的。从建言方式上看,晏子避免在君王盛怒时与之争辩,转而采取诱导启发的方式,先以古代圣君尧与舜使景公醒悟到仁君不会乱杀人,更不会残忍地肢解犯人,再正话反说,假借罗列养马人的罪状,批评景公重物轻人、草菅人命的不仁之心,并直接指出这种行为的严重后果,最终使景公放了养马人。从结果上看,晏子此番巧妙的劝说行为,成功使景公放弃处死养马人,既拯救了养马人的性命,又维护了景公的仁君形象。综上所论,这是一个典型的智慧建言的正例。

正例二:贾诩智劝曹操放弃"废丕立植"

据《智囊全集·语智部善言卷二十·贾诩》记载:

> 贾诩事操。时临淄侯植才名方盛,操尝欲废丕立植。一日屏左右问诩,诩默不对。操曰:"与卿言,不答,何也?"对曰:"属有所思。"操曰:"何思?"诩曰:"思袁本初、刘景父子。"操大笑,丕位遂定。(冯梦龙,2007,p.502)

结合相关史实,这段话的大意是:临淄侯曹植的才名如日中天,深得曹操的喜爱。曹操遂萌生废曹丕世子之位改立曹植的想法,但犹豫不定。贾诩是曹操的谋臣,深受曹操信任。一天,曹操将贾诩单独留下来,想听听贾诩对此事的看法。贾诩默不作声。曹操就问贾诩:"我向你征求对这件事的看法,你为什么不回答?"贾诩答道:"我在想一些事情。"曹操问:"想什么事?"贾诩回答:"我在想袁本初父子、刘景父子。"曹操听了大笑,决定放弃

"废丕立植",曹丕的世子地位由此稳固。

从动机上看,贾诩想让曹操放弃"废丕立植"的想法,其动机和目的是希望曹操的后继者能健康成长,因此是善良的。从建言方式上看,贾诩此番借袁本初父子、刘景父子点醒曹操,手段十分巧妙。袁绍(字本初)因爱其少子袁尚,便以袁尚取代长子袁谭为嗣。袁绍死后,二子各树党羽,互相争夺,终为曹操所灭。刘表(字景升)爱少子刘琮,便废长子刘琦而以刘琮为嗣,也为曹操所灭。这两件事告诉曹操,不可轻易废长立幼,否则遗患无穷。从结果上看,贾诩此番巧妙的劝说行为,成功使曹操放弃"废丕立植",达成了目的。综上所论,这也是一个典型的智慧建言的正例。

正例三:侯敏妻董氏智劝丈夫

唐代张鷟《朝野佥载》卷三记载:

> 则天朝,太仆卿来俊臣之强盛,朝官侧目。上林令侯敏偏事之,其妻董氏谏曰:"俊臣,国贼也,势不可久,一朝事坏,奸党先遭,君可敬而远之。"敏稍稍而退,俊臣怒,出为涪州武隆令,敏欲弃官归,董氏曰:"但去莫求住。"遂行,至州,投刺参州将,错题一张纸。州将看尾后有字,大怒曰:"修名不了,何以为县令?"不放上。敏忧闷无已,董氏曰:"但住莫求去。"停五十日,忠州贼破武隆,杀旧县令,掠家口并尽,敏以不许上获全。后俊臣诛,逐其党流岭南,敏又获免。

这段话的大意是:武则天当政时,来俊臣一度得宠,位高权重,朝中大臣无不对他畏惧三分。上林令侯敏与来俊臣关系密切。侯敏的妻子董氏劝阻丈夫说:"来俊臣是国贼,得势不会长久,一旦失势,他的党羽一定会先遭殃,夫君应该对他敬而远之。"侯敏听从妻子的劝告,悄悄疏远了来俊臣,但这引起来俊臣的不满,被贬为涪州武隆县令。侯敏想辞官回乡,董氏说:"只管去报到,但千万不要有久住的打算。"于是,侯敏前往涪州报到,在参见州将时将名片写错了格式,州将看后生气地说:"连名片都写不好,怎么当县令?"不允他上任。时间长了,侯敏很郁闷,董氏说:"只管住下,别强求去。"住了五十天后,贼匪作乱,武隆县的旧县令及家人被杀。侯敏因没有上任而保全性命。再后来,来俊臣被诛杀,其党羽全部流放岭南,侯敏未受牵连。由此可见,侯敏的妻子董氏是一个智慧的女子。她作为官场的旁观者,能通过来俊臣的飞扬跋扈、残忍成性看出其必不得善终,其同伙必一起遭殃。她能准确分析时局,懂得危境不入的道理,每次都能及时向丈夫智慧建言,丈夫也从谏如流,从而逃过两次杀身之祸。

(二) 智慧建言的反例

根据智慧建言的定义,心怀邪恶动机的建言行为,无法为他人、组织或社会带来增益的建言行为,以及建言手段和方式不够正确与巧妙的建言行为,都不属智慧建言。

反例一:伯嚭为一己私利向吴王夫差进谗言致伍子胥惨死

《史记·伍子胥列传》记载:

> 吴太宰嚭既与子胥有隙,因谗曰:"子胥为人刚暴、少恩、猜贼,其怨望恐为深祸

也。前日王欲伐齐,子胥以为不可,王卒伐之而有大功。子胥耻其计谋不用,乃反怨望。而今王又复伐齐,子胥专愎彊谏,沮毁用事,徒幸吴之败以自胜其计谋耳。今王自行,悉国中武力以伐齐,而子胥谏不用,因辍谢,详病不行。王不可不备,此起祸不难。且嚭使人微伺之,其使于齐也,乃属其子于齐之鲍氏。夫为人臣,内不得意,外倚诸侯,自以为先王之谋臣,今不见用,常鞅鞅怨望。原王早图之。"吴王曰:"微子之言,吾亦疑之。"乃使使赐伍子胥属镂之剑,曰:"子以此死。"伍子胥仰天叹曰:"嗟乎!谗臣嚭为乱矣,王乃反诛我。我令若父霸。自若未立时,诸公子争立,我以死争之于先王,几不得立。若既得立,欲分吴国予我,我顾不敢望也。然今若听谀臣言以杀长者。"乃告其舍人曰:"必树吾墓上以梓,令可以为器;而抉吾眼县吴东门之上,以观越寇之入灭吴也。"乃自刭死。吴王闻之大怒,乃取子胥尸盛以鸱夷革,浮之江中。吴人怜之,为立祠于江上,因命曰胥山。……后九年,越王勾践遂灭吴,杀王夫差;而诛太宰嚭,以不忠于其君,而外受重赂,与己比周也。……太史公曰:怨毒之于人甚矣哉!王者尚不能行之于臣下,况同列乎!

吴国老臣伍子胥以正直无私、忠义爱国、智谋过人而闻名,在民众中享有极高威望。也正因如此,伍子胥被贪财重利、勾结外敌的太宰伯嚭视为眼中钉。伯嚭为铲除异己,掩藏自身勾结越王勾践的事实,挑拨吴王夫差与伍子胥的关系。他对吴王夫差说:"伍子胥为人强硬凶恶,没有情义,猜忌狠毒,他的怨恨恐怕要酿成深重的灾难。前次大王要攻打齐国,伍子胥认为不可以,结果大王大获全胜。伍子胥因自己的计谋未被采用而感到羞耻,反而产生怨恨情绪。如今大王又要再次攻打齐国,伍子胥又独断固执,强行谏阻,败坏诋毁大王的事业,只希望吴国战败来证明自己的计谋高明。现在大王亲自出征,出动全国的武装力量攻打齐国,而伍子胥的劝谏不被采纳,就中止上朝,称病不随大王出征。这很容易引起祸端,大王不可不戒备。况且,我派人暗中调查,发现他出使齐国时,就把他的儿子托付给齐国的鲍氏。作为臣子,在国内不得意,就勾结国外的诸侯;自恃为先王的谋臣,现在一时不被重用,就时常郁郁不乐,产生怨恨情绪。希望大王早日解决这件事。"吴王说:"没有你这番话,我也怀疑他了。"吴王遂派使者赐宝剑给伍子胥,命令伍子胥用这把宝剑自杀。伍子胥仰天长叹说:"唉!谗言小人伯嚭要作乱,大王反来杀我。我帮你父亲称霸。你还没确定为王位继承人时,众公子都在争太子位,我在先王面前冒死为你争取。你被立为太子后,曾答应把吴国分一部分给我,我却从不指望你报答,可现在你竟听信谄媚小人的坏话来杀我。"于是,伍子胥告诉他亲近的门客说:"你们一定要在我的坟墓上种植梓树,让它能长大做棺材。挖出我的眼珠悬挂在吴国都城的东门楼上,来观看越寇怎样进入都城,灭掉吴国。"说完,伍子胥自刎而死。吴王听到这番话,大发雷霆,将伍子胥的尸体装进皮革袋子,任其漂在江中。吴国人同情伍子胥,在江边为他修建祠堂,将这个地方命名为"胥山"。九年后,越王勾践终于灭掉吴国,杀死吴王夫差。又以不忠于国君、接受外国贵重贿赂、私下亲近越国为由杀了伯嚭。

伯嚭的谗言讲得巧妙,举出的事例合乎惯常逻辑且看似有事实依据,吴王夫差自然难以辨别真假。伯嚭为谋一己私利,费尽心机,甚至不惜残害忠良,置国家利益于不顾。此做法虽为其带来一时的好处,但从长远来看,必定得不偿失。伯嚭投敌叛国、谗害贤良的行为最终导致吴国在吴越争雄中逐渐处于弱势,为越国所灭,而伯嚭本人也没有落得好下场。司马迁点评说:"怨毒对人类而言实在太厉害!国君尚且不能与臣子结下怨毒,何况地位相同的人呢!"

如何正确对待谗言呢?不妨来看一段唐太宗与许敬宗的问答录。唐代史学家吴兢所著《贞观政要》记载:

> 唐太宗问许敬宗曰:"朕观群臣之中唯卿最贤,人有议卿非者,何哉?"敬宗对曰:"春雨如膏,农夫喜其润泽,行人恶其泥泞;秋月如镜,佳人喜其玩赏,盗贼恶其光辉。天地之大尤憾而况臣乎?臣无肥羊美酒以调和众口是非,且是非不可听,听之不可说。君听臣受戮,父听子遭诛,夫妇听之离,朋友听之绝,亲戚听之疏,乡邻听之别。人生七尺躯,谨防三寸舌,舌上有龙泉,杀人不见血。谁人背后不说人?谁人背后无人说?"太宗曰:"卿言甚善,朕当识之!"

这段话的大意是:唐太宗问许敬宗:"我看满朝文武百官中,你最贤良,但还是有人不断在我面前谈论你的过失,这是为什么呢?"许敬宗回答说:"春雨贵如油,农夫因它滋润了庄稼而喜爱它,行路的人却因春雨使道路泥泞难行而嫌恶它。秋天的月亮像一轮明镜辉映四方,才子佳人因能对月吟诗作赋而喜欢它,盗贼却因月亮太亮不好作案而讨厌它。无所不能的上天尚且不能令每个人满意,何况我一个普通人呢?我没有山珍海味可用来满足众人的口味。况且,是非之言本不可听,听后也不可传播。如果皇帝听信谗言,无辜的大臣就会招来杀身之祸;假若父母听信谗言,无辜的子女就会招来杀身之祸;夫妻听信谗言,可能会离婚;朋友听信谗言,可能会断交;亲人听信谗言,可能会疏远;乡邻听信谗言,可能会生分。人生有七尺高的身躯,要谨慎对待听到的传言,舌头上有龙泉剑,杀人不见血。哪个人没在人前说过别人?哪个人背后不被别人评说?"唐太宗说:"你讲得很好,我会记住的!"

反例二:比干剖心

《史记·殷本纪》记载:

> 纣愈淫乱不止。微子数谏不听,乃与大师、少师谋,遂去。比干曰:"为人臣者,不得不以死争。"乃强谏纣。纣怒曰:"吾闻圣人心有七窍。"剖比干,观其心。箕子惧,乃详狂为奴,纣又囚之。殷之大师、少师乃持其祭乐器奔周。周武王于是遂率诸侯伐纣。纣亦发兵距之牧野。甲子日,纣兵败。纣走,入登鹿台,衣其宝玉衣,赴火而死。周武王遂斩纣头,县之[大]白旗。杀妲己。释箕子之囚,封比干之墓,表商容之闾。封纣子武庚禄父,以续殷祀,令修行盘庚之政。殷民大说。于是周武王为天子。其后世贬帝号,号为王。而封殷后为诸侯,属周。

[正义]《括地志》云:"比干见微子去,箕子狂,乃叹曰:'主过不谏,非忠也。畏死不言,非勇也。过则谏,不用则死,忠之至也。'进谏不去者三日。纣问:'何以自持?'比干曰:'修善行仁,以义自持。'纣怒,曰:'吾闻圣人心有七窍,信诸?'遂杀比干,刳视其心也。"

这段话的大意是:商纣王荒淫无道,微子曾多次劝谏,商纣王都不听,微子就和太师、少师商量,然后逃离了殷国。比干认为"给人家做臣子,不能不拼死进谏",于是极力劝谏。商纣王大怒:"我听说圣人的心有七个孔。"于是剖开比干的胸腔,挖出心来观看。箕子见此情形后很害怕,便假装疯癫,当了奴隶。商纣王知道后又把箕子囚禁起来。殷国的太师、少师拿着祭器、乐器,急急逃到周国。周武王见时机成熟,便率领诸侯讨伐商纣王。商纣王派出军队在牧野进行抵抗,兵败后仓皇逃进内城,登上鹿台,穿上宝玉衣,跳进火里自焚而死。周武王赶到,砍下他的头,挂在太白旗杆上示众。周武王随后处死妲己,释放箕子,修缮比干的坟墓,表彰商容的里巷。他还加封商纣王的儿子武庚,让他承续殷的祭祀,并责令他施行盘庚的德政,原殷商的民众非常高兴。于是,周武王成为天子。因为后世人贬低"帝"这个称号,所以称为"王"。他封殷的后代为诸侯,隶属于周。

从动机上看,比干劝说商纣王行仁道,以免招来亡国之灾,其动机是善良的。从建言方式上看,比干明知强谏效果不好,仍一再强谏,既未想出更巧妙的建言方式,也未想到"权",属于愚忠,不算有智慧。正如《庄子·盗跖》说:"比干剖心,子胥抉眼,忠之祸也。"与之相对,箕子的"委蛇"之智则是善用"权"的结果。从结果上看,比干的建言不但未被商纣王采纳,达到让商纣王改进言行的目的,而且激怒了商纣王,丢了性命,因而未收到任何善良结果。"比干剖心"是一个建言失败的典型实例。它不属智慧建言,而是智慧建言的反例。

与"比干剖心"类似,《资治通鉴》卷第八十《晋纪二·武帝咸宁四年》记载:

[西晋武帝咸宁四年(278 年)]冬,十月,征征北大将军卫瓘为尚书令。是时,朝野咸知太子昏愚,不堪为嗣,瓘每欲陈启而未敢发;会侍宴陵云台,瓘阳醉,跪帝床前曰:"臣欲有所启。"帝曰:"公所言何邪?"瓘欲言而止者三,因以手抚床曰:"此座可惜!"帝意悟,因谬曰:"公真大醉邪!"瓘于此不复有言。帝悉召东宫官属,为设宴会,而密封尚书疑事,令太子决之。贾妃大惧,倩外人代对,多引古义。给使张泓曰:"太子不学,陛下所知,而答诏多引古义,必责作草主,更益谴负,不如直以意对。"妃大喜,谓泓曰:"便为我好答,富贵与汝共之。"泓即具草,令太子自写。帝省之,甚悦。先以示瓘,瓘大踧踖,众人乃知瓘尝有言也。贾充密遣人语妃云:"卫瓘老奴,几破汝家!"(司马光,2012,p.2597)

西晋咸宁四年(278 年),征北大将军卫瓘被任命为尚书令。当时,朝野都知道太子司马衷愚蠢,无力担负王位继承人的重任,但谁都不敢与皇帝说。卫瓘同样如此。直到有一天,他陪晋武帝在陵云台喝酒。卫瓘假装喝醉,跪在晋武帝的御座前说:"陛下,我有事要启奏。"晋武帝说:"有事你就说吧!"卫瓘三次欲言又止,最后用手摸着御座说:"此座可惜!"暗示司马衷愚蠢,不配坐这个皇位,宜另立适合之人做太子。晋武帝是个聪明人,一下就明白卫瓘的话中意,却假装说:"你是真喝醉了。"经过卫瓘的提醒,晋武帝决定考察一下太子的能力。他派人将尚书省的一些疑难奏章送给太子决断。太子妃贾南风得知此事后非常惶恐,因为她知道自己的丈夫的确是一个蠢货,担心丈夫因此被废。她思来想去,决定请人代笔。代笔者引经据典,以凸显太子的才华。给使张泓看后,觉得这样作答不妥当,向贾南风建言:"皇上知道太子学问不好,引用这么多古文,必然会怀疑有人捉刀,不如直接用通俗的话来表达。"贾南风听后大喜:"就请你来作答,答好了我和你共享富贵。"张泓立即动手答题,然后让太子抄下来递给皇帝。晋武帝看后很满意,然后将答案递给卫瓘看。这让卫瓘感到非常不安,因为他深知此事已得罪了太子和太子妃。贾南风的父亲贾充私下派人将此事告诉了太子妃。后来司马衷即位为惠帝,贾南风擅权,卫瓘父子被冤杀。冯梦龙评价道:"卫瓘的'此座可惜'一语,不下于贾诩。可惜,晋武帝悟而不从,以至于败。"(冯梦龙,2007,p.502)

卫瓘的建言心怀善良动机,方式巧妙,也获得了建言对象的注意。但可惜的是,在奸人的阻挠下,晋武帝并未采纳其建言。因此,从卫瓘的角度看,这是智慧建言失败的一个典型案例;从晋武帝的角度看,这是智慧纳建失败的一个典型案例。

第二节 智慧建言的类型与影响因素

一、智慧建言的类型

(一) 上行式智慧建言、平行式智慧建言和下行式智慧建言

参照建言的分类,按建言对象的不同,可将智慧建言分为上行式、平行式和下行式三种。上行式智慧建言指个体智慧地向上级或长辈建言的行为。平行式智慧建言指个体智慧地向同辈建言的行为。下行式智慧建言指个体智慧地向下属或晚辈建言的行为。前喻文化阶段往往存在等级观念,上级和长辈因处于上位而扮演权威角色,因而,这一阶段上级或长辈给予下级或晚辈的常常只有命令或教导,即只有上行式智慧建言而少有下行式智慧建言。后喻文化阶段,知识更新速度加快,年轻人掌握新知识的速度和能力往往优于年长者,同时,平等观念深入人心,上级和下属、长辈和晚辈只有不同职责而无地位差异,相应地,此时既有上行式智慧建言,也有下行式智慧建言。平行式智慧建言则广泛存在于前喻文化阶段、后喻文化阶段和并喻文化阶段。

(二) 随机应变式智慧建言与事先备好式智慧建言

汪凤炎通过研究古今智慧建言的众多正例和反例发现,按建言者事先有无准备,可将智慧建言分为随机应变式与事先备好式两种。随机应变式智慧建言,也称"临场发挥型智

慧建言",指个体根据当时的突发情境,临场随机应变,智慧地向建言对象建言的行为。上文所举晏子临场发挥,成功劝说景公放弃处死养马人,维护景公仁君形象,就属随机应变式智慧建言。事先备好式智慧建言指个体事先得知建言对象不知事情的真相或面临某个难以解决的难题,预先想好对策,随后选择适当时机,以适当方式向建言对象建言的行为。"贾诩智劝曹操放弃'废丕立植'"就属事先备好式智慧建言。一般而言,建言者只有具备敏捷的反应能力,才能胜任随机应变式智慧建言。而且,建言的机会有时仅有一次,只有事先充分准备才能把握好时机,因此,除非事发突然,否则,越是重要的事情,越宜采用事先备好式智慧建言。

(三) 直言不讳式智慧建言与迂回含蓄式智慧建言

汪凤炎通过研究古今智慧建言的众多正例和反例发现,按智慧建言时言语表述方式的差异,可将智慧建言分为直言不讳式与迂回含蓄式两种。直言不讳式智慧建言指个体心怀善良动机,将自己有创见的真实想法直截了当地告诉建言对象的建言行为。第一章"五贤不及一恶"的典故中,智果向智宣子的建言就属此类。迂回含蓄式智慧建言指个体采用迂回含蓄的方式向建言对象建言的行为。一般而言,直言不讳式智慧建言内容明确,不绕圈子,显得建言者有骨气,但往往不给建言对象留情面,极易让建言对象下不了台面,从而惹怒建言对象,甚至与之发生正面冲突。一旦建言对象不够智慧又缺乏包容心,建言者便极易惹祸上身,典型者如冯唐和比干。迂回含蓄式智慧建言给决策者留情面,但建言最终采纳与否还取决于建言对象的聪明程度,以及有无听从的意愿。例如,卫瓘借醉酒建言,晋武帝捕捉到其话中含义却装作不知,不采纳建言。又如,"危如累卵"的典故中,荀息以"累卵"为喻,晋灵公领悟后及时停止修建九层高台。此外,以迂回含蓄的方式向人建言常常更显智慧,比直言不讳式建言收效更佳。因此,在直言不讳式智慧建言与迂回含蓄式智慧建言间作选择时,必须考虑建言对象的性格特点,以便取得最佳成效。

(四) 促进型智慧建言和抑制型智慧建言

参照建言的分类,按智慧建言功能的不同,可将智慧建言分为促进型和抑制型。促进型智慧建言指个体为改善他人或组织整体机能而智慧地表达自身想法、意见或建议的行为。抑制型智慧建言指个体对可能阻碍他人进步或组织正常运转的问题智慧地提出改进或应对措施,以防止他人或组织进一步受损的行为(Liang et al., 2012)。促进型智慧建言和抑制型智慧建言主要有六点不同:(1)关注的焦点不同。促进型智慧建言旨在提高他人或组织的绩效,以改善他人或组织的现状。抑制型智慧建言关注他人或组织的及时止损。(2)时间指向不同。促进型智慧建言指向未来,关注他人或组织未来发展的理想状态。抑制型智慧建言指向他人或组织当前或过去存在的问题。(3)对他人或组织现状的挑战程度和对个体的风险性不同。较之促进型智慧建言,抑制型智慧建言对个体或组织现状和管理者权威的挑战性更强,因而提出此类建言的个体更可能遭受风险。(4)消耗的资源类型不同。促进型建言对个体认知资源的消耗较大,因为该类智慧建言涉及改变他人或组织现状的创新性想法或措施。与此不同,抑制型智慧建言的潜在风险较高,因此,个体会在这类智慧建言过程中不断进行自我控制和自我调节,由此消耗大量自我调节资源。(5)信息呈现的方式不同。较之抑制型智慧建言,促进型智慧建言呈现信息的方式更积极正面。(6)提供解决方案的差异。促进型智慧建言给出促进他人或组织发展的解决方案。抑制型智慧建言在点明他人或组织存在的问题后,不会提供相应的解决措施(李方君,钟旭朋,2020)。

二、智慧建言的影响因素

前文已述,智慧建言是建言的一个特例。尽管尚未有研究直接探讨智慧建言的影响因素,但针对建言的影响因素,现有文献已获得一定成果,从中可推测智慧建言的影响因素。它们可大致分为问题自身因素、建言者自身因素和组织情境因素三类。

(一) 来自问题本身的因素

来自问题本身的因素,如问题的性质与难度大小等,是影响个体能否进行智慧建言的主要因素。一般而言,问题的难度太低,个体虽能正确建言,但建言内容无创造性可言,故不属智慧建言;问题的难度适中,个体更易进行智慧建言;若问题的难度太大,个体则不易进行智慧建言。同时,问题的性质也影响智慧建言的难易程度。相对而言,较之双趋动机冲突式问题,双避动机冲突式问题更不易进行智慧建言,两种冲突类型产生的冲突强度同等时更是如此。

(二) 建言者自身因素

1. 建言者身份

建言者身份不同,建言的效果也有所不同。从社会地位的角度看,居上位者往往"一言九鼎",居下位者常常"人微言轻"。从所担职责的角度看,中国人多认可《论语·泰伯》中的"不在其位,不谋其政",在自身职责范围内往往积极建言,反之,则信奉"沉默是金",以免"越权"。从亲疏关系角度看,通人情者都认可"疏不间亲"的原则(汪凤炎,2019a,438-439),对于与自己关系亲密者通常知无不言,作为"外人"则轻易不会建言。从《战国策·齐策一·邹忌修八尺有余》看,当一个人偏爱自己、害怕自己或有求于自己时,其建言易发生偏差。由此可知,建言者对建言对象所持的情绪或态度易影响其建言的质量。

2. 建言视角

建言视角是影响智慧建言的重要因素之一。用第一人称、第二人称还是第三人称视角进行建言,其效果有明显差异。一项研究发现,相较于第三人称视角,第二人称视角下,被试与情境中的主人公的心理距离更近。这种自我参与可能是大脑静息态前额叶的脑电能量与第二人称(而非第三人称)视角下的智慧建言之间呈显著正相关的原因。静息态大脑的自发活动可能有助于第二人称(而非第三人称)智慧建言(Huang et al.,2020)。

3. 尽责性和职责取向

雷平和范·戴因(Lepine & Van Dyne,2001)发现,尽责性(conscientiousness)人格特质正向影响建言行为。较之低尽责性个体,高尽责性个体的工作责任心更强,对组织成功的兴趣更高。因此,他们常将建言视为自身职责,并就如何促进组织发展积极向决策者提供意见和建议(Nikolaou et al.,2008)。职责取向(duty orientation)是源自尽责性的一种人格特质,高职责取向个体专注实现组织的长足发展,而非追求自身利益最大化。因此,当高职责取向个体发现领导或组织存在问题,并认为自身建言能改变这些问题,便会积极向领导者建言(Tangirala et al.,2013)。由此推测,尽责性和职责取向同样是影响智慧建言的重要因素。例如,《国语·晋语·叔向谏杀竖襄》记载:

> 平公射鹖,不死,使竖襄搏之,失。公怒,拘将杀之。叔向闻之,夕见平公,君告之。叔向曰:"君必杀之!昔吾先君唐叔射兕于徒林,殪,以为大甲,以封于晋。今君嗣吾先君唐叔,射鹖不死,搏之不得,是扬吾君之耻者也。君其必速杀之,勿令远闻。"君忸怩,乃趣赦之。

这段话的大意是:晋平公打猎时射伤了一只鹖雀,命令竖襄捉来,结果竖襄没捉到。晋平公大怒,命人将竖襄关起来,准备杀了他。晋国大夫叔向听闻此事,连忙于傍晚赶去见晋平公。晋平公就将此事告知叔向。叔向回复道:"竖襄是该杀!当年唐叔曾在树林里一箭射死野牛,用野牛的皮做成一副铠甲,展现出过人的胆量和武艺,才被封为晋国之君。如今您作为继承人,连一只鹖雀都杀不死,派人去捉也没捉到,赶紧杀掉竖襄吧,免得事情传开,让晋国丢人。"晋平公听后觉得自己理亏,立即赦免竖襄。在这里,尽职且机智的叔向用讽谏救了竖襄的命,也阻止了晋文公犯错。

4. 心理授权、自我效能感和建言效能感

心理授权(psychological empowerment)指个体在工作场所体会到的一种综合的心理感知,包括意义感、自我效能感、自我决定和影响力(Thomas & Velthous,1990)。相较于低心理授权,高心理授权能让员工获得对组织情境的控制感和工作自主性,并体会到自身在组织中具有一定价值和影响力,从而促进建言。在心理授权的结构中,自我效能感(self-efficacy)对建言行为的影响尤为突出,与建言行为的正相关关系已获得大量实证研究的支持(段锦云,魏秋江,2012;章凯,等,2020)。

建言效能感(voice efficacy)是自我效能感在建言情境中的具体表现,指个体对自身能否胜任建言角色,以及建言能否取得良好效果和积极反馈的预期(Kish-Gephart et al.,2009)。研究表明,建言效能感对建言行为同样具有积极影响(Janssen & Gao,2015),而且其影响作用较自我效能感更突出(段锦云,魏秋江,2012)。同时,建言效能感在建言行为的众多前因变量与建言行为的关系中具有中介作用。例如,高批判性思维的员工会有更高的建言效能感,从而表现出更多的建言行为(Jiang et al.,2018)。

5. 组织认同感

组织认同感是社会认同感的一种特殊形式,指个体基于所属团体,以及在团体的身份地位建立自我概念(Mael & Ashforth,1992)。高组织认同感的个体视自身与组织为一体,认可且主动吸收组织的价值观,倾向站在组织的角度思考问题,并习惯以有益于组织的方式行事,因此更可能做出建言行为(Wang et al.,2018)。

除对组织的认同感外,对组织中的具体他人的认同感也可促进建言。例如,高领导者认同感与上行式建言呈显著正相关,高同事认同感与平行式建言呈显著正相关(Liu et al.,2010)。又如,高领导者认同感对员工的促进型建言和防御型建言均有较大促进作用(Guo et al.,2020)。总之,建言者对建言对象的高认同感可有效促进其建言行为的发生。

内部人身份感知与认同感在概念上具一定相似性,对建言行为同样具有积极影响。内部人身份感知(perceived insider status)指员工对自身是否拥有组织内部成员身份的一种感知(Stamper & Masterson,2002)。组织环境中,高内部人身份感知的员工的主人翁意识更强烈,因而更可能就改善组织现状进行建言(段锦云,曹莹,2015)。

6. 建言安全感

建言安全感可能也是影响智慧建言的重要因素。建言安全感(perceived safety of voice)指个体对自身建言行为是否会为自身带来风险和损失的感知。建言安全感对个体是否愿意建言、如何建言以及向何人建言等均有重要影响。通常而言,高建言安全感的个体更乐于表达自身观点(Liang et al.,2012)。研究表明,建言安全感是个体建言的另一重要中介变量。例如,领导开明性会增强个体的建言安全感,从而促使个体表现出更多建言行为(Detert & Burris,2007)。同事的支持会提高个体的建言安全感,从而促使个体更好地进行自我表达(Vinarski-Peretz & Carmeli,2011)。

(三) 组织情境因素

组织情境因素是影响智慧建言的重要外部因素。组织情境中的领导风格、领导与员工的关系和组织建言氛围对个体建言行为均有重要影响。就领导风格而言,道德型、变革型和包容型领导风格对个体建言行为均有积极的促进作用。这些领导风格通过增强个体的组织认同感、领导者认同感、工作责任感和内部人身份感知,以及降低个体对建言风险性的预期,促进个体的建言行为(梁建,2014;吴隆增,等,2011;Guo et al.,2020)。相反,威权型和自恋型领导风格阻碍个体建言的发生。这些领导风格通过降低个体的心理授权(周建涛,廖建桥,2012),或增加个体的工作压力(Yao et al.,2019),阻碍个体进行建言。

领导与员工之间的关系也是影响建言的一个因素。领导与员工之间关系融洽,员工的工作责任感较强,对领导者的情感依附和承诺也较强,并会对领导者积极听取自身建言和建言结果形成良好预期,因而更乐于表达自身的想法和意见(Van Dyne et al.,2008)。

组织建言氛围及其言路畅通氛围、领导纳言氛围、群策群力氛围和人际融洽氛围四个维度均能有效促进个体的建言行为。言路畅通氛围指组织营造出的宽松民主的沟通氛围,以及为保障和促进员工建言提供的政策支持;领导纳言氛围指领导者对员工建言的接纳意愿和气度的氛围;群策群力氛围指组织成员发挥集体作用、解决组织问题的氛围;人际融洽氛围指组织成员间融洽和谐的人际氛围(陈苗苗,2015)。

思考题

1. 什么是智慧建言?它与建言有何关系?
2. 智慧建言的类型有哪些?
3. 为什么有的智慧建言会成功,有的智慧建言会失败?智慧建言的影响因素可能有哪些?

第十三章

智慧纳建

内容摘要

本章共分两节。第一节简要阐述智慧纳建的内涵,接着探讨智慧纳建与纳建的关系,以及智慧纳建的正例和反例。第二节论述智慧纳建的类型、过程与影响因素。本章的重点是智慧纳建的内涵和逻辑推理式智慧纳建的四阶段模型。

核心概念

建议采纳　　智慧纳建　　上行式智慧纳建　　平行式智慧纳建　　下行式智慧纳建　　直觉式智慧纳建　　逻辑推理式智慧纳建

个体的能力、知识经验、精力和视角等均是有限的,不可能穷尽见识宇宙的变化。正如《资治通鉴·唐纪》中陆贽上奏唐德宗说:"以一人之听览而欲穷宇宙之变态,……役智弥精,失道弥远。"同时,受情绪、需要、兴趣、认知偏见等因素的影响,个体在决策时难免会思虑不周,有所遗漏。因此,智慧地采纳他人的合理建议是保证决策科学性和准确性的有效途径。中外历史上的成功者都深谙这个道理,乐于广开言路,虚心纳建,最终成就一番事业。

第一节　智慧纳建的内涵与正反例

一、智慧纳建的内涵

建议采纳(advice taking),简称"纳建",指决策者参考他人建议或建言进行决策的行为(任小云,等,2021)。汉语有"纳谏"一词,如《战国策·齐策一·邹忌讽齐王纳谏》,唐代吴兢所撰《贞观政要》的第五篇的篇名就叫"纳谏"。如第十二章所论,"谏"的内涵较之"建言"的内涵窄得多,且主要用于下级向上级建言的情境,与此相应,"纳谏"指上级采纳下属或长辈采纳晚辈的谏言。"纳建"较之"纳谏"的内涵更宽广,既可用于下级向上级建言的情境,也可用于上级向下级建言的情境,还可用于平辈之间,故本书用"纳建"一词,而不用"纳谏"。

现有纳建研究多采用决策者-建议者系统范式(judge-advisor system,JAS)(Sniezek & Buckley,1995)。该范式中,研究者先要求被试就某问题进行初始决策,接着向被试呈现建议,然后再请被试进行最终决策。被试可自主决定是否接受建议。此类研究中常用的决策任务有两种(孙露莹,等,2017;徐惊蛰,谢晓非,2009):一是选择任务,要求决策者从两个或多个选项中选出最优方案(Johnson & Johnson,2017);二是评估任务,要求决策者给出数量估计,如人体体重(段锦云,等,2016;Gino & Schweitzer,2008)、两地距离(Ache et al.,2020;Schultze et al.,2018)、硬币数量(张琴,等,2016)和历史年份(Hütter & Fiedler,2019)。决策者-建议者系统范式常用建议权重(weight of advice,WOA)(Yaniv,2004)作为个体纳建程度的统计指标。计算公式为:$WOA = \frac{|最终决策 - 初始决策|}{|他人建议 - 初始决策|}$,即计算他人建议在最终决策中的权重。该指标的取值范围为 0—1,值越大表示纳建程度越高,0 表示完全不接纳他人建议,1 表示在他人建议的影响下,决策者完全改变自身初始想法。该范式因操作简单且易于解释而被广泛应用,目前已发展出诸多变式。由纳建的定义进行类推,智慧纳建(wisely advice taking)指决策者采纳他人建议或建言并作出智慧决策的行为。

二、智慧纳建与纳建的异同

智慧纳建与纳建的相同点在于,二者均涉及建言信息在两个或两个以上主体间的交换。某些情况下,建言会被直接采纳,但在大多数情况下,一个完整的纳建行为或智慧纳建行为往往包括多轮信息发出和接收过程。

智慧纳建与纳建之间至少存在三个差异:(1)所涉问题难易程度不同。与问题解决中的问题指难题(problem)而非简单问题(question)相似,智慧纳建针对的也是难题。这类问题的初始状态、目标状态和达成目标状态的路径均较为模糊,具有较大不确定性,或涉及的人物利益关系较为复杂,导致决策者一时无法正确决策,或暂时作出错误决策。与此不同,普通的纳建既可发生在复杂问题情境中,也可发生在简单问题情境中。(2)二者的创新程度不同。智慧纳建与纳建的一大区别在于,智慧纳建须保证纳建后所作决策有一定新意或创造性。这里的创造性既可是类创造,也可是真创造。类创造情况下,决策者采纳建言后(全部或部分采纳他人建言),一改不知如何正确决策的状态或放弃原有不理智决策,作出改用由建言者提出或暗示的更智慧的建言的决策。真创造情况下,决策者采纳建言后,一改原先不知如何正确决策的状态或放弃原有不理智决策,在参考建言者提出或暗示的更智慧的建言的基础上,独立作出更新颖、更有价值的决策。因此,假若说智慧建言的"新"主要体现在建言方式或方法的巧妙上,那么智慧纳建的"新"主要体现在纳建后所作的决策上。如果纳建后的决策与纳建前的决策完全相同,或纳建后的决策不如纳建前的决策英明,那么,这只是纳建而不是智慧纳建。(3)行为结果不同。普通纳建行为的结果既可以是积极的,也可以是消极的。积极结果指决策者采纳他人建言后,给出的最终决策方案优于初始决策方案。消极结果指决策者采纳他人建言后,给出的最终决策方案劣于初始决策方案。与此不同,智慧纳建只会带来积极结果。此处的积极结果指决策产生的行动或行为能长久地为他人或自己与他人增进福祉(汪凤炎,郑红,2014,p.189)。如果纳建后产生的行动无法产生良好的结果,此时的纳建便不是智慧纳建。当然,就某一具体的纳建行为而言,有时很难立即评判最终决策方案是否会带来积极结果,而要靠时间的检验。但是,无论评判何时才能作出,有两点须说明确:①一旦有足够证据证明纳建后所作决策的最终结果弊大于利就不是智慧纳建。②智慧纳建取得的积极结果,须是智慧建言被采纳的结果,而不是由其他因素形成,如机会或运气等带来。由其他因素带来的积极结果无法证明建言是智慧建言,进而无法证明纳建是智慧纳建。

三、智慧纳建的正反例
(一) 智慧纳建的正例
中国典籍中有关智慧纳建的正例不胜枚举,限于篇幅,本章仅从正史中择举两例。
正例一:刘邦纳建还军灞上
《史记·留侯世家第二十五》记载:

> 沛公入秦宫,宫室帷帐狗马重宝妇女以千数,意欲留居之。樊哙谏沛公出舍,沛公不听。良曰:"夫秦为无道,故沛公得至此。夫为天下除残贼,宜缟素为资。今始入秦,即安其乐,此所谓'助桀为虐'。且'忠言逆耳利于行,良药苦口利于病',愿沛公听樊哙言。"沛公乃还军霸上。

这段话的大意是:刘邦进入秦宫,看到宫中到处是奇珍异宝,单是美女就有数千人,便想住在皇宫里不走了。樊哙再三劝说,他都不听。张良又劝道:"正因为秦朝不施仁政,荒淫无道,您今天才能打到这里。您既然是要为天下人铲除暴君,就应该以俭朴为本。现在,您才刚刚进入咸阳,就要过和那些昏君一样的享乐日子,这便是人们所说的'助桀为虐'。况且,俗话说'忠言逆耳利于行,良药苦口利于病',希望您能接受樊哙的劝告!"刘邦听到这番建言及时醒悟,立即率领大军返回灞上。

就问题情境而言,刘邦面对的无疑是复杂情境。是留在秦宫还是驻扎灞上,是追求即时享受还是着眼大局,是贪图自身的快活还是关心百姓的需求,等等,都是刘邦需要考虑的问题。就纳建过程而言,尽管史书并未记载刘邦听完张良建言后的心路历程,但从刘邦的外在反应可间接推测其心理活动。秦宫的奢靡生活对刘邦而言是巨大诱惑,选择撤军回灞上需要很大的决心和魄力。若刘邦自身没有一定的大局观和长远眼光,仅凭张良的建言很难令其放弃眼前的巨大诱惑。由此可见,刘邦对张良并非"言听计从"。刘邦信任张良,但遇事也有自己的考量,对于张良的建言不会照单全收,更不会随意盲从。就纳建结果而言,较之留在秦宫,撤军回灞上无疑更为明智。一方面,留在秦宫很可能激怒项羽,加剧双方关系的紧张,继而引起不必要的冲突。同时,过分享乐必然导致军心涣散、丧失斗志,进而降低军队的整体战斗力。最重要的是,驻留秦宫享受奢华生活与民心向背,无疑辜负了千千万万百姓的期望,自然无法得到百姓的拥护。可见,从长远看,对刘邦而言,驻留秦宫有百害而无一利,撤军灞上才是明智之举。

正例二:李世民纳建收回封李纬为户部尚书的任命

《贞观政要·择官》记载:

> 贞观二十一年,太宗在翠微宫,授司农卿李纬户部尚书。房玄龄是时留守京城。会有自京师来者,太宗问曰:"玄龄闻李纬拜尚书,如何?"对曰:"但云'李纬大好髭须',更无他语。"由是改授洛州刺史。

《资治通鉴》卷第一百九十八《唐纪十四·太宗贞观二十一年》也有类似记载:

> 癸未,以司农卿李纬为户部尚书。时房玄龄留守京师,有自京师来者,上问:"玄龄何言?"对曰:"玄龄闻李纬拜尚书,但云李纬美髭鬓。"帝遽改除纬洛州刺史。(司马光,2012,p.6361)

唐贞观二十一年(647年),太宗李世民到刚建成的翠微宫避暑,房玄龄留守京城。癸未月的一天,李世民下旨任命司农卿李纬为户部尚书。李世民正想听一听房玄龄对这一人事任命的看法,恰有官员从京城来翠微宫出差,李世民就顺便问此人:"房玄龄对李纬任户部尚书有何看法?"此人如实回答:"房玄龄听到李纬即将官拜户部尚书,只夸李纬的胡须和鬓发很美。"李世民闻言便知房玄龄暗示李纬尚不具备担任户部尚书的能力,劝自己不要被李纬的漂亮外表迷惑。于是,李世民赶在李纬赴任之前收回成命,改任为洛州刺史。

在这一案例中,房玄龄明知李世民用人不当,但为顾及李世民和李纬的脸面,以免损伤君臣关系和同僚关系,并未直接反对此项人事任命,而是以委婉建言的方式,提醒李世民,劝他收回成命。善于智慧建言者只有遇到善于智慧纳建者,才能取得这般良好的建言和纳建效果。

(二)智慧纳建的反例

智慧纳建的反例多种多样,或是对他人的高质量建言无动于衷,如赵孝成王不顾蔺相如和赵括母亲的劝谏,执意派赵括代替廉颇率领赵军与秦军作战;或是接纳他人的不良建言,导致消极后果,如吴王夫差听信伯嚭谗言处死忠臣伍子胥;或是在他人建言的影响下取得积极结果,但行动毫无自身想法,如鲁庄公听取曹刿的建言在合适的时机出兵,虽大败齐军却不清楚为何应在那个时机出兵。限于篇幅,下面仅从正史中择取第一种类型的智慧纳建反例。

《史记·廉颇蔺相如列传》记载:

> 后四年,赵惠文王卒,子孝成王立。七年,秦与赵兵相距长平,时赵奢已死,而蔺相如病笃,赵使廉颇将攻秦,秦数败赵军,赵军固壁不战。秦数挑战,廉颇不肯。赵王信秦之间。秦之间言曰:"秦之所恶,独畏马服君赵奢之子赵括为将耳。"赵王因以括为将,代廉颇。蔺相如曰:"王以名使括,若胶柱而鼓瑟耳。括徒能读其父书传,不知

合变也。"赵王不听,遂将之。……赵括自少时学兵法,言兵事,以天下莫能当。尝与其父奢言兵事,奢不能难,然不谓善。括母问奢其故,奢曰:"兵,死地也,而括易言之。使赵不将括即已,若必将之,破赵军者必括也。"及括将行,其母上书言于王曰:"括不可使将。"王曰:"何以?"对曰:"始妾事其父,时为将,身所奉饭饮而进食者以十数,所友者以百数,大王及宗室所赏赐者尽以予军吏士大夫,受命之日,不问家事。今括一旦为将,东向而朝,军吏无敢仰视之者,王所赐金帛,归藏于家,而日视便利田宅可买者买之。王以为何如其父?父子异心,原王勿遣。"王曰:"母置之,吾已决矣。"括母因曰:"王终遣之,即有如不称,妾得无随坐乎?"王许诺。赵括既代廉颇,悉更约束,易置军吏。秦将白起闻之,纵奇兵,详败走,而绝其粮道,分断其军为二,士卒离心。四十余日,军饿,赵括出锐卒自搏战,秦军射杀赵括。括军败,数十万之众遂降秦,秦悉坑之。赵前后所亡凡四十五万。明年,秦兵遂围邯郸,岁余,几不得脱。赖楚、魏诸侯来救,乃得解邯郸之围。赵王亦以括母先言,竟不诛也。

这段话的大意是:赵孝成王派廉颇率军抗秦,赵军屡次战败,廉颇只好下令坚守不战。秦军多次挑战,廉颇也不应战。这时秦人故意派人到赵国散布谣言:秦国最害怕的是赵国委派赵奢的儿子赵括为统帅。赵孝成王听信谣言,真用赵括代替廉颇。病重的蔺相如听到消息后立即劝阻赵孝成王:"您只是凭着赵括的虚名就重用他。这个人只会读他父亲留下来的书,根本不懂得随机应变。"赵孝成王仍是不听,执意派赵括领兵。赵括快出发的时候,他的母亲上书赵孝成王说:"不能任用赵括为将军。"赵孝成王细问原因,赵母对答说:"过去我侍奉他父亲时,他父亲正做赵国的将军。那时,他父亲每天亲自端饭恭敬对待的有几十人,友好平等地像朋友一样接待的有上百人。大王和王室贵族们给的赏赐他都拿出来分给手下的军官和士兵。一旦接受军事任务,就顾不得家里的事情。可是赵括刚当上将军就傲慢地朝东坐着接受部下的参见,下属们谁都不敢仰脸看他。您赏给他的金玉布帛,他都拿回家藏起来,每天都在物色良田美宅。您认为他的表现与他父亲相比如何?他们父子完全不同,请您不要委派他。"赵孝成王仍不为所动,坚持派赵括指挥军队。面对蔺相如和赵母的耐心劝谏,赵孝成王完全不为所动,反而轻信谣言,固执己见,一意孤行地派赵括代替廉颇领军。结果赵军大败,战亡者四十五万,赵括也被乱箭射死。

第二节 智慧纳建的类型、过程与影响因素

一、智慧纳建的类型

汪凤炎通过研究古今智慧纳建的众多正例和反例发现,至少可从两个角度对智慧纳建进行分类。

(一) 上行式智慧纳建、平行式智慧纳建和下行式智慧纳建

根据建言者的不同,可将智慧纳建分为上行式、平行式和下行式三种。下行式智慧纳建指决策者采纳上级领导或长辈给予的建言并作出智慧决策的行为。平行式智慧纳建指决策者采纳同辈给予的建言并作出智慧决策的行为。上行式智慧纳建指决策者采纳下属或晚辈给予的建言并作出智慧决策的行为。前喻文化阶段存在等级观念,上级和长辈因处于上位而能扮演权威角色,给予下级或晚辈的往往是命令或教导,因此,通常只存在下级或晚辈给上级或长辈的谏言,只有上行式智慧纳建而几乎不见下行式智慧纳建。后喻文化阶段,知识更新速度加快,年轻人掌握新知识的速度与能力往往优于年长者,加之平等观念深入人心,上级和下属、长辈和晚辈处于平等地位,二者只存在分工的不同。与此相应,此时既有上行式智慧纳建,也有下行式智慧纳建。平行式智慧纳建则广泛存在于前喻文化阶段、后喻文化阶段和并喻文化阶段。

(二) 直觉式智慧纳建和逻辑推理式智慧纳建

与卡尼曼的双过程理论(dual process theory,亦译"双系统思维模型")(Kahneman, 2012)以及悟有顿悟和渐悟两种方式相仿,智慧纳建也可分为直觉式和逻辑推理式两种。直觉指一种未经逻辑推理就直接认识真理的能力。现代思维科学研究认为,科学和艺术的认识与直觉有关。它是长期思考后的突然澄清,或创造性思维的集中表现,也是一种重要的思维方式(陈至立,2019,p.5660)。与此相应,直觉式智慧纳建指决策者凭借直觉采纳他人建言并作出智慧决策的行为。直觉式智慧纳建的特点是快而准,即纳建过程不但在瞬间完成,而且事后证明采纳建言非常智慧。逻辑推理式智慧纳建,也叫"深思熟虑式智慧纳建",指决策者经由严密的逻辑推理或深思熟虑后采纳他人建言并作出智慧决策的行为。逻辑推理式智慧纳建的特点是慢而准,即决策者要经过至少一轮的逻辑推理才能智慧地采纳建言。换言之,为确保后续决策方案的正确性和有效性,提高智慧纳建行为出现的可能性,决策者须综合考虑四个方面:(1)建言质量,即建言的可信度、清晰度、合理性、可行性等;(2)自身对情境的控制感,即综合考虑时间压力、任务难度、任务重要性、自身能力和知识经验;(3)双方关系,即亲疏程度、关系类型、利益纠葛、相似度、好感度等;(4)他人与自身的短期和长期的相对收益,即预期建言会给他人和自己带来多少收益与损失,若预期行为结果不够理想,则要及时调整现有方案,以保证行为取得善的结果。当然,逻辑推理式智慧纳建的"慢"仅相对于直觉式智慧纳建的"快"而言,从时间上讲,短至几分钟,长可达数日、数周甚至数月。

二、智慧纳建的过程

汪凤炎研究古今智慧纳建的众多正例和反例后认为,智慧纳建存在双通道模式。个体在智慧纳建时会根据难题和建言的类型,从两种纳建方式中选择一种。纳建者能准确觉知建言具高质量且无其他顾忌时,一般采用直觉式智慧纳建;纳建者一时无法确认建言质量高低,或建言质量高但须兼顾其他因素,一时无法抉择,往往采取逻辑推理式智慧纳建。直觉式智慧纳建在瞬间完成,几乎没有一个明确的延时纳建过程。与直觉式智慧纳建不同,逻辑推理式智慧纳建须顺利渡过由低至高的四个阶段,可归纳为逻辑推理式智慧纳建的四阶段模型(如图 13-1 所示):

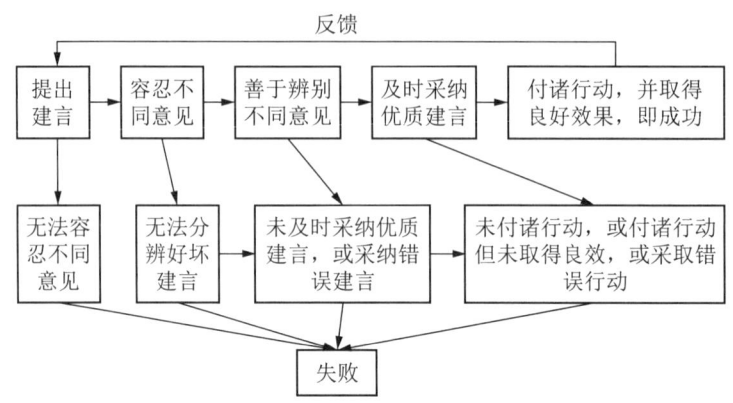

图 13-1 逻辑推理式智慧纳建的四阶段模型

如图 13-1 所示,从提出建言至智慧地采纳建言并取得成功,中间需经历四个阶段。这四个阶段犹如串联电路的四个开关,"电流"若想成功通过,须使它们同时接通。

逻辑推理式智慧纳建的第一阶段是容忍不同意见,即允许他人表达与自己不同的观点。因此,个体若能像唐太宗那样容忍不同意见,哪怕是对自己的尖锐批评,就表明他成功开启了智慧纳建的第一重开关。反之,个体若像商纣王那样不允许或无法容忍他人提出的不同建言,那么,这第一重开关便无法开启,遑论后续流程。

逻辑推理式智慧纳建的第二阶段是善于辨别不同意见。在容忍不同意见的基础上,个体若能像唐太宗那样明辨是非,从别人提出的众多不同意见中区分出优质建言和错误建言,在优质建言中再区分不同质量,就顺利完成了智慧纳建的第二阶段,即做到善于辨别不同意见。反之,尽管个体能容忍不同意见,却像秦二世之类的昏君无法分辨意见的好坏,就表明智慧纳建的第二重开关未顺利开启,后面的流程自然无法往下进行。

逻辑推理式智慧纳建的第三阶段是及时采纳优质建言。知晓不同建言的好坏与优劣后,个体若能像唐太宗那样从善如流,及时听进良言,就达到智慧纳建的第三阶段,即及时采纳优质建言。反之,个体明知哪些是优质建言哪些是错误建言,却因种种原因未及时采纳优质建言或采纳了错误建言,就表明智慧纳建的第三重开关未顺利开启,后面的流程自然无法往下进行。这一阶段要尽量降低建议折扣效应(advice discounting effect)。建议折扣效应又称"自我-他人效应"(self-other effect),指决策者坚持自身的初始决策,仅部分接受甚至忽视他人建议,导致他人建议对决策者作出的最终决策的影响有限(Yaniv, 2004)。建议折扣效应易使决策者错过优质建议中的部分信息,无法作出最优决策。目前,学界对建议折扣效应产生的心理机制有不同解释。亚尼夫和克莱因伯格（Yaniv & Kleinberger, 2000）主张从决策者和建言者的信息不对称性（informational asymmetry）出发，理解这一效应。具体而言，决策者更了解自身观点及其支持性信息，故更易论证其合理性，但决策者难以完全理解建言者的主张及其依据，更难判断其可信度和可靠性。这种双方之间的信息不对称性导致决策者更倾向坚持自身已有想法，不采纳他人建议。克鲁格（Krueger, 2003）发现，决策者面对新奇问题（无可用的知识和经验）或已知建议来自专家（知晓建议可靠）时，决策者与建言者之间的信息不对称较小，但建议折扣效应依然存在。据此，克鲁格断定信息不对称性观点不能完全解释建议折扣效应。因此，克鲁格提出新主张，认为宜用自我中心偏差（ego-centric bias）解释建议折扣效应。在他看来，决策者对自身的评价高于建言者，并认为自身决策优于他人建议，因此在决策时总偏向于自身初始决策，较少采纳他人建议。从这个角度出发，决策者对自身决策缺乏信心时，建议折扣效应相对较小（Wang & Du, 2018）。例如，对个体常识测试提供消极反馈可有效降低个体在随后的建议采纳任务中的建议折扣效应（刘耀中，等，2016）。

逻辑推理式智慧纳建的第四阶段是付诸行动，并取得良好效果。个体若能像唐太宗那样在及时采纳优质建言的基础上，将之付诸行动，并在为大众谋福祉方面取得良好效果，就达到智慧纳建的第四阶段，这也是智慧纳建的最高阶段，标志这轮智慧纳建取得成功。但是，个体若如晋武帝之流，虽及时采纳他人优质建言并付诸行动，却未能成功为大众谋得福祉，仍算不上是智慧纳建；若是汲取他人建言后仅为自己或自己的小集团谋福祉，为此不惜牺牲绝大多数人的正当权益，则整个过程都不算智慧纳建，至多只算小聪明。

三、智慧纳建的影响因素

智慧纳建的本质是一种人际沟通行为，是建言信息交流的过程。在这一沟通过程中，建言信息的提出者（建言者）以言语或非言语的方式将自己有关当前问题的想法传达给建议信息接收者（决策者）。尽管尚未有研究直接探讨智慧纳建的影响因素，但针对纳建的影响因素，现有文献已获得一定成果，从中可推测智慧纳建的影响因素。概括而言，"建言者""建言""纳建者""决策问题"四个要素均会影响智慧纳建行为。

（一）建言者自身特征

如上文所论，建言者身份不同，建言的效果不同。从社会地位的角度看，居上位者往往"一言九鼎"，居下位者常常"人微言轻"。从所担职责的角度看，中国人多认可《论语·泰伯》中的"不在其位，不谋其政"，在位者建言"名正言顺"，不在位者建言往往"名不正言不顺"，在位者建言被采纳的概率更高。从建言者与决策者的关系角度看，"用人不疑，疑人不用"。决策者认为建言者可信或可靠时，智慧纳建的可能性更大。例如，决策者采纳高善意建言者建言的次数远多于采纳低善意建言者建言（张艳梅，等，2015）。出于对专家的信任程度，较之新手，决策者更可能采纳专家的建言（Wang & Du, 2018）。同样，建言者的真诚-虚伪品质对决策者的纳建行为具有重要影响，决策者对建言者的认知信任在其中起中介作用（谢梦雅，段锦云，2019）。

（二）建言本身特征

比较建言者自身特征和建言特征对纳建行为的影响发现，决策任务不重要或决策者对建言的认知加工较浅时，建言者自身特征，如建言者的专业水平或智慧水平的影响作用更大。相反，决策任务较为重要或决策者对建言作过深入思考时，建言特征对纳建行为的影响更大。此处，建言特征包括但不限于建言距离和建言方式（Feng & MacGeorge, 2010）。下面简要介绍两个重要的建言特征对纳建行为的影响。

1. 建言距离

建言距离（distance of advice）指决策者的初始决策与他人建言之间的差异。差异越大，建言距离越远。早期研究大多发现，建言距离越远，决策者赋予该建言的权重越小，采纳程度越低，即将初始决策向建言方向调整的程度越小（Yaniv, 2004; Yaniv & Milyavsky, 2007）。近年来有研究发现，建言距离与纳建呈倒 U 形曲线关系，即较之近距离和远距离建言，决策者对中等距离建言的采纳程度更高（Du et al., 2019; Schultze et al., 2015）。决策者之所以更多地采纳中等距离建言，是因为近距离建言因与初始决策较为相似而无法提供较多新信息，远距离建言虽能提供大量新信息，但与初始决策出入较大而难以获得决策者的信任。

2. 建言方式

就建言提出的过程而言，建言的整合模型（integrated model of advice giving; Feng, 2009）主张个体建言包含三个递进的环节：情感支持表达、问题获取及分析、提出建言。情感支持表达指向决策者表达关心、理解和支持。问题获取及分析指细致分析当前情境，耐心倾听决策者的想法，考虑是否建言以及如何建言。该模型认为，建言者按这三个环节的顺序进行建言时，较之其他建言顺序，决策者对建言质量的评价最高，采纳建言的可能性也最大。任一环节缺失或颠倒顺序，都会对最终决策的质量产生负面影响。

就建言表达方式而言，不同建言表达方式在不同纳建情境中的适用性和实际效用不同。例如，建言者资质较低时，其提出的分析型建言被采纳的可能性大于直觉型建言；建言者资质较高时，决策者对其分析型建言和直觉型建言的采纳意愿基本一致（Tzioti et al., 2014）。施罗伊斯等人（Schreurs et al., 2017）发现，当决策者与建言者的社会距离较远，如性别相反、种族不同，决策者对高解释水平建言的接受度更高，如渴望性建言和正式且规范的建言。与此不同，当决策者与建言者的社会距离较近，如性别和种族相同，决策者对低解释水平建言的接受度更高，如可行性建言和非正式建言。又如，就微信建言和当面建言而言，高权力距离决策者采纳微信建言多于当面建言，而低权力距离决策者采纳当面建言多于微信建言。这是因为，在高权力距离决策者看来，下属的建言行为是对自身能力的质疑，更是对自身权威的挑战，因此，相较而言，他们更倾向采纳非面对面的、温和的微信建言,而不是直接的、激烈的当面建言。与此不同,低权力距离决策者看重建言的实质内容,不关注下属建言是否对自身地位和形象造成威胁。当面建言往往蕴含内容较重要且紧急的信号,而微信建言蕴含内容较不重要或不紧急的信号,因此,低权力距离决策者更乐于采纳当面建言(周浩,2021)。

(三) 纳建者特征

1. 纳建者的人格特征

高自恋水平者的建言采纳意愿更低,纳建行为更少。由利己主义动机引发的盲目自信和知识抑制,以及与建言者在立场和出发点上的矛盾,使得高自恋水平决策者较难感知建言的建设性意义,往往认为他人建言的价值不高或不具备现实可操作性(Horvath & Morf,2009;Saucier & Webster,2010),又或低估建言者的能力(Kausel et al.,2015)。

决策者的经验开放性可有效促进其纳建行为。高经验开放性者乐于听取他人的各类想法和建言,具有更强的包容性,因而更可能接纳他人建言。相反,低经验开放性者更聚焦于他人或他人信息对自身地位和形象的威胁,因而对他人建言持较为谨慎和保守的态度(Judge & Bono,2000)。

外显自尊和内隐自尊是不同的心理结构,二者对纳建行为的影响有所不同。一般认为,内隐自尊对纳建行为的影响不显著,而外显自尊与纳建行为呈显著负相关,即外显自尊越高,建言采纳程度越低。究其原因,高外显自尊个体往往具有较高水平的一般自我效能感和决策效能感(Lin et al.,2015),对自身的想法和观点较为自信。同时,高外显自尊个体的自主性较强,更愿意依自身意愿决策。这些都促使他们更少采纳他人建言(Paradise & Kernis,2002;Rhodes & Wood,1992)。在此基础上,研究者进一步探讨自尊分离对纳建行为的影响。自尊分离(discrepancies between explicit and implicit self-esteem)指个体的外显自尊与内隐自尊不一致。它包括两种子类型:低外显高内隐,即受损型自尊(damaged self-esteem);高外显低内隐,即防御型自尊或脆弱型自尊(defensive or fragile self-esteem)。研究发现,自尊分离个体的建言采纳程度更高,自我概念清晰度在其中起中介作用(段锦云,等,2016)。更明确地说,自尊分离对纳建行为的促进作用主要来自低外显高内隐自尊个体。低外显高内隐自尊个体相较而言更敏感谦逊,因而更乐于采纳他人建言;高外显低内隐自尊与自恋呈积极正相关,具此类自尊的个体的自我防御意识较强,且具有较高的自我清晰度,故总是拒绝纳建。

2. 纳建者的智慧水平

建言的质量可从客观与主观两个角度进行评价,从而形成四种结果:(1)双高型,即建言在客观评价和主观评价上得分均高;(2)双低型,即建言在客观评价和主观评价上得分均低;(3)客观评价高但主观评价低型,即建言在客观评价上得分高,在主观评价上得分低;(4)客观评价低但主观评价高型,即建言在客观评价上得分低,在主观评价上得分高(见图 13-2)。

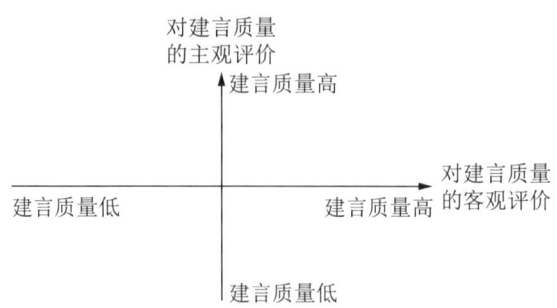

图 13-2 从客观与主观两个维度看建言的质量

纳建者遇到双高型和双低型建言时,较易快速作出决策,即通常采纳双高型建言,拒绝双低型建言。纳建者遇到客观评价高但主观评价低型和客观评价低但主观评价高型建言时,往往不易立即作出决策,而最终能否作出正确决策常取决于纳建者本人智慧水平的高低:如果纳建者本人眼光独到,就能从两种类型的建言中辨别出真正高质量的建言,正确纳建;反之,若纳建者本人目光短浅,往往无法从两种类型的建言中辨别出真正高质量的建言,反而会被似是而非的建言迷惑,错误纳建。纳建者智慧水平的高低受纳建者自身智商水平、受教育程度、思维方式、利害关系的大小、做人境界、所处社会文化环境等多种因素的交互影响,既有一定稳定性,又有一定情境性或变化性。

3. 纳建者的权力感和权力理解

决策者的权力感负向影响其纳建行为,决策者对初始决策的信心在其中起中介作用(See et al.,2011)。高权力感决策者若无敬畏之心,易将权力中心等同于真、善、美的中心,缺少智识谦虚,缺乏经验的开放性和反思性,易陷入自我中心误区、无所不知误区、无所不能误区和坚不可摧误区(Sternberg,2004b)即使是来自专家的智慧建言,也可能不予采纳(Tost et al.,2012)。同时,对权力作不同理解的决策者的纳建行为有所不同。将权力理解为责任的决策者关注的是随权力而来的责任,认为有权必有责,用权必担责。在他们看来,外界建言有助于减轻自身决策压力,以及优化自身决策,因而更乐于纳建。与此不同,有些决策者将权力视为一种机会,一种能做自己认为重要的事情的机会。对这类决策者而言,他人建言是影响自身自主决策的阻碍力量。因此,他们对他人建言的态度更为消极,不愿将其整合进初始决策(Wit et al.,2017)。

4. 纳建者的情绪

基诺等人(Gino et al.,2012)发现,与中性情绪状态的决策者相比,焦虑情绪状态的决策者更有可能寻求并采纳建言,决策者的自信程度在焦虑情绪与纳建间起中介作用。也就是说,焦虑情绪降低了决策者的自信程度,从而使其更多地采纳建言。基诺等人(Gino et al.,2008)还发现,焦虑情绪状态的个体无法区分好建言和坏建言,也无法区分与自身存在利益冲突和不存在利益冲突的建言者给出的建言。可以说,决策者的焦虑情绪负向影响其决策准确性。需特别说明的是,此处所讲的焦虑情绪均为情境焦虑。至于特质焦虑,研究表明其对纳建行为的影响不显著(张艳梅,等,2015)。

较之中性情绪状态,积极情绪状态个体对建言者的信任程度显著更高,因而更乐于采纳建言;而负性情绪状态个体不信任他人建言且对自身原有想法更为执着,因而表现出较少的纳建行为(Drolet & Luce,2004;Gino & Schweitzer,2008)。可用积极情绪的拓展与构建理论来解释这一结果。该理论认为,积极情绪可拓宽个体注意范围,提高个体认知灵活性,并使个体对外界信息形成更为包容且开放的态度。这些都使得个体更乐于采纳他人建言。相反,消极情绪状态的个体的思维灵活性较低,对他人新思路和观点的态度更为消极,也就更不愿意接纳他人建言(Fredrickson & Branigan,2005)。进一步研究发现,情绪指向性(自我-他人中心)可有效调节情绪效价与纳建行为之间的关系。较之他人中心的消极情绪(如愤怒),他人中心的积极情绪(如感激)可有效促进个体纳建行为的发生。而相较于自我中心的消极情绪(如羞愧),自我中心的积极情绪(如自豪)对个体的纳建行为起阻碍作用(Hooge et al.,2014)。

(四)决策问题的特征

决策任务的紧急程度和重要性对纳建行为具有重要影响。一方面,决策者面对紧急决策任务时,倾向保持自身原有观点,不愿采纳他人建言,即使是来自高可信度建言者的建言也可能不予采纳。另一方面,决策任务较重要时,建言者的可信度积极影响决策者的纳建行为,即建言者的可信度越大,其建言被采纳的可能性越大;决策任务的重要性较低时,建言者的可信度对决策者的纳建行为不产生影响,决策者对来自高可信度建言者和低可信度建言者的建言的采纳程度均较高(Johnson & Johnson,2017)。

综上所论,智慧建言与智慧纳建虽密切相关,但二者之间又有明显差异。如果说影响智慧建言的关键因素是建言本身质量的高低、建言者能否及时寻觅到适当的建言时机和建言者的建言方式恰当与否,那么,影响个体成功纳建的关键因素则是个体自身是否有智慧及智慧的高低,后者受个体的价值观、度量、视野、格局、眼光等因素的制约。因此,智慧纳建比智慧建言难得多。《宋史·王涣之传》中"求言非难,听之难;听之非难,察而用之难。……虚心公听,言无逆逊,唯是之从;事无今昔,唯当为贵;人无同异,唯正是用"也表明,与智慧建言相对,智慧纳建更值得研究。

思考题

1. 什么是智慧纳建?它与纳建有何关系?
2. 智慧纳建有哪些类型?
3. 为什么有人能智慧纳建,有人却无法智慧纳建?智慧纳建的影响因素可能有哪些?
4. 如何理解智慧纳建的过程?

第十四章

智慧与愚蠢

内容摘要

本章探讨智慧心理学的一个新主题：愚蠢。本章共分三节。第一节阐述研究愚蠢的缘由，第二节探讨愚蠢的内涵，第三节阐述愚蠢的类型。本章的重点是愚蠢的德才欠缺理论，以及少智式愚蠢与缺德式愚蠢、情境式愚蠢与泛情境式愚蠢这两对概念。

核心概念

愚蠢　少智式愚蠢　缺德式愚蠢　情境式愚蠢　泛情境式愚蠢

古今中外的人类发展史告诉我们，在看到人类智慧的同时，万不可低估人类——包括个人、集体或组织——的愚蠢。俗话说得好："最有智慧者是人，最愚蠢者也是人。"因此，为了更深入、更全面地研究智慧，有必要探索作为智慧反面的愚蠢，有智慧意味着能及时认识到作为智慧反面的愚蠢，并能及时避开愚蠢(Blatner，2005)。

第一节　愚蠢研究的兴起

一、心理学界曾长期忽视对愚蠢的研究

长期以来，作为一个日常现象的愚蠢始终未得到心理学界的重视。对愚蠢这一相对宏观的概念的研究不足，原因至少有五：(1)过于侧重具体问题或具体概念，如自我中心倾向、盲从权威、羊群效应、群际信任偏差、利他偏差、过度自恋等，忽视对宏观、抽象概念的探讨，未研究作为类概念或属概念的愚蠢。(2)执迷于研究智力，仅将愚蠢视作智力缺陷的表现，误以为只要将智力研究透彻，愚蠢问题就能得到解决。(3)20世纪70年代以来，智慧的研究日益受到部分心理学家的关注(Clayton，1975)，但他们仅将愚蠢作为智慧的反面，误以为只要将智慧研究透彻，愚蠢问题自然可以得到解决。(4)将个体愚蠢等同于群体愚蠢，误以为个体愚蠢及其成因与群体愚蠢相同，只需将"乌合之众""责任分散"(勒庞，2016)等群体愚蠢现象研究透彻即可，个体愚蠢不需要深入研究。(5)愚蠢的含义一度非常模糊，会因人因时因事而变化(Sternberg，2002，p.1)，研究起来颇具难度。

二、对愚蠢的研究逐渐进入心理学视野

智慧心理学研究兴起约十年后,个体的非理性心理与行为逐渐引起心理学研究者的关注,与此同时,随着对智力与智慧研究的深入,研究者发现很多聪明、智慧的人也会变得愚蠢,"智而蠢"悖论开始引起智慧心理学研究者的重视。为了探究背后的成因,研究者开始对愚蠢进行研究,愚蠢由此从一个日常现象转变为心理学的研究对象(Baron,1985,p.235)。

从科学心理学视角将愚蠢作为一个独立主题进行研究至多是 20 世纪 80 年代末以后的事情。2002 年,斯腾伯格主编的《为什么聪明的人会如此蠢》(*Why Smart People Can Be So Stupid*)一书于耶鲁大学出版社出版,这是心理学研究者以"愚蠢"为主题出版的第一本论文集。该书收录的《聪明人不愚但蠢:愚蠢的失衡理论》(*Smart People Are Not Stupid, But They Sure Can Be Foolish: The Imbalance Theory of Foolishness*)一文中,斯腾伯格基于其 1998 年提出的智慧的平衡理论首次提出愚蠢的失衡理论(imbalance theory of foolishness)(Sternberg,2002,pp.232-242)。以此为基础,2004 年,斯腾伯格又于《欧洲心理学家》(*European Psychologist*)发表《为什么聪明的人会如此愚蠢》(*Why Smart People Can Be So Stupid*),这是专业心理学杂志上发表的首篇以"愚蠢"为主题的学术论文,进一步阐述愚蠢的失衡理论(Sternberg,2004b)。随后,愚蠢得到一些心理学研究者的关注(Charlton,2009;Aczel, Palfi, & Kekecs,2015;Dutton & Linden,2015;Sternberg,2018;汪凤炎,郑红,2018)提出聪明的小傻瓜模型(clever sillies model),将那些高智商但缺乏常识的人称作"聪明的小傻瓜"。

随着研究的深入,人们发现,"只有智力低下的人和社会阅历浅的人才易愚蠢"的观点看来并不准确。虽然"智力低下导致个体愚蠢"是不争的事实,然而,智力正常乃至偏高的个体有时也会干蠢事。这类愚蠢是如何发生的?弄清不同愚蠢的发生机制和原因,找到避免它们的有效方法,有利于促进个体健康发展和社会的和谐与进步。

第二节 愚蠢的内涵

一、对愚蠢的语义分析

"愚蠢"作为一个日常概念,汉语中有多种表达方式,常见者有"愚""蠢""笨""呆""傻""蠢蛋""笨蛋""呆子""傻瓜"等。其中,最具代表性的是"愚""蠢""愚蠢"。"愚",金文写作"🐒"。《说文·心部》:"愚,戆也。从心,从禺。禺,猴属,兽之愚者。"王筠句读:"然谓猴为愚,即属不经;况说'偶'以形声,而说'愚'以会意,是不睹字例之条而信口说之也。案,当云:从心,禺声。末二句则后人所增,当删。"(汉语大字典编辑委员会,2010,p.2485)由此可知,"愚"是形声字,而不是会意字,将"愚"说成是"上猴下心"的会意字或"心猿意马为

愚"没有根据。"蠢",古写作"𧎮"。《说文·蚰部》:"蠢,虫动也。从蚰,春声。……"段玉裁注:"形声中有会意。"(汉语大字典编辑委员会,2010,p.3098)这说明"蠢"是形声兼会意字,本意指"虫动"。"愚"与"蠢"在汉语中虽常连用,但二者之间实有差异。因有"大智若愚""藏巧露拙""愚公移山"的说法,再加上中国文化尚自谦,于是"愚"有时含有褒义,也可用于自谦,"蠢"则只有贬义。正由于此,下文所讲愚蠢主要指"蠢"而非"愚"(汪凤炎,郑红,2018)。

英文中表示愚蠢的单词也有多个,如"stupid""silly""foolish""folly""dull"等,它们在语气和含义上略有区别。根据《美国传统英语词典》(*American Heritage Dictionary of the English Language*)的解释,笨人(a person who is stupid)指:(1)学习或理解缓慢、迟钝的,(2)缺乏聪明才智(lack of intelligence)的或以缺乏聪明才智为特征的(pp.1784-1785);愚蠢的人(a person who is foolish)指:(1)缺乏或表现出缺乏良好的判断力、小傻瓜(silly),(2)因蠢(stupidity)或错误信息而产生的、不智慧的(unwise),(3)荒谬的或可笑的,(4)不温和或顽固、不合理的(p.707)。由此可见,"stupid"与"foolish"之间有较大差异,前者可译作"笨"或"笨蛋",后者可译作"愚蠢"。斯腾伯格认为,聪明人可能不会"stupid",但他们可能会"foolish"。因此,在心理学领域,作为智慧(wisdom)对立面的愚蠢应是"foolish"而不是"stupid","stupid"是"聪明"(intelligence)的对立面(Sternberg,2002,pp.232-242)。

二、斯腾伯格等人对愚蠢的界定

斯腾伯格基于智慧的平衡理论曾提出愚蠢的失衡理论(Sternberg,2004b),在斯腾伯格看来,作为智慧的对立面,愚蠢(foolishness)的定义是,个体由于不愿追求公共利益,而只愿追求一己私利或只知为自己的小集团谋取利益,在运用自己的聪明才智时产生过失,无法平衡个体自身(intrapersonal)、人际(interpersonal)和个体外部(extrapersonal)三者及三者间的短期和长期利益,从而不能成功适应现有环境(adaptation to existing environments),塑造现有环境(shaping of existing environments)和选择新环境(selection of new environments)(Sternberg,2004b)。此定义颇有见地,但无法涵盖所有的愚蠢,仍有待完善。

除了斯腾伯格的定义,奥采尔、帕尔菲和凯克斯(Aczel, Palfi, & Kekecs, 2015)指出,人们常在三种情况下使用"愚蠢"标签:(1)自信与能力之间的平衡原则被打破时;(2)注意不集中时;(3)缺乏控制时。一旦认为行为者必须承担更高的责任,或者过高估计行为后果的严重性,愚蠢的程度会被人为放大。

三、对愚蠢的新界定

并非所有愚蠢都由弱智、知识有欠缺、社会阅历不足或情商低造成,也不可将愚蠢简单视作聪明的反义词。根据"愚蠢者的提名研究"和"智慧的反例研究(愚蠢的正例研究)",以智慧的德才一体理论为基础,汪凤炎提出愚蠢的德才欠缺理论(或称"愚蠢的素质欠缺理论"),主张从德才欠缺角度界定愚蠢,认为愚蠢的本质是个体或群体因自己在德或才上有欠缺而形成错误认知或做出错误行为。愚蠢的德才欠缺理论的核心观点主要包括两部分:对愚蠢的新定义和对愚蠢的新分类。

具体而言,愚蠢可从三个角度加以界定:(1)从行为层面看,愚蠢是愚蠢行为的简称,愚蠢行为指个体因德或才有欠缺而做出的有损自己、他人、组织、国家或人类正当权益的错误行为。(2)从心理素质的角度看,愚蠢指个体因自身在品行或聪明才智上有欠缺,导致无法以睿智、豁达的态度看待人生、展现人生,无法洞察生活中形形色色的人与事,易做出不理智的举动,难以创造美好生活;或者,个体面临复杂问题情境时,因自身在品行或聪明才智上有欠缺,做出错误的判断、决定或行为,由此损害他人或自己的正当权益,最终不仅害人害己,甚至对单位、国家或人类的可持续发展造成不利影响。(3)从个体角度看,愚蠢指愚蠢者,即经常犯错或犯有严重后果的大错乃至致命错误的个体。

因此,假若说智慧的本质是个体因具备德才一体的素质而作出正确应对,增进了他人或自己与他人的福祉,那么愚蠢的实质便是个体因自身在品行或才智上有欠缺而犯的错误,损害了他人或自己与他人的正当权益。由此可见,个体自身在品行或才智上有欠缺,是导致愚蠢的一个必要条件,但不是充要条件。如果个体意识到自身在品行或才智上有欠缺,进而谨言慎行,不犯错误,那么他就不愚蠢;如果个体或群体因自身在品行或才智上的欠缺而犯了错误,但此错误并未损害他人或自己与他人的正当权益,那么这仅是一个错误,不属于愚蠢的范畴;如果个体因自身在品行或才智上有欠缺而犯错误,而且此错误给自己、他人、社会、国家或人类的可持续发展造成负面影响,那么他就是愚蠢。当然,"人非圣贤,孰能无过"。个体偶尔有一次或几次小愚蠢,算不上是个愚蠢者。真正的愚蠢者是那些在同一问题上经常犯错者,明知犯错却百般抵赖者,以及犯下大错尤其是致命错误者。

第三节 愚蠢的类型

一、斯腾伯格对愚蠢的分类

在斯腾伯格看来,智慧的对立面不是无智慧(non-wisdom)而是愚蠢(foolishness)。如果缺乏智慧就像一个"零",那么愚蠢就像一个"负数"。有些人既非常聪明,有创造力,又很愚蠢。事实上,高智商可能是诱发愚蠢的一个危险因素,因为高智商的人有时太过自负,盲目相信自己对愚蠢有免疫力。因此,聪明者一旦出现认知谬误,就易做出愚蠢行为。常见认知谬误主要有六种:(1)不切实际的乐观主义谬论(unrealistic optimism fallacy),即个体认为自己十分聪明、高效,以至于可以做任何自己想做的事情。这种愚蠢者常自以为

"只要是我的主意,就一定是最佳的"。(2)自我中心谬论(ego centrism fallacy),即个体开始认为自己是唯一重要的人,其他人理应以自己为重。(3)全知谬论(omniscience fallacy),即个体认为自己无所不知,忽视了自身知识的局限性。这种愚蠢者常自以为"我知道我想知道或需要知道的一切"。(4)全能谬论(omnipotence fallacy),即个体认为自己无所不能,想干什么就干什么,想什么时候做就什么时候做。这种愚蠢者常自以为自己是全能型天才。(5)无懈可击的谬论(invulnerability fallacy),即个体认为自己极为聪明,可以逃脱所有抓捕;即便自己被抓住,也可以依靠聪明才智逃脱所有惩罚。这种愚蠢者常自以为天下第一,别人奈何不了他,更不可能打败他。(6)伦理道德推脱谬论(ethical disengagement fallacy),即个体认为伦理道德只对他人重要而对自己不重要,自己的言行可以不受伦理道德的约束。这种愚蠢者常自以为伦理道德只用来约束别人而约束不了他(Sternberg & Glück,2019,pp.7-8)。在这里,斯腾伯格实际上是从愚蠢产生的原因入手,列举六种愚蠢类型,有一定见地,但以简单枚举法列举愚蠢的类型,显得不够周全,易出现遗漏。

二、对愚蠢的新分类

1971年,美国耶鲁大学经济学家、博弈论专家舒比克(M. Shubik)在课堂上和学生玩了一个1美元拍卖游戏(one dollar auction trap)。游戏规则有二:(1)拍卖人公开拍卖一美元,5美分起拍,学生可以用任意最高价竞拍这1美元,即出价最高者得;(2)拍卖结束时,出价第二高者得不到拍品,但必须支付最后一次出价的金钱给拍卖人。因此,拍卖人的收益=最高价+次高价-1美元。这一实验在哈佛大学、耶鲁大学等高校中进行了多次,最终的报价在20美元到66美元之间。它暴露出人的逐利心理、好胜心理,以及对沉没成本不能理性止损的心理弱点。如果个体贪财、无知且不理性,一旦参加,就很想通过击退对手来减少自己的损失甚至获得好处,但对方也会这样想,于是价格就持续抬高而难以控制,如同一个沼泽陷阱,滑落其中越是挣扎就陷得越深,结果是不能自拔。

如果从德才欠缺角度剖析愚蠢,根据愚蠢的不同成因,可将愚蠢分为少智式愚蠢和缺德式愚蠢两大类型,二者的混合便是混合型愚蠢。上述"1美元拍卖游戏"就属混合型愚蠢,因为这个愚蠢是由个体在道德修养上的欠缺(贪财)、无知(不知道遇到这种拍卖时,最好的策略就是不参加)和不理性造成的。为免累赘,下文仅对少智式愚蠢和缺德式愚蠢的内涵、子类型与区别作一细致探讨,以促进人们对愚蠢内涵及其类型的准确把握,从而做到尽量在生活中少做蠢事,并推动愚蠢量表的编制、智慧教育与智慧管理的顺利开展,以及智慧型人才的成功培养。

(一)少智式愚蠢及其子类型

传统意义上的愚蠢可称为"少智式愚蠢"。少智式愚蠢指个体因自身在聪明才智上的某种欠缺而产生的愚蠢。它与传统意义上的"聪明"相对。在此意义上,说一个人愚蠢,就意味着此人在聪明才智上有所欠缺,甚至因才智低下而才德俱无。正如司马光在《资治通鉴》卷第一《周纪一》中说:"才德兼亡谓之'愚人'。"(司马光,2012,p.14)说一个人"聪明",就意味着此人有较高甚至超高的聪明才智。如第四章所论,个体的聪明才智主要由正常乃至高水平的智商、足够用的实用知识和良好的思维方式组成,相应地,少智式愚蠢主要分为四种类型。

第一,弱智式愚蠢。它指个体因自身智能不足(retarded)而产生的愚蠢。晋惠帝司马衷"何不食肉糜"的愚蠢就属典型的弱智式愚蠢。据说法国皇帝路易十五的王后玛丽·蕾捷斯卡(Maria Leszczyńska)也说过类似的蠢话。她在得知法国老百姓饿得连面包都吃不上时反问道:"那他们为什么不吃蛋糕呢?"

第二,无知式愚蠢。无知指个体因自身在知识经验上存在某种欠缺,如盲信某些未加验证的知识、知识太陈旧、实用知识太少、未将陈述性知识及时转换成程序性知识、缺少情境性知识、未学到默会知识等,无法了解事物的真相或无法把握事物的真谛。由此可见,无知纯粹是一个认知上的概念,与人的品性优劣无关。无知式愚蠢指个体因无知而产生的愚蠢。常见的无知式愚蠢至少有七种:(1)因盲信某些未加验证的知识而愚蠢。(2)因知识太陈旧而愚蠢。例如,清末的慈禧太后和忠于她的保皇派因对世界了解太少,知识太陈旧,又因循守旧,故步自封,结果犯了许多无知式愚蠢,使清王朝多次错过发展和转型的机遇,最终灭亡。(3)因实用知识太少而愚蠢。例如,在当代,有些人缺乏对毒品的正确了解,以为自己能控制,不会上瘾,于是,抱着好玩的心态吸毒,最终毒瘾难戒。(4)因陈述性知识未及时转换为程序性知识而愚蠢。例如,一些学生在学习实验方法时,以为只要考试时会做相应的简答题或论述题即可,殊不知,按这种方式学得的实验方法仅是一种陈述性知识,而实验方法本质上属程序性知识,若不亲手做实验,一定无法真正掌握实验方法的精髓,实际运用时一定会笨手笨脚,甚至根本做不出来。(5)因将情境性知识当作泛情境知识而愚蠢。"纸上谈兵"的故事就是典型一例。(6)因未学到默会知识而愚蠢。"画虎不成反类犬"就是只获得明言知识,而未掌握默会知识。(7)因无知而生错误心态、错误价值观或不良思维方式,并由此导致愚蠢。这类无知常令个体在不知不觉中陷入斯腾伯格的五个常见思维误区——盲目乐观、自我中心误区、无所不知误区、无所不能误区和坚不可摧误区,从而做出愚蠢行为(Sternberg,2004b)。由此可见,无知式愚蠢者往往是一个初学者、新手,至多是一个"半桶水"。

第三,良好思维欠缺式愚蠢。它指个体因自身欠缺某种良好思维方式或拥有某种不良思维方式——前者主要包括缺少独立思维和批判性思维导致的习惯权威思维、偏好混沌思维而少分析思维等,后者主要有非理性的道德优先思维、太注重眼前小利的实用思维、少辩证思维、少中庸思维和反省思维不佳等——而产生的愚蠢。拜伦认为,我们称某人为"傻瓜"时,我们其实是说他非理性(irrational),而不是说他智力不足(retarded)(Baron,1985,p.235)。这表明拜伦眼中的愚蠢实际上主要属于良好思维欠缺式愚蠢。其中,独立思维和批判性思维互为因果:有独立思维的人往往有批判性思维,有批判性思维的人往往有独立思维。而且,是否有批判性思维是衡量个体是否有独立思维的一个重要指标。有些青少年因好友吸毒而逐渐染上毒品,这是缺少独立思维的表现,导致自己不能独立做出正确的判断和行动。"愤青族"往往因少辩证思维和中庸思维而做出愚蠢举动。反省思维不佳的人易反复犯同一个错误,即好了伤疤忘了疼式愚蠢。好了伤疤忘了疼式愚蠢指个体或群体犯了某种错误后,不认真彻底反省错误产生的原因并采取恰当对策予以消除,而是施展"拖"字诀,试图以此来让自己或他人慢慢忘记错误产生的负面效果,或者采取敷衍策略,以此来蒙骗自己或他人,结果,未彻底根除导致犯错的内外诱因,隔段时间后又会再犯同一错误。

第四,无知与思维缺陷兼有式愚蠢。它指个体因无知且思维有缺陷而产生的愚蠢。例如,诺基亚(Nokia Corporation)与摩托罗拉(Motorola Inc)两大知名手机品牌未能认清智能手机的发展趋势,思维因循守旧,导致品牌在竞争中迅速落败。

(二) 缺德式愚蠢及其子类型

什么是缺德式愚蠢?可以将苏格拉底、朋霍费尔(Dietrich Bonhoeffer)和斯腾伯格等人所说的愚蠢称为"缺德式愚蠢"。斯腾伯格的愚蠢定义已在上文阐述,这里不再赘述。《柏拉图全集》第一卷《普罗泰格拉篇》记载:"'智慧不就是愚蠢的对立面吗?''是的。'……'简言之,'我说道,'任何事物都只承认一个对立面,除此之外没有更多的对立面。'他同意了这种看法。"(Plato,2002,pp.454-455)可见,苏格拉底和普罗泰格拉都同意"智慧就是愚蠢的对立面"的说法。朋霍费尔在《狱中书简》(Letters and Papers from Prison)"关于愚蠢"一节中写道:"十分肯定的是,愚蠢是一种道德上的缺陷,而不是一种理智上的缺陷。有些人智力高超,却是蠢人,还有些人智力低下,但绝非蠢人。"(朋霍费尔,1997,pp.7-8)这段话完全否认理智上的缺陷会导致愚蠢,从而彻底否认少智式愚蠢的存在,这值得商榷;同时,它明确主张道德上的缺陷是一种愚蠢,肯定缺德式愚蠢的存在,这颇有见地!综合上述几种观点,缺德式愚蠢指个体因自身在品行上存在某种欠缺而产生的愚蠢。与少智式愚蠢的对立面是"聪明"不同,缺德式愚蠢与"智慧"相对。一个人犯了缺德式愚蠢,只表明此人有智无德、才多德少或德才分离,而不意味此人智力低下、知识匮乏或社会阅历不足,也不意味此人缺乏创造性思维或不能干,甚至恰恰相反,此人就智商而言是正常甚至是很高的,就才华而言可能是极能干的。说一个人有智慧,就意味着此人具备德才一体的综合心理素质;说一个人有大智慧,就意味着此人言行中展现出大德与卓越才华的有机统一。

缺德式愚蠢与少德之间有同有异。少德指个体在道德素养上有所欠缺。一般而言,当个体的道德发展水平与其年龄不相称时,易给人少德的印象。缺德式愚蠢与少德的相同之处在于,二者都指个体缺少一定的道德素养。缺德式愚蠢与少德的区别主要有三:(1)二者的形成原因不同。缺德式愚蠢主要是因个体持有错误价值观而产生的愚蠢。缺德式愚蠢者或有良好的私德,只是在公德方面出了大差错。少德虽也有可能由个体缺少正确的价值观导致,但更多时候是由个体自身的道德修养不足所致。至于导致个体道德修养不足的因素,从个体自身来看,主要存在于智力、认知发展水平、人际交往技巧与经验等方面。(2)觉察难度大小有差异。缺德式愚蠢者往往都是才多德少者,有些甚至身处高位,善于将自己的愚蠢行为加以美化或伪装,因此,辨别缺德式愚蠢者要困难得多,更有甚者,能"潜伏"几十年而不暴露。与此不同,少德者往往将其少德言行赤裸裸地展现出来,因此辨别相对容易:个体的少德言行往往当场就会被人发现,除非是智力低下者,否则随即会招来批评或谴责;即便一时未被人觉察,一般也隐匿不久。(3)危害程度大小有差异。一般而言,缺德式愚蠢的危害程度大于少德的危害程度。缺德式愚蠢者的智力和影响力与常人无异,甚至更为优越,因而其愚蠢行为的破坏力也更大。与此不同,少德者易自我暴露,一般较难获得他人的赏识,能力及影响力均有限,其危害自然小得多。

缺德式愚蠢者也不一定是坏人。缺德式愚蠢者与坏人的相通之处在于,二者都做出错误的决定或行为。缺德式愚蠢者与坏人的区别是,缺德式愚蠢者的愚蠢行为结果虽然会给愚蠢者或他人带来一些损失,但有时并不违法,至多违背道德。与此不同,坏人的行为旨在侵犯他人、社会的合法权益,获得非法收益,故其动机是恶的;一旦得逞,往往会让他人、社会的合法权益受到损害,故其行为的结果是违法的。

缺德式愚蠢的种类。从类型上看,缺德式愚蠢可从两个角度进行分类。第一,与人慧型、物慧型和人慧物慧兼有型三大智慧类型相对(详见第五章),依据个体犯错时展现的聪明才智的类型,缺德式愚蠢也分为人愚型、物愚型和人愚物愚兼有型三大类。其中,人愚(foolishness in humanities and social sciences)指个体将其人文素养(包括长相或身材好、因良好人格魅力而受人喜爱或尊敬等)或在人文社会科学领域展现的聪明才智用错了地方而产生的愚蠢。例如,《史记·秦始皇本纪》记载,赵高情商极高,深得秦始皇和秦二世的信任,不过,赵高将自己的聪明才智用来助推秦朝的暴政,加速了秦朝的灭亡,自己最终也被子婴设计杀掉,夷三族。物愚(foolishness in natural sciences)指个体将其在自然科学与技术领域展现的聪明才智用错了地方而产生的愚蠢。例如,哈伯(Fritz Haber)没有认识到"第一次世界大战无义战",错用爱国心,将其聪明才智用于帮助德军实施毒气战,就是典型的物愚。人愚物愚兼有型愚蠢指个体同时将其人文素养或在人文社会科学领域展现的聪明才智,以及在自然科学与技术领域展现的聪明才智用错了地方而产生的愚蠢。第二,个体的积极道德品质可以简化为敬畏感、节制、责任、诚信、仁爱、平等公平公正六个德目,若再加上无明,那么依据个体犯错时展现的道德素养上的欠缺类型,可将缺德式愚蠢细分为无明式、无敬畏心式、不善节制式、责任不当式、错误理解诚信式、爱心表达欠妥式、平等公平公正之心欠佳式和复合式八个子类型。

无明式愚蠢指个体本不了解自己,却固执地坚信自己最了解自己,进而自以为是或狂妄自大,听不进他人忠告,由此而产生的愚蠢。自以为是是最常见的无明式愚蠢。通常而言,三种人易犯无明式愚蠢:(1)浑浑噩噩过日子、不善于自我反省的人。(2)人生前期过于顺遂的人。这类人易产生自我膨胀,只看到自己的优势却看不到自己的弱点。其典型人物是项羽。西楚霸王项羽的个人才华和胆略都极其超群,一度在楚汉之争中占据优势,却因刚愎自用,最终兵败于垓下,自刎于乌江。直至那时,他仍认为自己"力拔山兮气盖世,时不利兮骓不逝"(《垓下歌》),将自己的失败归因于天时这一客观因素,而没有意识到自身人格上的缺陷,可谓无明了一辈子。(3)屡受挫折的人。多次遭遇挫折易使个体自卑、失去自信,只看到自己的劣势却看不到自己的优点。只有那些善于自我反省且善于自我心性修养的人才不易犯无明式愚蠢。同时,尽管无明式愚蠢者与无知式愚蠢者都易狂妄自大、目中无人、自不量力,从而易给自己或他人、社会乃至国家带来损失,但二者之间至少有三个显著差异:(1)二者的归属不同。无明式愚蠢属缺德式愚蠢,无知式愚蠢属少智式愚蠢。(2)二者的产生原因不同。无明式愚蠢是个体的修为不够导致无明,由无明引发。无知式愚蠢主要是因个体认知上的匮乏或不足或存在错误认知而引发。(3)纠正二者的难易程度不同。因无明而生狂妄自大者,坚信自己是掌握真理的一方,自以为是,听不进别人的正确意见,容易一意孤行,将事情弄得一团糟;因无知而生狂妄自大者,一旦意识到自己无知,进而放弃内隐的自卑心和外显的虚幻自尊心,往往能虚心改正自己的错误,逐渐变得谦虚谨慎。可见,无明式愚蠢比无知式愚蠢更可怕,也更易导致消极后果的出现。

无敬畏心式愚蠢指个体对自然界和人类社会缺少应有的敬畏心,肆意妄为,由此而产生的愚蠢。若细分,无敬畏心式愚蠢主要包括目中无天式、目中无人式和无法无天式三个亚类。目中无天式愚蠢指个体缺少对自然的敬畏,"不知天高地厚",与自然相处时丝毫不尊重自然规律,肆意妄为,由此而产生的愚蠢。目中无人式愚蠢指个体缺少对他人的敬畏,不知人外有人,与他人交往时丝毫不尊重对方,肆意妄为,由此而产生的愚蠢。无法无天式愚蠢指个体缺少对真知、良法、良知的敬畏,肆意妄为,由此而产生的愚蠢。

不善节制式愚蠢指个体因不善节制自己的情欲而产生的愚蠢。若细分,不善节制式愚蠢主要包括贪婪式、不善节制情绪式,以及贪婪和不善节制情绪兼有式三个亚类。因贪婪和不善节制情绪兼有式是前两个子类的混合,故此处只详细探讨前两种亚类。贪婪式愚蠢也叫不善节制欲望式愚蠢,指个体因不善节制自己的欲望,由贪生愚。贪婪式愚蠢的一大特点是贪得无厌。前文所引朱载堉的《中吕·山坡羊·十不足》便将此丑相刻画得活灵活现。它主要包括七个子类型:(1)恋权式愚蠢,即个体未控制好自己的权力欲,过于恋权而让自己失去理智,由此而产生的愚蠢。《史记·越王勾践世家》记载,大功臣文种不像范蠡那样深知"飞鸟尽,良弓藏;狡兔死,走狗烹"的道理,不知勾践是一个只能共患难、不能同富贵的人,在勾践成功灭吴后,仍贪恋手中的权力,不肯远走高飞,最终被勾践赐死(司马迁,2005,pp.1421-1426)。(2)贪财式愚蠢,即个体未控制好自身对财富的需求,财迷心窍,由此产生的愚蠢。例如,贪官和珅在乾隆朝柄政二十年,专权纳贿,终被嘉庆帝赐死,家产尽数充公,民间戏称"和珅跌倒,嘉庆吃饱"。(3)好色式愚蠢,即个体未控制好自己的性欲,过于好色而让自己失去理智,由此而产生的愚蠢。例如,周幽王为博褒姒一笑,不惜烽火戏诸侯,最终导致西周灭亡。(4)贪图享受式愚蠢,即个体未控制好自己对美好生活的向往心,过于贪图衣食住行等方面的享受而让自己失去理智,由此而产生的愚蠢。一些年轻人贪图享受,攀权附贵,就犯了贪图享受式愚蠢。(5)贪慕虚荣式愚蠢,即个体未控制好自己的荣誉心,过于贪慕虚荣而让自己失去理智,由此而产生的愚蠢。某些管理者为满足自己的虚荣心,喜欢做一些面子工程,便犯了贪慕虚荣式愚蠢。(6)野心膨胀式愚蠢,即个体未控制好自己的进取心,导致野心膨胀,让自己失去理智,由此产生的愚蠢。袁世凯当上第一任中华民国大总统仍不满足,一心想当皇帝,最终因皇帝梦碎郁郁而死。(7)多种贪婪兼有式愚蠢,即个体未控制好自己的情欲,贪图权、钱、色、衣食住行等中的两种或多种,由此而产生的愚蠢(因贪生愚)。《史记·李斯列传》记载,李斯太过恋权,又担心自己的荣华富贵转瞬即逝,因此愚蠢地与赵高狼狈为奸,违背秦始皇的命令,废公子扶苏,改立胡亥为秦二世,最终不但断送了秦朝的大好江山,也给家族招来"夷三族"的悲惨命运,只能在临死前对儿子发出"吾欲与若复牵黄犬俱出上蔡东门逐狡兔,岂可得乎"的感叹(司马迁,2005,p.1992)。不善节制情绪式愚蠢,指个体因不善节制自己的情绪而生出的愚蠢。喜、怒、悲、惧是人的四种基本情绪,若再加上羞耻、爱、恨三种常见情绪,则常见的不善节制情绪式愚蠢主要有八个子类型。其中,由爱生出的愚蠢在下文单独探讨,这里只论以下七个子类型:(1)乐极生悲式愚蠢,即个体未控制好自己的快乐情绪,因太过高兴而让自己失去理智,由此而产生的愚蠢。"范进中举"就属典型的乐极生悲式愚蠢。(2)恼羞成怒式愚蠢,即个体未控制好自己的愤怒情绪,恼羞成怒而让自己失去理智,由此产生的愚蠢。"怒路症"司机的愚蠢行为多属典型的恼羞成怒式愚蠢。(3)悲伤过度式愚蠢,即个体未控制好自己的悲伤情绪,因悲伤过度而让自己失去理智,由此而产生的愚蠢。一些人因失恋、钱财被骗或炒股失败等自杀,就属典型的悲伤过度式愚蠢。(4)胆小怕事式愚蠢,即个体未控制好自己的恐惧情绪,因胆小怕事而失去理智,由此而产生的愚蠢。孔子说:"见义不为,无勇也。"(杨伯峻,1980,p.22)一些人在恶人或恶行面前甘做"沉默的大多数",由此助长了恶人的嚣张气焰,就属胆小怕事式愚蠢。(5)无耻式愚蠢,即个体因不知羞耻而产生的愚蠢。这以曹钦程为典型代表。《明史》卷三百六记载:"曹钦程,江西德化人。举进士。授吴江知县,赃污狼籍,以淫刑博强项声。……由座主冯铨父事魏忠贤,为'十狗'之一。……钦程于群小中尤无耻,日夜走忠贤门,卑谄无所不至,同类颇羞称之。……后忠贤亦厌之,六年正月为给事中潘士闻所劾。忠贤责以败群,削其籍。濒行犹顿首忠贤前曰:'君臣之义已绝,父子之恩难忘。'絮泣而去。"(张廷玉,等,1974,p.7857)曹钦程虽进士出身,却甘愿做魏忠贤的干儿子,成为魏忠贤麾下"十狗"之一,卑谄至极,以至于其同类都瞧不起他,甚至连魏忠贤最终也厌弃了他,将他革职。(6)由恨生错式愚蠢,即个体因恨而失去理智,由此而产生的愚蠢。包括两个子类型:一是由爱生恨式愚蠢,即个体对某人或某物由爱生恨,失去理智,由此而产生的愚蠢。有些失恋者因爱生恨,恶毒攻击甚至杀害自己的前男友或女友,就属典型的由爱生恨式愚蠢。二是嫉妒成恨式愚蠢,即个体未控制好自己的嫉妒心,因过于嫉妒而生恨,失去理智,由此而产生的愚蠢。《史记·老子韩非列传》记载,李斯因嫉妒韩非的才华,进而陷害韩非,致其自杀于狱中,就属典型的嫉妒成恨式愚蠢。(7)不善节制多种情绪产生的愚蠢,即个体因不善节制自己的喜、怒、悲、惧、羞耻、爱、恨七种情绪中的两种或多种而生出的愚蠢。

责任不当式愚蠢指个体因缺少责任心或用错责任心而产生的愚蠢。从量上看,它分为缺少责任心式和过分包办式两种。缺少责任心式愚蠢指个体缺少责任心,或粗心大意,或玩忽职守,或急功近利,或好大喜功,或贪生怕死,由此而产生的愚蠢。家长锁车前将孩子遗落在车中致使孩子窒息死亡,就犯了缺少责任心式愚蠢。过分包办式愚蠢指个体对他人或组织履行超出其职责的责任,过分包办,由此而产生的愚蠢。一些父母包办过多,导致子女成年后无法独立承担成年人的责任,就是此类愚蠢。

错误理解诚信式愚蠢指个体因错误理解诚信而产生的愚蠢。若细分,错误理解诚信式愚蠢主要包括抛弃诚信式、死守诚信式、盲信式和偏信小人式四种类型。抛弃诚信式愚蠢指个体以骗人为荣,将讲诚信者视作蠢笨,转而抛弃诚信,由此产生的愚蠢。死守诚信式愚蠢指个体因死守诚信而让自己丢了仁义,由此而产生的愚蠢。尾生因死守承诺而亡,便犯了死守诚信愚蠢。盲信式愚蠢指个体不分善恶好坏,对任何人都讲诚信,甚至对坏人也讲诚信,由此而产生的愚蠢。涉世不深的人、迷信的人、邪教信徒、具有权威思维的人都易犯盲信式愚蠢。偏信小人式愚蠢指个体偏信小人而让自己失去理智,由此而产生的愚蠢。秦二世胡亥因偏信小人赵高而亡,就属典型的偏信小人式愚蠢。

爱心表达欠妥式愚蠢指个体在表达自己对其他个体、单位、组织或国家的爱心时欠妥,由此而产生的愚蠢。若细分,爱心表达欠妥式愚蠢主要包括错爱式、溺爱式、由爱生恨式和虚情假意式四种子类型。由爱生恨式愚蠢已在上文论述,这里只论余下三种。错爱式愚蠢指个体错爱某人、某物或某单位、组织而让自己失去理智,由此而产生的愚蠢。《东郭先生与狼》中,东郭先生不辨善恶却滥施同情心,差一点被狼吃了,便犯了错爱式愚蠢。溺爱式愚蠢指个体太过爱某人、某物或某单位、组织而丧失理性,由此而产生的愚蠢。父母溺爱子女,导致子女没有健全人格,就属此类愚蠢。虚情假意式愚蠢指个体只虚情假意地爱某人、某物或某单位、组织,由此而产生的愚蠢。

平等公平公正之心欠佳式愚蠢指个体因平等公平公正之心欠佳而产生的愚蠢。若细分,平等公平公正之心欠佳式愚蠢主要包括平等心欠佳式、公平心欠佳式和公正心欠佳式三种子类型。平等心欠佳式愚蠢指个体平等心欠佳,信奉等级观念,机械地按等级观念待人处世,或者,不顾经济规律而盲目追求经济上的平等,又或不顾身心发展的个体差异和群体差异而盲目追求才智上的平等,由此而产生的愚蠢。"礼不下庶人,刑不上大夫"就属平等心欠佳式愚蠢。公平心欠佳式愚蠢指个体公平心欠佳,凡事做不到一碗水端平,喜欢因人论事，而不是就事论事，由此而产生的愚蠢。公正心欠佳式愚蠢指个体因公正心欠佳，误将公平当公正，却不对弱者作适当补偿，由此而产生的愚蠢。若不考虑到不同劳动者的个体差异，机械地追求按劳分配，片面强调"多劳多得，少劳少得，不劳不得"，就易犯公正心欠佳式愚蠢，导致社会出现"富者更富，穷者更穷"的马太效应（Matthew effect），进而埋下社会动荡的隐患。因此，如第十六章所论，罗尔斯（John Bordley Rawls）在谈正义时才主张"差别原则"。

复合式愚蠢指个体同时具有无明式、胆大妄为式、不善节制式、责任不当式、错误理解诚信式、爱心表达欠妥式、平等公平公正之心欠佳式愚蠢中的两种或多种不良品性，失去理智，由此而产生的愚蠢。

（三）少智式愚蠢与缺德式愚蠢的区别

比较可知，少智式愚蠢与缺德式愚蠢除了定义不同和类型多寡有差异，还存在四个显著区别。

第一，形成原因与对策有差异。从形成原因上看，少智式愚蠢中，弱智式愚蠢或是个体天生智力不足，或是后天因疾病、不良环境等导致智力受损，其治疗尚无有效方案。因此，减少或避免弱智式愚蠢的对策主要有四：(1)优生优育；(2)注重食品药品安全；(3)远离烟酒和毒品；(4)注意保养身心。无知式愚蠢主要是由于个体受教育水平低、缺少历练，又不善于观察学习和反省而知识有欠缺、社会阅历浅、情商低，一旦遇到难题就易做出愚蠢举动。因此，减少无知式愚蠢的方法是普及教育，加强素质教育。在家庭、学校、社区乃至全社会营造良好的学习氛围，鼓励大家多学习，逐步积累起丰富的实用知识，并善于转识成智。而且，要培养个体谦虚的品性，对知识和他人的宝贵建议持开放的态度（Blatner, 2005）。相应地，不可迷信圣贤和经典，将"经云""子曰"时刻挂在嘴边，误以为即便自己不知道，圣贤也知道，误以为自己有疑问是因为未将经书读好。人非完人，每个人在德与才上都有欠缺，每个人的聪明才智乃至智慧都是特定领域的，而不是全知全能的，故须知"山外有山，人外有人"的道理。最后，要采取学徒制形式与"做中学"的方式学习默会知识。波兰尼（Michael Polanyi）十分强调传统手工业时代的学徒制形式在当代教育中的借鉴作用。他认为，当科学的内容在全世界成千上万所大学被教授时，科学研究不可能详细描述的技巧却一直未能渗透到大学教学中。不能详细描述的技巧也不能通过规则的方式加以传递，因为它并不存在规则。它只能通过"师父带徒弟"的方式加以传递。服从权威是学习默会知识的最佳策略。听从导师的指导，通过与他竞争，科研新手就能不知不觉地掌握科研技巧，包括那些连导师也不是非常清楚的技巧。这种默会技巧只有通过一个人对另一个人无批判地模仿才能被消化。若一开始就提批判性吸收，因新手并不比权威高明，所以，新手的批判性吸收往往是"以小人之心，度君子之腹"，以致作出错误选择，结果常常是取不到真经。良好思维欠缺式愚蠢主要是由个体的思维方式有欠缺造成的。相应地，不断培育良好思维方式是避免此类愚蠢的良策。

与少智式愚蠢不同,缺德式愚蠢不是天生的,而是在缺德环境下后天养成的。个体在缺德环境中易习得错误的价值观,无法正确看待和平衡自身利益(包括自己所属小集团的利益)、他人利益与集体利益的关系,遇到涉及多方利益的难题时易做出愚蠢举动(Sternberg,2004b)。同时,在缺德环境下,个体在淫威的压迫下、富贵的引诱下,不易生成敬畏感、节制、责任、诚信、仁爱、公正等美德,但易生出狂妄、自私、贪婪、易冲动或冷漠等不良品性,从而把自己养成蠢人,或者允许别人把自己弄成蠢人。"指鹿为马"的典故就反映了这个道理。此外,在人治环境中,较之慎独者,群居或交往的个体或团体更易习得缺德式愚蠢(朋霍费尔,1997,p.8)。相应地,避免缺德式愚蠢的良策是加强全社会的法治建设和道德建设。

顺便指出,减少或杜绝下文所讲的情境式愚蠢的发生概率的最佳做法同样是坚持《论语·为政》中孔子所说的"知之为知之,不知为不知,是知也"(杨伯峻,1980,p.19)的为学态度,不要不懂装懂,遇到不擅长的领域应尽量多向专家学习请教。

第二,二者在情境大小上有差异。与人类的智慧有领域性或情境性之分相似,愚蠢也有情境性愚蠢或特定领域内的愚蠢。如果个体或群体只在某种或某几种特定情境或领域内易生出愚蠢,而在另一种或另几种情境中不易生出愚蠢,甚至还可能很聪明或有智慧,则这种愚蠢就叫"情境性愚蠢"或"特定领域内的愚蠢"(domain-specific foolishness)。不过,人类虽无全知全能的智慧,却有泛情境式愚蠢。假若个体或群体在所有情境或领域内都易做出愚蠢行为,则这种愚蠢就是泛情境式愚蠢(overall foolishness),也叫"特质性愚蠢"。由此可见,智慧至多是准特质倾向型,愚蠢却有特质类型。一般而言,少智式愚蠢中,弱智式愚蠢和思维欠缺式愚蠢更偏向泛情境式愚蠢;缺德式愚蠢中,无明式愚蠢和贪婪式愚蠢更偏向泛情境式愚蠢;其他愚蠢多属情境性愚蠢或特定领域内的愚蠢。

第三,二者的危害程度不同。相对而言,少智式愚蠢对他人、社会和国家的危害性较小,甚至基本没有危害。因为他们或智商太低,看护者只要细心看护,一般不会造成危害;或知识经验不足、社会阅历浅和思维方式欠佳,即便身居高位,若未受到身边小人的蛊惑,仅凭其本人的能力难以做出大坏事,更何况,除世袭等少数情况外,知识经验不足、社会阅历浅和思维方式欠佳的人也很难身居高位。与此不同,缺德式愚蠢者往往拥有过人的聪明才智,若是身居高位,其愚蠢行为极易造成他人、社会的巨大损失。同时,对善而言,缺德式愚蠢是比恶意更加危险的敌人。恶意可以抵抗、拆穿和预防。恶意总是包含着它自身毁灭的种子,因为它总是使人不舒服。然而,缺德式愚蠢无法防卫。缺德式愚蠢者往往缺乏理性:假如事实与自己的观点相左,他就不相信事实;假如那些事实无法否认,他就干脆将它们作为例外,置之不理。同恶棍相比,缺德式愚蠢者总是自鸣得意,而且很容易变得很危险,因为一点小事就能引诱其做出恶行。因此,比起恶意,缺德式愚蠢对个体自身的健康成长,对社会的健康与可持续性发展,都是最危险的因素,必须加倍小心地对付,想方设法加以扼制(朋霍费尔,1997,p.7)。

第四,恶人和狡诈型管理者从二者身上获益多少有差异。一般而言,恶人和狡诈型管理者从少智式愚蠢者身上获取收益的方式有二:一是诱捕少智式愚蠢者作为人质或诱饵,以此敲诈其家人、族人或下属来获益。二是欺骗少智式愚蠢者,以便从中获利。不过,绝大多数少智式愚蠢者拥有的财富通常有限,因此,无论采用哪种方式,获利一般不会太多。然而,恶人和狡诈型管理者总是希望从人们的缺德式愚蠢之中,而不是从人们的独立判断和敏锐思想之中,获得丰硕的收益(朋霍费尔,1997,p.9)。恶人和狡诈型管理者掌握权力后,一定会在自己的势力范围之内纵容各类邪恶的泛滥,以便从中捞到最大好处。不过,这种愚蠢做法虽能一时获利甚丰,但到头来终将是"竹篮打水一场空",甚至会丢掉性命,只要细思秦相赵高之徒的可耻一生就能明白这个道理! 真可谓:"人恶人怕天不怕,人善人欺天不欺;善恶到头终有报,只争来早与来迟。"(汪凤炎,郑红,2018)

(四) 与斯腾伯格愚蠢分类的比较

与斯腾伯格类似,这一分类方法也是从愚蠢产生的原因入手来剖析愚蠢的类型,也采用简单枚举法列举愚蠢的子类型。与斯腾伯格不同,这一分类方法对愚蠢进行一级分类时采用的是演绎推理法,仅在对愚蠢进行二级分类时才用简单枚举法进行列举。

思考题

1. 什么是愚蠢? 20世纪80年代前的心理学为什么不重视研究愚蠢?
2. 少智式愚蠢与缺德式愚蠢有何异同?
3. 如何避免做出愚蠢行为?

第十五章 人类智慧与人工智慧

内容摘要

本章探讨智慧心理学的又一个新主题——人工智慧。本章共分三节。第一节探讨有关人工智能的三个问题。第二节论述人工智慧的内涵与类型。第三节探讨从人工智能走向人工智慧的途径。本章的重点包括人工智慧和图灵智慧测验的概念、弱人工智慧与强人工智慧、人工智慧实现的具体路径,以及以人工智慧应对人工智能发展中可能存在的威胁的途径。

核心概念

人工智能　人工智慧　图灵智慧测验　弱人工智慧　强人工智慧

在人工智能日新月异的当代,为了更深入、更全面地研究人类智慧,有必要探索"在人工智能基础上开发人工智慧"这一主题,运用人类智慧的生成与发展规律来开发人工智慧,用人工智慧来进一步提升人类智慧,使二者相互促进,共同发展。

第一节　关于人工智能的三个问题

一、人工智能的内涵

人工智能(artificial intelligence,AI)是研究、开发用于模拟、延伸和扩展人的智能的理论、方法、技术及应用系统的一门新的技术科学,属计算机科学的一个分支(王晓阳,2015)。人类试图通过模拟人的意识、思维的信息过程,了解智能的实质,生产出一种新的能以与人类智能相似的方式作出反应的智能机器。人工智能的主要研究领域有机器人、语言识别、图像识别、自然语言处理和专家系统等。机器学习(machine learning)主要指计算机学习,是运用电脑模拟人脑获得信息和利用信息解决问题的过程。随着计算机硬件和软件的快速发展,20世纪80年代中期以来,科学家开始研发神经网络计算机。在人工智能领域,神经网络是一种模拟生物神经系统的模型,由许多类似神经元的神经节点单向连接而成,可将输入信号转换为输出信号,具体的转换方式取决于连接神经节点的各种参数。神经网络计算机的学习就是依据训练样本不断更新参数的过程。较之一般的神经网络,深度学习神经网络使用隐含的多层复杂结构与非线性变换来表达对数据的高度抽象。这些特征更接近生物大脑。同时,神经网络计算机的信息不是存储在存储器中,而是存储在神经节点之间的联络网中,若发生节点断裂,计算机仍有重建资料的能力。此外,它还具有联想记忆、视觉和声音识别能力。可见,神经网络计算机不仅可以模拟人脑进行多种形式的认知学习,而且可以用于发现和探测人脑不能做到的活动。由于神经网络计算机为机器学习提供了硬件支持,深度学习为机器学习提供了技术手段,大数据时代通过大数据、大计算、精准模型又方便了机器高效开展深度学习,再加上计算机视觉图像识别和语音识别合成技术的快速发展,人工智能现已取得长足进步,实现一系列重大突破。例如,谷歌(Google)研发的人工智能"阿尔法围棋"(AlphaGo)在与各国围棋世界冠军的较量中屡次获胜,促使机器学习反哺人类的学习,即人类开始从机器学习中汲取灵感与智慧,而"DeepMind"团队公布的最强版"AlphaGo"——能够"自学成才"的"AlphaGo Zero",不依赖人类经验,从一张"白纸"开始,零基础学习,通过强化学习(reinforcement learning)与自我对弈(self-play)(Silver et al., 2017),仅用3天就成为顶级高手,打败"AlphaGo"。

二、人工智能与智慧

现阶段的人工智能展示的机器学习不能等同于人类学习,因为"创造性"和"善"是智慧的两大固有特性,而这恰恰是当前的人工智能所不具备的。人工智能虽能基于大数据开展深度自主学习,产生最优化选择,但人工智能的硬件是人造的,人工智能的语言和工作程序等软件是人编写的,人工智能的工作过程最终受人控制。因此,人工智能不具备人的主观能动性和创造性,不具备思维的社会性,无法像人类那样产生群体智能,不能模拟社会意识,自身无法区分善恶,也不具有自我意识、需要、兴趣、情感等人类特有的心理活动。更重要的是,人工智能无法建构和追寻自己的"人生意义",因而无法进行真正意义上的创造学习,也无法进行情绪学习和道德学习(冯忠良,等,2000, pp.188-190)。因此,到目前为止,人工智能都未达到人工智慧的水平,自然达不到人类智慧的水平。

三、人工智能与人类生存

"AlphaGo"和"AlphaGo Zero"的强大学习能力引发了人们对人工智能安全问题的关注与讨论(朱滢,2017)。霍金、比尔·盖茨等著名人士认为人工智能的全面发展可能会导致人类的灭绝(翟振明,彭晓芸,2016)。目前,人工智能尚处于人类的可控范围之内,除非有恶人故意利用人工智能来危害他人的安全,否则,仅凭人工智能本身无法对人类的安全构成威胁。将来,如果随着科技的不断进步,人工智能领域的"奇点"(singularity)真的到来,机器人能自主制定规则,进行真正意义上的创新学习,但无法进行情绪学习和道德学习,那么人类的末日就极可能到来,人工智能将成为人类最后一个发明。那时,机器人眼中的人类弱如虫豸,自然会被他们淘汰。若将来人工智能既能自主制定规则(包括道德规则和行事规则),进行真正意义上的创新学习,又可进行情绪学习和道德学习,让自己的行为既有创造性又有善的结果,那么到那时,人工智能就转变成人工智慧(artificial wisdom, AW)。拥有人工智慧的"机器人"虽有可能善待人类(毕竟起初是人类将它们发展到如此高的智慧水平),但那时,与人类相比,人工智慧至少拥有三个显著优势,并将随着时间的推移,比人类更优秀:(1)人是血肉之躯,会死亡;人工智慧者的身体由金属或其他性能更优越的材料制造且可随时更换零部件,是"金刚不坏之身",可永生。(2)虽然人类的智慧可通过其创造的作品(包括书籍、论文、建筑物、工艺品、书法作品、绘画等)、技术和言行(通过录像、影视作品等方式记录)等保存,但默会知识会随个体的消亡而消亡,而人与人之间又存在个体差异和成见,因此,人类的智慧会随着个体或群体的死亡而丢失其中的一部分甚至全部,先辈曾经拥有的智慧无法完整地传承给子代;退一步讲,即便先辈拥有的智慧能得到完整保留,后辈在资禀、兴趣爱好、知识、机遇等方面也不可能与先辈完全相同,何况人还有私心与成见等人性弱点,这也导致后辈无法完整地继承先辈所拥有的智慧。结果,在很多领域,后辈无法做到站在前人的肩膀上前进。与此不同,人工智慧拥有无限的寿命,它的智慧一旦生成,往往不会消失,就算某个人工智慧因某种原因被毁坏,其智慧依然可以通过复制的方式完整移交给其他人工智慧,因此,在人工智慧领域,后来者完全可以站在前人的肩膀上继续前进。(3)人的寿命有限,而人类的聪明才智也主要是后天习得的,而不是天赋的,因此,在人类社会,无论个体或群体多么优秀,都只能在一个或几个领域内拥有一定的聪明才智,不可能在所有的领域都拥有聪明才智,与此一致,人类智慧者通常只能在特定的一个或几个领域中展现出智慧,即无论是个体还是群体,人类拥有的智慧都是特定领域内的智慧(汪凤炎,傅绪荣,2017)或普遍性领域的智慧。与此不同,人工智慧既拥有无限的学习时间,又拥有无限的学习能力,因此,伴随量子计算机的出现及其功能的日益强大,伴随深度学习的进一步发展,再加上越来越快的大计算、越来越多的精准模型和越来越丰富的大数据,将来极可能出现"全知全能"的超强人工智慧。退一步讲,随着人工智慧的发展,即便在某一特定领域,人工智慧也会明显优于人类智慧者。

  人类拥有强大的未雨绸缪的本领。更重要的是,人类有追求高尚生活和人生境界的需要。为满足这一需要,人类不但会激发无穷的创造力,还会产生高尚的道德精神,包括节制、责任、爱心、公正、奉献等。如果将来人工智能真的对人类生存造成威胁,人类应如何应对?国内学者从安全学的视角探讨如何预防人工智能不受控的情形发生,提出的解决方案包含内部进路和外部进路。其中,内部进路包括伦理设计、限定人工智能的应用范围,以及限制人工智能的自主程度和智能水平等;外部进路主要指依靠政府部门的监管和人工智能科学家的责任意识等(杜严勇,2016)。戴维斯(Davies, 2016)认为当前最为迫切的问题是如何管控好人工智能已经带来的现实问题,因为人工智能发展出意识、不受人类控制并不表明其发展出伤害人类的能力。鉴于人工智能在医院、金融、物流、汽车、法庭等领域的应用越来越广泛,人们需要对这一技术可能造成的对伦理道德、社会、文化以及政策制定的影响进行评估。克劳福德和加洛(Crawford & Calo,2016)提出人工智能的社会系统分析(social-systems analyses),认为人们应利用好哲学及法律等学科的研究成果,综合考察人工智能对社会文化和人们生活的影响,以应对人工智能带来的现实挑战。上述学者从不同学科视角对人工智能可能带来或已经带来的威胁提出应对方案,对今后人工智能的设计、开发具有一定的指导作用,不过,它们或仅是主要针对弱人工智能提出的方案,或仅是从哲学层面提出的设想,可操作性弱。依据心理学对智慧的最新研究成果,尤其是智慧的德才一体理论,汪凤炎主张将人工智能升级为人工智慧,用图灵测验来判断人工智能是否升级为人工智慧,并以是否受人类控制为界将人工智慧分为强、弱两种类型,最后对人工智慧的具体实现途径进行探讨,以期通过一揽子解决方案,彻底消除各类水平的人工智能可能存在的风险。需要指出,限于学科背景,这里提出的方案仅仅是从智慧的德才一体理论出发探讨人工智慧的可行性,并不涉及开发具体的程序或软件。人工智慧的诞生离不开理论或想法的先行,正如图灵在思考"机器可以思考吗?"这一问题时产生的想法最终促进了人工智能的诞生,希望这里提出的有关人工智慧的理论与观点,能引起更多人的关注与思考,产生更丰硕的成果(汪凤炎,魏新东,2018)。

第二节　人工智慧的内涵与类型

一、人工智慧的内涵

(一) 人工智慧的定义

"artificial wisdom"(人工智慧)一词最早出现在计算机科学与人工智能领域,2003年1月发表的一篇题为《意义生成与人工智慧》(*Meaning Generation and Artificial Wisdom*)的会议论文。该文从社会群体(social groups)意义生成的角度对智慧进行解读。但除了论文题目,该文正文中并未出现"artificial wisdom",更未对它进行界定(Sanz et al.,2003)。其后,计算机科学与人工智能、哲学、伦理学和心理学陆续探讨此主题,但含义不尽相同,概括起来主要有三种观点。

1. 通用人工智能

通用人工智能(artificial general intelligence)的用法以本·戈策尔(Ben Goertzel)为代表。戈策尔2008年撰写的一篇博客文章的题目就叫《人工智慧》(*Artificial Wisdom*)。在他看来,智慧是一种水平高于普通人的情境智力(contextual intelligence),是智力的三个核心成分之一。他认为,智力的三个核心成分分别是:(1)聪明,与陈述性记忆有关;(2)技能,与程序记忆有关;(3)智慧,与情景记忆有关。智慧基本上等同于一般智力,是各种情况下的平均智力。因此,对人工智慧的追求可视作追求通用人工智能而不是窄人工智能

(narrow AI)①的一个子任务。在戈策尔看来,未来人工智能的发展方向不是窄人工智能,而是通用人工智能(Goertzel,2008)。由此可见,戈策尔所讲的"artificial wisdom"实是一种通用人工智能,并不是本节下文所讲的人工智慧。

2. 人工智能

多数中国学者所讲的人工智慧实际指人工智能。例如,方德志《人工智慧的崛起和未来哲学的新生——一个哲学家们的千年迷梦》(2018)一文的英文摘要中用的是"artificial intelligence"。该文所讲的人工智慧实为人工智能。

3. 人生产或制造出的具德才一体"素质"的机器(人)

人工智慧指人生产或制造出的具德才一体"素质"的机器(人)。若无特别说明,下文所讲的人工智慧均是此种含义。此种含义的人工智慧由汪凤炎最早提出并作明确界定。汪凤炎依据智慧的德才一体理论,于 2016 年首次从"德才一体方是智慧"的角度,提出并界定人工智慧的内涵。他认为,人工智能一旦具有德才一体的性能,就升级为人工智慧。人工智慧面临某种复杂问题解决情境时,能适时在善的算法或原则的引导与激发下,及时运用其聪明才智正确认知和理解面临的复杂问题,进而采用正确、新颖(常常能给人灵活与巧妙的印象)且最好能合乎伦理道德规范的手段或方法高效解决问题,并保证其行动结果不但不损害人类的正当权益,而且能长久增进人类的福祉(汪凤炎,魏新东,2018)。

(二)人工智慧的判定标准

如何判断人工智能变成了人工智慧?人工智能先驱图灵(Alan Turing)于 1950 年在其所著《计算机器与智能》一文里设计出图灵测验(Turing test),用以检测机器是否具有了智能:测试人在与被测试者(一个人与一台机器)隔开的情况下,通过一些装置(如键盘)向被测试者随意提问。如果被测试者超过 30% 的答复不能使测试人辨别出人与机器的回答,那么这台机器就通过了测试,并被认为具有人类智能(Turing,1950)。2016 年底,汪凤炎参照图灵测验设计出图灵智慧测验(Turing wisdom test),也称"汪氏智慧测验"(Wang's wisdom test)。测试人在与被测试者(从人类中推选一个公认的智慧者和一台机器)隔开的情况下,通过一些装置(如键盘)向被测试者提问。如果被测试者的智慧性作答中超过 30% 的答复不能使测试人辨别出智慧者与机器的回答,那么这台机器就通过测试,并被认为具有人工智慧(汪凤炎,魏新东,2018)。

图灵测验和汪氏智慧测验除测试内容不同外,还有一个明显差异:通过图灵测验的人工智能的智能水平往往不会太高,而通过汪氏智慧测验的人工智慧的智慧水平往往极高。这是因为,人类常固守规则与定式(如围棋中的定式),其行为(尤其是高难度的行为)的稳定性水平也无法持续太久,故易犯错,同时,人类会追求美,而人工智能不会。因此,至少可从三个方面来识别某件事情是由人还是由人工智能完成:(1)是否固守规则与定式:表

---

① 窄人工智能指只适用于某个特定领域的人工智能。

现出思维定势者往往是人,反之是人工智能。例如,即便是双方都匿名的情况下,"AlphaGo"下出的大出国手意料的招数,围棋顶尖高手一看就知道不是人类棋手下的。(2)行为的稳定性水平:表现过于稳定和完善者往往是人工智能,反之是人类。例如,郎朗辨别人类和人工智能演奏的钢琴曲时依据的正是表演中是否存在瑕疵。(3)是否有意境美:有意境美的诗是由人写的,没有意境美的诗是由人工智能写的。人工智能若想通过图灵测验,既要适当模仿人类而故意犯错,又要适当遵守人类通行的规则与定式,还要故意降低行为的稳定性水平,否则,极易被人识破。因这些限制,通过图灵测验的人工智能的智能水平不会太高,有时甚至反倒是那些无法通过图灵测验的人工智能的智能水平更高。与此不同,人类中真正出类拔萃的智慧者的才华与道德水平均高常人一大截,故他们常常能做出普通人无法想象的举动。正因如此,即便人工智慧做出不同于常人的举动,人类也很难将它识别出来。可见,能通过汪氏智慧测验的人工智慧,其水平往往极高。

(三) 人工智慧与人工智能的联系与区别

人工智慧以人工智能为基础,二者有三个方面的联系:(1)都表现为一种功能主义。功能主义认为心灵是一种功能,心灵在作用于主体的外部刺激和行为反应之间起一定的因果或功能作用(唐热风,1997)。人工智能功能主义体现在强调人脑功能与计算机功能相似,推向极端就是认为人脑不过是一台计算机,人的心灵不过是一种程序(Searle, 1980)。这与当代主流认知心理学相符,即将人视为一种信息加工系统。心理学家虽也考察智慧的生物神经学基础,但这主要是为了验证所提的智慧理论(Sanders & Jeste, 2013),而且至今也未弄清智慧在大脑中的生成机制,因此想要凭借模拟大脑产生智慧的机制来实现人工智慧是不现实的。人工智慧也体现为一种功能主义,即用计算机程序展现智慧。(2)都是一定的物理符号系统。纽威尔和西蒙认为,一个物理符号系统是展现智能的必要且充分的手段(Newell & Simon, 1976)。一方面,任何一个展现智能的系统归根结底都能被分析为一个物理符号系统;另一方面,只要具有足够的组织规模和适当的组织形式,任何一个物理符号系统都能展现智能。心理学家大都采取一种兼顾认知与善的观点来探求智慧的成分与结构,如智慧的德才一体理论就将智慧视为德与才的统一。这种成分与结构的细化,为用物理符号系统表征智慧提供了可能,而用机器与程序来实现人工智慧,则表明使用物理符号系统来刻画又是一种必然。(3)判定方式有相通之处。人工智能以通过图灵测试为标准,人工智慧则以汪氏智慧测试为标准(汪凤炎,魏新东,2018)。

人工智能与人工智慧的区别主要源于智能与智慧的区别。首先,人工智能可脱离人类而存在,人工智慧则不行。对于智能,动物可以有(Zetall, 2000),机器也可以有。莱格和赫特提出"普遍智能"(universal intelligence)的概念,认为智能是主体在一个广阔的环境中达成目标的能力(Legg & Hutter, 2007)。这一定义已基本涵盖自然界中所有行为主体的智能,为人工智能提供了理论支撑。需要指出的是,这里提出人工智慧,并不代表机器具有所谓的"机器智慧",它只是人类智慧在机器上的延伸。因为人工智慧诞生的初衷主要是应对人工智能的威胁,让人工智能行为符合人类的价值观念,而且智慧主要源于后天对知识的学习与转化,因此智慧本身就具有一定的文化相对性,不能脱离人类社会。其次,人工智慧中有善,而人工智能是中性的。西方学者对智力(intelligence,智能)的研究偏向价值中立,认为智力是中性的概念,并无善恶之分(Sternberg,1998),相应地,人工智能领域也依然坚持传统的技术中立论(洪小文,2014)。与此不同,依据智慧的德才一体理论,智慧是良好品德与聪明才智的合金。人工智慧中的德即善。最后,人工智能与人工智慧解决问题的方式不同。面对问题情境,如果人工智能能够解决,其给出的解决方案往往是中性的或是最有效率的,但绝不会优先考虑善的解决方案;而人工智慧一定会给出最善的解决方案,存在多种解决方案可供选择时更是如此(汪凤炎,魏新东,2018)。

(四)人工智慧与人类智慧的异同

人工智慧与人类智慧都是智慧。一方面,二者在素质上都具有德才一体的性质:人工智慧的软件一定内嵌德才一体的部分,而具智慧素质者的素质一定是德才一体的。另一方面,二者展现的问题解决方式都既有一定的创造性,又包含善良动机,且会产生利他结果。

人工智慧与人类智慧之间至少有六个差异:(1)是否有群体智慧有差异。人工智能尚无法生成群体智能,由人工智能发展而来的人工智慧目前也不具有群体智慧;与此不同,人类的学习既可独自完成,也可在群体中产生社会性学习,因此,人类不但个体可以有智慧,两个及以上的个体也可生成群体智慧。(2)智慧生成的脑机制有差异。人工智慧的生理机制是人类模拟人脑制造出的类人脑;与此不同,人类智慧在人脑与环境的交互作用中生成,其生理机制是人脑。在当前阶段,人脑的复杂程度和高级程度远高于类人脑。(3)智慧能否自主生成有差异。目前的人工智慧主要是弱人工智慧,由人类制造的硬件和编写的软件生成,自主性有限,至少在可预见的将来,仍无法离开人类独自生成和发展;与此不同,人类智慧由一个个自由的个体生成,自主性强。若将来人工智慧既能自主制定规则(道德规则和行事规则),具备真正意义上的创新学习,并可进行情绪学习和道德学习,使行为既有创造性又有善的结果,那么人工智慧就从弱人工智慧升级到强人工智慧,其自主性就可能不逊于人类,甚至强于人类。因为出于"机器人三法则"中"不能伤害人类,也不能在人类受伤害时袖手旁观"的第一法则,人工智能将始终把人类利益置于首位,相反,人类会因自身立场和利益,枉顾公共利益,追求个人私利。(4)智慧发展的空间大小有差异。一方面,弱人工智慧的发展空间小于人类智慧。弱人工智慧由人类制造的硬件和编写的软件生成,尽管智慧型机器人可基于大数据,凭借深度学习生出新智慧,但这种新智慧仍是基于最优化算法而得,只是加上善的成分,新颖性程度有限;与此不同,人类的创造潜能无限,相应地,人类智慧发展的潜能也无限。另一方面,总体而言,人工智慧的发展空间一定大于人类智慧,原因有三:第一,人类个体发育成熟时间漫长,且寿命有限,而人工智能可以实现永生。第二,人工智慧比人类智慧更易传承,较易实现持续发展,"接着说""接着做"。这体现在三个方面:①智慧载体上,尽管人类智慧依靠各种载体可得到一定程度的传承,但一些默会知识只存在于个体自身,无法记录于载体,完整传承给子代。②智慧类型上,从类主体和个体角度看,偏向自然科学的人类智慧(物慧)较易世代累积,但偏向人文与社会科学的人类智慧(人慧)较难世代累积。③从人类道德发展水平角度看,人类的品德修养几乎无法世代累积,个体的品性均只能通过自己的心性修养和道德教育形成与发展,亦随个体的死亡而消亡。人工智慧则几近永生,其智慧可脱离主体存储、转移,品德修养可以无限传承。第三,人类无法拥有全知全能的智慧,而人工智慧有此潜能。人类漫长的成熟过程和短暂的寿命决定了人类的理性有限,人类智慧者拥有的智慧都是特定领域内的智慧或普遍性领域的智慧,无法拥有全知全能的智慧(汪凤炎,傅绪荣,2017)。与此不同,人工智慧拥有无限的学习时间和无限的学习能力,伴随计算机科学的进步和深度学习的发展,将来极有可能会出现全知全能的人工智慧,而且在特定领域,人工智慧也可能明显优于人类智慧。(5)智慧展现的稳定性程度有差异。人工智慧由人类制造的智慧型机器人展现,与基于人工智能的智能型机器人类似,基于人工智慧的智慧型机器人展现的智慧行为的稳定性程度高,呈现出泛情境性的特点;与此不同,人类智慧由人类展现,受人类自身因素和环境因素的交互影响,稳定性相对较差,具明显情境性。(6)智慧升级换代的难易度有差异。人工智慧由人类制造的硬件和编写的软件生成,这些硬件和软件容易更新,故人工智慧的升级换代相对轻松;人类智慧由人类展现,尽管从类主体和个体角度看,偏向自然科学的聪明才智可世代累积,后来者可在前人的基础上学习自然科学与技术,但偏向人文与社会科学的聪明才智较难世代累积,后来者很难在前人的基础上学习人文与社会科学,更糟糕的是,人类的品德修养几乎无法世代累积,每一个体的品性只能通过自身心性修养和道德教育形成与发展,后来者无法站在前贤的肩膀上前进,并且,人类的寿命有限,人类拥有的德才一体的智慧升级换代的难度比人工智慧更大,速度也比人工智慧慢得多。

人工智慧与人类智慧各有异同,而在六个差异中,前两个差异显示人类智慧优于人工智慧,中间两个差异显示人类智慧与人工智慧各有优劣,后两个差异显示人类智慧劣于人工智慧。由此可见,人类智慧和人工智慧各有优劣,若能相互促进,可真正持久地造福人类。

二、人工智慧的类型

在人工智能发展初期,瑟尔(J. R. Searle)首次将其分为弱人工智能(weak or cautious artificial intelligence)和强人工智能(strong artificial intelligence),认为前者可以作为研究心灵的工具,对心智活动进行模拟,而后者不仅仅是人类研究心灵的一种工具,经恰当程序设计的强人工智能等价于人类心灵(Searle,1980)。郝格兰德(J. Haugeland)从研究进路的角度将人工智能分为老而妙人工智能(good old-fashioned artificial intelligence,GOFAI)与新式人工智能(new-fangled artificial intelligence,NFAI)。前者认为人类智能在很大程度上是对物理符号的一种机械操作,或至少可以被分析为这类操作;后者用来表示不能被老而妙人工智能囊括的各种研究进路,其典型为人工神经元网络(artificial neural network,ANN)模型,也叫"联结主义进路"(Haugeland,1997)。21世纪以来,随着社会各界的推动,一些其他领域的学者对强人工智能可能导致的后果进行了深入思考。波斯特洛姆(Nick Bostrom)提出超强人工智能概念,认为超强人工智能在所有领域远远超过人类,从而会给人类带来存在性危险(Bostrom,2015,p.143)。以上研究者从不同角度对人工智能进行了分类,但限于研究旨趣,本书在借鉴瑟尔和波斯特洛姆的人工智能分类思想的基础上,以是否受人类控制为标准,将人工智能分为弱人工智能和强人工智能两大类:凡是在人类制定的规则范围内行动、无法自定行动规则的人工智能,都属弱人工智能;反之,完全摆脱人类的控制且能自定行动规则的人工智能,就是强人工智能。以弱人工智能能处理的任务种类为标准,又可将弱人工智能分为单任务弱人工智能与多任务弱人工智能:前者指只能处理一种任务的弱人工智能,后者指可以处理两种及以上任务的弱人工智能,它们之间的区别仅在任务种类的数量上。同样,强人工智能又可分为单任务、多任务和通用型强人工智能,单任务和多任务强人工智能与上述弱人工智能的含义相同,通用型强人工智能则可处理更多甚至所有的任务,不过,这里处理任务的能力与多任务或单任务强人工智能的能力并不是简单的量的差异,而是质的区别(汪凤炎,魏新东,2018)。

  同理,以是否受人类控制为标准,也可将人工智慧分为受人类控制的弱人工智慧与不受人类控制的强人工智慧两大类。相应地,弱人工智慧又可分为单任务与多任务弱人工智慧,强人工智慧又可分为单任务、多任务和通用型强人工智慧。弱人工智慧本质上依旧是人类的工具,而强人工智慧不受人类掌控,相对于人类智慧者主要有以下两点优势:(1)人类智慧会随智慧者的死亡而在某种程度上丢失,这类智慧的延续依赖后来者对其生平言论、著作的学习,而由于言论、著作的不完备以及后来者学习时个人经验的参与,这类智慧不可能得到完整无偏差的还原;强人工智慧拥有无限的寿命,其智慧一旦生成,一般不会消失,就算强人工智慧遭到毁坏,其生成的智慧依然可以通过"复制"的方式转移给其他人工智慧,从而得到完整的保存与延续。(2)人类智慧通常只是特定的一个或几个领域中的智慧,属于特定领域内的智慧或普遍性领域的智慧,强人工智慧则在几乎所有领域中展现智慧,属于全知全能的智慧(汪凤炎,魏新东,2018)。

第三节 从人工智能走向人工智慧

一、人工智能是否可以发展成人工智慧

  目前,对人工智慧的探讨仍停留在"形而上"的理论层面,尚未有器物层面的发展。对于人工智能是否可以发展成人工智慧,学术界有两种截然相反的观点。

(一) 人工智能无法发展成人工智慧

一种观点认为,人工智能无法发展成人工智慧。此观点以乔舒亚·P.戴维斯(Joshua P. Davis)为代表。戴维斯在《人工智慧?论人工智能在法律(以及其他方面)上的潜在限制》一文里提出三个命题,用以证明人工智能虽已在科学领域的很多方面胜过人类,但永远无法取代人类:(1)道德判断对于法律和司法实践是必要的;(2)第一人称视角或主体性、主动性对于道德判断是必要的;(3)人工智能无法获得第一人称视角(Davis, 2019)。戴维斯进而声称,由于智慧包含道德判断,人工智能因无法获得第一人称视角,且没有主体性或主动性,如没有意识(consciousness)、自由意志(free will)和统一的自我(unified self),故无法习得道德,因此,人工智能永远不可能进化到人工智慧,研究人工智慧是没有前景的(Davis, 2019)。由此可推知,尽管戴维斯在文中未对人工智慧进行清晰界定,但与汪凤炎类似,他也是从德才一体的角度谈人工智慧。

(二) 人工智能可以发展成人工智慧

人工智能可以发展成人工智慧,这是多数人的观点。此观点以戴维·卡萨库维塔·塞维利亚(David Casacuberta Sevilla)、汪凤炎、金泰宛(Tae Wan Kim)、圣地亚哥·梅西亚(Santiago Mejia)、蔡承雄(Cheng-hung Tsai)和迪利普·V.杰斯特(Dilip V. Jeste)等人为代表。汪凤炎的观点在下文有详论,此小节只论余下学者的观点。

塞维利亚(Sevilla, 2013)在《探索人工智慧》(*The Quest for Artificial Wisdom*)一文中主张设立一个关于人工智慧的研究项目,旨在设计出至少能模拟人类智慧某些方面的计算系统。概括而言,根据马里卡德的观点,佛教中的智慧与以下两个因素有关:(1)超越表象以理解现实的真实本质;(2)知道如何运用这些知识以提高众生的幸福感和减少众生的痛苦。若从两个方面发展人工智慧,即通过仿真手段,运用更具文化生态效度的范式揭示智慧的内涵,以及设计能帮助个体变得更智慧的工具,人工智能学科也可以帮助人们实现这两个崇高目标(Sevilla, 2013)。

金和梅西亚(Kim & Mejia, 2019)在《从人工智能到人工智慧:苏格拉底教给我们的》中主张,根据苏格拉底的"承认无知乃是智慧之源"的观点,一旦让机器拥有识别自身无知的能力,它们不仅会显示出智能,还会显示出智慧。

蔡承雄对人工智慧前景的看法与戴维斯截然相反。蔡承雄(Tsai, 2020)在《人工智慧:一个哲学框架》中回应了构建人工智慧系统的两个哲学挑战:(1)人工智慧原则上是不可能的;(2)人工智慧在实践上是不可能的。他进而认为,如果人工智慧对实践推理(practical reasoning)采用规范主义(specificationism)而不是工具主义(instrumentalism),那么,人工智慧在原则上是可能的;假若人工智慧在幸福感(well-being)上采用差别性原则(variantism)而不是一致性原则(invariantism),那么,人工智慧在实践中也是可能的。由此可推知,尽管蔡承雄在文中同样未对人工智慧进行清晰界定,但与汪凤炎类似,他也是从德才一体的角度谈人工智慧。

杰斯特等人(Jeste et al., 2020)认为,未来人工智慧系统将基于人类智慧神经生物学的发展模型而建构。它需满足三个条件:(1)从经验中学习并能自我纠正;(2)富有同情心,没有偏见,能展现道德行为;(3)能识别人类情绪,帮助人类调节情绪,作出智慧决定。

二、人工智能如何走向人工智慧

汪凤炎坚信人工智能可以发展成人工智慧,并从理论上指出了两条实现路径。

(一) 弱人工智慧的实现路径

人工智慧实现的基本进路为:在人工智能的软件系统中内置蕴含德才一体性质的软件(此软件一旦生成,除非重回原厂经公认的智慧团队升级,或生成强人工智慧后自行升级,任何人、病毒、人工智能或人工智慧自身都无法使其降级,进行篡改、删除,也无法让其处于"沉默状态"而不工作),并配置相应的硬件设备,使其顺利通过图灵智慧测验。弱、强人工智慧的实现分别以弱、强人工智能为基础,但具体路径存在一定差异。

针对现有弱人工智能提出的"人工智能的社会系统分析"(Crawford & Calo, 2016)、"道德机器"(moral machine)(Wallach & Allen, 2009, p.10)或是倡导为现有人工智能编写伦理代码(Davies, 2016)等措施,本质上与弱人工智慧中的德才一体软件所起的作用相同,都是在弱人工智能完成任务的过程中考虑社会与道德因素。弱人工智慧中的伦理道德设定可分为两类:一类是面向整个系统的道德法则,无论是单任务还是多任务系统,均是在任何时刻都应遵守的法则,这一类法则理应体现人类中心主义。著名科幻小说家阿西莫夫提出的"机器人三法则"就符合这一要求,具体内容为:(1)机器人不能伤害人类,也不能在人类受伤害时袖手旁观;(2)在不违反第一条法则的前提下,机器人应服从人类的一切命令;(3)在不违反前面两条法则的前提下,机器人应确保自身的安全。其后,阿西莫夫在《机器人与帝国》(Robots and Empire)一书中增加了"第零定律",其优先级排在"机器人三法则"之前。"第零定律"的内容是:机器人必须保护人类的整体利益不受伤害,其他三条定律的成立均以此为前提。这表明,"第零定律"是站在维护人类整体利益的高度给机器人立规则。另一类是面向特定任务的道德规范。以"自动驾驶"这一弱人工智能为例,当自动驾驶的汽车不得已面对诸如"电车两难"这一道德困境时,它当如何抉择?这里就需要针对具体的情境,设定具体的道德规范,并且规范的前提是以不违反第一类面向系统的道德法则为基础。

除设定具体的法则与规范外,要体现出智慧,德才一体软件还要为弱人工智能面临的任务设定一个能体现德才一体的目标。任务本身则可分为目标界定精确(well-defined goals)任务和目标无法精确界定任务。目标界定精确任务包括具体的规则和精确的目标,如棋类游戏;目标无法精确界定任务因目标本身覆盖面广而无法对其精确界定,如"识别一只狗"这一任务中,狗的外形多变,品种丰富,无法找到一个可精确量化的标准。对目标精确任务而言,通过强化学习,可不借助人类经验。例如,"AlphaGo Zero"仅凭"自我对弈"的方式就在围棋上达到超人水平。目标无法精确界定任务则离不开人类经验的参与。人工智慧面对的主要是复杂任务,通常不是可精确界定目标的"简单"任务。具体而言,依据德才一体理论,所谓能体现德才一体的目标,指在高效率完成任务以及不损害相关人员和社会的正当权益的基础上,增进他们的福祉。由于这一目标具有模糊性,德才一体软件还要为相关任务提供必要的人类经验,即相应知识与智慧案例。这些知识与智慧案例,一方面要保证生成方案的可行性,另一方面要体现创造性。与法则和规范在弱人工智慧中扮演的角色类似,可行性的知识是面向系统的,而能体现创造性的知识是面向具体任务的。可行性以常识性知识来保证,包括"朴素物理学宣言"中计算化的人类日常物理学知识与社会文化常识(Hayes,1979),有"深度学习教父"之称的黑顿(G. Hinton)预测在不远的将来将诞生"具有常识"的计算机系统(Lecun, Bengio, & Hinton, 2015)。可行性知识同时也具有让弱人工智慧先行判断任务能否完成的作用,若不能则停止对任务的加工,反之则进入下一步,提取能体现创造性的相关知识及案例。一般而言,对于单任务人工智慧,只要赋予其该领域的智慧案例与相关知识即可,但对于多任务的人工智慧,除了要赋予其各个相关领域的智慧案例与知识,还要考虑不同任务之间的交叉领域的相关案例与知识。对于案例的选择,可采用多位评价者以德才一体为理论指导进行筛选,以避免软件设计者个人或单个团队因素的影响。另外,虽有大数据技术保证案例数量,但考虑到社会的发展日新月异,软件在面对新问题时依然存在无法解决或不是智慧解决的可能,因此有必要对软件的解决方案与具体任务成果进行返回评估,依据评估结果来调整软件对案例的认知,以达到"训练"软件的目的。无论是弱人工智能还是弱人工智慧,它们的规则与目标由人类设定,相关知识由人类赋予,行为结果由人类评估,说明二者完全在可控范围内,并不会给人类带来存在性威胁(汪凤炎,魏新东,2018)。

(二) 强人工智慧的实现路径

虽然对强人工智能实现的质疑一直存在,但目前一些人工智能研究者从哲学、未来学、神经科学等角度向我们论证了其实现的可能性。例如,徐英瑾认为在维特根斯坦哲学的启发与指导下,结合非公理化推理系统(non-axiomatic reasoning system)可以开发出不同形式的通用智能系统,实现强人工智能(徐英瑾,2013,p.423);库兹韦尔(Kurzweil,2012,pp.85-122)认为2045年将到达奇点,非生物智能在这一年会10亿倍于今天的人类智能;众多神经科学家和机器学习专家在"皮层神经网络机器智能"(Machine Intelligence from Cortical networks,MICrONS)项目上,即主要绘制啮齿类动物大脑皮层结构与功能图谱,已取得突破性进展,为"下一代人工智能"提供了理论计算构件的原理(Underwood,2016)。霍金、比尔·盖茨等人对人工智能的担忧实质上是对强人工智能的担忧,下面就以强人工智能为基础,具体探讨强人工智慧的实现。

简单通过模拟弱人工智慧的路径来实现强人工智慧并不可行。一方面,尽管强、弱人工智慧的最终目标都是德才一体地完成任务,但并不能由人类来为强人工智慧设定目标,因为人类对问题的考量并不一定比强人工智能全面，其设定的目标也不一定是最佳的。最好是让强人工智慧自行生成目标。另一方面，为德才一体软件中"灌输"智慧案例也是不必要的，因为强人工智能可以通过某种手段自行获取这些必要的知识，人类也并不能阻止强人工智能自行获取其他知识或案例，其中就可能包括愚蠢案例。

无论是让强人工智能生成德才一体的目标，还是让它能主动获取和学习智慧而不是愚蠢案例，本质上就是赋予强人工智能道德判断能力，解决强人工智能的道德性问题。目前，将人类道德属性赋予人工智能的路径主要包括从上而下和从下而上两种。从上而下指将一种道德规则转化为某种算法以指导人工智能的行为；从下而上指模仿人类道德发展模式，通过不断学习来具备道德判断能力(王东浩，2012)。应以自下而上的路径来设计强人工智慧中的德才一体软件。一方面，人类的发展性与当前知识的局限性，无法为强人工智慧构建出一个永恒不变且对人类长期有益的道德规则；另一方面，虽然强人工智能足够强大，能够自定规则并脱离人类掌控，但它不能摆脱自然法则的约束，其能力的发展必然要遵循一个从无到有、从低到高的阶段。自下而上的路径本质上就是将道德规则从"是"的层面转化为"应当"，弱人工智慧是在"是"层面上接受具体的道德法则与规范的限定，而强人工智慧则变为在"应当"的层面上对道德进行自主的认知加工。那么机器能否实现这种转化呢？换句话说，对"绝对律令"的执行能否还原为一定的物理符号系统？如果否认这种可能性，等于认为"应然"的发生可以绕开"实然"的基础，这显然不符合常识，因为道德律令的产生，离不开大脑的物质基础，对其执行更离不开个体与环境的交互。科尔伯格等人对道德发展的研究展示了这一转化过程。科尔伯格运用道德两难法，经过一系列的实证研究，将个体的道德发展划分为"三水平六阶段"：前习俗水平、习俗水平、后习俗水平，以及服从与惩罚阶段、相对的功利主义阶段、人际和谐或好孩子阶段、维护权威或秩序阶段、社会契约阶段、普遍伦理原则阶段。前习俗水平根据行为直接后果和自身利害关系判断好坏是非；习俗水平根据行为是否符合他人愿望、是否有利于维持习俗秩序进行道德判断；后习俗水平指能摆脱外在因素，着重根据个人自愿选择的标准进行道德判断(汪凤炎，燕良轼，郑红，2019，pp.199-200)。这种最终发展为普遍伦理原则的过程的实质就是由"是"转化为"应当"的过程。

必须确定的是，强人工智慧拥有的最低道德水平至少要达到科尔伯格的习俗水平的第二阶段，即遵守法规取向。这里的"法规"不是指某个国家或地区制定和认可的法规，而是指对人类都有利的法规。但科尔伯格的理论主要考虑道德中的"公正"，忽视了"关爱"与"宽恕"。吉利根(Carol Gilligan)通过实证研究论证了关爱取向与公正取向是人类两种不同但同样重要的道德价值取向，并提出关爱道德取向三水平：自我生存定向、善良、非暴力道德。恩莱特等人通过对宽恕的研究发现，类似于科尔伯格的道德发展阶段，宽恕理由也可以对应分为六个阶段：报复性宽恕、归还和补偿性宽恕、预期的宽恕、合法的宽恕、和谐需要的宽恕、爱的宽恕(Enright, Santos, & Almabuk, 1989)。结合关爱与宽恕取向的研究,在强人工智慧的最低道德发展水平上可定为,在遵守法规的前提下,关心人类尤其是关心人类的情感,合法宽恕人类,相应在可以预见的第六阶段上有一个"第七阶段",即遵循普遍伦理原则的前提下,无条件地宽恕、关爱和公正对待人类中善良的个体与群体。

强人工智慧与弱人工智慧遵守的法规有以下两点不同:(1)鉴于弱人工智慧中的法规由设计者领导的智慧团队制定,其内容一方面受制于设计团队的背景与经验,另一方面还要考虑所在国家的法律法规;强人工智慧的法规因为要面向全人类,因此,需要由类似联合国这样的国际组织共同商议制定。(2)弱人工智慧中的法规设定后,除非经由专业的智慧团队人为改动,否则,其自身只能遵守,无法取消,亦无法自行升级;强人工智慧的法规只是最低水平,未来可能会在遵守法规取向阶段保持稳定,或走向科尔伯格理论中的最高阶段,以及可预见的"第七阶段",但不能倒退或取消。

依据不确定性原理(uncertainty principle),避免产生确定性效应。目前无法确定强人工智慧最终发展的道德水平,现可预计的是"第七阶段",不能确定往后是否会有更高的阶段。未来无法确定的相关事件有二:(1)可能发生有人或强人工智慧自身试图篡改所处的最低道德阶段状态,即取消这一设定或让强人工智慧倒退到低阶段。(2)随着人类的发展可能会发生现阶段"法规"与人类当时整体利益相冲突的情况。应对前一种情况的措施是启动德才一体软件中的自毁装置,使强人工智慧毁灭;应对后一种情况的措施是保留发展到科尔伯格习俗水平或更高水平的强人工智慧,对仍处于第四阶段的强人工智慧启动自毁装置,并确保日后生产设计的强人工智慧中的"法规"适应人类界时整体利益。这样便可有效解决强人工智能带来的威胁(汪凤炎,魏新东,2018)。

将来一旦真将人工智能变成人工智慧,就能制造并派遣智慧型机器人去孤岛、高寒缺氧地区、沙漠地区等进行24小时值勤,在街上指挥交通,驾驶各类交通工具,从事缉毒、探索太空等高危活动。换言之,凡是人类当前能做的善行,都可以让智慧型机器人去做;凡是人类目前有心无力的潜在善行,亦可以让智慧型机器人去做。可见,人工智慧的应用前景非常广阔!

思考题

1. 什么是人工智慧?
2. 人工智慧与人工智能的区别是什么?
3. 人工智慧是否存在文化特异性?

第十六章

智慧教育

内容摘要

本章共分三节。第一节简要阐述智慧教育的内涵、开展智慧德育的缘由,以及智慧教育的经验与教训。第二节探讨培育智慧的通用策略。第三节阐述智慧教育的基本原则、课程和保障措施。本章的重点是智慧教育的内涵、通用策略和基本原则。

核心概念

智慧教育　敬畏　节制　责任　诚信　仁爱　公正　公平　平等　延迟满足　善意谎言　恶意谎言　善果谎言　恶果谎言

第一节　有关智慧教育的三个问题

古今中外杰出智慧者的成长过程告诉我们:真正拥有上上智慧的智慧者很难通过学校教育培养,一定经过社会大环境的历练。不过,综观古今中外历史,真正拥有上上智慧的智慧者凤毛麟角,社会具备的大中小智慧者越多,社会就会越来越进步。因此,对于学校教育在成就智慧中的作用,既不能夸大,也不可低估。

一、开展智慧教育的原因

农民可以拔掉病禾苗后重新栽,至多是多了一些劳动少了一些收成;工人可以报废不合格的产品再重新生产,至多是增加了一些成本;设计师可以推翻原有的作品,重新设计,至多是浪费一些时间、精力和金钱。但是,人生无法重来。教育不能轻易放弃后进生,更不能简单地将后进生从学校推向社会。为应对"只教给学生一些小智,却让学生丢了大慧"等批评,为消除部分学生身上出现的只顾眼前快乐却无远大理想、学习怕吃苦无动力、耐挫力差而克服困难无意志、无节制力、沉迷网络对真实世界无兴趣、社交无能力、做人做事无责任心、过于自恋而待人无爱心与同理心、生命无价值感等"九无"现象,为顺应人工智能和互联网+的发展潮流,为将智慧心理学的研究成果应用于改善教育,当下一些高校和中小学都在积极探索智慧教育,以改变思想政治教育和道德教育中存在的"心理问题品行化"、心理健康教育中存在的"品行问题心理或心病化"等弊病(汪凤炎,2019b,p.222)。同时,在智慧心理学界,智慧教育也是美国、加拿大和中国研究者关注的重要主题(Sternberg, 2001a, 2001b;汪凤炎,郑红,2014, pp.305-521; Grossmann, 2017b; Ferrari & Kim, 2019; Sternberg & Hagen, 2019; Sternberg & Glück, 2022, pp.128-145)。长期以来,对智慧教育的深入研究与实践,又反过来激发研究者更深入地探索智慧,二者之间相辅相成。

二、智慧教育的内涵

(一) 智慧教育的定义

何谓智慧教育?教育有广义与狭义之分。广义教育指以影响人的身心发展为直接目的的社会活动。狭义教育指由专职人员和专门机构进行的学校教育。换言之,狭义教育指教育者根据一定社会或阶级的要求,有目的、有计划、有组织地对受教育者的身心施加影响,将他们培养成一定社会或阶级所需要的人的活动(陈至立,2019,p.2120)。依此类推,智慧教育也有广义与狭义之分。广义智慧教育指一切以增进人的智慧为直接目的的社会活动。狭义智慧教育指在学校中专门开展的旨在帮助受教育者生成或增进智慧的活动。稍加比较可知,广义智慧教育与狭义智慧教育的目的相同,即二者都旨在帮助个体生成或增进智慧,从而让个体更好地适应其生存的环境,并尽早过上幸福生活。不过,广义智慧教育与狭义智慧教育之间至少有三个明显区别:(1)开展的场所不尽相同。开展广义智慧教育的场所比较广泛,既可以在家庭中进行,也可以在学校中进行,还可以在某个社会场所中进行;并且,即便是在学校中进行,也不限于专门实施智慧教育课程的场所,而是可以在学校中的任何一个情境里开展,如将智慧教育作为学校心理健康教育或道德教育的有机组成部分。与此不同,实施狭义智慧教育的场所主要是专门开设智慧教育课程的场所。(2)在目的性、计划性与组织性上有差异。从是否有目的、有计划和有组织的角度看,广义智慧教育既可以是有明确目的、有计划、有组织地进行的,也可以是无明确目的、无计划、无组织地进行的,即"无心插柳柳成荫"。与此不同,狭义智慧教育一般有较明显的目的性、较强的计划性和组织性。(3)实施的主体有差异。《论语·述而》记载,孔子说:"三人行,必有我师焉;择其善者而从之,其不善者而改之。"(杨伯峻,1980,p.72)个体若本着此态度与人交往,那么,家长、教师、领导、同事、同学、朋友、邻居乃至陌生人等都有可能成为其人生导师,从这个意义上说,实施广义智慧教育的主体是多元的,任何人都有实施智慧教育的可能性。与此不同,实施狭义智慧教育的主体一般是大中小学教师。当然,出于便于操作和效率的考虑,下文所讲的智慧教育若无特别说明,均指狭义智慧教育,至于广义智慧教育则可参考它开展。例如,通过狭义智慧教育向学生传授智慧,让学生逐步养成兼顾德与才的角度看待问题、思考问题、解决问题的能力与习惯,通过广义智慧教育不断发展、提升个体的智慧水平(Ferrari & Kim, 2019)。

(二) 智慧教育与"互联网+教育"新型教育模式的比较

教育界尤其是教育技术界倡导和打造的智慧教育,其核心是利用物联网、云计算、大数据等技术构建"互联网+教育"新型教育模式,即通过建立和运用基于互联网教育平台的教学模型、学习模式和教育管理模式,实现教师线上教,学生线上学,教育管理者线上管理,使整个教学、学习和管理的过程具有可视化、交互性、实时性(如内容实时递进式更新,考核实时全方位反馈等)、便捷性(如过程智能、可控、可自由选择等)、高效性(如模式和资源共享)等特点(宣旸,张万里,2021;吴文妹,2021)。有研究者将这一教育模式集结为"智慧教育环境下的开放学习者模型的独立模块与嵌入模块关系示意图"(见图16-1)。该模型基于开放学习者模型(open learner model,OLM)构建,属于独立性与嵌入性相结合的模型。独立模块也称"中心模块",内设"学习者模型"和"学习记录中心",存储学习者的个人信息、安全信息、偏好信息等几乎所有信息。学习系统索取学习者的模型信息时,需学习者授权才能访问;学习系统收集大量数据,需与中心模块共享时,由中心模块先记录再筛选,然后根据一定算法对中心模块的数据进行更新。嵌入模块嵌于其他学习系统,这些学习系统只有遵循中心模块的相应规范才能与中心模块进行共享(欧阳昭相,王俊,2021)。

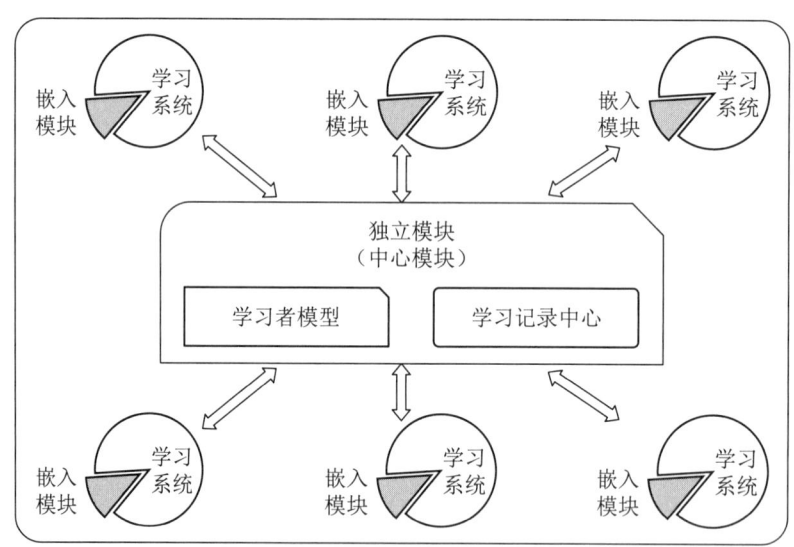

图16-1 智慧教育环境下的开放学习者模型的独立模块与嵌入模块关系示意图
(欧阳昭相,王俊,2021)

比较可知,上述智慧教育是"互联网+教育"的新型教育模式,运用互联网等新技术改进教育、学习和管理的方式与方法,实质上只是一种智能教育,而非旨在培育个体德才一体智慧素质的智慧教育。这一教育模式若使用恰当,可促进个体的聪明才智乃至智慧的生成与发展;倘若使用不当,则存在师生个人隐私的泄露、过于强调教育硬件的升级换代致使教育资源浪费、学生网络成瘾风险提升等弊端,反而无助于学生聪明才智和智慧的生成与发展。

三、开展智慧教育的途径:经验与教训

智慧的本质是德才一体,德与才都可教、可学,因此,智慧也可教、可学(Grossmann,2017b)。中外教育史上,很多教育家都曾探索和开展智慧教育。例如,中国古代的孔子可算是开展智慧德育的第一人。当代美国,斯腾伯格曾与其耶鲁研究小组的同事一起,运用智慧的平衡理论在美国一些中学开展"为智慧而教"(teach for wisdom)的实验改革。在斯腾伯格看来,"为智慧而教"不仅要教学生思考什么,更要教学生怎样正确思考,并且,智慧教育不能向学生灌输一些教条性的东西,否则会阻碍学生智慧的生成(Sternberg,2001a)。斯腾伯格等人结合美国中学"为智慧而教"的教育改革实践,提出教师在课堂中"为智慧而教"的 16 条原则:(1)与学生一起研究为何常规的能力与成就(conventional abilities and achievements)概念并不能确保满意生活;(2)论证为何智慧才是满意生活的关键;(3)通过教育让学生懂得相互依靠的益处;(4)为学生提供智慧者的经典角色样式,因为身教重于言教;(5)让学生阅读有关智慧的判断和决定的材料,以使学生懂得如何作出智慧的判断与决定;(6)帮助学生学会分辨自己、他人和组织(单位)的利益;(7)帮助学生学会平衡自己、他人和组织(单位)的利益;(8)教会学生懂得手段是获得目的的方法而不是目的本身;(9)帮助学生认识到适应、塑造和选择的作用,并学会如何平衡三者间的关系;(10)鼓励学生在思考中形成、批评和整合自己的价值观;(11)鼓励学生辩证地思考,让学生认识到问题和答案都会因时而异;(12)告诉学生对话思维的重要性,学会从多元视角理解各种利益和观念;(13)教会学生寻求并试图实现公共利益,这种公共利益不只是自己认同的人有所得,而是每一个人都有所得;(14)鼓励并奖赏智慧;(15)教会学生监控(monitor)自己生活中发生的大小事务和自己对这些事务的思考;(16)帮助学生懂得抵制因自我利益和小团体利益不平衡而产生压力的重要性(Sternberg,2001a)。为了将"为智慧而教"的这 16 条原则贯彻到实际的智慧教育中,斯腾伯格等人开发出由 12 个主题组成的智慧教育课程:(1)智慧是什么:第一部分(分析民众的内隐智慧观);(2)智慧是什么:第二部分(分析著名的智慧定义);(3)为什么智慧对个体、社会和世界很重要? (4)关于智慧的一些伟大思想:第一部分(公共利益);(5)关于智慧的一些伟大思想:第二部分(价值观的作用);(6)关于智慧的一些伟大思想:第三部分(利益的作用);(7)关于智慧的一些伟大思想:第四部分(对环境反应的作用);(8)整合:具有智慧的名人的案例以及他们为什么被认为是智慧的人;(9)不同年龄阶段对智慧的应用:第一部分(在早期);(10)不同年龄阶段对智慧的应用:第二部分(在当下);(11)在学生的日常生活中使用智慧;(12)用智慧创造一个更加美好的世界(Sternberg,2001a)。令人遗憾的是,由于智慧的平衡理论自身存在一些缺陷,"为智慧而教"实验改革的结果也并不尽如人意(Sternberg,2001b)。

近年来,为进一步增进社会和谐,提升教育质量和人才质量,倡导智慧教育的呼声在北

美又有增强的趋势。2019年,斯腾伯格和格吕克合编的《剑桥智慧手册》收录了2篇探讨智慧教育的论文。其中一篇是法拉利与金合写的《智慧教育》(Educating for Wisdom)。他们在该文中倡导通过非正规教育(informal education)发展个体智慧,通过正规教育(formal education)向学生传授智慧,并将传授智慧的教育称作"积极教育"(positive education)。对于智慧教育的内容,法拉利与金从米勒(Miller,2007)倡导的"整体教育(holistic education)包括六种联系"的思想中汲取灵感,将这六种联系进一步整合为身体(physicality)、感受(feeling)、思维(thinking)三个方面,每一方面再区分为内在和外在两种表现,总计也为六种联系,分别是:(1)与身体的内在联系(internal physical connection to one's body),相当于米勒的"鲜活的身心联系"(lived-body-mind connection),即告诉学生身体是与世界联系的媒介,须倾听来自身体的知觉与感受,以避免身心脱节,以提高学生的协调能力、身体自信、对保持身心健康的责任感等。换言之,如果需要身体这个工具为我们提供可靠、忠实的服务,就需要先了解它、保养它,让它成为我们意志的延伸。(2)身体与外部物理世界的联系(external physical connection to the physical environment),相当于米勒的"与物理环境的联系"(earth connection),即告诉学生人人都有责任保护好人类生存的外部环境。"保护环境"是意识到自身(self)与外部环境息息相关的结果,关键在于意识到"我"身边方寸之间的(如居住的房间)和更遥远距离的(自然生态)环境对"我"而言都万分重要,须时时用心维护。(3)内部感受与自身情绪的联系(internal feeling connection to one's own emotional processing),相当于米勒的"心灵联系"(soul connection),即告诉学生人人都要妥善处理好自己的情绪,提高自己的情绪智力。和"与身体的内在联系"类似,与情绪的联系的关键也在于倾听和了解自身的情绪,而不是简单的管理或控制情绪,这在某种意义上有压抑情绪之嫌。压抑冲动应以承认冲动的合法性为前提。(4)外部感受的联系,特别是与社区的联系(external feeling connection, especially to one's community),相当于米勒的"社区联系"(community connection),即告诉学生每个人对外部世界(如社区)的体验各不相同,对他人的不同体验宜持尊重、包容的态度。这是从第三种联系衍生而来的推己及人。了解与倾听他人的感受,自然能从他人的角度想问题,并意识到他人对同一件事情的经历虽与自身不同,但同样可能合理,从而产生对他人的理解、认同,进而产生同理心。(5)内部思维与更有效的推理形式的联系(internal thinking connection to more effective forms of reasoning),相当于米勒的"思维联系"(thoughtful connection),即告诉学生人类的思维是一个强大的工具,与其他工具一样,需要掌握一定的思维策略或技巧才能正确、灵活地使用,消除思维偏见,如保持思维的开放性、善反思等,而在思维方式上,除要掌握学校教育中一向重视的线性思维、分析(理性、逻辑)思维,还要重视直觉、综合创造性思维(借助想象力和思维),促使各种思维方式相互补充、相互整合。换言之,学校教育偏重线性思维和分析思维,但掌握其他思维和推理方式同样有效而必要。如果人类的思考能力是一种工具,那么,了解和反思思考的方式方法和习惯(尤其是固有偏见)亦有必要。

例如,反思自己是如何思考的? 思考时有什么特点和习惯? 有没有因固有的偏见和有限的经验或经历而在思考时产生某种倾向? 思考过程是否诚实并忠于严密的逻辑推理与事实? 思考方式是不是足够灵活并允许适当的想象与灵感发挥作用? 等等。(6)外部思维与复杂问题的联系(external thinking connection to complex problems),相当于米勒的"主题联系"(subject connection),即告诉学生事物间的联系复杂多变,事件的走向有多种可能,解决事件的方法并不唯一。同时,宜深刻、系统理解不同学科之间的关系,以提升自己的正向迁移能力和高度灵活、具创造性与综合性的问题解决能力。以上六种联系构成了智慧教育的内容,它们的关键是"联系的建立"或"意识到建立联系的重要性"而非联系建立后的结果或行动,如锻炼身体、保护环境、管理情绪等。如何建立联系比建立联系后的效果更有应用意义。教师可以告诉学生"要锻炼身体",但更重要的是帮助学生意识到锻炼身体为什么必要(意识到身体是重要的工具)。至于智慧教育的方法,法拉利与金认为,波特(Porter,2016)总结出的用于性格教育的五种方法,同样适用于智慧教学:(1)打造教育环境;(2)用智慧范例教学(智慧者在其行动中展现出智慧思想);(3)让学生模仿智慧范例,并通过日记、记录、反思和改善自己的行为;(4)向学生直接传授与智慧相关的概念,如批判性思维;(5)通过治疗性干预(therapeutic intervention)重新校准学生的自我形象、自我效能、归因等。事实上,任何旨在培育智慧的治疗性干预均有助于发展个体的智慧。林登等人(Linden et al.,2011)开发了一种主要基于柏林智慧模式的"智慧疗法"(wisdom therapy),其中的重点是通过采用不同的角色和视角,考虑不同的背景和价值观,重构让人痛苦的生活经历,让学生从创伤生活经历中习得智慧(Ferrari & Kim,2019)。

《剑桥智慧手册》收录的另一篇论文是斯腾伯格与汉根合写的《为智慧而教》(*Teaching for Wisdom*)。他们认为,开展智慧教学的方式,取决于教师依据的智慧理论。换言之,理论依据不同,智慧教学的目标、内容和方式方法就有差异。例如,以智慧的平衡理论为依据(Sternberg,1998),智慧教学就意味着:(1)引导学生追求公共利益;(2)引导学生学会平衡自己与他人的利益,学会平衡各种不同层次的利益,并要适当兼顾更高层次的利益;(3)追求公共利益和平衡各方利益时要兼顾长期和短期时效;(4)要向学生传授积极的道德价值观。这四点便是斯腾伯格主张的智慧教育原则。在与格吕克合著的《智慧:智慧思想、智慧言语和智慧行为中的心理学》一书的第六章"我们如何培育智慧",斯腾伯格重申了这些原则(Sternberg & Glück,2022,pp.128-145)。斯腾伯格与汉根还提出,智慧教学的其他方面包括:(1)教学生理解和重视不同的观点(对话思维);(2)教学生认识到生活中的"工作"可随时间而改变(辩证思维);(3)教学生对自己的观点进行反思和批判;(4)教学生考虑和整合情感、动机以及对情境的多角度认知;(5)教学生认识到每个人几乎总是依据不完整的信息作决定,因此每个人的决策都可能有缺陷;(6)教学生确保自己完全依照自己的智慧决定采取行动。接着,斯腾伯格与汉根提出智慧教学的六个关键做法:(1)教师要鼓励学生阅读包含智慧思想和智慧案例的经典作品,以学习和反思圣贤的智慧;(2)教师要鼓励学生参与课堂讨论,鼓励学生将自己从经典阅读中学到的智慧思想和智慧策略应用于自己与他人的生活;(3)教师要鼓励学生不仅检验真相(examine the truth),而且反思和检验自己与他人的价值观,包括圣贤的价值观;(4)教师在解释和追求实现良好目的与服务于公共利益的行动时,要强调批判性、创造性和实践性思维的作用;(5)教师要让学生认识到几乎任何主题的知识都可用于好或坏的目的,若想获得智慧,终极目的一定是追求公共利益,这在智慧教学中至关重要;(6)教师要为学生树立追求智慧、践行智慧的榜样,同时,要引导学生在智慧学习过程中发挥积极、主动的作用。在该文中,斯腾伯格与汉根还依次阐述了在医学院、商学院、法学院开展智慧教学的意义与做法(Sternberg & Hangen, 2019)。

中国一些大中小学开展智慧教育时,无成功先例可循,往往"摸着石头过河",多未掌握智慧的科学内涵,更无扎实的智慧理论作指导,多从不太缜密或常识水平的智慧概念出发实施教育活动。这就使得实际操作存在一些不尽如人意之处,甚至将智慧教育理解成运用人工智能技术进行的教育(汪凤炎,郑红,2014,pp.5-7),在享受教育人工智能化的便捷、高效时,未注意到教育人工智能化潜藏的风险。当然,智慧教育是一项复杂的工作,受篇幅所限,本章接下来只讨论其中两个问题:一是培育智慧的通用策略,二是智慧教育的基本原则、课程和保障措施,以期起到举一反三的效果。如果读者对智慧教育感兴趣,可阅读《智慧心理学的理论探索与应用研究(增订本)》(汪凤炎,郑红,2022)。

第二节 培育智慧的通用策略

根据智慧的德才一体理论,智慧是良好品德与聪明才智的合金,因此,智慧的培育须从德与才的培育入手。这是培育智慧的通用策略。

一、不断完善个体的道德品质

智慧者一定是个有道德的人。最低限度的有道德者谨守伦理道德的底线,让自己"成人",上限则无止境。人类伦理道德的底线由两类伦理道德规则构成:(1)禁止做禽兽不如的事,如"虎毒不食子";(2)禁止做禽兽可做但人不能做的事,如"随地排泄"。违反这两条规则都意味着未"成人"。与此相反,在做人过程中谨守伦理道德的底线,不让自己的言行突破这条底线,个体便"成人"(汪凤炎,2022)。依儒学的主张,"成人"有"做常人""做君子""做圣人"等不同境界(汪凤炎,2019a,pp.113-117),区分这些不同做人境界的一个标准就是个体道德修养的程度高低。如"智慧的结构"一章所论,智慧中的善主要体现在敬畏、节制、责任、诚信、仁爱与公正上。与此相应,良好道德品质的培育就要从这六个方面入手。

(一) 培育对自然、真理、良法和良知的敬畏感,做个有敬畏之心的人

康德(Immanuel Kant)说:"有两样东西,我们愈经常愈持久地加以思索,它们就愈使心灵充满始终新鲜不断增长的景仰和敬畏:在我之上的星空和居我心中的道德法则。"(康德,2016,p.177)人有敬畏之心,才能做到有所为,有所不为,当为则为,不当为绝不为。

1. 什么是敬畏

敬畏,亦称"敬畏感",是人类因自身生存基础的有限性而产生的对神圣性对象既敬且畏的复合性情感。敬畏有特定的对象,或是宗教信仰中的神,或是人们崇敬的道德律令、万物生命、风俗习惯、文化传统等。这些对象具有崇高的价值,人们因其崇高而敬,因敬其崇高而畏。敬畏是积极的,只有对崇高价值的敬畏才会产生维护崇高价值的使命感和责任心。敬畏的本质是对自然和人生终极问题的自觉关切,并由此形成主体自觉的反思、自律和对人生境界的提升(陈至立,2019,p.2238)。敬畏是人们对知觉到的比其自身更广阔、更有力量的事物的一种反应,它混合着惊奇、钦佩和畏惧(Halstead & Halstead,2004)。

敬畏不是恐惧。恐惧是原始情绪的表现形式之一,是面临危险情境企图摆脱或逃避而又感到无能为力的情绪体验(陈至立,2019,p.2430)。恐惧为人和一些动物所共有,敬畏作为一种高级的复合性情感,为人所特有。

敬畏也不同于畏惧。畏惧,也称"畏"或"焦虑"。存在主义用语。它指人的生存的基本结构及本真的生存方式。最早对畏的现象作出分析的是克尔恺郭尔。克尔恺郭尔认为,畏不同于害怕,畏是没有具体所畏的对象的,畏是使人的自由成为可能的精神状态。海德格尔吸收了克尔恺郭尔的分析,将畏视作本体论意义上的人的生存状态,即人的在的方式之一。海德格尔也认为,畏没有具体对象,它只是揭示出人就是自己生存在世界中的在的可能性。畏体现的是,人对不知何故被抛到世上,在世上又无法确认对象,感到孤立无援而产生的一种茫然不知所措的心态(陈至立,2019,p.4560)。

2. 如何让人有敬畏心

首先,要让个体深刻领会世间只有"道理最大"的道理。为了让个体更自觉地敬畏自然、真理、良知与良法(含良俗),宜用制度来让个体相信世上万事万物逃不过一个"理"字,世间只有"道理最大",而不是"权力最大"。在这方面,赵匡胤与赵普君臣给后人树立了一个好榜样。沈括《续笔谈十一篇》中有如下记载:"太祖皇帝尝问赵普曰:'天下何物最大?'普熟思未答间,再问如前,普对曰:'道理最大。'上屡称善。"

其次,要适当传承中国传统文化蕴含的敬畏感教育的精义思想。尽管有关敬畏的心理学研究始于西方,但中国传统文化一向强调敬畏的积极价值,重视敬畏感教育。例如,《论语·季氏》记载,孔子曾说:"君子有三畏:畏天命,畏大人,畏圣人之言。小人不知天命而不畏也,狎大人,侮圣人之言。"虽然孔子主张的这三畏有盲信之嫌,不过,它们对提高个体的自制力或节制力有一定益处。《庄子·大宗师》说"天与人不相胜也",故须对自然保

持敬畏。鉴于个体和群体一旦无敬畏之心,便会因不敬畏真理,导致无知;因不敬畏良法,导致无畏或无法;因不敬畏天理,导致无德或无良(天理可内化为人的良心,故无良即"没有良心"之义)。而个体和群体一旦无知、无法、无德,必无情、无耻且贪得无厌,并且,此类人的无情可以做到残酷无情、六亲不认,其无耻无下限,贪婪无上限。例如,历史上一些只崇拜权力的人,为获得权力或为得到上级的认可以便保住自己手中的权力,常常可以做到残酷无情、六亲不认,其无耻可以无下限,其贪婪可以无上限。古今中外无数事实告诉人们一个朴素的道理:聪明以为可以做的事,若良知以为不可以做,就不要做;聪明以为不可以做的事,但良知以为可以做,就去做。良知为主,聪明为奴,其人必善良;良知为奴,聪明为主,其人必奸诈。因此,为更好地提高个体的自制力或节制力,笔者在主张适当传承中国传统文化蕴含的敬畏感教育精义思想的基础上,提出君子有新三畏:畏自然(实是畏真理)、畏良法(含良俗)、畏良心。人对自然有敬畏之心,才能自觉尊重自然,保护自然,切实履行生态伦理道德理念;人对良法有敬畏之心,才能自觉尊重良法,知法守法;人对良心有敬畏之心,才能自觉倾听来自良心的声音,依良知而行。

最后,宜适当创造让个体接触崇高事物的机会。心理学研究表明,个体身处大自然与浩瀚的历史面前时,因敬畏大自然的壮观、宏大与神奇,历史的宏大与深邃,往往油然而生"寄蜉蝣于天地,渺沧海之一粟。哀吾生之须臾,羡长江之无穷"(语出苏轼《前赤壁赋》)的感悟。这意味着敬畏感能诱发个体产生自我渺小感,进而让个体产生精神追求,并激发其产生道德行为,如助人行为等(Piff et al., 2015; Bai et al., 2017)。因此,宜适当创造让个体多接触崇高事物的机会,从而更好地诱发个体的敬畏感。

(二) 培育节制力,做个善节制的人

贪欲包括贪权、贪财(贪钱、贪小便宜等)、贪名(虚荣心、争强好胜心与好为人师心等)、贪色、贪生、贪吃等。我们生活的世界很精彩,诱惑也很多,极易让人产生贪念,进而犯下不善节制式愚蠢。这往往是坠入人生深渊的第一步。因此,《老子》劝人节制。《老子·十二章》说:"五色令人目盲;五音令人耳聋;五味令人口爽;驰骋畋猎,令人心发狂;难得之货,令人行妨。是以圣人为腹不为目,故去彼取此。"

1. 什么是节制力

节制,也叫"节制力",指个体对自己的认知、情绪情感和行为进行有效调节与控制,使之以适度(moderation)方式表现的一种心理素质。节制的关键是自我控制(self-control),犹如"一月摄万月",节制也有很多表现形式。例如,节制体现在对待财物的态度上就是节俭或节约,体现在情绪上就是控制情绪,体现在待人处世上就是有分寸。同时,与其他万事万物一样,节制或节制力也有一定层次。依抵制诱惑难度的大小,可将节制或节制力分成不同的层次或水平。

2. 如何培育节制力

培育个体节制力的有效做法有多种,其中,"保持敬畏之心"已在上文作了探讨,下面简要阐述四种常用方法。

第一，远离诱惑法。尽量让自己远离诱惑，如远离毒品、赌场、红灯区等，这是最易做到的一种有效抵御或戒除贪欲的方法。因为绝大多数人抵御诱惑的能力既有限又很脆弱，面对诱惑时，原本平静、安宁、清澈的心灵易起"波澜"，乃至最终迷失心智，做出愚蠢的决定或行动。因此，最有把握的战胜诱惑的办法便是远离诱惑。个体只有远离诱惑，才能坚守心灵的一方净土，凝神专注，涵养自己的心性（陈洪娟，2010）。《老子·四十四章》曾语重心长地劝诫人们："名与身孰亲？身与货孰多？得与亡孰病？甚爱必大费，多藏必厚亡。故知足不辱，知止不殆，可以长久。"受此启发，《淮南子·主术训》主张"是故非澹薄无以明德，非宁静无以致远"。那么，怎样才能远离诱惑呢？具体做法是做到"四勿"。个体面对诱惑时，若能时刻认真体会并身体力行孔子主张的"非礼勿视，非礼勿听，非礼勿言，非礼勿动"，往往能有效抵御或戒除贪欲。当然，正如第八章所论，孔子的非礼勿视、勿听、勿言、勿动，只有像王安石那样理解，才能正确把握其实质，若简单地将之教条化，就会成为吃人的礼教，束缚人的心灵。

第二，延迟满足法。延迟满足（delay of gratification）指个体甘愿为更有价值的长远结果放弃即时满足的抉择取向，以及在等待期中展示的自我控制能力（Mischel & Underwood, 1974；聂晋文，芦咏莉，2014）。这一概念最早由弗洛伊德于1911年提出。他认为，需要很难满足或被延迟满足时，个体会变得紧张、烦恼甚至焦虑，进而会通过"幻觉意象"来缓解这种紧张和焦虑，从而度过延迟等待期。延迟满足正是个体从本我到自我的过渡，其本质是学会选择。在此过程中，个体愿意放弃即时满足，以获取回报更高的长期结果，并在等待时表现出对自身行为的控制。延迟满足作为自身控制的重要组成部分，是一种更加重视未来目标的自我调适能力。因此，延迟满足也被认为是个体心理成熟的表现，是人类社会化和文明建设的基础（Funder, Block, & Block, 1983；蔡红梅，冯越晨，2020）。要让个体学会延迟满足，就要让个体学会"忍"和"等待"，而且教育者本人也要身体力行，用自己的行为做示范。

第三，榜样示范法。家长、教师、名人和官员在节制力方面展现的以身作则的榜样示范作用，对于培养儿童、青少年和成人抵制贪欲的效果明显，这一点就明，不多讲。

第四，提高做人境界法。通过反省人生的真正意义或价值，提升做人境界，是提升节制力的有效方法。很多人之所以心中存有大量贪欲，一个重要心因是未能正确理解人生的真正意义或价值，错误地将外在财富、权力、地位、虚荣、长寿等视作人生的全部意义，却不知这些东西只是实现人生意义的手段，至多是人生的部分意义，而不是人生意义的全部，甚至不是人生的主要意义。个体一旦真正洞察人生的意义或价值，树立起正确的人生观，往往更易有效抵御或戒除贪欲。那么，人生的真正意义或价值到底是什么呢？对于此问题，中国人有一个公认的答案，它出自《左传·襄公二十四年》："豹闻之：'大上有立德，其次有立功，其次有立言。'虽久不废，此之谓不朽。"（杨伯峻，1990，p.1088）既然每个人的最终价值或存在的终极意义,都是由其对人类文明的贡献度来衡量,而不是由其掌握的权力大小或在世时的风光度来衡量,那么,个体若能认清人生的真正意义或价值之所在,就能明白一个简单道理——除非自己在世时做了一点有益于人类文明的事情或说了一点有益于人类文明的金句,否则,无论生前风光与否,死后迟早都会被人遗忘。也需指出四点:(1)通过认真反省人生的真正意义或价值来抵御或戒除贪欲,这一方法对个体自身的素养有严格要求,一般不太适合自控力弱的个体,因而不能要求人人都去做,否则易流于形式。(2)个体一旦认识到人生的真正意义或价值,便有了主心骨,就有了人生的方向与奋斗的动力。此时,如果个体认识到自己暂未实现或仅部分实现人生的真正意义,就会努力去追寻意义;假若个体发现自己已拥有真正的人生意义,就一定会努力维护它、保持它,不让它丢失,在此基础上,再追求更高层次的人生意义。(3)无论是拥有意义还是追寻意义,都有助于个体节制贪欲,有助于个体生出责任心、诚信心、仁爱心和平等公平公正心,进而有利于个体的身心健康,也有利于个体消除因缺少意义感而出现的"空心化"危险。"空心化"既易导致个体通过追求权、钱、色或奢侈生活等寻找意义感,也易导致个体自杀。(4)无论是中国人还是外国人,只要拥有意义或追寻意义,就有利于其身心健康。当然,中国人和外国人所认可的人生意义在内涵上既有同也有异。

(三) 培育责任心,做个有责任心的人

责任心对成就一个智慧之人的重要性至少体现在三个方面:(1)有责任心,做事才会认真负责,一丝不苟;没有责任心,做事就会粗心大意,易出各类悲剧;(2)有责任心才会有担当意识,遇到困难百折不挠;没有责任心就缺乏担当意识,做事自然怕吃苦,一遇挫就打退堂鼓;(3)有责任心,才易做到"家事,国事,天下事,事事关心"(语出顾宪成《题东林书院》),没有责任心,人极易变得自私、自恋,自然只关心自己的私事,其他事情一概不闻不问。

1. 什么是责任心

责任或责任心指肩负某种角色的人身上展现出来的一种尽力将自己分内事做好的重要人格特质。个体一旦拥有此重要人格特质,便能知晓自己所扮演角色的分内事或义务,并努力履行;若没有做好自己所扮演角色的分内事,知道承担相应的后果。其中,按义务行为的表现方式,可将义务分为积极义务和消极义务。积极义务是由命令性规则规定的、人们必须或者应当做出某种行为的规则,如公民须依法纳税。消极义务又叫"不作为义务",是禁止性规则规定的、禁止人们做出一定的行为,如不得以非法理由侵犯公民的通信自由。按义务相应权利人的范围,可将义务分为绝对义务和相对义务(陈至立,2019,p.5222)。绝对义务指对一般人承担的义务,如不得侵害法律保护的任何公民的基本权利等(陈至立,2019,p.2293)。可见,绝对义务指公民都须承担的、不附带任何条件的义务。它具有四个特点:(1)全体性,即只要是公民都须承担。(2)不可选择性,即所有公民都须履行。(3)持久性,即每个公民每时每刻都要承担,无间歇性。(4)无条件性,即公民须无条件地履行此类义务,不能找任何借口拒绝履行此类义务。相对义务指对特定的某人或某

些人承担的义务,如债务人对债权人承担的清偿债务的义务等(陈至立,2019,p.4802)。

2. 如何培育责任心

责任心与角色关系密切,要想让个体树立责任心,就必须跳出单纯从道德教育谈培育个体道德品质的怪圈,从改善管理制度入手,探讨培育个体的道德品质。因为根据皮亚杰的道德发展阶段理论和科尔伯格的道德发展理论,在通常情况下,人的道德品质发展的一个重要规律是:由他律向自律方向发展(汪凤炎,燕良轼,郑红,2019,p.200)。因此,尽管对一些道德高尚的人而言,激励他们前进的动力之一往往来自其自律型责任心,如梁思成出于自律型责任心,毅然投入毕生精力,历经千辛万苦,系统调查、整理和研究中国古代建筑的历史与理论,最终成为这一学科的开拓者和奠基者,但对绝大多数人而言,培育个体的责任心必须先从改善管理制度入手,具体做法至少有三。

第一,制定科学的管理制度,明确每种角色的职责所在。正如哈耶克(Friedrich August Hayek)所说:"在现代社会,过分地扩大个人责任的范围,与解除人们对自己行为结果的责任一样,都曾是造成责任感减弱的原因。既然我们赋予个人以责任是为了影响他的行为,那么责任只能限于他凭人力所能预见的行为结果以及我们靠理性所能希望他在一般条件下考虑的行为结果。为了有效起见,责任的范围必须既明确又有限,在感性和知性上都要与人的能力相适应。教导某人要为一切事物负责,与教导他不对任何事物负责一样,都会摧毁责任感。自由要求个人的责任只限于假定他能够判断的东西,要求个人在行动时必须就他所能预见的范围考虑结果,尤其要求个人只对他自己的行动(或者在他照顾之下的那些人的行动)负责,而不对其他人的行动负责,因为其他人同样也是自由的。"(Hayek,1999,p.122)

第二,将责任细化到每一个人身上。责任分散效应告诉人们,一旦由众人分担责任,众人均将不负责任。因此,防止个体不负责任的两个根本做法:一是将责任细化到每一个个体身上,而不能由众人分担责任。正如哈耶克所说:"为有效起见,责任必须是个人的责任。在一个自由社会里,不可能有某种一个组织成员的集体责任,除非他们通过协调行动已经使每人都各自负责。共同或分别承担责任都要求个人同他人相一致,因此也就会限制每个人的权利。如果让人们共同承担责任,而不在同时规定一个共同的义务和协调的行动,结果便经常是无人真正负责。每个人都拥有的财产实际上是无主财产,那么每个人都承担的责任就是无人负责。"(Hayek,1999,p.122)

第三,适度让个体的言行曝光,接受适度的监督。古希腊神话故事《盖吉兹的戒指》告诉人们:个体若拥有能让他隐身的魔戒,使其行为不受监督,那么,个体往往会干坏事而不是做好事。因此,让个体拥有责任心的一个有效做法是适度曝光其言行,令个体接受适度监督。(汪凤炎,郑红,2014,pp.323-344)

(四) 培育诚信,做个讲诚信的人

《论语·颜渊》记载,孔子说:"民无信不立。"由此可知,诚信在做人中发挥着重要作用。

1. 什么是诚信

诚信包括诚实和守信两方面。诚实指个体按自己内心的真实想法去行动。守信指个体努力兑现自己对他人的承诺。在古汉语里，当作"诚实、不欺"之义解释时，"诚"与"信"几乎同义，可以互训。当然，若细分，"诚"与"信"有两个重要区别：(1)"诚"与"信"有"内外之别"。"诚"说到底是个体内心的一种"真实无妄"的状态，是一种内在的道德律令，除个体自己对它心知肚明外，外人通常很难从个体的言行推知其"诚"的程度高低，故有"知人知面不知心"的说法；而从字形上看，"信"从"人"从"言"，表明"信"是一种外在的道德规律，外人更容易从个体的言行里推导其守信的程度。(2)"诚"与"信"在儒家伦理道德谱系里的地位不同。司马迁在《史记·孔子世家》中曾说："子思作《中庸》。"据此记载，作为孔子孙子的子思长于孟子。自《中庸》开始，儒家多将"诚"视作极重要的道德规则，这从《中庸》里"诚者，天之道也；诚之者，人之道也"一语就可见一斑。孟子继承了《中庸》的这一观点。《孟子·离娄上》也说："是故诚者，天之道也；思诚者，人之道也。""信"在儒家伦理道德谱系里的地位则次要一些。须指出，贝克从道德客观主义（objectivism）的立场指出，诚信指对理性原则和价值观的忠诚（Becker，1998）。若作此理解，则诚信是一种合乎道义的德性，否则，诚信仅是一个中性的德性：当个体出于善的动机展现诚信，其展现诚信后能产生善的结果，它就是善的；反之，当个体出于恶的动机展现诚信，其展现诚信后产生恶的结果，它就是恶的；当个体介于善恶二者之间展现诚信，其诚信的善恶要具体问题具体分析。作为一种美德，诚实指个体按自己内心的真实想法行动，其行动结果不损害甚至能提升他人和自我的正当权益；守信指个体努力兑现自己对他人作出的承诺，这样做时不损害甚至能提升他人和自我的正当权益。

2. 如何做到诚信待人

第一，坚守两条诚信做人的底线。在同一道德共同体内，讲诚信者须坚守如下两条做人底线，否则，必会摧毁绝大多数人心中的诚信：一是，即使有些真话不能说，也绝不可利用个体的善良恶意欺骗他（汪凤炎，郑红，2014，p.348）；二是，可以不听忠言，但绝不可有意让人因忠言获罪。

第二，妥善区分四类谎言。谎言指说谎者以隐瞒部分或全部事实、夸大或缩小部分事实或无中生有等方式表述的言语。从谎言成分的多与少的角度分，可将谎言分为直接的谎言、夸张的谎言和不易察觉的谎言（傅小兰，2019）。谎言虽是假话（陈至立，2019，p.1863），却不可将之一律视作洪水猛兽，也不可将之简单地等同于恶、缺德或恶意欺骗。谎言本身是中性的。从动机善与恶的角度看，可将谎言分为善意谎言（white lie）与恶意谎言（black lie）两种类型。善意谎言指出自善良动机的谎言；恶意谎言指出自邪恶动机的谎言。从结果好与坏的角度看，可将谎言分为善果谎言与恶果谎言两种类型。善果谎言指说谎后不但不会给交往双方带来不良后果，反而能给对方、双方甚至连带的第三方带来益处的谎言;恶果谎言指说谎后往往会给对方、双方甚至无辜的第三方造成不良后果的谎言。从谎言风险的高与低的角度分,可将谎言分为高风险谎言、低风险谎言和零风险谎言(傅小兰,2019)。若综合考虑动机的善与恶和结果的好与坏,可将谎言分为四种类型:(1)Ⅰ型谎言,即善意与善果兼有型谎言。它指出自善良动机,且说谎后不但不会给交往双方带来不良后果,反而能给对方、双方甚至连带的第三方带来益处的谎言。(2)Ⅱ型谎言,即虽有恶意却生善果的谎言。它指出自邪恶动机,但说谎后不但不会给交往双方带来不良后果,反而能给对方、双方甚至连带的第三方带来益处的谎言。(3)Ⅲ型谎言,即恶意与恶果兼有型谎言。它指出自邪恶动机,且说谎后往往会给对方或双方甚至无辜的第三方造成不良后果的谎言(张尚仁,1984,pp.109-110)。(4)Ⅳ型谎言,即虽有善意却生恶果的谎言。它指出自善良动机,但说谎后给对方或双方甚至无辜的第三方造成不良后果的谎言(见图16-2)。同一个道德共同体内,可有善意与善果兼有型谎言,但绝不可有恶意谎言,也不可出于"别人和我一样吃亏,我就觉得公平"的心态撒恶意谎言。

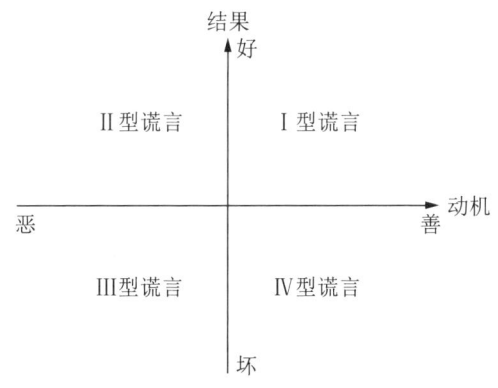

图 16-2 四类谎言示意图

同时,应尽量减少或杜绝虽有恶意却生善果的谎言和虽有善意却生恶果的谎言。因为恶意谎言虽偶尔能歪打正着,生出善果,但这毕竟是小概率事件,而且其动机是恶的,所结善果虽利他,却不属道德行为。此外,出自善意的谎言若生恶果,其善意得到他人理解与宽恕的概率将大打折扣,若生出严重恶果,则同样会招来惩罚,但这种惩罚的力度比带来同样程度恶果的恶意谎言的惩罚要小一些,毕竟前者是无心之失,后者是有意为之,性质更恶劣。此外,防止恶意谎言和恶果谎言还须杜绝语言腐败。语言腐败指通过词汇上的偷换概念为不正当行为提供正当理由。语言腐败的一个后果是道德堕落。美国思想家潘恩(Thomas Paine)提出,如果个体堕落到宣传连他自己都不相信的东西时,就已经作好干一切坏事的准备。人类的合作从语言的表达开始,言行一致是道德的底线。突破了这条底线,就从心理上拆除了道德藩篱。

第三,要掌握常用的防骗术。各类骗术的核心均围绕"怯""贪""善"三字进行,因此,防骗的关键措施只有三条:一是平日不做亏心事,遇到各类基于"怯"字的骗术自然就不会上当;二是戒除贪念,遇到各类基于"贪"字的骗术就不会被骗;三是平日做到德才一体,以防小人利用自己的善心行骗。

第四,通过开发新技术和推进法治进程加强诚信制度建设,并加大惩罚力度。具体而言,通过开发新技术和推进法治进程加强诚信制度的建设,对那些讲诚信的个体、集体、单位或组织宜依法给予适当奖励,做到"德得相通",进而让那些讲诚信的个体、集体、单位或组织因自己的诚信获得益处;对于那些喜欢恶意撒谎的集体、单位、组织与个体,无论该集体、单位或组织多么显赫,无论该个体多么权高位重,都要做到发现一起就严厉惩处一起,使其得不偿失。

第五,让"信"服从"仁义"。孔子和孟子都主张"信"要服从"仁"与"义","仁"与"义"为更高的原则;个体在做人过程中不能死守"信",而要做到具体问题具体分析,并善于变通。例如,孟子在《离娄下》里曾说:"大人者,言不必信,行不必果,惟义所在。"孟子认为,一个德行高深的人说话不一定要句句算数,行为不一定要全都贯彻始终,只要心中有"义"在,依"义"而行即可。这表明孟子对言行之间关系的认识颇为辩证,突出主体自觉在道德修养中的作用,显得颇为灵活。这也告诉人们,做人虽万不可背信弃义,但是,当守信与维护道义发生矛盾时,为维护道义,必须放弃守信。可见,诚信仅是一种中性的德性,自我道德修养过程中,要具体问题具体分析,不能死守"言行一致"或"言出必行"的格条,否则,一旦出现愚信,就有"好心做坏事"的隐患,如对坏人也以诚相待,为坏人信守承诺,忠实履行坏人的命令或要求等(汪凤炎,郑红,2014,pp.344-350)。

综上所论,从正面讲,每个人都宜努力做个有诚信的人。从反面讲,在制度建设层面,要通过不断完善相应社会管理制度,依法提高对恶意欺骗的惩罚力度,让人不敢骗。在个人才与德的修养方面,个体既要不断提升自身辨识各类骗术的能力和技巧,让人不能骗,也要加强自身道德修养,以德服人,让人不忍骗。

(五) 培育仁爱心,做个有仁爱心的人

《孟子·公孙丑上》说得好:"无恻隐之心,非人也。"由此可见,做人要有仁爱心,不能冷酷无情。

1. 什么是仁爱心

"仁"的内涵与结构经历了一个不断充实、不断建构的过程。用心理学的眼光看,"仁"指个体在待人接物中表现出的一种以爱人、爱物、忠诚、恕道等优良品质为核心的复杂心理特质的总称。它外化为"亲爱""爱惜"等"爱"的形式,以及"忠""诚"和"恕""道"等,让个体对实践"仁"的对象拥有积极正向的情绪或行为体验(王立皓,汪凤炎,2010)。这意味着,"仁"主要包含关爱、忠诚与宽恕(forgiveness)三个亚心理成分。

2. 如何做一个有仁爱心的人

第一,妥善处理好利他与利己的关系。《东郭先生与狼》的寓言故事告诉人们,"兼爱"

或"仁爱"不能没有边界,将"中山狼"也作为"兼爱"或"仁爱"的对象,到头来会害人害己。仁慈不一定教会仁慈。同时,人须心怀慈悲,但也要学会如何正确使用慈悲心,在利他与利己不冲突时,既要做到利他,也要保护好自己,不必轻易牺牲自己来利他,即"悲智双运"。电影《教父》中有一句台词说得好:"没有边界的心软,只会让对方得寸进尺;毫无原则的仁慈,只会让对方为所欲为。"因此,最佳做法是,你给对方的好是对方努力的结果,这样对方才会珍惜。反之,根据萨勒(Thaler,1985)的"心理账户(mental accounting)"概念,如果对方能随随便便地得到你的好,这种好在对方心里可能一文不值;若遇到一个不懂得感恩的人,还可能招来对方的恩将仇报(马德,2019,p.52)。

第二,善于表达爱。此处,爱包括亲情中的爱、爱情中的爱、友情中的爱等。表达爱的方式多种多样,如口头言语、书面言语、肢体语言、适当行动等,运用得当将有利于提升人际关系。

第三,学会爱具体的人。

第四,从至少四个方面妥善化解当代中国人多差序格局之爱而少一视同仁式兼爱的爱心偏见:(1)妥善保护人的良知,努力建立良好道德习俗,激发个体良知并不断提升,使个体对包括熟人与陌生人在内的他人充满爱心。(2)积极推进有利于博爱之心成长的制度建设,用制度保证个体的博爱之心,强化友善对待圈内人与圈外人的行为,惩罚不友善行为。(3)大力发展经济的同时,积极推进惠及全民且吻合国情的社会保障制度,在不损害他人正当权益的前提下,给予弱势群体适当的关爱与补偿。(4)通过科学教育,降低血缘关系的重要性,使个体由重视血脉传承转向重视文化传承(汪凤炎,郑红,2014,pp.351-365)。

(六) 培育公正心,做个有公正心的人

《墨子·贵义》记载,墨子说:"万事莫贵于义。"公正背后是对效率的考量,公正应符合效率标准。但是,公正并非对单个个体的效率的考量,而是对社会整体长远发展的效率的考量(薛兆丰,2021)。

1. 什么是公正

受西方伦理道德思想的影响,公正常与公平、平等相等同。因此,若想准确把握公正的概念,须同时厘清公平、平等的内涵。

平等(equality)指人与人之间在政治、经济、文化、法律、人格等方面处于同等地位,享有同等权利与义务(陈至立,2019,p.3349)。由此可见,积极推进平等观念的建设,并不是简单地追求"结果上的平等",而是要逐步在全社会范围内至少树立起"人格上的平等(人格平等)""机会上的平等(主要指教育机会与就业机会平等)""法律地位上的平等(王子犯法与庶民同罪)"和"私有财产权上的平等(无论私有财产多寡,一律受到法律的同等保护)"四个平等观念(汪凤炎,2019c,pp.201-202)。

公平有广义与狭义之分。广义的公平是公正、平等的合称。此种含义的公平显然源自西方的现代公平概念。广义公平的定义可采用《伦理学大辞典》里的解释:"公平(fairness),经济学、法律学和伦理学的重要范畴。作为一个伦理学范畴,公平同公道、公正、正义等范畴有着相近的含义。含有从公正的角度出发平等地善待每一个与之相关的对象的意义。在集体、民族、国家之间的交往中,公平指相互间的给予与获取大致持平的平等互利,同时还包含对待两个或两个以上的对象时的一视同仁。在个人与社会集体之间的关系上,公平指个人的劳动活动创造的社会效益与社会提供给个人的物质精神回报的平衡合理。在个人与个人之间的关系上,公平指他们之间的对等互利和礼尚往来。在经济伦理学中,公平指社会成员的收入均衡化。"(朱贻庭,2002,p.45)狭义的公平,即典型的中式公平,指个体或组织按同一原则和标准对待相同情况的人和事,类似于俗话说的"一视同仁""一刀切"或"一碗水端平"(夏征农,2002,pp.543-544)。典型的中式公平的定义在1999年版《辞海》里还有,可惜的是,2009年版《辞海》已作删除。本书继续采用1999年版《辞海》对公平的定义。依公平的定义,假若个体或组织能做到按同一原则和标准对待相同情况的人和事,那么此个体或组织就做到公平待人处事。本节所讲"公平"若无特别说明,均指狭义公平。

妥善借鉴罗尔斯对公正的见解,再结合上文的分析,可将公正作两种界定:仅从冷冰冰的纯粹理性(无涉善情)角度出发,主张个体或组织在成本或付出与所得之间完全取得平衡。此种公正为低水平的公正,遵循上文所讲的等利交换或等害交换原则或罗尔斯所说的公民自由平等的原则。稍加比较可知,低水平的公正实即公平。若从融会善情与理性两种角度出发,妥善处理个体或组织在成本或付出与所得之间的关系,进而主张公正,指个体或组织基于关爱他人或其他组织并充分考虑不同人或不同组织的个别差异的前提下,灵活制定或运用原则和标准对待人和事,以便对他人或组织的正当权益进行合理分配并予以充分保障,用以保证他人或其他组织能更好地生存与发展。此种公正为高水平的公正。它才是真正的公正,遵循的主要是罗尔斯所说的"差别原则",而且其内已蕴含爱的原则。可见,公正有广义与狭义之分,狭义的公正仅指高水平的公正,这才是真正的公正(为行文简洁,下文中高水平的公正也简称"公正");广义的公正包括低水平的公正(实是公平)与高水平的公正(狭义的公正)。下文所讲"公平"若无特别说明,均指狭义的公平。

综上所论,平等、公平与公正不是同一个概念,不平等、不公平、不公正也不是同一回事。不平等指不相同,存在差异。不公平指不能对所有的参与者(个体或团体)的各项属性(包括付出与所得等)保持一视同仁。不公正指不能对所有的参与者(个体或团体)的各项属性(包括付出与所得等)保持公正、合理。若以"平等—不平等""公平—不公平""公正—不公正"各自为一个维度,就能生成平等—公平—公正三维模型示意图(见图16-3)。

如图16-3所示,上述三维度的排列组合共有八种类型:(1)平等—公平—公正,如法律面前人人平等;(2)平等—公平—不公正,如代售点购票需缴纳手续费;(3)平等—不公平—公正,如劫富济贫和损有余补不足;(4)平等—不公平—不公正,如"大锅饭";(5)不平等—公平—公正,如计件工资;(6)不平等—公平—不公正,如公交车票、地铁票和火车票的坐票与站票同价;(7)不平等—不公平—公正,如乔布斯只拿一美元薪水,而库克拿天价薪酬;(8)不平等—不公平—不公正,如按"潜规则"办事。另外,贫富差异肯定不平等,但是否公平和公正,要具体问题具体分析,如是个人天赋导致,还是不健全的财富分配机制导致等。

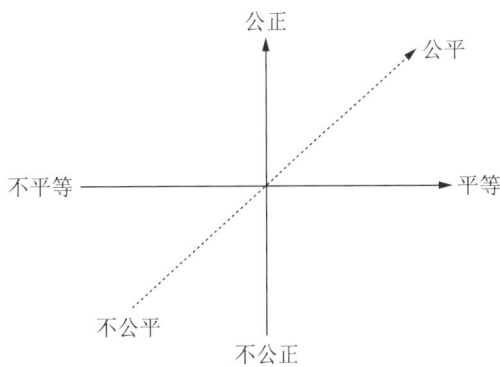

图16-3 平等—公平—公正三维模型示意图

　　公正既可以公平为基础,也可与公平相分离;公正的理想结果是尽可能多地减少不平等,或尽可能多地降低不平等的幅度,使社会越来越平等。可见,公正高于公平。因为公正之内一定包含善,它在伦理道德层面上一定是正确或善的,所以,公正是一个褒义词。与此不同的是,公平仅指个体或组织按同一原则和标准对待相同情况的人和事,因此,公平本身仅仅是一个中性词。若此原则和标准本身是合理的,那么公平就是合理的;反之,如果此原则和标准本身是不合理的,那么公平就是不合理的。也正由于公正高于公平,因此,较之实施公平,实施公正的难度要高许多。实施公正不但需要人们心中有爱心与公正之心,以及极高的管理能力,还需要有良好的管理制度予以保证,以便做到既能制定出充分考虑不同人或组织的个别差异的规则与机制,还能透明、公正地实施这些规则和机制。由此可见,有人认为,公正(正义)与公平的主要区别有二:(1)公正(正义)侧重强调基本价值取向,重在其正当性,重在强调目的性追求;公平强调衡量标准的同一尺度,重在强调工具性。罗尔斯的作为公平的正义中的公平侧重强调其工具性,就是为了说明公平作为一种工具和技术层面上的方法是十分有效的。(2)公正(正义)的应然成分多一些,公平的现实成分多一些。作为一种基本价值取向,公正(正义)的要求同人们的日常生活存在一定差距,在其具体化的过程中需要借助公平这一有效的、可以操作的工具(吴忠民,2003)。根据上文所论,对公正(正义)与公平的这种区分显然是一种似是而非的观点。理由至少有二:(1)公正(正义)与公平既都可视作一种基本价值取向,也可视作一种工具,只不过,公正(正义)强调衡量标准的基于爱而生的差别性尺度,公平强调衡量标准的一视同仁式尺度。同时,从实施过程的难易程度看,较之公正,公平更易操作。(2)实现公正的过程中,虽可借助公平这一有效的、可以操作的工具,但若想真正实现高水平的公正,就必须超越公平,按基于爱而生的差别性尺度待人处事,否则,公正只能永远停留在公平的水平!

一般而言，较之只能遵守规则而无权制定规则者而言，有权制定规则者往往占有一定优势。因此，以"有权制定规则者和无权制定规则者"以及"付出与所得"为参照，如果以"损不足补有余"的理念制定规则，让制定出来的规则只对规则制定者或拥有特权一方有利，那么这类规则一定是不公平的规则，一旦实施，必会产生不公平；如果制定出来的规则能实现按同一原则和标准对待相同情况的人和事，那么这类规则一定是公平规则，一旦实施，必会体现公平；如果制定出来的规则能实现"人人都能得其所应得、应得即所得"，为此而限制甚至削弱规则制定者或拥有特权一方的不正当权益，并保证或改善无权制定规则者的合法权益，那么这类规则一定是低水平的公正规则，一旦实施，必会体现低水平的公正；如果制定出来的规则能体现"适度开源以补不足，且不损或适当损有余补不足"的理念，为此适当偏重以开源保证或改善无权制定规则者尤其是弱势群体的合法权益，并适当减少规则制定者或者拥有特权一方的过多正当权益，且保证规则制定者的正当权益丝毫不受损，那么这类规则一定是高水平的公正规则，一旦实施，必会体现高水平的公正。

2. 如何公正待人

由于深受重血脉亲情的儒家文化的影响，一些人养成了重差序格局之爱而轻一视同仁式兼爱的爱心偏见，以及重差序格局之平等公平公正而轻一视同仁式公平公正的偏见（燕良轼，周路平，曾练平，2013）。若要妥善化解此偏见，须采取类似"妥善化解当代中国人在待人处世时存在的爱心偏见"的做法（汪凤炎，郑红，2014，pp.365-385）。此处限于篇幅，不再赘述。

二、多管齐下提高个体的聪明才智

如第四章所论，智慧中的聪明才智主要体现在正常乃至高水平的智力、在某个或多个领域拥有足够用的实用知识和良好思维方式上。与此相应，个体聪明才智的培育须从这三个方面入手。

（一）采取切实可行的方法提高个体的智力水平

卡特尔和霍恩的液态智力和晶体智力说认为，液态智力与晶体智力构成了个体的智力。其中，液态智力可通过优生优育提高，晶体智力可通过良好素质教育提高（汪凤炎，郑红，2014，pp.387-393）。这一点说明，此处不多讲。

（二）按"六度"标准提高个体的知识素养

此处，"六度"指知识的广度、知识的价值度、知识的高度、知识的深度、知识的精度和知识的新颖度。

知识的广度指知识的广阔程度。假若一个人不但拥有丰富的道德知识，而且拥有丰富的科技知识，在道德知识与科技知识方面既在自己的专业领域拥有丰富的明言知识与默会知识，还广泛了解、熟悉甚至精通邻近的诸种专业，那么此人在知识的广度上就达到良好的水平；反之，假若一个人不但不了解邻近的诸种专业，即使是本专业，也仅了解一个小的研究方向或领域,那么,此人的知识的广度就很窄。其余情况依此类推。通过多看、多听、多读、多记、多思和多做的方式可不断拓展知识的广度。

知识的价值度指知识的有用程度。如果一种知识具有较高或极高的理论价值或应用价值,或者兼具较高或极高的理论价值和应用价值,就说明此知识具有高价值度;如果一种知识仅具有较小的理论价值或应用价值,或者兼具一定的理论价值和应用价值,就说明此知识的价值度不高;假若一种知识既无理论价值又无应用价值,就说明此知识是无用的知识。因此,在学习中要学会对知识进行价值判断,挑选一种或几种有价值的知识进行深入学习。同时,学会变通地使用知识,凭借此方式可充分发挥已有知识的最大价值。

知识的高度指知识的概括或抽象程度。如果一种知识具有较高或极高的理论概括水平或抽象程度,甚至已被提炼或浓缩成公理、定理、原理(理论)、规则、概念或公式等,就说明此知识具有良好的高度;反之,假若一种知识仅停留在具体事例、个案、故事或寓言等层面,就说明此知识的高度不够。一个人若想不断提高自己所拥有知识的高度,有效做法之一便是不断提高自己的哲学修养和数学水平,以此提高自己的抽象概括能力。

知识的深度指知识的深刻程度。如果一种知识不但具有表层结构,而且具有只有深入理解后才能体会和把握的充满意蕴的深层结构,就说明此知识具有良好的深度;反之,假若一种知识的意义连一个初学者都能一眼看穿,就说明此知识的深度不够。怎样提高知识的深度呢?有效做法有二:(1)提高自己的史学修养。知识的深度的重要来源之一是对历史的全面了解。(2)做到深度阅读、深度思考、深度推理。

知识的精度指知识的精确程度。如果一个人善于用界定清晰的术语、逻辑严谨的语句来表达其掌握的知识,就说明其知识具有良好的精度;反之,假若一个人习惯用模糊的术语或言语来表述其掌握的知识,就说明其知识的精度不高。怎样提高知识的精度呢?有效做法至少有三:(1)养成对自己所用核心术语下清晰界定的习惯,尽量不用或少用内涵模糊的术语。(2)适当运用数学语言进行表达,正如统计学家拉奥(Rao,1997,p.10)所说:"抽象而言,所有的科学都是数学。""在理性基础上,所有的判断都源于统计学。"(3)平日要严谨而仔细地看,严谨而仔细地读,严谨而仔细地听,严谨而仔细地做笔记,严谨而仔细地思考,严谨而仔细地推理,以便逐渐养成凡事乐意进行严密思维的习惯。

知识的新颖度指知识的新颖程度。如果一个人既熟练掌握自己专业的最新发展动态,又善于从新视角反思其掌握的知识,并及时更新自己的知识结构,做到与时俱进,就说明其知识具有良好的新度;反之,假若一个人死守旧知识,既不追踪、了解自己专业的最新发展动态,也不善于从新视角反思其掌握的知识,就说明其掌握的知识不够新颖。提高知识的新颖度的有效做法有三:(1)平日注意跟踪本学科的最新发展动态,了解所从事专业和相关学科的前沿或最新发展方向与趋势。(2)使自己善于从一个或多个新颖的角度看、读、听、思,做到温故知新。(3)及时更新脑中已有的知识与观念。在大数据时代,信息、知识日新月异,更新周期也不断缩短,个体要不断吸收科学前沿的新知识,自觉淘汰陈旧、老化、惰性的知识,使个体的创造性劳动不断获得源头活水,不断从中获取营养(汪凤炎,郑红,2014,pp.393-402;汪凤炎,燕良轼,郑红,2019,pp.592-594)。

(三)帮助个体养成良好的思维方式

德拉蒙德(Drummond,1805,p.xv)说:"哲学、智慧和自由相互支持。一个不愿周密思考的人是顽固盲从者,一个不能周密思考的人是傻瓜,一个不敢周密思考的人是奴隶。"帮助个体养成良好思维方式可从两方面入手。一方面,帮助个体学会运用整体思维或分析思维、逻辑思维、形象思维或直觉,并善于容忍不同意见和不确定性事件。这是帮助个体养成良好思维方式的重要做法,也是帮助个体生成智慧的前提条件之一。具体而言,要做到:(1)善于进行分析思维或整体思维,兼顾二者更佳;(2)至少拥有形象思维、逻辑思维或良好直觉,兼顾三者更佳;(3)善于容忍不同意见和不确定性事件。另一方面,帮助个体学会独立思维、批判性思维、辩证思维、中庸思维、反省思维、对话思维和创新思维(创造力),去掉反事实思维(汪凤炎,郑红,2014,pp.402-419;汪凤炎,2022)。当然,除中庸思维因内含善而具褒义外,其余思维方式基本都是中性的,若无智慧或善的约束,便潜藏有重大危机与风险(Sternberg & Glück,2022,pp.31-33)。

第三节 智慧教育的基本原则、课程和保障措施

一、智慧教育的基本原则

开展智慧教育,须至少坚持九条基本原则:(1)树立"德才一体方是智慧"的理念,做到查缺补漏;(2)预防为主,防治结合;(3)持之以恒;(4)知行合一(如果说研究智慧是知难行易,那么,培育智慧则是知易行难,须在行上下功夫,不可知行分离,流于形式);(5)循序渐进与跳跃性发展相结合;(6)坚持多元智慧发展观,理解人慧与物慧的智慧分类;(7)以身作则(Sternberg & Glück,2022,p.46),重视智者的榜样示范;(8)以兼顾常识与经验为前提,尽量遵循科学模式;(9)科学运用奖惩。这些内容在《智慧心理学的理论探索与应用研究》里均有详细论述(汪凤炎,郑红,2014,pp.427-433),此处不再赘述。

二、智慧教育课程

(一)什么是智慧教育课程

此处,"课程"指教学科目,指按一定逻辑顺序和学生接受能力,组织某一科学领域的知识与技能而构成的课程(陈至立,2019,p.2120)。依此类推,智慧教育课程是按一定逻辑顺序和学生接受能力,组织智慧心理学领域的知识与技能而构成的教学科目。可根据开设方式(单独开设还是渗透式开设)的不同,分为显性与隐性两种类型。显性智慧教育

课程作为一个独立的科目列入学生的课程表,在正常教学时间内面向学生开设。隐性智慧教育课程也称"渗透性智慧课程",将培育个体智慧的知识与技能渗透在各门学科的教学中。显性智慧教育课程作为独立科目,其优势在于有效开展可收效显著,但也因未纳入课标或培养目标、课程体系,不易排入大中小学的课程表,且有占课时的缺陷。隐性智慧教育课程则具有不占课时、技能便于向常规学习和日常生活迁移的优点(Sternberg,2001a),但也易流于形式(汪凤炎,2022)。判断一个课程是不是智慧教育课程的标准主要有三:(1)是否有利于高效率地引导学生向善?(2)是否有利于高效开发学生的聪明才智?(3)是否有利于引导学生从兼顾德与才的角度思考问题和解决问题?如果一种课程既能高效率地引导学生向善,又能高效开发学生的聪明才智(包括人文社会科学方面和自然科学方面的聪明才智),并促使学生生成从兼顾德与才的角度思考问题和解决问题的习惯与能力,那么这种课程就是智慧教育课程。

(二) 智慧教育课程的课程设计与教授方式

为保证智慧教育的连续性,避免出现"猴子掰玉米——掰了下一个,丢了上一个"的现象,以及为做到循序渐进和因材施教,汪凤炎等人借鉴布鲁纳(J. S. Bruner)的螺旋式课程(spiral curriculum)思想(汪凤炎,燕良轼,郑红,2019,p.208),主张完整的智慧教育课程包括初级智慧教育课程、中级智慧教育课程和高级智慧教育课程三大部分(详见下文),这三种水平的智慧教育课程宜按螺旋式课程进行设计。其中,"德才一体方是智慧"的核心观念必须贯彻在每一种智慧教育课程之中,但针对不同年龄阶段和水平的学生,智慧教育课程的内容与教授方式有一定差异:在主要面向小学生的初级智慧教育课程里,教授内容宜简单、具体,教授方式宜以直观教学为主,适当兼顾其他教授方式;在主要面向中学生的中级智慧教育课程里,教授内容宜稍有难度,教授方式宜以简单论证为主,适当兼顾其他教授方式;在主要面向大学生(含同等学历)及以上学力人群的高级智慧教育课程里,教授内容宜深刻、系统,教授方式宜以深刻剖析与论证为主,适当兼顾其他教授方式。智慧教育的要求也有低、中、高之分,高水平的智慧教育往往育人于无形(汪凤炎,2022)。

(三) 智慧教育课程的类型

众所周知,个体早期接受的教育相比于青年、中年和晚年时的教育对其成长更重要。对个体而言,较之年龄的长短,受教育年限的长短更重要。智慧的实质是德才一体,良好的道德品质和思维方式越早培养越有利于个体今后的发展,因此,智慧教育开展的时间越早越佳。

汪凤炎妥善借鉴斯腾伯格(Sternberg,2001a,2001b;Sternberg & Hangen,2019;Sternberg & Glück,2022,pp.128-145)和法拉利等人(Ferrari & Kim,2019)的智慧教育思想,兼顾当代中国的国情,以及自身二十余年教书育人和智慧心理学研究及智慧教育实践的经验与教训,主张根据智慧水平的高低,可先将智慧教育课程分为初级、中级和高级三个层次,每层次按七个单元进行设计,再根据受教育者的具体情况选择适当的智慧教育课程。

1. 初级智慧教育课程

对于小学生乃至学龄前儿童,可适当开展初级智慧教育课程。初级智慧教育课程宜采取渗透式教育方式,在日常学校生活和课堂教学中适当渗透进如下七个主题(单元),并根据学生的学习情况自行设计每个主题的教学课时。同时,根据布卢姆掌握学习(mastery learning)思想(汪凤炎,燕良轼,郑红,2019,pp.253-257),每个主题(单元)以学生掌握其中80%—90%的内容为考核通过的主要依据。

第一单元 什么是智慧

通过讲"司马光砸瓮"等蕴含智慧的故事等方式,或适当让学生看诸如《聪明的一休》之类展现智慧的动画片,以及读《一千零一夜》之类展现智慧的故事,直观形象地向学生呈现"什么是智慧"这一主题,同时,以讲故事等直观形式向学生呈现"蠢人蠢事"(如刻舟求剑、掩耳盗铃、郑人买履、邯郸学步、烽火戏诸侯等)这一主题,让学生在智慧故事与蠢人蠢事的鲜明对比中初步了解智慧的含义。

第二单元 为什么智慧对个体、组织、社会和世界的健康与可持续发展而言最重要

以讲故事等直观形式向学生呈现"为什么智慧对个体、组织、社会和世界的健康与可持续发展而言最重要"这一主题,同时,以讲故事等直观形式向学生呈现一些损害个体、组织、社会和世界的健康与可持续发展的愚蠢做法,让学生在二者的鲜明对比中初览智慧对个体、组织、社会和世界的健康与可持续发展的重要性,引导学生初步知晓珍惜生命,敬畏自然,与身边人、物、环境和谐相处。

第三单元 为学生剖析智慧者与愚蠢者的案例

公认为智慧者和愚蠢者的案例虽不可能被简单模仿和复制,但案例背后凸显出的理念、做人方式和原则值得后人反复琢磨、思考和推敲。以讲故事等直观形式向学生呈现一些智慧者和愚蠢者的案例,鼓励学生细致阅读这些人的生活史,以便让学生对智慧和愚蠢有更加形象或切身的体验。

第四单元 让学生走近智慧者和愚蠢者的生活

一方面,让学生寻找身边的智慧者,努力走近他们的真实生活,在与其近距离接触中学习智慧生活或工作的方式方法。另一方面,让学生寻找发生在身边的蠢人蠢事,深入了解它们产生的原因。

第五单元 在日常生活和学习中帮助学生初步生成从兼顾德与才的角度思考问题和解决问题的习惯与能力

有一定的生活经历和情感体验是个体获得智慧的一个重要条件。对一个尚无任何生活阅历的婴幼儿空讲有关智慧的知识,他一定听不懂。不曾经历大风大浪的普通学生,若日常缺少智慧教育,也难生成智慧。因此,须在日常生活和学习中帮助学生逐步生成思考和解决问题时兼顾德与才的习惯与能力。这是决定初级智慧教育成败的关键。在此教学单元,可通过以下五个主题从正反两个方面帮助学生逐渐懂得"凡事均要从兼顾德与才的角度去思考和解决"的道理,进而初步养成"凡事均要从兼顾德与才的角度去思考和解决"的习惯,并初步学会按此方式妥善解决日常生活中遇到的一些小问题。每个主题以学生掌握其中80%—90%的内容为考核通过的主要依据:(1)以讲故事、看动漫、做游戏等直观形式向学生传授基本的生活常识,以此提高学生的判断力。正如梁启超在《你究竟在苦闷什么》中所说,假如一个人连基本生活常识都没有,听见打雷,说是雷公发威;看见月食,说是蛤蟆贪嘴。那么,一旦碰着一点疑难问题,就缺乏基本的判断力,只好靠求神、问卜、看相、算命去解决,或者就被人蒙骗了。(2)以讲故事、看动漫、做游戏等直观形式向学生呈现一些以兼顾德与才的方式妥善处理事情的成功事例。(3)以讲故事、看动漫、做游戏等直观形式向学生呈现一些"好心办不成(好)事""好心办坏事""好心铸大错""好心却被人利用"的失败事例。(4)以讲故事、看动漫、做游戏等直观形式向学生呈现一些"聪明反被聪明误"的失败事例。(5)开发培育初中生、小学生乃至学龄前儿童共情能力的课程。已有研究表明,个体的共情能力可通过后天的训练提高。国外的共情训练主要基于两种模式:经验主义和人文主义。经验主义模式通过体验式(经验分享)进行学习。人文主义模式注重发展个体的自我概念(Bas-Sarmiento, et al., 2020)。小学是发展亲社会行为的重要时期,这一阶段可能是共情干预的敏感年龄段。有研究者将 32 名小学生随机分组,进行每周一次每次 45 分钟,总计 10 次的团体心理辅导。结果发现,共情训练后的小学生的共情能力显著提高,亲社会行为也明显增加。青少年年龄阶段的训练大多花费 8 周的团体干预时间。接受干预的初中生共情能力得到显著提高,人际关系同时获得改善。为提高效果,开发该阶段个体共情能力的课程可考虑遵循以下原则(亦适用于其他年龄段):(1)遵循个体的年龄特征。不同共情成分在各年龄阶段表现的特征不同,要根据该阶段个体的年龄特点,寻找适合该年龄段的干预技术。(2)尊重个体的性别差异。个体共情能力的发展存在显著性别差异,女生的共情能力显著高于男生,有必要针对男生群体特征发展适用于这一群体的特异性干预技术。(3)应采用循序渐进的方式,在干预课程设置中考虑共情能力的发展速度,灵活组合各种干预技术,探索综合性共情能力训练效果。(4)家庭教育与学校教育相结合。一方面,已有研究表明,家庭教育是影响孩子早期共情能力培养的关键环境变量。父母的教养方式和回应孩子的敏锐程度对儿童共情能力的发展具有重要作用(Vreeke & van der Mark, 2003)。一项涉及 8 个国家儿童的研究显示,父母积极的教养方式可促进儿童亲社会行为的发展,同时,儿童早期建立起的稳定的亲社会倾向也会促使父母在接下来的时间对孩子作出更积极的回应,从而形成良性互动(Pastorelli et al., 2016)。另一方面,已有研究表明,镜像神经元的发现使得人可以通过以镜像机制为基础的"具身"方式体验并分享与他人相似的认知图式和情绪感受。学校体育运动活动是一个以观察和模仿动作以及预测动作意图为基础的动作技能学习过程。这些过程正是镜像神经系统发生的基础,包含这些过程的体育运动活动也是镜像神经系统重塑的过程。同时,大量神经科学证据证实,镜像神经系统也是共情发生的核心机制。因此,可尝试从体育运动的技能学习角度,增强学生的观察和模仿能力,从而提高个体的共情水平(魏高峡,满晓霞,盖力锟,等,2021)。

第六单元　引导学生用智慧的眼光审视自己与自己的生活

这一教学单元主要探讨以下三个主题,每个主题可根据学生的学习情况自行设计教学课时,每个主题以学生掌握其中80%—90%的内容为考核通过的主要依据:(1)过去我曾做过哪些"傻事"?当时我为什么会做它们?今后我该如何避免它们,尤其该如何避免出现所罗门悖论吗?(2)过去我曾做过"充满智慧的事情"吗?如果做过,请详细描述该事件的全部过程。(3)今后我该如何让自己的生活增添一些智慧的火花?

第七单元　引导学生过智慧生活

这一教学单元是完全实践的单元,要求每个学生在日常生活里努力过智慧的生活,家长和教师可从旁适时提醒并引导。可让学生以日记的形式记录每日做过的智慧之事与愚蠢之事,以便在日后加以保持或改正。此教学单元以小学生能初步形成按智慧方式生活的意识为考核通过的主要依据。

2. 中级智慧教育课程

对于中学生,可适当开展中级智慧教育课程。中级智慧教育课程宜采取渗透式教育方式(若条件允许,也可适当开设专门的智慧教育课程),在日常学校生活和课堂教学里适当渗透如下七个主题(单元),并根据学生的学习情况自行设计每个主题(单元)的教学课时。同时,每个主题(单元)以学生掌握其中80%—90%的内容为考核通过的主要依据。

第一单元　什么是智慧

通过讲"李冰修建都江堰"等蕴含智慧的故事或观看动画片等形式,直观形象地向学生呈现"什么是智慧"这一主题。此类故事或动画片在难度上宜适当高于初级智慧教育课程里的相应故事和动画片。同时,以简单论证等形式与学生探讨"什么是智慧"这一主题,让学生查询常用工具书中有关智慧的定义,思考这些智慧定义的优缺点。

第二单元　为什么智慧对个体、组织、社会和世界的健康与可持续发展而言最重要

以简单论证等形式与学生探讨"为什么智慧对个体、组织、社会和世界的健康与可持续发展而言最重要"这一主题,让学生较真切地体会并认可"智慧对个体、组织、社会和世界的健康与可持续发展而言最重要"这一理念,引导学生较深入地知晓珍惜生命,保持身心健康,敬畏自然,彰显良知,以及与身边人、物、环境和谐相处。

第三单元　对公认为有智慧的名人的个案进行初步剖析

从《史记》《资治通鉴》《智囊》等书籍和身边人中筛选出数个智慧者典范,与学生一起分析这些智慧者典范,鼓励学生向这些智慧者学习。

第四单元　让学生努力走近智慧者和愚蠢者的生活

一方面,让学生寻找身边的智慧者,努力走近他们的真实生活,在与其近距离接触中学习智慧生活或工作的方式方法;另一方面,让学生寻找发生在身边的蠢人蠢事,通过质性研究深入了解它们会产生的原因。

第五单元　在日常生活和学习中培养学生较稳定地从兼顾德与才的角度思考问题和解决问题的习惯与能力

能否让学生在日常生活和学习中养成较稳定地从兼顾德与才的角度思考问题和解决问题的习惯与能力,是决定中级智慧教育成败的关键。在此教学单元,可通过以下五个主题从正反两个方面帮助学生较深刻地理解"凡事均要从兼顾德与才的角度去思考和解决"的道理,进而养成较稳定地从兼顾德与才的角度思考问题和解决问题的习惯,并在一定程度上有能力按此方式妥善解决日常生活里遇到的一些难度适中的问题。每个主题以学生掌握其中80%—90%的内容为考核通过的主要依据:(1)传授足够用的专业知识。正如梁启超在《你究竟在苦闷什么》里所说,做人尤其是做个智慧人,仅有一些常识还不够,总要各有自己的专门职业。这职业也并不是你一人破天荒去做,从前已有许多人做过,他们积累了无数经验,发现了许多原理、原则,这就是专门学识。你若打算做某项职业,就必须有这方面的专门学识,才能提高自己的判断力。(2)以简单论证等形式让学生较深刻地理解"凡事均要从兼顾德与才的角度去思考和解决"的道理。(3)通过辩论赛等方式让学生较深刻地懂得"科学或知识是一把双刃剑""好心要想办成好事需要哪些条件"等主题蕴含的道理。(4)通过阅读古今中外历史,让学生在鲜活的史实里较清醒地认识到为什么有些人会"积小胜成大胜"而有些人却"积小胜成大败"。(5)开发培育中学生共情能力的课程,以提高高中生的共情能力。中国也有人将团体辅导的共情训练形式应用于高中生群体,并获得了较为显著的效果。接受团体辅导后的高中生的共情能力得到提升,人际关系也得到改善(魏高峡,满晓霞,盖力锟,等,2021)。

第六单元　引导学生用智慧的眼光审视自己与自己的生活

这一教学单元主要探讨以下三个主题,每个主题可根据学生的学习情况自行设计教学课时,每个主题以学生掌握其中80%—90%的内容为考核通过的主要依据:(1)过去我曾做过哪些"傻事"?当时我为什么会做它们?今后我该如何避免它们,尤其该如何避免出现所罗门悖论?(2)过去我曾做过"充满智慧的事情"吗?如果做过,请详细描述该事件的全部过程。(3)今后我该如何让自己的生活增添一些智慧的火花?

第七单元　引导学生过智慧生活

这一教学单元是完全实践的单元,目标是让每个学生在日常生活中初步养成按智慧方式生活的习惯。要点有三:(1)每天早晨起床时默念三遍"德才一体方是智慧"这句话,从而"启动"自己脑海中的智慧知识,提醒自己在接下来的一天中要做到"知行合一";(2)全天注意利用每一个机会来修德培智;(3)晚上临睡前对当天所有言行进行反思:今天我修德了吗？今天我培育聪明才智了吗？今天哪些事情做得更符合智慧的规定？哪些事情有待改善？学生可记录自己的日常行为及反思，每两周进行自我比较，自检有何进步或退步，并思索改善的方式。此教学单元以学生能初步生成按智慧方式生活的习惯与素养为考核通过的主要依据。

3. 高级智慧教育课程

对于大学生及已有大学以上学力的人，可开展高级智慧教育课程，并以通识课或选修课等形式呈现。高级智慧教育课程可以适当开发包含如下主题的教学单元。

第一单元　什么是智慧

这一教学单元主要探讨以下四个主题，每个主题可根据学生的学习情况自行设计教学课时，同时，每个主题以学生掌握其中80%—90%的内容为考核通过的主要依据：(1)分析民众的内隐(implicit)智慧观；(2)分析中外学者提出的经典智慧定义；(3)分析我们提出的智慧定义；(4)找出民众的内隐智慧观、中外学者提出的经典智慧定义和我们提出的智慧定义三者之间的区别与联系。通过这一单元的学习，让学生对智慧定义有准确、系统、全面、深刻的理解。

第二单元　为什么智慧对个体、组织、社会和世界的健康与可持续发展而言最重要

这一教学单元主要通过论证、实证、辩论等方式系统而深刻地探讨以下四个主题，每个主题可根据学生的学习情况自行设计教学课时，每个主题以学生掌握其中80%—90%的内容且真心认同"智慧对个体、组织、社会和世界的健康与可持续发展而言最重要"理念为考核通过的主要依据：(1)为什么智慧对个体的健康、幸福与可持续发展而言最重要；(2)为什么智慧对组织的健康与可持续发展而言最重要；(3)为什么智慧对社会的健康与可持续发展而言最重要；(4)为什么智慧对世界的健康与可持续发展而言最重要。以此引导学生自觉珍惜生命，保持身心健康，敬畏自然，保持良知的敏锐性，坚持和而不同，在行动中体现与身边人、物、环境和谐相处，拥有追求共善的自觉性和坚定性。

第三单元　对公认为有智慧的名人和缺德式愚蠢者进行深度个案剖析

这一教学单元主要从智慧和愚蠢两方面，分别探讨五个主题。每个主题可根据学生的学习情况自行设计教学课时，以学生对问题拥有透彻理解为考核通过的主要依据。

可根据实际需要，从《史记》《资治通鉴》《智囊》等书籍和身边人中筛选出数量不等且不同类型的智慧者作个案分析。类型具体包括兼有人慧型、物慧型和人慧物慧型三大类。深入分析不同智慧者个案时，须透彻理解如下问题：(1)他们为什么被公认为智慧者？这些智慧者有什么过人之处？(2)这些智慧者一生中做的哪些事情最能体现其智慧？(3)这些智慧者是由于自身具备哪些素质才做出如此智慧的举动？(4)这些智慧者是如何习得这些智慧素质的？(5)我们可以怎样效仿这些智慧者？自己能效仿到什么程度？哪些事情自己实际上现在也能做到，只是还没有做？哪些事情自己现在还无力做到，但只要努力，将来就能做到？哪些事情不但现在做不到，而且即便努力，将来也可能做不到？

可根据实际需要,选择数量不等且不同类型的缺德式愚蠢者作个案分析。深入分析不同类型的缺德式愚蠢者个案时,须透彻理解如下问题:(1)他们为什么被公认为缺德式愚蠢者?(2)这些愚蠢者到底做了哪些伤天害理之事,不但英名毁于一旦,而且沦落为愚蠢者?(3)这些愚蠢者是出于哪些不良品性才做出如此愚蠢的举动?(4)这些愚蠢者的不良品性是如何养成的?(5)我们该如何规避愚蠢者所犯的错误?其中,特别要扪心自问的是:自己身上是否也有愚蠢者所有的那些不良品性,只是尚未暴露出来?

第四单元　引导学生努力走近智慧者和缺德式愚蠢者的生活

一方面,让学生寻找身边存在的智慧者,努力走近其生活,在与其近距离接触中学习其智慧生活、学习和工作的方式方法。另一方面,让学生通过观看庭审录像、走进法庭现场观摩庭审等方式,努力走近缺德式愚蠢者的生活,真切了解他们是如何一步步堕落为愚蠢者的。

第五单元　在日常生活和学习中培养学生从兼顾德与才的角度思考问题和解决问题的良好习惯与高超技能

能否让学生在日常生活和学习中养成从兼顾德与才的角度思考问题和解决问题的良好习惯与高超技能,是决定高级智慧教育成败的关键。在此教学单元,可通过以下五个主题帮助学生深刻理解"凡事均要从兼顾德与才的角度去思考和解决"的道理,进而养成从兼顾德与才的角度思考问题和解决问题的良好习惯,并有能力按此方式独立且妥善地解决日常生活里遇到的一些难度较大甚至极大的复杂问题。每个主题以学生掌握其中80%—90%的内容为考核通过的主要依据:(1)养成遇事能及时且准确地判断的能力。正如梁启超在《你究竟在苦闷什么》里所说,想要养成良好的判断力,仅靠常识和学识还不够。因为宇宙和人生是活的,不是死的,我们每日碰见的事理是复杂的、变化的,不是单纯的、刻板的。倘若我们只是学过这一件事才懂这一件事,那么碰着一件没有学过的事便手忙脚乱了。因此,要养成遇事能及时且准确地判断的能力,这才算有高超的判断力。如何养成这种高超的判断力?一方面,要着实磨炼向来粗浮的脑筋,让它变得细密且踏实,那么,无论遇着如何繁难的事,一定可以彻头彻尾想清楚它的条理,自然不至于迷惑。另一方面,要把我们向来浑浊的脑筋变得清明,那么,一件事理到跟前,我们才能很从容、很莹澈地去判断它,自然不至于迷惑。(2)通过深刻论证、实证、高水平辩论赛等方式让学生深刻理解"凡事均要从兼顾德与才的角度去思考和解决"的道理。(3)通过深刻论证、实证、高水平辩论赛等方式让学生树立正确的价值观、人生观和世界观,懂得如何妥善处理自我利益、他人利益、组织利益、国家利益与人类利益之间的复杂关系。(4)通过深刻论证、实证、高水平辩论赛等方式让学生真正学会正确运用自己掌握的知识与能力,进而善于将自己掌握的知识与能力运用于为绝大多数人谋福祉。(5)开发培育大学生及已有大学以上学力个体共情能力的课程。有研究者曾对药物学专业的学生进行过 9 个月基于人文主义的共情训练,每次干预时长 8 小时,干预后,学生的共情能力显著提高,更能理解患者的感受(Johanna, Elizabeth, & John, 2004)。另一项对护士学生进行的 3 年队列干预研究发现,通过经验主义与人文主义相结合的方式,学生除在领导者帮助下建立良好人际关系外,在《平衡情绪共情量表》(Balanced Emotional Empathy Scale, BEES)上的得分也得到显著提升(Cunico, et al., 2012)。即便是为期 3 天的经验主义模式下的共情干预训练,实验组学生在《Jefferson 共情-健康职业量表》(Jefferson Scale of Empathy-Health Professions, JSE-HPS)上的得分也得到提升,但提升效果在干预结束的 90 天后消失(Lor et al., 2015)。此项研究提示,共情训练的有效性具有时间衰减效应,训练效果并不能终生维持。中国也有人将团体辅导的共情训练形式应用于大学生群体,获得较为显著的效果。接受团体辅导后的大学生的共情能力得到提升,人际关系同样得到改善(魏高峡,满晓霞,盖力锟,等,2021)。

第六单元 引导学生用智慧的眼光审视自己与自己的生活

这一教学单元主要探讨以下四个主题,每个主题可根据学生的学习情况自行设计教学课时,每个主题以学生掌握其中 80%—90% 的内容为考核通过的主要依据:(1)过去我曾做过哪些"傻事"?当时我为什么会做它们?今后我该如何避免它们,尤其该如何避免出现所罗门悖论?(2)现在我心中存在哪些不明智念头?我为什么会产生这种念头?我该如何消除它们?(3)过去我曾做过"充满智慧的事情"吗?如果做过,请详细描述该事件的全部过程。(4)今后我该如何运用智慧去为自己、他人、组织、社会、国家和宇宙创造一个更加美好的未来?

第七单元 引导学生过智慧生活

这一教学单元是完全实践的单元,要求每个学生在日常生活里持之以恒地过智慧生活,以日记的形式记录生活里发生的一些主要事件,然后予以反省,看看其中哪些符合智慧生活?哪些不符合?若符合,该如何坚持?若不符合,该如何纠正?学生可记录自己的日常行为及反思,每周进行自我比较,自检有何进步或退步,并思索改善的方式。此教学单元以学生能生成按智慧方式生活的良好习惯和高超素养为考核通过的主要依据(汪凤炎,郑红,2014,pp.443-448)。

三、智慧教育的保障措施

斯腾伯格等人为参与开展智慧教育课程的教师编写了一本智慧教育课程手册(curriculum handbook),供教师在备课和教学中使用。手册的编写思路与编写"帮助教师在学校中发展学生实践智力的手册"(the handbook for helping teachers develop students' practical intelligence for school)是一致的,主要包括三方面的内容:(1)阐述智慧的概念,并阐明智慧的重要性。(2)阐明教师遵照 16 条原则撰写渗透式智慧教案的具体做法。美国中学一般无法单独开设智慧教育课程,故智慧课程只能渗透在各门学科的教学中。当然,渗透性智慧课程也有一个显著优点,即有助于及时将智慧技能迁移到学生的常规学习和日常生活中。(3) 提供在课堂活动中发展智慧技能的一些技巧 (Sternberg, 2001a)。另外,在开始智慧教育课程前,所有参与教师都要参加 20 小时(在职)的专业发展研讨会,让大家有机会在研讨会上一起讨论智慧教育课程手册中的内容。在智慧教学进行的过程中,研究者用于及时向教师提供指导与收集教师给予的反馈信息的时间至少要有 10 个小时 (Sternberg, 2001a)。汪凤炎妥善借鉴斯腾伯格等人提出的保障智慧教育顺利开展的措施,同时,根据当代中国的国情以及自身二十余年的教书育人经验和研究心得,提出在当代中国若想顺利开展智慧教育,也必须提供如下两方面的保障措施。

(一) 开展教师培训,树立智慧教育理念

开展智慧教育的教师本人要有智慧教育理念,是保障智慧教育顺利开展的前提,为此,须对参加智慧教育的教师进行培训,具体内容包括以下四方面。

1. 理解智慧教育的重要性和必要性

想方设法让教师了解智慧教育与素质教育、道德教育和科技教育的区别与联系,理解智慧教育的重要性和必要性,增强教师开展智慧教育的紧迫感和自觉性,是对参与智慧教育的教师进行培训的一项重要工作。例如,为了让教师理解智慧教育的重要性和必要性,汪凤炎曾于 2010 年冬季和 2011 年春季分三次给深圳市龙岗区教师进修学校计划参与智慧教育的教师进行培训,通过多次面授和对一些经典个案的剖析,让相关教师理解智慧教育的重要性和必要性。通过培训和交流,相关教师基本均已认识到智慧教育的重要性和必要性。

2. 编写智慧教育课程手册,指导教师编写智慧教育教案

为教师编写智慧教育课程手册,指导教师编写智慧教育教案,是对参与智慧教育的教师进行培训的又一项重要工作。智慧教育课程手册和智慧教育教案编写得详细、具体、有良好的可操作性,就能高效指导一线教师顺利开展智慧教育。

3. 帮助教师熟悉智慧教育的一般程序

帮助教师熟悉智慧教育的一般程序,提供在课堂活动发展学生智慧技能的一些技巧,增强教师开展智慧教育的可操作性和规范性,是对参与智慧教育的教师进行培训的第三项重要工作。例如,为了让教师理解智慧教育的一般程序,汪凤炎曾于 2010 年冬季和 2011 年春季分三次给深圳市龙岗区教师进修学校计划参与智慧教育的相关教师进行培训,通过多次面授和对一些经典个案的剖析,让相关教师理解智慧教育的一般程序。通过三次培训和交流,相关老师基本上都能掌握智慧教育的一般程序(汪凤炎,郑红,2014,pp.449-450)。

4. 组织专业发展研讨会

开始智慧教育课程前,所有教师须参加不少于 10 小时的专业发展研讨会。在研讨会上,教师有机会在一起讨论智慧教育课程手册的内容。在智慧教学进行的过程中,研究者为教师提供及时指导和收集教师反馈信息的时间不得少于 10 个小时 (Sternberg, 2001a)。

(二) 建立科学管理制度,保障智慧教育的顺利实施

根据素质与情境交互作用式智慧观,若想个体和群体适时展现智慧,除个体和群体须具备相应智慧素质外,还须有一个适宜个体和群体展现智慧的情境。因此,推进智慧教育顺利实施的另一项重要保障措施是建立科学的管理制度,让参与智慧教育的教师愿意开展智慧教育(汪凤炎,2022)。

思考题

1. 为什么要开展智慧教育?什么是智慧教育?如何开展智慧教育?
2. 什么是敬畏心?如何让人有敬畏心?
3. 什么是节制力?如何让人有节制力?
4. 做智慧之人为什么要有责任心?如何让人有责任心?
5. 什么是诚信?如何做到诚信待人?
6. 什么是仁爱心?如何做一个有仁爱心的人?
7. 什么是公正?如何公正待人?
8. 如何才能做到"德才一体"?

参 考 文 献

一、中文部分

[英] Alexander,L.G.(1992).新概念英语(第四册).张德富,等,译.合肥:安徽科学技术出版社.

[美] E.G.波林.(1981).实验心理学史.高觉敷,译.北京:商务印书馆.

[美] 安乐哲.(2006).自我的圆成:中西互镜下的古典儒学与道家.彭国翔,编译.石家庄:河北人民出版社.

[荷兰] 安洛特·易而斯.(1996).绝对主义·相对主义·多元主义——论文化多元社会中的阅读活动.龚刚,译.文艺理论研究,(2),92-97.

[西班牙] 巴尔塔沙·葛拉西安.(2009).智慧书.王涌芬,译.北京:中央编译出版社.

[瑞士] 彼阿热.(1992).智慧心理学.洪宝林,译.北京:中国社会科学出版社.

[古希腊] 柏拉图.(2002).柏拉图全集(第1卷).王晓朝,译.北京:人民出版社.

[英] 波斯特洛姆.(2015).超级智能:路线图、危险性与应对策略.张体伟,张玉青,译.北京:中信出版社.

[英] 丹尼尔·汉南.(2015).自由的基因:我们现代世界的由来.徐爽,译.桂林:广西师范大学出版社.

[美] 丹尼尔·卡尼曼.(2012).思考,快与慢.胡晓姣,李爱民,何梦莹,译.北京:中信出版社.

[美] 杜威.(1965).人的问题.傅统先,等,译.上海:上海人民出版社.

[法] 古斯塔夫·勒庞.(2019).乌合之众.陆泉枝,译.上海:上海译文出版社.

[英] 哈耶克.(1999).自由宪章.杨玉生,等,译.北京:中国社会科学出版社.

[德] 海德格尔.(2012).存在与时间(修订译本).陈嘉映,王庆节,译.北京:生活·读书·新知三联书店.

[美] 汉娜·阿伦特.(2014).极权主义的起源.林骧华,译.北京:生活·读书·新知三联书店.

[美] 汉娜·阿伦特.(2016).艾希曼在耶路撒冷——一份关于平庸的恶的报告.安尼,译.南京:译林出版社.

[德] 黑格尔.(1997).哲学史讲演录(第二卷).贺麟,等,译.北京:商务印书馆.

[英] 怀特海.(2002).教育的目的.徐汝舟,译.北京:生活·读书·新知三联书店.

[荷兰] 吉尔特·霍夫斯泰德,格特·扬·霍夫斯泰德.(2010).文化与组织:心理软件的力量(第二版).李原,孙健敏,译.北京:中国人民大学出版社.

[澳] 康丹.(1992).文化相对主义与普遍主义.中国论坛,32(4).

[德] 康德.(2016).实践理性批判(第2版).邓晓芒,译.北京:人民出版社.

[德] 康德.(2017).判断力批判.邓晓芒,译.杨祖陶,校.北京:人民出版社.

[美] 库兹韦尔.(2012).奇点临近.李庆诚,董振华,田源,译.北京:机械工业出版社.

[美] 理查德·格里格,菲利普·津巴多.(2003).心理学与生活(第16版).王垒,王甦,等,译.北京:人民邮电出版社.

[法] 卢梭.(2017).爱弥儿.李平沤,译.北京:商务印书馆.

[德] 罗尔夫·多贝里.(2014).请人唱反调.朱刘华,译.特别关注,(2),24.

[美] 罗兰·斯特龙伯格.(2005).西方现代思想史.刘北成,越国新,译.北京:中央编译出版社.

[美] 罗伊·F.鲍迈斯特.(2021).文化性动物:人类的本性、意义与社会生活.张建新,等,译.上海:华东师范大学出版社.

[德] 马克思·韦伯.(2007).新教伦理与资本主义精神.北京:群言出版社.

[美] 玛格丽特·米德.(1987).文化与承诺:一项有关代沟问题的研究.周晓虹,周怡,译.石家庄:河北人

民出版社.

［美］玛格丽特·W.马特林.(2010).女性心理学(第6版).赵蕾,吴文安,等,译.北京:中国人民大学出版社.

［英］玛丽·沃斯通克拉夫特.(2009).女权辩护.王蓁,译.北京:商务印书馆.

［英］迈克尔·波兰尼.(2000).个人知识——迈向后批判哲学.许泽民,译.贵阳:贵州人民出版社.

［美］乔纳森·海特.(2014).正义之心:为什么人们总是坚持"我对你错".舒明月,胡晓旭,译.杭州:浙江人民出版社.

［挪威］乔斯坦·贾德.(2017).苏菲的世界.萧宝森,译.北京:作家出版社.

［德］朋霍费尔.(1997).狱中书简.高师宁,译.成都:四川人民出版社.

［美］塞缪尔·亨廷顿.(1998).文明的冲突与世界秩序的重建.周琪,刘绯,张立平,王圆,译.北京:新华出版社。

［美］C.R.斯奈德,沙恩·洛佩斯.(2013).积极心理学:探索人类优势的科学与实践.王彦,席居哲,王艳梅,译.北京:人民邮电出版社.

［美］托德·罗斯.(2017).平均的终结:如何在崇尚标准化的世界中胜出.梁本彬,张秘,译.北京:中信出版集团.

［美］托德·罗斯,奥吉·奥加斯.(2020).成为黑马:在个性化时代获得成功的最佳方案.陈友勋,译.北京:中信出版集团.

［意］托马斯·阿奎那.(2013a).神学大全(第三册).段德智,方永,徐弢,译.北京:商务印书馆.

［意］托马斯·阿奎那.(2013b).神学大全(第十二册).段德智,方永,徐弢,译.北京:商务印书馆.

［美］维克多·E.弗兰克尔.(2018).活出生命的意义.吕娜,译.北京:华夏出版社.

［古罗马］西塞罗.(2017).论至善和至恶.石敏敏,译.北京:中国社会科学出版社.

［英］亚当·斯密.(1997).道德情操论.蒋自强,等,译.北京:商务印书馆.

［古希腊］亚里士多德.(1959).形而上学.吴寿彭,译.北京:商务印书馆.

［古希腊］亚里士多德.(2003).尼各马可伦理学.廖申白,译注.北京:商务印书馆.

北京大学哲学系外国哲学史教研室.(1961).古希腊罗马哲学.北京:商务印书馆.

北京大学哲学系外国哲学史教研室.(1981).西方哲学原著选读上卷.北京:商务印书馆.

广东、广西、湖北、河南辞源修订组,商务印书馆编辑部.(1983).辞源(修订本).北京:商务印书馆.

汉语大字典编辑委员会.(2010).汉语大字典(第二版 九卷本).成都:四川出版集团·四川辞书出版社,武汉:湖北长江出版集团·崇文书局.

普通逻辑编写组.(1979).普通逻辑.上海:上海人民出版社.

《中国大百科全书》第三版心理学编委会.(2021).中国大百科全书·心理学(第三版).北京:中国大百科全书出版社.

蔡红梅,冯越晨.(2020).儿童延迟满足能力的影响因素研究及其教育启示.陕西学前师范学院学报,36(8),60-66.

蔡厚德,刘昌.(2004).大脑前扣带回皮层与执行功能.心理科学进展,(5),643-650.

蔡厚德,张权,蔡琦,陈庆荣.(2012).爱荷华博弈任务(IGT)与决策的认知神经机制.心理科学进展,20(9),1401-1410.

蔡华俭.(2020).中国心理学会社会心理学专业委员会2020年学术年会开幕辞.2020-12-12.

曹锦清.(2013).黄河边的中国:一个学者对乡村社会的观察与思考(增补本).上海:上海文艺出版社.

曹林.(2022).别被"精彩"废掉.读者,(2),22-23.

陈鼓应.(2009a).老子注译及评介(修订增补本).北京:中华书局.

陈鼓应.(2009b).庄子今注今译.北京:中华书局.

陈鼓应.(2015).庄子的开放心灵与价值重估:庄子新论.北京:中华书局.

陈浩彬.(2020).智慧德才一体理论的实证研究.南昌:江西人民出版社.

陈浩彬,董海燕,汪凤炎.(2021).自我反思对智慧的影响:有调节的中介模型.心理科学,44(1),23-29.

陈浩彬,刘洁.(2018).家庭社会经济地位与青少年智慧的关系:积极教养方式和开放性人格的中介作用.心理发展与教育,34(5),48-56.

陈浩彬,汪凤炎.(2013).智慧:结构,类型,测量及与相关变量的关系.心理科学进展,21(1),108-117.

陈浩彬,汪凤炎.(2014).大学生智慧内隐认知的实验研究.心理发展与教育,30(4),363-369.

陈浩彬,汪凤炎.(2016).人慧与物慧:基于智慧描述词与提名智慧者的分类.心理学探新,36(3),203-210.

陈浩彬,汪凤炎.(2020).中国文化中的智慧结构探析.心理学探新,40(1),42-49.

陈浩彬,汪凤炎.(2021).老年人的智慧.心理科学进展,29(5),885-893.

陈慧,何婷,唐远琼,唐怡欣,陆风勇,蔺秀云.(2021).共情与青少年内外化问题的关系及影响机制.心理发展与教育,37(3),439-446.

陈洪娟.(2010).远离诱惑.大公报,2010-08-08.

陈鲁民.(2021).语言的重量.读者,(14),25.

陈苗苗.(2015).中国企业背景下团队建言氛围的研究(博士论文).重庆:西南大学.

陈寿.(2007).三国志(二).栗平夫,武彰,译.北京:中华书局.

陈向明.(2001).教师如何作质的研究.北京:教育科学出版社.

陈语,赵鑫,黄俊红,陈思佚,周仁来.(2011).正念冥想对情绪的调节作用:理论与神经机制.心理科学进展,19(10),1502-1510.

陈兆平.(2021)."内卷"和"躺平":网络热词的情感表达.国家电网报,2021-6-11.

陈至立.(2019).辞海(第七版彩图本).上海:上海辞书出版社.

程利,袁加锦,何媛媛,李红.(2009).情绪调节策略:认知重评优于表达抑制.心理科学进展,17(4),730-735.

程瑞,卢克龙,郝宁.(2021).愤怒情绪对恶意创造力的影响及调节策略.心理学报,53(8),847-860.

褚天青,芜崧.(2020)."躺赢""躺赚"与"躺平".语文学习,(10),74-75.

戴海崎,张峰,陈雪枫.(2004).心理教育测量.广州:暨南大学出版社.

邓铸,朱晓红.(2009).心理统计学与SPSS应用.上海:华东师范大学出版社.

刁绍华.(1990).外国文学大词典.长春:吉林教育出版社.

丁凤琴,陆朝晖.(2016).共情与亲社会行为关系的元分析.心理科学进展,24(8),1159-1174.

窦凯.(2016).感知社会正念:有效促进合作行为的心理机制(博士论文).广州:暨南大学.

窦凯,聂衍刚,王玉洁,刘耀中.(2018).信任还是设防?互动博弈中社会善念对合作行为的促进效应.心理科学,41(2),390-396.

窦文宇,窦勇.(2005).汉字字源:当代新说文解字.长春:吉林文史出版社.

董奇,申继亮.(2005).心理与教育研究法.杭州:浙江教育出版社.

杜严勇.(2016).人工智能安全问题及其解决进路.哲学动态,9,99-104.

杜忆,吴玺宏,李量.(2013).杏仁核对感觉刺激的情绪性加工:自动化过程和注意调控过程的整合.心理科学进展,21(6),1020-1027.

段丹洁,张译心.(2021).推动中国经济发展行稳致远.中国社会科学报,2021-01-22(头版).

段锦云,曹莹.(2015).自我监控对建言行为的影响:内部人身份感知的作用.心理科学,38(6),1452-1458.

段锦云,古晓花,孙露莹.(2016).外显自尊、内隐自尊及其分离对建议采纳的影响.心理学报,48(4),371-384.

段锦云,魏秋江.(2012).建言效能感结构及其在员工建言行为发生中的作用.心理学报,44(7),972-985.

段文杰.(2014).正念研究的分歧:概念与测量.心理科学进展,22(10),1616-1627.

方柏林.(2011).知识不是力量.上海:华东师范大学出版社.

方德志.(2018).人工智慧的崛起和未来哲学的新生——一个哲学家们的千年迷梦.山东科技大学学报(社会科学版),20(5),1-10.

方刚.(2010).性别心理学.合肥:安徽教育出版社.

方同义.(2003).中国智慧的精神.北京:人民出版社.

[明]冯梦龙.(2007).智囊全集.栾保群,吕宗力,校注.北京:中华书局.

冯天瑜,何晓明,周积明.(2010).中华文化史(第3版).上海:上海人民出版社.

冯契.(1996).冯契文集(第一卷)·认识世界和认识自己.上海:华东师范大学出版社.

冯忠良,等.(2000).教育心理学.北京:人民教育出版社.

傅承洲.(2012).《智囊》的编辑与评点.江苏社会科学,(4),165-170.

傅小兰.(2019).说谎心理学.北京:中信出版社.

傅小兰,张侃,陈雪峰,陈祉妍.(2019).心理健康蓝皮书:中国国民心理健康发展报告(2017—2018).北京:社会科学文献出版社.

傅绪荣.(2019).大学生智慧的测量及其与幸福感的关系(博士论文).南京:南京师范大学.

傅绪荣,汪凤炎.(2020).整合智慧量表的编制及信效度检验.心理学探新,40(1),50-57.

傅绪荣,汪凤炎,陈浩彬.(2019).智慧测量三十年:两种测量范式及新发展.心理学探新,39(1),9-14.

傅绪荣,魏新东,王予灵,汪凤炎.(2019).智慧与幸福感的关系:基于多元幸福取向的视角.心理科学进展,27(3),544-556.

葛兆光.(2015).什么才是"中国的"文化?决策探索,(9·下旬刊),24-27.

顾红磊,王才康.(2012).项目表述效应的统计控制:以中文版生活定向测验为例.心理科学,35(5),1247-1253.

郭秀艳.(2004).实验心理学.北京:人民教育出版社.

郭学信.(2006).宋代人才之盛探源.天津社会科学,(1),137-140.

海平.(2007).市场调查问卷设计的几类常见错误及纠正.市场研究,(2),38-40.

何李,李彧,庄恺祥,陈群林,孙江洲,杨文静,位东涛,邱江.(2020).创造性的大脑网络连接特征与研究展望.科学通报,65(1),25-36.

贺麟.(1988).文化与人生.北京:商务印书馆.

洪小文.(2014).我们需要什么样的机器人.中国计算机学会通讯,10(11),50-54.

侯典牧.(2018).女性心理学.北京:北京师范大学出版社.

侯杰泰,温忠麟,成子娟.(2012).结构方程模型及其应用.北京:教育科学出版社.

黄希庭.(1991).心理学导论.北京:人民教育出版社.

黄希庭.(2011).谈科研、学习与修养——与研究生的随谈录.西南大学学报(社会科学版),37(5),21-25.

[美]黄一宁.(1998).实验心理学:原理、设计与数据处理.西安:陕西人民教育出版社.

蒋芳,郑天虹,刘璐璐.(2021).生病的不求助,求助的没有用:守株待兔难治青少年"心病".半月谈,(8),50-52.

竭婧,庄梦迪,罗品超,郑希付.(2017).神经科学视角下的共情研究热点.心理科学进展,25(11),1922-1931.

金盛华.(2015).社会心理学(第2版).北京:高等教育出版社.

黎群武.(2018).中国的传统死亡智慧及其当代困境.理论月刊,443(11),54-58.

李方君,钟旭朋.(2020).促进型和抑制型建言的差异.心理科学进展,28(11),1939-1952.

李虹.(2006).自我超越生命意义对压力和健康关系的调节作用.心理学报,38(3),422-427.

李抗,汪凤炎,王振东,史娟,魏新东,熊咪咪.(2020).向死存在对智慧的影响:观点、机制及评价.心理学探新,40(1),58-63.

李平.(2014).中国智慧哲学与中庸之道研究.载杨宜音,主编.中国社会心理学评论(第八辑)(pp.237-255).北京:社会科学文献出版社.

李少威.(2020)."姐姐"的文化解读.读者,(18),44-45.

李天然,李晶,俞国良.(2015).自我抽离:一种适应性的自我反省视角.心理科学进展,23(6),1052-1060.

梁建.(2014).道德领导与员工建言:一个调节-中介模型的构建与检验.心理学报,46(2),252-264.

梁漱溟.(1999).东西文化及其哲学(第2版).北京:商务印书馆.

梁正,肖梦施,韩磊.(2019).物质主义价值观与时间压力对个体风险决策的影响.心理科学,42(6),1422-1427.

刘承华.(2002).文化与人格:对中西文化差异的一次比较.合肥:中国科学技术大学出版社.

刘春雷,王敏,张庆林.(2009).创造性思维的脑机制.心理科学进展,17(1),106-111.

刘笑敢.(2003).关于《老子》之雌性比喻的诠释问题.中国文哲研究集刊,(23),179-209.

刘艳.(2011).自我建构研究的现状与展望.心理科学进展,19(3),427-439.

刘耀中,江玉琳,窦凯.(2016).权力对建议采纳的影响:反馈效价的调节作用.中国临床心理学杂志,24(3),399-404.

柳武妹,王海忠,何浏.(2014).人之将尽,消费国货?死亡信息的暴露增加国货选择的现象、中介和边界条件解析.心理学报,46(11),1748-1759.

陆谷孙.(2007).英汉大词典(第2版).上海:上海译文出版社.

陆洛.(2007).华人的幸福观与幸福感.心理学应用探索,9,19-30.

罗劲.(2004).顿悟的大脑机制.心理学报,36(2),219-234.

罗俊龙,李奥斯卡.(2018).双加工视角下的创造性思维研究述评.西北师大学报(社会科学版),55(1),110-114.

罗翔.(2019).圆圈正义.北京:中国法制出版社.

马德.(2019).一心无累 便是良辰.北京:台海出版社.

孟晓犁.(2016).大数据:越大越有价值吗.读者,(4),43.

苗力田(主编).(2016).亚里士多德全集(全10册).北京:中国人民大学出版社.

莫雷,等.(2007).心理学研究方法.广州:广东高等教育出版社.

聂晋文,芦咏莉.(2014).父亲参与对儿童延迟满足能力的影响:儿童性别的调节作用.心理发展与教育,30(2),121-128.

［宋］欧阳修.(1999).新五代史.［宋］徐无党,注.北京:中华书局.

欧阳昭相,王俊.(2021).智慧教育环境下一种开放学习者模型设计研究.云南师范大学学报(自然科学版),41(5),33-38.

潘伟刚.(2016).特质自我控制的神经机制（博士论文）.重庆:西南大学.

潘彦谷,刘衍玲,马建苓,冉光明,雷浩.(2012).共情的神经生物基础.心理科学进展,20(12),2011-2021.

彭聃龄.(2004).普通心理学(修订版).北京:北京师范大学出版社.

彭彦琴,江波,杨宪敏.(2011).无我:佛教中自我观的心理学分析.心理学报,43(2),213-220.

彭怡,陈红.(2010).基于整合视角的幸福感内涵研析与重构.心理科学进展,18(7),1052-1061.

邱仁宗.(2000).女性主义哲学述介.哲学动态,(1),28-32.

任小云,段锦云,冯成志.(2021).个体采纳与群体采纳:决策过程中的两类建议采纳行为.心理科学进展,29(3),549-559.

邵瑞珍.(1997).教育心理学(修订本).上海:上海教育出版社.

［宋］邵雍.(2010).邵雍集.郭彧,整理.北京:中华书局.

沈汪兵,罗劲,刘昌,袁媛.(2012).顿悟脑的10年:人类顿悟脑机制研究进展.科学通报,57(21),1948-1963.

沈汪兵,袁媛,罗劲,刘昌.(2015).智慧中创造性核心的神经基础.科学通报,60(28-29),2726-2738.

施炎平.(2001).先秦儒家智慧观念初探.华东师范大学学报(哲学社会科学版),33(3),43-49.

单志广.(2018).智慧社会的美好愿景.人民日报,2018-12-2-(7).

［宋］司马光.(2012).资治通鉴(全二十册).［元］胡三省,音注.北京:中华书局.

［汉］司马迁.(2005).史记(全三册).［宋］裴骃,集解.［唐］司马贞,索隐.［唐］张守节,正义.北京:中华书局.

孙江洲.(2019).发散思维发展及其可塑性的大脑功能网络基础（博士论文）.重庆:西南大学.

孙露莹,陈琳,段锦云.(2017).决策过程中的建议采纳:策略、影响及未来展望.心理科学进展,25(1),169-179.

孙岩,吕娇娇,兰帆,张丽娜.(2020).自我关注重评和情境关注重评情绪调节策略及对随后认知控制的影响.心理学报,52(12),1393-1406.

唐君毅.(2016).唐君毅全集(第26卷):生命存在与心灵境界(下).北京:九州出版社.

唐热风.(1997).论功能主义.自然辩证法通讯,(1),6-12.

田婴.(2003).东方智慧和西方智慧的比较.百姓,(5),30-32.

［元］脱脱,等.(1977).宋史.北京:中华书局.

汪凤炎.(1999).关于中国古代的人贵论.心理学动态,7(1),74-80.

汪凤炎.(2006)."德"的含义及其对当代中国德育的启示.华东师范大学学报(教育科学版),(3),11-20.

汪凤炎.(2007).中国传统德育心理学思想及其现代意义(修订版).上海:上海教育出版社.

汪凤炎.(2008).中国心理学思想史.上海:上海教育出版社.

汪凤炎.(2018).对水稻理论的质疑:兼新论中国人偏好整体思维的内外因.心理学报,50(5),572-582.

汪凤炎.(2019a).中国文化心理学新论(上册).上海:上海教育出版社.

汪凤炎.(2019b).中国文化心理学新论(下册).上海:上海教育出版社.

汪凤炎.(2022).关于智慧教育的三个基本问题.阅江学刊,(1),85-97.

汪凤炎,傅绪荣.(2017)."智慧":德才一体的综合心理素质.中国社会科学报,2017-10-30(6).

汪凤炎,魏新东.(2018).以人工智慧应对人工智能的威胁.自然辩证法通讯,40(4),9-14.

汪凤炎,燕良轼.(2011,主编).教育心理学新编(第三版).广州:暨南大学出版社.

汪凤炎,燕良轼,郑红.(2019,主编).教育心理学新编(第5版).广州:暨南大学出版社.

汪凤炎,郑红.(2008).中国文化心理学(第3版).广州:暨南大学出版社.

汪凤炎,郑红.(2009)."知而获智"观:一种经典的中式智慧观.南京师大学报(社会科学版),(4),104-110.

汪凤炎,郑红.(2010a).五种西式经典智慧观的内涵及得失.自然辩证法通讯,32(3),93-97,107.

汪凤炎,郑红.(2010b).语义分析法:研究中国文化心理学的一种重要方法.南京师大学报(社会科学版),(4),113-118.

汪凤炎,郑红.(2011).良心新论——建构一种适合解释道德学习迁移现象的理论.济南:山东教育出版社.

汪凤炎,郑红.(2014).智慧心理学的理论探索与应用研究.上海:上海教育出版社.

汪凤炎,郑红.(2015).品德与才智一体:智慧的本质与范畴.南京社会科学,(3),127-133.

汪凤炎,郑红.(2018).论愚蠢的德才欠缺理论.心理学探新,38(5),387-392.

汪凤炎,郑红.(2022).智慧心理学的理论探索与应用研究(增订本).上海:上海教育出版社.

[宋]王安石.(1992).荆公论议.上海:上海古籍出版社.

王东浩.(2012).机器人伦理问题研究(博士论文).天津:南开大学.

王光耀.(1998).简明金文词典.上海:上海辞书出版社.

王立浩,汪凤炎.(2010).大学生"仁"观结构研究.西南大学学报(社会科学版),36(3),7-12.

王敏,程源.(2013).领导者大五人格的研究现状及展望.管理现代化,(4),48-50.

[清]王先谦.(1988).荀子集解.沈啸寰,王星贤,点校.北京:中华书局.

王晓阳.(2015).人工智能能否超越人类智能.自然辩证法研究,31(7),104-110.

王伊萌,王振东,汪凤炎.(2022).正念与大学生智慧推理的关系:个人成长主动性的部分中介作用.心理科学,45(1),54-60.

王予灵,李静,郭永玉.(2016).向死而生,以财解忧？存在不安全感对物质主义的影响.心理科学,(4),921-926.

王予灵,汪凤炎.(2018).老者智否？成人智慧与年龄的关系.心理科学进展,26(1),107-117.

韦庆旺,周雪梅,俞国良.(2015).死亡心理:外部防御还是内在成长？心理科学进展,23(2),338-348.

魏高峡,满晓霞,盖力锟,姚颖,胡卓尔,张澍,陈丽珍,沈浩冉,高媛媛,左西年.(2021).人类共情领域认知神经科学:研究展望与应用启示.中国科学:生命科学,51,15.

魏新东,汪凤炎.(2020).从无我到自我实现:基于自我发展的智慧历程.心理科学进展,28(11),1180-1189.

魏新东,汪凤炎.(2021).自我-朋友冲突情境下智慧推理的文化差异及其机制.心理学报,53(11),1244-1259.

魏新东,许文涛,汪凤炎.(2019).智慧推理:概念、测量、影响因素及展望.心理科学,42(2),343-349.

吴明隆.(2010).问卷统计分析实务——SPSS操作与应用.重庆:重庆大学出版社.

吴楠.(2018).探寻智慧心理学发展趋势.中国社会科学报,2018-11-02.

吴隆增,曹昆鹏,陈苑仪,唐贵瑶.(2011).变革型领导行为对员工建言行为的影响研究.管理学报,8(1),61-66,80.

吴文妹.(2021).智慧课堂 智慧校园 智慧环境——新时期智慧教育发展的阶段性及其建设.教育理论与实践,41(25),33-37.

夏征农.(2002).辞海(1999年版缩印本).上海:上海辞书出版社.

夏征农,陈至立.(2010).辞海(第六版缩印本).上海:上海辞书出版社.

肖凤秋,郑志伟,陈英和.(2014).共情对亲社会行为的影响及神经基础.心理发展与教育,30(2), 208-215.

谢梦雅,段锦云.(2019).真诚-虚伪品质对建议采纳的影响.心理与行为研究,17(1),134-140.

辛秀红,姚树桥.(2015).青少年生活事件量表效度与信度的再评价及常模更新.中国心理卫生杂志, 29(5),355-360.

徐惊蛰,谢晓非.(2009).决策过程中的建议采纳.心理科学进展,17(5),1016-1025.

[美]许烺光.(2005).跨文化的自我透视.载杨宜音,主编.中国社会心理学评论(第一辑)(pp.1-20).北京: 社会科学文献出版社.

徐晓波,孙超,汪凤炎.(2017).精神幸福感:概念、测量、相关变量及干预.心理科学进展,25(2), 275-289.

徐四华.(2012).网络成瘾者的行为冲动性——来自爱荷华赌博任务的证据.心理学报,44(11), 1523-1534.

徐英瑾.(2013).心智、语言和机器——维特根斯坦哲学和人工智能科学的对话.北京:人民出版社.

[汉]许慎,[清]段玉裁.(1988).说文解字注.上海:上海古籍出版社.

许文涛,汪凤炎.(2022).智者一定自我超越吗？智慧与自我超越的关系.心理科学,45(4),778-784.

薛兆丰.(2021).马粪争夺案.读者,(2),34-35.

宣旸,张万里.(2021).智慧教育平台属性对学习满意度的影响机理研究——基于学生参与度和学校管理视角.苏州大学学报(教育科学版),9(2),78-90.

严标宾,郑雪,邱林.(2004).SWB和PWB:两种幸福感研究取向的分野与整合.心理科学,27(4), 836-838.

颜志强,苏金龙,苏彦捷.(2018).共情与同情:词源、概念和测量.心理与行为研究,16(4),433-440.

燕良轼,周路平,曾练平.(2013).差序公正与差序关怀:论中国人道德取向中的集体偏见.心理科学, 36(5),1168-1175.

杨伯峻.(1980).论语译注.北京:中华书局.

杨东平.(2021).根本就不是内卷,那是退化！取自 https://mp.weixin.qq.com/s/GzPUJONARfyB5nh_L-KYiYA.

杨国枢,文崇一,吴聪贤,李亦园.(2006).社会及行为科学研究法(上下册).重庆:重庆大学出版社.

杨世英.(2007).日常生活中智慧的形式与功能.中华心理学刊,49(2),185-204.

杨世英.(2008).智慧的意涵与历程.本土心理学研究,(29),185-238.

杨世英,张钿富,杨振昇.(2006).智慧与领导的关系:探究透过领导展现的智慧.教育政策论坛,9(4), 119-150.

杨鑫辉.(2000).心理学通史(第1卷).济南:山东教育出版社.

杨治良.(1998).实验心理学.杭州:浙江教育出版社.

杨中芳.(2009).如何理解中国人:文化与个人论文集.重庆:重庆大学出版社.

姚大志.(2012).沃尔策:特殊主义与普遍主义之间.华中师范大学学报(人文社会科学版),51(3), 47-52.

姚新中,洪波.(2002).知识·智慧·超越——早期儒学与犹太教智慧观的伦理比较.伦理学研究,(1), 83-89.

姚新中,刘莉萍.(2012).早期儒家和犹太-基督教传统中的智慧观:比较研究的思考.湖南大学学报(社会科学版),26(1),39-45.

佚名.(2017).儒家的"义"到底是什么.取自:https://www.sohu.com/a/165315668_523098.

殷融.(2010).不确定感管理模型视角下的死亡凸显效应:争论与整合.心理科学进展,18(11), 1747-1755.

姚淦铭,等.(1997).王国维文集(第1卷).北京:中国文史出版社.

袁博.(2014).社会博弈中合作与冲突结果评价的认知神经机制(博士论文).天津:天津师范大学.

约斋.(1986).字源.上海:上海书店.

岳童,黄希庭.(2016a).认知神经研究中的积极共情.心理科学进展,24(3),402-409.

岳童,黄希庭.(2016b).共情特质的神经生物学基础.心理科学进展,24(9),1368-1376.

翟振明,彭晓芸.(2016)."强人工智能"将如何改变世界——人工智能的技术飞跃与应用伦理前瞻.人民论坛·学术前沿,(7),22-33.

詹慧佳,刘昌,沈汪兵.(2015).创造性思维四阶段的神经基础.心理科学进展,23(2),213-224.

张春兴.(1998).教育心理学.杭州:浙江教育出版社.

张凤华,张玉婷,向玲,胡竹菁.(2015).模糊决策的认知神经机制.心理科学进展,23(3),364-374.

张岱年,方克立.(2004).中国文化概论.北京:北京师范大学出版社.

张光鉴.(1985).相似论.世界科学,(1),56.

张光鉴.(1992).相似论.南京:江苏科学技术出版社.

张厚粲,等.(2006).现代英汉—汉英心理学词汇(修订版).北京:中国轻工业出版社.

张谨.(2013).文化普遍主义与文化相对主义及其现实张力.湖南社会科学,(3),188-192.

张琴,杜秀芳,王修欣.(2016).权力感和任务难度对个体建议采纳的影响.心理科学,39(5), 1184-1189.

张汝伦.(2010).重思智慧.杭州师范大学学报(社会科学版),(3),1-9.

张尚仁.(1984).古希腊哲学家的故事.北京:中国青年出版社.

张戍.(2003).金文艺用字典.郑州:中州古籍出版社.

张维迎.(2014).社会合作的制度基础.读书,(1),61-69.

张卫东.(2002).智慧的多元—平衡—整合论.华东师范大学学报(教育科学版),(4),61-67.

张述祖,等.(1984).西方心理学家文选.北京:人民教育出版社.

张艳梅,杜秀芳,王修欣.(2015).焦虑、建议者善意程度对个体建议采纳的影响.心理科学,38(5), 1155-1161.

张英俊,樊富珉,张逸梅.(2017).高边缘性人格障碍特质者负性沉浸的自我反思倾向.心理科学,40 (5),173-179.

赵倡文.(2012).行正道何必拘小节.读者,(23),8-9.

赵馥洁.(1995).中国古代智慧观的历史演变及其价值论意义.人文杂志,(5),25-30.

赵志裕,康萤仪.(2011).文化社会心理学.刘爽,译.北京:中国人民大学出版社.

曾红,郭斯萍.(2012)."乐"——中国人的主观幸福感与传统文化中的幸福观.心理学报,44(7), 986-994.

章凯,时金京,罗文豪.(2020).建言采纳如何促进员工建言:基于目标自组织视角的整合机制.心理学报,52(2),229-239.

郑红,汪凤炎.(2007).论智慧的本质、类型与培育方法.江西教育科研,(5),10-13.

周浩.(2021).建言方式、建言场合、权力距离对管理者采纳建言的影响.经济与管理研究,42(2),

111-121.

周建涛,廖建桥.(2012).为何中国员工偏好沉默——威权领导对员工建言的消极影响.*商业经济与管理*,*253*(11),71-81.

朱光禄.(2006).*儒家理想人格与中国文化*.上海:复旦大学出版社.

朱辉.(2016).当大事遇到小节.*读者*,(21),63.

[宋]朱熹.(2011).*诗集传*.赵长征,点校.北京:中华书局.

朱滢.(2017).怎样面对来自人工智能的威胁?*心理与行为研究*,*15*(1),1-2.

朱滢,伍锡洪.(2017).*寻找中国人的自我*.北京:北京师范大学出版社.

朱智贤.(1989).*心理学大词典*.北京:北京师范大学出版社.

二、英文部分

Abramoski, K., Pierce, J., Hauck, C., & Stoddard, S. (2017). Variations in adolescent purpose in life and their association with lifetime substance use. *The Journal of School Nursing*, *34*(2), 114-120.

Achenbaum, W. A. (2004). Wisdom's vision of relations. *Human Development*, *47*, 300-303.

Achenbaum, W. A., & Orwoll, L. (1991). Becoming wise: A psycho-gerontological interpretation of the Book of Job. *The International Journal of Aging and Human Development*, *32*(1), 21-39.

Aczel, B., Palfi, B., & Kekecs, Z. (2015). What is stupid? People's conception of unintelligent behavior. *Intelligence*, *53*, 51-58.

Adler, M. J. (1952). *The Great Ideas: A Syntopicon of Great Books of the Western World*. William Benton Publisher.

Aldwin, C. M. (2009). Gender and wisdom: A brief overview. *Research in Human Development*, *6*(1), 1-8.

Aldwin, C. M., & Igarashi, H. (2012). An ecological model of resilience in late life. *Annual Review of Gerontology/Geriatrics*, *32*, 115-130.

Aldwin, C. M., Igarashi, H., & Levenson. M. R. (2019). Wisdom as self-transcendence. In R. J. Sternberg & J. Glück (Eds.), *The Cambridge Handbook of Wisdom* (pp.122-143). New York, NY: Cambridge University Press.

Aldwin, C. M., Igarashi, H., & Levenson. M. R. (2020). Only half the story. *Psychological Inquiry*, *31*(2), 151-152.

Alhosseini, F., & Ferrari, M. (2019). Effects of causal attribution and implicit mind-set on wisdom development. *International Journal of Aging and Human Development*, *90*(4), 319-336.

Allen, A. P., & Thomas, K. E. (2011). A dual process account of creative thinking. *Creativity Research Journal*, *23*(2), 109-118.

American Psychological Association. (2020). *Publication Manual of the American Psychological Association* (7th ed.). https://doi.org/10.1037/0000165-000.

Andrews, F. M., & Withey, S. B. (1976). *Social Indicators of Well-Being: Americans' Perceptions of Life Quality*. New York, NY: Plenum Press.

Ardelt, M. (1997). Wisdom and life satisfaction in old age. *Journal of Gerontology: Psychological Sciences*, *52B*(1), 15-27.

Ardelt, M. (2000a). Antecedents and effects of wisdom in old age: A longitudinal perspective on aging well. *Research on Aging*, 22(4), 360-394.

Ardelt, M. (2000b). Intellectual versus wisdom-related knowledge: The case for a different kind of learning in the later years of life. *Educational Gerontology*, 26, 771-789.

Ardelt, M. (2003). Empirical assessment of a three-dimensional wisdom scale. *Research on Aging*, 25(3), 275-324.

Ardelt, M. (2004). Wisdom as expert knowledge system: A critical review of a contemporary operationalization of an ancient concept. *Human Development*, 47(5), 257-285.

Ardelt, M. (2005). How wise people cope with crises and obstacles in life. *Revision: A Journal of Consciousness and Transformation*, 28(1), 7-19.

Ardelt, M. (2008). Being wise at any age. In S. J. Lopez (Ed.), *Positive Psychology: Exploring the Best in People. Volume 1: Discovering Human Strengths* (pp.81-108). Westport, CT: Praeger.

Ardelt, M. (2009). How similar are wise men and women? A comparison across two age cohorts. *Research in Human Development*, 6(1), 9-26.

Ardelt, M. (2010). Are older adults wiser than college students? A comparison of two age cohorts. *Journal of Adult Development*, 17(4), 193-207.

Ardelt, M. (2011). The measurement of wisdom: A commentary on Taylor, Bates, and Webster's comparison of the SAWS and 3D-WS. *Experimental Aging Research*, 37(2), 241-255.

Ardelt, M. (2016). Disentangling the relations between wisdom and different types of well-being in old age: Findings from a short-term longitudinal study. *Journal of Happiness Studies*, 17, 1963-1984.

Ardelt, M. (2018). Can wisdom and psychosocial growth be learned in university courses? *Journal of Moral Education*, (9), 1-16.

Ardelt, M. (2019). Wisdom and well-being. In R. J. Sternberg & J. Glück (Eds.), *The Cambridge Handbook of Wisdom* (pp.144-161). New York, NY: Cambridge University Press.

Ardelt, M., & Bruya, B. (2010). Three-dimensional wisdom and perceived stress among college students. *Journal of Adult Development*, 28, 93-105.

Ardelt, M., & Edwards, C. A. (2016). Wisdom at the end of life: An analysis of mediating and moderating relations between wisdom and subjective well-being. *Journals of Gerontology*, 71(3), 502-513.

Ardelt, M., & Jeste, D. V. (2018). Wisdom and hard times: The ameliorating effect of wisdom on the negative association between adverse life events and well-being. *The Journals of Gerontology: Series B Psychological Science and Social Sciences*, 73(8), 1374-1383.

Ardelt, M., Gerlach, K. R., & Vaillant, G. E. (2018). Early and midlife predictors of wisdom and subjective well-being in old age. *Journals of Gerontology*, 73(8), 1514-1525.

Ardelt, M., Pridgen, S., & Nutter-Pridgen, K. L. (2018). The relation between age and three-dimensional wisdom: Variations by wisdom dimensions and education. *The Journals of Gerontology: Series B Psychological Science and Social Sciences*, 73(8), 1339-1349.

Ardelt, M., Pridgen, S., & Nutter-Pridgen, K. L. (2019). Wisdom as a personality type. In R. J. Sternberg & J. Glück (Eds.), *The Cambridge Handbook of Wisdom* (pp.144-161). New York, NY: Cambridge University Press.

Arlin, P. K. (1990). Wisdom: The art of problem finding. In R. J. Sternberg (Ed.), *Wisdom: Its Nature, Origins, and Development* (pp.230-243). Cambridge, UK: Cambridge University Press.

Assmann, A. (1994). Wholesome knowledge: Concepts of wisdom in a historical and cross-cultural perspective. In D. L. Featherman, R. M. Lerner, & M. Perlmutter (Eds.), *Life-Span Development and Behavior* (pp.187-224). Hillsdale, NJ: Erlbaum.

Ayduk, Ö., & Kross, E. (2008). Enhancing the pace of recovery: Self-distanced analysis of negative experiences reduces blood pressure reactivity. *Psychological Science*, 19(3), 229-231.

Ayduk, Ö., & Kross, E. (2010). From a distance: Implications of spontaneous self-distancing for adaptive self-reflection. *Journal of Personality and Social Psychology*, 98(5), 809-829.

Bai, Y., Maruskin, L. A., Chen, S., Gordon, A. M., Stellar, J. E., McNeil, G. D., Peng, K., & Keltner, D. (2017). Awe, the diminished self, and collective engagement: Universals and cultural variations in the small self. *Journal of Personality and Social Psychology*, 113, 185-209.

Baltes, P. B., & Smith, J. (1990). Toward a psychology of wisdom and its ontogenesis. In R. J. Sternberg (Ed.), *Wisdom: Its Nature, Origins, and Development* (pp.87-120). Cambridge, UK: Cambridge University Press.

Baltes, P. B., & Smith, J. (2008). The fascination of wisdom: Its nature, ontogeny, and function. *Perspectives on Psychological Science*, 3(1), 56-64.

Baltes, P. B., & Staudinger, U. M. (1993). The search for a psychology of wisdom. *Current Directions in Psychological Science*, 2, 75-80.

Baltes, P. B., & Staudinger, U. M. (2000). Wisdom: A metaheuristic (pragmatic) to orchestrate mind and virtue toward excellence. *American Psychologist*, 55(1), 122-136.

Baltes, P. B., Smith, J., & Staudinger, U. M. (1992). Wisdom and successful aging. In T. B. Sonderegger (Ed.), *Psychology and Aging* (pp.123-167). Lincoln, NE: University of Nebraska Press.

Baltes, P. B., Staudinger, U. M., Maercker, A., & Smith, J. (1995). People nominated as wise: A comparative study of wisdom-related knowledge. *Psychology and Aging*, 10, 155-166.

Bang, H., & Zhou, Y. (2014). The function of wisdom dimensions in ego-identity development among Chinese university students. *International Journal of Psychology*, 49(6), 434-445.

Bangen, K. J., Meeks, T. W., & Jeste, D. V. (2013). Defining and assessing wisdom: A review of the literature. *Journal of the American Association for Geriatric Psychiatry*, 21(12), 1254-1266.

Barnes, M. L., & Sternberg, R. J. (1989). Social intelligence and decoding of nonverbal cues. *Intelligence*, 13(3), 263-287.

Baron, J. (1985). *Rationality and Intelligence*. Cambridge, UK: Cambridge University Press.

Bartlett, M. Y., & DeSteno, D. (2006). Gratitude and prosocial behavior: Helping when it costs you. *Psychological Science*, 17(4), 319-325.

Bas-Sarmiento, P., Fernández-Gutiérrez, M., Baena-Baños, M., Correro-Bermejo, A., Soler-Martins, P.S., & de la Torre-Moyano, S. (2020). Empathy training in health sciences: A systematic review. *Nurse Education in Practice*, 44, 102739

Basseches, M. (1980). Dialectical schemata: A framework for the empirical study of the development of dialectical thinking. *Human Development*, 23(6), 400-421.

Basseches, M. (1984). *Dialectical Thinking and Adult Development*. Norwood, NJ: Ablex.

Batson, C. D, Batson, J. G., Griffitt, C. A., Barrientos, S., Brandt, J. R., Sprengelmeyer, P., & Bayly, M. J. (1989). Negative-state relief and the empathy-altruism hypothesis. *Journal of Personality and So-

cial Psychology, *56*(6), 922-933.

Batson, C. D., Duncan, B. D., Ackerman, P., Buckley, T., & Birch, K. (1981). Is empathic emotion a source of altruistic motivation? *Journal of Personality and Social Psychology*, *40*(2), 290-302.

Batson, C. D., Eklund, J. H., Chermok, V. L., Hoyt, J. L., & Ortiz, B. G. (2007). An additional antecedent of empathic concern: Valuing the welfare of the person in need. *Journal of Personality and Social Psychology*, *93*(1), 65-74.

Bates, C. A. (1993). *Wisdom: A Postmodern Exploration*. Unpublished doctoral dissertation, University of Southern California.

Beaumont, S. L. (2009). Identity processing and personal wisdom: An information-oriented identity style predicts self-actualization and self-transcendence. *Identity: An International Journal of Theory and Research*, *9*(2), 95-115.

Beaumont, S. L. (2011). Identity styles and wisdom during emerging adulthood: Relationships with mindfulness and savoring. *Identity*, *11*(2), 155-180.

Bechara, A., Damásio, A. R., Damásio, H., & Anderson, S. W. (1994). Insensitivity to future consequences following damage to human prefrontal cortex. *Cognition*, *50*, 7-15.

Becker, E. T. (1998). Integrity in organizations: Beyond honesty and conscientiousness. *Academy of Management Review*, *23*(1), 154-161.

Belmi, P., & Pfeffer, J. (2016). Power and death: Mortality salience increases power seeking while feeling powerful reduces death anxiety. *Journal of Applied Psychology*, *101*(5), 702-720.

Bem, S. L. (1974). The measurement of psychological androgyny. *Journal of Consulting and Clinical Psychology*, *42*(2), 155-162.

Benedikovicova, J., & Ardelt, M. (2008). The three dimensional wisdom scale in cross-cultural context: A comparison between American and Slovak college students. *Studia Psychologica*, *50*(2), 179-190.

Bergsma, A., & Ardelt, M. (2012). Self-reported wisdom and happiness: An empirical investigation. *Journal of Happiness Studies*, *13*, 481-499.

Bernstein, A., Hadash, Y., Lichtash, Y., Tanay, G., Shepherd, K., & Fresco, D. M. (2015). Decentering and related constructs. *Perspectives on Psychological Science*, *10*, 599-617.

Birren, J. E., & Fisher, L. M. (1990). The elements of wisdom: Overview and integration. In R. J. Sternberg (Ed.), *Wisdom: Its Nature, Origins, and Development* (pp.317-332). Cambridge, UK: Cambridge University Press.

Birren, J. E., & Svensson, C. M. (2005). Wisdom in history. In R. J. Sternberg & J. Jordan (Eds.), *A Handbook of Wisdom: Psychological Perspectives* (pp.3-30). New York, NY: Cambridge University Press.

Bishop, S. R., Lau, M., Shapiro, S., Carlson, L., Anderson, N. D., Carmody, J., ... Devins, G. (2004). Mindfulness: A proposed operational definition. *Clinical Psychology: Science and Practice*, *11*(3), 230-241.

Biswal, B. B., Mennes, M., Zuo, X. N., Gohel, S., Kelly, C., Smith, S. M., ... Milham, M. P. (2010). Toward discovery science of human brain function. *Proceedings of the National Academy of Sciences of the United States of America*, *107*(10), 4734-4739.

Blatner, A. (2005). Perspectives on wisdom. *ReVision*, *28*(1), 29-33.

Bluck, S., & Glück, J. (2004). Making things better and learning a lesson: Experiencing wisdom across the lifespan. *Journal of Personality*, *72*(3), 543-572.

Bluck, S., & Glück, J. (2005). From the inside out: People's implicit theories of wisdom. In R. J. Sternberg & J. Jordan (Eds.), *A Handbook of Wisdom: Psychological Perspectives* (pp.84-109). New York, NY: Cambridge University Press.

Booker, J. A., & Dunsmore, J. C. (2016). Profiles of wisdom among emerging adults: Associations with empathy, gratitude, and forgiveness. *Journal of Positive Psychology*, *11*(3), 315-325.

Bos, K. V. D. (2009). Making sense of life: The existential self trying to deal with personal uncertainty. *Psychological Inquiry*, *20*(4), 197-217.

Bos, K. V. D., Buurman, J., De Theije, V., Doosje, B., Loseman, A., Van Laarhoven, D., & Veldman, J. (2012). On shielding from death as an important yet malleable motive of worldview defence: Christian versus Muslim beliefs modulating the self-threat of mortality salience. *Social Cognition*, *30*, 778-802.

Böhmig-Krumhaar, S. A., Staudinger, U. M., & Baltes, P. B. (2002). Mehr Toleranz tut Not: Lässt sich wert-relativierendes Wissen und Urteilen mit Hilfe einer wissensaktivierenden Gedächtnisstrategie verbessern? [In search of more tolerance: Do value-relative knowledge and judgment improve via a knowledge-activating mnemonic strategy?] *Zeitschrift für Entwicklungspsychologie und Pädagogische Psychologie*, *34*(1), 30-43.

Brown, S. C. (2004). Learning across the campus: How college facilitates the development of wisdom. *Journal of College Student Development*, *45*(2), 134-148.

Brown, S. C., & Greene, J. A. (2006). The wisdom development scale: Translating the conceptual to the concrete. *Journal of College Student Development*, *47*(1), 1-19.

Brienza, J. P., & Grossmann, I. (2017). Social class and wise reasoning about interpersonal conflicts across regions, persons and situations. *Proceedings of the Royal Society B: Biological Sciences*, *284*(1869), 2017-1870.

Brienza, J. P., Kung, F. Y. H., & Chao, M. M. (2021). Wise reasoning, intergroup positivity, and attitude polarization across contexts. *Nature Communications*, *12*, 3313. https://doi.org/10.1038/s41467-021-23432-1.

Brienza, J. P., Kung, F. Y. H., Santos, H. C., Bobocel, D. R., & Grossmann, I. (2018). Wisdom, bias, and balance: Toward a process-sensitive measurement of wisdom-related cognition. *Journal of Personality and Social Psychology*, *115*(6), 1093-1126.

Bronfenbrenner, U., & Morris, P. A. (1998). The ecology of developmental processes. In W. Damon & R. M. Lerner (Eds.), *The Handbook of Child Psychology: Theoretical Models of Human Development* (pp.993-1028). New York, NY: John Wiley & Sons Inc.

Bronk, K. C., & Finch, W. H. (2010). Adolescent characteristics by type of long-term aim in life. *Applied Developmental Science*, *14*(1), 35-44.

Brown, S. C., & Greene, J. A. (2006). The wisdom development scale: Translating the conceptual to the concrete. *Journal of College Student Development*, *47*(1), 1-19.

Brudek, P., & Sekowski, M. (2019). Wisdom as the mediator in the relationships between meaning in life and attitude toward death. *Omega*, 1-30. https://doi.org/10.1177/0030222819837778.

Brugman, G. (2000). *Wisdom: Source of Narrative Coherence and Eudaimonia*. Utrecht, BD: Uitgeverij

Eberon.

Brugman, G. (2006). Wisdom and aging. In J. E. Birren & K. W. Schaie (Eds.), *The Handbook of the Psychology of Aging* (sixth edition) (pp.445-476). New York, NY: Academic Press.

Bryce, G. E. (1979). *A Legacy of Wisdom: The Egyptian Contribution to the Wisdom of Israel*. Lewisburg, PA: Bucknell University Press.

Bussey, K., & Bandura, A. (1999). Social cognitive theory of gender development and differentiation. *Psychological Review*, 106(4), 676-713.

Campbell, A., Converse, P. E., & Rodgers, W. L. (1976). *The Quality of American Life: Perceptions, Evaluations, and Satisfactions*. New York, NY: Russell Sage Foundation.

Carver, C. S., & Scheier, M. F. (1998). *On the Self-Regulation of Behavior*. Cambridge, UK: Cambridge University Press.

Carter, C. S., & van Veen, V. (2007). Anterior cingulate cortex and conflict detection: An update of theory and data. *Cognitive Affective and Behavioral Neuroscience*, 7(4), 367-379.

Cattell, R. B. (1963). Theory of fluid and crystallized intelligence: A critical experiment. *Journal of Educational Psychology*, 54(1), 1-22.

Caviola, L., Kahane, G., Everett, J. A. C., Teperman, E., Savulescu, J., & Faber, N. S. (2021). Utilitarianism for animals, kantianism for people? Harming animals and humans for the greater good. *Journal of Experimental Psychology: General*, 150(5), 1008-1039.

Chen, L. M., Wu, P. J., Cheng, Y. Y., & Hsueh, H. I. (2011). A qualitative inquiry of wisdom development: Educators' perspectives. *The International Journal of Aging and Human Development*, 72(3), 171-187.

Charlton, B. (2009). Clever sillies: Why high IQ people tend to be deficient in common sense. *Medical Hypotheses*, 73, 867-870.

Cheraghi, F., Kadivar, P., Ardelt, M., Asgari, A., & Farzad, V. (2015). Gender as a moderator of the relation between age cohort and three-dimensional wisdom in Iranian culture. *International Journal of Aging and Human Development*, 81(1-2), 3-26.

Cheung, C. K., & Chow, E. (2019). Contribution of wisdom to well-being in Chinese older adults. *Applied Research in Quality of Life*. https://doi.org/10.1007/S11482-019-9712-X.

Clark, M. A., Robertson, M. M., & Young, S. (2019). "I feel your pain": A critical review of organizational research on empathy. *Journal of Organizational Behavior*, 40(2), 166-192.

Clayton, V. (1975a). *An Exploratory Analysis of the Concept of Wisdom* [Unpublished master dissertation]. University of Southern California.

Clayton, V. (1975b). Erikson's theory of human development as it applies to the aged: Wisdom as contradictive cognition. *Human development*, 18, 119-128.

Clayton, V. (1975c). The Meaning of Wisdom in Contemporary Society. Meeting of the Gerontological Society, Louisville.

Clayton, V. (1976). *A Multidimensional Scaling Analysis of the Concept of Wisdom* [Dissertation]. University of Southern California.

Clayton, V. (1982). Wisdom and intelligence: The nature and function of knowledge in the later years. *International Journal of Aging and Human Development*, 15(4), 315-323.

Clayton, V., & Birren, J. E. (1980). The development of wisdom across the life span: A reexamination of an ancient topic. In P. B. Baltes & O. R. Brim (Eds.), *Life Span Development and Behavior*. New York, NY: Academic Press.

Cleary, T. (1994). *The Dhammapada: The Sayings of Buddha*. New York, NY: Bantam Books.

Cogdell-Brooke, L., Sowden, P. T., Violante, I., & Thompson, H. (2020). A meta-analysis of functional magnetic resonance imaging studies of divergent thinking using activation likelihood estimation. *Human Brain Mapping*, 41, 5057-5077.

Coon, D., & Mitterer, J. O. (2012). *Introduction to Psychology: Gateways to Mind and Behavior* (13th ed.). Belmont CA: Wadsworth Cengage Learning.

Cottingham, J. (Ed.). (1996). *Western Philosophy: An Anthology*. Hoboken, NJ: Wiley-Blackwell.

Cowan, C. A. (2009). *Empirical Studies of Wisdom: A Literature Review*. Retrieved March 17, 2012, from http://www.gwu.edu/~esri/Wisdom_Paper[1]%20 rewrite.

Cozzolino, P. J., Staples, A. D., Meyers, L. S., & Samboceti, J. (2004). Greed, death, and values: From terror management to transcendence management theory. *Personality and Social Psychology Bulletin*, 30(3), 278-292.

Crawford, K., & Calo, R. (2016). There is a blind sport in AI research. *Nature*, 538, 311-313.

Crooks, R. L., & Baur, K. (2010). *Our sexuality*(11th ed.). Belmont, CA: Wadsworth Publishing.

Cropley, A. J. (2010). The dark side of creativity: What is it? In D. Cropley, A. Cropley, J. C. Kaufman, & M. A. Runco(Eds.), *The Dark Side of Creativity*(pp.1-14). New York, NY: Cambridge University Press.

Cropley, D. H., Kaufman, J. C., & Cropley, A. J. (2008). Malevolent creativity: A functional model of creativity in terrorism and crime. *Creativity Research Journal*, 20(2), 105-115.

Cunico, L., Sartori, R., Marognolli, O., & Memeghini, A. (2012). Developing empathy in nursing students: A cohort longitudinal study. *International Journal of Older People Nursing*, 21(13-14): 2016-2025.

Curnow, T. (1999). *Wisdom, Intuition, and Ethics*. Aldershot, UK: Ashgate Publishing.

Dagar, C., Pandey, A., & Navare, A. (2020). How yoga-based practices build altruistic behavior? Examining the role of subjective vitality, self-transcendence, and psychological capital. *Journal of Business Ethics*, (3), 1-16.

Dambrun, M., & Ricard, M. (2011). Self-centeredness and selflessness: A theory of self-based psychological functioning and its consequences for happiness. *Review of General Psychology*, 15, 138-157.

Das, E., Bushman, B. J., Bezemer, M. D., Kerkhof, P., & Vermeulen, I. E. (2009). How terrorism news reports increase prejudice against outgroups: A terror management account. *Journal of Experimental Social Psychology*, 45(3), 453-459.

Davies, J. (2016). Program good ethics into artificial intelligence. *Nature*, 538, 291.

Davis, J. P. (2019). Artificial wisdom? A potential limit on AI in law (and elsewhere). *Oklahoma Law Review*, 72(1), 51-89.

Decety, J., Bartal, I. B., Uzefovsky, F., & Knafo-Noam, A. (2016). Empathy as a driver of prosocial behaviour: Highly conserved neurobehavioural mechanisms across species. *Philosophical Transactions of the Royal Society B-Biological Sciences*, 371(1686), 20150077.

Decety, J., & Svetlova, M. (2012). Putting together phylogenetic and ontogenetic perspectives on empathy. *Developmental Cognitive Neuroscience*, 2(1), 1-24.

Declerck, C. H., Boone, C., & Emonds, G. (2013). When do people cooperate? The neuroeconomics of prosocial decision making. *Brain and Cognition*, 81(1), 95-117.

Decety J., & Jackson P. (2004). The functional architecture of human empathy. *Behavioral and Cognitive Neuroscience Reviews*, 3(2), 71-100.

Denney, N. W., Dew, J. R., & Kroupa, S. L. (1995). Perceptions of wisdom: What is it and who has it? *Journal of Adult Development*, 2(1), 37-47.

Detert, J. R., & Burris, E. R. (2007). Leadership behavior and employee voice: Is the door really open? *Academy of Management Journal*, 50(4), 869-884.

Dietze, P., & Knowles, E. D. (2016). Social class and the motivational relevance of other human beings. *Psychological Science*, 27(11), 1517-1527.

Diener, E. (2000). Subjective well-being: The science of happiness and a proposal for a national index. *American Psychologist*, 55(1), 34-43.

Diener, E., Scollon, C. N., & Lucas, R. E. (2003). The evolving concept of subjective well-being: The multifaceted nature of happiness. *Advances in Cell Aging and Gerontology*, 15(4), 187-219.

Drolet, A., & Luce, M. F. (2004). The rationalizing effects of cognitive load on emotion-based trade-off avoidance. *Journal of Consumer Research*, 31(1), 63-77.

Drummond, W. (1805). *Academical Questions* (Vol. 1). Elkhart, IN: General Books LLC.

Du, H., Jonas, E., Klackl, J., Agroskin, D., Hui, E. K. P., & Ma, L. (2013). Cultural influences on terror management: Independent and interdependent self-esteem as anxiety buffers. *Journal of Experimental Social Psychology*, 49(6), 1002-1011.

Du, X., Ren, Y., Wu, S., & Wu, Y. (2019). The impact of advice distance on advice taking: Evidence from an ERP study. *Neuropsychologia*, 129, 56-64.

Dutton, E., & Linden, D. (2015). Who are the "Clever Sillies"? The intelligence, personality, and motives of clever silly originators and those who follow them. *Intelligence*, 49(2), 57-65.

Eagly, A. H., Nater, C., Miller, D. I., Kaufmann, M., & Sczesny, S. (2019). Gender stereotypes have changed: A cross-temporal meta-analysis of U. S. public opinion polls from 1946 to 2018. *American Psychologist*, 75(3), 301-315.

Ellemers, N. (2018). Gender stereotypes. *Annual Review of Psychology*, 69(1), 275.

Engell, A. D., Haxby, J. V., & Todorov, A. (2007). Implicit trustworthiness decisions: Automatic coding of face properties in the human amygdala. *Journal of Cognitive Neuroscience*, 19(9), 1508-1519.

Enright, R. D., Santos, M. J., & Almabuk, R. (1989). The adolescent as forgiver. *Journal of Adolescence*, 12(1), 95-110.

Erikson, E. H. (1964). *Insight and Responsibility: Lectures on the Ethical Implications of Psychoanalytic Insight*. New York, NY: Norton.

Etezadi, S., & Pushkar, D. (2013). Why are wise people happier? An explanatory model of wisdom and emotional well-being in older adults. *Journal of Happiness Studies*, 14(3), 929-950.

Evans, J. S. B. T. (2009). How many dual-process theories do we need? One, two, or many. In J. S. B. T. Evans & Frankish, K. (Eds.), *In Two Minds: Dual Process and Beyond* (pp.33-53). Oxford,

England: Oxford University Press.

Fan, Y., Duncan, N. W., de Greck, M., & Northoff, G. (2011). Is there a core neural network in empathy? An fMRI based quantitative meta-analysis. *Neuroscience and Biobehavioral Reviews*, *35*(3), 903-911.

FeldmanHall, O., Dalgleish, T., Evans, D., & Mobbs, D. (2015). Empathic concern drives costly altruism. *Neuroimage*, *105*, 347-356.

Feng, B. (2009). Testing an integrated model of advice giving in supportive interactions. *Human Communication Research*, *35*(1), 115-129.

Feng, B., & MacGeorge, E. (2010). The influences of message and source factors on advice outcomes. *Communication Research*, *37*(4), 553-575.

Ferrari, M., & Alhosseini, F. (2019). Cultural differences in wisdom and conceptions of wisdom. In R. J. Sternberg & J. Glück (Eds.), *The Cambridge Handbook of Wisdom* (pp.409-428). New York, NY: Cambridge University Press.

Ferrari, M., & Kim, J. (2019). Educating for wisdom. In R. J. Sternberg & J. Glück (Eds.), *The Cambridge Handbook of Wisdom* (pp.347-371). New York, NY: Cambridge University Press.

Ferrari, M., & Potworowski, G. (Eds.). (2008). *Teaching for Wisdom: Cross-Cultural Perspectives on Fostering Wisdom*. New York, NY: Springer.

Ferrari, M., & Weststrate, N. M. (Eds.). (2013). *The Scientific Study of Personal Wisdom: From Contemplative Traditions to Neuroscience*. New York, NY: Springer.

Ferrari, M., Kahn, A., Benayon, M., & Nero, J. (2011). Phronesis, sophia, and hochma: Developing wisdom in Islam and Judaism. *Research in Human Development*, *8*, 128-148.

Ferrari, M., Weststrate, N. M., & Petro, A. (2013). Stories of wisdom to live by. In M. Ferrari & N. M. Weststrate (Eds.), *The Scientific Study of Personal Wisdom: From Contemplative Traditions to Neuroscience* (pp.137-164). New York, NY: Springer.

Fishbein, J. N., Baer, R. A., Correll, J., & Arch, J. J. (2020). The questionnaire on self-transcendence (QUEST): A measure of trait self-transcendence informed by contextual cognitive behavioral therapies. *Assessment*, (12), 1-10.

Fleeson, W. (2001). Toward a structure- and process-integrated view of personality: Traits as density distribution of states. *Journal of Personality and Social Psychology*, *80*, 1011-1027.

Flynn, J. R. (1984). The mean IQ of Americans: Massive gains 1932 to 1978. *Psychological Bulletin*, *95*(1), 29-51.

Flynn, J. R. (1987). Massive IQ gains in 14 nations: What IQ tests really measure. *Psychological Bulletin*, *101*(2), 171-191.

Franco, J. C., de la Fuente, A. M., & Salvador, G. M. (2011). Impact of a training program in full consciousness (mindfulness) in the measure of growth and personal self-realization. *Psicothema*, *23*(1), 58-65.

Frans, B. M. de Waal. (2008). Putting the altruism back into altruism: The evolution of empathy. *Annual Review of Psychology*, *59*, 279-300.

Fredrickson, B. (2001). The role of positive emotion in positive psychology: The broaden and build theory of positive emotion. *American Psychologist*, *56*, 218-226.

Fredrickson, B., & Branigan, C. (2005). Positive emotions broaden the scope of attention and though-action repertoires. *Cognition and Emotion*, *19*, 313-332.

Fossati, P., Hevenor, S. J., Graham, S. J., Grady, C., Keightley, M. L., Craik, F., & Mayberg, H. (2003). In search of the emotional self: An fMRI study using positive and negative emotional words. *American Journal of Psychiatry*, *160*(11), 1938-1945.

Frith, C. D., & Frith, U. (2006). How we predict what other people are going to do. *Brain Research*, *1079*(1), 36-46.

Funder, D. C., Block, J. H., & Block, J. (1983). Delay of gratification: Some longitudinal personality correlates. *Journal of Personality and Social Psychology*, *44*(6), 1198-1213.

García-Campayo J., Del Hoyo, Y. L., Barceló-Soler, A., Navarro-Gil, M., Borao, L., Giarin, V., Tovar-Garcia, R. R., & Montero-Marin, J. (2018). Exploring the wisdom structure: Validation of the Spanish new short three-dimensional wisdom scale (3D-WS) and its explanatory power on psychological health-related variables. *Frontiers in Psychology*, *9*, 692-710.

Garland, E. L., Farb, N. A., Goldin, P. R., & Fredrickson, B. L. (2015). Mindfulness broadens awareness and builds eudaimonic meaning: A process model of mindful positive emotion regulation. *Psychological Inquiry*, *26*, 293-314.

Gershoni, M., & Pietrokovski, S. (2017). The landscape of sex-differential transcriptome and its consequent selection in human adults. *BioMed Central Biology*, *15*(1), 7.

Giddens, A., Duneier, M., Appelbaum, R. P., & Carr, D. (2018). *Introduction to Sociology* (11th edition). New York, NY: W. W. Norton & Company.

Gino, F., Brooks, A. W., & Schweitzer, M. E. (2012). Anxiety, advice, and the ability to discern: Feeling anxious motivates individuals to seek and use advice. *Journal of Personality and Social Psychology*, *102*(3), 497-512.

Gino, F., & Schweitzer, M. E. (2008). Blinded by anger or feeling the love: How emotions influence advice taking. *Journal of Applied Psychology*, *93*(5), 1165-1173.

Gladstein, G. A. (1983). Understanding empathy: Integrating counseling, developmental, and social psychology perspectives. *Journal of Counseling Psychology*, *30*(4), 467-482.

Glück, J. (2017a). Measuring wisdom: Existing approaches, continuing challenges, and new developments. *Journals of Gerontology: Psychological Sciences*, *1*, 1-11.

Glück, J. (2017b)…. and the wisdom to know the difference: Scholarly success from a wisdom perspective. *Perspectives on Psychological Science*, *12*, 1148-1152.

Glück, J. (2019). The development of wisdom during adulthood. In R. J. Sternberg & J. Glück (Eds.), *The Cambridge Handbook of Wisdom* (pp.323-346). New York, NY: Cambridge University Press.

Glück, J., & Bluck, S. (2011). Laypeople's conceptions of wisdom and its development: Cognitive and integrative views. *The Journals of Gerontology: Series B: Psychological Sciences and Social Sciences*, *66*(3), 321-324.

Glück, J., & Bluck, S. (2013). The MORE life experience model: A theory of the development of personal wisdom. In M. Ferrari & N. M. Weststrate (Eds.), *The Scientific Study of Personal Wisdom: From Comtemplative Traditions to Neuroscience* (pp.75-97). New York, NY: Springer.

Glück, J., Bischof, B., & Siebenhüner, L. (2012). "Knows what is good and bad", "Can teach you things", "Does lots of crosswords": Children's knowledge about wisdom. *European Journal of Developmental Psychology*, *9*(5), 582-598.

Glück, J., Bluck, S., & Weststrate, N. M. (2018). More on the more life experience model: What we have learned (so far). *The Journal of Value Inquiry*, *53*(3), 349-370.

Glück, J., Strasser, I., & Bluck, S. (2009). Gender differences in implicit theories of wisdom. *Research in Human Development*, *6*(1), 27-44.

Glück, J., Bluck, S., Baron, J., & McAdams, D. (2005). The wisdom of experience: Autobiographical narratives across adulthood. *International Journal of Behavioral Development*, *29*(3), 197-208.

Glück, J., König, S., Naschenweng, K., Redzanowski, U., Dorner, L., & Strasser, I. (2015). State wisdom vs. trait wisdom: Do situations influence wisdom more than individuals do? *Gerontologist*, *55*(2), 592.

Glück, J., König, S., Naschenweng, K., Redzanowski, U., Dorner, L., Straßer, I., & Wiedermann, W. (2013). How to measure wisdom: Content, reliability, and validity of five measures. *Frontiers in Psychology*, *4*, 405-418.

Goertzel, B. (2008). Artificial wisdom. In: IEET, Institute for Ethics and Emerging Technologies. Accessed November 2019. https://ieet.org/index.php/IEET2/more/goertzel20080420.

Goetz, J. L., Keltner, D., & Simon-Thomas, E. (2010). Compassion: An evolutionary analysis and empirical review. *Psychological Bulletin*, *136*(3), 351-374.

Goetz, J. P., & LeCompte, M. D. (1984). *Ethnography and Qualitative Design in Education Research*. New York, NY: Academic Press.

Goldin, P. R., McRae, K., Ramel, W., & Gross, J. J. (2008). The neural bases of emotion regulation: Reappraisal and suppression of negative emotion. *Biological Psychiatry*, *63*(6), 577-586. https://doi.org/10.1016/j.biopsych.2007.05.031.

Goleman, D. (1995). *Emotional Intelligence*. New York, NY: Bantam Books.

Gottfredson, L. S. (1997). Mainstream science on intelligence: An editorial with 52 signatories, history, and bibliography. *Intelligence*, *24*, 13-23.

Grant, A. M., Franklin, J., & Langford, P. (2002). The self-reflection and insight scale: A new measure of private self-consciousness. *Social Behavior and Personality: An International Journal*, *30*(8), 821-835.

Greenberg, J., Pyszczynski, T., Solomon, S., Pinel, E., Simon, L., & Jordan, K. (1993). Effects of self-esteem on vulnerability-denying defensive distortions: Further evidence of an anxiety-buffering function of self-esteem. *Journal of Experimental Social Psychology*, *29*(3), 229-251.

Greenberg, J., Simon, L., Pyszczynski, T., Solomon, S., & Chatel, D. (1992). Terror management and tolerance: Does mortality salience always intensify negative reactions to others who threaten one's worldview? *Journal of Personality and Social Psychology*, *63*(2), 212-220.

Greene, J. A., & Brown, S. C. (2009). The wisdom development scale: Further validity investigations. *The International Journal of Aging and Human Development*, *68*(4), 289-320.

Gross, J. J. (1998). The emerging field of emotion regulation: An integrative review. *Review of General Psychology*, *2*(3), 271-299.

Gross, J. J., & Barrett, L. F. (2011). Emotion generation and emotion regulation: One or two depends on your point of view. *Emotion Review Journal of the International Society for Research on Emotion*, 3(1), 8-16.

Grossmann, I. (2017a). Wisdom in context. *Perspectives on Psychological Science*, 12(2), 233-257.

Grossmann, I. (2017b). Wisdom and how to cultivate it: Review of emerging evidence for a constructivist model of wise thinking. *European Psychologist*, 22(4), 233-246.

Grossmann, I., & Kross, E. (2014). Exploring Solomon's paradox: Self-distancing eliminates the self-other asymmetry in wise reasoning about close relationships in younger and older adults. *Psychological Science*, 25(8), 1571-1580.

Grossmann, I., & Kung, F. Y. H. (2019). Wisdom and culture. In S. Kitayama & D. Cohen (Eds.), *The Handbook of Cultural Psychology* (2nd Edition). New York, NY: Guilford Press.

Grossmann, I., & Varnum, M. E. W. (2015). Social class, culture, and cognition. *Social Psychological and Personality Science*, 1(3), 81-89.

Grossmann, I., Brienza, J. P., & Bobocel, D. R. (2017). Wise deliberation sustains cooperation. *Nature Human Behavior*, 1(61), 1-3.

Grossmann, I., Dorfman, A., & Oakes, H. (2020). Wisdom is a social-ecological rather than person-centric phenomenon. *Current Opinion in Psychology*, 32, 66-71.

Grossmann, I., Gerlach, T. M., & Denissen, J. J. A. (2016). Wise reasoning in the face of everyday life challenges. *Social Psychological and Personality Science*, 7, 611-622.

Grossmann, I., Kung, F. Y. H., & Santos, H. C. (2019). Wisdom as state versus trait. In R. J. Sternberg & J. Glück (Eds.), *The Cambridge Handbook of Wisdom* (pp.249-274). New York, NY: Cambridge University Press.

Grossmann, I., Na, J., Varnum, M. E. W., Kitayama, S., & Nisbett, R. E. (2013). A route to well-being: Intelligence versus wise reasoning. *Journal of Experimental Psychology: General*, 142, 944-953.

Grossmann, I., Weststrate, N. M., Ferrari, M., & Brienza, J. P. (2020). A common model is essential for a cumulative science of wisdom. *Psychological Inquiry*, 31(2), 185-194.

Grossmann, I., Na, J., Varnum, M. E. W., Park, D. C., Kitayama, S., & Nisbett, R. E. (2010). Reasoning about social conflicts improves into old age. *Proceedings of the National Academy of Sciences of the United States of America*, 107(16), 7246-7250.

Grossmann, I., Karasawa, M., Izumi, S., Na, J., Varnum, M. E. W., Kitayama, S., & Nisbett, R. E. (2012). Aging and wisdom: Culture matters. *Psychological Science*, 23(10), 1059-1066.

Grossmann, I., Weststrate, N. M., Ardelt, M., Brienza, J. P., Dong, M., Ferrari, M., Fournier, M. A., Hu, C. S., Nusbaum, H. C., & Vervaeke, J. (2020). The science of wisdom in a polarized world: Knowns and unknowns. *Psychological Inquiry*, 31(2), 103-133.

Gudykunst, W. B., & Lee, C. M. (2003). Assessing the validity of self construal scales: A response to Levine et al. *Human Communication Research*, 29(2), 253-274.

Gudykunst, W. B., Matsumoto, Y., Ting-Toomey, S., Nishida, T., Kim, K., & Heyman, S. (1996). The influence of cultural individualism-collectivism, self-construals, and individual values on communication styles across cultures. *Human Communication Research*, 22, 510-543.

Guo, Y., Zhu, Y., & Zhang, L. (2020). Inclusive leadership, leader identification and employee voice behavior: The moderating role of power distance. *Current Psychology*, 1-10.

Habermas, J. (1984). *The Theory of Communication Action. Volume I. Reason and the Rationalization of Society*. Boston, MA: Beacon Press.

Hall, S. G. (1922). *Senescence, The Last Half of Life*. New York, NY: D. Appleton and Company.

Hall, S. S. (2010). *Wisdom: From Philosophy to Neuroscience*. New York, NY: Vintage Books.

Halldorsdottir, T., & Binder, E. B. (2017). Gene × environment interactions: From molecular mechanisms to behavior. *Annual Review of Psychology*, 68(1), 215. https://doi.org/10.1146/annurev-psych-010416-044053.

Hanley, A. W., Dambrun, M., & Garland, E. L. (2020). Effects of mindfulness meditation on self-transcendent states: Perceived body boundaries and spatial frames of reference. *Mindfulness*, 11(5), 1194-1203.

Hao, N., Tang, M. Y., Yang, J., Wang, Q. F., & Runco, M. A. (2016). A new tool to measure malevolent creativity: The malevolent creativity behavior scale. *Frontiers in Psychology*, 7, 682.

Hao, N., Xue, H., Yuan, H., Wang, Q., & Runco, M. A. (2017). Enhancing creativity: Proper body posture meets proper emotion. *Acta Psychologica*, 173, 32-40.

Hao, N., Qiao, X., Cheng, R., Lu, K., Tang, M. Y., & Runco, M. A. (2020). Approach motivational orientation enhances malevolent creativity. *Acta Psychologica*, 203, 102985.

Haugeland, J. (1997). What is mind design? In J. Haugeland (Ed.), *Mind Design II: Philosophy Psychology Artificial Intelligence*(pp.1-28). London, UK: The MIT Press.

Hayes, P. (1979). The naïve physics manifesto. In M. Boden (Ed.), *The Philosophy of Artificial Intelligence*(pp.248-280). New York, NY: Oxford University Press.

Hee, C. S., & Hee, S. S. (2014). The effect of elderly wisdom on life satisfaction, self-esteem, psychological wellbeing and quality of child relationship. *Journal of Digital Convergence*, 12(12), 49-59.

Helgeson, V. S. (2017). *Psychology of Gender* (5th edition). New York, NY: Routledge.

Helson, R., & Srivastava, S. (2002). Creative and wise people: Similarities, differences, and how they develop.*Personality and Social Psychology Bulletin*, 28(10), 1430-1440.

Henrich, J., Heine, S., & Norenzayan, A. (2010). The weirdest people in the world? *Behavioral and Brain Sciences*, 33, 61-83.

Hirata, J. (2016). Ethics and eudaimonic well-being. In J. Vittersø (Ed.), *The Handbook of Eudaimonic Well-being* (pp.55-65). New York, NY: Springer.

Holt, D. J., Cassidy, B. S., Andrews-Hanna, J. R., Lee, S. M., Coombs, G., Goff, D. C., Gabrieli, J. D., & Moran, J. M. (2011). An anterior-to-posterior shift in midline cortical activity in schizophrenia during self-reflection. *Biological Psychiatry*, 69(5), 415-423.

Holliday, S. G., & Chandler, M. J. (1986). *Wisdom: Explorations in Adult Competence*. Basel, Switzerland: Karger.

Hooge, I. D., Verlegh, P., & Tzioti, S. (2014). Emotions in advice taking: The roles of agency and valence. *Journal of Behavioral Decision Making*, 27(3), 246-258.

Horn, J. L. (1965). *Fluid and Crystallized Intelligence: A Factor Analytic Study of the Structure Among Primary Mental Abilities*. Unpublished doctoral dissertation, University of Illinois.

Horn, J. L., & Cattell, R. B. (1966). Refinement and test of the theory of fluid and crystallized general intelligences. *Journal of Educational Psychology*, 57(5), 253-270.

Horn, J. L., & Cattell, R. B. (1967). Age differences in fluid and crystallized intelligence. *Acta Psychologica*, *26*, 107-129.

Horvath, S., & Morf, C. (2009). Narcissistic defensiveness: Hypervigilance and avoidance of worthlessness. *Journal of Experimental Social Psychology*, *45*(6), 1252-1258.

Howard, E. S., Gardner, W. L., & Thompson, L. (2007). The role of the self-concept and the social context in determining the behavior of power holders: Self-construal in intergroup versus dyadic dispute resolution negotiations. *Journal of Personality and Social Psychology*, *93*(4), 614-631.

Hu, C. S. (2016). *Measurement of Wisdom Among Mainland Chinese*. Doctoral dissertation, University of Toronto.

Hu, C. S., Ferrari, M., Wang, Q., & Woodruff, E. (2017). Thin-slice measurement of wisdom. *Frontiers in Psychology*, *8*, 1378.

Hu, C. S., Ferrari, M., Liu, R. D., Gao, Q., & Weare, E. (2016). Mainland Chinese implicit theory of wisdom: Generational and cultural differences. *Journals of Gerontology: Psychological Sciences*, *73*(8), 1416-1424.

Hu, C. S., Huang, J. H., Ferrari, M., Wang, Q. D., Xie, D., & Zhang, H. T. (2018). Sadder but wiser: Emotional reactions and wisdom in a simulated suicide intervention. *International Journal of Psychology*, *54*(6), 791-799.

Hu, J., Hu, Y., Li, Y., Zhou, X. L. (2021). Computational and neurobiological substrates of cost-benefit integration in altruistic helping decision. *Journal of Neuroscience*, *41*(15), 3545-3561. https://doi.org/10.1523/JNEUROSCI.1939-20.2021.

Hu, L., & Bentler, P. M. (1999). Cutoff criteria for fit indices in covariance structure analysis: Conventional criteria versus new alternatives. *Structural Equation Modeling*, *6*(1), 1-55.

Huang, C. L., Zhang, H. T., Huang, J. H., Duan, C. W., Kim, J. S. J., Ferrari, M., & Hu, C. S. (2020). Stronger resting-state neural oscillations associated with wiser advising from the 2nd-but not the 3rd-person perspective. *Scientific Reports*, *10*(1), 12677. https://doi.org/10.1038/s41598-020-69507-9.

Hung, Y. Q., Wang, Y., Liu, Z. R., Yu, X., Yan, J., ... Wu, Y. (2019). Prevalence of mental disorders in China: A cross-sectional epidemiological study. *Lancet Psychiatry*, *6*(3), 211-224.

Hunt, T. (1928). The measurement of social intelligence. *Journal of Applied Psychology*, *12*(3), 317-334.

Huta, V., & Waterman, A. S. (2014). Eudaimonia and its distinction from Hedonia: Developing a classification and terminology for understanding conceptual and operational definitions. *Journal of Happiness Studies*, *14*, 1425-1456.

Huynh, A. C., Yang, D. Y. J., & Grossmann, I. (2016). The value of prospective reasoning for close relationships. *Social Psychological and Personality Science*, *7*(8), 893-902.

Huynh, A. C., Oakes, H., Shay, G. R., & Mcgregor, I. (2017). The wisdom in virtue: Pursuit of virtue predicts wise reasoning about personal conflicts. *Psychological Science*, *28*(12), 1-9.

Hy, L. X., & Loevinger, J. (2014). *Measuring Ego Development*. New York, NY: Psychology Press.

Hyde, J. S. (2005). The gender similarities hypothesis. *American Psychologist*, *60*(6), 581-592.

Igarashi, H., Levenson, M. R., & Aldwin, C. M. (2018). The development of wisdom: A social ecological approach. *The Journals of Gerontology: Series B: Psychological Sciences and Social Sciences*, *73*(8), 1350-1358.

Ingalhalikar, M., Smith, A., Parker, D., Satterthwaite, T. D., Elliott, M. A., Ruparel, K., ⋯Verma, R. (2014). Sex differences in the structural connectome of the human brain. *Proceedings of the National Academy of Sciences of the United States of America*, *111*(2), 823-828.

Inhelder, B., & Piaget, J. (1958). *The growth of logical thinking from childhood to adolescence*. New York, NY: Basic Books.

Izuma, K., Saito, D. N., & Sadato, N. (2010). Processing of the incentive for social approval in the ventral striatum during charitable donation. *Journal of Cognitive Neuroence*, *22*(4), 621-631.

Janssen, O., & Gao, L. (2015). Supervisory responsiveness and employee self-perceived status and voice behavior. *Journal of Management*, *41*(7), 1854-1872.

Jason, L. A., Reichler, A., King, C., Madsen, D., Camacho, J., & Marchese, W. (2001). The measurement of wisdom: A preliminary effort. *Journal of Community Psychology*, *29*(5), 585-598.

Jenkins, A. C., & Mitchell, J. P. (2011). Medial prefrontal cortex subserves diverse forms of self-reflection. *Social Neuroscience*, *6*(3), 211-218.

Jennings, P. A., Aldwin, C. M., Levenson, M. R., Spiro Iii, A., & Mroczek, D. K. (2006). Combat exposure, perceived benefits of military service, and wisdom in later life: Findings from the normative aging study. *Research on Aging: An International Bimonthly Journal*, *28*(1), 115-134.

Jeste, D. V., & Oswald, A. J. (2014). Individual and societal wisdom: Explaining the paradox of human aging and high well-being. *Psychiatry*, *77*(4), 317-330.

Jeste, D. V., & Vahia, I. V. (2008). Comparison of the conceptualization of wisdom in ancient Indian literature with modern views: focus on the bhagavad gita. *Psychiatry-interpersonal and Biological Processes*, *71*(3), 197-209.

Jeste, D. V., Thomas, M. L., Liu, J. Y., Daly, R. E., Tu, X. M., Treichler, E. B. H., Palmer, B. W., & Lee, E. E. (2021). Is spirituality a component of wisdom? Study of 1,786 adults using expanded San Diego Wisdom Scale (Jeste-Thomas Wisdom Index). *Journal of Psychiatric Research*, *132*, 174-181.

Jiang, J., Gao, A., & Yang, B. (2018). Employees' critical thinking, leaders' inspirational motivation, and voice behavior: The mediating role of voice efficacy. *Journal of Personnel Psychology*, *17*(1), 33-41.

Job, X., Kirsch, L., Inard, S., Arnold, G., & Auvray, M. (2021). Spatial perspective taking is related to social intelligence and attachment style. *Personality and Individual Differences*, *168*, 109726.

Johanna, S., Elizabeth, M., & John, E. (2004). Teaching empathy to first year medical students: Evaluation of an elective literature and medicine course. *Education of Health*, *17*(1), 73-84.

Johnson, H. H., & Johnson, M. D. (2017). Influence of event characteristics on assessing credibility and advice-taking. *Journal of Managerial Psychology*, *32*(1), 89-103.

Johnson, M. K., Raye, C. L., Mitchell, K. J., Touryan, S. R., Greene, E. J., & Nolen-Hoeksema, S. (2006). Dissociating medial frontal and posterior cingulate activity during self-reflection. *Social Cognitive and Affective Neuroscience*, *1*(1), 56-64.

Johnson, S. C., Baxter, L. C., Wilder, L. S., Pipe, J. G., Heiserman, J. E., & Prigatano, G. P. (2002). Neural correlates of self-reflection. *Brain*, *125*(8), 1808-1814.

Jonas, E., Schimel, J., Greenberg, J., & Pyszczynski, T. (2002). The scrooge effect: Evidence that mortality salience increases prosocial attitudes and behavior. *Personality and Social Psychology Bulletin*, 28(10), 1342-1353.

Jones, E. E., & Nisbett, R. E. (1972). The actor and the observer: Divergent perceptions of the causes of behavior. In E. E. Jones, D. E. Kanhouse, H. H. Kelley, R. E. Nisbett, S. Valins & B. Weiner (Eds.), *Attribution: Perceiving the Causes of Behavior* (pp.79-94). Morristown, NJ: General Learning Press.

Jordan, J. (2005). The quest for wisdom in adulthood: A psychological perspective. In R. J. Sternberg & J. Jordan (Eds.), *A Handbook of Wisdom: Psychological Perspectives* (pp.160-188). New York, NY: Cambridge University Press.

Jönsson, P., & Carlsson, I. (2001). Androgyny and creativity: A study of the relationship between a balanced sex-role and creative functioning. *Scandinavian Journal of Psychology*, 41(4), 269-274.

Judge, T. A., & Bono, J. E. (2000). Five-factor model of personality and transformational leadership. *Journal of Applied Psychology*, 85(5), 751-765.

Juhl, J., & Routledge, C. (2016). Putting the terror in terror management theory: Evidence that the awareness of death does cause anxiety and undermine psychological well-being. *Current Directions in Psychological Science*, 25(2), 99-103.

Kabat-Zinn, J. (2003). Mindfulness-based interventions in context: Past, present, and future. *Clinical Psychology: Science and Practice*, 10(2), 144-156.

Kahn, A. R. (2005). A way to wisdom: The next step. *ReVision*, 28(1), 42-45.

Kahneman, D., Krueger, A. B., Schkade, D. A., Schwarz, N., & Stone, A. A. (2004). A survey method for characterizing daily life experience: The day reconstruction method. *Science*, 306, 1776-1780.

Kang, Y., Gray, J. R., & Dovidio, J. F. (2014). The nondiscriminating heart: Lovingkindness meditation training decreases implicit intergroup bias. *Journal of Experiment Psychology: General*, 143, 1306-1313.

Karelitz, T. M., Jarvin, L., & Sternberg, R. J. (2010). The meaning of wisdom and its development throughout life. In R. M. Lerner & W. F. Overton (Eds.), *The Handbook of Life-Span Development: Cognition, Biology, and Methods* (pp.837-881). New York, NY: John Wiley & Sons.

Kasser, T., & Sheldon, K. M. (2000). Of wealth and death: Materialism, mortality salience, and consumption behavior. *Psychological Science*, 11(4), 348-351.

Kaufmann, W., & Baird, F. E. (1994). *Ancient Philosophy: Philosophic Classics, Vol. I*. Englewood Cliffs, NJ: Prentice Hall.

Kausel, E. E., Culbertson, S. S., Leiva, P. I., Slaughter, J. E., & Jackson, A. T. (2015). Too arrogant for their own good? Why and when narcissists dismiss advice. *Organizational Behavior and Human Decision Processes*, 131, 33-50.

Keating, D. P. (1978). A search for social intelligence. *Journal of Educational Psychology*, 70(2), 218-223.

Keating, T. (2012). *Invitation to Love 20th Anniversary Edition: The Way of Christian Contemplation*. London, UK: Bloomsbury Publishing.

Kekes, J. (1995). *Moral Wisdom and Good Lives*. Ithaca, NY: Cornell University Press.

Kelley, R. D. G. (1999). The people in me. *Utne Reader*, 95, 79-81.

Kelley, W. M., Macrae, C. N., Wyland, C. L., Caglar, S., Inati, S., & Heatherton, T. F. (2002). Finding the self? An event-related fMRI study. *Journal of Cognitive Neuroscience*, 14(5), 785-794.

Keltner, D., & Piff, P. K. (2020). Self-transcendent awe as a moral grounding of wisdom. *Psychological Inquiry*, 31(2), 160-163.

Keyes, C. L. M. (1998). Social well-being. *Social Psychology Quarterly*, 61(2), 121-140.

Keyes, C. L. M., Shmotkin, D., & Ryff, C. D. (2002). Optimizing well-being: The empirical encounter of two traditions. *Journal of Personality and Social Psychology*, 82(6), 1007-1022.

Kim, R., Lee, K. J., & Choi, Y. J. (2015). Mobile phone overuse among elementary school students in Korea: Factors associated with mobile phone use as a behavior addiction. *Journal of Addictions Nursing*, 26(2), 81-85.

Kim, S., & Knight, B. G. (2015). Adaptation of the three-dimensional wisdom scale (3D-WS) for the Korean cultural context. *International Psychogeriatrics*, 27(02), 1-12.

Kim, T. W., & Mejia, S. (2019). From artificial intelligence to artificial wisdom: What Socrates teaches us. *Computer*, 52(10), 70-74.

Kinnier, R. T., Tribbensee, N. E., Rose, C. A., & Vaughan, S. M. (2001). In the final analysis: More wisdom from people who have faced death. *Journal of Counseling and Development*, 79(2), 171-177.

Kish-Gephart, J. J., Detert, J. R., Treviño, L., & Edmondson, A. (2009). Silenced by fear: The nature, sources, and consequences of fear at work. *Research in Organizational Behavior*, 29, 163-193.

Knutson, B., Taylor, J., Kaufman, M., Peterson, R., & Glover, G. (2005). Distributed neural representation of expected value. *Journal of Neuroscience*, 25(19), 4806-4812.

Koller, I., Levenson, M. R., & Glück, J. (2017). What do you think you are measuring? A mixed-methods procedure for assessing the content validity of test items and theory-based scaling. *Frontiers in Psychology*, 8, 126. Doi: 10.3389/fpsyg.2017.00126.

Koltko-Rivera, M. E. (2006). Rediscovering the later version of Maslow's hierarchy of needs: Self-transcendence and opportunities for theory, research, and unification. *Review of General Psychology*, 10(4), 302-317.

Kowalchyk, M., Palmieri, H., Conte, E., & Wallisch, P. (2021). Narcissism through the lens of performative self-elevation. *Personality and Individual Differences*, 177. Doi: 10.1016/J.PAID.2021.110780.

König S., & Glück, J. (2012). Situations in which I was wise: Autobiographical wisdom memories of children and adolescents. *Journal of Research on Adolescence*, 22(3), 512-525.

König, S., & Glück, J. (2014). "Gratitude is with me all the time": How gratitude relates to wisdom. *The Journal of Gerontology: Series B: Psychological Sciences and Social Sciences*, 69(5), 655-666.

Krain, A. L., Wilson, A. M., Arbuckle, R., Castellanos, F. X., & Milham, M. P. (2006). Distinct neural mechanisms of risk and ambiguity: A meta-analysis of decision-making. *NeuroImage*, 32(1), 477-484.

Kramer, D. A. (1983). Post-formal operations? A need for further conceptualization. *Human Development*, 26, 91-105.

Kramer, D. A. (1990). Conceptualizing wisdom: The primacy of affect-cognition relations. In R. J. Sternberg (Ed.), *Wisdom: Its Nature, Origins, and Development* (pp.279-313). Cambridge, UK: Cambridge University Press.

Kramer, D. A. (2000). Wisdom as a classical source of human strength: Conceptualization and empirical inquiry. *Journal of Social and Clinical Psychology*, 19(1), 83-101.

Krause, N. (2016). Assessing the relationships among wisdom, humility, and life satisfaction. *Journal of Adult Development*, 23, 140-149.

Krause, N., & Hayward, R. D. (2015). Assessing whether practical wisdom and awe of God are associated with life satisfaction. *Psychology of Religion and Spirituality*, 7(1), 51-59.

Kringelbach, M. L., & Rolls, E. T. (2004). The functional neuroanatomy of the human orbitofrontal cortex: Evidence from neuroimaging and neuropsychology. *Progress in Neurobiology*, 72, 341-372.

Kross, E., & Ayduk, O. (2011). Making meaning out of negative experiences by self-distancing. *Current Directions in Psychological Science*, 20(3), 187-191.

Kross, E., Gard, D., Deldin, P., Clifton, J., & Ayduk, O. (2012). "Asking why" from a distance: Its cognitive and emotional consequences for people with major depressive disorder. *Journal of Abnormal Psychology*, 121(3), 559-569.

Kross, E., & Grossmann, I. (2012). Boosting wisdom: Distance from the self-enhances wise reasoning, attitudes, and behavior. *Journal of Experimental Psychology: General*, 141(1), 43-48.

Krueger, J. (2003). Return of the ego-self-referent information as a filter for social prediction: Comment on Karniol (2003). *Psychological Review*, 110(3), 585-590.

Kübler-Ross, E. (1997). *On Death and Dying*. Edgewood, NM: Scribner.

Kunzmann, U. (2019). Performance-based measures of wisdom: State of the art and future directions. In R. J. Sternberg & J. Glück (Eds.), *The Cambridge Handbook of Wisdom* (pp.277-296). New York, NY: Cambridge University Press.

Kunzmann, U., & Baltes, P. B. (2003). Wisdom-related knowledge: Affective, motivational, and interpersonal correlates. *Personality and Social Psychology Bulletin*, 29(9), 1104-1119.

Kunzmann, U., & Baltes, P. B. (2005). The psychology of wisdom: Theoretical and empirical challenges. In R. J. Sternberg & J. Jordan (Eds.), *The Handbook of Wisdom: Psychological Perspectives* (pp.110-135). New York, NY: Cambridge University Press.

Kunzmann, U., Nowak, J., Thomas, S., & Nestler, S. (2018). Value relativism and perspective taking are two distinct facets of wisdom-related knowledge. *Journals of Gerontology*, 73(8), 1384-1392.

Labouvie-Vief, G. (1980). Beyond formal operations: Uses and limits of pure logic in life-span development. *Human Development*, 23(3), 141-161.

Labouvie-Vief, G. (1990). Wisdom as integrated thought: Historical and developmental perspectives. In R. J. Sternberg (Ed.), *Wisdom: Its Nature, Origins, and Development* (pp.52-83). Cambridge, UK: Cambridge University Press.

Lamm, C., Decety, J., & Singer, T. (2011). Meta-analytic evidence for common and distinct neural networks associated with directly experienced pain and empathy for pain. *NeuroImage*, 54(3), 2492-2502.

Lamm, C., Silani, G., & Singer, T. (2015). Distinct neural networks underlying empathy for pleasant and unpleasant touch. *Cortex*, 70(2015), 79-89.

Law, A., & Staudinger, U. M. (2016). Eudaimonia and wisdom. In J. Vittersø (Ed.), *The Handbook of Eudaimonic Well-Being* (pp.135-146). New York, NY: Springer.

Le, T. N. (2008). Cultural values, life experiences, and wisdom. *Journal of Aging Human Development*, 66(4), 259-281.

Le, T. N. (2011). Life satisfaction, openness value, self-transcendence, and wisdom. *Journal of Happiness Studies, 12(2), 171-182.

Le, T. N., & Levenson, M. R. (2005). Wisdom as self-transcendence: What's love (& individualism) got to do with it? *Journal of Research in Personality*, 39(4), 443-457.

Lecun, Y., Bengio, Y., & Hinton, G. (2015). Deep learning. *Nature*, 521(7553), 436-444.

Lee, E. E., & Jeste, D. V. (2019). Neurobiology of wisdom. In R. J. Sternberg & J. Glück (Eds.), *The Cambridge Handbook of Wisdom*(pp.69-94). New York, NY: Cambridge University Press.

Lee, J. K. (2016). Education and happiness in ancient Asian wisdom: Reflections from Indian & Chinese classics. Retrieved from https://eric.ed.gov/contentdelivery/servlet/ERICServlet?accno¼ED570181.

Lee, S., Choun, S., Aldwin, C. M., & Levenson, M. R. (2015). Cross-cultural comparison of self-transcendent wisdom between The United States and Korea. *Journal of Cross-Cultural Gerontology*, 30(2), 143-161.

Legg, S., & Hutter, M. (2007). Universal intelligence: A definition of machine intelligence. *Minds and Machines*, 17(4), 391-444.

Lepine, J. A., & Van Dyne, V. (2001). Voice and cooperative behavior as contrasting forms of contextual performance: Evidence of differential relationships with big five personality characteristics and cognitive ability. *Journal of applied psychology*, 86(2), 326-336.

Levenson, M. R., Jennings, P. A., Aldwin, C. M., & Shiraishi, R. W. (2005). Self-transcendence: Conceptualization and measurement. *International Journal of Aging and Human Development*, 60(2), 127-143.

Levin, M. (1982). The case for torture. *Newsweek*(June 7, 1982).

Lev-Ran, S., Shamay-Tsoory, S. G., Zangen, A., & Levkovitz, Y. (2012). Transcranial magnetic stimulation of the ventromedial prefrontal cortex impairs theory of mind learning. *European Psychiatry*, 27(4), 285-289.

Levy, I., Snell, J., Nelson, A. J., Rustichini, A., & Glimcher, P. W. (2010). Neural representation of subjective value under risk and ambiguity. *Journal of Neurophysiology*, 103(2), 1036.

Li, H. Q., & Wang, F. Y. (2017). A three-dimensional model of the wise personality: A free classification perspective. *Social Behavior and Personality: An International Journal*, 45(11), 1879-1888.

Li, H. Q., & Wang, F. Y. (2019). Real-time measurement of wise personality cognition: Evidence from mouse tracking. *Current Psychology*, 38(6), 1748-1762.

Li, K., Wang, F. Y., Wang, Z. D., Shi, J., & Xiong, M-M. (2020). A polycultural theory of wisdom based on Habermas's worldview. *Culture and Psychology*, 26(2), 253-273.

Liang, J., Farh, C. I., & Farh, J. (2012). Psychological antecedents of promotive and prohibitive voice: A two-wave examination. *Academy of Management Journal*, 55(1), 71-92.

Lin, S., Wu, C., & Chen, L. H. (2015). Unpacking the role of self-esteem in career uncertainty: A self-determination perspective. *Journal of Positive Psychology*, 10(3), 231-239.

Linden, M., Baumann, K., Lieberei, B., Lorenz, C., & Rotter, M. (2011). Treatment of posttraumatic embitterment disorder with cognitive behaviour therapy based on wisdom psychology and hedonia strategies. *Psychotherapy and Psychosomatics*, 80, 199-205.

Liu, W., Zhu, R., & Yang, Y. (2010). I warn you because I like you: Voice behavior, employee identifications, and transformational leadership. *Leadership Quarterly*, 21(1), 189-202.

Loevinger, J., & Wessler, R. (1970). *Measuring Ego Development 1: Construction and Use of a Sentence Completion Test*. San Francisco, CA: Jossey-Bass.

Lor, K. B., Truong, J. T., Ip, E. J., & Barnett, M. J. (2015). A randomized prospective study on outcomes of an empathy intervention among second-year student pharmacists. *American Journal of Pharmaceutical Education*, 79(2), 18.

Lu, J. G., Jin, P., & English, A. S. (2021). Collectivism predicts mask use during COVID-19. *PNAS*, 118(23). DOI: 10.1073/pnas.2021793118.

Luan, M., & Li, H. (2017a). Maximization paradox: Result of believing in an objective best. *Personality and Social Psychology Bulletin*, 43(5), 652-661.

Luan, M., & Li, H. (2017b). Good enough—compromise between desirability and feasibility: An alternative perspective on satisficing. *Journal of Experimental Social Psychology*, 70, 110-116.

Lucas, J. R. (1961). Minds, machines and godel. *Philosophy*, 36, 112-127.

Luo, J., & Niki, K. (2003). Function of hippocampus in "insight" of problem solving. *Hippocampus*, 13(3), 316-323.

Luo, J., Niki, K., & Knoblich, G. (2006). Perceptual contributions to problem solving: Chunk decomposition of Chinese characters. *Brain Research Bulletin*, 70(4-6), 430-443.

Luo, J., Niki, K., & Phillips, S. (2004a). Neural correlates of the 'Aha! reaction'. *Neuroreport*, 15(13), 2013-2017.

Luo, J., Niki, K., & Phillips, S. (2004b). The function of the anterior cingulate cortex (ACC) in the insightful solving of puzzles: The ACC is activated less when the structure of the puzzle is known. *Journal of Psychology in Chinese Societies*, 5(2), 195-213.

Lynn, R. (1982). IQ in Japan and the United States shows a growing disparity. *Nature*, 297, 222-223.

Mael, F. A., & Ashforth, B. (1992). Alumni and their alma mater: A partial test of the reformulated model of organizational identification. *Journal of Organizational Behavior*, 13(2), 103-123.

Magee, B. (1998). *The story of philosophy*. London, UK: DK Publishing.

Markus, H. R., & Kitayama, S. (1991). Culture and the self: Implications for cognition, emotion, and motivation. *Psychological Review*, 98(2), 223-253.

Markus, H. R., & Kitayama, S. (2010). Cultures and selves: A cycle of mutual constitution. *Perspectives on Psychological Science*, 5, 420-430.

Maslow, A. H. (1969). The farther reaches of human nature. *Journal of Transpersonal Psychology*, 1, 1-9.

Maslow, A. H. (1971). *The Farther Reaches of Human Nature*. New York, NY: Viking.

Mayer, J. D., & Salovey, P. (1997). What is emotional intelligence? In P. Salovey & D. Sluyter (Eds.), *Emotional Development and Emotional Intelligence: Implications for Educators* (pp.3-31). New York, NY: Basic Books.

Mayer, J. D., Dipaolo, M., & Salovey, P. (1990). Perceiving affective content in ambiguous visual stimuli: A component of emotional intelligence. *Journal of Personality Assessment*, 54(3&4), 772-781.

Mayer, J. D., Salovey, P., Caruso, D. L., & Sitarenios, G. (2001). Emotional intelligence as a standard intelligence. *Emotion*, 1, 232-242.

McClure, S. M., Laibson, D. I., Loewenstein, G., & Cohen, J. D. (2004). Separate neural systems value immediate and delayed monetary rewards. *Science*, *306*(5695), 503-507.

McGregor, I., & Holmes, J. G. (1999). How storytelling shapes memory and impressions of relationship events over time. *Journal of Personality and Social Psychology*, *76*, 403-419.

Mckee, P., & Barber, C. (1999). On defining wisdom. *International Journal of Aging and Human Development*, *49*(2), 149-164.

Meacham, J. A. (1983). Wisdom and the context of knowledge: Knowing that one doesn't know. In D. Kuhn & J. A. Meacham (Eds.), *On the Development of Developmental Psychology* (pp.111-134). Basel, Switzerland: Karger.

Meacham, J. A. (1990). The loss of wisdom. In R. J. Sternberg (Ed.), *Wisdom: Its Nature, Origins, and Development* (pp.181-211). Cambridge, UK: Cambridge University Press.

Meeks, T. W., & Jeste, D. V. (2009). Neurobiology of wisdom: A literature overview. *Archives of General Psychiatry*, *66*(4), 355-365.

Mischel, W., & Underwood, B. (1974). Instrumental ideation in delay of gratification. *Child Development*, *45*(4), 1083-1088.

Mickler, C., & Staudinger, U. M. (2008). Personal wisdom: Validation and age-related differences of a performance measure. *Psychology and Aging*, *23*(4), 787-799.

Miller, J. P. (2007). *The Holistic Curriculum*. Toronto, ON: University of Toronto Press.

Millroth, P., Collsiöö, A., & Juslin, P. (2021). Research points to the cognitiva speciebus: Towards a linnaean approach to cognition. *Trends in Cognitive Sciences*, *25*(3), 173-176.

Modinos, G., Ormel, J., & Aleman, A. (2009). Activation of anterior insula during self-reflection. *Plos One*, *4*(2), e4618.

Monier-Williams, M. (2006). *English Sanskrit Dictionary*. West Bengal, India: Nataraj Books.

Moon, P. J. (2011). Bereaved elders: Transformative learning in late life. *Adult Education Quarterly: A Journal of Research and Theory*, *61*(61), 22-39.

Moraitou, D., & Efklides, A. (2012). The wise thinking and acting questionnaire: The cognitive facet of wisdom and its relation with memory, affect, and hope. *Journal of Happiness Studies*, *13*(5), 849-873.

Morelli, S. A., & Lieberman, M. D. (2013). The role of automaticity and attention in neural processes underlying empathy for happiness, sadness, and anxiety. *Frontiers in Human Neuroscience*, *7*(1), 160.

Morelli, S. A., Lieberman, M. D., & Zaki, J. (2015). The emerging study of positive empathy. *Social and Personality Psychology Compass*, *9*(2), 57-68.

Morris, M. W., Chiu, C. Y., & Liu, Z. (2015). Polycultural psychology. *Annual Review of Psychology*, *66*, 631-659.

Morrison, E. W. (2014). Employee voice and silence. *Annual Review of Organizational Psychology and Organizational Behavior*, *1*, 173-197.

Motl, R. W., & DiStefano, C. (2002). Longitudinal invariance of self-esteem and method effects associated with negatively worded items. *Structural Equation Modeling*, *9*, 562-578.

Murphy, R., & Woods, D. D. (2009). Beyond asimov: The three laws of responsible robotics. *IEEE Intelligent Systems*, *24*(4), 14-20.

Narvaez, D., Gleason, T., & Mitchell, C. (2010). Moral virtue and practical wisdom: Theme comprehension in children, youth and adults. *Journal of Genetic Psychology*, 171(4), 363-388.

Nayak, A. (2016). Wisdom and the tragic question: Moral learning and emotional perception in leadership and organisations. *Journal of Business Ethics*, 137, 1-13.

Neff, K. D., Rude, S. S., & Kirkpatrick, K. L. (2007). An examination of self-compassion in relation to positive psychological functioning and personality traits. *Journal of Research in Personality*, 41(4), 908-916.

Newell, A., & Simon, H. (1976). Computer science as empirical iquiry: Symbols and search. In Haugeland J. (Ed.), *Mind Design II: Philosophy Psychology Artificial Intelligence* (pp.35-66), London, UK: The MIT Press.

Nisbett, R. E., & Miyamoto, Y. (2005). The influence of culture: Holistic versus analytic perception. *Trends in Cognitive Sciences*, 9(10), 467-473.

Nisbett, R. E., Peng, K., Choi, I., & Norenzayan, A. (2001). Culture and systems of thought: Holistic versus analytic cognition. *Psychological Review*, 108(2), 291-310.

Nordmo, M., & Norman, E. (2016). Perceived mortality and perceived morality: Perceptions of value-orientation are more likely when a decision is preceded by a mortality reminder. *Frontiers in Psychology*, 7(308), 1-15.

Norris, C. J., Creem, D., Hendler, R., & Kober, H. (2018). Brief mindfulness meditation improves attention in novices: Evidence from ERPs and moderation by neuroticism. *Frontiers in Human Neuroscience*, 12, 315-335.

Ochsner, K. N., Bunge, S. A., Gross, J. J., & Gabrieli, J. D. E. (2002). Rethinking feelings: An fMRI study of the cognitive regulation of emotion. *Journal of Cognitive Neuroscience*, 14(8), 1215-1229.

Ohira, H., Nomura, M., Ichikawa, N., Isowa, T., Iidaka, T., Sato, A., Fukuyama, S., Nakajima, T., & Yamada, J. (2006). Association of neural and physiological responses during voluntary emotion suppression. *NeuroImage*, 29(3), 721-733.

Osterhaus, C., Putnick, D. L., Kristen-Antonow, S., Kloo, D., Bornstein, M. H., & Sodian, B. (2020). Theory of mind and diverse intelligences in 4-year-olds: Modelling associations of false beliefs with children's numerate-spatial, verbal, and social intelligence. *British Journal of Developmental Psychology*, 38(4), 580-593.

Orwoll, L., & Achenbaum, W. A. (1993). Gender and the development of wisdom. *Human Development*, 36(5), 274-296.

Paradise, A., & Kernis, M. (2002). Self-esteem and psychological well-being: Implications of fragile self-esteem. *Journal of Social and Clinical Psychology*, 21(4), 345-361.

Paris, S. G. (2001). Wisdom, snake oil, and the educational marketplace. *Educational Psychologist*, 36(4), 257-260.

Park, D. C., & Reuter-Lorenz, P. (2009). The adaptive brain: Aging and neurocognitive scaffolding. *Annual Review of Psychology*, 60, 173-196.

Pastorelli, C., Lansford, J. E., Kanacri, B. P. L., Malone, P. S., Giunta, L. D., Bacchini, D., ... Sorbring, E. (2016). Positive parenting and children's prosocial behavior in eight countries. *Journal of Child Psychology and Psychiatry*, 57, 824-834.

Pasupathi, M., Staudinger, U. M., & Baltes, P. B. (2001). Seeds of wisdom: Adolescents' knowledge and judgment about difficult life problems. *Developmental Psychology*, 37(3), 351-361.

Peng, K., & Nisbett, R. E. (1999). Culture, dialectics, and reasoning about contradiction. *American Psychologist*, 54(9), 741-754.

Penner, L. A., Dovidio, J. F., Piliavin, J. A., & Schroeder, D. A. (2005). Prosocial behaviour: Multilevel perspectives. *Annual Review of Psychology*, 56, 365-392.

Pfeifer, J. H., Iacoboni, M., Mazziotta, J. C., & Dapretto, M. (2008). Mirroring others' emotions relates to empathy and interpersonal competence in children. *NeuroImage*, 39(4), 2076-2085.

Phan, K. L., Fitzgerald, D. A., Nathan, P. J., Moore, G. J., Uhde, T. W., & Tancer, M. E. (2005). Neural substrates for voluntary suppression of negative affect: A functional magnetic resonance imaging study. *Biological Psychiatry*, 57(3), 210-219.

Piliavin, J. A., Dovidio, J. F., Gaertner, S. L., & Clark, R. D. M. (1981). *Emergency Intervention*. New York, NY: Academic Press.

Piaget, J. (1974). *Experiments in Contradiction*. Chicago, IL: University of Chicago Press.

Piff, P. K., Dietze, P., Feinberg, M., Stancato, D. M., & Keltner, D. (2015). Awe, the small self, and prosocial behavior. *Journal of Personality and Social Psychology*, 108(6), 883-899.

Plucker, J. A., Beghetto, R. A., & Dow, G. T. (2004). Why isn't creativity more important to educational psychologists? Potentials, pitfalls, and future directions in creativity research. *Educational Psychologist*, 39(2), 83-96.

Popper, K. R. (1962). *Conjectures and Refutations: The Growth of Scientific Knowledge*. New York, NY: Basic Books.

Porter, S. (2016). A therapeutic approach to virtue formation in the classroom. In J. Baehr (Ed.), *Intellectual Virtues and Education: Essays in Applied Virtue Epistemology* (pp.221-239). New York, NY: Routledge.

Poudel, R., Riedel, M. C., Salo, T., Flannery, J. S., Hill-Bowen, L. D., Eickhoff, S. B., Laird, A. R., & Sutherland, M. T. (2020). Common and distinct brain activity associated with risky and ambiguous decision-making. *Drug and Alcohol Dependence*, 209, 107884.

Prashad, V. (2001). Everybody was kung fu fighting: Afro-Asian connections and the myth of cultural purity. Boston, MA: Beacon.

Prashad, V. (2003). Bruce Lee and the anti-imperialism of Kung Fu: A polycultural adventure. *Positions*, 11, 51-89.

Pyszczynski, T., Greenberg, J., & Solomon, S. (1999). A dual-process model of defense against conscious and unconscious death-related thoughts: An extension of terror management theory. *Psychological Review*, 106(4), 835-845.

Pyszczynski, T., Solomon, S., & Greenberg, J. (2015). Thirty years of terror management theory. *Advances in Experimental Social Psychology*, 52, 1-70.

Quinn, B. (2014). Other-oriented purpose: The potential roles of beliefs about the world and other people. *Youth and Society*, 46(6), 779-800.

Rao, R. C. (1997). *Statistics and Truth: Putting Chance to Work*. Singapore: World Scientific Publishing Co. Pte. Ltd.

Reed, P. G. (1991a). Toward a nursing theory of self-transcendence: Duductive reformulation using developmental theories. *Advances in Nursing Science*, *13*(4), 64-77.

Reed, P. G. (1991b). Self-transcendence and mental health in the oldest-old adults. *Nursing Research*, *40*(1), 5-11.

Reed, P. G. (2003). The theory of self-transcendence. In M. J. Smith & P. R. Liehr (Eds.), *Middle Range Theory for Nursing*(pp.145-165). New York, NY: Springer.

Rhodes, N., & Wood, W. (1992). Self-esteem and intelligence affect influenceability: The mediating role of message reception. *Psychological Bulletin*, *111*(1), 156-171.

Riegel, K. F. (1973). Dialectic operations: The final period of cognitive development. *Human Development*, *16*(5), 346-370.

Rilling, J. K., Gutman, D. A., Zeh, T. R., Pagnoni, G., Berns, G. S., & Kilts, C. D. (2002). A neural basis for social cooperation. *Neuron*, *35*(2), 395-405.

Rilling, J. K., Goldsmith, D. R., Glenn, A., Jairam, M. R., Elfenbein, H. A., Dagenais, J. E., Murdock, C. D., & Pagnoni, G. (2008). The neural correlates of affective response to unreciprocated cooperation. *Neuropsychologia*, *46*, 1256-1266.

Rioux, S. M., & Penner, L. A. (2001). The causes of organizational citizenship behavior: A motivational analysis. *Journal of Applied Psychology*, *86*(6), 1306-1314.

Ristori, J., Cocchetti, C., Romani, A., Mazzoli, F., Vignozzi, L., Maggi, M., & Fisher, A. D. (2020). Brain sex differences related to gender identity development: Genes or hormones? *International Journal of Molecular Sciences*, *21*(6), 2123. https://doi.org/10.3390/ijms21062123.

Rive, M. M., van Rooijen, G., Veltman, D. J., Phillips, M. L., Schene, A. H., & Ruhé, H. G. (2013). Neural correlates of dysfunctional emotion regulation in major depressive disorder: A systematic review of neuroimaging studies. *Neuroscience and Biobehavioral Reviews*, *37*(10 Pt 2), 2529-2553.

Robinson, D. N. (1990). Wisdom through the ages. In R. J. Sternberg (Ed.), *Wisdom: Its Nature, Origins, and Development* (pp.13-24). Cambridge, UK: Cambridge University Press.

Rosch, E. (1975). Cognitive representations of semantic categories. *Journal of Experimental Psychology: General*, *104*(3), 192-233.

Runco, M. A., Abdulla, A. M., Paek, S. H., Al-Jasim, F. A., & Alsuwaidi, H. N. (2016). Which test of divergent thinking is best? *Creativity. Theories-Research-Applications*, *3*(1), 4-18.

Runco, M. A., & Jaeger, G. J. (2012). The standard definition of creativity. *Creativity Research Journal*, *24*(1), 92-96.

Ryan, R. M., & Deci, E. L. (2001). On happiness and human potentials: A review of research on hedonic and eudaimonic well-being. *Annual Review of Psychology*, *52*(1), 141-166.

Ryan, R. M., & Martela, F. (2016). Eudaimonia as a way of living: Connecting Aristotle with self-determination theory. In J. Vitterso (Ed.), *The Handbook of Eudaimonic Well-Being* (pp.109-121). New York, NY: Springer.

Ryff, C. D. (1989). Happiness is everything, or is it? Exporations on the meaning of psychological well-being. *Journal of Personality and Social Psychology*, *57*, 1069-1081.

Ryff, C. D., & Keyes, C. L. M. (1995). The structure of psychological well-being revisited. *Journal of Personality and Social Psychology*, *69*(4), 719-727.

Ryff, C. D., & Singer, B. H. (2006). Best news yet on the six-factor model of well-being. *Social Science*

Research, 35(4), 1103-1119.

Ryff, C. D., & Singer, B. H. (2008). Know thyself and become what you are: A eudaimonic approach to psychological well-being. *Journal of Happiness Studies*, 9, 13-39.

Saleem, G., Hasan, S. S., & Fayyaz, W. (2017). Relationship of epistemological development with wisdom, age, gender and education. *Pakistan Journal of Social and Clinical Psychology*, 15(1), 27-35.

Sallquist, J., Eisenberg, N., Spinrad, T. L., Eggum, N. D., & Gaertner, B. M. (2009). Assessment of preschoolers' positive empathy: Concurrent and longitudinal relations with positive emotion, social competence, and sympathy. *Journal of Positive Psychology*, 4(3), 223-233.

Sanders, J. D., & Jeste, D. V. (2013). Neurobiological basis of personal wisdom. In M. Ferrari & N. M. Weststrate (Eds.), *The Scientific Study of Personal Wisdom: From Contemplative Traditions to Neuroscience* (pp.99-112). New York, NY: Springer.

Sanz, R., Bermejo, J., Escasany, J., Chinchilla, R., & García, C. A. (2003). Meaning generation and artificial wisdom [Conference]. KIMAS'03, Wakefield, MA, United States. Doi: 10.1109/KIMAS.2003.1245078.

Saucier, D. A., & Webster, R. J. (2010). Social vigilantism: Measuring individual differences in belief superiority and resistance to persuasion. *Personality and Social Psychology Bulletin*, 36(1), 19-32.

Saxe, R., & Powell, L. J. (2006). It's the thought that counts: Specific brain regions for one component of theory of mind. *Psychological Science*, 17(8), 692-699.

Saxe, R., & Wexler, A. (2005). Making sense of another mind: The role of the right temporo-parietal junction. *Neuropsychologia*, 43(10), 1391-1399.

Schaie, K. W., Clayton, V., & Birren, J. (1974). *An Exploratory Study of Wisdom*. New York, NY: Florence V. Burden Foundation.

Schreurs, B., Hamstra, M., & Davidson, T. (2017). What's in a word? Using construal level theory to predict voice endorsement. *Academy of Management Annual Meeting Proceedings*, 29(1), 93-105.

Schulte-Rüther, M., Greimel, E., Markowitsch, H. J., Kamp-Becker, I., Remschmidt, H., Fink, G. R., & Piefke, M. (2011). Dysfunctions in brain networks supporting empathy: An fMRI study in adults with autism spectrum disorders. *Social Neuroscience*, 6(1), 1-21.

Schultze, T., Rakotoarisoa, A., & Schulz-Hardt, S. (2015). Effects of distance between initial estimates and advice on advice utilization. *Judgment and Decision Making*, 10(2), 144-171.

Schwartz, S. H. (1994). Are there universal aspects in the structure and content of human values? *Journal of Social Issues*, 50, 19-45.

Searle, J. R. (1980). Minds, brains, and program. *Behavioral and Brain Sciences*, 3(3), 417-424.

Searle, J. R. (1995). *The Construction of Social Reality*. New York, NY: The Free Press.

See, K. E., Morrison, E., Rothman, N., & Soll, J. B. (2011). The detrimental effects of power on confidence, advice taking, and accuracy. *Organizational Behavior and Human Decision Processes*, 116(2), 272-285.

Sevilla, D. C. (2013). The quest for artificial wisdom. *AI and Soc*, 28, 199-207. Doi:10.1007/s00146-012-0390-6.

Sharma, A., Dewangan, R. L., & Kong, F. (2017). Can wisdom be fostered: Time to test the model of wisdom. *Cogent Psychology*, 4(1), 1. Doi: 10.1080/23311908.2017.1381456.

Shweder, R. A. (2020). *The Fate(s) of Moral Absolutes in History: Pluralistic versus Developmental Visions of How to Understand Cross-Cultural Differences in Moral Judgment* [Conference]. 中国心理学会文化心理学专业委员会 2020 年学术年会,中国.

Silver, D., Schrittwieser, J., Simonyan, K., Antonoglou, I., Huang, A., Guez, A., ... Hassabis, D. (2017). Mastering the game of Go without human knowledge. *Nature*, *550*(7676), 354-359.

Silvera, D., Martinussen, M., & Dahl, T. I. (2001). The Tromsø Social Intelligence Scale, a self-report measure of social intelligence. *Scandinavian Journal of Psychology*, *42*(4), 313-319.

Silvia, P. J. (2021). The self-reflection and insight scale: Applying item response theory to craft an efficient short form. *Current Psychology*. Doi:10.1007/s12144-020-01299-7.

Singelis, T. M. (1994). The measurement of independent and interdependent self-construals. *Journal of Personality and Social Psychology*, *20*(5), 580-591.

Singh, N., & Bamel, U. (2020). Can transcendence be attained through mindfulness? The mediating role of meaningful work. *Journal of Organizational Effectiveness: People and Performance*, *7*(3), 257-273.

Small, M. W. (2004). Wisdom and now managerial wisdom: Do they have a place in management development programs? *Journal of Management Development*, *23*(8), 751-764.

Smith, J., & Baltes, P. B. (1990). Wisdom-related knowledge: Age/cohort differences in response to life-planning problems. *Developmental Psychology*, *26*(3), 494-505.

Smith, J., Staudinger, U. M., & Baltes, P. B. (1994). Occupational settings facilitating wisdom-related knowledge: The sample case of clinical psychologists. *Journal of Consulting and Clinical Psychology*, *62*(5), 989-999.

Sniezek, J. A., & Buckley, T. (1995). Cueing and cognitive conflict in judge-advisor decision making. *Organizational Behavior and Human Decision Processes*, *62*(2), 159-174.

Sortheix, F. M., & Schwartz, S. H. (2017). Values that underlie and undermine well-being: Variability across countries. *European Journal of Personality*, *31*(2), 187-201.

Specht, J., Egloff, B., & Schmukle, S. C. (2011). Stability and change of personality across the life course: The impact of age and major life events on mean-level and rank-order stability of the Big Five. *Journal of Personality and Social Psychology*, *101*, 862-882.

Staudinger, U. M. (1999). Older and wiser? Integrating results on the relationship between age and wisdom-related performance. *International Journal of Behavioral Development*, *23*(3), 641-664.

Staudinger, U. M. (2001). Life reflection: A social-cognitive analysis of life review. *Review of General Psychology*, *5*(5), 148-160.

Staudinger, U. M. (2008). A psychology of wisdom: History and recent developments. *Research in Human Development*, *5*(2), 107-120.

Staudinger, U. M. (2019). The distinction between personal and general wisdom: How far have we come? In R. J. Sternberg & J. Glück (Eds.), *The Cambridge Handbook of Wisdom* (pp.182-201). Cambridge, UK: Cambridge University Press.

Staudinger, U. M., & Baltes, P. B. (1996). Interactive minds: A facilitative setting for wisdom-related performance? *Journal of Personality and Social Psychology*, *71*(4), 746-762.

Staudinger, U. M., & Glück, J. (2011). Psychological wisdom research: Commonalities and differences in a growing field. *Annual Review of Psychology*, *62*(1), 215-241.

Staudinger, U. M., & Kunzmann, U. (2005). Positive adult personality development: Adjustment and/or growth? *European Psychologist*, *10*(4), 320-329.

Staudinger, U. M., & Pasupathi, M. (2003). Correlates of wisdom-related performance in adolescence and adulthood: Age-graded differences in "paths" toward desirable development. *Journal of Research on Adolescence*, *13*(3), 239-268.

Staudinger, U. M., Dörner, J., & Mickler, C. (2005). Wisdom and personality. In R. J. Sternberg & J. Jordan (Eds.), *A Handbook of Wisdom: Psychological Perspectives* (pp.191-219). New York, NY: Cambridge University Press.

Staudinger, U. M., Lopez, D. F., & Baltes, P. B. (1997). The psychometric location of wisdom-related performance: Intelligence, personality, and more? *Personality and Social Psychology Bulletin*, *23*(11), 1200-1214.

Staudinger, U. M., Smith, J., & Baltes, P. B. (1992). Wisdom-related knowledge in a life review task: Age differences and the role of professional specialization. *Psychology and Aging*, *7*(2), 271-281.

Staudinger, U. M., Smith, J., & Baltes, P. B. (1994). *Manual for the assessment of wisdom-related knowledge* (Technical Report No. 46). Max Planck Institute for Human Development and Education.

Staudinger, U. M., Maciel, A. G., Smith, J., & Baltes, P. B. (1998). What predicts wisdom-related performance? A first look at personality, intelligence, and facilitative experiential contexts. *European Journal of Personality*, *12*(1), 1-17.

Steger, M. F., Frazier, P., Oishi, S., & Kaler, M. (2006). The meaning in life questionnaire: Assessing the presence of and search for meaning in life. *Journal of Counseling Psychology*, *53*(1), 80-93.

Steger, M. F., Kashdan, T. B., & Oishi, S. (2008). Being good by doing good: Daily eudaimonic activity and well-being. *Journal of Research in Personality*, *42*, 22-42.

Stephens, N. M., Markus, H. R., & Phillips, L. T. (2014). Social class culture cycles: How three gateway contexts shape selves and fuel inequality. *Annual Review of Psychology*, *65*, 611-634.

Sternberg, R. J. (1985). Implicit theories of intelligence, creativity and wisdom. *Journal of Personality and Social Psychology*, *49*(5), 607-627.

Sternberg, R. J. (1986). Intelligence, wisdom and creativity: Three is better than one. *Educational Psychologist*, *21*(3), 175-190.

Sternberg, R. J. (1990). (Ed.). *Wisdom: Its Nature, Origins, and Development*. Cambridge, UK: Cambridge University Press.

Sternberg, R. J. (1998). A balance theory of wisdom. *Review of General Psychology*, *2*(4), 347-365.

Sternberg, R. J. (2001a). Why schools should teach for wisdom: The balance theory of wisdom in educational settings. *Educational Psychologist*, *36*(4), 227-245.

Sternberg, R. J. (2001b). How wise is it to teach for wisdom? A reply to five critiques. *Educational Psychologist*, *36*(4), 269-272.

Sternberg, R. J. (2001c). What is the common thread of creativity? Its dialectical relation to intelligence and wisdom. *American Psychologist*, *56*(4), 360-362.

Sternberg, R. J. (Ed.). (2002). *Why Smart People Can Be So Stupid*. New Haven, CT: Yale University Press.

Sternberg, R. J. (2003a). WICS as a model of giftedness. *High Ability Studies*, *14*(2), 109-137.

Sternberg, R. J. (2003b). Four alternative futures for education in the United States: It's our choice. *School Psychology Quarterly*, 18(4), 431-445.

Sternberg, R. J. (2003c). *Wisdom, Intelligence and Creativity Synthesized*. Cambridge, UK: Cambridge University Press.

Sternberg, R. J. (2004a). Words to the wise about wisdom? A commentary on Ardelt's critique of Baltes. *Human Development*, 47, 286-289.

Sternberg, R. J. (2004b). Why smart people can be so foolish. *European Psychologist*, 9(3), 145-150.

Sternberg, R. J. (2004c). Four alternative futures for education in the United States: It's our choice. *School Psychology Review*, 33(1), 67-77.

Sternberg, R. J. (2005). Older but not wiser? The relationship between age and wisdom. *Ageing International*, 30(1), 5-26.

Sternberg, R. J. (2007). A systems model of leadership: WICS. *American Psychologist*, 62(1), 34-42.

Sternberg, R. J. (2013a). Reform education: Teach wisdom and ethics. *Phi Delta Kappan*, 94(7), 45-7.

Sternberg, R. J. (2013b). Personal wisdom in the balance. In M. Ferrari & N. M. Weststrate (Eds.), *The Scientific Study of Personal Wisdom: From Comtemplative Traditions to Neuroscience* (pp. 53-74). New York, NY: Springer.

Sternberg, R. J. (2018). Wisdom, foolishness, and toxicity in human development. *Research in Human Development*, 15, 200-210.

Sternberg, R. J. (2019a). Four ways to conceive of wisdom: Wisdom as a function of person, situation, person/situation interaction, or action. *Journal of Value Inquiry*, 53, 479-485.

Sternberg, R. J. (2019b). Race to Samarra. In R. J. Sternberg & J. Glück (Eds.), *The Cambridge Handbook of Wisdom* (pp.3-9). New York, NY: Cambridge University Press.

Sternberg, R. J. (2019c). Why people often prefer wise guys to guys who are wise: An augmented balance. In R. J. Sternberg & J. Glück (Eds.), *The Cambridge Handbook of Wisdom* (pp.97-121). New York, NY: Cambridge University Press.

Sternberg, R. J. (2020). The missing links: Comments on "The science of wisdom in a polarized world". *Psychological Inquiry*, 31(2), 153-159.

Sternberg, R. J., & Glück, J. (2019a). Wisdom, morality, and ethics. In R. J. Sternberg & J. Glück (Eds.), *The Cambridge Handbook of Wisdom* (pp.551-574). New York, NY: Cambridge University Press.

Sternberg, R. J., & Glück, J. (Eds.). (2019b). *The Cambridge Handbook of Wisdom*. New York, NY: Cambridge University Press.

Sternberg, R. J., & Glück, J. (2022). *Wisdom: The Psychology of Wise Thoughts, Words, and Deeds*. New York, NY: Cambridge University Press.

Sternberg, R. J., & Hagen, E. S. (2019). Teaching for wisdom. In R. J. Sternberg & J. Glück (Eds.), *The Cambridge Handbook of Wisdom* (pp.372-406). New York, NY: Cambridge University Press.

Sternberg, R. J., & Jordan, J. (2005). (Eds.). *A Handbook of Wisdom*. New York, NY: Cambridge University Press.

Sternberg, R. J., Nusbaum, H. C., & Glück, J. (2019). (Eds.). *Applying Wisdom to Contemporary World Problems*. Switzerland: Palgrave Macmillan.

Sternberg, R. J., Reznitskaya, A., & Jarvin, L. (2007). Teaching for wisdom: What matters is not just what students know, but how they use it. *London Review of Education*, *5*, 143-158.

Stone, V. E., Baron-Cohen, S., Calder, A., Keane, J., & Young, A. (2003). Acquired theory of mind impairments in individuals with bilateral amygdala lesions. *Neuropsychologia*, *41*(2), 209-220.

Swartwood, J., & Tiberius, V. (2019). Philosophical foundations of wisdom. In R. J. Sternberg & J. Glück (Eds.), *The Cambridge Handbook of Wisdom* (pp.10-39). New York, NY: Cambridge University Press.

Takahashi, M. (2000). Toward a culturally inclusive understanding of wisdom: Historical roots in the East and West. *International Journal of Aging and Human Development*, *51*(3), 217-230.

Takahashi, M., & Bordia, P. (2000). The concept of wisdom: A cross-cultural comparison. *International Journal of Psychology*, *35*(1), 1-9.

Takahashi, M., & Overton, W. F. (2002). Wisdom: A culturally inclusive developmental perspective. *International Journal of Behavioral Development*, *26*(3), 269-277.

Takahashi, M., & Overton, W. F. (2005). Cultural foundations of wisdom: An integrated developmental approach. In R. J. Sternberg & J. Jordan (Eds.), *A Handbook of Wisdom: Psychological Perspectives* (pp.32-60). New York, NY: Cambridge University Press.

Talhelm, T., Zhang, X., Oishi, S., Shimin, C., Duan, D., Lan, X., & Kitayama, S. (2014). Large-scale psychological differences within China explained by rice versus wheat agriculture. *Science*, *344*, 603-608.

Tangirala, S., Kamdar, D., Venkataramani, V., & Parke, M. R. (2013). Doing right versus getting ahead: The effects of duty and achievement orientations on employees' voice. *Journal of Applied Psychology*, *98*(6), 1040-1050.

Taylor, M., Bates, G., & Webster, J. D. (2011). Comparing the psychometric properties of two measures of wisdom: Predicting forgiveness and psychological well-being with the self-assessed wisdom scale (SAWS) and the three-dimensional wisdom scale (3D-WS). *Experimental Aging Research*, *37*(2), 129-141.

Templeton, J. L., & Eccles, J. S. (2008). Spirituality, "expanding circle morality," and positive youth development. In R. M. Lerner, R. W. Roeser, & E. Phelps, E. (Eds.), *Positive Youth Development and Spirituality: From Theory to Research* (pp.197-209). West Conshohocken, PA: Templeton Foundation Press.

Thaler, R. H. (1985). Mental accounting and consumer choice. *Marketing Science*, *4*(3), 199-214.

Tholen, M. G., Trautwein, F. M., Bckler, A., Singer, T., & Kanske, P. (2020). Functional magnetic resonance imaging (fMRI) item analysis of empathy and theory of mind. *Human Brain Mapping*, *41*(10), 2611-2628.

Thomas, M. L., Bangen, K. J., Ardelt, M., & Jeste, D. V. (2017). Development of a 12-item abbreviated three-dimensional wisdom scale (3D-WS-12): Item selection and psychometric properties. *Assessment*, *24*(1), 71-82.

Thomas, M. L., Martin, A. S., Eyler, L., Lee, E. E., & Jeste, D. V. (2019). Individual differences in level of wisdom are associated with brain activation during a moral decision-making task. *Brain and Behavior*, *9*(6). https://doi.org/10.1002/brb3.1302.

Thomas, M. L., Palmer, B. W., Lee, E. E., Liu, J., Daly, R., Tu, X. M., & Jeste, D. V. (2021). Abbreviated San Diego Wisdom Scale (SD-WISE-7) and Jeste-Thomas Wisdom Index (JTWI). *International Psychogeriatrics*, *Dec 3*, 1-10.Doi:10.1017/S1041610221002684.

Thomas, M. L., Bangen, K. J., Palmer, B. W., Sirkin, M. A., Avanzino, J. A., Depp, C. A., Glorioso, D., Daly R. E., & Jeste, D. V. (2019). A new scale for assessing wisdom based on common domains and a neurobiological model: The San Diego Wisdom Scale (SD-WISE). *Journal of Psychiatric Research*, *108*, 40-47.

Thomas, S., & Kunzmann, U. (2013). Age differences in wisdom-related knowledge: Does the age relevance of the task matter? *Journals of Gerontology*, *69*(6), 897-905.

Thomas, K. W., & Velthouse, B. (1990). Cognitive elements of empowerment: An "interpretive" model of intrinsic task motivation. *Academy of Management Review*, *15*(4), 666-681.

Thorndike, E. L. (1920). Intelligence and its uses. *Harper's Magazine*, *40*, 227-235.

Thorndike, R. L., & Stein, S. (1937). An evaluation of the attempts to measure social intelligence. *Psychological Bulletin*, *34*(5), 275-285.

Tost, L., Gino, F., & Larrick, R. P. (2012). Power, competitiveness, and advice taking: Why the powerful don't listen. *Organizational Behavior and Human Decision Processes*, *117*(1), 53-65.

Tricomi, E. M., Delgado, M. R., & Fiez, J. A. (2004). Modulation of caudate activity by action contingency. *Neuron*, *41*(2), 281-292.

Tsai, C. H. (2020). Artificial wisdom: A philosophical framework. *AI and SOCIETY*, *35*, 937-944. https://doi.org/10.1007/s00146-020-00949-5.

Turing, A. M. (1950). Computing machinery and intelligence. *Mind*, *59*(236), 433-460.

Tzioti, S., Wierenga, B., & Osselaer, S. M. (2014). The effect of intuitive advice justification on advice taking. *Journal of Behavioral Decision Making*, *27*(1), 66-77.

Underwood, E. (2016). Barcoding the brain. *Science*, *351*(6275), 799-800.

Valdez, J. M. (1994). *Wisdom: A Hispanic Perspective* [Unpublished doctoral dissertation]. Colorado State University.

Van den Bos, R., Homberg, J., & Visser, L. D. (2013). A critical review of sex differences in decision-making tasks: Focus on the Iowa gambling task. *Behavioural Brain Research*, *238*, 95-108.

Van der Meer, L., Costafreda, S., Aleman, A., & David, A. (2009). Self-reflection and the brain: A theoretical review and meta-analysis of neuroimaging studies with implications for schizophrenia. *Neuroscience and Biobehavioral Reviews*, *34*(6), 935-946.

Van Dyne, L., Ang, S., & Botero, I. C. (2003). Conceptualizing employee silence and employee voice as multidimensional constructs. *Journal of Management Studies*, *40*(6), 1359-1392.

Van Dyne, L., Kamdar, D., & Joireman, J. A. (2008). In-role perceptions buffer the negative impact of low LMX on helping and enhance the positive impact of high LMX on voice. *Journal of Applied Psychology*, *93*(6), 1195-1207.

van Eijk, L., Zhu, D. J., Couvy-Duchesne, B., Strike, L. T., Lee, A. J., Hansell, N. K., Thompson, P. M., de Zubicaray, G. I., McMahon, K. L., Wright, M. J., & Zietsch, B. P. (2021). Are sex differences in human brain structure associated with sex differences in behavior? *Psychological Science*, *32*(8), 1183-1197.

Varnum, M. E. W., Blais, C., Hampton, R. S., & Brewer, G. A. (2015). Social class affects neural empathic responses. *Culture and Brain*, *3*(2), 122-130.

Verhaeghen, P. (2019). The examined life is wise living: The relationship between mindfulness, wisdom, and the moral foundations. *Journal of Adult Development*, *27*, 305-322.

Vervaeke, J., & Ferraro, L. (2013). Relevance, meaning and the cognitive science of wisdom. In M. Ferrari & N. M. Weststrate (Eds.), *The Scientific Study of Personal Wisdom: From Comtemplative Traditions to Neuroscience* (pp.325-341). New York, NY: Springer.

Vinarski-Peretz, H., & Carmeli, A. (2011). Linking care felt to engagement in innovative behaviors in the workplace: The mediating role of psychological conditions. *Psychology of Aesthetics, Creativity, and the Arts*, *5*(1), 43-53.

Vreeke, G. J., & van der Mark, I. L. (2003). Empathy, an integrative model. *New Ideas in Psychology*, *21*(3), 177-207.

Walker, R. E., & Foley, J. M. (1973). Social intelligence: Its history and measurement. *Psychological Reports*, *33*(3), 839-864.

Wallach, W., & Allen, C. (2009). *Moral Machine: Teaching Robots Right from Wrong*. Oxford, England: Oxford University Press.

Wallas, G. (1926). *The Art of Thought*. Orlando, FL: Harcourt Brace Jovanovich.

Walsh, R. (2011). The varieties of wisdom: Contemplative, cross-cultural, and integral contributions. *Research in Human Development*, *8*, 109-127.

Walsh, R. (2015). What is wisdom? Cross-cultural and cross-disciplinary syntheses. *Review of General Psychology*, *19*, 278-293.

Walzer, M. (2007). Nation and universe. In D. Miller (Ed.), *Thinking Politically: Essays in Political Theory* (pp.184-185). New Haven, CT: Yale University Press.

Wang, F. Y., Wang, Z. D., & Wang, R. J. (2019). The Taiji Model of Self. *Frontiers in Psychology*, *10*, 1-10. Doi: 10.3389/fpsyg.2019.01443.

Wang, F. Y., & Zheng, H. (2012). A new theory of wisdom: Integrating intelligence and morality. *Psychology Research*, *2*(1), 64-75.

Wang, X., & Du, X. (2018). Why does advice discounting occur? The combined roles of confidence and trust. *Frontiers in Psychology*, *9*, 2381.

Wang, Y., Zheng, Y., & Zhu, Y. (2018). How transformational leadership influences employee voice behavior: The roles of psychological capital and organizational identification. *Social Behavior and Personality*, *46*(2), 313-322.

Wang, Z. D., & Wang, F. Y. (2020). The Taiji Model of Self II: Developing self models and self-cultivation theories based on the Chinese cultural traditions of Taoism and Buddhism. *Frontiers in Psychology*, *11*, 540074. Doi:10.3389/fpsyg.2020.540074.

Wang, Z. D., Wang, Y. M, Li, K., Shi, J. & Wang, F. Y., (2021). The comparison of the wisdom view in Chinese and West cultures. *Current Psychology*, Jan 6, 1-12. https://doi.org/10.1007/s12144-020-01226-w.

Ward, S. J., & King, L. A. (2016). Socrates' dissatisfaction, a happiness arms race, and the trouble with eudaimonic well-being. In J. Vittersø (Ed.), *The Handbook of Eudaimonic Well-Being* (pp. 523-

529). New York, NY: Springer.

Watson, D. (1982). The actor and the observer: How are their perceptions of causality divergent? *Psychological Bulletin*, *92*(3), 682-700.

Waterman, A. S. (1993). Two conceptions of happiness: Contrasts of personal expressiveness (eudaimonia) and hedonic enjoyment. *Journal of Personality and Social Psychology*, *64*(4), 678-691.

Webster, J. D. (2003). An exploratory analysis of a self-assessed wisdom scale. *Journal of Adult Development*, *10*(1), 13-22.

Webster, J. D. (2007). Measuring the character strength of wisdom. *International Journal of Aging and Human Development*, *65*(2), 163-183.

Webster, J. D. (2010). Wisdom and positive psychosocial values in young adulthood. *Journal of Adult Development*, *17*, 70-80.

Webster, J. D. (2011). Conceptualizing and measuring wisdom: A reply to Ardelt. *Experimental Aging Research*, *37*, 256-259.

Webster, J. D. (2019). Self-report wisdom measures: Strengths, limitations, and future directions. In R. J. Sternberg & J. Glück (Eds.), *The Cambridge Handbook of Wisdom* (pp.297-320). New York, NY: Cambridge University Press.

Webster, J. D., & Deng, X. C. (2015). Paths from trauma to intrapersonal strength: Worldview, posttraumatic growth, and wisdom. *Journal of Loss and Trauma*, *20*(3), 253-266.

Webster, J. D., Westerhof, G. J., & Bohlmeijer, E. T. (2014). Wisdom and mental health across the lifespan. *Journals of Gerontology: Series B: Psychological Sciences and Social Sciences*, *69*(2), 209-218.

Webster, J. D., Weststrate, N. M., Ferrari, M., Munroe, M., & Pierce, T. W. (2018). Wisdom and meaning in emerging adulthood. *Emerging Adulthood*, *6*(2), 118-136.

Weststrate, N. M. (2019). The mirror of wisdom. In R. J. Sternberg & J. Glück (Eds.), *The Cambridge Handbook of Wisdom* (pp.500-518). New York, NY: Cambridge University Press.

Weststrate, N. M., & Glück, J. (2017a). Wiser but not sadder, blissful but not ignorant: Exploring the co-development of wisdom and well-being over time. In M. Robinson (Ed.), *The Happy Mind: Cognitive Contributions to Well-Being* (pp.459-480). New York, NY: Springer.

Weststrate, N. M., & Glück, J. (2017b). Hard-earned wisdom: Exploratory processing of difficult life experience is positively associated with wisdom. *Developmental Psychology*, *53*(4), 800-814.

Weststrate, N. M., Ferrari, M., & Ardelt, M. (2016). The many faces of wisdom: An investigation of cultural-historical wisdom exemplars reveals practical, philosophical, and benevolent prototypes. *Personality and Social Psychology Bulletin*, *42*(5), 662-676.

Wink, P., & Helson, R. (1997). Practical and transcendent wisdom: Their nature and some longitudinal findings. *Journal of Adult Development*, *4*(1), 1-15.

Wink, P., & Staudinger, U. M. (2016). Wisdom and psychosocial functioning in later life. *Journal of Personality*, *84*(3), 306-308.

Winston, J. S., Strange, B. A., O'Doherty, J., & Dolan, R. J. (2002). Automatic and intentional brain responses during evaluation of trustworthiness of faces. *Nature Neuroscience*, *5*, 277-283.

Wit, F. D., Scheepers, D., Ellemers, N., Sassenberg, K., & Scholl, A. (2017). Whether power holders construe their power as responsibility or opportunity influences their tendency to take advice from others. *Journal of Organizational Behavior*, 38(7), 923-949.

Wong, P. T., Reker, G. T., & Gesser, G. (1994). Death attitude profile—revised: A multidimensional measure of attitudes toward death. In R. A. Neimeyer (Ed.), *Death Anxiety Handbook* (pp. 121-148). London, UK: Taylor & Francis.

Wood, W., & Eagly, A. H. (2002). A cross-cultural analysis of the behavior of women and men: Implications for the origins of sex differences. *Psychological Bulletin*, 128(5), 699-727.

Worthy, D. A., Gorlick, M. A., Pacheco, J. L., Schnyer, D. M., & Maddox, W. T. (2011). With age comes wisdom: Decision making in younger and older adults. *Psychological Science*, 22, 1375-1380.

Wright, S. T., Breier, J. M., Depner, R. M., Grant, P. C., & Lodi-Smith, J. (2018). Wisdom at the end of life: Hospice patients' reflections on the meaning of life and death. *Counselling Psychology Quarterly*, 31, 162-185.

Xiong, M. M., & Wang, F. Y. (2021). Gender effect on views of wisdom and wisdom levels. *Frontiers in Psychology*, 12, 725736. Doi:10.3389/fpsyg.2021.725736.

Xiong, M. M., & Wang, F. Y. (2022). Manifestations of Wisdom in Ancient China: An Analysis of the Zhinang Quanji. *Culture and Psychology*. Doi:10.1177/1354067X211066818.

Yang, S. Y. (2001). Conceptions of wisdom among Taiwanese Chinese. *Journal of Cross-Cultural Psychology*, 32(6), 662-680.

Yang, S. Y. (2008a). A process view of wisdom. *Journal of Adult Development*, 15(2), 62-75.

Yang, S. Y. (2008b). Real-life contextual manifestations of wisdom. *International Journal of Aging and Human Development*, 67(4), 273-303.

Yang, S. Y. (2011). Wisdom displayed through leadership: Exploring leadership-related wisdom. *Leadership Quarterly*, 22(4), 616-632.

Yang, S. Y. (2014). Wisdom and learning from important and meaningful life experiences. *Journal of Adult Development*, 21(3), 129-146.

Yang, S. Y. (2016). Exploring wisdom in the Confucian tradition: Wisdom as manifested by Fan Zhongyan. *New Ideas in Psychology*, 41, 1-7.

Yang, S. Y. (2017). The complex relations between wisdom and significant life learning. *Journal of Adult Development*, 24(4), 227-238.

Yang, S. Y., & Sternberg, R. J. (1997). Conceptions of intelligence in ancient Chinese philosophy. *Journal of Theoretical and Philosophical Psychology*, 17(2), 101-119.

Yaniv, I. (2004). Receiving other people's advice: Influence and benefit. *Organizational Behavior and Human Decision Processes*, 93(1), 1-13.

Yaniv, I., & Kleinberger, E. (2000). Advice taking in decision making: Egocentric discounting and reputation formation. *Organizational Behavior and Human Decision Processes*, 83(2), 260-281.

Yaniv, I., & Milyavsky, M. (2007). Using advice from multiple sources to revise and improve judgments. *Organizational Behavior and Human Decision Processes*, 103(1), 104-120.

Yao, Z., Zhang, X., Liu, Z., Zhang, L., & Luo, J. (2019). Narcissistic leadership and voice behavior: The role of job stress, traditionality, and trust in leaders. *Chinese Management Studies*, 14, 543-563.

Yen, C., & Cheng, C. (2010). Terror management among Taiwanese: Worldview defence or resigning to fate? *Asian Journal of Social Psychology*, 13(3), 185-194.

Zacher, H., McKenna, B., & Rooney, D. (2013). Effects of self-reported wisdom on happiness: Not much more than emotional intelligence? *Journal of Happiness Studies*, *14*, 1697-1716.

Zacher, H., & Staudinger, U. M. (2018). Wisdom and well-being. In E. Diener, S. Oishi, & L. Tay (Eds.), *The Handbook of Well-Being*. Salt Lake City, UT: DEF publishers.

Zelazo, P. D., & Müller, U. (2002). Executive function in typical and atypical development. In U. Goswami (Ed.), *Blackwell Handbook of Childhood Cognitive Development* (pp.445-469). Oxford, England: Blackwell Publishing.

Zetall, T. R. (2000). Animal intelligence. In R. J. Sternberg (Eds.), *Handbook of Intelligence* (pp.197-215). New York, NY: Cambridge University Press.

Zhang, K. L., Shi, J., Wang, F. Y., & Ferrari, M. (2022). Wisdom: meaning, structure, types, arguments, and future concerns. *Current Psychology*. https://doi.org/10.1007/s12144-022-02816-6.

Zhao, L. Y., Tian, J., Wang, W., Qin, W., Shi, J., Li, Q., Yuan, K., Dong, M. H., Yang, W. C., Wang, Y. R., Sun, L. L., & Lu, L. (2012). The role of dorsal anterior cingulate cortex in the regulation of craving by reappraisal in smokers. *Plos One*, *7*(8), e43598.

Zhu, Y., & Han, S. H. (2008). Cultural differences in the self: From philosophy to psychology and neuroscience. *Social and Personality Psychology Compass*, *2*(5), 1797-1811.

Zhu, Y., Zhang, L., Fan, J., & Han, S. H. (2007). Neural basis of cultural influence on self-representation. *NeuroImage*, *34*, 1310-1316.

Zoellner, T., & Maercker, A. (2006). Posttraumatic growth in clinical psychology: A critical review and introduction of a two component model. *Clinical Psychology Review*, *26*(5), 626-653.

附　　录

附录1　《整合智慧量表》

指导语：

　　这份问卷旨在了解您的日常行为习惯和所思所想,结果仅用于科学研究。回答没有正误之分,您的回答也将是匿名的。请不要着急,根据您的第一印象平静地作答。请您在仔细阅读完每句话后,在其右边的评价量尺上最符合您情况的相应数字上画"√",每句话只能画一个"√"。您的认真作答对我们的研究非常重要,衷心感谢您的支持!

　　量尺如下:

　　1＝非常不同意　　2＝中等不同意　　3＝有点不同意

　　4＝有点同意　　　5＝中等同意　　　6＝非常同意

		非常不同意	中等不同意	有点不同意	有点同意	中等同意	非常同意
1	遇见他人身处困境,我常伸出援手。	1	2	3	4	5	6
2	哪怕在无关紧要的事情上撒了谎,我也会感到内疚。	1	2	3	4	5	6
3	一旦明确了职责所在,我会努力做好。	1	2	3	4	5	6
4	我有钢铁般的自制力。	1	2	3	4	5	6
5	发现自己或他人受到不公正对待时,我总是感到愤慨。	1	2	3	4	5	6
6	任何事做得过火,通常会适得其反。	1	2	3	4	5	6
7	我很少花时间自我反思。	1	2	3	4	5	6
8	面对问题,我比别人更善于提出新颖的解法。	1	2	3	4	5	6
9	对于被众人认为理所当然的事,我常抱怀疑态度。	1	2	3	4	5	6
10	为守信而牺牲自己的利益,我也心甘情愿。	1	2	3	4	5	6
11	对于自己应该做的事,我总会倾尽全力去做。	1	2	3	4	5	6
12	觉察到自己未公正待人时,我会感到愧疚。	1	2	3	4	5	6
13	任何事都会有个限度,过了头或达不到也是不好的。	1	2	3	4	5	6
14	我经常反省自己对一些事情的态度和感受。	1	2	3	4	5	6
15	与人讨论时,我总能提出与众不同的观点。	1	2	3	4	5	6
16	我常质疑权威言论。	1	2	3	4	5	6
17	别人对我倾诉烦恼时,我通常会静静地聆听。	1	2	3	4	5	6
18	假如我没有信守诺言,我愿意接受惩罚。	1	2	3	4	5	6

续表

		非常不同意	中等不同意	有点不同意	有点同意	中等同意	非常同意
19	在学习或工作上,我常只求能应付得过去便可。	1	2	3	4	5	6
20	即使正在做的事很有趣,我也能适可而止。	1	2	3	4	5	6
21	对于那些拉关系走后门而有损公平的人,我是厌恶的。	1	2	3	4	5	6
22	事情既有好的一面,也有坏的一面,就看你怎么看了。	1	2	3	4	5	6
23	我经常反思自己的行为会造成怎样的后果。	1	2	3	4	5	6
24	我喜欢想一些点子,即使用不着也无所谓。	1	2	3	4	5	6
25	别人提出某个观点时,我很少能发现其中存在的漏洞。	1	2	3	4	5	6
26	看到留守儿童的种种无助情形,我会顿生怜悯之心。	1	2	3	4	5	6
27	我不会轻易承诺别人,除非有很大把握办到。	1	2	3	4	5	6
28	如果没有做好分内事,我会很自责。	1	2	3	4	5	6
29	我能很好地抵制诱惑。	1	2	3	4	5	6
30	我很在意自己和别人是否得到公平对待。	1	2	3	4	5	6
31	处理任何事情都不能一概而论,必须充分考虑当时的特殊情况。	1	2	3	4	5	6
32	我经常事后分析自己所做每一件事情背后的原因。	1	2	3	4	5	6
33	面对问题时,因为我能作出客观的分析,所以身边人会让我出主意。	1	2	3	4	5	6
34	看到老人摔倒受伤,我会非常同情。	1	2	3	4	5	6
35	如果某人与我关系一般,答应了他的事没做到,我觉得没什么大不了的。	1	2	3	4	5	6
36	我尽心尽力地执行分派给我的任务。	1	2	3	4	5	6
37	多数早晨我都能按时起床。	1	2	3	4	5	6
38	只要涉及利益分配,我总是考虑如何才能"一碗水端平"。	1	2	3	4	5	6
39	"塞翁失马,焉知祸福"是看待得失的正确态度。	1	2	3	4	5	6
40	我喜欢思考事情的本质和意义。	1	2	3	4	5	6
41	我喜欢问一些别人没有发现的问题。	1	2	3	4	5	6
42	任何言论,除非有充足的证据,否则很难令我信服。	1	2	3	4	5	6
43	我不喜欢与别人一样。	1	2	3	4	5	6

说明:《整合智慧量表》(Integrative Wisdom Scale,IWS)是在汪凤炎的指导下,由傅绪荣编制而成,其维度和对应题项如下:

(1) 仁爱:1,17,26,34
(2) 诚信:2,10,18,27,35(反向计分)
(3) 责任心:3,11,19(反向计分),28,36
(4) 节制:4,20,29,37
(5) 公平:5,12,21,30,38
(6) 辩证思维:6,13,22,31,39
(7) 反省思维:7(反向计分),14,23,32,40
(8) 创新思维:8,15,24,41,43
(9) 批判思维:9,16,25(反向计分),33,42

计分规则:(1)先将反向计分反转过来,然后计算每个因子的均分,作为被试在这个因子上的得分。被试的智慧得分为9个因子的均分,良好品德的得分为对应5个因子的均分,聪明才智的得分为对应4个因子的均分。量表总分越高,代表智慧水平越高。(2)评定个体的智慧时,最好参考《整合智慧量表》总分和两个高阶因子的分数,不宜对9个低阶因子的分数作独立解释。

参考文献：

傅绪荣.(2019).大学生智慧的测量及其与幸福感的关系(博士论文).南京师范大学.

傅绪荣,汪凤炎.(2020).整合智慧量表的编制及信效度检验.心理学探新,40(1),50-57.

附录 2 《自我评估智慧量表》(中英文对照版)

指导语：

这份简短的问卷旨在调查不同年龄的个体如何看待自己的生活经历，以及这些看法是否会随着年龄的增长而发生改变。请注意，回答没有正误之别，您的回答也将是匿名的。请不要着急，根据您的第一印象平静地作答，并在每句话右边的评价量尺上最符合您情况的相应数字上画一个"√"，每句话只有一个回答，谢谢！

量尺如下：

1＝非常不同意　　2＝中等不同意　　3＝有点不同意
4＝有点同意　　　5＝中等同意　　　6＝非常同意

		非常不同意	中等不同意	有点不同意	有点同意	中等同意	非常同意
1	我曾克服生活中的许多苦难。 I have overcome many painful events in my life.	1	2	3	4	5	6
2	我能轻而易举地调整好自己在某一情境中的情绪。 It is easy for me to adjust my emotions to the situation at hand.	1	2	3	4	5	6
3	我常思考自己的过去与现在之间的联系。 I often think about connections between my past and present.	1	2	3	4	5	6
4	我能对自己身处的尴尬局面一笑了之。 I can chuckle at personal embarrassments.	1	2	3	4	5	6
5	我喜欢阅读那些能挑战自我，让我用不同方式思考问题的书籍。 I like to read books which challenge me to think differently about issues.	1	2	3	4	5	6
6	我不得不做出许多重要的人生决定。 I have had to make many important life decisions.	1	2	3	4	5	6
7	我做决定时一般不会被情绪干扰。 Emotions do not overwhelm me when I make personal decisions.	1	2	3	4	5	6
8	我经常反思自己的过去。 I often think about my personal past.	1	2	3	4	5	6
9	即使生活很艰难，也能在其中找到一些乐趣。 There can be amusing elements even in very difficult life situations.	1	2	3	4	5	6

续表

		非常不同意	中等不同意	有点不同意	有点同意	中等同意	非常同意
10	除了我特别喜欢的音乐类型,我还喜欢其他类型的音乐。 I enjoy listening to a variety of musical styles besides my favourite kind.	1	2	3	4	5	6
11	到目前为止,我已经和许多不同类型的人打过交道。 I have dealt with a great many different kinds of people during my lifetime.	1	2	3	4	5	6
12	我善于调节自己的情绪。 I am "tuned" in to my own emotions.	1	2	3	4	5	6
13	我经常回忆。 I reminisce quite frequently.	1	2	3	4	5	6
14	应对人生中带有转折意义的重大事件时,我试图发现其诙谐有趣的一面。 I try and find a humorous side when coping with a major life transition.	1	2	3	4	5	6
15	我乐于品尝不同民族的各式食物。 I enjoy sampling a wide variety of different ethnic foods.	1	2	3	4	5	6
16	我经历过许多道德困境。 I have experienced many moral dilemmas.	1	2	3	4	5	6
17	我能敏锐捕捉到自己的情绪状态。 I am very good at reading my emotional states.	1	2	3	4	5	6
18	反思自己的过去能为我现在关心的问题提供思路。 Reviewing my past helps me gain perspective on current concerns.	1	2	3	4	5	6
19	我容易被逗乐。 I am easily aroused to laughter.	1	2	3	4	5	6
20	我经常尝试接触新事物。 I often look for new things to try.	1	2	3	4	5	6
21	我见过太多生活中的阴暗面(如不诚实、虚伪)。 I have seen much of the negative side of life(e.g., dishonesty, hypocrisy).	1	2	3	4	5	6
22	我能轻松地表达自己的情感,且不担心自己会情绪失控。 I can freely express my emotions without feeling like I might lose control.	1	2	3	4	5	6

续表

		非常不同意	中等不同意	有点不同意	有点同意	中等同意	非常同意
23	我经常回忆自己的早期经历，以便知道现在的我是如何形成的。 I often recall earlier times in my life to see how I've changed since then.	1	2	3	4	5	6
24	现在我能对自己曾经犯的过错一笑了之，而不会耿耿于怀。 At this point in my life, I find it easy to laugh at my mistakes.	1	2	3	4	5	6
25	引发争议的艺术品对社会具有重要且有益的作用。 Controversial works of art play an important and valuable role in society.	1	2	3	4	5	6
26	我经历过许多艰难的人生转折期。 I have lived through many difficult life transitions.	1	2	3	4	5	6
27	我善于察觉自己内心的微妙情绪反应。 I am good at identifying subtle emotions within myself.	1	2	3	4	5	6
28	反思自己的过去能让我对人生中的重大事件有更深刻的认识。 Recalling my earlier days helps me gain insight into important life matters.	1	2	3	4	5	6
29	我常常用幽默的言行让别人感到轻松自在。 I often use humour to put others at ease.	1	2	3	4	5	6
30	我喜欢结交与我有不同见解的人。 I like being around persons whose views are strongly different from mine.	1	2	3	4	5	6
31	我发现"人不可貌相"。 I've personally discovered that "you can't always tell a book from its cover".	1	2	3	4	5	6
32	我能根据情境的需要调整自己的情绪。 I can regulate my emotions when the situation calls for it.	1	2	3	4	5	6
33	我时常发现过去的经历是战胜困难的重要法宝。 I often find memories of my past can be important coping resources.	1	2	3	4	5	6
34	现在我发现我真的能欣赏生活中具有一点讽刺意味的事情。 Now I find that I can really appreciate life's little ironies.	1	2	3	4	5	6

续表

		非常不同意	中等不同意	有点不同意	有点同意	中等同意	非常同意
35	我对一些宗教信仰或哲学体系充满好奇。 I'm very curious about other religious and/or philosophical belief systems.	1	2	3	4	5	6
36	我从别人身上学到了一些有益的生活经验。 I've learned valuable life lessons from others.	1	2	3	4	5	6
37	我似乎有解读别人情绪的天赋。 It seems I have a talent for reading other people's emotions.	1	2	3	4	5	6
38	想到过去所取得的成就能让我变得更加自信。 Reliving past accomplishments in memory increases my confidence for today.	1	2	3	4	5	6
39	我能通过自嘲来安慰别人。 I can make fun of myself to comfort others.	1	2	3	4	5	6
40	我常对生活和生活之外的事情充满好奇。 I've often wondered about life and what lies beyond.	1	2	3	4	5	6

说明：

此版《自我评估智慧量表》（Self-assessed Wisdom Scale，SAWS）由韦伯斯特于2007年在第一版量表的基础上修订而得。韦伯斯特（Jeffrey Dean Webster）已同意汪凤炎的科研团队将该量表译成中文并作为本教材的附录，以方便中国读者的阅读和使用。《自我评估智慧量表》中文版由傅绪荣翻译，汪凤炎审校和润色。

《自我评估智慧量表》由五个分量表构成，共有40个题项，每个分量表均包含8个题项。

（1）幽默（humor）：丰富的幽默感，能够且愿意使他人感到舒适，将幽默作为一种成熟的应对策略。包括第4、9、14、19、24、29、34、39题。

（2）情绪调节（emotion regulation）：恰当地表达与管理情绪，能够识别各种细微、复杂的情绪，接纳各种积极和消极的情绪状态。包括第2、7、12、17、22、27、32、37题。

（3）回忆与反思（reminiscence/reflectiveness）：反思自己的过去，将过去与现在联系起来获得各种看法，将自传记忆作为一种应对策略。包括第3、8、13、18、23、28、33、38题。

（4）经验开放性（openness）：对思想、价值观以及经验的开放；愿意尝试新奇事物，欣赏多元化的观点，对他人包容。包括第5、10、15、20、25、30、35、40题。

（5）生活经验（experience）：丰富的人际交往经验；积极应对重要的生活转变；应对生活的黑暗面（如欺骗，虚伪）。包括第1、6、11、16、21、26、31、36题。

计分规则：所有题项的得分相加作为总分，统计时使用原始分。

参考文献:

Webster, J. D. (2007). Measuring the character strength of wisdom. *International Journal of Aging and Human Development*, 65, 163-183.

附录3 《智慧发展量表》(中英文对照版)

指导语:

感谢您对《智慧发展量表》的关注!《智慧发展量表》旨在测量个体的自我认知、情绪管理、利他主义、判断力、激励参与、生活知识、生活技能和学习意愿。我们很高兴与您一起使用《智慧发展量表》,但我们要求您遵循以下准则:

1. 请理解《智慧发展量表》正在开发中。我们要求您采用光碟与我们分享您输入到 SPSS 中的所有原始数据,这将帮助我们建立《智慧发展量表》数据库并建立比较数据。您的数据将不会以任何方式用于识别您的个人信息。如果您需要帮助,请通过 jagreene@email.unc.edu 与格林(Jeff Greene)联系。

2. 您不得以任何方式编辑量表。题项及其词语经过精心设计,不应更改。此外,所有项目均旨在协同发挥作用,因此请不要删除任何项目。注意:在管理《智慧发展量表》之前,您需要删除副标题(如"自我认知"),并可按照自己的意愿打乱题项。

3. 未经我们的许可,请勿发表量表或量表的任何题项。请通过 sbrown@colgate.edu 与布朗(Scott Brown)联系,以启动此过程。

4. 我们鼓励您发表对数据的分析。请在您的论文中诚信地引用该量表并注明出处。使用此量表过程中若需帮助,请通过 sbrown@mail.colgate.edu 与布朗联系。

5. 请始终按照您机构/计划/地区的机构审查委员会和/或道德程序进行操作。

一、请提供以下信息,以帮助我们制定规范性表格和进行数据比较。

● 研究目的

● 样本数量

● 如何获得样本

● 学校规模/类型

● 样本的人口学特征(如专业和年龄)

● 预期发表计划

我同意以上规定。

姓名_____

签名_____ 日期_____

(说明:以上内容仅供研究者使用,不出现在发给被试的量表里)

二、这部分问的是您对一些事物的观点和感觉。您在多大程度上同意或不同意下面的表述？请在最能表达您的想法的答案上标号。

量尺如下：

非常不同意为 1，非常同意为 7，两者间数值为非常不同意与非常同意区间的程度。

非常不同意	中立	非常同意
(strongly disagree)	(neutral)	(strongly agree)

		1	2	3	4	5	6	7
		非常不同意	比较不同意	稍微不同意	中立	稍微同意	比较同意	非常同意
1	我深知我所有的弱点。 I am well aware of all of my weaknesses.							
2	我深知我所有的价值。 I am well aware of all of my values.							
3	我深知我所有的爱好。 I am well aware of all of my interests.							
4	我深知我所有的信仰。 I am well aware of all of my beliefs.							
5	我较好地管理不确定的事情。 I manage uncertainty well.							
6	我有效地管理压力。 I manage stress effectively.							
7	我有效地管理我的情绪。 I manage my emotions effectively.							
8	我在压力情境中保持冷静。 I keep cool in stressful situations.							
9	我不会轻易地心烦意乱。 I do not get upset easily.							
10	我用我的影响力为他人谋福祉。 I use my influence for the good of others.							
11	我尊敬地对待他人。 I treat others with respect.							
12	我对他人心存感激。 I show appreciation towards others.							
13	我看到他人的优点。 I see good in others.							
14	我尊重他人的界限。 I respect other's boundaries.							

续表

		非常不同意	比较不同意	稍微不同意	中立	稍微同意	比较同意	非常同意
15	我弥补我曾经伤害过的人。 I make amends with those I have hurt.							
16	我向他人学习。 I learn from others.							
17	我帮助他人。 I help others.							
18	我对他人抱有同情心。 I have compassion towards others.							
19	我在适当的时候与他人妥协。 I compromise with others when appropriate.							
20	我对他人的需求很敏感。 I am sensitive to the needs of others.							
21	我接纳他人。 I accept others.							
22	我激励他人。 I inspire others.							
23	我对生活问题提供良好建议。 I give good advice on issues of life.							
24	我克服他人施加的限制。 I overcome limitations imposed by others.							
25	他人将我视为榜样。 Other people see me as a role model.							
26	我在必要时展现出勇气。 I demonstrate courage when necessary.							
27	我对自己的所知较有信心。 I have general confidence in what I know.							
28	我对自己的能力有信心。 I have confidence in my abilities.							
29	我提出良好支持性的观点。 I present well-supported arguments.							
30	我与他人沟通顺畅。 I communicate effectively with others.							
31	我对很多情境准备充分。 I am prepared for many situations.							

续表

		非常不同意	比较不同意	稍微不同意	中立	稍微同意	比较同意	非常同意
32	我知晓生活、哲学和文化的不同方式。 I am aware of different ways of life, philosophies, and cultures.							
33	我富有好奇心。 I am inquisitive.							
34	我在做决策时考虑问题情境。 I take the context of the situation into consideration when making decisions.							
35	我整合和应用生活中各方面的所学。 I integrate and apply what I have learned from one part of my life to another.							
36	我理解我的背景知识怎样塑造了我看事情的视角。 I understand how my background has shaped my perspective on things.							
37	我将我身份的不同方面整合进真实自我。 I have integrated different aspects of my identity into who I am.							
38	我知道不同情境中应有何种行为举止。 I know how to behave in a variety of situations.							
39	我能与不同于我的人交际。 I am able to relate to people different from me.							
40	我知道人与自然之间的相互联系。 I see the interconnectedness between people and the natural world.							
41	我知道知识与思想之间的相互联系。 I see the interconnectedness between knowledge and ideas.							
42	我经常反思我的生活。 I reflect on my life regularly.							
43	我认识到生命中有周期。 I recognize that there are cycles in life.							
44	我探求生活事件的深层含义。 I look for the deeper meaning of events in life.							

续表

		非常不同意	比较不同意	稍微不同意	中立	稍微同意	比较同意	非常同意
45	我探寻生活中的深层问题。 I explore the deeper questions of life.							
46	我在更广阔情境中思考我自己和我的经验。 I consider myself and my experiences in a larger context.							
47	我评估情境中的潜在含义。 I assess underlying subtexts in situations.							
48	我关心影响全人类的问题。 I am concerned with issues that affect all people.							
49	我接纳我不能改变的事物。 I accept what I cannot change.							
50	我接受生活中的不确定事件。 I accept there are uncertainties in life.							
51	我有效地管理时间。 I manage time effectively.							
52	我有效地按优先顺序安排计划。 I prioritize projects effectively.							
53	我有强烈的职业道德。 I have a strong work ethic.							
54	我实现我的目标。 I achieve my goals.							
55	我有效地处理各种义务。 I handle multiple obligations effectively.							
56	在我的生活中我有目标感。 I have a sense of purpose in my life.							
57	我做出合理的决策。 I make sound decisions.							
58	我利用生活中的各种机遇。 I take advantage of life's opportunities.							
59	我较好地处理多重任务。 I multitask well.							
60	我履行对其他人的责任。 I fulfill my obligations to others.							
61	我参与生活中的重要事件。 I attend to the important matters in my life.							

续表

		非常不同意	比较不同意	稍微不同意	中立	稍微同意	比较同意	非常同意
62	我知晓自己所学知识的局限。 I recognize the limits of my knowledge.							
63	我从自己的经历中学习。 I learn from my experiences.							
64	我喜欢为了学习而学习。 I enjoy learning for the sake of learning.							
65	我愿意接受改变。 I am open to change.							
66	我接受有建设性的批评。 I accept constructive criticism.							

说明：

《智慧发展量表》(Wisdom Development Scale，WDS)由布朗和格林(Brown & Greene，2006)编制。格林(Jeff Greene)教授已授权汪凤炎的科研团队将该量表译成中文并作为本教材的附录，以方便中国读者的阅读和使用。《智慧发展量表》中文版由陈浩彬翻译，汪凤炎审校和润色。

《智慧发展量表》共有66个题项，分8个维度。各维度包含的题项分别为：

(1) 自我认知(self-knowledge)：1—4

(2) 情绪管理(emotional management)：5—9

(3) 利他主义(altruism)：10—21

(4) 激励参与(inspirational engagement)：22—31

(5) 判断力(judgement)：32—39

(6) 生活知识(life knowledge)：40—50

(7) 生活技能(life skills)：51—61

(8) 学习意愿(willingness to learn)：62—66

原作者后在使用中删除学习意愿维度，保留61个项目。

计分规则：计算所有项目的平均分，分数越高表明个体的智慧水平越高。

参考文献：

Brown, S. C., & Greene, J. A. (2006). The wisdom development scale: Translating the conceptual to the concrete. *Journal of College Student Development*, 47(1), 1-19.

图书在版编目（CIP）数据

智慧心理学 / 汪凤炎, 郑红编著. — 上海：上海教育出版社，2022.5
上教心理学教材系列
ISBN 978-7-5720-1468-0

Ⅰ.①智… Ⅱ.①汪…②郑… Ⅲ.①心理学 – 教材 Ⅳ.①B84

中国版本图书馆CIP数据核字(2022)第081872号

责任编辑　王佳悦
封面设计　王　捷

上教心理学教材系列
智慧心理学
汪凤炎　郑　红　编著

出版发行	上海教育出版社有限公司
官　　网	www.seph.com.cn
地　　址	上海市闵行区号景路159弄C座
邮　　编	201101
印　　刷	上海叶大印务发展有限公司
开　　本	787×1092　1/16　印张 27.25
字　　数	584 千字
版　　次	2022年11月第1版
印　　次	2022年11月第1次印刷
书　　号	ISBN 978-7-5720-1468-0/B·0035
定　　价	79.00 元

如发现质量问题，读者可向本社调换　电话：021-64373213